北京高校高精尖学科“文化遗产与文化传播”建设项目资助

非物质文化遗产学术精粹

“一带一路”国家的非遗保护与乡村振兴

主　编◎杨利慧
副主编◎康　丽　彭　牧　王　尧

中国社会科学出版社

图书在版编目（CIP）数据

非物质文化遗产学术精粹．“一带一路”国家的非遗保护与乡村振兴／杨利慧主编．—北京：中国社会科学出版社，2022.8

ISBN 978－7－5227－0522－4

Ⅰ．①非…　Ⅱ．①杨…　Ⅲ．①非物质文化遗产—保护—研究—中国　Ⅳ．①G122

中国版本图书馆CIP数据核字（2022）第128925号

出 版 人　赵剑英
责任编辑　张　林
特约编辑　宋英杰
责任校对　冯英爽
责任印制　戴　宽

出　　版　中国社会科学出版社
社　　址　北京鼓楼西大街甲158号
邮　　编　100720
网　　址　http://www.csspw.cn
发 行 部　010－84083685
门 市 部　010－84029450
经　　销　新华书店及其他书店

印刷装订　北京君升印刷有限公司
版　　次　2022年8月第1版
印　　次　2022年8月第1次印刷

开　　本　710×1000　1/16
印　　张　34
字　　数　565千字
定　　价　208.00元

“‘一带一路’国家的非物质文化遗产保护与乡村振兴”国际学术研讨会掠影

图1　大会开幕式

图2　与会领导和专家合影

图3　大会现场

图4　会议分会场

总　序

20世纪中期以来，面对迅猛发展的现代化和全球化浪潮的冲击，许多国家纷纷采取措施保护自己的传统文化，同时对出台国际化保护政策的呼声也越来越强烈。21世纪初，为适应世界各国对其多元的文化遗产作为历史丰富性与人类文明多样性的见证而日益高涨的保护需求，联合国教科文组织于2003年正式颁布了《保护非物质文化遗产公约》。该《公约》在国际法中牢固确立了对于非物质文化遗产的保护理念，至今已得到超过90%的教科文组织成员国的批准，接近于全面批约。这项全球性的文化保护工程促使人们日益普遍地认识到：文化遗产不仅仅是物质的，还包括世代传承的丰富的非物质传统，它们是社区特性和社会凝聚力的重要载体，也应该得到保护和促进。

"非物质文化遗产"（以下简称"非遗"），根据《保护非物质文化遗产公约》（2003）的界定，是指被各社区、群体，有时是个人，视为其文化遗产组成部分的各种社会实践、观念表述、表现形式、知识、技能以及相关的工具、实物、手工艺品和文化场所。这种非物质文化遗产世代相传，在各社区和群体适应周围环境以及与自然和历史的互动中，被不断地再创造，为这些社区和群体提供认同感和持续感，从而增强对文化多样性和人类创造力的尊重。[①] 在《公约》的体系中，"非物质文化遗产"包括以下五类：1. 口头传统和表现形式，包括作为非物质文化遗产媒介的语言；2. 表演艺术；3. 社会实践、仪式、节庆活动；4. 有关自然

---

① 联合国教科文组织：《保护非物质文化遗产公约·基本文件》（2018年版），法国巴黎，2018年，中文版，第5页，https：//ich. unesco. org，浏览日期：2021年4月6日。

界和宇宙的知识和实践；5. 传统手工艺。[①]

中国于2004年成为联合国教科文组织《保护非物质文化遗产公约》的缔约国，目前已迅速成为世界上拥有非遗项目最多的国家——截至2020年12月，中国被列入联合国教科文组织非物质文化遗产名录（名册）的项目共计42项[②]，拥有国家级非物质文化遗产代表性项目1372大项、3145子项[③]，另有数目繁多的省、市、县级非遗项目。中国非遗是中华民族世代相传的集体智慧和生活经验的结晶，是中华文明绵延赓续的重要载体和表现形式，是维护民族认同、维系国人文化认知、助力国家文化建设的根本力量。近年来，中国政府充分意识到非物质文化遗产的保护意义和教育功能，已多次强调非物质文化遗产的重要性，《关于实施中华优秀传统文化传承发展工程的意见》《关于加强和改进中外人文交流工作的若干意见》等文件中，均将非物质文化遗产的保护、发展纳入国家文化发展的战略中；刚刚通过的《中华人民共和国国民经济和社会发展第十四个五年规划和2035年远景目标纲要》也多处涉及非物质文化遗产的保护和发展，更明确提出要“深入实施中华优秀传统文化传承发展工程，强化重要文化和自然遗产、非物质文化遗产系统性保护，推动中华优秀传统文化创造性转化、创新性发展”，明确规定要“健全非物质文化遗产保护传承体系，加强各民族优秀传统手工艺保护和传承”（第三十四章第三节）。

中国的非物质文化遗产保护工作迄今已开展近二十年，相关研究成果十分丰硕。但是，尽管国内已有一些关注非遗研究和保护实践的论文

---

① 联合国教科文组织：《保护非物质文化遗产公约·基本文件》（2018年版），法国巴黎，2018年，中文版，第5页，https://ich.unesco.org，浏览日期：2021年4月6日。

② 《中国入选联合国教科文组织非物质文化遗产名录（名册）项目》，未注明发布日期，“中国非物质文化遗产网·中国非物质文化遗产数字博物馆”，http://www.ihchina.cn/chinadirectory.html#target1，浏览日期：2021年3月23日。

③ 《国家级非物质文化遗产代表性项目名录》，未注明发布日期，“中国非物质文化遗产网·中国非物质文化遗产数字博物馆”，http://www.ihchina.cn/project.html#target1，浏览日期：2021年3月23日。统计名录包括了四个批次。另，中国文化和旅游部近期对外公示了第五批国家级非物质文化遗产代表性项目名录推荐项目共337项。见中国文化和旅游部非物质文化遗产司：《文化和旅游部关于第五批非物质文化遗产代表性项目名录推荐项目名单的公示》，发布日期：2020年12月18日，http://zwgk.mct.gov.cn/zfxxgkml/wysy/202012/t20201221_920077.html，浏览日期：2021年3月23日。

选集[①]，总体而言，对相关成果的系统梳理和总结尚十分缺乏，致使其分散在各类学术刊物中，未能得到集中的展示，不利于对中国在非遗领域探索20年所取得的学术成就的总体把握。

有鉴于此，北京师范大学非物质文化遗产研究与发展中心和文学院民间文学研究所编辑出版了这套“非物质文化遗产学术精粹”丛书。该丛书一共7册，以《公约》的分类为基础，首次比较全面地梳理、总结并展示了中国学界在非遗理论与保护实践、口头传统、表演艺术、有关自然界和宇宙的知识和实践、传统手工艺以及社会仪式和节庆等方面的主要研究成果。所有论文均经过精心遴选，集中代表了20年来各领域的代表性成就。其中，“理论卷”着重探讨了非遗的概念与历史，以及社区、商业利用、性别平等等非遗发展中的重要横向问题，以及非遗语境下的学科思考、对中国实践的总结与反思等。其他卷，如“口头传统卷”“表演艺术卷”“社会实践、仪式与节庆活动卷”“有关自然界和宇宙的知识与实践卷”“传统手工艺卷”，则分别收录了该领域较高水平的研究文章。此外，丛书中也包括了2018年在北京师范大学召开的“‘一带一路’国家的非物质文化遗产保护与乡村振兴”国际学术研讨会的论文集。该次会议上，来自日本、韩国、美国、比利时、希腊、塞尔维亚、波兰、保加利亚、伊朗、越南和印度等10多个国家的非遗专家们，与中国学者一道，共同探讨非遗保护与乡村振兴实践中的规律，分享各国的有益经验，同时反思其中存在的问题。此次纳入丛书结集出版，不仅展现了国际相关领域的前沿探索成果，也对当前国际国内广泛开展的乡村振兴建设具有积极的启示和借鉴作用。

非遗的内容十分广泛，研究非遗的学科也很多。因此，本套丛书所收论文不仅涉及民俗学、人类学、民族学、考古系、艺术学、体育学等人文社会学科，还包括了数学、天文历法学、医学等理工类学科的探索。各册中既有历时性的审视，又有共时性的对照；既有宏观的理论分析，也有具体的案例研究，以及在操作层面上的建言献策；既从多方面展现了中国自开展非遗保护工作以来所取得的成就，也揭示出其中交织的复杂张力以及学界对其的深刻反思。在很大程度上，该丛书是“中国非遗

---

① 例如陶立璠、樱井龙彦主编：《非物质文化遗产学论集》，学苑出版社2006年版。

研究 20 年”的一次成果检视。

本套丛书的出版得到北京高校高精尖学科“文化遗产与文化传播”建设项目的资助。该项目于 2019 年 5 月获批立项，由北师大文学院牵头，联合历史学院、艺术与传媒学院等联合建设，目的是依托北师大深厚的人文学科基础，统合校内外相关研究和教学力量，建设一个以中国优秀传统文化为基础、以非物质文化和区域文化为主体、以文旅融合和文化传播为特色的优势特色学科和新兴前沿交叉学科。同年 12 月，作为该项目的重要成果，北师大非物质文化遗产研究与发展中心成立，在继承和发挥北师大以往的民俗学学科优势的基础上，为强化非遗研究、人才培养和产教融合，搭建了一个新的国际化的交流合作平台。

2021 年对中国非遗工程而言具有特殊的意义：2021 年是中国昆曲入选联合国教科文组织《人类口传和非物质文化遗产代表作名录》20 周年，也是《中华人民共和国非物质文化遗产法》颁布 10 周年。值此之际，将中国学人的研究成果加以梳理、总结和集中展现，无疑有助于我们更好地认识非遗的本质与规律，增进本土非遗理论的建设，促进非遗保护与发展的实践，并为国际社会贡献中国经验和视角。

是为序。

杨利慧

2021 年 5 月 9 日

作者基本信息

（以文集中出现先后为序）

［日本］爱川纪子（Noriko Aikawa-Faure），联合国教科文组织非物质文化遗产部前主任

［比利时］马克·雅各布（Marc Jacobs），比利时安特卫普大学教授

巴莫曲布嫫，中国社会科学院民族文学研究所研究员

陈志勤，上海大学社会学院副教授

康丽，北京师范大学文学院教授

［越南］阮氏红蓉（NGUYEN Thi Hong Nhung），越南国家文化艺术研究院博士

［伊朗］阿图萨·穆梅尼（Atousa Moemeni），伊朗基金会科学研究和国际合作办公室博士

［塞尔维亚］拉迪察·格利戈里奇（Radica Gligoric），塞尔维亚可持续发展非物质遗产论坛主持人

邢莉，中央民族大学文学院教授

刘双双，中央民族大学民族学社会学学院人类学专业博士生

刘明，中央民族大学科研处干部

安德明，中国社会科学院文学研究所研究员

杨利慧，北京师范大学文学院教授

［希腊］斯塔夫鲁拉—维利·佛托普露（Stavroula Fotopoulou），希腊文化和体育部现代文化遗产局局长

黄永林，华中师范大学国家文化产业研究中心教授

肖远平，贵州师范大学文学院教授

王伟杰，贵州民族大学文学院副教授

［印度］阿纳尼娅·巴塔查里亚（Ananya Bhattacharya），banglanatak dot com 主管

代改珍，北京联合大学旅游学院副教授

［韩国］庾喆仁（Chul-In Yoo），韩国济州大学教授

［保加利亚］伊格利卡·米什科娃（Iglika Mishkova），保加利亚科学院民族志博物馆民族学与民俗学研究所助理教授

［美国］迈克尔·迪伦·福斯特（Michael Dylan Foster），美国加州大学戴维斯分校民俗学教授

王霄冰，中山大学中文系、中国非物质文化遗产研究中心教授

郑裕宝，云南大学中文系民俗学 2018 级硕士研究生

唐璐璐，北京外国语大学艺术研究院副教授

［斯洛文尼亚］柏佳娜·罗杰里·什卡法尔（Bojana Rogelj Škafar），斯洛文尼亚民族志博物馆顾问、馆长

吴新锋，石河子大学新疆非物质文化遗产研究中心教授

柏仙爱，石河子大学文学艺术学院 2019 级民间文学方向硕士研究生

马知遥，天津大学国际教育学院教授

刘垚瑶，天津大学建筑学院 2017 级博士研究生

马道玥，天津大学教育学院硕士研究生

［韩国］咸翰姬（Hanhee Hahm），韩国全北国立大学非物质文化研究中心教授

［波兰］伊娃·克莱科特（Ewa Klekot），波兰华沙大学设计学院，波兰社会科学与人文大学博士

毛巧晖，中国社会科学院民族文学研究所研究员

万建中，北京师范大学文学院教授

江帆，辽宁大学文化传播学院教授

任雅萱，山东大学儒学高等研究院副教授

萧放，北京师范大学社会学院教授

张士闪，山东大学儒学高等研究院教授

萧淑贞，北京师范大学联合国教科文组织国际农村教育研究与培训中心副教授

目　　录

一　非遗促进乡村振兴:理论探索

二　非遗促进乡村振兴:实践与经验

三　社区的主体性与乡村振兴

四　遗产旅游与乡村振兴

五　列入非遗名录对乡村的影响

六　民间工艺与乡村振兴

七　乡村振兴与遗产化反思

八　作为资源的口头传统

九 非遗对于乡村振兴的意义

附 录

Contents

PART Ⅰ ICH Revitalizes Rural Areas: Theoretical Explorations

PART Ⅱ ICH Revitalizes Rural Areas: Practice and Experience

PART Ⅲ Subjectivity, Community and Rural Revitalization

PART Ⅳ Heritage Tourism and Rural Revitalization

PART Ⅴ Inscription on the ICH List and Its Impacts on Rural Areas

PART Ⅵ Folk Crafts and Rural Revitalization

Appendix

一

非遗促进乡村振兴：理论探索

政策视角下的非物质文化遗产保护与地方发展*

[日本] 爱川纪子（Noriko Aikawa-Faure）

唐璐璐译**

摘　要：自2003年《保护非物质文化遗产公约》于2006年生效以来，在非物质文化遗产的框架内，开始出现谨慎利用非遗保护来促进当地经济和社会发展的举措。保护非物质文化遗产政府间委员会一直审慎对待此问题。最初，委员会主要关注非遗保护中商业化的负面影响；后来，讨论发展为承认对非遗的经济利用可以对其可持续性、振兴以及为相关社区的经济、社会发展作出贡献。通过回顾历届委员会会议和《公约》缔约国大会会议的辩论，可以洞见有关该主题的讨论是如何发展的。日本的遗产发展实践注重将遗产保护与地方发展相结合，并逐步修订了文化遗产相关法律。根据修订后的法律，遗产政策的实施权力被下放到地方行政部门，遗产保护行动的主要目标是促进各地区和当地社区的经济、社会发展。①

关键词：政府间委员会；商业化；社区；可持续发展；乡村振兴

---

* 原文刊于《民俗研究》2020年第1期。

** 爱川纪子，联合国教科文组织非物质文化遗产部前主任；唐璐璐，北京外国语大学艺术研究院副教授。

① 译者注：原文摘要较长，译者根据文章内容进行了适当调整。

吉尔吉斯斯坦代表团在保护非物质文化遗产政府间委员会[①]第七届会议上的发言，是委员会开始接受保护非物质文化遗产与经济、社会发展之间具有兼容性观点的转折点。在关于《人类非物质文化遗产代表作名录》提名的讨论中，吉尔吉斯斯坦代表团声明了其立场，反对评审机构[②]因其保护计划中包括了地毯的商业化而对该国提名项目“吉尔吉斯族传统毛毡地毯工艺”进行的批评。该代表团认为，保护手工艺将不可避免地与商业化以及当地社区的经济联系起来。因此，该代表团支持这样的观点：经济发展不会破坏非遗的保护；相反，它有助于保护非遗，应将其视为非遗可持续发展的一部分。该代表团主张，经济发展应与保护非遗相辅相成。

在此之前，评审机构的成员大多是人类学家和民俗学家，委员会也一直在系统地批评被提名的非遗项目的商业用途。原因可能是，对于“遗产”的道德责任往往会阻止在经济方面的考量，因为这可能“破坏遗产的纯粹性”[③]。例如，瑞吉纳·本迪克斯（Regina Bendix）认为，非常有趣的是，从文化人类学的角度来看，人们不断尝试“将遗产的理想主义和经济工具化彻底分离”。[④]

理查德·库林（Richard Kurin）曾指出，尽管经济在文化传统的可持续发展方面发挥着重要作用，但 2003 年《保护非物质文化遗产公约》并

---

① 译者注：为行文便捷，本文在下文的论述中，除专有文件或固定说法外，在首次出现全称后，“保护非物质文化遗产政府间委员会”简称为“委员会”，“非物质文化遗产”简称为“非遗”，“2003 年《保护非物质文化遗产公约》缔约国大会”简称为“缔约国大会”，“《实施〈保护非物质文化遗产公约〉的业务指南》”简称为“《业务指南》”，“2003 年《保护非物质文化遗产公约》”简称为“《公约》”，“《改变我们的世界：2030 年可持续发展议程》”简称为“2030 年议程”。

② 此处的“评审机构”（Evaluating Bodies），包括负责评审《急需保护的非物质文化遗产名录》等的“咨询机构”（Consultative Body）和负责评审《人类非物质文化遗产代表作名录》的“附属机构”（Subsidiary Body）。这些机构自 2015 年起，被统一为“审查机构”（Evaluation Body）。

③ Regina Bendix，“Intangible Heritage”，in L. Smith and N. Akagawa，eds.，*Heritage Between Economy and Politics：an Assessment from the Perspective of Cultural Anthropology*，New York：Routledge，2009，p. 258.

④ Regina Bendix，“Intangible Heritage”，in L. Smith and N. Akagawa，eds.，*Heritage Between Economy and Politics：an Assessment from the Perspective of Cultural Anthropology*，New York：Routledge，2009，p. 259.

未明确表明保护非遗与经济、社会发展进程之间的联系。[①] 在 2015 年通过《实施〈保护非物质文化遗产公约〉的业务指南》“在国家层面上保护非物质文化遗产和可持续发展”这一新章节之前，联合国教科文组织（UNESCO）也没有任何文件阐明这一重要问题。

本文首先将重点关注在委员会会议和 2003 年《保护非物质文化遗产公约》缔约国大会会议[②]中关于非遗和经济问题的讨论线索，以便阐明这场讨论是如何演变的；然后，以日本处理这一问题的方式为例加以说明。受逐渐发展的利用地方非遗振兴乡村的国家政策鼓励，同时受到国土交通省、农林水产省等部门相关措施的鼓舞，日本文化厅修订了 1950 年颁布的《文化财保护法》。根据修订后的法律，可以利用当地传统和民俗文化表现形式，促进有关地区的经济和社会发展。

一　委员会与缔约国大会关于非遗经济开发的讨论

《公约》于 2006 年生效后的两年里，在将此前宣布的 90 项《人类口头和非物质遗产代表作》纳入《人类非物质文化遗产代表作名录》[③] 之前，委员会就对非遗项目过度商业化及旅游业开发发出了警示。缔约国大会第二届会议主席谢里夫·卡兹纳达尔（Cherif Khaznadar）在委员会第三届会议[④]的开幕式上发表讲话，警示了经济利用对相关代表作可能产生的不利影响。他表示，他已被告知这种“病毒”的三种类型，如“博

① Richard Kurin, “Safeguarding Intangible Cultural Heritage: Key Factors in Implementing the 2003 Convention”, *International Journal of Intangible Heritage*, vol. 2, 2007, p. 15.

② 根据《公约》规定，缔约国大会是《公约》的最高权力机关，“大会每两年举行一次常会”。根据《保护非物质文化遗产政府间委员会议事规则》规定，委员会由根据《公约》相关规定选出的缔约国组成，“委员会应至少每年举行一次常会”。相关内容参见联合国教科文组织文化部门活态遗产处：《基本文件·2003 年〈保护非物质文化遗产公约〉2018 年版本》，巴黎：教科文组织，2018 年，见联合国教科文组织非物质文化遗产网，网址：http://ich.unesco.org/doc/src/2003_Convention_Basic_Texts-_2018_version-CH.pdf，浏览日期：2019 年 11 月 14 日。

③ 这一合并是按照《公约》第 31 条“与宣布人类口头和非物质遗产代表作的关系”的规定进行的。

④ 2008 年在土耳其伊斯坦布尔举行。

物馆化”“过度旅游开发”以及其他的“商业活动”。它们已经影响到此前宣布的一些《人类口头和非物质遗产代表作》项目。

在委员会第四届会议[①]上，评审机构再次对过度商业化可能扭曲非遗表示关切，提请委员会注意这一点，并表示这种经济进程应由相关社区掌控。委员会随后讨论并通过了《业务指南》中与“提高对非物质文化遗产的认识”[②] 相关的内容，其中包含“与非物质文化遗产有关的商业活动”[③] 相关条款。这些关于商业活动的条款，虽然也承认商业和贸易活动可以提高人们对非遗的认识，提高相关社区的生活水平；但也坚定地强调，这些商业活动和贸易不应该影响非遗的性质和存续力，相关社区应当是这些活动的主要受益方。条款也进一步强调了避免商业性滥用，以可持续方式管理旅游业，寻求商业方、公共管理和文化从业者利益之间的适当平衡，确保商业使用不会歪曲非遗之于相关社区的意义和目的。

然而，对于非遗商业化的担忧依然存在。在委员会第五届会议[④]期间，评审机构指出了保护计划中所包含的商业活动情况[⑤]并提醒委员会注意这一点。一些委员会成员，例如阿尔巴尼亚、希腊、秘鲁和乌拉圭

---

① 2009 年在阿拉伯联合酋长国阿布扎比举行。

② 《业务指南》第 IV. 1 条。译者注：具体内容参见联合国教科文组织文化部门活态遗产处：《基本文件 · 2003 年〈保护非物质文化遗产公约〉2018 年版本》，巴黎：教科文组织，2018 年，见联合国教科文组织非物质文化遗产网，网址：http：//ich. unesco. org/doc/src/2003_Convention_Basic_Texts－_2018_version－CH. pdf，浏览日期：2019 年 11 月 14 日。

③ 《业务指南》第 116 条、117 条。该内容是《公约》秘书处考虑到在伊斯坦布尔委员会会议上的讨论，进而同缔约国进行协商而起草的。在伊斯坦布尔会议上，委员会批评《公约》秘书处提出的草案文本过于简单，因此要求秘书处在同缔约国进行书面协商后重新起草。最初的草案没有包括有关商业化的内容。这些内容是在考虑缔约国意见后增加的。译者注：具体内容参见联合国教科文组织文化部门活态遗产处《基本文件 · 2003 年〈保护非物质文化遗产公约〉2018 年版本》，巴黎：教科文组织，2018 年，见联合国教科文组织非物质文化遗产网，网址：http：//ich. unesco. org/doc/src/2003_Convention_Basic_Texts－_2018_version－CH. pdf，浏览日期：2019 年 11 月 14 日。

④ 2010 年在肯尼亚内罗毕召开。

⑤ “附属机构注意到若干提名项目在商业方面以及旅游方面的意图。有些委员亦认为，把某些娱乐活动视为非物质文化遗产是难以接受的。”参见附属机构报告（ITH/10/5. COM/CONF. 202/6，第 37 条）。

（观察员国）[①] 认为，将一些商业性的项目列入名录，特别是允许它们使用《公约》的徽标[②]，可能会损害《公约》的信誉。

委员会第六届会议[③]继续出现了类似情况。评审机构[④]再次展示了非遗商业化的一些案例，尤其是关于手工技艺的。例如白俄罗斯的“毛毡工艺”[⑤]，印度的“传统铜器制作工艺”[⑥]。评审机构重申，提名项目的国家应该确保相关经济措施不影响该项目在相关社区的社会功能，并且这些活动的主要受益方应是相关社区。但是委员会也赞扬了韩国“寒山地区的麻织传统”项目，认为其保护计划中包含地理标志，可以被视为积极的商业化。

在委员会第七届会议[⑦]上，评审机构对待非遗商业化的方式开始出现了一种新趋向。在关于“吉尔吉斯族传统毛毡地毯工艺”项目的讨论中，吉尔吉斯斯坦代表团对其提名项目因商业化而遭受批评进行了辩护。他们认为，手工艺与当地经济紧密联系，经济活动不会降低手工艺的文化价值，“商业化”应该被更好地视为“可持续发展活动”。此外，他们还

---

① 译者注：根据《公约》第二章第 5 条、第 6 条规定，目前，委员会委员国的数量为 24 个；“委员会委员国由本公约缔约国大会选出，任期四年”。根据《保护非物质文化遗产政府间委员会议事规则》规定，“非委员会委员国的《公约》缔约国可以观察员身份出席委员会届会”。参见联合国教科文组织文化部门活态遗产处：《基本文件·2003 年〈保护非物质文化遗产公约〉2018 年版本》，巴黎：教科文组织，2018 年，见联合国教科文组织非物质文化遗产网，网址：http：//ich. unesco. org/doc/src/2003_Convention_Basic_Texts - _2018_version - CH. pdf，浏览日期：2019 年 11 月 14 日。

② 参见委员会第五届会议相关决议（ITH/10/5. COM/CONF. 202/Decisions，DECISIONS 5. COM 6，第 6 条）：“考虑到实施《业务指南》第 117 条和 149 条中关于《公约》徽标保护和使用的重要性，恳请采取所有必要的措施，避免徽标的商业滥用，特别是在涉及多个领域的共有项目中通过使用《公约》徽标以达到商业工具化和品牌化的目的。”

③ 2011 年在印度尼西亚巴厘岛举行。

④ 此处是指负责评审申报《急需保护的非物质文化遗产名录》《优秀实践名册》及 2. 5 万美元以上国际援助申请的咨询机构。

⑤ 委员会决定参考这一事实，该提名项目强调了列入名录的商业利益，但没有提供足够的资料说明该项目的列入如何有助于确保非遗的广泛可见性，或鼓励文化间对话，或缓解过度商业化的风险。参见委员会第六届会议相关决议（ITH/10/5. COM/CONF. 202/Decisions，DECISIONS 6. COM 13. 1）。

⑥ 参见委员会第六届会议相关决议（ITH/10/5. COM/CONF. 202/Decisions，DECISIONS 6. COM 13. 21）。

⑦ 2012 年在法国巴黎举行。

指出，“企业和政府都可以通过文化旅游、博物馆和手工艺发展参与到保护进程中，文化和经济问题是互补的”①。摩洛哥代表团对此表述作出回应，认为这是一个经常出现的问题，因此委员会需要澄清其立场。② 比利时代表团进一步指出，《业务指南》需要包括关于如何处理保护、经济领域和可持续发展之间关系的建设性指导意见。巴西代表团指出，鼓励手工艺生产可以发展一种创意经济，市场营销应被视为一种合理的保护措施。西班牙代表团补充道：“商业化和保护问题应该以协调的方式来处理，而不是将商业化和保护置于对抗之中。”③ 根据这些讨论，委员会提请《公约》秘书处④详细阐述与非遗商业化有关的条文⑤，并且在下一届会议上在《业务指南》中提出关于商业化和可持续发展的建议草案。

委员会第八届会议⑥设立了一项独立议程，专门讨论保护、商业化和可持续发展之间的关系。⑦ 秘书处在回顾委员会上届会议就这一点发表的意见后表示，相关文件⑧建议修订《业务指南》第 116 条和 117 条，仅限于在“提高认识”这一章的框架内，因为这个问题的复杂性远远超出这个主题。他们建议在《业务指南》中新增一章，重点关注“在国家层面上保护非物质文化遗产和可持续发展”，非遗对创意经济的贡献和商业化问题等则可以在其分章中讨论。此项建议为《公约》秘书处提供了一个绝佳机会，可以启动一项新的倡议，将非遗与可持续发展联系起来，以

---

① 参见委员会第七届会议《摘要记录》第 116 条，该《摘要记录》经委员会第八届会议通过（ITH/13/8. COM/4）。

② 摩洛哥于 2014 年在拉巴特组织了一次专家会议，主题就是非遗及其商业化。专家们讨论了经济与非遗之间的关系，认为非遗与经济之间的关系不能简化为严格的商业和统计维度；事实上，这已经超越了这些简单的概念。委员会第七届会议《摘要记录》第 388 条。

③ 参见委员会第七届会议《摘要记录》第 176、177、182、185、187 和 408 条。

④ 参见委员会第七届会议相关决议（ITH/11/6. COM/Decisions，DECISION 7. COM 7，第 6 条）。

⑤ 《业务指南》第 116 条、117 条。译者注：具体内容参见联合国教科文组织文化部门活态遗产：《基本文件 · 2003 年〈保护非物质文化遗产公约〉2018 年版本》，巴黎：教科文组织，2018 年，见联合国教科文组织非物质文化遗产网，网址：http：//ich. unesco. org/doc/src/2003_Convention_Basic_Texts – _2018_version – CH. pdf，浏览日期：2019 年 11 月 14 日。

⑥ 2013 年在阿塞拜疆巴库举行。

⑦ “《业务指南》关于保护、商业化和可持续发展的修正案草案”，参见委员会第八届会议文件（ITH/13/8，COM/13. a）。

⑧ 参见委员会第八届会议文件（ITH/13/8，COM/13. a）。

弥补之前内部监督评估报告[①]中所指出的空白。该报告指出，令人遗憾的是，《公约》没有说明非遗是否与可持续发展相容或如何与可持续发展相容，而且《业务指南》没有解释非遗如何促进可持续发展。此外，该报告建议采取行动以遵循各国和不同利益攸关方提交的定期报告中所表达的意见，这些意见在很大程度上承认了非遗对可持续发展的充分贡献，特别是对参与者相关社区的经济贡献。作为进一步的理由，《公约》秘书处还回顾了成都会议[②]的一项提议。[③]

2015 年 9 月，在联合国可持续发展首脑会议上通过了《改变我们的世界：2030 年可持续发展议程》，提出所有联合国机构和会员国在制定其政策时都应与“2030 年议程”所包含的原则保持一致。2015 年 6 月，联合国教科文组织世界遗产大会还通过了《将可持续发展愿景融入世界遗产公约进程的政策》。该文件也促使委员会起草类似的文件。《公约》秘书处提出的时间表是：于 2014 年组织一次专家会议，以起草《业务指南》的新章节；在 2015 年的委员会第十届会议上提交新章节的草案；在 2016 年提交缔约国大会第六届会议。委员会通过了《公约》秘书处此项时间表。

委员会第九届会议[④]讨论了 2014 年 9 月在土耳其举行的专家会议起草的《业务指南》新章节“在国家层面上保护非物质文化遗产和可持续发展”的初稿。[⑤] 该草案包括四项内容：“包容性社会发展”“包容性经济发展”“环境的可持续发展”以及“和平与安全”。在讨论中，比利时代表团和阿富汗代表团提出对可持续发展概念的澄清。圣卢西亚代表团

---

① Evaluation of UNESCO's Standard-setting Work of the Culture Sector, Part I – 2003 Convention for the Safeguarding of the Intangible Cultural Heritage, Final Report, Internal Oversight Service, Evaluation Section, October 2013 (IOS/EVS/PI/129 REV).

② 2013 年 6 月，在成都举行会议，以纪念《公约》通过 10 周年。

③ 《成都展望》(*Chengdu Recommendations*) 第 5 段：“我们呼吁国际社会重申对《公约》基本前提的承诺，即非物质文化遗产是可持续发展的保障。在全球制定 2015 年后可持续发展议程之际，必须认识到非物质遗产在人类生活无数领域的重要性。我们注意到 2013 年 5 月在杭州举行的以‘文化：可持续发展的关键’为主题的国际会议，并赞同其宣言：‘包容性经济发展应该……通过以可持续维护、保护和促进遗产发展为重点的活动来实现’。”(ITH/13/EXP/8)

④ 2014 年在法国巴黎举行。

⑤ 参见委员会第九届会议文件 (ITH/14/9, COM/13. B)。

对可持续发展被过分强调而不利于保护非遗的这种可能性持谨慎态度。摩洛哥代表团指出，非遗与可持续发展之间的关系远超经济层面，还包括健康、环境、社会和文化等。值得注意的是，尽管评审机构继续对非遗的经济利用表示谨慎，但2015年的许多提名项目都将其保护计划与一般的可持续发展联系起来，特别是以积极的方式对非遗进行经济开发。本次委员会决定将《业务指南》新章节草案提交2015年委员会第十届会议。

2015年对于整个联合国系统来说，是历史性的一年。“2030年议程”是联合国大会通过的2015年以后的发展议程。该议程通过了17项可持续发展目标以及尊重人权、平等性和可持续性的基本原则，形成了行动计划，以对应经济、社会和环境三个方面的可持续发展。

经过漫长的讨论，委员会第十届会议[①]通过了《业务指南》新增第六章的草案“在国家层面上保护非物质文化遗产和可持续发展”。韩国提出，鉴于草案文本的政策性质，它应作为《业务指南》的附录而不是一个独立的章节出现；除此之外，本次委员会没有进行其他实质性的讨论。委员会决定将《业务指南》新章节于2016年6月提交缔约国大会第六届会议。

在缔约国大会第六届会议[②]上，《公约》缔约国审议了新增第六章草案“在国家层面上保护非物文化遗产和可持续发展”[③]，逐段审查了共27条内容。在讨论之初，缔约国似乎普遍同意包括“包容性社会发展”“包容性经济发展”“环境的可持续发展”以及“和平与安全”四个分章的草案文本。但是，一些国家，特别是拉丁美洲和加勒比地区的国家，对《公约》秘书处提出的文本不满意，甚至试图否定秘书处提出的新增非遗和可持续发展章节的这一倡议。[④] 巴西批评草案的文本结构与联合国的文件结构之间“缺乏和谐”。其主要论点是，草案文本第四分章跟“和平与安全”相关的内容，并未列入联合国的“2030年议程”。“2030年议程”只包括经济、社会和环境发展这三大支柱。尽管联合国文件在其序言中提到“和平与安全”是一个贯穿各领域促进可持续发展的主题，但巴西

---

① 2015年在纳米比亚温德和克举行。

② 2016年在法国巴黎举行。

③ 参见缔约国大会第六届会议议程《业务指南》的修订（ITH/16/6，GA-7）。

④ 缔约国大会第六届会议《摘要记录》（ITH/18/7，GA/INF.1），议程：《业务指南》的修订。

代表团表示，“和平与安全”是一个复杂的政治问题，因此《业务指南》第四分章关于“和平与安全”的内容应该被删除。[①] 拉丁美洲和加勒比地区的一些国家以及菲律宾、巴勒斯坦、阿尔及利亚、埃及和葡萄牙等国同意巴西的观点，认为“和平与安全”事实上不是《公约》的目标。但是，拉脱维亚、挪威、瑞典、意大利、法国、希腊、塞浦路斯、摩洛哥、塞内加尔等大多数缔约国，倾向于以最初形式保留第四分章“和平与安全”的文本。

在讨论“包容性社会发展”的主题时，巴西代表团再次提出了异议。他们提出，鉴于《公约》的目标并不是解决医疗保健、粮食安全、优质教育和安全用水等非常困难和复杂的问题，而是使《公约》与“2030 年议程”中的关注事项相适应、相协调，因此，语言的使用不应该是独断的和规定性的，例如不应包括“必须”（must）等词汇。[②]

经过两天的长时间辩论和许多修订，《业务指南》拟增第六章的所有 27 条都获得了通过。但是，在通过《业务指南》的整体修订草案时，印度、菲律宾、巴勒斯坦、巴西、圣文森特和格林纳丁斯、埃及、哥伦比亚、葡萄牙等国也质疑该文件是否应列入《业务指南》。以《世界遗产公约》类似的文件为例，它们被称为“政策文件”，并未被列入《实施〈世界遗产公约〉操作指南》。这些代表团呼吁联合国教科文组织的法律顾问就《业务指南》包含这 27 条规定的适用性发表意见。在联合国教科文组织法律办公室确认后，经过两天半激烈辩论的议程，“《业务指南》的修订”才最终得以通过。在该文件的四大支柱中，第二个支柱，即“包容性经济发展”的条文下包括三个方面的内容：“创收和可持续生活”“生产性就业和体面工作”“旅游业对非物质文化遗产的影响，及非物质文化遗产对旅游业的影响”。[③]

---

① 此外，巴西代表团还提出了若干修正案，使联合国教科文组织文件中使用的词汇与联合国“2030 年议程”文件中的词汇相一致。

② 此外，巴西代表团及其盟国坚持认为，《业务指南》第六章草案中使用的词汇应与其他联合国相关文件中使用的词汇相一致，如“2030 年议程”、《生物多样性公约》等。

③ 译者注：参见联合国教科文组织文化部门活态遗产处《基本文件 · 2003 年〈保护非物质文化遗产公约〉2018 年版本》，巴黎：教科文组织，2018 年，见联合国教科文组织非物质文化遗产网，网址：http：//ich. unesco. org/doc/src/2003_Convention_Basic_Texts - _2018_version - CH. pdf，浏览日期：2019 年 11 月 14 日。

二 日本的文化遗产保护政策及发展

日本关于非遗的保护政策主要经历了三个阶段，而2018年对《文化财保护法》的修订可以被视为第四阶段的开始。第一阶段始于1950年颁布《文化财保护法》，涉及有形和无形文化财。1954年对该法的修订创建了“人间国宝”制度，其中包含的文化遗产保护概念是在物质文化遗产保护模式的基础上发展出来的，其特征是国家通过选择的过程来保护文化遗产。能够从国家保护行动中受益的文化遗产是符合审美和历史价值标准的物质和非物质遗产。第二阶段始于1974年修订《文化财保护法》。修订后的法律将民俗文化表现形式也视为文化遗产，这将国家保护的范围拓展至民俗文化财。第三阶段则发生在20世纪90年代和21世纪初。当时，日本出台了一项新政，将文化遗产保护与农村地区的经济和社会发展联系起来。自20世纪90年代以来，由于地方产业凋敝和由此造成的人口外流，日本乡村地区的经济停滞比城市地区更严重。在此情况下，这些地区民俗文化表现形式的生存也受到了威胁。一些部门首先尝试保护这些民俗文化表现形式，包括传统和宗教节日、当地的饮食方式和当地的手工艺品，以便利用它们推动旅游业发展，促进区域经济和社会发展。1992年，在国土交通省的倡议下，制定了关于振兴地方文化和促进各地区传统文化传播的法律，通常被称为“节日法”①。这标志着文化遗产保护政策转向的第一次尝试，即允许对民俗文化表现形式和手工艺品的振兴进行分散管理。而在此之前，仅仅是保护国家选择的民俗文化表现形式。1999年，农林水产省还颁布了《粮食、农业与农村基本法》，承认农业的一项职能是尊重文化传统。② 根据这项法律，包括饮食方式在内的当地农业传统得到了保护、振兴和促进。国土交通省、经济产业省等还通过振兴和开发当地文化和历史遗产，推动地区振兴的战略。

---

① 该法是与其他部门联合制定的，包括经济产业省、农林水产省、文部科学省等。

② 《粮食、农业与农村基本法》第3条：考虑到维护公民生活和国民经济稳定的重要性，除了作为主要的粮食供应者的传统角色之外，农业还在农村的稳定生产发挥着多重作用，包括保护国土、水资源、自然环境，形成良好的景观，以及尊重文化传统，这在未来应充分发挥作用。

也许是受上述措施的启发，日本文化厅于2001年制订了“故乡文化再生事业”计划。根据该计划，文化厅为地方政府提交的振兴和保护民俗文化表现形式的总体规划提供补贴，例如当地节日、当地传统或民间表演艺术。总体规划一般包括通过培训新一代来振兴民俗文化表现形式；提供服装、面具和其他必要设备，使当地文化传统得以传承；制作视听文件。该计划的创新之处在于，可以对国家未指定为“重要无形民俗文化财”的民俗文化表现形式的相关保护活动给予补贴。2001年，日本全国47个一级行政区全部提交了总体规划，每个行政区都获得了约90万美元的补贴，用于保护和振兴传统和民俗文化表现形式。其中，绝大多数属于民间表演艺术；其次是传统手工艺、节庆活动、仪式和习俗。作为保护措施，许多规划都提出了振兴和传播传统和民俗文化表现形式。然而，令人遗憾的是，大多数总体规划都仅仅关注遗产保护计划，而没有将其扩展到村庄、城镇和城市的经济振兴。①原因似乎是，中央政府官员和当地都没有理解新计划的目的和新的分散管理理念。②

在利用传统和民俗文化表现形式促进旅游发展的政府倡议的鼓励下，许多地方推动了当地节日和传统表演的发展，特别是那些希望吸引游客到偏远地区的。但是，也并非所有社区或村庄都接受这些举措。八重山群岛（Yaeyama Islands）的一个偏远岛屿竹富岛（Taketomi），其“种子取祭”是居民一年一度的重要仪式或节日。在持续一周的时间内，当地居民会在祭神活动中举行70多场传统仪式、戏剧、舞蹈和音乐的表演。这一活动已被认定为日本“重要无形民俗文化财”。岛上的经济完全依赖于旅游业，日本和欧洲的游客喜欢来此欣赏美丽的传统建筑、街道和白色沙滩。然而，竹富岛居民每年在节日期间都会停止所有的旅游活动，关闭岛上所有的酒店、旅馆、商店和餐馆。居民都投入节日的祭神活动中。③这是当地社区为了举办一年一度的节日而在一年中暂停旅游业一周

---

① 仅有六项计划是与“地方创生”运动联系在一起的。“地方创生”运动于2001年由国土交通省发起，近年由首相办公室负责。

② 岩本通弥：『「ふるさと文化再生事業」政策立案過程とその後』，岩本通弥编：『ふるさと資源化と民俗学』，吉川弘文馆2007年版，第37—61页。

③ 森田真也：『「文化」を指定するもの、実践するもの：生活の場における「無形民俗文化財」』，岩本通弥编：『ふるさと資源化と民俗学』，吉川弘文馆2007年版，第129—160页。

的例子。因为尽管旅游业得到了广泛发展，但当地强大的精神传统仍然存在。

另一个案例是，在当地政府政策的支持下，日本北部偏远的桧枝岐村由原来与世隔绝的村庄变成了一个旅游村。村民们习惯在神社的庭院里表演当地传统的歌舞伎，以此表达对神灵的尊敬。民俗学家对这些表演给予了很高的评价。但直到1999年，村民才同意将歌舞伎列入“重要无形民俗文化财”，并接受国家对歌舞伎保护的资助。有一次，游客希望他们在村里的文化中心演出，但村民拒绝了。显然，他们认为，向游客进行表演会改变其性质。他们被要求在神社外面向外国观众进行表演；而此前他们一直是在神社的场所为当地公众进行表演，而这些人与他们一样都是信徒，在某些情况下还参与祈祷。①这是按照社区成员意愿去决定如何重振文化传统以及为谁重振文化传统的另一个例子。然而，这两个案例都是例外，大多数社区倾向屈服于地方政府或经济开发商的压力，将他们的传统和民间表演服务于旅游业。如今，需要采取的最紧要措施应该是提高社区成员的认识，由他们决定如何振兴其传统文化表现形式。为了实现这一目标，社区成员必须有权作出自己的决定。为此，文化中介人或文化经纪人，如民俗学家和人类学家以及其他文化工作者可以协助他们。

在以上各部门通过若干举措从经济、社会和文化发展的角度利用文化遗产振兴乡村尤其是贫困地区之后，日本文化厅在2018年修订了《文化财保护法》。此次修订，是文化遗产政策的重大变革，标志着日本非遗保护政策的发展进入第四阶段，因为它更注重遗产的振兴、促进和开发，而不是保护本身。修订后的该法，目的是振兴日本各地区，特别是乡村地区，因为这些地区一直处于经济停滞和人口流失的困境。这一转向的主要特点是将遗产管理权力从中央下放到地方。一级行政区将制定自己的文化遗产发展战略，地方政府将起草振兴和利用文化遗产促进当地经济和社会发展的总体规划。经批准，中央政府将对实施保护和利用文化遗产的计划予以补贴，包括物质与非物质遗产，也不论其是否被认定为

① 苏理刚志:『奥會津檜枝岐村の観光地化と地域の論理』，岩本通弥编:『ふるさと資源化と民俗学』，吉川弘文馆2007年版，第161—190页。

重要文化财。据了解，世界文化遗产地平泉（Hiraizumi）就正在进行一项总体规划，要在一座12世纪的宫殿遗址上建一座儿童乐园。

三　结论

自《公约》于2006年生效以来，委员会一直在谨慎地讨论非遗保护及其经济利用的问题。在2008—2011年的四届委员会会议上，评审提名项目文件的机构对非遗的商业化持否定态度，他们深切关注商业化对非遗项目及其实践社区的不利影响。每次会议期间，评审机构都向委员会报告，他们的成员对一些提名项目中所包含的商业因素感到义愤填膺。但是，后来的讨论逐渐进展到，承认对非遗的经济利用可以为其可持续性、振兴以及相关社区的经济、社会发展作出贡献。当然，这有一个前提，就是要采取一些必要措施来缓解经济活动对非遗项目和相关社区的不利影响。即使在最近的委员会会议[①]期间，审查机构也提到了一些不建议列入名录的案例，其提名文件中包含过度商业化的内容，却没有表明如何应对这种负面影响的措施。

瑞吉纳·本迪克斯曾在2009年预测，遗产的经济利用不应该被忽视，“因为会对遗产在身份话语中的作用产生影响”[②]。当联合国在2015年开始讨论“2030年议程”的可持续发展目标时，这一主题对委员会来说变得更为重要。然而，委员会接受非遗与经济、社会发展之间的联系是一个漫长的过程。缔约国大会通过《业务指南》的新章节“在国家层面上保护非物质文化遗产和可持续发展”，就是一个非常波折的过程。

就日本而言，值得注意的是，是文化厅之外的其他部门采取了将遗产保护与乡村发展相结合的新政策；而文化厅的政策重点是保护文化遗产本身和保护国家指定为“重要无形民俗文化财”的遗产。这可能是因为国土交通省和农林水产省更贴近乡村社区，它们更加了解，首先需要

① 2018年11月26日至12月1日举行的委员会第十三届会议。

② Regina Bendix, “Intangible Heritage”, in L. Smith and N. Akagawa, eds., *Heritage Between Economy and Politics: An Assessment from the Perspective of Cultural Anthropology*, New York: Routledge, 2009, p. 266.

保证这些民俗文化表现形式实践者的生计，才能进而确保文化遗产的活力。最重要的是，所有利益相关者，特别是拥有和实践当地文化遗产的社区成员，充分了解 2018 年修订《文化财保护法》所涉及的问题，将使得他们能够决定如何实现文化遗产的振兴。修订后的法律于 2019 年 4 月正式生效。希望日本的当地社区能有足够的权力来处理他们的文化资产，是出于自己的需求使用它们；并且，他们的遗产不会成为谢里夫 · 卡兹纳达尔所警告的“博物馆化”“旅游过度开发”或者其他“商业活动”等“病毒”的受害者。

文化经纪与活态遗产培育：比利时豪特姆年市及《保护非物质文化遗产公约》中的相关问题*

[比利时] 马克·雅各布 (Marc Jacobs)

唐璐璐译**

摘　要：如何在保护非物质文化遗产的问题上进行反思，使乡村的行动者能够应对当前的现实和发展，是一项挑战。“豪特姆年市：圣利芬斯—豪特姆冬季集市及畜牧市场”是比利时2010年被列入《人类非物质文化遗产代表作名录》的遗产项目，反映了乡村背景下露天市场的集市和畜牧市场文化。从长远来看，关于项目最近（列入名录之前和之后）和当下的演变，应在更广泛的制度背景下加以考虑。考察该项目的演变，可以探讨调动非遗保护范式和/或遗产价值评估方法对其发展是否有益；反思通过短链或长途贸易产生的“集市”模式在21世纪的意义，特别是面临的与动物有关的问题。通过与《实施〈保护非物质文化遗产公约〉的业务指南》新增的第六章及处理问题的成果导向框架相结合，该项目也可以体现遗产概念或当代保护方法如何发挥作用。

关键词：露天市场；集市；非物质文化遗产；遗产经纪；跨界者

“如今，就像喀什老城的大部分地区一样，巴扎经过了美化、组

---

* 原文刊于《文化遗产》2019年第3期。

** 马克·雅各布，比利时安特卫普大学教授；唐璐璐，北京外国语大学艺术研究院副教授。

织、现代化，并与过去的巴扎形式遥相呼应……欧美游客偶尔会在喀什的牲畜巴扎试驾一匹马。令人吃惊的是，马和骑手都知道该怎么做……尽管在方法和骑术风格上存在差异，但是外国骑手……可以骑上中亚马的事实，证明了骑术文化在过去的六千年里是如何在全球共享的。”①

一 文化经纪人、培训师与跨界者：由第170条引发的思考

在联合国教科文组织2003年《保护非物质文化遗产公约》（以下简称2003年《公约》）的《基本文件》② 中，《实施〈保护非物质文化遗产公约〉的业务指南》（以下简称《业务指南》）第170条提到：

> 缔约国应努力通过所有适当方式承认非物质文化遗产保护的重要性，加强非物质文化遗产作为可持续发展驱动力和保证的作用，并将非物质文化遗产保护充分融入其各层面发展计划、政策和方案。在意识到非物质文化遗产保护与可持续发展之间相互依存关系的同时，缔约国应在其保护措施中努力保持可持续发展三个方面（经济、社会和环境）的平衡，及保持它们与和平与安全之间相互依存的关系，并为此通过参与的方式促进相关专家、文化经纪人及中介人之间的合作。缔约国应承认非物质文化遗产在城乡环境中的动态性质……

《业务指南》第170条是《基本文件》中唯一一处使用了“乡村的”（rural）一词和“城市的”（urban）一词的条文。它也为适用于2003年《公约》的“恰当词汇”引入了“相关专家”“文化经纪人”（cultural

---

① James A. Millward, *The Silk Road*: *A Very Short Introduction*, Oxford: Oxford University Press, 2013, pp. 91 –92.

② 译者注：参见联合国教科文组织文化部门活态遗产处《基本文·2003年〈保护非物质文化遗产公约〉2018年版本》，巴黎：教科文组织，2018年，见联合国教科文组织非物质文化遗产网，网址：https://ich.unesco.org/doc/src/2003_Convention_Basic_Texts-_2018_version-CH.pdf，浏览日期：2019年4月16日。

brokers）和“中介人”（mediators）的重要概念；紧随其后的第171条也提到了这些概念。

这两条内容，正在将此前版本的《业务指南》与21世纪首个十年的公约文本及公约实施的第二个十年中制定的一套基本文本和工具联系起来，包括《业务指南》第六章、《保护非物质文化遗产的伦理原则》与《〈保护非物质文化遗产公约〉总体成果框架》。① 它们是两个阶段和一系列工具的桥梁，也连接了联合国《改变我们的世界：2030年可持续发展议程》（以下简称“2030年议程”）与全球本土化的伦理范式。②“城市的”一词明确与2030年议程中可持续发展目标11和第一、二、三次联合国世界人居大会议程中的优先事项以及一些新的工具相关，例如《关于城市历史景观的建议书》。该建议书开辟了联合国教科文组织1972年世界遗产范式与全球关于城市化的意识及讨论之间的工作空间。③ 初看之下，到目前为止，全球性议程对于“乡村的”这一背景，并未给予同样的关注和优先考虑。但是，本着2003年《公约》精神，同时鉴于必须考虑到全球性背景，关注人类所有形式或网络的可持续发展是不可避免的。也许“乡村的”被认为是非物质文化遗产（以下简称非遗）的默认形态，在传统意义上是一种“前工业文化”。④ 在乡村环境中，更危险的诱惑是，认为只考虑一个

① *Basic Texts of the 2003 Convention for the Safeguarding of the Intangible Cultural Heritage*, 2018 Edition, UNESCO, https: //ich. Unesco. org/doc/src/2003_Convention_Basic_Texts – _2018_version – EN. pdf。译者注：中文版参见联合国教产文组织文化部门活态遗产处《基本文件·2003年〈保护非物质文化遗产公约〉2018年版本》，巴黎：教科文组织，2018年，见联合国教科文组织非物质文化遗产网，网址：https: //ich. unesco. org/doc/src/2003_Convention_Basic_Texts – _2018_version – CH. pdf，浏览日期：2019年4月16日。

② Marc Jacobs, "Glocal Perspectives on Safeguarding: CGIs, ICH, Ethics and Cultural Brokerage", in Tomiyuki Uesugi & Mari Shiba, eds., *Glocal Perspectives on Intangible Cultural Heritage: Local Communities, Researchers, States and UNESCO, with the Special Focus on Global and National Perspectives*, Tokyo: Seijo University, 2017, pp. 49 – 71; Marc Jacobs, "La sauvegarde du patrimoine culturel immatériel et l'éthique", in Françoise Lempereur, ed., *Patrimoine culturel immatériel*, Liège: Presses universitaires de Liège, 2017, pp. 247 – 259.

③ Sophia Labadi & William Logan, eds., *Urban Heritage, Development and Sustainability: International Frameworks, National and Local Governance*, London & New York: Routledge, 2016.

④ Marc Jacobs, "Bruegel and Burke Were Here! Examining the Criteria Implicit in the UNESCO Paradigm of Safeguarding ICH: The First Decade", *International Journal of Intangible Heritage*, Vol. 9, 2014, pp. 100 – 118.

(本地)"社区"就足够了,或者更简单,甚至逃避这样的思考。但事实并非如此,《基本文件》系统地提到了"社区"(communities)、"群体"(groups)和"个人"(individuals,复数),可以简称为 CGIs,而不是"当地的(乡村)社区",例如《公约》第 15 条。[①] 世界本就是而且应该保持其复杂性、流动性和动态性;在乡村环境中同样如此,应该是活态的。

本文将调用一组"边界"的概念,它们是更广义的行动者网络理论(Actor-Network Theory)工具箱的一部分,主要围绕"边界对象"的概念展开。这是苏珊·斯塔尔(Susan Star)与詹姆斯·格里斯默(James Griesemer)在 1989 年发表的一篇影响深远的文章中提出的。他们将"边界对象"定义为:"这些对象都栖息于多个交叉的社会世界中……并且满足各自的信息需求。边界对象的可塑性足以适应当地需求和多方的约束,它们的基础性也足以涵盖各个地点间的共同点。它们在普遍应用时结构性弱,针对个别地点应用时结构性强。这些对象可以是抽象的,也可以是具体的。它们在不同的社会世界中具有不同的含义,但它们的结构是一致的,这足以让不止一个世界对此可辨识,这是转译的一种方法。"[②] 边界对象已成为行动者网络理论的基本工具之一,在广泛的应用中影响了许多研究。即使在苏珊·斯塔尔英年早逝之后,它仍在向前发展。[③]

而"跨界者"(Boundary Spanners)的概念之所以特别有趣,是因为最近关于"实践社群"(Communities of Practice)的文献中使用了该概念,尤其是联合国教科文组织近期优先考虑非遗保护范式中的学习过程、传播和教育。[④]

---

① [比利时]马克·雅各布:《不能孤立存在的社区——作为联合国教科文组织 2003 年〈保护非物质文化遗产公约〉防冻剂的"CGIs"与"遗产社区"》,唐璐璐译,《西北民族研究》2018 年第 2 期。

② Susan Leigh Star & James R. Griesemer, "Institutional Ecology, 'Translations,' and Boundary Objects: Amateurs and Professionals in Berkeley's Museum of Vertebrate Zoology, 1907 – 1939", in *Social Studies of Science*, 19, 1989, pp. 387 – 420, p. 393.

③ Geoffrey C. Bowker, Adele E. Clarke, eds., *Boundary Objects and Beyond: Working with Leigh Star*, Cambridge MA & London: The Mit Press, 2015.

④ Luciana Castro-Gonçalves, "La face cachée d'une 'communauté de pratique technologique'", *Revue De Gestion*, Vol. 5, No. 174, 2007, pp. 149 – 169; Etienne Wenger, *Communities of Practice Learning, Meaning and Identity*, New York: Cambridge University Press, 1998; Etienne Wenger, ed., *Learning in Landscapes of Practice: Boundaries, Identity, and Knowledgeability in Practice-based Learning*, London: Routledge, 2014.

此外，保罗·威廉姆斯（Paul Williams）关于边界跨越的启发性工作也是非常重要的。他强调了在协作剧院内工作的一组特定个人行动者的作用。协作剧院包括在部门内和部门间联合进行规划与提供公共服务的相关机构。这些个人行动者被称为“跨界者”，因为他们从事的是跨越边界的活动——跨越、编织与渗透许多传统的边界类型，包括组织、部门、专业和政策。[①] 这可以与转译的方法及行动者网络理论相联系，戴维·刘易斯（David Lewis）与戴维·莫斯（David Mosse）也证明了这一点。[②]

里卡多·莫尔斯（Ricardo Morse）在其关于边界跨越的具有开创意义的重要文章中，将边界跨越与化学过程进行了比较，并指出了催化剂的作用。莫尔斯对“结构催化剂”“过程催化剂”和“个体催化剂”进行了区分。而这与《业务指南》第 170 条和第 171 条特别相关。莫尔斯将管理学和行动者网络理论中的概念结合起来，通过（跨）“边界”的方式去思考。除了行动者网络理论中的“边界对象”和“跨界者”，还提到了“边界组织”（Boundary Organisations）[③] 与“边界体验”（Boundary Experiences）。这些术语在处理更复杂的当今社会、特大城市和多联结乡村的问题时似乎特别有用。在全球本土化的背景下，基于“网络”的概念对于合作至关重要，参与性方法、协作治理和“跨界”协作也应提上日程。[④]

参与到 2003 年《公约》的非遗保护范式中，是一种边界体验。[⑤] 在非遗保护和 2003 年《公约》的履约中，非政府组织可以被视为结构催化

---

① Paul Williams, *Collaboration in Public Policy and Practice*, *Perspectives on Boundary Spanners*, Bristol: The Policy Press, 2012, p. 1; Paul Williams, “Special Agents: The Nature and Role of Boundary Spanners”, in *Paper to the ESRC Research Seminar Series – ‘Collaborative Futures: New Insights from Intra and Inter-Sectoral Collaborations’*, University of Birmingham, February 2010.

② David Mosse & David Lewis, “Theoretical Approaches to Brokerage and Translation in Development”, in David Lewis & David Mosse, eds., *Development Brokers and Translators: The Ethnography of Aid and Agencies*, Bloomfield: Kumarian Press, 2006, pp. 1 – 26, p. 2.

③ Ricardo S. Morse, “Integrative Public Leadership: Catalyzing Collaboration to Create Public Value”, in *The Leadership Quarterly*, Vol. 21, 2010, pp. 231 – 245, p. 233.

④ Ricardo S. Morse, *Integrative Public Leadership: Catalyzing Collaboration to Create Public Value*, p. 231.

⑤ Ricardo S. Morse, *Integrative Public Leadership: Catalyzing Collaboration to Create Public Value*, p. 234.

剂（网络中的群体）；此外，它们也参与了过程催化剂（产生社区或共同体效应及阈限）的工作，并促进和组织个体催化剂的工作。[①] 下文将在案例研究中应用这些工具。

二 关于豪特姆年市的边界体验

2010 年，比利时的“豪特姆年市：圣利芬斯 - 豪特姆冬季集市及畜牧市场”被列入联合国教科文组织《人类非物质文化遗产代表作名录》。豪特姆（Houtem）是圣利芬斯 - 豪特姆（Sint-Lievens-Houtem）的一个村庄。圣利芬斯 - 豪特姆成立于 1977 年，由民主选举的一位市长和市议会管辖共五个村庄。官方统计数据显示，截至 2018 年 1 月 1 日，豪特姆当地共有 10255 位居民。圣利芬斯 - 豪特姆位于比利时东佛兰德斯省东南部（50°55′0″N，03°52′0″E，距离根特市中心约 25 公里，距离比利时首都布鲁塞尔约 40 公里）。一年一度的集市和畜牧市场——豪特姆年市，在豪特姆社区核心区域（939 平方千米，4500 名居民）宽阔的露天市场广场和周边的街道举办。

豪特姆年市是比利时佛兰德斯[②]仅存的一个交易牛和纯种马的大型露天市场。2007 年，曾庆祝其 1000 年的历史。年市于每年 11 月 11 日和 12 日举行，为期 48 小时。在过去的 25 年中，平均每天有 5 万人来到豪特姆村中心参加集市，这相当于用两天的时间使该地区的人数增长了 10 倍。2010 年被列入《人类非物质文化遗产代表作名录》后，该项目更享有盛誉并激发了当地的自豪感。尽管在 2010 年和 2011 年，记者对豪特姆年市兴趣高涨；但到目前为止，当地还没有大量的外国或国内游客涌入，也没有被外国旅行社发现或推销用于大众旅游。但值得注意的是发生的一些变化，列入名录的效果和影响被认为是相对积极的。

---

① Marc Jacobs, “Development Brokerage, Anthropology and Public Action. Local Empowerment, International Cooperation and Aid: Safeguarding of Intangible Cultural Heritage”, *Volkskunde. Tijdschrift over de cultuur van het dagelijks leven*, Vol. 115, 2014, pp. 299 – 318.

② 译者注：比利时为联邦制国家，由瓦隆（Wallonia）区、佛兰德斯（Flanders）区和布鲁塞尔—首都地区这三个文化自治的行政区组成。

豪特姆年市的主要内容是什么?[①] 每年的11月11日和12日，通常是相对寒冷的天气（有时是冰冻的温度），数百名牛贩和纯种马贩会来到豪特姆的大型市场广场，在露天展示他们的牲畜。他们在现场至少要度过48小时。正如联合国教科文组织提名材料所强调的那样，这些商人、农民和牲畜之间的互动，根植于成千上万名当地人和到访者持续地往来之中。年市跟一年一度的儿童与青少年展览相结合。许多私人住宅在这两天会被改造为酒吧和街头食品店。根据联合国教科文组织提名材料，集市包括38000平方米的休闲区域和3850平方米的市场摊位。在农业机械与工具展区旁边约450米的距离处，访客可以看到并排的马匹；在超过500米距离处，可见到排列约1公里的牛群。每年会出售超过1200头牛和600匹马。集市会搭起许多巨大的帐篷，以提供当地的和其他种类的食物；举办展览、分享信息、举行演讲；或者供家庭、商人和访客见面。

联合国教科文组织提名材料提到了阈限（liminality）的影响，一种“边界体验”：“在对参与者的采访中发现，‘氛围好’一遍又一遍地被提及是参加年市的原因之一。对某些人来说，会有一种真实的‘共同体感觉’[②]。对于许多游客而言，这是一种全方位的体验，在一个村庄的同一地点，一大群人和牲畜在48小时内共享一种文化体验的独特感觉。对非遗越来越多的认知和庆祝活动，为年市之于社区的价值提供了另一维度。”[③]

三 关于历史的问题

联合国教科文组织提名材料应包含哪些历史文献或信息？在第1栏与标准R1（该非遗项目是否符合公约第2.1条定义）相关的描述中，通常要提供一些关于历史背景的信息。但小字说明也提示：“提名材料不需要

---

① 参见豪特姆年市官网的介绍，https://www.sint-lievens-houtem.be/?m=p1&page=slh&id=68&template=2&id2=0&level=1/，浏览日期：2019年4月16日。

② Communitas Feeling，出自维克多·特纳（Victor Turner）。

③ 译者注：参见联合国教科文组织非物质文化遗产网提名材料，https://ich.unesco.org/en/RL/houtem-jaarmarkt-annual-winter-fair-and-livestock-market-at-sint-lievens-houtem-00403，浏览日期：2019年4月16日。

详细说明项目的历史、起源或年代。”① 其目的是提醒人们注意当前的现实、潜力、权力关系以及 CGIs 和其他利益相关者的作用；同时，也是反对不加批判地使用 19 世纪创造的遗产传统或大约有 500 年、1000 年历史的那些建构。2003 年《公约》范式的基本态度是，不赞同这些主张并批判性地解构它们。②

在提名材料的第 1 栏，可以简单了解到该仪式的起源和历史故事：

> 习俗起源与该地区对早期基督教圣徒圣利维努斯（Saint Livinus）的纪念有关。这个村庄就是以圣徒名字命名的。集市的出现与中世纪从根特到圣利芬斯－豪特姆的朝圣有关，与利维努斯的传说有关。当周边的商业逐渐繁荣起来，集市就诞生了。尽管提到旧集市具有千年历史的文献比比皆是，但第一份可靠资料显示，该村的集市最早可以追溯到 14 世纪（1339 年）。15 世纪和 16 世纪初，夏季和冬季集市在该地区变得非常流行。在近代早期、19 世纪和 20 世纪，圣利芬斯－豪特姆冬季集市逐渐演变，但历经数个世纪依然在延续。③

这就是该遗产项目提名材料中关于历史信息的所有内容。文件中其余部分的时间框架被限定为从 20 世纪 90 年代起开启的新窗口。“15 年以来”这个短语使用了许多次。值得注意的是，相邻的大城市、省会根特，在材料中只被提到一次（见上文）。在提交材料的前两年，也就是 2007

① Rieks Smeets, “On the Third Source of Guidance for the Implementation of UNESCO’s Intangible Heritage Convention”, in *The First ICH-Researchers Forum: The Implementation of UNESCO’s 2003 Convention*, *Final Report*, 3 June 2012, Paris, France, Sakai-City-Paris, 2012, pp. 71 –86.

② 要理解相关内容，需要了解莱因哈特·科泽勒克（Reinhart Koselleck）和弗朗索瓦·哈托格（François Hartog）提出的“历史性机制”（historicity regimes）的概念。非遗保护范式是朝向当下的历史性机制的一部分。François Hartog, *Régimes d’historicité. Présentisme et expériences du temps*, Paris: Editions du Seuil, 2003; François Hartog, *Time and Heritage*, in *Museum International*, Vol. 57, 2005, pp. 7 – 18; Christian Delacroix, François Dosse, Patrick Garcia, *Historicités*, Paris: éditions la Découverte, 2009; François Hartog, *Regimes of Historicity*: *Presentism and Experiences of Time*, New York: Columbia University Press, 2015.

③ 译者注：参见联合国教科文组织非物质文化遗产网提名材料，https://ich.unesco.org/en/RL/houtem-jaarmarkt-annual-winter-fair-and-livestock-market-at-sint-lievens-houtem-00403，浏览日期：2019 年 4 月 16 日。

年，被认为是圣利芬斯朝圣/集市诞生的第1000年。该村的文化中心举办了一次讨论会，主要由根特大学的教授主导，旨在解构和情境化任何关于长期连续性和起源故事真实性的主张。讨论会和出版物的重点主要是根特。按照第1栏的说明，除了批评，几乎没有人关注这段历史：“尽管提到旧集市具有千年历史的文献比比皆是，但第一份可靠资料显示，该村的集市可以追溯到14世纪（1339年）”，以及15世纪和16世纪初这一鼎盛时期。

该村的历史其实与根特的社会、文化、政治和宗教历史紧密相连。①在中世纪，宗教活动与世俗活动之间的区别并不明显，界限也不分明。在根特，有一个具有强大权力基础的市议会，特别是行会，积极地参与管理城市。此外，圣巴夫（Sint-Baafs）和圣皮特（Sint-Pieter）修道院也非常有影响力：他们的遗存及游行在城市生活中具有重要的象征意义。其中，圣巴夫修道院一位名叫利维努斯的基督教圣徒的遗物具有巨大影响力。每年6月28日和29日，根特都会举行为期两天的游行。而这也是圣利芬斯－豪特姆地区夏季集市的日子：所有那些在活动中的人都要吃饭、喝酒、娱乐，很多人都有消费的心情。自976年以来，圣利芬斯－豪特姆的大部分土地一直归属圣巴夫修道院。据推测，利维努斯于658年被杀害/殉难，其遗骸可能埋葬在圣利芬斯－豪特姆并于1007年被运送到根特的修道院。

这个“转译”是由朝圣来回答的，从根特到圣利芬斯－豪特姆再返回；而遗物是另一个方向。这就开启了这个有着百年历史的村庄每年有两天被外来访客“淹没”的历程。不仅圣利芬斯兄弟会的成员，还有许多根特市民，都参与到后来成为该市最大规模的宗教节日中。每年都有成千上万的人伴着利维努斯的遗物穿过城市并去往豪特姆，遗骸和所有陪伴遗物的人在返回根特之前，都要在那里过夜。

近年来，学者们（以及其他“经纪人”和“跨界者”）对圣巴夫修道院传统的编制、虚构故事和伪造文件进行了批判性研究。创造一个奇迹，编制圣徒生活的故事并与地点进行连接，或者挪用、购买或伪造遗

---

① *Handelingen der Maatschappij voor Geschiedenis en Oudheidkunde te Gent*, *UGent Open Access journals*, https://ojs.ugent.be/hmgog/article/view/2/2，浏览日期：2019年4月16日。

物以启动一项朝圣行动；这仿佛是遗产大众旅游的早先形式，以增强该地神圣的价值和力量，所有的这些行动和策略都很常见。在11世纪，圣利芬斯－豪特姆土地和农场的所有权可能会被当地领主或相互竞争的宗教机构争夺或侵占。通过故事和圣徒的遗物在根特的修道院和乡村的公共空间之间建立一种联系，并以来回的游行将这种联系实际展现出来，每年占据这个村庄的空间至少两个白天与一个晚上：这是一个聪明的计划。对于今天的历史学家而言，并不清楚所谓的利维努斯是谁；如果他真的存在，也不清楚他在哪里出生和去世。而关于他的生平资料，当前的研究非常重要，包括11世纪晚期转移利夫尼（Livini）的故事而确定了6月28日的日期；将遗骸从圣利芬斯－豪特姆转移到根特的故事；以及据说圣巴夫修道院院长埃伦博德（Erembold，998－1017）承诺，他们每年都会将这些遗物带回来。因此，每次仪式举行时，根特在豪特姆的所有权都被圣巴夫修道院一次又一次地宣扬和加强。“民众的虔诚”和朝圣作为一种工具，在根特获得了影响力和普及；同时也增加了价值，促进了乡村地区经济的发展。① 这是一个成功的故事，加强和展示了根特和乡村中群体与社区的活力。它成为根特城市生活中主要的公民活动和宗教活动之一，而当时根特是欧洲最大的城市之一。

仪式从6月27日开始，圣利芬斯兄弟会晚上会聚集在修道院进餐。修道院的教堂将举行子夜弥撒。随后，游行开始，队伍的前部是兄弟会、修道士和圣物匣；紧跟其后的是成千上万的市民，他们手持旗帜、火把、蜡烛和乐器。酗酒、跳舞、打架、唱歌、献媚以及其他后来被认定有罪的活动都是这种体验的一部分（除了虔诚，也是参加这种仪式的动机之一）。在14世纪、15世纪和16世纪，豪特姆这种混乱而麻烦的体验，在敌对的神职人员和地方官员中颇为知名（或者，对参与者来说可能很有趣）。②

作为一年一度的城市和乡村仪式中一种深度阈限体验的一部分，游行

① Paul Trio, “Handel en wandel met een heilige: Organisatie van en deelnemers aan de laatmiddeleeuwse Sint-Lievensprocessie vanuit de Gentse Sint-Baafsabdij naar Sint-Lievens-Houtem (tot 1540)”, *Handelingen der Maatschappij voor de Geschiedenis en Oudheidkunde te Gent*, LXI, 2007, pp. 83－104.

② Peter Arnade, *Realms of Ritual: Burgundian Ceremony and Civic Life in Late Medieval Ghent*, New York: Cornell University Press, 1996, p. 56.

也可能被用作一种强大的沟通与抗议的媒介。彼得·阿纳德（Peter Arnade）曾提道："圣人的神圣魅力可能成为抗议者手中的有力武器，尤其是在政治动荡时期，他们穿过市中心的街道和广场时。"① 1467 年，勃艮第公爵——大胆的查理决定于 6 月 28 日正式进入根特，当时的局势失控了。游行队伍带着遗物返回根特时，他们载歌载舞；一群年轻人高喊着"让圣利维努斯通过"，捣毁了一个税收亭；高喊着喧闹的口号，占领了街道和根特大市场，并与新统治者发生了暴力冲突。② 1539 年，当哈布斯堡皇帝查理五世决定惩罚根特的大规模叛乱和拒绝交税行动时，他开始了一系列行动：1540 年，他从西班牙侵入低地国家③，率领数千名士兵于 1540 年 2 月进入该城；处决了几位政治领袖；不仅决定拆除几扇城门和其他象征城市边界的重要标志，还决定将圣巴夫修道院夷为平地，以便在 1540 年 4 月开始建造一座城堡作为帝国的堡垒；下令没收公会的所有物品、财产和特权并改组了政治架构；还明确禁止圣利芬斯的游行队伍离开根特。随着修道院被摧毁，圣物被安放在另一个重新命名为圣巴夫教堂（Sint-Baafs church）的地方。④ 而 20 年后，它们在颠覆传统的暴动中被毁坏。

因此，不论在城市生活还是乡村生活中，朝圣的历史有一个明显的断裂。但是圣利芬斯－豪特姆的影响（每年两天）已经在该地区的集体记忆中根深蒂固。在村里，地区的夏季集市和冬季集市都在继续，最终只有冬季集市保存了下来，并且越来越与 11 月 12 日联系在一起。11 月 12 日被认为是利维努斯的忌日，为了纪念这一天也有朝圣之行。这些朝圣者也要吃或喝，所以集市进一步发展。

随着时间推移，集市逐渐发展出一个畜牧市场。但在 20 世纪，特别是拖拉机问世后，农业结构和乡村面貌都发生了变化，这种畜牧市场的连续性和前景都不确定。很难通过一段光辉的历史（1540 年哈布斯堡皇

① Peter Arnade, *Realms of Ritual: Burgundian Ceremony and Civic Life in Late Medieval Ghent*, p. 55.

② Peter Arnade, *Realms of Ritual: Burgundian Ceremony and Civic Life in Late Medieval Ghent*, pp. 145 – 158.

③ 译者注：包括现在的荷兰、比利时和卢森堡。

④ Peter Arnade, *Realms of Ritual: Burgundian Ceremony and Civic Life in Late Medieval Ghent*, pp. 205 – 208.

帝的干预破坏了旧的历史性机制）或者新的历史性机制使其合理化或推动它向前；至少从经济、市场资本主义的角度来说，用光明的未来使其合法化是行不通的。

该项目的联合国教科文组织提名材料重点强调了节日氛围和身份建构的重要性。第1栏介绍该项目历史内容时也强调了这一点。在前文的引用段落“圣利芬斯－豪特姆冬季集市逐渐演变，但历经数个世纪依然在延续”结束之后，紧接着是故事/历史的第二部分：

> 作为在小村庄举办的大型地区集市，它对当地社区的影响是显而易见的：每年11月举行的仪式给人一种延续了数百年的感觉。私人住宅变成了公共场所，人们可以在这里享受音乐、饮料和食物，整个村庄变成一个开放的款待空间。大多数当地居民都不希望错过豪特姆年市；他们期待着它，并将它作为当地身份和历史的重要组成部分来庆祝。也有许多游客年复一年地过来参加，有时甚至是一代又一代。这种情况同样发生在农业专业人员和贸易人员身上。他们参加集市不仅仅是商务原因，更是将此视为一种传统或非遗。他们的父母参加了，他们的祖父母也参加了。对畜牧贸易的专业人士来说，这次集市标志着一年中的一个关键时刻和地点，标志着他们的集体职业身份。①

但是，畜牧贸易商的数量正在逐年减少。在交易场所方面，还有其他地方可以买卖牲畜，可以在网上，也可以在其他经过消毒的地方，在其他商业场所；而不是在露天、在晚上，周围还有成千上万的观众。此外，欧洲法规也影响了跨境贸易的自由度、透明度、后续行动和卫生规定。作为一项国际运动的一部分，保护动物权利的新的行动团体对涉及活体动物的活动和传统也提出了质疑。就娱乐方式而言，该地区或该国可供选择的方式也是不计其数的，通过网络电视或者许多聚会场所和场

① 译者注：参见联合国教科文组织非物质文化遗产网提名材料，https：//ich. unesco. org/en/RL/houtem-jaarmarkt-annual-winter-fair-and-livestock-market-at-sint-lievens-houtem-00403，浏览日期：2019年4月16日。

合，可以聚在一起庆祝。那为何要选择在露天，在草地或街道的石头上，在寒冷的地方，在又臭又吵的牛、马、鸡和许多人的中间？这仍然是朝向全球化的未来欧洲的一部分吗？在 20 世纪下半叶，这类问题很难得到肯定的答案。

20 世纪 70 年代以来，在一些欧洲国家（例如法国）出现了以当下为导向的遗产繁荣和历史性机制。这种演变在 21 世纪影响了佛兰德斯并带来新的视角。2003 年《公约》有力地强化了这一点，提供了一种新的框架（或边界对象），可以被挪用、调整并用于尝试拯救圣利芬斯－豪特姆的集市。实际上，在被列入名录后，有些新的环节被创造出来并增加到集市中。例如，自 2014 年起，每年都会组织一次“利维努斯游行”，宣告集市的正式开始。游行从新建的文化中心“文化工厂”开始，然后走向市场广场。数百人参与了这次活动，他们身着五颜六色、崭新的、所谓的历史服装。游行会让人想起圣利维努斯的故事、集市的起源、根特与圣巴夫修道院遇到的问题、查理五世的禁止朝圣（后来这一禁令被撤销）等等。[①] 另一个有趣的创新（由市档案馆组织）是，如今人们可以预约导游讲解关于集市的保护措施，展示所有涉及的利益相关者和安全措施，遗产化进程和遗产管理成为遗产本身的一部分。

四　经纪人、跨界组织与决策者

其实早在 2003 年《公约》之前，就有人尝试对乡村的集市采取一些行动。自 20 世纪 90 年代末开始，包括时任市长利文·拉托瓦（Lieven Latoir）在内的几位当地行动者，都在一直努力寻找维护集市传统的解决方案。（与提名材料第 3. A 栏比较）除了经济结构的问题和娱乐方式的演变，集市这一传统还受到了由动物权利积极分子组成的一个非政府组织的攻击。2003 年《公约》在佛兰德斯的“副作用”之一是，它提高了人们对“伦理问题”的认识，引发了对此更多的关注。

对于 2003 年《公约》的政府间委员会来说，这可能是个问题；但这

---

① 参见 https：//www. sint-lievens-houtem. be/？ m = p1&page = slh&id = 68&id2 = 902&id3 = 900&idS = 900&level = 3&template = 2&pag = 902，浏览日期：2019 年 4 月 16 日。

种情况被避免了。在一篇主要内容是关于佛兰德斯民俗项目涉及活体动物的争论的文章中，亚娜·德·比耶（Jana de Bie）采访了比利时最活跃的动物保护组织 GAIA（全球动物权益行动）的负责人米歇尔·范登·博施（Michel Van den Bosch）。[①] 在过去的 30 年里，GAIA 通过使用大众媒体和组织公开的行动，产生了真正的影响。20 世纪 90 年代，他们成功废止了布鲁塞尔地区的几个畜牧市场。1999 年，GAIA 也要求停止在圣利芬斯 - 豪特姆举行的活动。他们的批评观点主要是马、牛和其他动物没有被合理对待，有时动物会被打，它们也没有被正确地拴起来，没有屋顶或其他东西覆盖以抵御雨水或寒冷。当地一个名为 BLID 的动物权利行动组织也要求制定动物保护的规定。显然，市议会对此缺乏足够的规定，管理混乱。1999 年，GAIA 派出所谓的“巡视员”，拍摄并开始讨论这个问题。全国的报纸、广播和电视都收到了关于这一情况的警示。[②] 起初，在圣利芬斯 - 豪特姆，对于 GAIA 令人不快的调解行动有一种非常消极的防御反应。但圣利芬斯 - 豪特姆市议会决定采取完全不同的一种做法，与 GAIA 开启了深入对话和凝聚共识的一段进程。市长和一些公务员邀请了 GAIA 的代表参加会议，以寻求解决办法。双方同意让国家警察（不是地方警察）充当调解人，努力达成协议。警察接替了 GAIA 的“巡视员”角色，后者现在以“观察员”的身份出现。市议会、GAIA 和积极分子提出了几个解决方案，比如设法用临时建筑和帐篷为动物提供遮蔽，开发了用绳子把动物绑在柱子上的新方法；以上措施都由市议会进行资助。畜牧贸易商和市民享有了更好的互动环境，因此均接受这些建议。在几年的时间里，紧张和争议逐渐消失。各方的协商会议已成为一年一度的传统。此外，还任命了一名全职协调员[③]负责跟进工作，并试图让各方之间的对话继续下去；这项工作同样由市议会提供经费。市议会的结论是，

---

① Jana De Bie, *Hoe gaan betrokken actoren om met controverse rond immaterieel cultureel erfgoed? De visie en het beleid toegepast op elementen op de Inventaris Vlaanderen voor Immaterieel Cultureel Erfgoed*, Gent: University Ghent/MA thesis in history, 2014.

② Jana De Bie, *Hoe gaan betrokken actoren om met controverse rond immaterieel cultureel erfgoed? De visie en het beleid toegepast op elementen op de Inventaris Vlaanderen voor Immaterieel Cultureel Erfgoed*, Ghent: University Ghent/MA thesis in history, 2014, p. 46.

③ 当时是奈尔·贝斯（Nele Buys）。

在建立共识和促进对话方面，投资才是可取的做法。他们明白，这不是一个自发的过程，他们不能在语言“攻击”的阶段之后，系统地让警察成员继续充当调解人；良好的互动方式已经稳定下来；致力于为相关动物和人类找到改善生活质量的解决办法，这才是正道。①

作为一名专业人士，奈尔·贝斯需要作为协调员和跨界者开展工作，培养解决冲突的必要技能，并与乡村社区的其他参与者一起，最终接受2003年《公约》这一边界对象。此外，市议会成员（重新）将自己定位为一个边界组织，设法去缓冲、缓和上级规章、行动团体的主张之间的关系以及许多其他情况（联合国教科文组织提名材料第3栏）。

在第2栏对于标准R2（列入名录将如何有助于确保人们对非遗的认知并促进对话）的回答中，我们可以看到，该项目对2003年《公约》的应用正在发挥作用。这种演变在市议会网站的官方通讯和采访中都得到了证实。这是一种国际转向的一部分，也是试图让集市拥抱新的可能性的一种尝试。此外，这还凸显了非政府组织和其他行动者作为“边界组织”所发挥的作用。②

在提名材料中，建立咨询和对话网络以及特别协调员的工作，都在第2栏和第3B栏中被置于重要位置，当地协调员/跨界者的任命也被明确提到。文件中也表明要增加一批跨界者或遗产经纪人，所谓遗产契约（2008年5月23日通过的《佛兰德斯文化遗产法令》规定，地方和中央政府共同管理和共同资助遗产计划；目前施行的是2017年法令）的模式。2012年“遗产契约”③（erfgoed convenant）的出现以及Erfgoedcel Vier-

---

① Jana De Bie, *Hoe gaan betrokken actoren om met controverse rond immaterieel cultureel erfgoed ? De visie en het beleid toegepast op controversi ? le elementen op de Inventaris Vlaanderen voor Immaterieel Cultureel Erfgoed*, p. 47.

② 参见佛兰德斯非物质文化遗产网，https://immaterieelerfgoed.be/nl/erfgoederen/houtemjaarmarkt，浏览日期：2019年4月16日；以及YouTube网站的视频资料，https://www.youtube.com/watch?v=XEIrRTBZJ-M，浏览日期：2019年4月16日。

③ Lothar Casteleyn, Ellen Janssens & Jorijn Neyrinck, "Six Years of Experience in Intangible Heritage Mediation in Flanders (Belgium): From Cultural Heritage Cells and an ICH Network to www.immaterieelerfgoed.be", *Volkskunde. Tijdschrift over de cultuur van het dagelijks leven*, Vol. 115, 2014, pp. 387–404.

sprong[①] 的创建都表明，这些目标在目前已实现。如今，在豪特姆年市期间，遗产组织每年都会举办一场遗产活动并对活动进行记录，浏览以往活动的照片，还会进行一些采访。[②] 他们在 2013 年还帮助恢复了当地的一个历史与遗产志愿者协会，并与其合作，以充实以城市历史和演变为基础的纪录片，尤其是关于集市的内容。[③]

五 协商空间

在提名材料中，保护计划的一个重要部分是注重空间的管理，以确保游客和动物的安全。组织者在组织群众活动时遇到的具体情况方面、处理有限空间内人数临时呈指数增长方面都积累了丰富的经验。第 2 栏就出现了一项有趣的挑战：

> 尽管该地区近年来有城市化的趋势，但圣利芬斯 - 豪特姆仍然相对乡村化。因此，目前豪特姆年市的空间背景也反映了其起源的独特性。既然如此，有趣的就是如何管理文化空间和可持续发展的问题。长期以来，在这个乡村文化空间中形成了一种模式，使广大民众能以和平的方式参与到这一节日中。他们参与了集体仪式，而子仪式（买卖动物和交换信息）也随之发生。将这一项目列入非遗名录，将提供独特的可能性，以便与世界其他地方的类似表现进行比较，甚至与之联系。这也提供了一个有趣的例子，可以说明历史传说故事是如何随着时间的推移而改变（并保持）功能的。[④]

① 参见 Erfgoedcel Viersprong 官网，https：//erfgoedviersprong. be/，浏览日期：2019 年 4 月 16 日。

② 参见 Erfgoedcel Viersprong 网站对于豪特姆年市相关活动的介绍，https：//erfgoedviersprong. be/？s = Houtem，浏览日期：2019 年 4 月 16 日。

③ 参见历史与遗产志愿者办会网站，https：//heemkundehoutem. wordpress. com/，浏览日期：2019 年 4 月 16 日。

④ 译者注：参见联合国教科文组织非物质文化遗产网提名材料，https：//ich. unesco. org/en/RL/houtem-jaarmarkt-annual-winter-fair-and-livestock-market-at-sint-lievens-houtem-00403，浏览日期：2019 年 4 月 16 日。

这确实是未来研究的一个挑战，包括在中国相关的研究中也有可能涉及，例如在研究喀什牲畜市场的演变时。①

就圣利芬斯－豪特姆而言，联合国教科文组织将其列入名录和整个关于动态传统的论述，形成了一些有趣的讨论并得到了仔细的研究。第一个讨论是在节日快速发展的背景下，关于谁是 CGIs 以及如何处理（只谈论社区将是极端的简化）的问题。② 第二个讨论是关于在未来没有活体动物的一种适当的集市。亚娜·德·比耶发现，因为看到牲畜市场的部分没有增长而是减少，经济元素和牲畜贸易商的人数也在减少，两天节日中的其他方面却在发展，说明联合国教科文组织话语使人们对长远问题开始进行反思。决策者发现，让动物和游客接触是非常重要的。但他们也在考虑未来的一种可能性，就是不再有大量活体动物作为市场的一部分出现。③

如今，圣利芬斯－豪特姆年市依旧繁荣与成功。但一些变化，比如欧洲的法规、牲畜贸易商数量的变化，都可能对传统集市产生重大影响。观察 2003 年《公约》范式及其所有工具能否像在 21 世纪头十年那样，继续产生积极的振兴效应，将是一件有趣的事情。到目前为止，我们可以发现，成功的关键因素是经纪和跨界。因此，未来行动的关键应该可以在《业务指南》第 170 条和第 171 条中找到。

---

① https://en.unesco.org/silkroad/content/kashghar; http://www.traveller.com.au/hanging-by-a-thread-f7rv#ixzz5WAHcPury; Ayxem Eli, "Donkey Bazaar, A Bazaar of Hell: An Investigation into Donkeys and Donkey Trading in Kashgar, Xinjiang, China", in Donald C. Wood, ed., *Economic Action in Theory and Practice: Anthropological Investigations*, Bingley: Emerald Group Publishing Limited, 2010, pp. 159－187, 163.

② Jana De Bie, *Hoe gaan betrokken actoren om met controverse rond immaterieel cultureel erfgoed? De visie en het beleid toegepast op controversi? le elementen op de Inventaris Vlaanderen voor Immaterieel Cultureel Erfgoed*, p. 106.

③ Jana De Bie, *Hoe gaan betrokken actoren om met controverse rond immaterieel cultureel erfgoed? De visie en het beleid toegepast op controversi? le elementen op de Inventaris Vlaanderen voor Immaterieel Cultureel Erfgoed*, p. 70.

“丝绸之路”作为方法

——联合国教科文组织“对话之路”系列项目的萌蘖与分孳*

巴莫曲布嫫**

摘　要：20世纪80年代至90年代，联合国教科文组织本着建设全球和平的使命在其主管的平行领域竭力开展文化间对话，以“丝绸之路整体研究项目：对话之路”为发端，并将承载文化“相遇”的“道路”或“路线”作为开展跨学科研究和促进文化间对话的观念基础，相继推出“铁之路”“奴隶之路”“信仰之路”“安达卢斯之路”等系列化的文化间项目，不仅为阐扬世界文化多样性与人类可持续发展的关联提供了智力支持，也为国际社会的相关后续行动树立了实践范式。文章通过梳理“对话之路”系列项目的萌蘖和分孳，分析“丝绸之路”作为方法的概念化进程、工具意义及应用案例，旨在从“文化间对话”的视野为“一带一路”倡议的话语体系建设提供参考。

关键词：丝绸之路；“一带一路”；文化多样性；文化间对话；教科文组织

---

* 原文刊于《西北民族研究》2018年第4期。本文为国家社会科学基金重大项目“中国少数民族口头传统专题数据库建设：口头传统元数据标准建设”（编号：16ZDA160）的延伸性成果；同时部分构成中宣部“文化名家暨‘四个一批’人才”自主选题资助项目“遗产化进程中的活形态史诗传统保护与研究”的阶段性成果。

** 巴莫曲布嫫，中国社会科学院民族文学研究所研究员。

习近平总书记于2016年8月就推进“一带一路”建设明确提出八项要求，其中包括要切实推进民心相通，弘扬丝路精神，推进文明交流互鉴，重视人文合作；要切实推进舆论宣传，积极宣传“一带一路”建设的实实在在成果，加强“一带一路”建设学术研究、理论支撑、话语体系建设。[①] 本文即是践行话语体系建设的一个尝试。

20世纪八九十年代，联合国教科文组织（以下简称“教科文组织”）以传统概念上的“丝绸之路”为多路线程，围绕“文化间对话”（intercultural dialogue）这一主题展开部门间行动，先后在其主管的教育、科学、文化、信息和传播领域组织跨学科智力资源，推动“对话之路”系列项目[②]，在联合国系统内外的国际社会和世界许多国家成为促进文化多样性和建设人类持久和平的实践范式，值得钩沉稽索。文章主要采取档案研究法[③]，依托联合国正式文件系统和教科文组织在线数据库，梳理和勾连相关工作文件和研究报告，进而以事件为线索，通过叙事分析，阐释作为方法的“丝绸之路”及其工作模型和实践案例，以期为“一带一路”倡议的话语体系建设提供国际上的前鉴和参考。

引言：联合国教科文组织与文化间对话

联合国成立于1945年，当时第二次世界大战刚结束不久。作为联合国系统的专设机构，教科文组织被委以重任，将促进各国人民之间的对话作为培育和平的重要途径，诚如其1946年通过的《组织法》所说：“战争起源于人之思想，故务须于人之思想中筑起保卫和平的屏障。”长期以来，这一使命和愿景也一直是其职能范围内的优先事项之一。

20世纪50年代，教科文组织实施了一项为期十年的强化方案——

---

① 习近平：《让“一带一路”建设造福沿线各国人民》，《习近平谈治国理政（第二卷）》，外文出版社2017年版。

② UNESCO, *Routes of Dialouge*, http: //www. unesco. org/new/en/culture/themes/dialogue/routes-of-dialogue/, October 2, 2018.

③ 鉴于本文涉及的档案文献较多，引文出处一律采用原始文件编号，读者可通过联合国正式文件系统（https: //documents. un. org/）或教科文组织在线数据库（http: //unesdoc. unesco. org/）进行查询或获取。

“东西方文化价值相互欣赏重大项目（1956—1965）”，旨在应对整个世界有关东西方文化价值观之间的知识和认识的失衡，进而通过教育、科学、文化和传播领域的国际合作，促进不同文明、不同文化及各国人民之间的相互了解（MAPA/2 AC/4）。1976 年 8 月，教科文组织大会第十九届会议通过了 1977—1982 年中期战略（19 C/4 Approved）①，其中已明确提出“文化间对话”和人类社会的发展问题。为推进该战略的实施，教科文组织还专门编印了《文化间研究导引：阐明和促进文化间交流的项目纲要》②，并通过其文件系统向成员国分发。因此，该组织从文化政策研究层面致力于文化间对话的努力，通常被认为可以追溯至 1976 年。

1986 年 12 月，联合国大会通过了《世界文化发展十年行动计划（1988—1997）》（以下简称“十年行动”），其四个主要目标定位于：认识发展的文化维度，肯定并充实文化认同，扩大文化参与，以及促进国际文化交流（A/RES/41/187）。该计划于 1988—1997 年实施，在联合国系统中由教科文组织作为牵头机构，下设一系列社会科学研究项目，包括：（1）丝绸之路整体研究：对话之路；（2）亚历山大里亚图书馆整修；（3）手工艺发展十年计划；（4）非物质文化遗产：“生命的历程”；（5）塞维利亚 1992 年世界博览会；（6）Lingua Pax 外语和文学能力培养国际项目；（7）世界教育卫星网；（8）科技创造力研究方案；（9）不同经济和社会文化层面的家庭作用比较研究；（10）文化的发展维度及其方法论研究。与这些项目交相同步的侧端活动，还有促进文化创作（电影、录像带、唱片、盒式录音带）的在地生产、向会员国提供咨询服务、交换信息与经验分享的平台等（A/44/284）。在该行动计划执行的十年间，由 152 个会员国、13 个政府间组织及 45 个非政府组织发起的 1200 多个项目被认定为“世界文化发展十年”的正式活动，其中有将近 400 个项目得到教科文组织的财政支持，包括中国于 1996 年组织召开的“世纪之交的文化发展国际研讨会”（CLT－97/ICONF. 203/INF. 4）。

---

① 参见 UNESCO, *Thinking Ahead: UNESCO and the Challenges of Today and Tomorrow*, Paris: UNESCO, 1977。

② UNESCO, *Introduction to Intercultural Studies: Outline of a Project for Elucidating and Promoting Communication between Cultures, 1976－1980*, Paris: UNESCO, 1983, p. 5.

丝绸之路为文化间的互动关系提供了极为丰富的见证。教科文组织在“十年行动”框架下实施的一整套文化间对话方案，特别纳入了以陆上丝绸之路和海上丝绸之路为双重导引的“文化道/路模型”（the modality of cultural roads/routes），为其后渐次展开的“对话之路”系列项目奠定了长足发展的观念基石。

一 作为共同遗产的丝绸之路：“对话之路”及其概念模型的萌蘖

甘地曾一针见血地指出：“没有什么道路可以通向和平，和平本身就是道路。”正是在这句名言的启发下，教科文组织在《世界文化发展十年行动计划》的框架下于1988年启动“丝绸之路整体研究：对话之路”（Integral Study of the Silk Roads：Roads of Dialogue）[①] 这一火种型文化间项目。时任教科文组织总干事费德里科·马约尔（Federico Mayor）曾在其颇富诗意的讲话中回顾并概括了该项目的由来（DG/90/39）——

> 丝绸之路，穿越陆地和海洋，狭义上讲是商业之路，这是从商贸的角度论；但在广义上看，则是传播和社会交流。这些古老的道路，穿过时间的薄雾，可上溯至3000年前，不仅输送过昂贵的货物，如丝绸、瓷器和香料，还承载过同样珍贵的非物质文化成果（intangible cultural products），如思想、神话和传说。这些有关早期的细微线程编织起人们日益复杂的交流网络，联结着我们自身的世界，并提供了如此令人惊叹的见证。因此，教科文组织给予这个项目的名称便是：“丝绸之路：对话之路”（The Silk Roads：Roads of Dialogue）。

“丝绸之路整体研究：对话之路（1988—1997）”项目（以下简称

① “丝路项目”最初为五年计划，后来为配合联合国《世界文化发展十年行动计划》顺延至1997年。详见UNESCO，*Integral Study of the Silk Roads：Roads of Dialogue*，*1988－1997*，http：//unesdoc.unesco.org/images/0015/001591/159189E.pdf，October 3，2018。

“丝路项目”）有双重目标。其一是学术和科学。尽管此前丝绸之路一直是考古学家、历史学家、地理学家、民族学家、社会学家和语言学家的研究对象，但直到当年尚未对这一浩瀚绵长的人类历史宝库开展过全面、系统的跨学科调查。而实施这样的研究无疑超出了任何个人乃至国家机构的能力。面对这一艰巨的任务，唯有组织和促进必要的国际合作，调动所需的大量资源，并呼吁国际组织的参与。正是教科文组织对这一呼吁作出了回应。其二在于促进世界各国人民之间的对话和理解，彰显将丝绸之路的文明联结在一起的历史纽带。作为联合国系统“十年行动”的一个重大项目，该项目还有助于促进国际文化合作的目标。

在“丝路项目”的实施过程中，先后有来自包括中国在内的四十多个国家、两千多位专业人员参与其间，并从不同角度为丝绸之路的整体研究提供智力支持和思想生产，组织了一系列项目和活动，成绩斐然。通过下面的一组数字，我们或许能够对“丝路项目”在十年间取得的丰硕成果及其背后的运作方式和基本思路形成更为直观的了解：（1）5次国际科学考察：从1990年至1995年先后展开，依次是从西安到喀什的“沙漠丝绸之路”，从威尼斯到大阪的“海上丝绸之路”，中亚的“草原丝绸之路”，蒙古的“游牧之路”，以及尼泊尔的“佛教之路”，旨在通过重新发现丝绸之路文化交流的特殊活力，重建和更新相关区域和次区域的人文环境。来自47个国家的227位专家参与，加上地方学者，还有上百名世界各地的媒体代表。（2）43场学术研讨会：在科学考察各个阶段组织的26次研讨会，在项目实施过程中或在十年计划的框架下举办的17次研讨会；共有27个成员国参与主办，总共宣读的论文超过700篇①。（3）5个研究项目：与科学考察同步展开，包括丝绸之路的语言和文字研究、驿站和邮政系统研究与保护、中亚岩画的流存与研究、利用遥感技术研究考古遗址，以及沿丝绸之路的史诗研究。（4）6个研究中心和关联机构：考察活动本身带动沿线几个国家建立了研究机构或国际机构，包括海上丝绸之路研究中心（中国福州）、丝绸之路研究中心（日本奈良）、国际游牧文明研究所（蒙古国乌兰巴托）、佛教信息与研究中心（斯里兰

---

① UNESCO，“Achivements of the Silk Roads Project”，*Integral Study of the Silk Roads：Roads of Dialogue – a UNESCO Intercultural Project*，Paris：UNESCO，1997，p. 32.

卡科伦坡)、国际中亚研究所（乌兹别克斯坦撒马尔罕)，以及国际文明比较研究所（巴基斯坦塔克西拉)。(5)“平山奖学金项目”：每年为丝绸之路研究领域设立10个奖学金名额，共有来自38个国家的90位学者受益。(6) 68种出版物：由教科文组织或由该项目直接产出的学术成果，包括教科文组织出版物10种，研讨会论文集19种，关联项目成果22种，其他17种。(7）若干音像资料：纪录片电影4部，视频两种，CD音乐两种；国家电视台纪录片41种；影像资料约有400小时的胶片，还有难以计数的照片和幻灯片；见于各种报刊的文章超过400篇；还有未作统计的电台节目、展览（教科文组织总部和成员国)、海报及校园墙画。①

通过科学考察、建立机构、学术研讨、著述出版、开设展览、提供奖学金，以及新闻媒体集中推介等方式，“丝路项目”不但积累了数量可观的调查研究成果，还开创了多线并进的国家—次区域—区域—国际合作模式，直接或间接受益的人群超过百万人，影响扩及全球。尽管“丝路项目”的双重目标集中体现在科学考察活动中，但也构成其项目设计的主要特征和创新之处：一方面运用多学科方法，对科学、技术和文化沿着丝路通道在东西方之间发生的交流进行长时段的现场调研，以促进国际和国家层面的进一步研究，为文化研究和反思人类文明进程做出重大贡献；另一方面，通过大量的活动、展览、出版，以及广泛的媒体报道，吸引成员国的参与和广大公众的关注。媒体的参与，尤其是其实地考察和报道，使该项目十分引人注意，重新唤起人们对丝绸之路的兴趣，并有许多国家要求再度开放这些古老的通路，尤其是开展文化旅游活动。回看“丝路项目”在这十年间取得的成就，在理论和方法论层面，以及在具体操作方面，都有大量成功经验可以总结。就学术研究建设择要言之，至少有如下数点：以科学和学术作为牵引，从一开始就较好地绕开了由于社会制度、学术传统、文化立场等的不同而可能出现的不同国家和地区的参与者之间发生龃龉的弊端。以科学和学术作为前导，也容易推动各国政府和民众以不同的方式参与其间，发挥各自的能动作用。这种从不同端口发动、从不同层面同时推进计划的工作路线，较为容易形

① UNESCO, “Achivements of the Silk Roads Project,” *Integral Study of the Silk Roads: Roads of Dialogue - a UNESCO Intercultural Project*, Paris: UNESCO, 1997, p. 32.

成互动和协作，达成最初设定的目标。而广泛的学者和机构网络则有助于确保这一合作机制在后续行动中继续保持良好态势。

这里，我们需要从方法论意义讨论“丝路项目”的设计和展开，方能理解作为“共同遗产”的丝绸之路之于人类的今天乃至未来的无穷价值。教科文组织在促进文化多样性方面所开展的工作，是其在联合国系统内所担负的特定职责，并且与其创立以来所开展的保护和促进丰富多彩的文化多样性活动一脉相承。为此目的，该组织在两个方面作出努力：一则对概念进行思考和定义，二则制定方针、政策和具体路线以建立为国际社会所接受的伦理和行动框架。亘古通今的丝绸之路虽然早在“东西方项目”的十年期间被各方学者加以讨论过，但远未上升到方法论层面来进行全方位的科学和人文研究，尤其是囿于“东西方”的二元观照，消弭了文化间对话应有的张力和弹性。从20世纪70年代起，教科文组织的“文化研究计划”（Programme of Cultural Studies）便开始致力于应对文化间问题，并将区域文化研究纳入议程：一方面对全球范围内主要区域与次区域的文化“相遇”（encounters）进行横向的共时性探究，另一方面对不同文化间发生的互动与交流及其特征和影响展开纵向的历时性分析。在这种同时贯通时空的动态视野中，人类历史上走过的重要“道路”（roads，地面、陆上）抑或“路线”（routes，水面、海上）便被纳入研究、促进和传播有关“文化间性”的工作方略之中。

“夫道古者稽之今，言远者合之近。”绵延千年的丝绸之路及其所承载的人类移徙史迹、文化多样性和文化创造力，俨然是今天无与伦比的对话资源。仔细筛查相关文献，我们不难发现，以“道/路”与“相遇”作为关键象征并非偶然。那些具有深刻意涵的“道路”或“路线”，在“丝路项目”的实际进程中或被当作“文化间对话的方法或路径”（the roads and routes approach to intercultural dialogue）本身，或被视为“文化间对话的观念基石”（the base of ideas for intercultural dialogue），或被确定为“文化道路和线路的模型”（the modality of cultural roads and routes）；而多向探究世界各国人民的“相遇”便直接转向了有关“文化间接触”“文化间交流”及“文化间对话”的深刻认识和积极反思。尤其重要的是，推广“共同遗产与多重认同”的理念（the concept of“common heritage and plural identity")[①]，则是教科文组织当时着力于通过丝绸之路开展文化间对话的导向性方针。正是设计者和执行者的良苦用心与诗意表达让古远而陌生的丝绸之路变得亲切和熟悉，那一条条亘古苍茫的陆路和水路也转换为人人皆可从自身的行走和与他者的遇见去感悟和观想的"对话之路"。在"丝路项目"的精心演证中，"丝绸之路"即"对话之路"，赋予人类最宝贵的共同遗产当是一种理念，一种胸怀，用习近平主席的话来说，就是"以和平合作、开放包容、互学互鉴、互利共赢为核心的丝路精神"[②]。

二 作为方法的"对话之路"："道/路"与"相遇"的映射图式

许多世纪以来，类似丝绸之路的条条"道路"和"路线"使世界各种文化、文明和宗教相遇相知、互为联系并相互影响。对这些古代道路网络和交流渠道所产生的互动进行系统探察和研究，有助于对人类今天面临的种种问题和可持续发展形成新的理解和反思。"不积跬步，无以至千里。"正是因为历史上有无数行者勇于迈开脚步，踏出让世界各国人民相互交往的大道小径，使得来自不同文化传统的知识、思想、技术、艺术及价值观和创造力既相互碰撞，又彼此吸纳，方形成了影响当今地方、国家、次区域、区域乃至整个世界的文明交流互鉴和文化多样性同存共荣的历史记忆和现实图景。

回观"丝路项目"的发展历程，我们不难发现最初以丝绸之路为发端的"对话之路"直接与前述的五次科学考察路线（沙漠之路、海上之路、草原之路、游牧之路、佛教之路）相对接。马约尔曾多次明确指出，"路线"或"道路"作为文化载体的激发性概念（stimulating concept）构成教科文组织开展的若干研究项目的观念基础；这种"文化之路"方法

① UNESCO, *Integral Study of the Silk Roads: Roads of Dialogue*, *1988 – 1997*. http://unesdoc.unesco.org/images/0015/001591/159189E.pdf，2018年10月3日。

② 习近平：《携手推进"一带一路"建设（2017年5月14日）》，《习近平谈治国理政（第二卷）》，外文出版社2017年版。

（“roads of culture” approach）涉及的根本问题是强调多元文化的重要性，这一点与自然界的生物多样性同样重要。①

随着“丝路项目”后来几年的发展，围绕一些对人类产生过重大影响的“道路”或“路线”而渐次展开的“之路”型项目（roads/routes projects）也依托文化间的“相遇”这一极富张力的象征性对话图景而开枝散叶，带动和推进了国际社会有关文化多样性与和平建设的文化间对话。以下，我们不妨以时间线索为序，对教科文组织在“十年行动”中陆续推出的“之路”型项目作一简略回溯，重点在于描述事件、意义及后续影响。

——“铁之路”

作为文化间项目的一部分，教科文组织于1991年发起的“铁之路”项目（Iron Roads Project）旨在彰显非洲大陆的技术文化，以帮助这个地区更好地应对发展的挑战。项目鼓励进行跨学科的科学研究，并与影响非洲国家与铁相关的工业发展战略进行合作，同时为文化、艺术和教育活动提供框架。该项目由一个16名成员组成的科学委员会负责监理，并由当时教科文组织促进和平文化的文化间对话与多元性部门管理。

作为该项目的组成部分，一系列科学会议相继举办，成果结集为《非洲的铁之路》宣传册和《非洲铁冶金的起源：烛照上古之新光——西非和中非人民的记忆》一书。这一科学新著认为，非洲在大约5000年前便发展了自己的铁器工业，包括在西部和中部非洲和大湖区可能存在一个或多个铁器制作中心。新的科学发现挑战了长期以来的许多传统观点，尤其是对既有的殖民偏见和缺乏根据的臆断作出了有力的反驳。教科文组织文化间对话科前负责人杜杜·迪耶纳（Doudou Diène）在该书序言中直言不讳地指出：“最终的目标是采用严格的、跨学科的、国际化的科学方法，以恢复非洲直到今天都在被褫夺的文明及其深刻标志：铁。”② 这

① Federico Mayor, “Preface of the Director-General of UNESCO”, *Integral Study of the Silk Roads: Roads of Dialogue – a UNESCO Intercultural Project*. Paris: UNESCO, 1997, pp. 3 – 4.

② Doudou Diène, “Preface”, Hamady Bocoum (ed.), *The Origins of Iron Metallurgy in Africa: New Light on Antiquity-West and Central Africa*. Paris: UNESCO Publishing, 2004, p. 19.

项合作成果的作者皆来自“铁之路”项目组，有杰出的考古学家、工程师、历史学家、人类学家和社会学家。他们通过追溯非洲冶铁的历史，以许多技术细节讨论冶铁业对社会、经济和文化的作用。此外，项目还带来了一项多学科巡回影展，从世界各地有关非洲金属制作的大约 30 部影片中筛选而出的一部影片于 1999 年 10 月 26 日至 11 月 17 日在教科文组织总部放映。2000 年，作为第七届国际非洲艺术和手工艺贸易展览会的一部分，在瓦加杜古特设了“非洲铁之路奖”，首位获奖者便是一位铁匠的后代——年轻的布基纳法索人托马斯·巴摩戈（Thomas Bamogo）。[①]“铁之路”项目促进了文化多样性和反种族主义行动，直指非洲对宽容、相互理解和对话观念所作出的贡献。

——“奴隶之路”

贩奴是人类历史上最黑暗的篇章之一。在长达 400 多年的时间里，超过 1500 万人的男性、女性和儿童沦为跨大西洋奴隶贸易悲剧的受害者。教科文组织认为，对主要历史事件的无知和掩盖，极大地阻碍了人们之间的相互理解、和解及合作，而贩奴交易和奴隶制不仅曾经影响全球面貌，而且持续造成当今社会的不安和动荡。因此，教科文组织下决心打破在贩隶交易和奴隶制问题上的长期缄默，于 1994 年在贝宁威达市发起“奴隶之路项目：抵抗、自由、遗产”（Slave Route Project: Resistance, Liberty, Heritage；以下简称“奴隶之路”）[②]，诉求力图通过以下三个目标达成：（1）促进更好地认识世界范围内的奴隶制（非洲、欧洲、美国、加勒比海地区、印度洋地区、中东和亚洲）的起因、行动模式、事件及结果；（2）高度关注并强调这一历史产生的全球变革和文化互动；（3）通过促进对多元文化、文化间对话以及构建新身份与新型公民的反思，大力推动和平文化建设。[③] 1997 年，教科文组织将每年 8 月 23 日定为“废除奴隶贸易国际纪念日”；2001 年，在德班举行的“反对种族主义、种族歧

---

① UNESCOPRESS, “Iron in Africa: Revising the History”, *Feature*, No. 2002 – 14.

② 有时也译作“奴役之路”。参见 UNESCO, *The Slave Route*, http://www.unesco.org/new/en/social-and-human-sciences/themes/slave-route/, 2018 年 10 月 9 日。

③ 参见 UNESCO, *The Slave Route*, http://www.unesco.org/new/en/social-and-human-sciences/themes/slave-route/, 2018 年 10 月 9 日。

视、仇外心理和有关不容忍行为世界会议”期间，联合国确认贩奴交易和奴隶制为危害人类罪。

“奴隶之路”这一后来被誉为“灯塔”的文化间项目正是从苦难记忆与文化强制进行逆向烛照和思考，直面历史阴暗的一面留给人类的深刻教训，也从多方面促进人们更好地认识到种族歧视和偏见给今天的社会所带来的种种危害。该项目成绩斐然，除了陈列和反思贩奴历史的博物馆建设、口头传统搜集计划、地方文化体验活动按规划得以陆续推进，纪念地、建筑物和遗址也得到了系统的清理和建档。此外，非洲和加勒比地区的文化遗产和非物质遗产，尤其是这一地区的口头传统，得到教科文组织的高度关注。这是因为，在书面档案和口头传统之间，关于奴隶贸易和奴隶制的书面和图像档案只能说明事实。因此，至关重要的是转向口头传统，以获得更完整的观点和对这一历史更多样化的评估。口头传统通常反映了受害者的故事，但远未被披露。为促进这种由传说组成的丰富的非物质文化遗产的收集、分析和实际使用，口头传统研究以故事、谚语、标记、隐喻、叙事、符号和其他表述形式的特征为依据而展开，并出版了许多口传作品。该项目还建立了几个主要的研究领域，以保护这一特定的口头遗产。总之，留下记忆的义务和促进不同文化间的对话和各国人民之间的相互了解，乃是“奴隶之路”项目所追求的目标；同时，该项目对反思当代形式的奴役（contemporary forms of slavery）也有着至关重要的镜鉴意义。

——“信仰之路”

教科文组织的宗教间对话计划是文化间对话的重要组成部分，旨在促进冲突与宗教归属日益相关的世界中不同宗教、精神和人文传统之间的对话。1995 年 6 月，在摩洛哥拉巴特举行的一次会议上发起了“信仰之路项目”（Roads of Faith Project）。由来自三大宗教专家倡议的《拉巴特提案》（*Rabat Proposals*）构成了 1996—1997 双年度活动方案的框架（26C/3.7），并为以下行动奠定了基础：一是设立教科文组织教席；二是创建一个汇集三大宗教知识的研究所，并由各宗教的专家领导；三是为 1997 年 6 月在马耳他举行“促进宗教间对话会议”创造了条件。这次会议旨在评估现有结构内所进行的种种实验，进而开展以各种方式组织的文化间对话和宗教间对话，寻找可能采取的后续措施。该项目最初展示三大宗教对精神、文化和艺术财富的产生和传播所作的贡献，而后发展为一项宗教间对话的跨学科计划：为创造新的对话和交流空间，一个题为"精神汇流与文化间对话"的全球方案出台，同时覆盖了"信仰之路"项目和"安达卢斯之路"项目（CLT－97/CONF. 203/3）；其具体目标在于研究并确定导致不同文化间和文明间关系中断或巩固的机制和内驱力，促进对精神传统及其所基于的价值观的相互理解。

——安达卢斯之路

伊斯兰教、基督教及犹太教的文化和信仰曾经在安达卢斯（今天的西班牙境内）并肩共存了近八个世纪，因此这一地区为文化间的"道/路"与"相遇"提供了一个无与伦比的演证环境。在这一背景下，1995 年 11 月，教科文组织大会第二十八届会议核准了"安达卢斯之路"（Routes of al-Andalus）项目，旨在立足于"共同遗产与多元认同"这一方针，彰显在中世纪西班牙逐渐发展起来的对话进程、机制和遗产，并研究在当时的语境下所发生的互动之于当今的影响。马约尔指出，当今世界日益复杂的进程正在导致一种非常危险的势头——从许多正在发生的冲突中可以看出——不过，也有机会在文化之间激发汇流，烛照许多共享的价值。因此，教科文组织致力于将重点放在当代的汇流进程上，为属于不同文化或宗教传统的社区之间开展对话，找寻尽可能多的交汇点；通过提请注意这些社区之间互相借鉴和相互赋予的方式，进而鼓励以新的方式来看待彼此，深化团结一致的意义。与此同时，该组织的目标也在于建立桥梁——犹太教、基督教和伊斯兰教之间的桥梁，以期在西方、阿拉伯世界和撒哈拉以南非洲之间，在过去和现在之间，在民族、文化及宗教之间，建设一个相互交流和相互尊重的未来。[①] 杜杜·迪耶纳也提出："要确保安达卢斯的西班牙不仅被视为一个古老的美学场景，而且作为一种文化间对话的经验而加以理解和体认，这才是必

① Federico Mayor, "Preface", *The Routes of Al-Andalus: Spiritual Convergence and Intercultural Dialogue*, Paris: UNESCO, 1997, p. 3.

要的新知。"①

总体上看,"铁之路""奴隶之路""信仰之路"及"安达卢斯之路"的拓展和延伸,不仅有前瞻性眼光和责任感,有超越当前人类文明步伐的勇气,还有具体的路径和可操作的技术路线。此后,在教科文组织甚或联合国的正式文件中,"之路"成为"文化间对话"跨学科系列项目的代名词,凸显了"道/路"作为概念工具的方法论意义。正如教科文组织在一则题为《路即思想之道》的推介文章中所云:

> 作为文化间对话之载体的"道/路"概念对1994年的"奴隶之路"和1995年的"铁之路"(已证明非洲创造了自己的制铁工业),以及"安达卢斯之路"和"信仰之路"有着显著的启发作用,包括最近的"宗教间对话"计划——旨在重点关注创造宗教和信仰的人民之间的文化与精神。②

综上所述,教科文组织在"十年行动"中实施的系列化"文化间项目"以"对话之路"为主题标识和映射图式,已然具备了方法论和实践论的范式价值,尤其是"奴隶之路""信仰之路"和"安达卢西亚之路"等项目表现出跨学科性和扎根于地方、次区域、区域及跨区域的特点,在具体的历史和地理背景下,这些特点表明文化间具有深刻的相互影响。由此,路路相连,话语相通,作为和平文化关键因素的文化间对话所具有的内在活力和当代价值得到彰显。"奴隶之路"项目在促进对贩卖黑奴的历史事实进行多学科研究以及揭示由其产生的相互关系的同时,还可以使有关的人民接受的确由暴力但也由相互接触而形成的历史记忆和共同遗产,以此创造他们之间进一步和解的条件,并认识到其各自文化演进的多元化活力。同样,"信仰之路"和"安达卢西亚之路"项目力求阐明文化融合的过程,同时鼓励在属于不同的文化和宗教领域但具有共同的历史遗产和一些共同的价值观的社区之间建立对话的空间(151EX/43)。

① Doudou Diène, "Introduction", *The Routes of Al-Andalus: Spiritual Convergence and Intercultural Dialogue*, Paris: UNESCO, 1997, pp. 7-8.

② UNESCO, "The Roads, an Idea Making Its Way", *The New Courier*, 2004 (January), p. 14.

三 朝向共同的历史与记忆：“之路”系列项目的分孳

在“十年行动”框架下，教科文组织在文化领域围绕“共同遗产与多元认同”的讨论，随着“之路”系列项目的展开愈加走向深入，尤其是为促进文化间对话、培育对话精神并发展“对话伦理”继续开展了一系列传统和创新活动，其主要路径可以概括为以下四个方面：（1）促进对文化认同和多元遗产的形成过程及其互动关系的相互了解，提高对“普遍性”和“多样性”的辩证认识；（2）倡导从时空、历史和记忆的角度看待对话；（3）加强传统文化与现代文化之间的联系；（4）拓展对话新场域及其研究。由此，从文化遗产与旅游、文化与社区、文化与创造力、文化与可持续发展（社会、经济及环境）等维度推动和平文化建设。与此同时，在组织编纂人类发展史和区域史的同时，实施系列化的跨区域文化间对话项目，致力于阐扬文化间互相影响、互相作用的复杂过程。

为推动旨在描述和证明各种文明和文化相互受益、相互汲取营养并丰富自身的学术工作，同时支持科研机构之间在国际上建立在线交流和联系的网络，教科文组织还努力将有关文明间对话的价值观纳入历史、地理和通识教育的教学大纲之中，促进采用各种有利于艺术教育的创新性方式和方法，并就这些领域应遵循的政策向会员国提供建议（171EX/40）。在“之路”系列项目的开放性框架下陆续完成的项目有阿拉伯计划、高加索项目、中亚文化间对话、地中海方案，以及通史和区域史书写等。以下，笔者各择若干要点予以简述。

——阿拉伯计划

为在世界范围内加强对阿拉伯文化的了解，通过促进对话和交流，鼓励阿拉伯文化与其他文化之间加深相互理解，进而推动文化间对话、文化多样性和发展，教科文组织与其成员国中的阿拉伯集团从1989年便开始酝酿“阿拉伯计划”（Arabia Plan），并于1991年正式启动。该计划当时有三个战略重点领域：其一，“连续性和变迁”，意味着将文化遗产和文化认同理解为发展的推进器；其二，“创新与现代性”，包括促进当代阿拉伯的创造和创造力；其三，“文化间对话与普遍性”，侧重于阿拉伯文化在与世界其他文化互动中的作用。

该计划在前十年的实施中，取得了一些显著的成就。例如出版《阿拉伯国家历史上的外交档案（1523—1945)》《伊斯兰文化面面观》(4卷)、《世界棱镜中的阿拉伯穆斯林文明》等研究成果，编制“阿拉伯国家世界遗产清单”，设立“世界阿拉伯语日”和“教科文组织—沙迦阿拉伯文化奖”，推出“阿拉伯文化经由西班牙和葡萄牙对伊比利亚—美洲文化的贡献”项目（ACALAPI，后独立于“阿拉伯计划”)。时至2001年，教科文组织和阿拉伯集团明确意识到该计划必须更新，以应对新世纪的挑战，诸如全球化、互联网和新的传播趋势、人口移徙、恐怖主义和新的武力冲突。因此，各方提出了一套新的倡议《阿拉伯文化发展行动计划》，其中新纳入促进阿拉伯世界和其他地方的图书馆之间的合作，利用因特网分享阿拉伯文化的主要作品，或促进体现阿拉伯文化遗产的音像制品等内容。直至今天，阿拉伯计划的使命也并未失去其必要性和紧迫性。

——地中海计划

教科文组织大会第二十七届会议决定承担并协调“地中海倡议”的相关行动，在总干事的建议下将实施重点下放到开罗，使之成为第一个在阿拉伯世界中心运作的“地中海计划”(Mediterranean Programme)。该计划专注于促进三个密切相关并被视为网络的标志性活动：（1）知识航行：历史上的海船制造网络；（2）地中海保护区：公园和花园网络；（3）手工艺网络。除了这些工作领域，该计划还坚持向数字鸿沟和教育中的消极成见进行必要的斗争，并围绕以下三个主要问题而展开：（1）促进文化间对话；（2）促进和平文化；（3）为可持续共同发展奠定基础。

——高加索项目

高加索地区连接欧洲和亚洲，处于许多文明和文化的交叉口，以其丰富的历史根性、传统及宗教为特征而堪称文化多样性的区域典范。

1999 年，亚美尼亚、阿塞拜疆和格鲁吉亚提议在高加索地区国家、次区域和区域间发起共同行动，讨论社会可持续发展的条件和促进和平文化的共同价值观的方式方法，由此构成“高加索项目”（Caucasus Project），活动涉及教科文组织的所有领域。在项目范围内研究和解决的问题还包括该次区域的生态问题、全球气温升高问题和地震情况（30/C/DR. 34）。在文化领域开展的活动主要有：（1）在保存、修复和展示文物古迹领域开展合作；（2）保护和进一步发展民族语言与本地语言，鼓励学习和提高外国语言知识，以推动次区域各民族之间的互动和与世界其他地区的交流；（3）开展文化交流，包括促进展览展示、民族艺术创作和传统手工艺，翻译和出版经典作品和现代作家的著作，联合摄制影视，协同组织文艺演出等。活动主要是在南高加索地区展开，重点目标人群包括青少年和妇女，并在三个发起国设立了教科文组织高加索教席。

——中亚文化间对话项目

为落实促进文化多样性和不同文化间对话，尤其是中亚不同宗教之间对话的行动纲领，“中亚文化间对话”项目（Intercultural Dialogue in Central Asia Project）特别鼓励处于转型时期或冲突局势中的国家之间展开文化间合作，以期加强该区域的社会凝聚力、团结及和平。项目本身侧重于中亚地区，既是因为该地区在人类文明和宗教文化的相互影响中发挥着重要作用，也是为了进一步阐扬教科文组织在其“丝路项目”中提出的推广“多重认同与共同遗产”的理念。这是从“丝路项目”延伸出来并发展得较为完善的一个次区域性部门间项目。在逐步扩大范围的同时，带动了一系列具有长期影响并产生乘数效应的丝绸之路活动。其间的平行举措主要包括：设立教科文组织中亚教席网络、撒马尔罕国际中亚研究中心、乌兰巴托国际游牧文明研究所，编纂《中亚文明史》（4卷），开展中亚文化多样性与对话节，支持在中亚建立丝路古代驿站和邮政系统清单，并参与联合国世界旅游组织促进中亚和丝绸之路沿线文化旅游的项目实施，协助申报世界遗产名录，以及在文明间对话的框架下开展宗教间对话。这种次区域性的合作模式和多向交流的对话理念，即便在项目结束之后也保持着活力。直到今天，我们依然能够看到中亚地区较为频繁的互动项目正在延展；仅在国际中亚研究中心的后续项目中就有十多个国家共同推动，但已超出中亚范围，中国、日本和韩国等东亚国家也参与其间。

——通史与区域史书写

教科文组织的“通史和区域史”（General and Regional Histories）编撰工程由来已久，其宗旨在于“让人民谱写自己的历史”。有相当多地方权威史学家参与编纂工作，从而体现视角的转变。相继推出的《人类史》《非洲通史》《中亚文明史》《加勒比通史》《拉丁美洲史》《伊斯兰文化面面观》等一系列历史书写，举世瞩目。它们作为文化间对话项目的配套工具，为开展与历史、记忆、对话相关的系列活动，为重新发现人类观念以及由其自身命运形成的愿景并学会共处提供了助力。一方面，为读者提供对社会演变、文化繁荣、世界各地区间交流与互动的重要趋势的全球认识，以促进相互理解、相互尊重和相互欣赏；另一方面，就分裂社会的历史叙事与记忆性叙事问题开展建设性对话，以鼓励分析性学习、批判性思考和互动式辩论，以消除误解、偏见和歧视。在陆续推出通史和区域史的同时，还利用互联网启动了利用《非洲通史》的一个教学项目，以利于形成民众的认同，并帮助他们了解作为任何区域文化多样性基础的共同联系，尤其是对非洲移民社区而言。

在以上文化间项目的陆续推进中，教科文组织不失时机地将由“道/路”和“记忆”两个关键词所激发的对话理念映射为各种文化交流的联结网络，由此演证人类的过去对当今世界文化和人类可持续发展的互动关联，并在区域、次区域乃至国家等不同层面推广历史书写和教学的新实践。正如杜杜·迪耶纳指出的那样：“谈到长期记忆——这才是‘路线’概念（the concept of‘routes’）的根本意义。”① 虽然以上陆续展开的文化间项目各自都有不同的维度和重点，但大抵都既有对历史的检视和反思，也有对未来的期许和谋划，关注的重点依然是人类社会在精神、文化、艺术、知识、技术等领域的交往行动及其产生的深远影响，尤其是在历史与记忆之间展开文化间对话，强化并凸显了当今人类认识过去、

① Diène, Doudou, “Introduction”, *The Routes of Al-Andalus: Spiritual Convergence and Intercultural Dialogue*, Paris: UNESCO, 1997, pp. 7 – 8.

反观自身、塑造未来的现实意义。而"丝路项目"产生的影响，犹如火种，不仅已经惠及当下的人类社会，还会有深远绵长的作用。人类社会的成员，或早或迟都会从自己或他者的历史与记忆中学到彼此相处的智慧和合理的做事方法。这也是教科文组织在教育领域倡导"学会共同生活"的目标。

四 从"对话之路"到"对话之道"

文化多样性是一种理念。围绕这种理念，不同文化之间可以组织富有成效的多向度对话。另外，文化多样性亦可作为文化表现形式、创造力、创新能力，以及谅解与和解能力的一种适应过程来加以体认，在文化间对话实践中加以保护。在教科文组织推出的一系列跨学科的部门间对话行动中，"丝路项目"以"路"为"道"的方法可谓影响深广，因其始终将观念及其实践落实到文化间对话这一主题上，在对话相关性的设定和树立实践范式方面为"十年行动"及其宗旨而执行的文化间项目奠定了方法论和实践论的基础。这些项目包括但不限于"拉丁美洲—加勒比2000"（Latin America-Caribbean 2000）、"玛雅世界"（Maya World）、"巴洛克世界"（Baroque World），以及"阿拉伯文化经由西班牙和葡萄牙对伊比利亚—美洲文化的贡献"（The Contribution of Arab culture to Ibero-American cultures through Spain and Portugal，ACALAPI），等等（27C/103）。

在促进多重形式的文化间对话方面，由"丝路项目"开启的"对话之路"当属最具示范效应的旗舰项目，成为后来以同样的基本思路发起的其他后续行动的样板。20世纪90年代以来开展的"促进和平文化"计划，与各个"之路"项目、"两个世界相遇500周年"纪念活动，以及"阿拉伯文化发展计划"等深度融合，也成为"国际理解"的一个个重要标志。1999年，"之路"系列项目被纳入联合国《和平文化行动纲领》（A/66/273）的实施范围，不仅使教科文组织的部门间行动产生了倍增效应，也带动了该组织在其主管的各领域先后主推的各种文化间项目或计划。此后，教科文组织还开展了一系列传统的和创新的活动，建立新型的公/私合作伙伴关系，加强各机构间和各组织间的合作，使得文化间对话活动在次区域、区域及跨区域层面显著增强。例如，在哲学和人文科学领域有“区域间哲学对话”“思想之路”（亦作“通往第三个千年之路”）和“艺术之路”；在教育领域有“未来之路”，在文化、教育及信息和传播的部门间项目中有“电影与文化间对话”“数字丝绸之路”和“伏尔加河大道”；在文化遗产保护领域，“迦太基之路”“腓尼基人之路”和“安第斯大道：文化之路”等项目，先后与欧洲委员会的“文化线路计划”、世界旅游组织的“遗产之旅”和“记忆之旅”，以及世界遗产委员会推动的“遗产线路/文化线路”形成多重呼应。与此同时，还在国家、区域或次区域乃至跨区域等层面拓展为一系列后续行动，诸如中欧和中南欧地区的“蓝色多瑙河”和“橄榄之路”、太平洋次区域的“海洋之路”“非洲独立之路：解放的遗产”、亚太地区的“陶瓷之路”，等等。从上述这些实例中我们不难发现，“之路”项目的方法论价值在许多地区得到了印证；与此同时，也充分说明加强文化间对话、促进文化多样性和推动可持续发展是全球开展和平建设行动的重要支柱；保护文化多样性作为和平对话和可持续发展的共享资源，则有利于培育创造的多样性，并加强文化间能力。在更大的框架内（包括宗教间对话），教科文组织特别关注鼓励地方、地区和国家层面的文化多样性与政策多元化，鼓励区域和次区域的相关创议，彰显文化间传递和交流的重要意义。所有各方的行动都对文化间对话起着决定性作用。

作为“对话之路”系列项目的“模板”，“丝路项目”将“陆路”和“水路”本身作为对话方法和路径的策略，以其机巧的辩证思考和灵动的形象表述，不仅开启了以“道/路”与“相遇”互为表里的话语关联和阐释空间，而且“之路”的标识性符号和话语意义也在不断复制、翻版及拓展中彰显出实践论意义和应用价值，对步入新世纪的国际社会走向文化多样性的深入讨论和对话伦理的知识再生产形成了积极的助力。2004年10月，教科文组织执行局就“文明间对话的新路径和具体行动”展开辩论，其背景文件对“之路”系列项目的借鉴价值予以了高度评价：

> 通过欧洲—阿拉伯对话、地中海项目或教科文组织、阿拉伯文化组织和伊斯兰教科文组织之间的三角合作等项目，可以更好地认识到文化间对话在保护文化多样性方面的作用和积极影响。具体行

动是加强特定区域和社会背景下的社会凝聚力（例如在中亚、东南欧、高加索、印度洋、地中海地区，以及“阿拉伯计划”）；进而通过“道路/路线”项目突出互动和相互影响，对丝绸之路、非洲铁之路、安达卢斯之路、信仰之路、橄榄之路、伏尔加河大道和奴隶之路（促进各地区大学之间的具体项目，研究跨大西洋奴隶贸易的成因和形式）以及戈雷［—阿尔马迪纪念馆］项目予以特别关注，以利培育文明之间、文化之间和宗教之间的相互理解（170EX/INF. 5）。

正是随着“之路”型项目的不断“落地”，“丝路项目”开启的“对话之路”也在不断延伸和扩展，而“道/路”和“相遇”这两个颇有说服力的象征符号，以内嵌的隐喻和阐释张力说明了“道/路”即方法，方法即“道/路”，由此引领着不同文化间的多向对话及其实践之道，稽古揆今，深入人心。在“十年行动”走向尾声之际，法国作家弗朗索瓦—贝尔纳·于热曾以《在路上》为题，对“之路”项目的意义作出如下评价：

教科文组织正确地采用了“路线”这一主题，由此将各种互为孳衍的相关项目与文化对话连接起来。这些亘古绵延的路线因其曾经运输过某种贵重品而得名：丝绸、生铁，甚至奴隶。另一些路线，大多不是由于贸易的取道，而是取决于道路所交汇的中心，例如，耶路撒冷——三大一神教的圣城；古安达卢斯——三大文化曾经在此和平共存。

……我们在这里看到的正是由身心屏障、地形力线和人类谋略构成的一个复杂的综合体，并由其决定着某个思想是否能超越时空，在某一特定地域和特定文化中产生的某段书写是否能对某块大陆的另一端产生影响。传播是刻意的还是偶而为之的？当归功于扩张力还是吸引力？一种思想从一地传播到另一地，是缓慢的渐进过程抑或是历史性灾难的结果？思想的旅程，取决于地理的恒常抑或是战争的命数，还是取决于各古代文明中心的十字路口抑或某条新路线的发现？若想了解自己来自何方，我们还有很长的路要走，还须重返过去的大道小径。[①]

正所谓“路即思想之道”。古往今来，不同文化间的对话和交流正是沿着“大道小径”孜孜不息，成为驱动人类文明进步的必不可少的动力。与生物的线性进化不同，文化的非线性进化特质，就让生活在地球上不同区域的人们，能够通过相互学习和借鉴，通过有用的知识和好的做事方法的彼此启迪和共享，而大大加快文明进程的步伐。人类以往在地球上的活动，总体而言，是十分成功的。今天，随着科学的不断进步，信息和传播技术的超速发展，以及人们越加频繁的移徙，文化间的对话比起历史上的任何时候都要复杂和丰富。不论怎样，过去、当下乃至未来的“路网”依然在延伸，需要人们在“相遇”和“对话”中不断前行，也要不断回首，尽管道路依然迢遥。

五 “跨文化对话”还是“文化间对话”：厘清语境

进入21世纪以来，“丝绸之路”和“奴隶之路”作为“对话之路”的两个项目几经沉浮和曲折，浴火重生[②]，在联合国系统促进和平文化建设的一系列后续行动中一直被当作实践样板，尤其是在“国际文化和睦十年（2013—2022）”和“非洲人后裔国际十年（2015—2024）”等一系列国际对话进程中显现出强劲的活力。目前，这两个素有“旗舰”或“灯塔”之称的文化间对话项目主要由教科文组织社会科学部社会变革与转型处文化间对话科和历史与记忆对话科两个部门分别主导，并在部门间共同行动中确保了跨学科研究目标和在地化实施效果。教科文组织在其官网上给予“对话之路”（Routes of Dialogue）专题的解释，说明了作为方法的“丝绸之路”直指当下并朝向未来的对话意涵及其深远意义：

---

① Francois-Bernard Huyghe, “On the Road”, *The UNESCO Courier*, 1997 (June), p. 7.

② “奴隶之路”项目在2008年得以恢复，网址：http：//www. unesco. org/new/en/social-and-human-sciences/themes/slave-route/，2018年10月2日；“丝绸之路”项目以网络平台方式重启于2013年，网址：https：//en. unesco. org/silkroad/unesco-silk-road-online-platform，2018年10月2日。

> 纵观历史，各国人民通过艺术、贸易和移徙交流了文化经验、思想、价值观和货物。人类历史就是这些旅程的故事。当我们进入21世纪之际，我们也踏上了一个旅程——其目的地乃是为所有人的正义、福祉及和平共存而恪守的承诺。在这些相遇中，横跨整个大陆和海洋的每一位行者或各社区传递了他们的思想和习俗，教科文组织通过一系列项目为这样的相遇鼓与呼。[①]

教科文组织认为，“道路/路线”作为概念的提出，是以各国人民与各种文化的相遇为前提的，是知识、思想和“他者”的表述互为交流的结果，更是在不同的思想体系中相互影响的写照。所有的“道路/路线”项目都凸显了保持相遇和互动的动力之所在，而且最终表明文化间的交汇和互动过程是源远流长的（171EX/40）。这一系列文化间对话项目所形成的智力成果、实践方略，乃至经验教训，印证了不同文化之间的相互尊重、彼此包容及平等对话对于人类实现永久和平所具有的重要意义，对推进“一带一路”话语体系建设也当有着借鉴意义。

2012 年以来，习近平主席积极倡导构建“人类命运共同体”，这一“中国方案”与教科文组织为实现其“于人之思想中构筑和平”的目标高度契合。2017 年 5 月，习近平主席在“‘一带一路’国际合作高峰论坛”演讲中首次提出要将“一带一路”建成和平之路、繁荣之路、开放之路、创新之路、文明之路，即在“五通”的基础上发展出“五路”的目标。“和平之路”被置于首位：没有对话，就没有和平；没有和平，就没有繁荣；而开放和创新则是实现文明交流互鉴的必经之路。和平与发展之间存在相互依存的关系，同样在联合国《2030 年可持续发展议程》中得到确认：“没有和平，就没有可持续发展；没有可持续发展，就没有和平。”该《议程》中的可持续发展目标 16 便是“创建和平、包容的社会”。面对当前的全球经济形势、纷繁复杂的国际和地区局势，加强并推动有关文化多样性和可持续发展的对话活动、传承和弘扬丝绸之路所凝聚的对话精神对构建人类命运共同体尤显重要。

---

① UNESCO, *Routes of Dialogue*, http://www.unesco.org/new/en/culture/themes/dialogue/routes-of-dialogue/, 2018 年 10 月 2 日。

这里，我们还需要在“文化间对话”与“跨文化对话”之间厘清概念的使用及其语境。教科文组织的专家认为，同化论、多元文化论和当前的“文化间性论”（interculturalism）都曾被建议作为可用于管理社会和文化多样性的政策渠道；而教科文组织出版的《十字路口上的文化间性：比较观照中的概念、政策及实践》则侧重于“文化间性”（Interculturality）这一概念，一方面提供新鲜的学理分析、政策讨论和实践案例，另一方面通过对来自世界各地的个案研究深入探索不同文化间的对话、策略及能力建设①。那么，我们回到“一带一路”话语体系的建设问题上来看“民心相通”这一合作之本，基于“文化间性”的对话和交流当更为接近习近平总书记有关“文明交流互鉴”这一思想的理论基础。因此，在文化政策领域，我们应当在“文化间”（inter-cultural）与“跨文化”（cross-cultural 或 trans-cultural）之间作出明确的区分，并在涉及“文化间对话”这一关键词时审慎表述。尽管“文化间对话”（intercultural dialogue）有助于“跨文化传播/交流”（cross-cultural communication），但需要在“文化间对话”与“跨文化对话”之间进行学理上的辨析和语用上的区分，毕竟用于文化政策领域的概念有其需要设定的语境和场域。联合国系统长期采用且一以贯之的政策术语正是“inter-cultural dialogue”（文化间对话），而绝非“cross-cultural dialogue 或 trans-cultural dialogue”（跨文化对话）。②两相比较，后者无疑带有“居高临下”意味，实则无益于不同文化间的平等对话。

文化间对话的确事关哲学、社会科学和人文科学等学科参与国际事务的能力建设。教科文组织于世纪之交在哲学、伦理学和人文科学领域开展的“思想之路”项目已成果累累：举办各种研讨会并发行出版物，促进对下列情况引起的伦理问题进行跨学科和跨文化分析：全球化、平等获取知识和信息的机会，并在文化和语言多样性世界中共处；为致力于促进对全球伦理问题进行跨学科对话的学者和非政府组织创造更多的

---

① Mansouri and Fethied, *Interculturalism at the Crossroads: Comparative Perspectives on Concepts, Policies and Practices*, Paris: UNESCO, 2017.

② 可重点参考教科文组织《世界报告：着力文化多样性与文化间对话》，2009 年。诚然，在联合国系统、教科文组织官方网站的中文网页乃至部分中文文件表述中，也存在着“文化间对话”与“跨文化对话”的混用。但与英文书写进行比对，问题不言自明。

接触与交流。在该计划框架内开展的活动，阐明了教科文组织一向的立场——动员国际级的研究人员和财源机构贡献力量，促进就各种世界性问题开展学科间和文化间对话。而术语的确当使用显然已成为我们在文化政策制定和参与具体对话的过程中需要考量的一个基本维度，尤其是需要我们充分纳入古今中外有关"对话"的经验、思考和智慧，为尊重世界文化多样性和旨在促进和平的对话伦理提供符合国际话语语境的"中国方案"①。

值得述及的是，近期教科文组织统计研究所首次发布了来自199个成员国有关文化间对话的问卷调研结果，其中的相关数据说明：语境对于定义和应用文化间对话至关重要；文化间对话是社会凝聚力与和平的必要环境，有助于实现相关目标；人们越来越认识到文化间对话对维护和平社会和预防冲突的贡献；文化间对话是一个范围广泛的概念，多种利益相关方的参与是确保其实施的关键。而在促进和达成文化间对话方面，经济发展被归为最不相关的因素。② 诚然，文化间对话确实是一项重要而又艰巨的任务，因其必须建立在承认人类是一个整体并具有共同的价值观、承认人类文化多样性以及各种文明和文化具有同等尊严的基础之上。而尊重文化多样性，提倡平等、宽容、对话、共享、合作，正是国际和平与安全的最佳保障之一。教科文组织，抑或任何一个国家，都无法独自行动并取得成功。

"对话之路"系列项目的发起和持续性推进与教科文组织建设和平的使命紧密相关。因而，强调该组织在调动联合国系统内外所有利益相关方支持文化多样性、促进文化间对话以及建设和平文化进程中的关键作用，对今天的国际社会而言也有着不言而喻的重要意义。"对话之路"系列项目立足于长期坚持的"文化间对话"的平等立场，并以其广泛的实践、经验乃至教训，凝聚了方法论和实践论价值，当为"一带一路"布局中的"民心相通"提供前鉴和思路，值得我们予以认真的关注、跟踪

① 例如，在中国古代哲人庄子那里，"道"这个字既指"道路""途径""方法"，又指人的"行"与"言"，其中便蕴含着"对话"的哲理。参见徐克谦《论作为道路与方法的庄子之"道"》，《中国哲学史》2000年第4期。

② UNESCO, *UNESCO Survey on Intercultural Dialogue 2017: Analysis of Findings*, Paris: UNESCO, 2018, p. 16.

和研究。

近五年来，共建“一带一路”倡议及其核心理念被纳入联合国、二十国集团、亚太经合组织、上合组织等重要国际合作机制的成果文件之中，彰显了“中国理念”和“中国方案”对全球治理的重要贡献。截至2018年10月，已有108个国家和29个国际组织与中国签署共建“一带一路”合作文件[①]，涉及亚洲、非洲、欧洲、拉丁美洲、南太平洋地区。在此背景之下，重温丝绸之路给人类留下的“共同遗产”，我们唯有“不忘本来，吸收外来，面向未来”（习近平语），方能把握“一带一路”话语体系建设的进路。而如何充分开掘促进文化多样性的学术潜力和构筑“人类命运共同体”的文化间对话空间，也是中国哲学社会科学界需要回答的关键问题。

① 申冉：《发改委：六个务实推动“一带一路”能源合作伙伴关系建立》，https：//www.yidaiyilu.gov.cn/xwzx/gnxw/69157.htm，2018年10月19日。

非物质文化遗产的客体化与乡村振兴

——兼论“一带一路”倡议与民俗学研究新契机*

陈志勤**

摘　要：非物质文化遗产的保护和传承已经经历了一段时间的实践，可以用“政府介入”“旅游经营”“文艺展演”这三个关键词进行大致概括。对于迄今为止的非物质文化遗产保护运动，有必要从促进文化的客体化、带来内发性的社会发展等视角进行重新审视。本文首先通过对“乡村振兴战略规划”中涉及的非物质文化遗产保护内容以及展开至今的非物质文化遗产保护实践的解读，提示非物质文化遗产保护从来不是一个纯粹的文化建设问题，而是一个社会发展的问题；其次，以一个村落的田野资料为主，在分析以“政府介入”“旅游经营”“文艺展演”为关键词的村落非物质文化遗产保护实践的基础上，揭示因为非物质文化遗产保护促进了村落的文化客体化、带来内发性发展的乡村振兴之路，提出今后有必要实现从“政府介入”到“乡村自救”、从“旅游经营”到“村民参与”、从“文艺展演”到“村落认同”的转换，以体现非物质文化遗产保护之于乡村振兴的重要性；最后，从内发性的社会发展视角，进一步探讨在“乡村振兴”以及“一带一路”视野下的非物质文化遗产保护研究以及民俗学研究的新契机。

关键词：非遗客体化；政府介入；旅游经营；文艺展演；乡村振兴

---

* 原文刊于《文化遗产》2019 年第 3 期。标题有变动。

** 陈志勤，上海大学社会学院副教授。

一 "乡村振兴战略规划"中的非遗保护

党的十九大报告中首次明确提出乡村振兴战略，并将其作为全面建设小康社会的七大战略之一写入党章。2018 年的中央一号文件题为《中共中央 国务院关于实施乡村振兴战略的意见》，被誉为改革开放以来第 20 个、21 世纪以来第 15 个指导"三农"工作的文件。依据 2018 年中央一号文件精神，国家发展和改革委员会牵头编制的《乡村振兴战略规划(2018—2022 年)》（后简称《规划》）由中共中央、国务院印发实施，2018 年 9 月 27 日由新华社全文公布。《规划》共 11 篇 37 章 107 节，对实施乡村振兴战略第一个五年工作作出了具体部署。

有关非物质文化遗产保护（以下简称"非遗保护"）的内容，出现在《规划》第七篇第二十三章第一节中，从具体标题可以看出其递进的逻辑关系：第七篇题为"繁荣发展乡村文化"，第二十三章题为"弘扬中华优秀传统文化"，第一节题为"保护利用乡村传统文化"。在这第一节的最后部分，关于非遗保护仅仅是以两句话正面提到而已："完善非物质文化遗产保护制度，实施非物质文化遗产传承发展工程"，其主旨主要是"保护"和"传承"。这样的主旨与 2011 年的《中共中央关于深化文化体制改革推动社会主义文化大发展大繁荣若干重大问题的决定》毫无二致。2011 年的这个关于国家文化建设的重大决定，在第五项"大力发展公益性文化事业，保障人民基本文化权益"的第三条"建设优秀传统文化传承体系"中提到了非遗保护的内容——"抓好非物质文化遗产保护传承"，其关键词就是"保护""传承"。所以，历经六七年，中央对于非遗保护的要求并没有改变。这当然与一贯以来的非遗保护领域的自我定位有关：立足于繁荣和发展各级文化事业，以完善保护制度和实施传承工程。

非遗保护作为国家文化建设的重要策略之一，无论保护制度的建设还是传承实践的运作，在政府工作层面都进入到了比较成熟的阶段。说它成熟，并不是说到了一种理想而又合理的状态。当然，任何一项事业的理想而合理的状态都是动态的，但至少非遗保护这样的一项事业，已经成为以各级行政部门为主导的一种工作日常，各地非遗馆的兴起、各种新媒体的传播、各级政府的引领等，步伐之快让人目不暇接。当然，这些都不是单纯的，它与地方发展、国家建设是紧密相连的。但与之相比，关于非遗保护的学术研究却可以说进入了一个瓶颈期，因为我们一直以来在大的方向上跟风于政府策略上的文化建设定位，关于保护方法的研究较多，并没有以学术先行的姿态把它作为国家社会发展的重要契机进行把握。研究者如是以纯粹的保护和传承的使命感，去碰撞政府行为和民生问题，将会非常痛苦。所以，在非遗保护运动中总是有一个关键问题摆在我们的面前，这就是“非遗保护好了传承好了就完了吗”。这就像“以‘民俗’为研究对象即为民俗学吗”这样的问题一样，不是研究民俗，而是通过民俗进行研究，[①] 对于非遗保护的研究也应该是同样的，不是研究非物质文化遗产，而是通过非物质文化遗产进行研究。[②] 就像高丙中所提示的那样，我们需要以一种“大的关怀”进行呈现，并不是说现在国家要保护非物质文化遗产，我们的研究就天然地成为有意义的。[③]

当我们回顾非遗保护的发展历程，应该可以看到，在地方社会的非遗保护和传承实践中，它从来不是一个纯粹的文化建设问题，而是一个社会发展的问题，只是我们经常止步于“保护方式”“传承方法”的探讨，而忽略从大格局看待问题，忽视整体社会全面发展的需求。而现在，乡村振兴作为当前国家社会发展的重要国策之一，正在成为学界热议的

---

① ［日］岩本通弥：《以“民俗”为研究对象即为民俗学吗——为什么民俗学疏离了“近代”》，宫岛琴美译，《文化遗产》2008 年第 2 期。在此文中，岩本通弥套用柳田国男对于“乡土研究”的说法：“不是研究乡土，而是通过研究乡土”，进而提出理解柳田国男“所追求的民俗学不是研究‘民俗’，而是通过‘民俗’进行研究的学问”。类似的观点还有法桥量在《德国有关民俗学主义的讨论的去向——显露的领域和局限性》中提到的德国有关民俗主义的讨论对日本民俗学提供的视角：“不是研究民俗学主义，而是通过民俗学主义来研究”（［日］法橋量：《ドイツにおけるフォークロリズム議論のゆくえ——発露する分野と限界性》，《日本民俗学》第 236 号，2003 年；参考［日］西村真志叶《民俗学主义：日本民俗学的理论探索和实践——以〈日本民俗学〉“民俗学主义”专号为例》，《民间文化论坛》2007 年第 1 期）。

② ［日］菅丰：《何谓非物质文化遗产的价值》，陈志勤译，《文化遗产》2009 年第 2 期。在此文中，菅丰针对非物质文化遗产的保护、保存、利用的目的，提出“不在于‘对’非物质文化遗产进行守护，而应该在‘用’非物质文化遗产来守护和创造人类的丰富生活之中得以发现”。

③ 高丙中、李立：《用民族志方法书写非物质文化遗产——在作为知识生产的场所的村落关于写文化的对话》，《西北民族研究》2009 年第 3 期。

课题，在乡村振兴的背景中进一步深入探讨非遗保护这个课题，有助于使我们的研究导向积极地正面地参与到国家社会的发展和人民幸福生活的构建之中，摆脱仅仅从文化建设层面上看待非遗保护这项运动，避免认识的狭隘性和理解的浅显性。而且，在“一带一路”视野下探讨非遗保护与乡村振兴的课题，又为过去主要以民俗事象比较为主的比较民俗学提供了具有开拓性的新的契机，在今后，有可能通过非遗保护这个切入点，对不同国家的乡村振兴、社会发展展开合作研究和比较研究的可能性。

二 乡村文化的客体化与非遗保护：以香林村为例

“文化的客体化”（cultural objectification）被认为是对旅游引发“传统”和“文化”的破坏，并导致它失去本真性意义之观点的一种反论。太田好信基于建构主义的方法论，在1993年、1998年通过对旅游问题的研究提出了“文化的客体化”这个概念，认为“文化是被对象化、被客体化、被操作的事物”。[①]太田好信曾经指出旅游是促进文化的客体化的社会性因素之一，[②] 而现在，非遗保护也成为另一个促进文化客体化的社会性因素。[③] 在非遗保护中，“文化”“民俗”以及包括拥有文化的“人”和“空间”都被作为一个可操作的对象而发生变化。所以，在通过非遗保护进行研究的时候，我们必须观照它给国家、社会、地方、民众带来的影响。以下将要介绍的浙江省绍兴市柯桥区湖塘街道香林村，就是这样一个被客体化的村落。

---

① ［日］太田好信：《文化の客体化——観光をとおした文化とアイデンティティの創造》，《民族学研究》1993年57（4），第391页；《トランスポジションの思想——文化人類学の再想像》，京都：世界思想社1998年版，第12、72页。

② ［日］太田好信：《文化の客体化——観光をとおした文化とアイデンティティの創造》，《民族学研究》1993年第57卷第4期，第383页。

③ 田村和彦在关于中国食文化创造的研究中，提到非遗保护是具有典型意义的文化客体化的现象，并把非物质文化遗产运动作为“农家乐”兴盛的其中一个背景（［日］田村和彦：《中国陕西省における食文化の創造：「農家楽」における食事を事例として》，《有关食生活科学·文化以及環境的资助研究紀要》25，朝日啤酒学术振兴财团2010年版，第82页）。

综观自上而下的各级、各地蓬勃兴起和发展的非遗保护事业，我们大致可以用“政府介入”“旅游经营”“文艺展演”这三个关键词，概括非遗保护的具体运行和实践的特征。“政府介入”的特征体现了非遗保护的主导思想，“旅游经营”体现了非遗保护的操作手段，“文艺展演”体现了非遗保护的文化彰显。虽然以这三个关键词为代表的非遗保护的具体运行和实践的特征，在实际语境中是互为贯通的，但它们作为其中的分析视角之一，在解剖具体一个地方（村落、城镇、都市）的非遗保护和地方振兴的关系时，可能具有一定的有效性。我们试图通过这样的解剖，还原香林村的非遗保护与乡村振兴之路。

1. 政府的介入“发现”了村落资源

香林村原名西路村，是一个半山区，位于绍兴市境西部，因为村中桂树成林，并且有一株号称中国桂花之王，这种自然资源成为辨识这个村落的独特的文化符号。西路村为世人所知，据说是源于当地文联的一些文化人士偶然发现了这个“世外桃源”。这些地方文化界人士的策划引发了当地政府的关注，当地政府把桂花林及其周围的自然环境作为村落旅游资源进行开发。一直以来不为世人所知的西路村，因为政府行为的介入，先是营造了“香林花雨”旅游区，后又进一步建设了“大香林景区”，现在称为“大香林乡村休闲旅游区”，村名也先是从“西路村”改为“香林花雨”，后又改为现在的“香林村”。

香林村至少有百年以上的种植桂花树的历史，有的桂树甚至被认为已有千年历史。桂花的生产一直持续到20世纪90年代后期，作为村落的集体收入和村民的副业生产曾经发挥了重要的作用，所以，村民们对桂树林怀有别样的情感，拥有尽心养护的习俗。采摘的桂花主要供应给绍兴、杭州、上海的食品、香料、化妆品制造厂家，以此作为集体的收入，在20世纪60—80年代，被村里人称为老书记的鲍福生担任书记、村长的时候，村里还以桂花的收入为村民交付农业税。村民也把多余的桂花用来做糖、酒、茶、糕点等，有的自用，有的自销，以此作为副业补充生计。村里除了桂花生产，村民还种植竹、茶树、杨梅等，并在20世纪70年代发展农业生产的时期，开发水利水田进行水稻生产，成为当时绍兴县水利开发和水稻生产的典型。

20世纪80年代后期，周围的村落都建起了以纺织印染业为主的乡镇企业，但当时村民的桂花收入据说高于那些乡镇企业打工者的收入，他们没有必要在村内再兴起其他产业，桂花产业不仅让村民的生活趋于稳定，更重要的是由此让村落的自然环境得以保持。但是，也因为被“发现”的乡村资源，一直以来以提供桂花给厂家为收入来源的这个村落，有了一条利用桂花林发展旅游增加收入的途径。现在，虽然还保留着加工桂花食品自销的习惯，但他们可以不用打桂花出售给厂家了。据说是因为乡村旅游带来的收入高于以前的桂花生产收入了。当然，这也有可能与取消农业税以及食品、香料、化妆品厂生产方式变化有关。

但是，在政府介入开发乡村旅游伊始，村民们有着很强烈的不愿意改变的情绪。

村民中流传着一些生态环境发生变化的声音，如今年的竹林不知怎么发生虫害了、今年的杨梅产量不高质量不好等。还有因为除了桂花林以外，当时的旅游开发策划也把村里的明清建筑作为一个游览项目，一些村民因为不想公开居住环境就采取了抵制方法，把自己家里门窗上的传统木雕都涂上了油漆。

不可思议的是，香林村有关桂花树的生产方式至今还没有进入非遗名录。如果说现在的桂花树都是历史遗留物，没有必要再谈论种植技术的话，但是，这些树木保存至今，一定需要尽心的、持续的养护技术，这种生产民俗是不容忽视的。早在2008年，菅丰就在一篇题为《关于民间文化保护的学术思考——应该保护的民间文化究竟是什么》中指出，按照国家级非遗名录的四个评定条件和具体十大分类来看，“还是偏向于‘容易理解的’‘容易选择的’表演艺术、仪式、祭典、文学以及艺术等，不包括在其中的或者说被遗漏的民间文化还大有所在。例如，生产方式以及生业方式等，有关这方面的与实际生活贴近的重要的民间文化，并没有被充分地提示出来”，并举例提示了江南地区以稻作生产为核心有效利用生态体系的生产方式和嘉兴地区具有显著文化意义的以湖羊生产为主的家畜饲养，[①] 其问题的重点是揭示了体系性生产方式正是应该被保护的民间文化。当然，这之后的情况有一些改观，就稻作生产来说，2009

---

① ［日］菅丰:《关于民间文化保护的学术思考——应该保护的民间文化究竟是什么》，陈志勤译，王恬编:《守卫与弘扬》，大众文艺出版社2008年版，第69—74页。

年，“绍兴稻作习俗”被列入第三批绍兴市级非遗保护名录，2014年，江西万年县的“稻作习俗”被列入第四批国家级非物质文化遗产名录。

香林村坐拥改变村落命运的桂花林，却至今没有有意识地把与此关联的生产习俗申报为非物质文化遗产，除了以上营丰所揭示的问题，也同时反映了具有忽视自然资源中的文化意义的倾向。在十多年前的调查中，风景区内设置有一块刻有清代桂农金新禄名字的碑，作为这个村落桂农的代表，不仅承载着这个村落桂花林的历史，也反映了这个村落桂农们的辛劳。但在后来的调查中发现，虽然还保留着新禄公的墓葬，但这块碑已经没有了，在景区门口新增了一块桂花研究专家题写的“中国最大古桂群”的石碑，从一定程度上反映了进一步渲染村落自然资源定位的意图。

无论香林村有关桂花树的生产方式是否被列入非遗名录，这样与实际生活贴合的重要的生产方式以及生计方法，都具有不可估量的民俗文化意义。围绕桂花林的景观开发过程，虽然事实上也是一种保护和传承的方式，只是政府的介入和旅游的经营成为操作的主要推手，作为掌握有关桂花树生产方式的村民反而被隐匿于事件的背后。但如果从“政府介入”转换为“乡村自救”，或许有可能会改变历史，有可能避免发生被外来力量左右村落命运的情况；也有可能仍然原地踏步，至今还没有找到在新时代振兴村落的道路。就像以下会提到的那样，香林村不但在桂树资源被“发现”的早期源自“政府介入”，就是在之后的曲折的振兴之路中也依靠了来自政府的美丽乡村建设资金的支持。但是，如香林村这样的“政府介入”的情况毕竟是少数，如何进行“乡村自救”才是今后大部分乡村振兴需要面对、思考的课题。“乡村自救”，无论对于非遗保护，还是对于乡村振兴，都是一支需要积极扶持的力量。

2. 旅游的经营左右了村落命运

香林村的桂花林资源被“发现”后，当地先是营造了“香林花雨”景观，后又纳入“大香林景区”的建设中。因“桂”而成景、因“桂”而得名的“香林花雨”，现在只是“大香林乡村休闲旅游区”中的一个旅游点，位于景区东北处。“大香林乡村休闲旅游区”现在已拥有国家4A级旅游区的桂冠，还成为全国农业旅游示范点。

因为景区的建设，香林村的桂花林被从村里隔断出来，在和村落接壤的部分筑起了围墙，桂花林和周围的山林古刹共4平方公里区域，划归当时的鉴湖—柯岩风景区管理委员会进行管理。就是说，当时的村委会与风景区管理委员会签订了租赁合同，把包括桂花林在内的山林、土地租借出去了。在营造“香林花雨”景观之初，要经过村口的一条通道才能进入桂花林。于是，这条村口通道日益繁荣起来，特别是在农历八月赏桂时节更是显得热闹，路上有村民开的小餐馆、小卖部，提供游客歇息午餐，出售自家产的桂花食品。但因为筑起的围墙，游客改道进入桂花林，这条村口小路一下子变得冷清了，小餐馆、小卖部一夜之间销声匿迹，“香林花雨”景观开发给部分村民带来的实惠就此消失。此外，村民被风景区管理委员会雇用，以持续护养桂树、整修周围环境。但和上文中“政府介入”开发的情况相同，在当时，有一些村民对集体土地被大香林景区租赁和征收抱有不满情绪，因为这毕竟是生养自己的一方土地，其中含有外来的第三者不能理解的历史沉淀和情感寄托。

从“香林花雨”景观营造时期发展为“大香林景区”大规模建设时期，其中可以见到一些变化，这些变化对于景观营造具有意义，但离村民的生活文化渐行渐远。在开始阶段，原来作为一个主要观光项目的展示农具的“欢乐农家”已被荒废，除了有两三件农具点缀在景区内以外，其他的都已经散乱不堪，最近甚至基本上已经看不到了。虽然有关农村生活和农业生产的一些设施、工具、用具的展示，也并不一定可以全部反映村民的生活文化，但已是很多地方民俗展示的主要内容，如果失去村落主体的立场，那么，与村民的生活文化渐行渐远的状态就不奇怪了。在“香林花雨”划归“大香林景区”之后，为了丰富旅游内容，又人工营造了花神庙、月老祠、茶经园等新的景点，大多是围绕着村落传统农业“桂花”“茶”等衍生出来的新“传统”，主要目的应该是吸引游客，增加可观赏的去处。

香林村不仅是桂花村，还是一个佛教村，村周围云雾缭绕的山头低谷中隐藏着大小十来座寺庙庵堂，这些信仰文化也是最初旅游开发时期利用的内容，都各自具有故事性。如香林寺、宝林寺（原宝林庵，1983年改为现名）都有千年历史。还有一座寂静寺，据说是“文化大革命”后期一位高僧密参大师疗病躲灾到此，当时的书记鲍福生以及一些村民为其建了几间小砖瓦房，后来香火渐旺，现在已是一座具有5层楼高的庙宇。因为周围佛教环境的浸染，村民具有根深蒂固的佛教信仰，寺庙庵堂的生活物资有很多来自村民的捐助，并且念经做佛事也成为村民生活中不可缺少的一部分。

香林村还利用佛教习俗进行井水的用水管理。在没有自来水的时代，村民的饮用水依靠村口的一口古井，在古井旁立有一块清光绪年间的公禁石碑，上刻“此井之水准议挑汲公用食水，不得浸笋淘米洗衣菜等物，为此合村公议，自禁以后如违罚水忏一堂决不宽贷”。因村内有金、鲍两姓宗族居住，以“合村”公议的形式，规范金、鲍两姓宗族的饮用水管理。在绍兴王坛镇舜王庙周围有以“罚戏”的方法对水资源和鱼资源进行传统性管理的传统，而在佛教信仰盛行的香林村就演变成了以佛事（罚水忏）加罚了。[①] 但是，这口立有清光绪年间公禁石碑的古井，位于从村口通往桂花林的小路中间，当用高墙把桂花林与村落隔断以开发大香林景区的时候，这口古井和这块公禁石碑被遗忘在了寂寞的村口小路上，很是令人不解！当然，这几年随着旅游开发的升华，这种现象已被纠正过来。现在的古井和公禁碑，其历史价值已经得到关注，并在旅游开发中加以利用，成为香林村爱水、节水、护水的村规民约的历史见证。

开始于政府的介入而引发的“香林花雨”旅游开发，后来在“大香林景区”建设中，曾经因为桂花林租赁导致桂花林与村落生活的隔离，村落一度萧条、村民一度失落。但最近几年以来，虽然桂花林租赁、景区参股分红等方式并没有大幅度地改变村落集体经济的状况，但因为美丽乡村建设获得了一定的资金支持，香林村又呈现了新的气象。2015 年 11 月 16 日的《浙江日报》以“走向‘绿富美’的柯桥乡村路径”为题，报道了依靠大香林景区繁荣乡村休闲经济的香林村。[②] 现在的香林村，村落环境得到了修缮，村民生活呈现出希望，至少被周围相邻的村落所羡慕。不仅恢复了一些小餐馆小卖部，甚至还有几间古玩、茗茶商铺，并兴起了妇女农家乐，走上了一条从个别景观开发到整体休闲的创意之路。

---

① 陈志勤：《中国绍兴地域における自然の传统的な管理——以王坛镇舜王庙における“罚戏”“罚宴”を中心として》，《东洋文化研究所纪要》第一五二册，东京：东京大学东洋文化研究所 2007 年版，第 161—162 页。

② 乐翠球、张兴刚、陈全苗：《走向“绿富美”的柯桥乡村路径》，《浙江日报》2015 年 11 月 16 日第 18 版。

2017年9月25日的《绍兴日报》以“从香林村告别一‘桂’独秀看乡村旅游转型”为题，报道了香林村借助旅游完成村落整体发展的事例。[①]香林村现在已是名声在外的旅游胜地，除了被冠以“绍兴十佳休闲旅游村”和“绍兴十大最佳赏月点”的名号，还被评为省级农家乐特色村、省级巾帼示范村、省级森林村庄、省级充分就业村和省级小康体育村。

当然，在媒体报道的背后，作为当事人的村民们更有他们自己的体验和观察。因为任何一项事业的发展，都会出现受益的群体和不受益的群体，各种声音的出现自然难免。在“大香林景区”建设初期，隔断桂树林与村落生活区的高高的围墙曾经阻断村落继续开发的道路，当时虽然在围墙中留有一扇小门，但开与不开却是任意的或者是随意的，后来随着时间的推移，景区管理方也认识到了互惠互利的意义，现在这扇小门敞开，成为从景区进入村落的重要通道。而对于现在的香林村所呈现的景象，有的村民认为真正的改变源自美丽乡村的建设，却不否认“大香林景区”建设的铺垫作用。因为桂花林租赁、景区参股分红等形式，虽然在一定程度上弥补或者缓解了一部分村落的公共事业建设以及村落老人的福利问题，但对于村落整体发展的投入来说是远远不够的，村落收入提高主要是因为美丽乡村建设而获得了行政部门的资金支持，而这主要归功于先期的景区建设所带来的影响力。

时至今日，从乡村振兴的视野来看待当时香林村桂花林租赁、景区参股分红等举措，虽然不能以精准化的价值观和标准化的是非观，进行成功与否失败与否的轻易评判，但有一点是肯定的，就是在当下的大环境下，是离不开“政府介入”和“旅游经营”的。“政府介入”背后带来的国家政策红利、“旅游经营”背后带来的地方整体考量，都不仅仅是为了保护而保护的文化建设层面所能涵盖的，我们必须从国家、社会的整体发展角度进行思考。因为在很多地方的乡村振兴实践中，已经远远超越了传统、民俗、非遗的保护和传承的范畴。而面对这样的乡村振兴实践，“旅游经营”与“村民参与”的矛盾需要我们特别关注。香林村的命运起伏说明了这个道理，今后的道路只有在村民们自律地、积极地把

① 边锦祥:《从香林村告别一“桂”独秀看乡村旅游转型》,《绍兴日报》2017年9月25日第2版。

握参与的机会，这个村落才能够说是振兴了。“村民参与”，无论对于非遗保护，还是对于乡村振兴，都是一种需要引起关注的能力。

3. 从“文艺展演”到“村落认同”

借助“政府介入”和“旅游经营”改变面貌的香林村，现在还在振兴的道路上。2015 年前后，香林村投入 40 万元，在柯桥区文化广电新闻出版局、柯桥区非物质文化遗产保护中心的直接指导下，建立了柯桥区第一家村级非遗馆——“香林人家”非遗馆。非遗保护以“文艺展演”的形式进入了香林村，不仅增加了游客观赏区，同时也促成村落自身从重视“物”的自然景观升华为关注“非物”的日常生活，其中，由此促使村落收集和挖掘以往被忽视的生活、生产民俗，在这一点上是值得引起关注的。

当我们将非遗保护与乡村振兴结合起来进行研究的时候，可能会以某个乡村列入非遗名录的某项非遗作为切入点，对非遗保护和乡村振兴的关系进行研究，诸如日本的“一村一品”运动。虽然实际上有因为一个非遗项目让一个村落原址搬迁的,[①] 也有因为一个非遗项目让一个城镇文化创新的,[②] 类似“一村一品”的运动，却不失为一条引导乡村振兴的探索之路。当然，也有多项非遗项目促成村落开始旅游开始振兴的，主要是因为这样的村落非遗资源比较多。但是，香林村却不是这样的一种思路，或许这样的情况还是比较普遍的。从上到下各级政府主导的非遗保护实践已经超越我们的想象，除了“政府介入”和“旅游经营”这两个关键词以外，就如各级非遗场馆、各类非遗展演、非遗高峰论坛、非遗特色产业等等，以“文艺展演”这个关键词所表述的手段和方法，就像雨后春笋般地遍地开花，让我们不得不跨越“一村一品”的束缚，不得不超越文化建设的局限，重新审视非遗保护之于乡村社会振兴的关系。香林村就是这样一个需要我们以整体的、全面的视野，重新思考非遗保护之于乡村振兴意义的案例。

---

① 陈志勤：《非物质文化遗产的创造与民族国家认同——以“大禹祭典”为例》，《文化遗产》2010 年第 2 期。

② 许莉萍：《端午节日文化的再创造——以国家级非遗“罗点划龙船习俗”为例》，《民间文化论坛》2010 年第 6 期；许莉萍、陈志勤：《民间艺术与地方形象再定位——从“金罗店”到“龙船罗店”》，《内蒙古大学艺术学院学报》2012 年第 3 期。

香林村至今没有可以唱响的以本村为主要传承地的具有代表意义的非遗项目，就像上文中提到的那样，有关桂花树的生产方式还是一个潜在的非遗保护内容。但可以把香林村包含在内的非遗项目应该是大有所在，如：2009年6月，被列入第三批绍兴市非物质文化遗产名录的“绍兴稻作习俗”。其实，从非遗名录上很少能够看到与村落直接相关的具体内容，这其中虽然有如“绍兴稻作习俗”那样，是以一个区域为申报基础的非遗项目，但也和从上至下各地各级的非遗项目申报制度设计有必然的关系。虽然香林村发展至今的成效，源自桂花林的景观旅游开发，可以“一村一品”运动来看待，但是，近几年以来“文艺展演”形式的进入，可以说是从村落整体振兴事业出发寻求各方面平衡发展的一个切入口。

香林村的“香林人家”非遗馆，总面积为250平方米，围绕香林村的人文传说、历史古迹、勤耕细作、年时习俗和丰足生活，设有“人”“勤”“年”“丰”四大板块，通过实物、图片、视频、场景等方式进行非遗的保存和展示，呈现香林村的日常生活画卷。虽然是以“香林人家”为主题的非遗馆，但并不是基于香林村进入名录的非遗项目，其实是以进入各级名录的非遗项目的内容为基础，对香林村的传统文化或者说民俗文化进行重新诠释的一种方法，即把香林村的传统文化或者说民俗文化按照四大类非遗项目（民间文学类、传统制作技艺类、传统美术类、民俗类）进行分类并展示。具体内容包括大禹传说、七仙女传说、桂花林故事等民间文学类内容；桂花糖制作等传统制作技艺类内容；木雕、砖雕、石雕、灶壁画等的传统美术类的内容；春节习俗、端午习俗、中秋习俗等民间节庆类内容。类似这种操作的非遗馆无论是临时的还是长期的，在各地都可能见到。也就是说虽然是某一个具体地方的非遗馆，但里面的内容并非这个地方进入非遗名录的项目呈现，而是借用非遗名录的分类名目对这个地方的传统民俗文化进行的重新编排，从以民俗学概论目录式的编排方式，变成了以非遗名录分类名目式的编排方式。这种方法是否可以被认为具有与时俱进的创新意义不得而知，但或许可以说明因为非遗保护运动，其实已经进入一个对民俗文化进行重新整合和重新开发的阶段。但是，香林村的“香林人家”非遗馆虽然建成并开放了一段时间，后来却并没有以“非遗馆”这个名义延续下来，虽然反映了非物质文化遗产以及村落的被客体化的一种状态，其背后村落和村民所面临的选择也不能忽视。原来占用两个楼层的非遗馆，现在仅在一楼作为民俗文化展览继续展示，二楼重新设置了香林村作为“三治融合”[①]示范村的展示内容。“三治融合”示范村的建设也如同美丽乡村建设一样，可以获得一定的资金支持。

另外，香林村的文化礼堂也是非遗表演的一个重要场所。根据媒体的报道，为了迎接第十个文化遗产日，柯桥区非物质文化遗产保护中心开展了非遗进文化礼堂的系列活动。在2015年6月10日晚，由浙江省级非遗传承人沈包炎（沈宝贤）主演的绍兴摊簧《满堂红》在香林村的文化礼堂上演。“摊簧”由浙江省杭州市、绍兴市联合申报，于2008年被列入第二批国家级非遗名录，而绍兴摊簧（鹦哥班）是绍兴五大曲种之一。

这些非遗的展演活动，在超越“名录的非遗”和“潜在的非遗”的界限上具有一定的意义，事实上是回归到了原本的民俗文化的意义上，无非冠以符合当下潮流的“非遗”名义而已。把“民俗”理解为“普通人的生活文化”、把“文化”理解为“群体的生活方式”，根据“非物质文化遗产”与“民俗”“文化”的不可分的关系，理所当然地，无论是“名录的非遗”还是“潜在的非遗”，都可以视为贯穿于人的生物性、社会性、文化性的生存生活之中。所以，冠以“非遗保护”的工作与研究，其所涉及的内容应该突破以往非遗保护领域的自我定位，不应该囿于各类相关政策的字面理解，否则，要超越非遗保护研究的瓶颈是很困难的。从国家文化建设到“一带一路”建设、从新农村建设到美丽乡村建设再到现在的乡村振兴，非遗保护领域的自我定位如果一直蜗居于文化建设层面、局限于保护和传承的方式方法，那么，基本上还是一种换汤不换药的状态。事实上，就如同现在的非遗展演活动那样，“名录的非遗”和“潜在的非遗”的界限、文化发展建设和经济效益追求的界限，已经在一个个地方、一个个村落寻求振兴和发展之中被突破。

但是，早期的非遗表演、汇演，有时候脱离地方社会的现象很严重，带有强烈的“文艺性”的特征，或许也是保护和传承的一种方式，但以

① “三治”：自治、法治、德治。

此为主毕竟生命力有限。以上提到的绍兴摊簧在香林村文化礼堂的表演，据当地媒体的报道，“让当地村民领略了一把绍兴戏曲文化的魅力”①，说明观众的主体是村民，这应该是今后非遗保护和传承转向取自民、还之于民的一种思路。虽然都还具有“文艺性”的特征，但如同香林村那样的“家门口看非遗”“非遗走进香林村”,② 有可能实现从“文艺展演”到“村落认同”的转换。在最近的调查中，当被问到为什么没有意识到把有关桂树生产的内容去申请非物质文化遗产这个问题的时候，有的村民仍然带有一种不自信感，认为某某地方的桂树林比这里还要好。虽然各种情况很复杂，但乡村自救意识不强、村民参与度不高，都有可能影响村落的认同感。全面的、整体的乡村振兴，必须重构被现代洪流冲刷的“村落认同”，在新的时代建立新的乡村秩序。

三 内发性发展与乡村振兴

从以上香林村的个案可以看到，它原本就是一个具有可夸耀的自然景观的“精英化”村落。“精英化”村落带来了“政府介入”，带来了“旅游经营”，带来了“文艺展演”，一切似乎顺理成章，但是，现在倡导的乡村振兴，是以全国性的“大众化”村落为对象，村落不可能都由政府介入开发、不可能都拥有旅游资源、也不可能都呈现文艺氛围，所以，有必要把非遗保护和传承的实践理念从促进文化建设层面导向社会发展层面，有必要实现从“政府介入”到“乡村自救”、从“旅游经营”到“乡村发展”、从“文艺展演”到“乡村认同”的以乡村整体发展为要的理念转换。而从香林村的个案又可以看到，即使缺少名录上的非遗项目，大力挖掘潜在的非物质文化遗产——民俗或者说普通人的日常生活文化也是有效的，这为大多数村落提供了一条可行之路。寻求多样性的“乡村自救”方式、探索多元化的“乡村发展”道路、实现多路径的“乡村

① 《非遗走进文化礼堂》，网址：http：//sx. zjol. com. cn/07sxth/system/2015/06/22/019462293. shtml，浏览日期：2016 年 5 月 10 日。

② 中国柯桥网，网址：http：//www. zgkqw. com/2017/index. shtml，浏览日期：2018 年 8 月 6 日。

认同”重构，以此促进与自己的生存和生活密切相关的乡村振兴。

这就是鹤见和子的内发性发展论倡导的基于适应固有的自然生态体系、遵循文化遗产（传统）的社会发展方式有关的一种途径。内发型发展论，是为了诊治以西欧为模型的现代化发展论所带来的各类弊害，或者是为了预防这些弊害的社会变化的过程。鹤见和子对内发型发展进行了具体定义：“所谓内发型发展，在目标上是人类共通的，对于这个目标达成的途径以及实现这个目标的社会模式，是富有多样性的社会变化的过程。而共通目标就是：地球上所有的人类以及集团满足衣、食、住、医疗等基本的需求，创造能够充分发现各类个人作为人的可能性的条件。这就意味着对于生成现在存在的国内以及国际上的差距的结构，人们要共同合作进行变革。至于达成目标的途径、实现目标的社会形态，以及人们的生活之道（way of life）等，各个地域的人们及集体在适应于固有的自然生态体系，遵循文化遗产（传统），以及结合外来的知识、技术、制度等的基础上，进行自律地创造”，“在地球规模内如果内发型发展能够展开的话，就会成为多系多样的发展。并且不论是先发还是后发的国家，有可能相互对等地进行样板交换。”①

中国是一个多民族多元文化的国家，在保护制度建设和传承实践运作上并不能够提供一种万能的良药，每个地方每个村落都可能呈现不同的保护和传承的方式。从适应固有的自然生态体系和遵循文化遗产（传统）这种角度来认识和理解非物质文化遗产，从谋求社会的发展追求自律地创造这种视野来把握对非物质文化遗产的保护和传承，非遗保护之于乡村振兴的实践将会呈现多系多样的状态。

特别是在“一带一路”倡议的话语体系下，更需要通过非遗保护对乡村发展、社会发展等进行研究，关注国家和人民所关心的课题，这或许能为比较民俗学领域带来新的方向。按照以往民俗学研究的历程，一说到中国以外的其他国家，可能就会想到比较民俗学这种比较研究的

---

① ［日］鹤见和子：《内发型发展论的系谱》，鹤见和子、川田侃：《内发型的发展论》，东京大学出版社1989年版，第49—50页。关于内发型发展论的详细论述可参考陈志勤《费孝通的小城镇研究与日本的内发型发展论》，张江华、沈关宝等：《深入与反思——费孝通的小城镇理论与30年来的中国城镇化实践》，社会科学文献出版社2015年版。

方法，但是，“一带一路”建设背景下抑或是“一带一路”文化视野下，以某个民俗事象或某个非物质文化遗产项目为基础的过往的比较研究方法在大部分国家就会显得捉襟见肘，因为在“一带一路”涉及的国家中，与中国具有文化亲缘关系的国家非常少。即便是具有文化亲缘关系的，也存在着方法论上的问题。这就像菅丰所言：“到目前为止比较民俗学的大部分，从最初开始立足于以拥有文化的亲缘关系为前提，对这个亲缘关系毫无批评的情况下，在认定的周边各国展开研究。”[①] 当然，除此之外，对于不同国家间的民俗文化、非遗保护等的比较，不可避免地会牵涉多元文化、跨文化以及文化间性等问题，都需要我们不断地探索。

所以，无论是乡村振兴，还是“一带一路”，都必将引导迄今为止的非遗保护研究进入一个新的时期。但是，从古村落保护到传统村落保护再到现在的乡村振兴，我们首先应该理解这是从以“古”“传统”冠名的“精英化”村落保护为主，进入了对“大众化”村落全面保护的一个新时期。[②] 把村落整体作为对象，在振兴中得以保护和传承——这样的认识，对于“很多村落的遗产都已经被我们自己搞没了”[③]的中国来说，无疑具有非常重要的历史意义。但同时，我们也应该认识到今后的乡村振兴并不是一条平坦之路。

国家发展改革委副主任张勇在2018年9月29日关于《乡村振兴战略规划（2018—2022年）》的新闻发布会上，在回答新加坡《联合早报》记者关于“政府打算投入多少资金来做这个五年的规划”的问题时，是这样回答的：“实施乡村振兴战略，你一下子问我需要多少钱，我确实算不出来。因为这还需要每个地方具体作方案、作规划、定阶段性任务。乡村振兴只能一个阶段一个阶段去推进。从现在的规划来讲，因为任务

---

① ［日］福田亚细男、菅丰、塚原伸治：《民俗学的国际性的问题》，陈志勤译，《民间文化论坛》2018年第1期。

② 当然，需要具体情况具体对待。在《乡村振兴战略规划（2018—2022年）》中也提到了把现有乡村分成四类：一是集聚提升类，二是城郊融合类，三是特色保护类，四是搬迁撤并类。

③ 冯骥才：《古村落是我们最大的文化遗产》，王恬编：《古村落的沉思》，上海辞书出版社2007年版，第7页。

比较多，需要广泛筹集资金。”[①] 所以，乡村振兴之路是需要花费时日的一个长期的艰巨的任务，其中，非遗保护运动的实践到底能够起到多大程度的作用，“人”的问题和“钱”的问题都是不能被忽视的，都需要我们研究者在今后进一步关注和探讨。

---

① 《实施乡村振兴战略的总蓝图、总路线图——国家发改委副主任张勇、农业农村部副部长余欣荣解读〈乡村振兴战略规划（2018—2022 年）〉》，《农村经营管理》2018 年第 10 期。

实践困境、国际经验与新文化保守主义的行动哲学

——关于乡村振兴与非物质文化遗产保护的思考*

康　丽**

摘　要：2003 年《保护非物质文化遗产公约》（以下简称《公约》）的出台与推行，令非物质文化遗产及其保护工作在世界范围内获得了广泛的关注。这种关注不仅表现在《公约》缔约国数量的增加与各国相关实践的深入，也展现在《公约》及其相关国际文书中所强调的多边对话、相互尊重、以社区为中心等一系列由理念构成的工作原则在各缔约国保护实践中的逐步内化。只是在内化过程中，上述国际理念与缔约国复杂的文化事实磋磨出各种“水土不服”的现象。检省这些现象所展露的困境与经验，探讨其背后的新文化保守主义的行动哲学，有助于为非物质文化遗产保护的中国模式寻求更多的可能性，让上述理念不致变为囿束，而是成为推动中国乡村振兴与非物质文化遗产可持续发展的动力。

关键词：乡村振兴；非物质文化遗产保护；新文化保守主义；文化多边原则

---

* 原文刊于《民俗研究》2020 年第 1 期。

** 康丽，北京师范大学文学院教授。

无论基于学术思辨，还是出于工作目的，对非物质文化遗产[①]保护实践进行检省，都是极为必要的。如果将这种检省纳入乡村振兴的战略框架中，就意味着我们要将注意力更多地放在对可参照范例的寻找与实践困境的反思上。因此，文章开篇要做的便是米尔斯式的讨论[②]，即从一个从业者对苏州缂丝传统的保护实践开始，渐入对“乡村振兴与非遗保护”这个与社会结构转型、文化传承历史等宏大话题相关的讨论中。

一 民俗精英的传统化实践与新文化保守主义

苏州缂丝在中国国家级非物质文化遗产名录中的项目全称为“苏州缂丝织造技艺”[③]。2009 年 9 月，它与杭罗、绫绢、丝绵、蜀锦、宋锦等织造技艺及轧蚕花、扫蚕花地等丝绸生产习俗，作为“中国蚕桑丝织技艺”项目的组成部分，被列入联合国教科文组织（UNESCO）人类非物质文化遗产代表作名录。

我与苏州缂丝的初遇，是在 2018 年为了解苏州非遗保护状况进行的一次调研活动中。那次田野调查给我留下极深印象的，不只是缂丝技艺本身的精巧复杂，还有一位缂丝文化从业精英——苏州“祯彩堂”缂丝技艺馆创办者陈文的身影。严格来讲，工艺美术设计专业出身的陈文，并不是传统意义上的缂丝工匠。她的身上复合了缂丝设计师、技艺推广者、文创生产者等多重角色。这种角色复叠在非遗保护实践群体中并不鲜见，但陈文是少数在谈及技艺传承时，会从宏观视角讨论传承群体（行业）发展方向、坦言政策支撑重要性的实践者。她说：“我们现在能很好地养活自己，而且略有盈余。我们需要更普惠的政策帮我们把这种

---

① 为行文便捷，下文的论述中，除专有文件或固定说法外，统一将“非物质文化遗产”简称为“非遗”。

② 美国社会学家赖特·米尔斯用“社会学的想象力”来强调，从事社会科学研究的学者应当具备将个体困扰视作社会结构意义上的公众议题的心智能力，才能实现其学科应尽的公共任务与政治使命。当米尔斯批评社会科学久而习成的学术偏向，转而强调社会学的想象力时，已然将主体困扰视为公众问题和历史塑造问题来思考，进而坚持将构建个体与宏观历史之间的关联视为社会科学中应有的学术之道。详见［美］赖特·米尔斯《社会学的想象力》，陈强、张永强译，生活·读书·新知三联书店 2005 年版。

③ “苏州缂丝织造技艺”是 2006 年 5 月入选第一批国家级非物质文化遗产名录的项目。

文化传承下去。”① 这种有着宏观关注的理性表达，让我看到了陈文身上清醒的文化自觉②。而这种自觉意识的传达，经常会出现在她的个人叙述中。

在民俗学的研究中，自觉意识的形成与表达往往会成为研究者界分对象群体的内部结构的一个重要依据。陈泳超就曾提出民俗精英的概念，借以明晰文化群体的异质构成。在陈泳超的研究中，民俗精英是指“对某项特定的民俗具有明显话语权和支配力，并且实际引领着该项民俗的整合与变异走向的个人及其组合”③。自喻为画师与工匠桥梁的陈文，在其关于缂丝传统的保护实践中，充分展示了她作为民俗精英的引领作用：目前在苏州从事缂丝行业的织工不足300人，而其中将近四分之一的从业者来自“祯彩堂”的团队。除了协助博物馆修复馆藏缂丝作品，占据了陈文缂丝实践的半壁江山的是，推出以缂丝工艺制造的系列艺术品与日用品。在访谈中，陈文这样解释她的实践初衷：

> 今天，如果一味地重复“金地牡丹”这种远离日常生活的传统表现形式，那么作品受到冷遇，就不是作品的过错，而是做的人没有用好的方式展示给看的人接受。现在做的人那么少，有什么理由浪费织工的有限精力，做一些解释得不好的作品呢？我希望呈现的不是产品，而是一种文化，一种与众不同的心情。④

正因如此，陈文在宣告她的传承信心时，显得十分坦然。她说：“其

---

① 这是陈文在由中国非物质文化遗产保护中心与苏州市非遗保护中心举办的苏州非遗保护情况调研会上的发言，会议地点在苏州市非遗保护中心，2018年10月18日。

② 文化自觉是费孝通在面对中国社会转型过程中，提出的能够加强文化转型的自主能力。这种能力指“生活在一定文化中的人对其文化有‘自知之明’，明白它的来历、形成的过程、所具有的特色和它发展的趋向，自知之明是为了取得决定适应新环境、新时代文化选择的自主地位”。详见费孝通《开创学术新风气》，《费孝通论文化与文化自觉》，群言出版社2005年版，第212、216页。

③ 陈泳超：《背过身去的大娘娘——地方民间传说生息的动力学研究》，北京大学出版社2015年版，第151页。

④ 访谈对象：陈文；访谈人：康丽；访谈时间：2018年10月19日；访谈地点：苏州“祯彩堂”缂丝技艺馆茶室。

实我们都在坚持信念，尽管当下各种的难，但是会坚持。”[①] 也正因为如此，让我确定了她在缂丝文化保护实践中的精英身份。

作为民俗精英，陈文在叙述中反复强调的，不仅有传承缂丝文化的情怀，还有对从业者与缂丝传统获益双赢的期待。作为研究者，从陈文的叙事中，我能看到她为维系缂丝技艺传统与当代生活之间有效链接所做的努力。这种通过将“传统”价值符号赋予新兴事物使之传统化，进而“在当前话语与过去话语之间创建有效链接”[②] 的手段与过程，民俗学将其称为传统化实践。在传统化实践中，藏匿着实践者这样的认知前提，即传统是一个具有文化连续性的可阐释的话语创造，其边界会因为主体的多元实践而保持开放的特质。仅就苏州缂丝的个案而言，我认为陈文得以完成其推动苏州缂丝项目的在地赋权和可持续发展的方式，便是典型的传统化实践。然而，陈文传统化实践的风生水起，并不能阻止来自学界保守派的质疑。

在中国的非遗保护实践与近期的乡村振兴中，一直存在着两种立场的论争，即是要固守文化传统、坚持其对社会秩序的权威生产，还是要承认并遵循文化传统有着因袭于过往、创造于当下的过程性特质？显然，陈文的实践沿袭的是后一种立场。如果从行动哲学的视角来解析上述两种立场的根本差异，就会发现，这种论争反映的是现当代社会思潮中，文化保守主义与现代主义在传统/现代的框架中对待传统的迥异态度：前者坚持“借助传统文化中某种‘神圣’的、‘绝对’的或者‘权威’的东西来维持社会秩序”[③]，而后者则完全背道而驰地主张要消解神圣、颠覆秩序。在与现代主义思潮相互抵牾时，文化保守主义备受诟病的是，它在坚守某种文化传统的自然法则特性的同时，“不愿意对自己所坚持的文化传统进行反思”[④]。

---

① 这是 2019 年 5 月 29 日，笔者在与陈文谈及她近日的实践活动时，她回复的微信信息。

② Richard Bauman, *A World of Other's Words: Cross-Cultural Perspectives on Intertextuality*, Blackwell Publishing Ltd., 2004, p. 147.

③ 王晓升：《如何化解文化保守主义与现代主义之间的冲突》，《探索与争鸣》2019 年第 6 期。

④ 王晓升：《如何化解文化保守主义与现代主义之间的冲突》，《探索与争鸣》2019 年第 6 期。

但是，20 世纪 90 年代之后，随着国际形势“后冷战时代意识形态冲突明显让位于经济竞争和文化抗衡，传统的两极化格局被多极化取代”[①]的转向，文化保守主义思潮日渐生变。虽然在对传统文化进行价值判断的层面上，仍然与现代主义相对峙，但是在行动立场上，以往固守权威的原则逐渐转变为倾向和平对话与合作的和合原则。[②] 为了与传统的文化保守主义相区分，学界将这种推崇价值理性、提倡人文精神、趋向多元包容的思潮，称为新文化保守主义。显然，新文化保守主义坚持回归的传统，并不是文化保守主义强调的那种具有绝对权威且不做变更的传统。因为，当它在旗帜鲜明地强调“倡和主合”原则时，已经表明新文化保守主义的拥趸者们坦然接受了文化传统的开放性与多元化。这种立场的渐变，恰恰与前文提及的传统化实践的认知前提相契合。这样，纠葛许久的两派之争也就有了被调和的余地。寻求这种调和，在微观层面上，能为在非遗保护实践中进行着传统化实践的陈文们，提供应对质疑的学理支撑；在宏观层面上，也能为实现非遗保护在地赋权与多边协作的目的提供行动哲学。

二 模式化困境的利弊分析与基于文化间对话的国际范例

《公约》曾非常清晰地交代了它的出台在国际层面的意义，即“还注意到迄今尚无有约束力的保护非物质文化遗产的多边文件”[③]。这种对文

① 郭建宁：《新文化保守主义论析》，《长春工业大学学报》（社会科学版）2004 年第 1 期。

② 郭建宁、王晓升等学者都曾将关注传统、推崇多元、倡导人文精神、提倡价值理性视为兴起于 20 世纪 90 年代的新文化保守主义思潮的基本特征。他们认为该思潮主张用固守民族文化的方式来强化传统、维系民族意识，进而对抗由全球化、国际化、一体化带来的均质冲击。详见郭建宁《新文化保守主义论析》，《长春工业大学学报》（社会科学版）2004 年第 1 期；王晓升《如何化解文化保守主义与现代主义之间的冲突》，《探索与争鸣》2019 年第 6 期。

③ 联合国教科文组织文化部门活态遗产处：《基本文件 · 2003 年〈保护非物质文化遗产公约〉2018 年版》，2018 年，《公约》第 1 页，见联合国教科文组织非物质文化遗产网，https://ich.unesco.org/doc/src/2003_Convention_Basic_Texts-_2018_version-CH.pdf，浏览日期：2019 年 9 月 2 日。

化多边的强调，源于世界政治格局不断演变的需求。而这种强调不仅体现在《公约》及其相关国际文书的文本中，而且延续到对非遗项目的权属性质认定与伦理反思的过程中。

2017年年底，在联合国教科文组织保护非物质文化遗产政府间委员会第十二届会议[①]召开期间，各缔约国曾围绕着审查机构（Evaluation Body）[②] 2017年度工作报告的第8条决议草案展开过一场极为激烈的辩论。该条决议草案与最终决议的文本如下：

> 【决议草案】提醒各缔约国，《公约》并不谋求通过诸如地理标志、知识产权、专业认证或许可以建立一个所有权的体系，并且任何一个列入《公约》诸名录的项目也不意味着对某一文化表达的专属所有权。
>
> 【决议】提醒各缔约国，列入名录并不谋求通过诸如地理标志、知识产权、专业认证或许可以建立一个所有权的体系，并且任何一个列入《公约》诸名录的项目也不意味着对某一文化表达的专属所有权。[③]

曾在会议现场或观看了当时记录视频的人会这样描述当时的场景：

---

① 2017年12月4日到9日，保护非物质文化遗产政府间委员会第十二届会议于韩国济州岛召开，会期历时6天。

② 《公约》缔约国大会第六届会议修订的《实施〈保护非物质文化遗产公约〉的操作指南》（2016版）第27条决议：作为试行措施，委员会根据《公约》第八条第三款设立名为"审查机构"的咨询机构，负责完成对列入急需保护的非物质文化遗产名录和人类非物质文化遗产代表作名录的申报、最能体现《公约》原则和目标的计划、项目和活动的推荐，以及10万美元以上的国际援助申请的审查工作。审查机构将向委员会提出建议，以便其作出决定。委员会应在考虑公平地域代表性（equitable geographical representation）和非物质文化遗产各个领域的情况下指定十二名成员组成审查机构：代表非委员会委员缔约国（States Parties non-Members of the Committee）的六名非物质文化遗产各领域的合格专家和六个经认证的非政府组织。UNESCO，Revision of the Operational Directives-ITH-16-6. GA-7-ZH，见联合国教科文组织非物质文化遗产网，https：//ich. unesco. org/doc/src/ICH-Operational_Directives-6. GA-ZH，浏览日期：2019年9月2日。

③ 该工作报告由三部分构成，即2017年度评审工作的概述（A部分）、关于工作方法的意见和建议以及若干贯穿各领域的问题（B部分）和委员会的决定草案（C部分）。UNESCO，Report of the Evaluation Body on Its Work in 2017（Document：ITH-17-12. COM-11-EN），见联合国教科文组织非物质文化遗产网，https：//ich. unesco. org/en/12com，浏览日期：2017年12月10日。

在争辩持续期间，这条决议草案随着发言者立场的变化，不断地被要求删除，又反复地被要求添加，直至最后以上文呈现的内容成为会议最终决议的组成部分。对照决议草案与最终决议的文本，我们能够发现，该条决议具体的表述内容并非这场论辩的焦点。这场持续将近一小时的激烈争辩，表面上明确的是《公约》对非遗文化所有权的态度，但在本质上，参与争辩的缔约国代表们在该条决议存在的合理性与合法性层面上的拉锯，为在场或不在场的所有观众，实实在在地上演了一出卫护文化多边基本原则的“好戏”。

（一）国际原则与工作框架的模式化

《公约》实施非遗保护的名录有四类，即“急需保护的非物质文化遗产名录”（急需保护名录）、“人类非物质文化遗产代表作名录”（代表作名录）、“最能体现《公约》原则和目标的计划、项目和活动”（“优秀实践名录”）和国际援助名录。这四类名录的遴选标准和履约规则构成了非遗保护在国际层面开展工作的基本框架。这一框架可以细化为九个步骤，即确认（identification）、建档（documentation）、研究（research）、保存（preservation）、保护（Protection）、宣传（promotion）、弘扬（enhancement）、传承（transmission）、振兴（revitalization）。[①] 每一个步骤都内含由不同主体参与的系统的工作流程，九个步骤之间又在工作方法、理念执行、标准验证等方面上下承继、彼此支撑，共同构架成一个能够推动178个缔约国[②]开展非遗保护实践的庞大工作网络。这一网络式框架的有效性，已经在过往的多国实践中得以验证。此外，联合国教科文组织也通过历次对《实施〈保护非物质文化遗产公约〉的业务指南》的修订，来主动应对该框架在各种实际操作过程中遭遇的复杂问题。

但是，有些“顽疾”是很难治愈的。比如，无论是多边对话、相互

---

① 文中与《公约》工作框架相关的内容，得益于与巴莫曲布嫫研究员的多次讨论，同时也感谢她对文中相关数据信息的校正。关于《公约》及其相关文书的具体内容，详见联合国教科文组织非物质文化遗产网，https：//ich. unesco. org/en/convention，浏览日期：2019 年 9 月 2 日。

② 该数据见联合国教科文组织非物质文化遗产网，https：//ich. unesco. org/en/states-parties-00024，浏览日期：2019 年 9 月 5 日。

尊重等由理念生成的工作原则，还是社区参与、文化空间等由原则具化而来的非遗概念，在不同的文化语境中，都会遇到被误读、肢解、误用的情况。再比如，为体现文化多边而进行的框架建设，在为具体实践者提供参照标准的同时，也造成了不同非遗项目在制订、实施其保护计划时的模式化趋向。

当然，我们应当清楚，这种因内化国际原则而形成的工作框架的模式化，与具体实践的同质化，还是有着本质区别的。前者在模式框架内部的互文关联，奠定了非遗保护实践的主体中心、社区为重、多元行动方共襄盛举的基调。从整体而言，对非遗保护有积极的推动作用。后者更像是罔顾文化生成语境、简单仿制工作模式引发的具体困境，就如同我们在各国的相关实践中皆能看到的诸种实操困境一样。比如，社会实践类项目中不加限制的复古思潮，表演艺术类项目中舞台展演、博物馆陈列背后可能存在的去语境化，以及传统手工艺类项目中常见的过度商业化等。

以过度商业化为例。《公约》的相关国际文书都曾明确表述过，非遗项目的相关社区、群体或个人应当成为其遗产的主要受益者。[①] 在这个前提下，将非遗及其相关资源进行商业转化，原本是件好事。作为实操手段，商业化实践既可以满足遗产持有者适应全球化与社会转型的主体需求，也能为利益相关方提供实现“旨在富民”主观愿望的机会。但是，在许多项目的保护实践中，我们看到的现象却是，“受益”被简化为经济利益的获得，文化遗产的传承屈从于消费市场的操控。究其原因，无外乎是在非遗传续过程中，只仿行外在形式，而缺失内涵关注。2015 年出台的《保护非物质文化遗产伦理原则》[②] 以及学界近年的相关研讨结果，都指出文化遗产商业化尺度的把控难度，也呈现了推崇经济获利唯一性会对非遗保护带来的冲击与危害：简化模式的存在会造成文化遗产被过

---

① 如《实施〈保护非物质文化遗产公约〉的操作指南》（2018 版）第 81、116、171b、185bii、186bii、187bi 等多个条款中，《保护非物质文化遗产伦理原则》的第 7 条，都明确强调了社区受益的原则。见联合国教科文组织非物质文化遗产网，https：//ich. unesco. org/doc/src/ICH-Operational_Directives-7. GA-ZH，浏览日期：2019 年 9 月 1 日。

② 联合国教科文组织：《保护非物质文化遗产伦理原则》，巴莫曲布嫫、张玲译，《民族文学研究》2016 年第 3 期。

度消费，进而在消费资本的操控下，消解文化遗产传统的复杂性。在这种消解中，被漠视的是非物质文化遗产在其相关社区中的文化意义与社会功能。实际上，在《公约》的框架中，“受益”所指的本就是非遗在实现其文化意义与社会功能时，对相关社区的多层面影响。换言之，“社区受益”中的“益处”包含着多个层面的意义生产，比如对主体文化自觉意识生成的期待、对文化认同感与持续感的提供等。

就中国的社会现实而言，非遗保护实践是实现乡村振兴战略重要的平台与手段。因此，在乡村振兴的框架下，我们在讨论非遗的存续及其对所属社区的“益处”时，势必要慎思一味向消费市场倾斜的生产性转化、产业开发等举措可能带来的后果。

（二）“优秀实践名录”中的国际经验

困境与机遇有时是相伴双生的。如果遵循新文化保守主义的行动哲学，就会发现，非遗保护的整体工作框架固然会带来诸多的实施困境，但由于多边合作与文化间对话的原则在框架中贯穿始终，使得非遗保护的实践者们摸索出一条降低实施风险的途径，即从他国经验中获取可供己国实践借鉴的范例。这条途径就是《公约》中的“优秀实践名录”。该名录的设立，是为了实现国际层面非物质文化遗产的保护、合作与国际援助，在所有缔约国范围内发现最能体现《公约》原则和目标的优秀实践（计划、项目和活动）进行宣传和推广，尤其关注这种优秀实践经验在发展中国家的适宜效用。[①]

举例来说，针对上文提及的传统手工艺项目过度商业化的困境，我们在奥地利的“手工技艺区域中心：传统手工艺文化遗产保护战略”(Regional Centres for Craftsmanship: a strategy for safeguarding the cultural heritage of traditional handicraft）项目中，可以找到可供参照的有效经验。

---

① 在《实施〈保护非物质文化遗产公约〉的操作指南》第六条中明确指出，在宣传和推广的过程中强调，要“特别关注发展中国家的需要和公平的地域分配原则”。《实施〈保护非物质文化遗产公约〉的操作指南》（2018 版），见联合国教科文组织非物质文化遗产网，https://ich.unesco.org/doc/src/ICH-Operational_Directives-7.GA-ZH，浏览日期：2019 年 9 月 1 日。

该项目是2016年被列入“优秀实践名录”的。在其列入决议[①]中，明确指出了该项目列入的重要原因，即它为应对工业化生产和全球贸易冲击下的已经濒危的传统手工技艺保护，提供了一种可被借鉴的战略或模型。这个项目很详细地描述了分别建立于1991年、1999年、2008年的三个区域性的手工艺（纺织、木工、漆工与绘画）保护中心，如何在生产者与消费者、传统技艺及经验体系传承与工业生产及现代艺术创新之间搭建桥梁，从而实现在生态（合理利用地方资源生产优质产品）、经济（提供工作与培训机会并创造经济利益）与社会（建立“相互信任”的协作机制）三个层面上的可持续性发展。如果逐条追索前两个层面的具体措施，会发现，这个项目提供了不少令多元行动方协同实践的经验，尤其是在增加从业者的经济收入、促进相关知识技艺的代际传承等方面。

除此之外，更让人印象深刻的是，该项目在社会层面所做的努力，即参与到“相互信任”协作机制中的利益相关方，不仅有在他国类似实践中常见的艺术家、教育机构、商家等，还有极为少见的医疗机构：建立于1991年的纺织保护中心在进行保护与推广实践时，选择了与当地的精神病医院合作。该中心对心理治疗过程与纺织技艺之间互动的关注，引发了该国公众从神经学角度去关注传统手工艺活动的公共价值。

诚如前文所述，相关社区应从其文化遗产中获得的益处，远比单一的商业获益复杂得多。想要明晰这其中的层次、趋向，需要深切地理解遗产实践中实践主体与文化语境之间的关联本质，这样才能传承为相关社区、群体或个人提供认同感与持续感的非物质文化遗产。在这个问题上，2017年列入“优秀实践名录”的保加利亚项目也可以提供经验。

该项目的名称是“保加利亚奇利什塔社区文化中心：保护非物质文化遗产活力的实践经验”（Bulgarian Chitalishte/Community Cultural Centre: practical experience in safeguarding the vitality of the Intangible Cultural Heritage）。在保护计划的制订与实施中，除模式化的“规定动作”外，该项目最引人注目的经验，在于它对代际传承重要性的凸显与对参与者多元

---

① UNESCO. Decision 11. COM 10. c. 2, in *ITH-16-11. COM-Decisions-EN*, 2016, pp. 69 –71, 见联合国教科文组织非物质文化遗产网，https: //ich. unesco. org/en/11com，2016年12月7日，浏览日期：2019年9月2日。

化的包容。在该项目的申报书中，有这样一段话：

> 被称为 chitalishte 的社区文化中心是保加利亚非物质文化遗产传承的关键因素。它们是社区成员以非正式的方式分享和交换共同价值观的机构。无论是长者还是青年，所有的社区民众在 chitalishte 中(许多中心的建筑都是由社区自主建造的)，都有一种宾至如归的感觉。作为各类活动的组织者、直接参与者或者观众，社区民众会自愿地在业余时间去那里。社区中的长者是中心的领导者，他们吸引着年轻人，尤其是他们的子女和孙辈。……社区中所有愿意加入中心的人，无论其民族文化认同如何，都有资格成为 chitalishte 的会员。因此，chitalishte 能够促进不同文化的个人和群体之间的认识和了解。①

文化多边合作与文化间对话，一直都是非遗保护实践的基本宗旨。不同社区相似或相异项目之间进行技艺、经验与情感的交流，通常不会将社区边界完全消解。在大多数的互动实践中，边界意识还是较为显著的标记符号。但在保加利亚奇利什塔社区文化中心的项目中，这种边界被打破了。对多元化认同的尊重与接纳，作为对文化等级与文化权力结构的消融，一定是与其社区所处的文化语境与社会结构密切关联。虽然在中国实践中未必要照搬这个项目的整体模式，但这种经验还是可以提供反思的视角。

三 结语

无论是国际层面工作原则的确定，国家层面具体项目的保护，还是地方层面未列入各级名录的民俗传统的积极传承，这些以非遗之名进行的实践，必然要担负达成下述目的职责：增强对文化多样性和人类创造力的尊重；提高对非物质文化遗产的认知；促进缔约国之间，社区、群

① 该项目申报书请见联合国教科文组织非物质文化遗产网，https：//ich. unesco. org/en/11e-register-00940，浏览日期：2019 年 8 月 14 日。

体和个人之间的相互尊重与欣赏；达成多边主义在文化，尤其是传统文化层面上的实践与协调。基于这一前提，在乡村振兴的框架下，我们为中国的非遗保护寻找可供创造性转化与创新性发展的借鉴模式，就应该对各种有意或无意的“唯一”论保持警醒，不能屈从于当下实践困境的囿限，亦不能止步于追索非遗历史印迹的“向后看”，而是要进行基于“当下”、惠于民众的传承、弘扬和振兴。

从苏州缂丝的传统化实践到国际名录中的优秀实践，我们能看到“道并行而不相悖”的可能。因此，需要重申的是，只有把握好以主体为重的新文化保守主义与以相互尊重为准则的文化多边主义之间的平衡，才能使非物质文化遗产的传承与保护成为民众文化自觉与中国文化自信的沃土，也才可能在真正意义上践行中国的乡村振兴战略①。

① 《中共中央　国务院关于实施乡村振兴战略的意见》（2018 年 1 月 2 日）确定了实施乡村振兴战略的目标任务：到 2050 年，乡村全面振兴，农业强、农村美、农民富全面实现。文件请见中国政府网，http：//www. gov. cn/zhengce/2018 - 02/04/content_5263807. htm，浏览日期：2019 年 9 月 2 日。

二

非遗促进乡村振兴：实践与经验

“过去是迷信，现在不同了”：振兴越南北部偏远山区的非物质文化遗产与民族文化身份

——以越南安沛省文安县岱依族为例

[越南] 阮氏红蓉（NGUYEN Thi Hong Nhung）*

摘　要： 非物质文化遗产对振兴偏远乡村的重要性日渐凸显。越南的文化遗产，特别是非物质文化遗产，已经成为促进社区凝聚力、振兴乡村文化活动和激发村民族群认同的资源之一。在长时间的战争，以及认为宗教实践是落后和迷信的文化政策之下，从1954年起，直到1986年广泛实施改革，越南北部偏远山区的许多非物质文化实践被中断。作为替代，民众实践集体文化，演唱伟大的革命歌曲，反对战争，努力争取和平。这导致了许多意想不到的后果，例如族群文化身份的模糊、社区凝聚力的下降和村庄联系的松弛。自2001年《文化遗产法》颁布以来，振兴和保护包括偏远山区的岱依族在内的越南民族的非物质文化遗产政策得到了恢复。这种做法给乡村文化带来了活力。在过去，16%的岱依族居住在安沛省文安县贫穷而枯燥的山区。反映岱依族族群身份的文化活动使得这片地区逐渐开始繁荣，例如节日、xoe 舞、前萨满仪式和其他各种仪式。本文介绍了关于这些实践的民族志研究结果并阐释了振兴和实践非物质文化遗产的意义，认为非物质文化遗产为文化注入了活力，

* 阮氏红蓉，越南国家文化艺术研究院博士。

提升了其在社区成员中的价值和功能。在民族文化融合和交流的背景下，非物质文化遗产实践重申了民族文化身份，增强了世代延续的感觉。

关键词： 非物质文化遗产；文安（Văn Yên）；岱依族（The Tày ethnic group）；保护；改革（Đổi Mô'i）

人们已经日益认识到非物质文化遗产对于振兴偏远乡村的重要性。一般意义上的越南文化遗产，尤其是非物质文化遗产，已经成为一种增进社区凝聚力、振兴乡村文化活动与促进村民族群认同的资源。

由于越南经历了漫长的战争，推行将宗教实践视为落后、迷信的文化政策，1954—1986年，越南北部偏远山区许多岱依族非物质文化习俗被迫中断。与之相反，人们奉行的是集体文化，歌唱赞美伟大革命与反对战争的歌曲。这种情况导致了许多意想不到的后果，如民族文化认同的模糊、社区凝聚力的下降以及村落关联的松动等。自2001年《文化遗产法》颁布之后，振兴与保护包括生活在偏远山区的岱依族在内的越南各民族非物质文化遗产的政策得以恢复[①]，为乡村文化生活注入了生命力。

越南16%的岱依族生活在安沛省文安县。文安县曾经属于贫困山区，文化生活单调乏味。现在，得益于节日、舞蹈编排、仪式等充满民族风情的文化活动的开展，这里的民族经济和社会文化正逐渐发生变化。

本文通过民族志研究，探讨了非物质文化遗产实践的恢复对重注生命力给文化活动的影响。在各民族文化融合与交流的语境中，恢复非物质文化遗产的实践将有助于民族文化认同的表达，强化代际之间的承继。

越南保护非物质文化遗产的先前障碍

文化遗产，尤其是非物质文化遗产的形成和发展过程与政治和社会经济密切相关。因此，非物质文化遗产的保护受到每个国家政治、经济、理论与政策的影响。尽管如今越南的非物质文化遗产得到了法律的认可，并在法律的保护下获得了发展，但是它也经历过许多风雨。笔者将在这

① 包括2001年越南社会主义共和国国民议会颁布的《文化遗产法》与对《文化遗产法》若干条款进行修正和补充的第32/2009/QH12号法令。

一部分介绍越南保护非物质文化遗产的先前障碍。

在政治方面，1945 年以后（尤其是在 1954 年以后的越南北部与 1975 年以后的越南全境），马克思主义不仅成为经济和政治领域唯一的主流社会理论，也是文化管理与发展政策方面唯一的主流社会理论。越南共产党运用马克思主义的意识形态与文化革命理论建立了一种新的越南文化——社会主义文化。1945 年八月革命最流行的口号之一就是“反对迷信”。越南北部的许多寺庙或被拆除，或被用作仓库或是幼儿园。传统节日、习俗和宗教活动被贴上“迷信”标签后，人们也不再参与此类活动。这类活动即便举行，其规模和仪式也遭到诸多限制。传统文化活动被新模式——大众文化模式——所取代。形式单一的大众活动，如单一模式的唱歌、跳舞等，抹去了各民族、各地区之间的细微差别。

阻碍非物质遗产保护的第二个因素是进化论①。根据该理论，所有人类社会都必须经历从低到高、从野蛮到文明的单一发展历程。较低级社会的社会与文化习俗落后于较高级社会，其发展程度也较低。进化论虽然是一种科学理论，但是它具有强大的政治与社会力量。许多国家的乡村、山区和少数民族的发展政策与计划也深受这一理论观点的影响。

在越南乡村与山区，以前许多的社会经济和文化发展计划也受到了进化论的影响。因此，在很长一段时间里，少数民族的许多文化和社会实践被认为是“落后的”，相对于发展水平最高的京族的文化实践来说是“文明程度较低”的②。为了帮助“山区赶上三角洲地区，少数民族靠近多数民族”，这些“没有进化”的少数民族需要改变他们所有或大部分传统的文化与社会习俗，以便向京族的习俗看齐。换句话说，“成为社会主义新人几乎等同于成为京族”，而且“同化落后族群，推进其族群进化是发展程度更高的族群的权利和义务”③。

---

① 文化进化论是在 19 世纪晚期发展起来的，代表人物是爱德华·泰勒（1881）与路易斯·摩尔根（1877）。后来，恩格斯在《家庭、私有制和国家的起源》（1884）中发展和完善了这一理论。

② Neil L. Jamieson, Lê Trọng Cúc and A. Tery Rambo, *The Development Crisis in Vietnam's Mountains*, Honolulu, Hawaii: East-West Center, 1998; World Bank, *National Social Analysis: Ethnicity and Development in Vietnam*, Washington, 2009.

③ Neil L. Jamieson, Lê Trọng Cúc and A. Tery Rambo, *The Development Crisis in Vietnam's Mountains*, Honolulu, Hawaii: East-West Center, 1998, p. 19.

越南开始实施有关非物质文化遗产的国家政策远远晚于物质遗产的保护。1945 年越南民主共和国成立后，政府就颁布了保护物质遗产的法律文件①。有了这项法令，许多文物得到了保护。但是长期以来，越南一直没有任何保护非物质文化遗产的法律依据，而非物质文化遗产正是文物的灵魂。由于未能及时认识到对非物质文化遗产的保护，一些无法恢复的非物质文化遗产不得不承受由此造成的不良后果与不利处境。由于缺乏实践与传承，许多非物质文化遗产遭到破坏，最终消失。

除政策出台过迟外，长期以来人们对非物质文化遗产的看法也一直存在诸多问题。用于物质文化遗产保护的概念和措施被机械、死板地应用在非物质文化遗产保护上。因此长期以来，越南的非物质遗产保护始终处于受到限制、效率低下、处境尴尬和停滞不前的境地。例如，调查越南所有非物质文化遗产的计划便是一例。这是一项根本不可能实现的计划。另一个例子是像对待物质文化遗产那样，对非物质文化遗产进行评级（省级—国家级—国宝级—世界级/联合国教科文组织级别）。这种做法与非物质文化遗产和《保护和促进文化表现形式多样性公约》的本质是背道而驰的。此外，长期以来，物质文化遗产研究方法的本真性与原型的概念被机械地应用在非物质文化遗产研究上，耗费了研究者的大量时间，导致在界定遗产保护措施时出现意见不一与概念混乱的情况。

直到现在，仍然有一种主观且无知的观点，认为只有管理者才能保护包括非物质文化遗产在内的文化遗产。该观点持有者希望由国家来管理和决定一切。这里完全没有对社区的尊重，因为社区没有机会了解和决定与其遗产相关的事项。“固化”（Freezing）非物质文化遗产的方法是保护实践中的另一限制。按照这种方法，人们是以一种刻板的方式复兴与传习着非物质文化遗产。一些非物质文化遗产发生了已被其社区接受的变化，一些非物质文化遗产甚至在社区发展过程中已经消亡了，但是管理层却仍在努力保存它们。

在当前的工业化与现代化进程中，“发展基础设施、部署信息技术”的政策对环境、灌溉系统、水力发电、交通和通信都产生了巨大影响。

① 1945 年 11 月 23 日，越南民主共和国主席颁布了第 65/SL 号法令《确定东方学院的任务》。

这种政策对少数民族的社会经济发展和传统文化都造成了负面影响。例如，新的耕作方式和灌溉系统以及新的作物品种都使与传统农业实践相关的传统习俗面临更多变数。

文安县以前的非物质文化遗产

由于种种阻碍，安沛省文安县岱依族的非物质文化遗产，在很长一段时间内不可避免地因丧失传承而变形。在这一章节，笔者将通过回顾性文献（书面材料、老一辈民间艺人的回忆）重新考察文安县以前的非物质文化遗产。

文安县位于越南安沛省北部山区，在那里生活着 11 个民族。岱依族是那里的原住民族，也是第二大民族[①]。文安县风景优美，山川秀丽，洞穴、溪流和瀑布众多，拥有“优质肉桂”产地的美誉。多样的自然环境是构成岱依族文化认同的要素之一。从与老一辈民间艺人的交谈中，笔者了解到岱依族文化的辉煌时期。以前，岱依族居住在吊脚楼中，过着自给自足的生活，因此手工业得到了发展。他们种植棉花、纺织布匹以满足个人和家庭的需要。文安县的大多数公社都有公屋以及用大树建成的寺庙。一年之中节日众多[②]。村民在一生之中会频繁经历各种仪式。那些浸透着岱依族文化的传统文化活动，如仪式、表演、民族舞、乐器等丰富多彩。以前，每个岱依族村庄通常都有几位登萨满法师[③]（Then Shamanistic Masters）。他们扮演着“村庄的精神领袖”的角色，对习俗、家族仪式和民族都非常了解。他们知道如何进行民俗表演、器乐演奏、舞

① 根据政府理事会 1964 年 12 月 16 日签署的第 117 - CP 号决定，文安县于 1965 年 3 月 1 日成立。岱依族（也称 Tho 族）是越南的原住民族，也是越南最大的少数民族。岱依族遍布越南境内所有 63 个省份，但主要居住在北部山区，例如谅山省、高平省、宣光省、安沛省。

② 例如，农历新年（越历 1 月 1—3 日）、正阳节（越历 5 月 5 日）、水牛精神节（6 月 6 日）、鬼节（7 月 14 日）、中秋节（8 月 15 日）、寒食节（11 月和 12 月）……这些仪式既遵循农业耕种周期，又受到了中国节日的影响，但仍然体现了岱依族文化的细微差别。

③ 登萨满法师（Then Shamanistic Master）是世袭的。他们之所以成为法师，因为他们对祖先以及家人的安宁负有责任。如果某人受命成为登萨满法师，却拒绝了，那么他将受到惩罚。人们认为登萨满法师是神界与人间的媒介。萨满教的众多仪式，有赖于人们期待登萨满法师举办仪式给予帮助的需求。

蹈表演。他们也可算作民间艺人，为保护岱依族的非物质文化遗产做出了巨大贡献。高水平的登萨满法师可以通过举行仪式解决生活、健康与事业等各方面的所有烦恼。

长期的战争与错误的政策使得文安县许多物质与非物质文化遗产失去了原来的模样，面临失传。大部分遗迹被毁或是改造成仓库与幼儿园①。人们丢弃信仰，不再庆祝节日。民俗表演再无语境，民歌与民间舞蹈也缺失了活态环境。登萨满仪式不再举行，天琴（Tính）不再使用，撳登舞（Xòe Then Dance）② 也不再跳了。因此，到今天，文安县的许多公社已经找不到天琴。没有人知道如何演奏天琴，因此这项技艺难以复兴。森林保护管理条例使得岱依族被京族同化，人们从高脚屋搬到了地面生活，开始穿着京族的服装。他们赖以为生的手工艺也已失传。

外阿社（Ngòi A commune）曾有近 10 名登萨满法师，现在只剩下一位，名为何氏贯（Hà Thị Quán）。她已经 90 岁高龄，依然坚守着岱依族非物质文化遗产的众多价值。在反迷信运动时期，她是为数不多的几个依然维护祭坛、举行萨满仪式的登萨满法师之一。当时，政府要求摧毁祭坛，禁止登萨满的相关实践。大多数登萨满法师不得不遵从。然而她坚决捍卫萨满教祭坛。尽管她的房屋破旧不堪，摇摇欲坠，她依然努力保护祭坛。政府也不敢毁坏她屋中的萨满教祭坛。在反迷信的岁月里，她仍然是登萨满法师，举行登萨满仪式。尽管经历了众多风雨，登萨满信仰仍然存在于岱依族民众的精神生活之中。这证明了民族精神与民族认同的持久力量。

很长一段时间以来，文安县岱依族民众的文化生活与其他民族混杂在一起，边界不再清晰。许多非物质文化遗产已然永久消失，再无办法可以恢复与重生。

---

① 1965 年至 1968 年的合作社毁掉了外阿社的公屋。1978 年至 1979 年，东珖社的公屋被毁。1982 年，福灵寺（株桂下社）被拆，目的是为建设学校提供砖石与砂浆。1965 年，为修复河老铁路，福灵寺（林江社）被毁。

② 天琴是岱依族的弦乐器。越南语中，“Đàn Tính”和“Tính Tẩu”（葫芦琵琶）指的都是天琴，尽管后者源自岱依语。天琴有两个弦轴，两根弦。弦线由丝绸、尼龙或鱼线制成。萨满法师通常会在通灵时使用天琴，希望以此与神明相通。撳登舞是岱依族群体各年龄段均可参与的一种艺术形式。登萨满法师的任务是主持敬拜神灵的仪式，参与者跳舞、唱歌，随后祈祷自己与家人这一年身体健康，万事如意。

改革(Đổi Mới)——非物质文化遗产复兴的推动力

政治、经济与社会领域的全面改革对文化遗产，特别是非物质文化遗产的保存产生了巨大的影响。越南共产党第六次党代会（1986）开启了越南的改革进程。在越南共产党的领导下，社会生活的各个方面（经济、政治、文化、安全—国防和外交）都取得了重大成就。理论思维创新的过程创造了新的生命力与新的越南文化。特别是在1998年，越南共产党中央委员会第五次全体会议（第八届会议）通过了关于“建设和发展先进越南文化，深入浸透民族认同”的决议。这为越南文化遗产创造了一个新时代。这项重要决议在思考和论证方面创造了一个伟大的转折点。它从广义上界定了文化，不仅涉及文化领域，还包括文化环境建设、教育和培训发展、科学、技术和文化、少数民族、宗教文化政策、保护和促进物质与非物质文化遗产等方面。越南共产党第九次全国代表大会的文件中这样评论，民族主义和民族团结问题始终在革命事业中具有战略地位。从越南共产党的这种认识来看，少数民族政策一直是越南共产党与越南政府在所有时期政策体系中特别关注的问题。

从1986年至今，越南保护非物质文化遗产的认识与行动十分迅速、有力，并已取得了积极的成果。在国际一体化的进程中，越南在2005年签署了联合国教科文组织的《保护非物质文化遗产公约》，并实施了一系列旨在保护和促进非物质文化遗产的计划。这一战略改变了包括文化在内的许多领域的观念与实践。越南迅速地学习和继承了世界各国保护非物质文化遗产的知识和经验，对非物质遗产的保护日益加强。2001年，越南制定了《文化遗产法》，其中有整整一章专门讲述了非物质文化遗产的保护及其相关条款。2009年，越南对该法进行了修订，对非物质文化遗产保护的许多内容进行了更改和补充。2009年《文化遗产法》中一些条款的修正案吸收了联合国教科文组织《保护非物质文化遗产公约》（2003）中的一些概念和观点。重要的一点是认识到社区的作用、责任和权利。文化创造社区指的是那些界定认同价值、明确保护措施，并承诺保护非物质文化遗产的人群。

改革实现了包括文化在内的强大的经济和社会突破。一系列关于非物质文化遗产的国家政策振兴了在战争与修正时期遗失的文化遗产。

当前文安县非物质文化遗产的保护与促进

越南非物质文化遗产的思想创新与保护创新，对包括文安县在内的各个地方都产生了巨大影响。近年来，文安县政府一直十分注重宣传和教育民众，特别是强化年青一代对文化认同的理解和保护。与此同时，保护民族文化运动也与效仿“全民团结保护文化”运动关联起来。

首先，是遗迹的翻新和修复，即那些用来举办节日、举行仪式、进行民间游戏的表演空间。近年来，文安县的许多遗迹都得以修复、翻新，或是在旧址上重建①。地方政府一直在努力保护和宣传国家承认的古迹。此外，多年来，已经实施了许多政策，以支持那些被誉为“遗迹之魂”的少数民族传统节日和仪式。因此，文安县岱依族的许多节日和仪式得以恢复，例如农业节日、与生活有关的仪式、萨满仪式等。尽管如此，仍有许多遗迹尚未重建。因此，这些地方的节日也还未恢复。幸运的是，当地的长者仍然记得这些仪式及其流程，能为将来恢复这些节日提供重要的材料资源。一年一度的节日的举办不仅是对一项传统文化活动的保存，而且对增强群体凝聚力意义重大，可以帮助社区成员，特别是年青一代了解传统习俗，使他们更加尊重自己的民族认同。在语言方面，文安县的岱依族在社区交流时仍然使用岱依语，而在与其他民族进行交流时，使用越南语。一些老年人会写汉字（例如，东珧社民间艺人何文织）。通过社区的传统文化活动以及最近恢复的仪式与民间节日，民间口头文学得到了更广泛的传播。

文安县有多种向年轻人传授非物质文化遗产的“课程”形式，如代

① 东珧寺（Đông Cuông Temple）：1982 年，用基础材料在旧址上重建了寺庙。1995 年，东珧寺再次重建。2009 年，该寺被认定为国家级历史古迹。外阿寺（Ngòi A temple）：2007 年，外阿社的一部分人用基础材料在旧址上重建了寺庙。2013 年，人民委员会修建了一座新寺。阮山寺（Nhữ' So'n temple）：1996 年，人们用基础材料在旧址上重建了该寺。1999 年，何氏家族又重建了圣殿的砖墙和瓦顶。2008 年，对寺庙进行了修复与装饰。2013 年，阮山寺被认定为国家级历史古迹。到目前为止，该地区已有两项国家级历史古迹和 18 项省级历史古迹。

际俱乐部、表演队以及与青年联盟活动相结合的活动。2012 年，由当地政府全力支持，文安县成立了以民间艺人为主要成员的代际俱乐部。俱乐部的主要活动之一是教授年青一代岱依族民歌和民间舞蹈。文安县各公社的大众传媒小组定期在当地节庆中表演，主要包括民歌和包括岱依族在内的少数民族舞蹈。文安青年联盟始终致力于培养青年联盟成员的民族认同感。文安青年联盟开设课程，在青年联盟的活动中教授少数民族的民歌和民族舞。到目前为止，文安县共有 27 个分支机构将民歌纳入各代表团的活动之中。年轻人是保护岱依族文化认同的下一代主要力量。现在，文安县的少数民族青年经常穿着民族服装，在日常生活中使用自己的民族语言。他们自愿遵循传统仪式，如婚礼等。传统节日也吸引了大量年轻人。通过青年联盟的活动来保护和促进族群认同，取得了令人满意的初步成效。这是一个值得研究和推广的好方法。

民间艺人是保护和传承非物质文化遗产的重要因素。尽管文化传承曾中断过一段时期，但幸运的是，文安县仍然有一些老一辈的民间艺人掌握岱依族的非物质文化遗产，比如下述这些艺人：民间艺人何氏贯（Hà Thị Quán）是外阿社仅存的一位登萨满法师。民间艺人金文扬（Cầm Văn Du’õ’ng）一生致力于收集和记录与岱依族节日、庆典、民歌、民间故事有关的资料，是每年组织外阿节（the Ngòi A festival）的负责人。金氏家族以勤奋好学而闻名。金文扬总是建议他的孩子尊重并努力实践岱依族的文化遗产。他规定，所有家庭成员在新年等节日里必须穿上岱依族的传统服装。何氏董（Hà Thị Đổng）与何氏贝（Hà Thị Mô’i）是文安县东珧社的民间艺人。他们在村子里召集了一群年轻人，传习岱依族的民间舞蹈。民间艺人何文织（Hà Văn Giấy）是东珧社东珧寺的寺庙守护者。东珧社的民众信任并尊重他。东珧寺被毁后，他将庙中的供品带至家中存放。后来，他和家人用简陋的材料重建了东珧寺。经过多次修复，东珧寺才变得像如今这般美丽。目前，东珧寺归政府管理，但何文织仍然负责主持祭祀仪式。越南政府现在尚未出台民间艺人管理总体制度的正式文件。只有一项关于支持低收入、处境困难的民间艺人的法令。因此，地方政府没有支持民间艺人的法律依据。尽管如此，文安县政府还是找到了弥补的办法。他们将民间艺人家庭列入贫困家庭名单，尽管按照法律，这么做属于“违法”。但这样一来，这些民间艺人就能够根据国家规定领取贫困家庭补助。

非物质文化遗产——文安县可持续旅游发展的资源

改革之后，随着保护和促进少数民族文化遗产的政策的推行，文安县的文化生活日益繁荣。除了丰富的自然环境与文化认同，文安县为转变经济结构，加大了开发旅游潜力的力度。文安县人民委员会批准了2016—2020年度的文安县旅游发展计划，其主要内容是“开发历史文化遗址，以建设、发展和利用本县旅游资源”。县人民委员会与文化—体育和旅游部门协作调查并制定了该地区的生态旅游发展、精神文明与社区的总体规划。

2013年，文安县（东珖社）桥固旅游村（Cầu Cố tourist village）举行了落成典礼。桥固村保留着原始的自然景观风貌，具有发展旅游业的巨大潜力。桥固村就坐落在通往东珖寺的路上，每年有超过10万人的游客参观这座国家历史遗迹。如今，村民们仍然保留着传统的文化活动，如民歌、民间舞蹈、登萨满仪式等。这是吸引游客前往桥固文化旅游村的一个条件。设立旅游村的目标是帮助村民发展经济，有效利用当地资源，保护和促进当地的文化及自然价值。2018年，文安县人民委员会在东珖社裔军旅游村（Gốc Quân tourist village）建设了第二个寄宿模式的项目。

近些年来，文安县加大了对资源的需求，以建设旅游基础设施，发展精神旅游①和生态旅游。项目实施一年后，文安县的旅游业取得了显著的进步。最初仅吸引零散游客自发前来，而现在，旅游业已逐渐按计划发展起来。官员和民众对旅游业的认识已逐步提高。旅游基础设施已经投资建成。旅游管理在专业化和现代化方面涌现许多创新。

① 译者按：精神旅游是指与身体、思想和灵魂相关联的精神性体验为核心的旅游类型，其精神性体验有追求个体与世界的联系、追寻个人生命意义、自我超越、旅行仪式感与神圣性四个子范畴。详见褚玉杰、赵振斌、任佩瑶、许颖《寻找精神家园：边地旅游的概念模型与实证》，《旅游学刊》2020年第1期。

待解决问题

虽然取得了不小的成就，文安县非物质文化遗产的保护和促进也还是存在一定局限的。这也是许多地方都遇到的问题。

除了恢复和实践传统节日和表演，管理者应注意保留宗教和这些实践的社会意义。没有这些社区意义，民俗表演就只是一场秀而已，人们并没有以遗产持有者的身份积极参与其中。更重要的是要保护民间文化活动的语境，在这种语境下，民间艺术形式才能得以表演、传授和推广。

民间艺人在维持非物质文化遗产的过程中起着决定性的作用。国家表彰了这些民间艺人，以示对毕生致力于保护文化遗产的民间艺人的敬意。然而，只有当他们在获得荣誉后能够过上更好的生活时，这种做法才有意义。因此，除了统计和认可民间艺人的头衔，国家还应制定政策为他们提供支持，为他们保护、实践和传授非物质文化遗产创造有利条件。

对于非物质文化遗产而言，社区是创造、保存和拥有非物质文化遗产的所有者。因此，国家应建立起能让社区参与非物质文化遗产管理的机制。这一机制必须包括与一般性地方事务相关，特别是与文化遗产的管理和保护相关的社区权利和义务。

结　论

从改革到越南共产党出台一系列文化政策，特别是在越共八届五中全会的文化决议和联合国教科文组织《保护非物质文化遗产公约》（2003）通过后，越南在非物质文化遗产价值的保护和促进方面发生了根本性的变化。许多传统手工艺不仅得到了恢复，而且得到了大力发展。许多宗教活动得以复兴，众多民间歌舞也已经恢复。还有众多民间传统节日业已恢复并成为特殊的传统文化活动，满足了人们不可或缺的精神需求，有助于丰富人们的精神生活，对推动旅游业及当地经济的发展产生了重要影响。

在这种情况下，包括文安县岱依族在内的越南少数民族的非物质文化遗产正在发生积极的变化。人民愈加自豪、愈加尊重自己的民族认同。民间艺人越来越受尊重，为其参与遗产的宣扬和传授创造了条件。年青一代对非物质文化遗产的兴趣渐浓，纷纷加入传统文化俱乐部。政府对文安县的具体支持措施，如基础设施发展和资本投资，帮助文安县利用其自然和文化遗产来发展旅游业，改善了人们的经济生活。由此可见，这片贫困山区的少数民族的生活得到了改善，文化生活不断丰富，文化认同不断增强，民族团结也日益加强。

参考文献

UNESCO, 2003, *The Convention on the Safeguarding of the Intangible Cultural Heritage*, the Ministry of Culture, Sports and Tourism of Vietnam, and the UNESCO Office in Vietnam, edited and published.

Jamieson, Neil L. , Lê Trọng Cúc and A. Tery Rambo. 1998, *The Development Crisis in Vietnam's Mountains*, Honolulu, Hawai: East-West Center.

World Bank, 2009, *Country Social Analysis: Ethnicity and Development in Vietnam*, Washington.

Phạm Quỳnh Phu'o'ng and Hoàng Cầm, 2011, *Ethnic Stereotypes and Issues* (*through qualitative research in some northern and central Vietnam*), the project of ISEE, Hanoi.

Harrell, Stevan, 1995, *Cultural Encounters on China's Ethnic Frontiers*, Edited Volume, Seattle: University of Washington Press.

Ministry of Culture, Sports and Tourism. Report No. 82/BVHTTDL-VHDT dated 9 January 2013, *Evaluation of Tasks: Conservation, Promotion and Development of Ethnic Minority Culture* (*Implementing the Central Resolution 5 Courses VIII*) .

Ministry of Culture, Sports and Tourism. 2008. Decision No. 91/2008/QD-BVHTTDL of December 30, 2008, *Approving the Overall Development of Tourism in the Midland and Mountainous Region of Bac Bo up to 2020*, Integrated Tourism Planning Master Plan for Northern Midland and Mountainous Tourism to 2020 by General Department of Tourism, Hanoi.

Ministry of Culture and Information. Directive No. 41/CT-BVHTT, dated 31 March 2004 by the Minister of Culture and Information, *on the Implementation of the Prime Minister's Instruction on Cultural Work, Information on Ethnic Minority and Mountainous Areas to* 2010.

Khổng Diễn, 1996, *Socio-economic Characteristics of Northern Mountainous Provinces*, Social Science Publishing House, Hanoi.

Vietnam National Administration of Tourism, 2008, *Synthesis Report of the Master Plan for Tourism Development in the Northern Midland and Mountainous Areas to 2020*, Hanoi.

Yen Bai Provincial People's Committee, Department of Culture and Information. Official Letter No. 252/VHTT-QLNV, dated 29 November 2007, *on the Provision of Information on the Maintenance and Preservation of Cultural Values of Ethnic Minorities in 2003 – 2007.* Department of Culture, Sports and Tourism of Yen Bai province.

Yen Bai Provincial People's Committee, Artment of Culture and Information. *Report No.* 17/*BC – VHTTDL*, February 21, 2013, *Assessment Report on the Task of Preserving, Developing and Developing the Culture of Ethnic Minorities in the* 15 *Years from 1998 – 2012*). Filed at Department of Culture, Sports and Tourism of Yen Bai province.

People's Committee of Van Yen District. *Report on the Performance of Socio-economic Development Tasks in the First 6 Months; Orientations, Key Tasks in the Last 6 Months of 2017.*

“一带一路”会议翻译小组译校　康丽终校

吉兰乡村遗产博物馆：发展可持续环境的有效模式

［伊朗］阿图萨·穆梅尼（Atousa Moemeni）*

摘　要：为保护非物质文化遗产，伊朗已在认定、记录和传承不同类型的非物质文化遗产方面形成了明确的观点并采取了连贯的战略。这些战略可分为三大类：提高人们对非物质文化遗产的认识，加强物质文化遗产与非物质文化遗产之间的联系，以及制定有效的文化政策。无论在这些方面做出了多么大的努力，我们都希望能聚焦于一种成功的保护实践，这种实践是明显有别于其他实践的。它通过与物质文化遗产保持密切的联系，为开发创新方法、制定保护非物质文化遗产的连贯政策铺平了新道路。而且，作为一种有效的促进模式，它在发展一种可持续的自然环境方面也发挥了重要作用。

乡村文化财富一般会被保存为不成文的知识材料、技艺、表达、仪式和表演艺术。它会通过代际的传承，维持对乡村文化的认同。鉴于乡村遗产保存和乡村文化财富的重要性，伊朗第一副总统办公室下设了一个专事乡村地区发展的部门，主要负责采取有效、持久的措施，确保乡村和原住民地区的可持续发展，防止乡村人口涌入城市，以及由此导致的乡村地区荒漠化和繁荣的社会生活圈消亡的问题。此外，该部门的首要任务是防止乡村非物质遗产的边缘化，消除非物质文化遗产从乡村社区记忆中消失的风险。值得一提的是，乡村的非物质文化遗产是人与自

* 阿图萨·穆梅尼，伊朗基金会科学研究和国际合作办公室博士。

然进行了长期的建构互动之后形成的，这反过来促进了可持续的、传统的和所谓的原住民技艺。本文将详细叙述上述部门为引入有效战略保护乡村文化财富所付出的努力。这项以研究为基础的项目吸引了国内外的关注，因为它在维护、复兴、传承和促进特定地区民众的文化遗产方面做出了巨大贡献。同时，它也强调了重新发现人与周围环境之间本真关联的重要性。最后，它成功地成为稳定自然环境的普遍模式，因此，正如之前提到的，它为保护环境的可持续发展铺平了道路。

此外，该项目将活力输注于那些偏远的地区，复兴了亚文化或一代人的物质文化遗产、非物质文化遗产以及社会和经济创造，并让它们回归到活态传承的循环当中。因此，这一项目一方面复兴了社会实践、传统手工艺和表演艺术，另一方面又在特定地区重新挖掘了关于自然、宇宙和民间文学的传统知识。同时，它也设法维持了这些知识及其相关物理空间和自然环境的真实关系。文化财富的语境化确保了它们的延续。

关键词：吉兰乡村遗产博物馆；非物质遗产保护；物质遗产与非物质遗产的联系；可持续发展与乡村遗产；村落与乡村生存方式发展

一 村落与乡村生产方式的发展

（一）伊朗村落的形成

本节开始之前，我们需要仔细看看那些促成早期人类定居的条件。在迈向文明的最初阶段，人类从游牧的生活方式及人与自然的互动中积累了知识。农业知识与耕作技术的习得，满足了人口增长所需的增产需要，这些条件的成熟符合定居的要求，因此形成了早期的定居点，即世界上第一批村落。虽然新形成的村落处于发展的初级阶段，但是人们通过界定基本法律、采用满足生活要求的必要原则等方式来组织社会生活。耕作和生产使人们体验到了社交互动和密切合作的需要，发展出定居生活的基本原则，鼓励协同作用与团队合作，以便过上更好的生活、实现可持续的生存方式。

伊朗也经历了这一过程。在伊朗西南部德洛兰出现的村庄，成了第一批定居点。这些聚集在一起的村庄为伊朗人民提供了经验，使他们摸索出维持生存所需的本领，从而能够长久定居于此。然而，需要注意的是，决定在某个地区永久定居之前，人们需要全方面地进行资源评估，例如水资源是否容易获得、土壤的肥力以及牲畜的繁殖能力等。此外，还需要考虑可能在生产生活中面临的可持续性挑战和环境瓶颈。

（二）村落的发展与延续及其历史成就

早期村落的形成催生了社会文献。公共与私人领域边界的界定、在居民中建立秩序所需必要能力的确定，以及对环境及其资源的平衡开发，共同创建了一种成功、和平且富有成效的共存。人们创建社会习俗、仪式以及源自游牧生活的传统，在这过程中确定并认识到了这一点，也就是说，他们最终将这些文化财富视作自己的传统和认同。随着需求增多，越来越多的知识传承下来，乡村文化逐渐被有目的且连贯一致的定居情结所取代。以下是和平共存的一些例子：

- 农业知识的创造及其历史发展；
- 水资源的管理与土地财富的均衡开发；
- 村落建筑的创建及其在气候与社区需求推动下的发展；
- 公共和宗教建筑的创建，如浴室、寺庙、避难所、饮用水蓄水池等；
- 制定社会法，并遵守社区认可的惯例，将其作为共同遗产；
- 旨在改善生活条件的合作与援助（增加农业、畜牧业和狩猎产品）；
- 男性、女性与儿童所分担的责任（社区参与改善社区生产生活的周期）；
- 共同参与和合作，以便将知识、仪式和传统传承给下一代；
- 为最初的村落之间建立联系、搭建桥梁、交流文化所作的各种努力；
- 作为满足城市社区需求和要求的生产要素；
- 为维持与农村地区生计能力相称的资源的可持续性与开发所作的各种努力。

这样的例子不胜枚举。关于乡村生活发展与转变的完整讨论超出了本文的讨论范围。然而，我试着为文明的诞生引入一个有价值的根本依据。它可以在原始村落与城市居民之间架设起桥梁，并将生计模式视作可持续性的主要标准。

（三）村落以及从定居点向先进文明的过渡

游牧社区的凝聚性及其在原始村落的聚集构成了文明生活的基础。人们关于自然和宇宙、艺术和建筑的各种技能和知识便是这种凝聚性的硕果。而且，这种凝聚性还促进了宗教的发展。这些文化财富在根据文明社会的需求建立、保存和维持城市等方面发挥了重要作用。村落不仅是通向文明的桥梁，也在保护和延续乡村与城市生活等方面发挥着重要作用。历史上，乡村和城市社区始终共存，而且前者是后者得以共存的先决条件。

村落内社区的大量存在总能通过其持久的认同与延续促进城市社区的繁荣。世界上大部分地区都有村落。它们不仅对人居环境的可持续性有益，也有利于社会生活本身的可持续性。因此，只要回顾 20 世纪人类的社会生活，就能发现城乡社区的社会生活是相互关联、相辅相成的。它们都在稳定环境方面发挥着双向互建的作用，也都是城市资源管理系统的灵感源泉。

二　村落的延续周期与可持续发展

近年来，随着人们对人类与周围环境的相互作用的要求越来越高，乡村社区及其遗产，还有它们的生计受到了全世界的关注，它创造了一个具有可持续性的生产循环，并对人类、生态系统和现有资源做出了适当的反应。

为了更好地理解正确的应对措施，我们需要了解在定居社区的建立中发挥着重要作用的人类、生态系统和资源之间的三角关系。所有元素，即三角形的三个顶点，共同产生适当反应，结果就是这种持续且有成效的互相匹配的常态得以继续进行。

（一）自然连续性

从某种意义上说，可持续乡村生活能否延续完全取决于自然之力，例如气候的稳定、季节的变化或是土地的状况和现有的资源。只要定居点不出现气候和环境的变化，人类的创造和创新就有机会持续下去。此外，如果人为的连续性不伴随自然的连续性出现，那么这种自然的连续性本身是无效的。

（二）人为引发的连续性

在乡村生活的延续中，最重要的因素是创造力、创新性与经验的获得，以实现人与自然的恰当互动。人们在乡村生活中学会了如何顺应自然环境和资源，如何满足永久定居的需求。此外，他们需要通过增加村落人口，以最恰当的方式利用现有资源和基础设施。在乡村社区，人类已经能够适当地开发周围的资源，并在一定程度上考虑到了下一代的福祉。

三 限制性经济和社会因素对乡村生活可持续发展的影响

（一）全球化的迅速发展

全球化已在世界范围内引发了人们对文化形式消失的关注和忧虑。就像对森林的逐步摧毁一样，全球化在先进技术的帮助下也摧毁着人类的文化多样性，而先进技术本身就是西方文化的产物。全球化的迅速发展使亚文化和各种生存形式陷入崩溃与边缘化的境地，自然环境和生物资源也遭到破坏性开发。此外，它还逐渐抹去了数千年来人类从与周围环境的互动中所获得的经验。

不幸的是，人类在迈向全球化的道路上摧毁了最宝贵的人类经验和成就，由此造成了下列结果：

1. 传统知识和原住民技艺被遗忘和破坏；

2. 与社区的社会、文化及经济生活相关的传统和仪式遭到遗忘和破坏；

3. 不惜一切代价盲目模仿和接受西方文化以及所谓的文明福利；

4. 无视居住区域现有的土地承载力和资源；

5. 不受欢迎和有害的人口迁移，导致大量人口集中在城市地区；

6. 为维持生活和生存，乡村和城市社区的双边关系恶化；

7. 在拥有众多村落的地域，人们缺少在乡村地区生活的意愿，打破了生计的生产周期。

（二）保护和使用文化财富的代际收益未被视为实现可持续发展的成功做法

到目前为止，唯一从乡村生活系统中幸存下来并且明显地在各地传播的是用来发展人类与其周围环境之间关系的方法论。这是一种完全不同的乡村与城市生活之间的关系，因而，在这种情况下，代际财富创造是截然不同的。因此，保护这些文化财富也就应该成为当务之急。

充分理解了生态系统之后，代际口头保存下来的文化财富，如知识、技艺、表达、艺术、社会实践等都将得以延续。因此，这些成果，连同人类与周围环境之间的密切联系将在世代传承中蓬勃发展。由于这个循环已经正确适应了乡村社区不断变化的需求，其中一些文化财富作为乡村遗产保存了下来。

如果今天我们面临这种循环崩溃的危险，那是因为我们再也无法正确理解这些文化财富。我们忽视了这些精心设计的成功实践，再也无法辨认出这些跨越代际的财富，更不用说将它们传给后代了。

四　在更广泛的全球化背景下，克服威胁到文化形式与生存方式的风险与危险

（一）《保护世界文化和自然遗产公约》（1972）[①]

根据《保护世界文化和自然遗产公约》（1972），《世界遗产名录》的遴选标准 VI 有意将非物质遗产与保护跨越代际的文化财富都包含在可

① 译者按：《保护世界文化和自然遗产公约》（1972），请见联合国公约与宣言检索系统 https//www. un. org/zh/douments/treaty/files/whc. shtml。

列入世界遗产名录的范围之内。然而，所有参与非物质遗产研究的专家都承认，标准 VI 在非物质遗产保护方面是无效的，因为它无法认识到与财富相关的非物质价值的重要性并将其列入名录。

（二）《保护非物质文化遗产公约》[①]（2003）是保护非物质遗产的有效工具

可以说，《保护非物质文化遗产公约》（2003）是保护文化认同最强有力也是最有效的国际文书。它正视了全球化的快速发展，并邀请所有国家一起来确认和保护表现非物质文化遗产的五大领域。它增强了在世界不同地区保护和介绍非物质遗产的重要性，强化了各国在认可和列入非物质文化遗产名录方面的竞争。它引发了全世界对这些文化财富的关注，增强了社会凝聚力。它鼓励了这些财富的代际传承，促进那些与五大领域密切相关的因素实现了可持续发展。

非物质文化遗产日益受到关注，由此催生了另一个公约的出台，即《保护和促进文化表现形式多样性公约》[②]（2005）。

五　伊朗伊斯兰共和国在保护和振兴乡村文化遗产领域的成功实践

（一）乡村发展部的设立[③]

过去几十年间，为给乡村地区创造更好的生活条件，伊朗政府做出了大量努力。如前所述，第一副总统办公室专门下设了乡村发展部。该部门正在采取措施改善乡村生计的可持续发展状况。除改善基础设施（如道路、水、能源和卫生设施）外，这些措施还包括保护乡村的文化认同与乡村社区的文化遗产。政府一直在努力承认乡村社区的地位，促进

---

① 译者按：《保护非物质文化遗产公约》（2003），请见联合国公约与宣言检索系统 https：//www. un. org/zh/docuents/treaty/files/ich. shtml。

② 译者按：《保护和促进文化表现形式多样性公约》（2003），请见联合国公约上宣言检索系统 https：//ww. un. org/zh/documents/treaty/files/ppdce. shtml。

③ 译者按：原文在此处并未设立标题，但依照全文逻辑与标题设立情况，译者依据文章内容加设此标题。

生产周期的延续，以便能够有效地应对乡村人口向城市的移徙。

（二）在 ICHHTO 中设立最佳村落与旅游目的地办公室

为了保护乡村认同、保障乡村生计的生产循环，伊朗文化遗产、手工艺和旅游组织（ICHHTO）选择乡村地区作为试点村落，并推动它们成为生态旅游目的地，或者简单地说，是以最佳村落的身份加以推广。通过促进旅游业发展，使居民社区回归到可持续发展的轨道上，从而保留了它们的文化认同。在这方面，该部门正在采取一些有价值的措施，例如根据每个村落的生计模式创造投资机会，鼓励居民制作手工艺品和本土艺术品，以及保护乡村建筑。

（三）开展文化活动并介绍乡村生活的成功范例，将之作为典范，以吸引公众关注这种以社区为基础的生产生活方式

政府为保护奥比扬奈（Abyaneh）与马苏莱（Masuleh）的村落做出了巨大努力，这对维护传统生活的真实性而言至关重要。这种真实性建立在对人与环境作出恰当反应的基础上。这些努力促进了这些村落的旅游业的发展，也确保了该地区乡村生计的可持续发展。

伊朗在保护乡村遗产和生计的可持续性方面采用了多种方式，其中最典型的方式之一就是吉兰乡村遗产博物馆的建立。这座博物馆在保护物质遗产和非物质遗产方面的成功实践引人注目。它利用了人类—生态系统正确互动的历史和成功经验。作为一种被重新界定的模式，它将促进人类与生态系统的互动模式，并将使社会成为生产性乡村生活与可靠环境的可信参考。

1. 吉兰乡村遗产博物馆：一次在保护、管理和恢复乡村遗产方面成功且有效的实践与一个稳定环境和乡村生计的典范

吉兰乡村遗产博物馆执行研究项目是伊朗在国家层面上保护非物质文化遗产五大领域的唯一经验，它在帮助乡村社区恢复到之前的生产性乡村生计状态方面发挥了重要作用。这座占地263公顷的露天博物馆，在中东和中亚地区是独树一帜的。它旨在保护吉兰地区不同形式的物质文化遗产和非物质文化遗产。1990年曼吉尔—鲁德巴尔地震发生之后，马哈茂德·塔莱格哈尼（Mahmood Taleghani）教授提出了在该地区建立露

天博物馆的想法。事实上，在这场毁灭性的灾难爆发几天后，他便开始进行了一系列以“地震的经济、社会和文化影响”为题的研究。结果表明，人们摒弃了过去，生活方式发生了巨大变化。然而，在促进匮乏地区现代化与发展的大旗之下，吉兰省与伊朗的其他地区一样，其境内与自然环境相协调的传统原住民的生活方式，早在20世纪40年代就已经开始消失，地震只不过是加速了这一进程。

2002年春，在联合国教科文组织着手制定非物质文化遗产规范性文书的时候，关于建立吉兰乡村遗产博物馆的初步研究已经在塔莱格哈尼的努力之下启动了。塔莱格哈尼就来自吉兰，他在德黑兰大学任教，同时也是伊朗文化应用研究中心的负责人。这项研究的主要内容，是寻找最佳建馆地点以及对吉兰的建筑文化遗产进行鉴定与分类。因为这项工作极其重要，所以一直持续到2005年冬季——建立博物馆的目的本就是稳定该地区的自然环境。占地1480公顷的萨拉万森林公园（Saravan Forrest Park）是一座自然公园，最终选定在该公园263公顷的土地上建造吉兰乡村遗产博物馆，其中45公顷用于建造博物馆建筑。

2. 保障措施概述

撇开政治分歧，根据上述研究，吉兰的文化和建筑遗产共分九类。随后进入研究的记录和确认阶段，并通过以下要素解决生活方式和人与环境之间的相互作用：

- 农业知识；
- 文化项目，包括传统、社会实践、仪式、表演艺术、口头传统、语言、方言；
- 手工艺品；
- 与食物相关的风俗和习惯。

大地震造成的严重破坏表明，该地区传统建筑结构的抗震安全性很差。项目将原住民与传统乡村建筑的知识作为挖掘重点，因地制宜地采取了措施来保护这些知识以及相关的非物质文化遗产项目。吉兰地区确认的九类文化和建筑遗产如下：中部平原地区和东部、西部两个分支，每个分支下各有沿海、平原、山麓和高地四个亚类。在博物馆建筑群内，每类文化都被改建成一个村落，村落内重建了真实且有代表性的建筑和遗产项目以及相关区域的地形构造。

下面本文将描述博物馆建筑群的建造过程。首先进行实地研究，确定建筑物的建筑类型，找到相关地区的非物质文化遗产项目，然后选择可移动的乡村建筑，将其转移到博物馆，重新放置回生活圈。换句话说，拆除选中的可移动建筑，准备在建筑物内部进行精确转移。随后，拆除的建筑构件被转移到博物馆建筑工地中的相关村落，并根据博物馆的特点和空间以及从以往研究中所获得的对相关地区物质文化遗产和非物质文化遗产价值的了解进行复原。

完成遗产项目的代际传承，实现与自然和谐共处的可持续发展以及将生命注入吉兰的灌溉土地是该项目的主要目标。吉兰乡村遗产博物馆不仅用于展示乡村建筑，还用于保护吉兰现存的原住民文化、传统建筑技术和民众的知识体系。这些与该地区环境基础设施的承载力相称的文化和知识代代相传。当吉兰踏上工业发展的道路时，这些文化财富就会面临消失的危险。

总之，对于乡村建筑的迁移，首先进行实地研究，确定乡村地区的建筑类型，然后根据博物馆的特点和空间，为每种确定的类型选择一栋可移动建筑。博物馆的建造方式应一并转移所有建筑原有的基本构建，确保房屋、马厩和仓库的前主人能够在博物馆中找到自己的物品，并确认它们没有发生任何明显的改变，它们甚至可以唤起他们对以往真实生活的回忆。

因此，这是伊朗在保护非物质文化遗产领域的最佳实践之一，也是申报联合国教科文组织《优秀保护实践名册》的潜在候选者项目之一。

3. 吉兰乡村遗产博物馆在稳定自然环境中所起的积极作用

如前文所述，这种基建措施旨在确定和复兴人与周围自然环境之间的真实关系。迄今为止，这种关系已在互利的情况下维持了人类数千年的生活。值得一提的是该项目对自然环境的主要影响，以及它是如何创造性地通过保护非物质文化遗产来稳定环境的。

博物馆在常设展区展示的是一种赋予了自然环境真实价值的社会生活，这种展示使该地区正在消失的传统生活重新焕发出活力。它能够唤起公众的意识，倡导人类—环境互惠互利的可能性，并成为一个可操作的动态模式。事实上，它代表着在全球化和工业化时代遗失了的联系。这一联系的缺失，让人们忽视了一个事实，即自己其实可以享受与自然互动带来的好处。这种缺失使他们为寻找新的认同感而四处漂泊。

这种创新方法试图遵守对建筑可持续性的坚定承诺，保护源自使用可持续建筑材料的传统知识。然而，其他非物质文化遗产项目在居民日常生活中的表现如下：确保了博物馆居民生计的传统农业知识，生产如陶器和必需的手工艺品等那样的实用工具和物品，种植粮食，饲养牲畜，庆祝节日和仪式，创造表演艺术，增强口头传统的代际传承。

早年间，吉兰乡村遗产博物馆与这种保护非物质文化遗产的创新方法，往往倾向于令游客产生一种怀旧的感觉，但是后来，它设法将人们与过去连接在一起，激发出回归本真以及适当的人与环境互动的竞争意识，并将其作为生活在平原及其他地区的居民的榜样。现在，它通过提高对自然环境可持续性重要性的认识并赋予其真正的价值，使遗产传承人能够积极参与保护和维系自己的遗产。借助吉兰乡村遗产生态博物馆所提倡的教育，过去世代相传的创造，再次在人们中间流传。这样一来，人们就可以去博物馆咨询有关房屋建筑设计的问题，或是要求在博物馆举办婚礼、雅勒达（Yalda）[①] 仪式以及该地区其他现有的节日。事实上，人们认为生态博物馆可提供正确庆祝节日的参考。振兴传统农业知识、生产有机食品以及推广手工艺品创造了新的职业。这种职业以发展可持续环境为目的，维持了人类生活，使人类与环境互利互惠。它通过重新引入传统农业知识、生产当地食品和推广手工艺，促进了人与环境之间的密切关系，并且稳定了环境。

事实上，吉兰乡村遗产博物馆向人们展示了真实的乡村生活以及人与环境之间的和谐互动，使乡村社区能够了解本地宝贵的生产力。此外，它还促进了本地经济繁荣，反过来又成了防止村民向城市迁移的典范措施。游客可以根据博物馆制定的非物质遗产日历，安排季节性的乡村之

---

① 译者按：雅勒达（yalda）是伊朗传统节日，每年 12 月 21 日标志着一年中最长的夜晚，也是北半球的冬至夜。伊朗民众与家人朋友聚在一起度过冬至之夜，吃象征黎明与生命光辉的红色水果，并一起朗诵哈菲兹的诗。2008 年该节列入伊朗国家宝藏名单。见 https：//www. itto. org/iran/event/yalda-Night/。

旅、体验甚至是参与乡村社区的所有非物质遗产实践，由此对这些乡村地区的经济增长与社会生活的稳定作出贡献。这是非物质遗产在保护和稳定宝贵的乡村生产生活方式方面的软实力带来的结果。

吉兰乡村遗产博物馆获得了多项国家与国际奖项和证书。该项目已发表十余卷的研究成果，因为其中细致呈现了有关建筑过程的图像，所以大部分成果能被外国研究人员所理解。该项目旨在稳定主题区域的建筑模式，本文使将其视为一种能够实现社区可持续发展并且忠于环境及其资源的成功方法加以介绍。

“一带一路”会议翻译小组译校　康丽终校

通过论坛实现文化遗产的可持续发展

［塞尔维亚］拉迪察·格利戈里奇

（Radica Gligoric）[①]

摘　要： 作为创造一个自发的、智库性的公民社会的工具，塞尔维亚非物质文化遗产论坛的目的是通过能力建设和改善公共政策达到参与式合作。这种合作着重在横向和纵向两方面进行跨行业的实践。该论坛通过对文化遗产资源特别是非遗资源的考察，使其成为可持续发展的一个激发点。本文提供了多种实践案例，探讨文化遗产可持续发展的公共政策、展现策略等，分析了论坛促进了可持续发展的原因。

关键词： 塞尔维亚非物质文化遗产论坛；文化遗产资源；可持续发展；公共政策；展现策略

历史上，“Forum”一词是指某一地点。如今，它是一种公众集会/行动的方式，旨在针对地方性或区域性乃至全球层次的公民感兴趣的话题启动开放、重要的讨论，进行评估并提出解决方案。论坛成员的活动一方面要辨识出特定区域内全体居民或某些群体的需求，另一方面则要发挥主动性。

为了能发挥主动性，论坛成员必须有能力（掌握知识和技能）在某些领域发挥积极作用。为了发挥主动性，需要通过法律形式全部或部分地改善或制定公共政策，使公共政策成为创造性的工具，来解决那些影

---

① 拉迪察·格利戈里奇，塞尔维亚可持续发展非物质遗产论坛主持人。

响了个体与整个社区的所谓“共同利益”的社会问题的工具，来作为衡量个体态度与维护社区两者之间关系的手段。

这一“共同利益”与普遍人权所取得的成就和态度最为密切相关，所谓普遍人权，指的是生命权、个体身份和集体身份的认同权（价值体系）、工作权、健康权以及平等权。

个体身份和集体身份的认同感是文化多样性的主要驱动力以及可持续发展的保障，同时作为一项总体政策，也使非物质文化遗产与不可移动的物质和自然遗产之间彼此深度依存。①

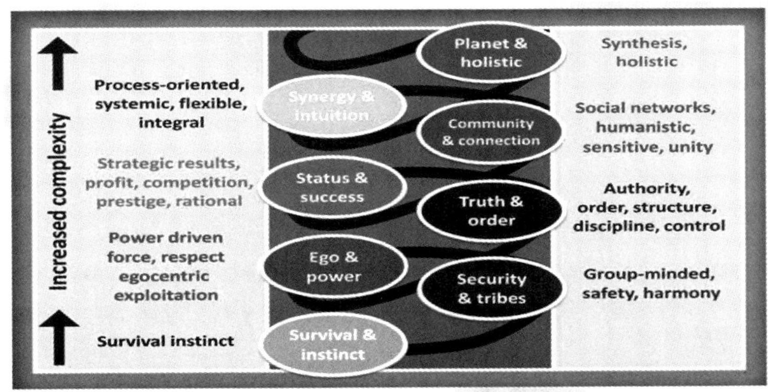

图1　价值体系

（源自 Beck&Cowan，1996；绘图版权所有 Auke van Nimwegen）

非物质文化遗产政策不仅促进和平原则、而且在包容性社会、发展经济以及环境的可持续性方面都发挥着积极作用。联合国教科文组织的非物质文化遗产政策只支持符合现有国际人权文件以及符合社区、群体和个人之间相互尊重和可持续发展需要的遗产。非物质文化遗产政策指的是1948年的《世界人权宣言》、1996年的《经济、社会及文化权利国际公约》以及1996年的《公民权利和政治权利国际公约》。

然而，历史上出现了许多操纵遗产的例子——比如个人和集体身份/

① 参见 Lummina G. Horlings，“Values in Place；A Value-oriented Approach toward Sustainable Place-shaping”，*Regional Studies*，*Regional Science*，Vol. 2，No. 1，2015。

公共利益，典型的如法西斯主义、殖民主义和新殖民主义。

为了在每个社区（地方性的、区域性的、国家性的、国际性的）实现共同利益，权威作为权力的一种制度性表现应运而生。它拥有不同的结构、层次、过程与形态，能够采取不同途径来实现共同利益（民主—独裁这一对根本对立，就是全球层面上，与其他/不同国家比较而言，某个国家内部组织权威的体系）。

全球总体的公共政策是联合国的“可持续发展”政策（2030 年可持续发展议程和 21 世纪议程），即发展既能满足当代人需求，又不损害后代满足其需求的能力。它代表了创造未来遗产与保护遗产的过程。可持续发展政策的口号是“现在为了明天，为了所有人”。可持续发展的维度包括：包容性社会发展、环境可持续性、包容性经济发展以及和平与安全（可持续：自然、社会和经济资本）。

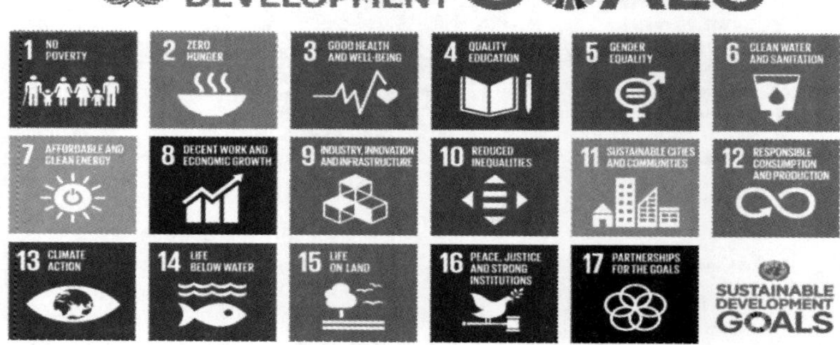

图 2　联合国《2030 年可持续发展议程》列出的 17 项可持续发展目标①

在一个国家内部，公共政策由各部门制定（最常见的是：经济和预算、税收、生态和能源、教育、卫生、社会政策、司法、人权）。必要时跨部门政策也会被制定出来（文化、媒体、遗产等）。

制定政策的过程包含六个阶段：找到问题、制定不同的解决问题的政策/起草方案、通过决定（选定一个方案）、实施与监测、评估和修订。

① 此图题为译者补注。

在每个阶段均可启动改变或完善公共政策的机制。

每项公共政策都必须是明智的（SMART）[①]：具体、可衡量、可实现且在特定时间内有效。为了使公共政策有效，它必须在各级政府协调一致，且所有具体手段均符合相同的 SMART 标准。未能满足 SMART 中的任何一项标准，是规范与现实间的不匹配、预期与执行间的不匹配，而这也是发起完善或改变公共政策的基础。

公共政策手段有：战略、法律、命令、计划、提议、决定和项目。公共政策手段应协调统一，以便使规范与现实之间保持一致。

论坛成员与通过正式与非正式教育获得的知识和技能关系密切，其目的是培养批判性思维/个人和群体立场，并与其他的相关行为者互动交流，如决策者、利益攸关方、从业人员，以及对自身专长领域所面对的发展挑战与潜力感兴趣的科学家与专家。

论坛成员要有在某一论坛所产生的区域（area）/地域内发起和履行倡议所必需的复杂的知识和技能，论坛作为一种以地方为基础的方法（place-based approach）来通过所谓的“变革理论矩阵”，也即经历分析公共政策、需求、机遇和挑战的过程。

变革理论本质上是对于人们如何以及为何期望在特定语境中发生所希望的变革这一问题进行的全面描述和说明。它特别关注勾勒或“填补”一项计划或变革性倡议（其活动或干预措施）之所为与其如何实现预期目标之间“缺失的中间环节”。

为了实现目标，它是这样做的：首先确定想要达到的长期目标，然后回到要确保实现目标所需要到位的所有条件/结果（及其之间存在怎样的因果关联）。这些都是在成果框架中制定的。随后，成果框架为确定何种类型的活动或干预可以实现成果提供了基础，而这些成果被认为是实现长期目标的先决条件。通过这种方法，人们更充分了解了活动与实现长期目标之间的确切联系。这可以带来更好的规划，因为对活动与变化到底如何实际发生之间的关联有了更具体的理解；还可以导向更好的评估，因为有可能衡量在实现长期目标方面的进展，而不仅仅是确认计划

① 译者注：SMART 是 Specific（具体），Measurable（可衡量），Achievable（可实现），Relevant（关联性），Time-Bound（时限性）的缩写。

的结果。

论坛在何处、如何以及为什么才能保持活跃，取决于该地域和该区域业已确定的机会，这是“以地方为基础的方法”或“区域性新叙事”中一些共同的关键点。

与这些特征相关的主要发现如下：

1. 将地域认同作为独特的资本加以重视和振兴是所有以地方为基础的倡议的出发点。各地域拥有滋养其认同与发展潜力的文化传统、生产性职业和自然资源。以地方为基础的方法的出现是为了应对以最恰当的方式保护和重视此类特征，同时也要适应环境带来的日益严峻挑战的需要。在某些情况下，需要做出重大努力来重振或重塑战略，关键需要确保的要素是真正的检视和有为共同利益而尽力的意愿。

2. 雄心勃勃的战略自然会超越地理与部门的界限。需求和挑战不会被行政性的边界所局限，因此需要制定整合性政策。为此，应在最合适的地域层面对政策的设计与实施做出界定，以实现预期的变化。指导原则是选择的地域层级是要能把留待解决问题的利害关系和责任相关方聚集在一起的。此外，有效的政策应对可能需要软、硬措施相结合的综合性方法与整体性方法。

3. 开放的治理体系是确保倡议顺利实施的手段。以地方为基础的倡议具有内在的参与性，因此需要有关政策的对话能到位以及明确的游戏规则，以免出现投机取巧、重复或分散的行为。来自外部的压力具有重要的触发效应，而让当地行动者投身其中并使其成为整个事情的一部分是保证所有权和社会接受度的关键要求。

4. 需要强大的领导能力来驾驭这一进程，也才能确保对于长期结果的承诺。一个通常的解决方法是成立一个能够保证所有权、坚持战略目标的专门团体或机构。如此可以更好地确保灵活性和用户导向，这增加了成功的可能性。谈判和建立共识应贯穿从最初设计到实施的整个过程。

5. 实验和边做边学是以地方为基础的方法的天然要素。这个过程可能很长，因为信任和信誉（credibility）的建立需要时间。与此同时，实验和试点阶段是必要的，以便能够边做边学，并检测创新性设想，从而选择最具前景的想法。

评估阶段可能会造成与结果导向之间的紧张关系，但是一旦在特定地域建立了牢固的伙伴关系，协同作用就会延伸到所有政策区域。

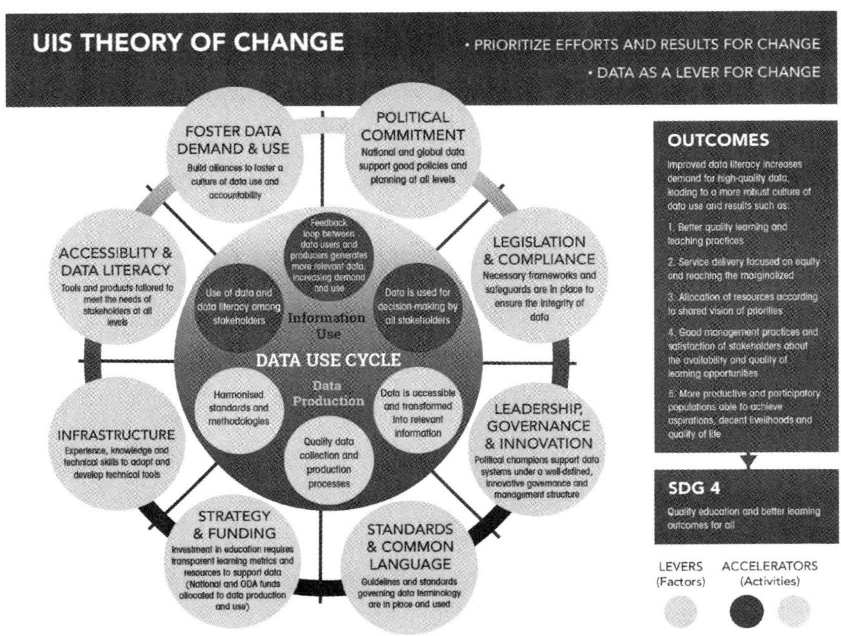

图3　教育领域的变革理论模型矩阵，教科文组织资料

在发起倡议的过程中，论坛使公民通过参与不同的组织形式——直接的或间接的——提出解决他们问题或提高生活质量的办法。让公民经由不同的组织形式（民意测验、公民投票、辩论、协商、座谈会等）和层次（自下而上/自上而下）参与的过程是一种参与式合作关系。合作关系中的关键行动者是：用来稳固社会组织方式以实现特定社会目标（权利、习俗、道德准则）的机构，以及用来进行正式集体行动以实现共同利益的公民社会组织。

采纳/改变公共政策的过程是那些呼吁变革者、决策者和受政府议会体制中的专业委员会、部委/执行机构、利益集团的决定影响的人（公共政策的使用者）之间的互动。论坛是利益集团的形式之一，是专家性的公民社会组织，在美国被称为“智库”，在欧盟被称为“公民智库”或“公民论坛”。

作为一种以地方为基础的方法/智库/公民智库/公民论坛，各种倡议的出发点在于论坛始终通过公共政策的（维持或改变）来确认区域性身份，而公共政策有着自身的内在特征：

——社会的与文化的；社会资本（在区域内的共同经验、惯习和实践、知识和技能、胜任性、文化表现、文化景观的多样性间建立连接和桥梁的过程）；动员社会资本是发起旨在增加任何形式的资本的倡议中最重要的过程。

——环境资本，如稳定的气候、可持续性地管理自然资源和保护生物多样性。

——经济资本、物质商品：货币和财产权。

在制定与发展区域身份相关的公共政策方面，一些常见的挑战可能包括：

与非物质文化遗产相关的政策应涵盖哪些主题，以及如何定义非物质文化遗产以涵盖尽可能广泛的非物质文化遗产元素；

社区如何参与非物质文化遗产保护并从中受益，以及保护能够得到支持，同时又促进公平并减少社区内部的潜在冲突；

国家如何帮助创造有利环境来支持有关社区保护其非物质文化遗产，同时又能避免由此产生的滥用与误导；

具体机构可以如何支持非物质文化遗产保护，如果支持的话，如何将其修订后的要求纳入政策、法律或法规；

如何将非物质文化遗产相关条款纳入文化部门内部和外部的其他政策和法律，以提升非物质文化遗产保护和其他政策目标之间的协同效应；

如何修正阻碍非物质文化遗产实施和保护的现有政策，以及/或者如何缓解不同政策目标之间的紧张关系；

对文化的政治重视程度低（相应的预算也少）；

各部委和/或其他机构之间沟通不畅。①

传统价值观（整体意义上的文化遗产：物质、非物质和环境）的评估方法决定了地方且往往是在世界舞台上文化领域之外的公共政策指导

① UNESCO，"Guidance Note on ICH Policy Advice"，见 https：//ich. unesco. org/doc/src/Guidance note on ICH policy advice EN. pdf，2021 年 12 月 22 日。

方针；

平等的法律机会（例如，规定平等地参与文化生活）；

外交和对外政策；

城市/城镇规划；

土地及土地所有制度；

农业（例如传统技能和实践得到认可与支持）；

粮食安全（例如社区发展促进非物质文化遗产实践）；

环境保护、生物多样性和气候变化（例如确保非物质文化遗产实践的环境资源）；

灾害管理和流离失所者（例如认识到遗产对于社区凝聚力的重要性）；

安全与和平建设（例如，认识到非物质文化遗产对社区凝聚力的重要性）；

贸易；

采矿（例如相关政策可以限制进入并保护圣地）；

青年和儿童（例如这些政策促进非物质文化遗产的传播，在非物质文化遗产实践中保护儿童的权利）；

以及媒体和通信（例如相关政策促进了非遗可见度的提升）。

个案研究：欧盟的事业

欧盟成立的主要原因是第二次世界大战期间造成的战争破坏和对经济资本的威胁，除了法律以外，他们传统价值观的主要维度如下。

作为一个经济和法律共同体，欧盟成立的目的一方面是建立发展全球共同市场的机制，另一方面是通过“国家援助”（欧盟第651/2014号条例）中排斥机制的控制原则对国家内部市场施加诸多限制。通过共同的法律条例，欧盟成员国可以通过国家援助机制，从自己的预算中为文化遗产的保护和价值稳定活动提供资金。然而，毫无例外，只有非物质文化遗产活动才能获得资助，而对于物质文化遗产的资助，成员国需要遵守许多限制和程序。为资助物质文化遗产，成员国独立地或与其他成员国合作发起若干倡议，以开展符合原则的案例研究。

由于欧盟不是一个政治共同体，欧盟成员国正在寻求对于稳定和社区生存必不可少的一体化、凝聚力、集体身份等原则，以通过公共政策获得成功。

欧盟已全面执行可持续发展的全球公共政策。

通过各种倡议，制定了欧盟2012—2027年的发展指南。

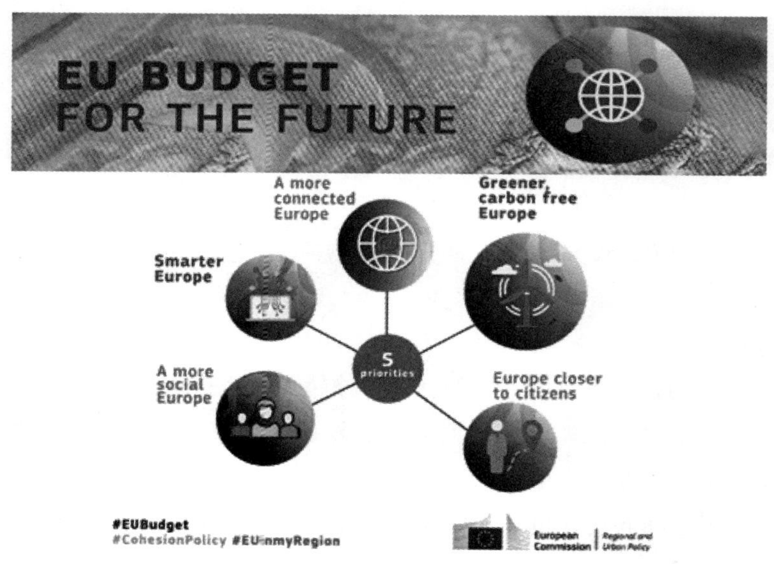

图4 欧盟未来预算框架①

“欧盟的共同遗产是实现其成员国间更大的团结，基于尊重人权、民主和规则基础上，捍卫和促进理想和原则。欧洲基于从进步和过去冲突中获得的经验，共同构成了记忆、理解、认同、凝聚力和创造力以及理想、原则和价值观的共同源头，以促进建立一个在尊重人权、民主和法治基础上的和平与稳定的社会。”这是欧盟理事会的态度。

欧盟中采取论坛形式的重要举措有：达沃斯世界经济论坛，是为响应将欧盟经济资本定位于美国资本而设立的；欧洲遗产领袖论坛（EH-HF）；以及几个重要的、基于具体的以地方为基础的方法的区域性论坛，

① 图题为译者补注。

如多瑙河、波罗的海协作（Synergy-Baltic）、欧盟乡村协作论坛、“文化遗产和全球变化：欧洲的新挑战”（2010/238/EU）……

1. 欧洲遗产领袖论坛是由欧盟和欧洲经济区国家遗产领导者（建筑遗产、景观和考古）形成的非正式的专业和专家网络，为21世纪历史环境管理的信息和经验交流提供平台。

“作为区域战略发展资源的物质文化遗产：通过欧洲社会经济共同指标划定影响”被称为经济工作队（Economic Task Force），即TFE（爱普生标靶分析法，EPSON Targeted Analysis）。作为欧洲遗产领袖论坛下两个委员会的一个，经济和统计工作队（the Task Force on Economy and Statistics）的成立是为了“创建一种收集文化遗产经济数据的通用方法”。工作队的主要目标是在欧洲层面系统阐述不可移动的文化遗产的社会经济贡献的明确指标。

通过这种做法，工作队希望能够支持该部门建立更好的统计数据，并生成文化遗产社会相关性的知识。文化遗产被日益视为可持续发展不可或缺的资源（《关于文化遗产作为可持续欧洲的战略资源的结论》，欧洲联盟理事会，2014年5月）。量化这一社会贡献将有助于该部门实施更有效且高效的政策。

经济和统计工作队目前正在收集建筑部门、房地产及不动产部门、旅游部门、文化和创意产业部门增加的生产总值数额和所创造的就业机会的信息。

纳入公共政策解决方案的EHHF举措有：文化遗产对匈牙利房地产市场的影响；经济工作队会议——欧盟文化统计的前景；设计发展有关物质文化遗产的社会经济贡献的欧洲统计：经济指标——佛兰德斯遗产局；开发多学科方法以衡量文化遗产的社会经济影响——福斯特中心；文化统计工作组会议提案；建筑部门经济指标——佛兰德斯遗产局；物质文化遗产投资——会有回报的！——挪威文化遗产局。

2. 在多瑙河地区，22%的欧洲大陆居民生活在多瑙河畔。十个邻国已经制定了解决这些问题的共同战略，这些问题不能单方面解决，而是需要跨国合作才能成功。它还涉及与共同利益相关的机会及通过联合努力可以创造附加的价值：“目标是协调应对那些一起处理比单独处理更好的问题。”

这两个战略（EUSBSR[①] 和 EUSDR[②]）的目标是克服影响发展的障碍，释放地区潜力。他们尝试将问题置于多边环境中，并超越当前欧盟边界，与邻国平等合作。这种方法鼓励参与者不仅要跨越国界，还要克服障碍，以更富战略性和想象力地思考可能的机遇。

多瑙河民间社会论坛（DCSF）专注于具体问题，试图通过尊重民主和人权、法治、善政、市场经济以及社会和环境可持续发展的多瑙河战略原则（该区域的共同遗产），使多瑙河沿岸 14 个国家的 145 名与会者自下而上地参与到该区域发展的落实中，即连接、保护、创造繁荣和加强区域。

实现 DCSF 倡议目标的一个非常重要的手段是建立所谓的“文化路线”，通过整体意义上的文化遗产资源——物质和非物质文化遗产的相互作用——进行连接、创新和发展。

介入领域包括：**创新**：改善创新的框架条件，提高企业和社会创新的能力；**环境和文化**：加强跨国水资源管理和洪汛风险预防，促进自然和文化资源的可持续利用，促进生态走廊的恢复和管理，改善环境风险管理预案；**运输和能源**：支持环境友好的、安全的运输系统以及保持城市与农村地区之间可获得性的平衡，提高能源安全和能源效率；**治理**：提高机构应对重大社会挑战的能力，支持欧盟多瑙河地区战略（EUSDR）的治理和实施。

3. 欧盟协作论坛（the EU Forum Synergy，FS）是由来自 16 个欧洲国家的 35 个组织组成的农村地区可持续发展的经验网络。它被称为农村地区可持续性实践经验的欧洲交流网络。欧盟协作论坛制定交流主题：公民对话，不同利益攸关方之间为促进农村可持续发展的对话；农村青年；公民社会可持续林业实践；保护传统知识、造福社会的农村卫生工作者；农民生态学—农业生态学，提供未来解决方案的地方生态知识。

他们的核心活动是：

欧洲层面上的地方和区域解决方案交流——欧洲农村集会，生命坊（Lifeshops），根据实际需要进行不同主题的专题交流，以及探索经验和想

① 译者注：指欧盟波罗的海地区战略。

② 译者注：指欧盟多瑙河地区战略。

法的不同分享方式。如 2017 年，为摆脱危机，在希腊农村地区组织了以社会创业的潜力为主题的欧盟协作论坛（FS）。

欧洲网络化——巩固欧洲倡议，促进更好的合作与互补。

政策互动——在我们的政策工作坊上考察和分享农村地区农村政策执行的实际情况。他们与来自不同背景的与会者一起为改进政策阐述具体建议。如 2018 年在荷兰通过的改善欧盟新农村政策的倡议。

传播优秀实践——通过其按类别组织的资源中心提高农村可持续性发展真实案例的可见度：农业旅游和乡村遗产；土地利用；倡导及农村政策；农业生态和农林；吸引新居民到农村地区；公民参与、地方治理和对话。

作为欧盟旨在提高农村地区居民生活质量、制止破坏并支持农村经济多样化的乡村发展公共政策的一部分，欧盟协作论坛（FS）以 LEADER 方法为指导（见“关于把握 LEADER 的影响和提高农村地区生活质量措施的工作文件”）。

首字母缩略词“LEADER”来源于法语“Liaison Entre Actions de Développement de lÉconomiqueRurale”，意为“乡村经济与发展行动之间的联系”。它旨在通过在公共、私营和民间部门间建立次区域级的合作关系，调动有助于农村发展进程的人们和机构的力量和资源。

LEADER 方法通过地方战略制定和资源分配与地方赋权相关联。将 LEADER 方法应用于地区发展并让地方代表参与决策的主要工具是地方行动小组（the Local Action Group，LAG）。LEADER 方法有七个具体特征：自下而上的方法；基于地区的地方发展战略；地方公私合作关系；多部门方法；创新；合作和网络化。

LEADER 的主要优势之一是地方行动小组能够在多大程度上通过当地内在的潜能（potencijale）——社会的（socijalni）、文化的（kulturni）、自然的（prirodni）、经济资本（ekonomski capital）以及传达方法，让自身在合作关系、地方发展战略方面适应当地区域。这种自下而上的适应导致了人口的巨大多样性。这是一个相当大的优势，但也反映出地方行动小组面临的一些发展和传达上的挑战。农村发展的 LEADER 方法有赖于有效的治理体系。

优秀的实践案例如下：

1. 支持所有欧盟成员国以及所谓的“第三国家”的优质农产品市场和农业遗产保护下的可持续农业。

它建立了原产地与注册数据库(Database of Origin and Registration, DOOR),内含1643种产品的数据信息。它通过提供覆盖欧洲的有关已注册的PDOs(原产地保护)、PGIs(地理标志保护)和TSG(传统特色保证)的现代公共数据传播信息技术系统,支持农产品质量政策。

原产地和注册数据库系统的启动运转可以带来诸多好处:

——就部门而言,目前大大减少了向主管单位提出的信息和文件查阅请求;该单位将以更有选择性和更有效的方式接受咨询。

——就公民/企业而言,易于获得关于已注册的原产地保护和地理标志保护的大量可靠信息,有助于满足人们日益增长的对优质产品的兴趣;原产地保护(PDO)和地理标志保护(PGI)的潜在生产者将很快受益。

——对于其他实体而言,它是活跃在农业领域的学术机构和研究中心的实用工具,也是为生产者代言的律师和顾问的知识产权(PDO/PGI)信息来源;第三国容易获得关于社区地理标志保护系统的信息(第2081/92号条例还列出了与社区以外地区有关的地理标志名录)。

传统特色保证(TSG)名录的制定程序留给了成员国和第三国,由他们根据本国的公共政策,独立管理符合联合国和教科文组织关于非物质文化遗产公共政策的文化遗产。

2. 作为一种农业遗产形式的农业环境,用于可持续性乡村旅游的乡土建筑,用于可持续发展的生物和文化遗产(几乎所有的欧盟国家)。

3. 畜舍建筑/自然保护。投资卫生和工作环境,特别是乳制品行业(比利时、丹麦、荷兰)。

4. 德国:通过传统耕作方式综合利用土地的农村发展;作为连接人们的传统形式的合作社组织。

为什么塞尔维亚非物质文化遗产论坛促进了可持续发展?

2017年以前,塞尔维亚的总体公共政策是可持续发展。但不幸的是,它并未实现。这一方面是由于缺乏政府横向层面(部门政策)和纵向层面的评价和监测指标，另一方面是由于预算政策管理不善，国家面临破产威胁。因此，塞尔维亚优先开展了所谓的“金融整合”（financial consolidation）活动。

在20世纪90年代的战争和前南斯拉夫解体后，塞尔维亚正处于集体认同的过渡时期。因为一方面，它已经与社会主义和马克思主义的遗产断绝了一切联系，而另一方面，它还未发展出其他稳定的可持续身份认同机制。

可以说，塞尔维亚今天唯一的公共政策是加入欧盟的政策，它通过既定的国家公约机制进行了程序化组织，符合欧盟的公共政策。文化遗产被置于“文化和教育纲领”中，其中，欧盟作为一个共同体，认为文化是不由地位/组织抉择或国家共同体来决定生活的文化方式。欧盟共同体保留了对文化遗产侵犯人权领域进行干预的权利。

如果没有文化战略和跨部门政策制定能力，即使签署了联合国教科文组织公约，特别是《保护非物质文化遗产公约》，也不会在塞尔维亚的公共政策文件中得到认可（在加入联合国教科文组织《保护非物质文化遗产公约》之前就通过的《文化财产法》，并没有包括非物质文化遗产。这一法律并未改变。《文化财产法》从狭义的意义上承认非物质文化遗产是文化要素）。由于缺乏能力，文化部设想在文化遗产领域组织代表性的协会（包括非物质文化遗产领域等等）。

塞尔维亚设有国家非物质文化遗产中心、国家项目名录列入委员会（the Commission for enrollment of Elements on the National List）、7个区域协调员和国家委员会。根据联合国教科文组织的评估，这是很好的网络化实践个案。国家名录中共有37项受保护的项目。

然而，保护程序是强势的（overwhelming），并且有严重迹象表明，保护程序不透明，遗产成为机构的财产（不考虑地方和全国性民间组织在保护及价值评估过程中的在场、参与和影响）。

有些地区被忽视。国家非物质遗产名录尚未分类，导致在保护中产生了许多实际问题。没有受保护项目的价值评估标准的规则，这降低了竞争优势。没有跨部门合作和各级政府的合作。受保护项目的行动者没有获得体制内的身份，不被视为“人间国宝”（living human treasure）。

文化遗产未被纳入中小学义务教育中。

由于训练有素的人才不足、缺乏农村发展规程（procedures for rural development）和内生性资源的辨识，塞尔维亚无法动用欧盟预算援助计划（EU budget aid program，IPARDII）的资金。LEADER 方法尚未建立。

没有从部门政策工具与战略中延续下来的影响、监测和评价指标。遗产只能通过优势、劣势、机会和威胁分析（SWOT）得到辨识。[①]

塞尔维亚的一些传统实践被认为是欧盟的优秀实践样板，为现代生活方式提供了一种可能，但它们并未被列入国家名录（如节能的乡土建筑、养蜂、草药知识、世界著名时尚收藏中传统艺术母题的运用等）。

国家援助法案没有为非物质文化遗产规划筹资机会，不能显著提高作为最重要产业之一的传统产品和农业遗产的竞争优势。

有一本规则手册提供了识别传统产品传统特色保证的可能性。然而，该条例界定的解决办法是：传统产品只能在产地市场出售，这限制了塞尔维亚农业遗产在欧盟市场上的竞争优势，而后者允许在其全境内销售这些产品。来自不同话语体系的所有部门政策，通过其 SWOT 分析，强调了传统产品的潜力。此外，国家非物质文化遗产中心并没有确认农业遗产项目。

有些民间社会组织拥有可持续发展的文化遗产，成为他们利益的关注焦点。他们有着微弱的变革能力。但有些组织对变革机遇一无所知，特别是农村协会和妇女协会。

针对非物质文化遗产在塞尔维亚的地位和可持续发展的潜力，来自不同领域/部门/公共和私营机构以及民间社会组织的 34 名具有欧盟机构和联合国教科文组织工作经验的专家，通过建立塞尔维亚非物质文化遗产可持续发展论坛，达成了谅解备忘录。其目标是：

——非物质文化遗产对塞尔维亚可持续发展潜力的可见性。目的是限制庸俗作品及社会资本在传统价值观的世俗理解中的消耗，启动法律程序、公民安全和保障，加强机构与地方民间社会组织合作的能力。

为实现这一目标，塞尔维亚非物质文化遗产可持续发展论坛发起了一项与欧洲文化中心网络（the European Network of Cultural Centers，EU-

---

① 译者注：SWOT 是 Strengths，Weaknesses，Opportunities，and Threats 的缩写，意为优势、劣势、机会和威胁分析。

NIC）合作的倡议，在塞尔维亚文化遗产可持续发展价值评估最有潜力的部门（部门政策和已受保护的遗产项目分析），进行一系列来自欧盟和世界各地的优秀实践案例展示：农业遗产，通过乡土建筑提高能源效率，通过将传统民间医学纳入卫生保健系统改善公共卫生政策，创造独特的自然和文化生态系统。

该组织包括了塞尔维亚的相关机构来作为东道主负责他们胜任的领域。选择优秀实践的标准是他们在实践中取得的成果：职业类别中来自文化遗产的新工作数量，公共政策所纳入的文化遗产价值评估程序，实践中的应用创新，网络成员的数量。

——通过部门政策相关主题的非正规教育进行能力建设（针对文化机构员工关于可持续发展的教育，所有国家非物质文化遗产项目对环境中社会、经济和资本增长的潜力的教育）。

——为改进/协调/采用新公共政策工具而发起的倡议。

在最有潜力的地区，通过基于所谓“孵化器”的组织模式启动特定项目，其中，年轻专家将有机会开始并实施他们的项目想法。

——在塞尔维亚，通过非物质遗产资源（和一般遗产），也通过区域内的参与性伙伴关系、合作和区域网络化，促进可持续发展的公私对话。

——在文化部成立将由四个工作组组成的非物质文化遗产代表协会。

下面是作为塞尔维亚新多瑙河战略论坛综合倡议的文本示例，这些倡议被以视频短片的形式提交至2018年11月在保加利亚索非亚举行的第五届多瑙河首脑会议上。

“这是塞尔维亚专家网络的倡议，旨在对西巴尔干地区传统民间医疗的循证医学更具文化敏感性。因为，该地区的居民依然使用其中的某些方法，在塞尔维亚这一数量超过80%，尽管它们未被纳入公共卫生政策。许多杂志和门户网站每天都在推广它们。

西巴尔干是全球重要的、欧洲市场上最大的优质药用植物提供地。动荡的政治环境和移民已经改变了当地生物多样性的图景。

规划（mapping）：使用其他天然材料、知识和技能以及人间国宝。

为了以一种安全、有效、高质量而且文化上可接受的方式将传统民间医学纳入法律框架，这将是制定方法和标准的基础。

对于卫生基金不多的国家来说，这将是一种可获得的医疗保健方法。

对于欧洲居民而言，这项民族学研究将增加全民医疗保健计划的价值。”

（“一带一路”会议翻译小组译校　丁红美再校　彭牧终校）

甘肃泾川的西王母文化与公共文化的建设

——以西王母信俗的田野考察为个案

邢 莉 刘双双 刘 明*

摘 要：甘肃泾川地处古代丝绸之路，据古代文献记载，历史上曾有历史悠久的王母宫祠，现遗存的清代画册、历代碑刻及民间有关在地化的口承传说及不间断的祭祀仪式，共同构成了泾川西王母公共文化的历史记忆。在泾川及其周边区域形成了一个西王母信俗的文化圈。但是在一段历史时期内，作为公共文化的西王母庙会被搁置。随着20世纪末期国家政策的历史性调整和社会各种力量的博弈和重新认知，加之台湾信众的多次考察和研究，在传统的根基上，当地民众及台湾信众、泾川的文化精英及政府共同建构了当今的西王母文化。近20年来，春季的民间祭祀与秋季的以官方为主体的祭祀在原址上修复的公共文化空间中持续进行。泾川西王母信俗进入国家级非物质文化遗产之列。在中国大踏步进行城镇化的过程中，通过近30年对城镇文化构建的反思和理性的筛选，泾川的西王母信俗被固化为一个标志性的公共文化符号，其恢复了长期被忽略甚至被排斥的公共文化身份。这说明传统文化的基因深深楔入到民众的日常生活之中，属于公共文化范畴的非物质文化遗产与当下民众生活相衔接，构成了泾川的公共文化，其在当代的传承中显示出要

* 邢莉，中央民族大学民俗学教授；刘双双，中央民族大学民族学社会学学院人类学专业在读博士；刘明，中央民族大学科研处干部。

实现的公平、平等、民主、共享的价值。

关键词: 关键词:泾川;西王母信俗;公共文化;非物质文化遗产;传承;价值

古代称回中的泾川是我国汉代丝绸之路的重要通道,其所处的地理位置非常重要。文献载:“郡东所属泾州,古义渠地也。汉时置安定郡,后魏始置泾州,唐宋之际,叠为重镇,寻复改州,元明因之。洎乎徙治泾阴,仍旧隶平凉郡焉,幅员二百余里,控扼西陲,地势险要,实甘省之咽喉,边衢之门户。”① 泾川为古代的游牧民族与汉民族族聚合、交会、纷争之地。进入21世纪以来,经过社会各个群体的推动及政府的作为,又在台湾信众精神的与物质的双重积极支持下,泾川的西王母庙会经过重新构建,2008年以“西王母信俗”的名称进入第二批国家级非物质文化遗产名录。我们于2014—2015年对泾川的西王母庙会进行了连续的田野考察,出版了《泾川西王母文化调查研究》一书。②

一　西王母信俗:从城乡区域文化到公共文化

位于丝绸之路上的泾川西王母庙会是以西王母信俗为核心的非物质文化遗产。“非物质文化遗产”(intangible cultural heritage)是联合国教科文组织在现代化、全球化的语境中,在2000年前认知农耕时代精神文化的遗存时所创立的新概念,联合国教科文组织向全世界提出《保护非物质文化遗产公约》。我国是拥有非物质文化遗产的大国,也是最早向联合国教科文组织承诺保护非物质文化遗产的国家之一。正是在这样的情境下,甘肃省泾川县的西王母信俗被列入国家级非物质文化遗产名录。

泾川的西王母信俗是泾川县的文化传统,其根脉久远、底蕴深厚。表现在:(1)现存清代版本文图并茂的《共成善果》描绘了回中山上以

① 《泾川志序》,载(清)张延福《泾州志》,姜子英校注,甘肃文化出版社2007年版,第3页。

② 邢莉、王雪等:《泾川西王母文化调查研究》,商务印书馆国际有限公司2016年版。

西王母大殿为主体的108座庙宇组成的信仰空间。① 该文提到，泾州回中山相传为周穆王、汉武帝会西王母处。王母宫建于西汉元丰年间，经历代修葺，后因大火于1863年被毁。“凡有祷祀，无感不应。每岁三月间，远近朝山进香者，不知其几千百人……”与此相佐证的是考古学者从泾川重建王母宫的施工中挖掘出来的建筑材料，其历经汉、唐、宋、元、明、清数代。特别是其中的一块灰陶粗绳纹大板瓦遗存，被考古学者确认为汉瓦。②（2）现存宋、元、明时期的碑文证明西王母信俗的传承。现存北宋的《重修回山王母宫颂碑》、元代的《元重修王母宫碑》和明代的《重修王母宫记》碑，具有重要的历史价值和文物价值。③ 这三块碑文是泾川回中山西王母信俗的历史记忆和文化记忆，碑文回溯了汉武帝来此祭祀的史实，并阐明了宋代与明代两次修建王母宫的动力机制：一方面利于国家社稷，另一方面利于万民之生存。元碑正文阴刻“王母宫蟠桃大会”字样和修筑香亭会首的名字和多个工匠的名字。这说明西王母信俗仰存在着民间社团组织。（3）在泾川县还存有王母洞、王母庙等十几处有关西王母文化的物化形态，与此相应和的是民众普遍的规范的对西王母的祭祀。（4）泾川民间流传着大量的西王母与当地民众生活关联的传说。④ 例如西王母与王母宫山的传说、西王母在泾川造人的传说、西王母转变为道教女仙之首的传说、西王母的原型为泾川民女的传说、崇信西王母灵验的传说等。口承传说中的西王母与《山海经》记载的西

---

① 此为清末的官员刺史程公路经泾川看到清代同治年间王母宫在同治年间被毁后，于清光绪七年（1881）为了募资修建而留下的一本文图并茂的画册。现存于泾川县博物馆。

② 汉瓦残长15厘米，厚1.2厘米，凸面满布较粗的绳纹，印痕较深，纹饰清晰，凹面有稀疏绳纹，印痕很浅，瓦体不甚平正。此瓦与静宁县李店乡出土的窖藏西汉大板瓦及泾州古城铁路沿线考古发掘现场出土的大量西汉板瓦完全一样，应为西汉时期的大板瓦无疑。刘玉林考证后认为：据有关文献记载，泾川王母宫始建于汉武帝元封年间（一说元封二年，即公元前109年），这与遗址出土的西汉板瓦正好吻合，始建年代应当是可信的。（参见刘玉林《泾川王母宫建筑的有序传承》，《平凉日报》2014年11月11日。）

③ 《重修回山王母宫颂碑》碑通高86厘米，厚18厘米，圆形缩头龟座，碑额梯形，与碑身一体，无装饰。碑文玉署篆书，文述西圣母事迹，并写重建王母宫经过。据笔者向平凉博物馆馆长刘玉林和泾川博物馆馆长樊诚和调查得知，在王母宫被毁掉后，“文化大革命”前碑还在原址上立着，后来被置于王母宫石窟前的卷棚中。由泾川文物管理所保管。

④ 参见曹晓兰主编、张怀群执行主编《中国民间故事集成甘肃卷·泾川民间故事》，泾川县民间文学集成编委资料，1991年。

王母大相径庭，具有将泾川的山水地貌、风俗习惯、神话传说联系在一起的特质。这些口承传说泾川化、在地化，具有浓厚的地域色彩和人文色彩，构成在特定生态环境和人文环境中世代生存的泾川的人们特殊文化记忆。

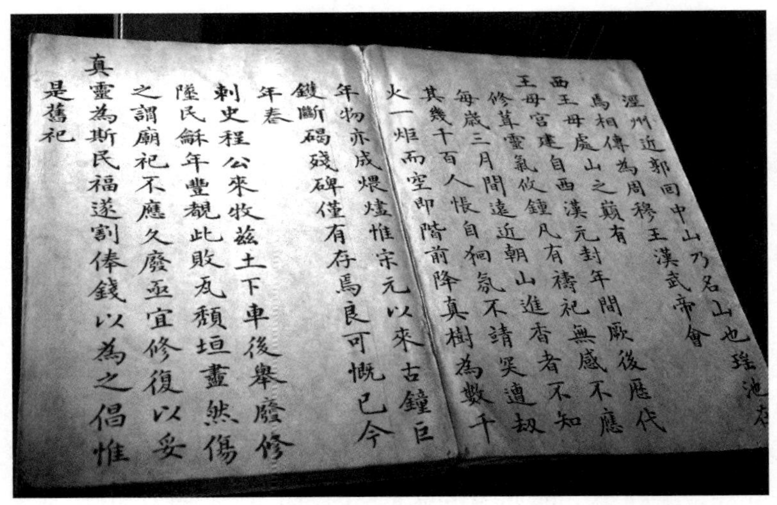
涇州近郭回中山乃名山也瑤池在
焉相傳為周穆王漢武帝會
西
王母處山之巔有
王
母宮建自西漢元封年間厥後歷代
修葺靈氣攸鐘凡有禱祀無感不應
每歲三月間遠近朝山進香者不知
其幾十百人悵自徊氣不請哭遭劫
火一炬而空即階前降真樹為數千
年物亦成煨燼惟宋元以來古鐘巨
鐵斷碣殘碑僅有存焉良可慨已今
年春
刺史程公來牧茲土下車後舉廢修
隆民穌年豐覩此敗瓦頹垣盡然傷
之謂廟祀不應久廢亟宜修復以妥
真
靈為斯民福遂割俸錢以為之倡惟
是舊祀

图1　清代遗留文图并存的《共成善果》，藏于泾川县博物馆

通过以上论述我们可以看出：（1）泾川的西王母信俗具有整体性，包括静态的文物、画册及民间口承传说和活形态的祭祀仪式等。（2）泾川的西王母祭祀历史漫长。泾川的研究者认为，如果仅从北宋（968）遗留的碑文的记载算起，至今也有1050年的历史了。（3）在漫长的历史过程中，西王母信俗经历了一个“大传统”与“小传统”互动的过程，这也就是文化传承与文化传播的过程。

泾川的西王母信俗从“迷信”到被认定为“非物质文化遗产”，这是人类认知的飞跃。以泾川传统的西王母俗信为核心的庙会原本植根于民众日常生活中，其一年一度具有共有性质的庙会是民众日常生活的重要组成部分，民众定时举行西王母祭祀，从“世俗”到“神圣”，又从“神圣”到“世俗”，形成了日常农耕生活的节律。我们调查到，王母宫所在的回山下有个村叫“瑶池沟”，众所周知，瑶池是古籍《穆天子传》

里记载的周穆王与西王母见面的地方。① 据调查，村落中有一瑶池沟，阴天下雨时就会蓄满水，被当地人称作瑶池。在瑶池沟的南面，有个暖泉，冬天不冻，被村民视作“龙脉”。民众说这是王母娘娘喝的水，据说喝了这水不生病。西王母庙会期间，他们从村里上山祭祀，平时有事也要去王母宫。“文化大革命”时期，村名正式更为“延丰村”，但村民不认可，依然习惯称自己的村落为瑶池沟，依然到王母宫祭祀。

清代同治年间的大火烧了王母宫的主干部分，民国时期修复一小部分。泾川县的大型西王母庙会断裂，民众在原址或以个体或以小型群体形式举行祭祀。在1980年前的半个世纪中，祭祀被视为“迷信”而遭取缔，造成了传统与现代、一元与多元、特殊与普遍的对立。联合国教科文组织《保护非物质文化遗产公约》（下称《公约》）具体提出的五项保护内容中，民间信仰处于核心地位。这启示政府和文化精英重新思考传统的西王母信俗，从断裂的泾川西王母庙会中认知和传承我国作为农耕大国的文脉。学术界认为，非物质文化遗产大都属于民间文化的范畴。在《公约》的表述中，不管其内容在历史上或者现实中是依托于谁的，它们在被认定为文化遗产的时候就被注定是属于全体的。“非物质文化遗产”本身就标明特定对象具有无可置疑的、不可替代的价值。② 与以往归于“迷信”的概念相比，这是一个颠覆性的认知，是对于民间信仰文化颠覆性的评估。

泾川的西王母文化从一个区域的特定群体文化进入了公共文化的范畴。泾川的西王母信俗文化具有鲜明的地域色彩，是在泾川县城乡产生和传承的具有浓厚乡土根气息的民间信俗。泾川地处中国西部，生态环境属于黄土高原的丘陵沟壑区，有塬、有川、有坡。其传统的住宅为窑洞。县志载：“泾居秦西鄙，地瘠民朴，半多穴处，有邠土之遗风焉。地广塬多，川少，畏旱潦，宜五谷蔬果……”③ 其气候干旱少雨，民间的生活方式为典型的黄土高原的农耕文化。其地处西部，汉唐时期泾川为边

---

① （晋）郭璞注：《穆天子传》，《汉魏六朝笔记小说大观》，上海古籍出版社1999年版，第14页。

② 高丙中：《作为公共文化的非物质文化遗产》，《文艺研究》2008年第2期。

③ （清）张延福：《泾州志》，姜子英校，甘肃文化出版社2007年版，第28页。

境要塞，西王母是起源于西部的神话女神，后由神话中的女神演变为道教的“女仙之首”。[①] 泾川域乡遍布以西王信仰母为核心的女神庙宇。民众为获收成而求雨、为繁衍而求子、为生存的安全感而求平安，他们在日常生活中希冀得到西王母的护佑，所以泾川县民众在世代的农耕生活中与西王母结下了不解之缘。西王母信俗表现了人与自然、人与祖先、人与社会的关系，表现了人对祖先敬畏、感恩的质朴情感及强烈的生存愿望。泾川西王母信俗的承传是泾川民众对于泾川的自然生态与人文环境认知的折射。

西王母信仰从神话中产生，后经道教的吸收，古代文献和民间对其有各种称谓，包括“西华王母”“王母娘娘”“娘娘”“西王母”“圣母”“王母”“神母”“西王神母”“西王圣母”“王母女神”“金母”“母娘”等。据调查，“王母娘娘”在当地的认知度最高，达到100%。“西王母”的称谓在当地也有一定的认知度，位居第二。来自台湾碧瑶宫的台湾同胞大都称其为“母娘”或者“金母”。在访谈中，我们得到了一个地方性

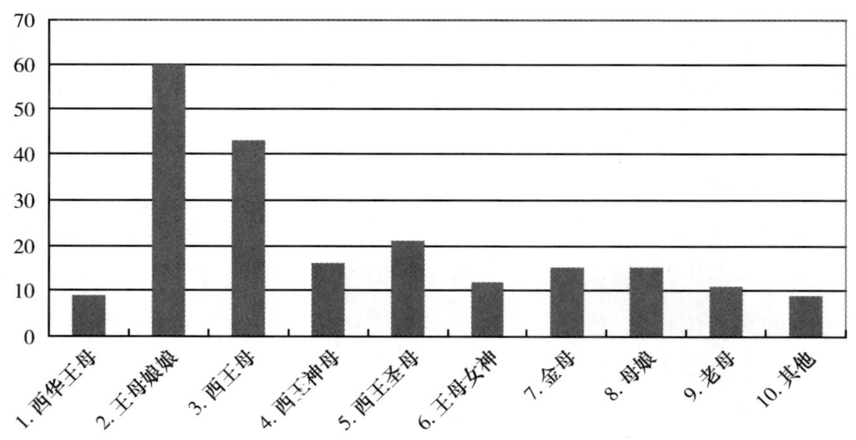

图2 西王母称谓频度问卷统计

---

① 泾川县位于我国甘肃东部，隶属平凉地区，周代史称为“义渠”，属古代西戎活动的地域。《周礼·王制》言：“西方曰戎。”这是古人“西戎”概念产生的根源。他们是不同于中原民族的另一个古代部族。其势力强大，在西部争雄。《尔雅》言古中国之西是“西王母”所居之地。西王母即是戎族祖先的称呼。（参见萧兵《楚辞与神话》，江苏古籍出版社1986年版，第443页。）

口语称谓，即民间称西王母为“老人家”。当地的发音是“laoerjia”，“老”字拉得较长。当地的民众对家中老人和受到尊敬的前辈尊称为“老儿家”，例如对于祖母有这样的称谓。学术界认为西王母是始母神，在民众的称谓中得到验证。

半个多世纪以来，被学者称为“底层的文化”或“草根的文化”的西王母信俗始终处于主流社会的边缘。当社会动荡时，它处于被扫荡之列，民间处于“偷偷祭祀”的状态。2008 年泾川的“西王母信俗”进入国家级非物质文化遗产之列，由群体文化进入了公共文化的范畴。“被命名为遗产的程序就是一种公共文化的产生机制。‘非物质文化遗产，是一个表示自在状态的概念，只是表示特殊样式的文化存在；‘非物质文化遗产’是一个彰显文化自觉历程的概念，表明特殊样式的文化已经完成了权利主张、价值评估、社会命名的程序而成为公共文化。”① 对非物质文化遗产保护的认知使得源远流长的民间信仰取得了价值，并将其纳入了本应该纳入的民间公共知识体系的范畴。作为民间信仰显性形态的庙会也因为进入非物质文化遗产自然地成为“公共文化”。泾川的西王母文化是一个特定社群对于自己民族文化的深刻记忆，是与历史，与祖先血脉相连的割舍不断的情感的纠结，在现代社会具有公共文化的价值。

二　泾川的西王母庙会：作为公共文化在当代的活态传承

非物质文化遗产保护的要义在于传承。这里我们再一次强调遗产的定义：根据罗马法，这个词的意思是：“所有这类家庭财产的总和，他们不是按照钱财，而是根据是否值得传承的价值来理解的。”② 这里的“他们”不是指政府及文化精英，而是指这些财富的拥有者——民众。这才是非物质文化遗产保护的真意和原意。传承与传统相辅相成，非物质文化的价值观是靠民众的文化行为传承的。它是活态的、变化的、是人在

① 高丙中：《作为公共文化的非物质文化遗产》，《文艺研究》2008 年第 2 期。

② 李军：《什么是文化遗产——对一个当代观念的知识考古》，《文艺研究》2005 年第 4 期。

生活永不停息的运变之中的一种形态。作为当前公共文化的西王母文化的传统楔入当下生活之中，其传承要与自然环境、人文环境发生密切的关联。

泾川县的西王母庙会文化有着祭祀空间和祭祀时间的公共性与共享性。现代泾川回中山的王母宫是在海峡两岸对于西王母信俗认同的基础上修建的。泾川民众历久弥新的西王母祭祀及不断产生的灵验事迹的口承传说是王母宫修复的根基，甘肃省道教人士的呼吁是泾川王母宫修复的脉搏，政府对于民间信仰政策的宽松及文化精英对于西王母习俗的挖掘是王母宫修复的动力，台湾信众组成的多个民间团体来到泾川寻根，认定“母娘的祖庙”在泾川，为王母宫的修复提供了契机。[①] 对泾川是西王母文化的根基的认定成为海峡两岸的共识。在海峡两岸的民众、地方

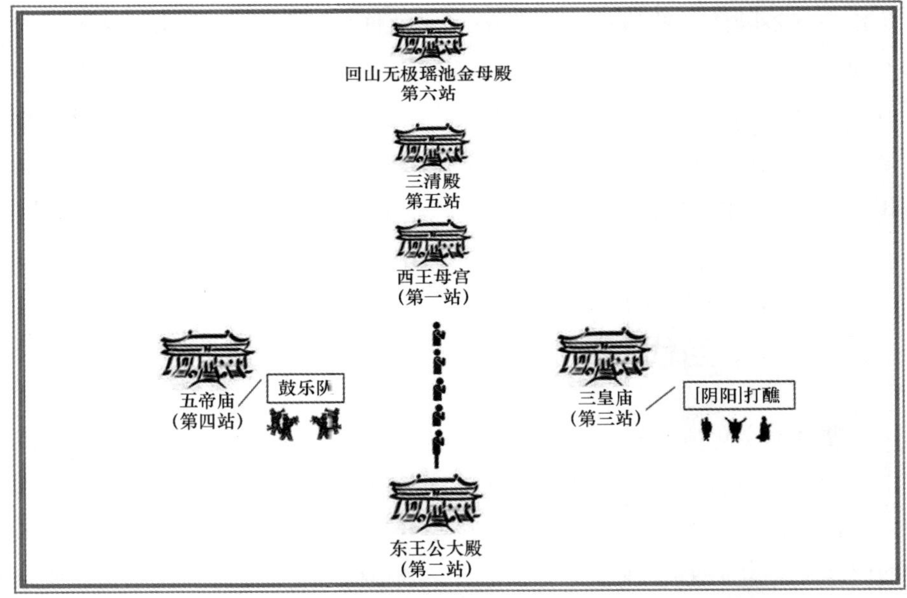

图3 当代泾川新建王母宫建筑示意图

① 1992年9月12日，台湾三重市长生街凤德玉宝殿殿主黄雪香女士率三十余名信众拜谒西王母的摩崖石刻时，她的随行弟子田云举为她拍摄了一张照片。他们发现在西王母的天眼处射出一道灵光，照在虔诚祈拜的黄雪香女士身上。台湾信众认为，这是自己千里寻根的诚挚举动感动了母娘。

精英和政府的同心努力下，现在的王母宫于1990年开工，到2010年竣工。其核心建筑为王母宫、瑶池金母殿、三清殿。在泾川回山祖庙的102根柱子上，有29块碑刻，4块匾额，铭刻着海峡彼岸支持泾川王母宫修复的印记。王母宫具有神圣性。其设置了与世俗生活的文化边界。王母宫具有社会内聚功能，它是各个阶层包括海峡彼岸共同享用的空间。王母宫是体现意义、价值的场所、场景、景观，由场所与意义符号、价值载体共同构成。

泾川西王母庙会在时间和空间的公共性上密切相关。西王母庙会的会期，一为农历三月二十日的西王母庙会，一为农历七月十八日西王母的诞生日。民众称为“好日子”，用学术话语说，是“神圣”的时间。前者为西王母庙会，后者为庆贺西王母生日。在庙会上，不同的阶层、不同的群体通过不同的肢体叙事表达对于西王母文化的尊崇和认同。其崇拜的仪式包括：

1. 民众的祭祀仪式：

（1）叩拜礼仪。先上香，然后叩拜，以不同的身体叙事表达心愿。（2）上布施。每个祭祀西王母的民众都给功德箱里放些布施，多少不等。这是一种自愿行为。有捐资多的，庙会上执殿人员将红布条拴在信众的臂膀或者脖颈上，名曰“拴红”。红色有辟邪消灾的寓意，也寄予了祈福祝福的期望。（3）披红被面。有的民众当场买大红颜色的被面，把红被面递到执殿人的手里，执行殿人恭敬地披到西王母的塑像上，这是当地的一个习俗，叫“披红”。（4）请平安符。在王母宫大殿和东王公大殿门口的香案上，一侧摆放有“平安符”（印制的红布条）。上有“佛光普照唵嘛呢叭弥吽敕令，四正佛菩萨保佑一生平安”“祛病护身出入平安雷霆嘟寺唵佛敕令”等字样。一些信众在施功德之后主动要求带一条，系在胳膊或带在身上皆可保平安。（5）做仪式。在王母宫大殿前，有的民众要求做仪式，其中包括许愿还愿仪式、求子仪式、上表仪式等。要求做仪式的部分民众，他们一般有特别的诉求。

此外民间还有集体朝拜的仪式，奠酒仪式是西王母民俗文化演唱团的集体进香仪式。据当地的民俗学家张学俊说：“奠酒”就是对西王母的祭奠。这支队伍花花绿绿，打扮成各种各样古装的人物，服饰各异，手持的器物不同。他们每个角色上场都要念一段词。精神抖擞的天官穿的是中式对襟紫色传统的团花图案的衣服，带着大礼帽。他向西王母上香，颂扬西王母的大功大德。他说：

> 吾当法旨泾川五水八镇众民和社人等大的无灾，小的无难，凶煞远离，喜神早见，四方平安，八面太平，狼来锁口，贼来迷性，空手出门，包财回家，一籽落地，万粒归仓，六畜兴旺，五谷丰登，人杰地灵，土能生金。若有什么七灾八难吾当统在袍袖内边，压本玉帝香案之下，永世不得超脱。

在震耳的锣鼓声中，上香的人群围拢过来，倾听着天官的祝福词：

一保国泰民安，二保风调雨顺，
三保积玉得金，四保全县平安。

2. 道教的祭祀仪式

中国的道教是在吸收大量民间信仰的基础上形成的。在道教神仙体系中，西王母是天宫女仙的领袖，称为“瑶池金母”，是道教神仙谱系中的重要角色，道教科仪也是整个西王母庙会中不可或缺的重要内容。① 呈现在庙会中的仪式是道教的斋醮科仪，通俗讲即是打醮。打醮是道教中重要的祭祷仪式，其原始意义主要在于祈求风调雨顺、国泰民安。西王母庙会有多种道教科仪。包括（1）取水清坛仪式；（2）预告请神仪式；（3）行者告庙仪式；（4）迎供仪式等。②

其中，泾川西王母庙会民间信仰的取水仪式最具典型意义。取水仪式的参与者有：（1）道教协会派驻王母宫的道长亦即“醮主”；（2）打醮的经师；（3）装扮七仙女的景区管委会工作人员；（4）“八社家”水会的经师助理；③（5）打龙凤旗的“跑庙人”④。他们从王母宫内的三皇

---

① 道教科仪是道教中的仪式活动，是沟通人与天神、地祇沟通的活动。我国典籍中记载的科仪至少有800部。

② 2014年西王母庙会的斋醮科仪理应由驻庙的道士负担，但由于王母宫驻庙的道士人数较少、年纪偏高，所以其斋醮科仪都由当地以打醮为生的正一派火居道士完成。

③ 此为8个村落分别组成的民间祭祀组织，称为“水会”。

④ 跑庙人：各个村落自愿为民间庙会服务的义工，他们在各个大殿承担各项服务工作。自称“跑庙人”。

殿出发，沿着蜿蜒的山路步行到瑶池夜月亭取水（月亭的地点就是上述的瑶池沟），然后把取回的水放到王母宫前。“取水”仪式在农历三月二十日的王母宫庙会上居于重要的地位。“向龙王求些清净之水，为的是净坛除秽。”[①] 这是道士的解释，而民众认为取水仪式是为了求雨，因为泾川至今还是以农业为主，较为干旱缺雨，而取水关系到泾川人财两旺、五谷丰登。在这里，取水仪式吸收了民间信仰，又融入了道教仪式中崇水、敬水的文化因子。

3. 台湾信众的祭祀仪式

包括台北松山慈惠堂、三重市凤德玉宝殿以及台北、台东、台中、台南、高雄、嘉义、三重、彰化、新店、南投、新竹、宜兰、桃园等地的不同民间团体参加了祭祀。台湾信众对于母娘的祭拜：（1）上供。上供是用供品供奉母娘，一般的供品是花、灯和水果，向母娘行礼。（2）会灵。会灵就是与母娘会合、沟通和交流。台湾的信仰者告诉我们，泾川的王母宫历史悠久，这里有磁场、气场，他们说这是修身，同时也是修灵。这是神启与人智相连接的过程。（3）开文。开文是追求会灵的信仰者写的文章。他们往往在祭拜母娘后把文章烧掉，表示与母娘的沟通。（4）打坐。打坐就是在母娘的塑像前静坐。打坐是要调气，讲究时辰，一般为子、午、戌、酉四个时辰。这四个时辰是阴阳交接的时刻，是打坐的最佳时刻。（5）诵经。诵经是与母娘沟通的又一种方式。信仰者诵经的姿势不同，有的跪坐，有的站立，有的双手合十。其所诵的主要经典有《瑶池金母收圆宝忏》《瑶池金母普渡六提明心真经》《瑶池金母养正真经》等。（6）分灵。台湾信众要在大陆找到西王母的祖庙，希望把祖庙的一把土捧回海峡彼岸，或者把大陆的西王母像捧回台湾供奉一个时期，称为“分灵”。

4. 2014 年 8 月 13 日（农历甲午年七月十八日），政府与民众共同进行了祭祀。参与者除泾川的民众，还有甘肃省人民政府台湾事务办公室和平凉市人民政府的公务员，以及台湾民间团体的代表。共祭议程：（1）肃穆奏乐；（2）击鼓鸣钟；（3）恭读祭文；（4）乐舞告祭；（5）敬献花

---

① 被访谈人：李保财，男，经师兼务农；访谈人：本调查组成员；访谈时间：2014 年 8 月 2 日；访谈地点：甘肃省平凉市泾川县宾馆。

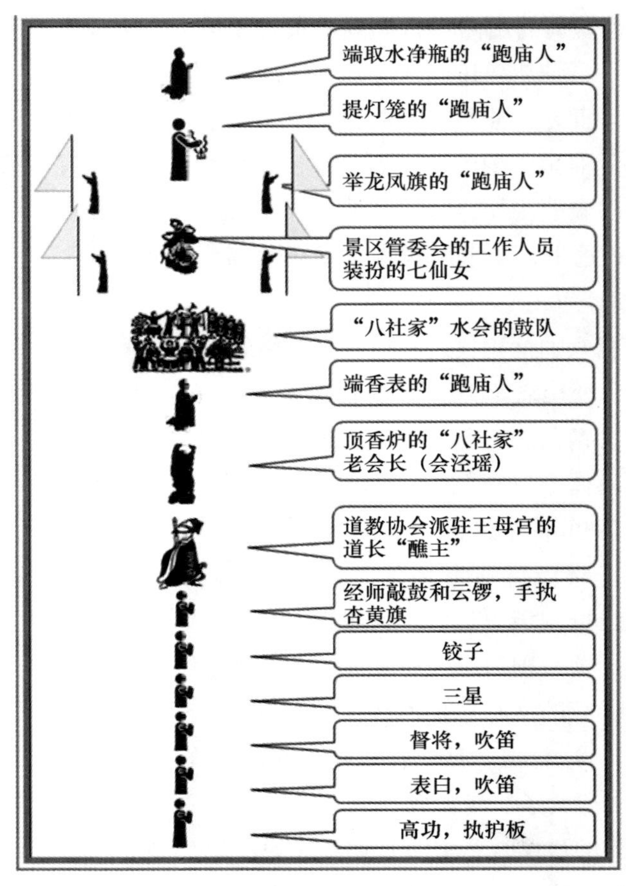

图4 取水队伍组成示意图

篮；（6）行施拜礼。祭文的核心意思是感恩西王母的护佑：例如“……懿德广布，执掌刑罚；教民稼穑，肇分阴阳。亲植蟠桃，三界飘香；育化众生，长寿吉祥。五云飘遥，天河察冤；攘除瘟疫，慈恩浩荡。贵民贱己，胸怀宽仁；顺其天帝，博爱无疆。滋养万物，万民追随；赐福送子，中华永昌。念我先祖，功耀尘寰；九域表率，母爱流芳……携手共祭，佑我阜康；睿智兴邦，共创辉煌。承往开新，岂容彷徨；大礼告成，伏惟尚飨”。

我们亲历了2014年农历三月二十日的庙会。来参加庙会的周边民众主要是泾川、灵台、平凉、华亭、崇信、镇远、长武、天水、庆阳、西峰、彬县等地的民众，以及宝鸡、西安、兰州、银川、西宁等地的民众。其中包括农民、工人、学生等。据粗略统计，此次参加庙会的民众6万至7万人。经过新的建构，西王母庙会成为不同人群所共享的特殊时空，"西王母祭祀"是公共文化的象征符号，民众从自我的私人领域走向公共文化的空间，在不同的肢体叙事和口头叙事中，实现心愿和诉求的表达。现代社会学理论认为，"公共性"是抵御市场经济快速扩张背景下个人主体抬头，个人原子化、社会碎片化的主要社会性力量之所在，也是在整体的国家与分化的个体之间重新建立勾连和关系的基础性存在。

三　从传统到当代：西王母庙会与城乡公共文化的建设

目前中国正在迅速地现代化，作为人类历史上的文化大国，很多农耕时代的制作技艺、节日庆典、民间信仰及蕴含在其中的知识系统及价值观、审美观会失去。这里我们再一次强调遗产的定义：根据罗马法，这个词的意思是："所有这类家庭财产的总和，他们不是按照钱财，而是根据是否值得传承的价值来理解的。"① "西王母信俗"是民间知识的储藏库，包含了民众累积的关于自然和宇宙的民间知识，包括民间的生态观、宇宙观、生活观、价值观、道德观、审美观，以及在这样的知识包裹中的生产、生活方式，这才是理解和保护泾川县"西王母信俗"的起点和原点。

在此应该说明的是，泾川县"西王母信俗"不仅存在于泾川县城，还遍布其村村落落。根据现在行政区划，属于平凉市的泾川县的总面积为1409.3平方公里，有6个乡镇、8个乡、214个行政村，为典型的黄土高原丘陵沟壑区，其由粮食生产转入了果树生产，全县农耕文化的传统还在持续。据被政府认定的"西王母信俗"的传承人张学俊在20年前的调查，泾川的村落有258个庙宇，它们大多是以西王母或者以其他女神为主尊的庙宇。该县各个村落的庙宇虽没有经过政府的正式命名，但是民众说："我们这儿与王母宫是一回事。""西王母是我们泾川人的老人家。"

① 李军：《什么是文化遗产——对一个当代观念的知识考古》，《文艺研究》2005年第4期。

民间还有7个妇女自称为“七仙女”，[①] 自称是“西王母的女儿”。认定与西王母的血缘关系，这就是民众的文化逻辑。既然县城附近的“王母宫信俗”被命名，村落的文化空间所承载的民间信仰都与西王母有关，也应该被认可。民众自觉自为地把各个村落信仰纳入了公共文化体系之中。

表1　泾川各乡镇的王母庙列举

序号	庙宇名称	地点	供奉神祇	始建时间	遗迹	庙会时间	朝拜人群
1	泾川回山王母宫祖庙	泾川回山	王母 玉皇大帝	西汉元丰年间（公元前107年左右）	宋、明两次整修，清代同治年间被毁，1992年重建	农历三月二十	泾川以及周边地域的民众，台湾信仰王母和金母的民众
2	城关民窑坡王母宫	泾河山北，与回山王母庙南北相望		唐代	不存		
3	城关凤凰山瑶池金母殿	城关凤凰山	九天圣母 瑶池金母		“文化大革命”被毁，改革开放后复修	农历七月七日	泾川县及周边县人
4	丰台乡盖郭村七龙山王母大殿	丰台乡盖郭村七龙山	西王母 瑶池金母 观音 菩萨 子孙娘娘等	明代	清同治七年震毁，多次重建于“文化大革命”又被毁 改革开放后复建	农历七月十八日	泾川、西峰、兰州及陕西宁夏等地的人参加每月的扶乩日
5	飞云乡玉皇宫王母洞	飞云街道北面的一个大沟内	王母 玉皇	不详	不详	农历七月初一	南塬高平、飞云、窑店三镇人

① 七仙女：汉代开始出现七仙传说，在“董永奉亲”石刻图上，七仙女为羽衣人形象。汉代多有羽衣人环绕西王母、东王公的壁画。七仙女疑为王母、王公的属神。后期民间传说里，则有七仙就是王母女儿的说法。

续表

序号	庙宇名称	地点	供奉神祇	始建时间	遗迹	庙会时间	朝拜人群
6	窑店乡东坡村青龙山王母宫	窑店青龙山	王母 九天圣母	传说东汉末年	2003年复修	农历七月十二日	庆阳西峰人、长武县人、高平、窑店、民三镇、兰州及宁夏、陕西等地人
7	荔堡镇杜问城王母宫	荔堡镇杜问城	王母 但无神像	不详	王母庙遗存	无	当地民众
8	荔堡镇袁董村王母宫	荔堡镇袁董	西王母 但无神像	不详	民国年间毁 现存王母庙遗址	无	当地人
9	城关南台嵩麓寺王母宫	城关南台嵩麓寺	王母 骊山老母	魏永平年	迁徙多次 仍有遗存	无	当地人、台湾人
10	瑶池金母大殿	回山右侧	金母	汉代	清代被毁、“文化大革命”被毁、2006年重建	农历三月	泾川人、台湾人
11	黑河陈家湾凤凰山王母殿	黑河陈家湾凤凰山	金母	不详	“文化大革命”被毁	无	陈家湾人

资料来源：张学俊《泾川女神》，内部资料。

表现在：(1) 被毁掉的大部分庙宇由于民众的集体集资而得到恢复。现在成为村落庙会的公共文化空间。

(2) 每个村落的庙宇都根据其传统的时间举行定期庙会。据调查，庙会集中在春季和秋季。庙会时间与农耕生产节奏相适应。“经过数百年的传统文化演绎，泾川地区已形成了十大庙会，其规模之大，影响之远，历史之久，人数之多，仅次于每年王母宫两届庙会。”①

① 张学俊：《泾川王母娘娘信仰习俗》，《泾川文史资料选辑》第六辑，内部资料，2010年，第12页。

表2 泾川十大庙会

庙会名称	举办日期
窑店东坡青龙山王母宫九天圣母庙会	农历七月二十
玉都九天圣母娘娘庙会	农历七月二十
城关凤凰山九天圣母庙会	农历七月初七
丰台盖郭七龙山王母大殿庙会	农历七月十八
丰台九龙山太白殿庙会	农历七月十五
党原合道大十字雷祖殿庙会	农历六月二十四
丰台蛟龙山宣天圣母殿庙会	农历七月十二
飞云玉皇宫庙会	农历七月初一
泾明苏家河九天圣母殿庙会	农历三月初三
王村镇中原郭家庄太白殿庙会	农历七月十五

资料来源：泾川西王母文化传承人张学俊的田野考察。

（3）村落中的庙宇和庙会都由村落中的民间组织负责，村落的民间组织有5—7人不等，负责祭祀时的治安、管理、协调等事宜。可以看出，村落的民间信仰为泾川的“西王母信俗”表象符号壮实了社会根基，为泾川西王母文化的保护注入了源头活水。

村落庙会的时间集中在农历七月，也就是经过春天的耕耘而到秋天丰收之时。传统的社会是依照村民的生活节律即二十四节气节律而厘定的。村民往往在秋天丰收的时节通过庙会这种文化表述，协调人与自然、人与人、人与社会之间的联系。其符合农耕生活与自然对应的关系。1980年以来，由于泾川大多数民众仍旧滞留在村落，沿袭农耕文化的信俗，所以庙会的恢复意味着其回归了精神家园。是时，在泾川县和周边打工的人也回到农村的庙会，他们与守候在家园的老乡共享祖先留下的文化，表达一份剪不断的浓重的乡情。由此也证明，泾川源远流长的西王母文化努力在建构中国当代的公共文化中发声。

当代中国正在进行乡村的文化建设，乡村的文化建设除了要构建图书馆等文化空间，还要挖掘属于自己的、本真的、具有历史价值和文化价值的地缘文化。西王母文化不是明日黄花，其在当代城乡建设中具有重要的价值：（1）生生不息的生命观。人是文化的人，重视自己的个体生命，而个体生命依存于自然的生态环境中，依存于特定的社会环境之中，在西王母庙会的活态传承中，我们感到民众的生活信念，就是生生不息。西王母庙会文化是以“生”为根基的文化。这种集体意识已经成为传统力量，不断地模塑着和规约着社会的个体，成为维持民众持续前行的力量。(2) 求福禳灾的生活观。西王母庙会之所以能够传承上千年之久，源自民众的生活理想和生活愿望的心理驱动。西王母信仰是一种心理活动，而这种信仰的产生出于追求现世生活的美好愿望。民间年画把福禄寿组合在一起，民众认为，发财是福、丰收是福、多子是福、长寿是福、平安是福。民众对于活命、居安、衣食、财富的追求和关注体现在民间的祭祀、禳灾、纪念、方术等民俗行为中。《礼记·祭义》说："天之所生，地之所养，惟人为大。"他们在这里似乎不顾及“大传统”的种种规范，而顽强地树立自己的价值观和生命观，确认自己的生命意义和生命原则。把趋利与避害联系在一起，其本质是求得人的群体生命的维系。正是只有人类才具备这样以人为大的文化自觉和文化自信。(3) 助人为善的道德观。西王母庙会呈现了集儒、道、释及民间观念为一身的“善有善报，恶有恶报”的观念，这是当地民众的普遍信仰，也可以说是民间信仰的道德核心。在民间信仰的诵念词里，有孝行为善、尊老为善、助人为善、勤俭为善、不贪为善等内容。在民间信仰的组织中也有互相助善的行为。民间感恩、报恩的观念已经成为约定俗成的“法律”。这种不成文的法律，实践在民众的行为中，体现了民间重承诺、重守信的道德品质。德国哲学家康德晚年在谈到宗教时曾指出："宗教是良知（conscientiousness）。"① 良知所涉及的，首先是内在的精神世界以及精神活动，用这样的观点看来，前者才是民间信仰的实质。我国正在建设公民社会，"Civility 译为‘公民性’，‘公民习性’或‘公民精神’，主要包含两个层面的意义：一是指个人的修养，其含义大致相当于‘文明礼貌’；二是指社会的集体价值，其含义是所有共同体成员相互善待的默契。"② 在庙会上制作的和享有的正是这种公民气氛和公民待遇，每个人

① Kant, *Opus Postumum*, Cambridge: Cambridge University Press, 1993, p. 248.

② 高丙中：《中国公民的社会发展——基于公民性的评价》，《探索与争鸣》2008 年第 2 期。

都有自己的敬畏、自尊、自信、操守、禁忌和互相善待的默契。

西王母的祭祀习俗已经从传统走到了现代，而在这个特殊时空，对庙会的参与成为一种惯性的习俗，从某种意义上讲，这是一种社会契约。“恰恰是这种可能性使文化不像那些私有性的事物一样因为占有的人越多而使每个人的占有份额越少，相反，它会因为享有的人越多而越有价值，越受到尊崇。”[①] 其中表现出来的集体意识、集体认同的价值观、生活观、道德观，具有广泛的公共话语。承载非物质文化遗产的是人，不应只是重视个别传承人，还要重视非物质文化遗产的群体传承，这种群体传承是民众的一种自觉的文化传递，而不是官方的制作和操弄。非物质文化遗产的创作权、享有权、话语权、传承权和保护权应属于创造了该项遗产的社群。

结 语

在很多国家掀起的对于非物质文化遗产的理论探索和保护的实践不是在挽救过去，而是要传承其文化价值和文化精神，在继承优秀文化传统的基础上进行新文化的建设，“使之成为全球化时代民族文化认同的基础”[②]。全球化的时代是人类优秀的非物质文化遗产共享的时代，也是彰显各个民族的优秀文化遗产多元化的时代，多元文化的保护与多元生态的保护一样意义重大，事关在地球上生存的人类的未来。

① 高丙中：《作为公共文化的非物质文化遗产》，《文艺研究》2008 年第 2 期。

② 王文章：《非物质文化遗产保护研究》，文化艺术出版社 2013 年版，第 15 页。

三

社区的主体性与乡村振兴

非物质文化遗产社区的能动性与非均质性

——以街亭村民间信仰重建过程中村民的互动为例*

安德明**

摘　要：本文拟通过对20世纪70年代末以来作者家乡街亭村民间神灵信仰复兴与重建过程的民族志考察，展示和分析信仰重建过程中村民之间的协商与互动，并以此为基础，进一步讨论非物质文化遗产社区为保证相关非遗项目的传承和延续而表现出的能动性，以及社区内部的非均质性等问题。本文认为，任何社会中都不会有一个现成的本真传统，供人们随时启用或传承，从历史上看，那些今天被我们以“非物质文化遗产”相称的各种文化现象，在保持相对稳定的因素持续传承的同时，总是处在不断调整、变化或重建的状态，充满了动态性和创新性。在非遗传统动态传承的过程中，既存在官方与民间之间的冲突与协商，积极主动维护相关非遗项目的社区内部也并非均质同一，而是充满了多种立场、动机和诉求以及相互之间的碰撞、交流与互动。经过互有进退的协商与妥协，人们才能最终达成一个适应新的时代背景并为整个非遗项目内部成员共同接受的折中的新传统，从而保证相关非遗项目的持续存在和有效传承。

---

* 原文刊于《云南师范大学学报》（哲学社会科学版）2017年第6期。本文为国家社会科学基金项目“家乡民俗学的理论与实践研究”（项目批准号：12BZW123）阶段性成果。

** 安德明，中国社会科学院文学研究所研究员。

关键词： 非物质文化遗产；社区；街亭村；民间信仰；重建

一 从长时段和社区能动性的角度来看非物质文化遗产

非物质文化遗产（以下简称"非遗"）保护工作在世界范围的全面展开，对各种类型的传统生活文化在当代社会获得重新认识、重新定位及有效传承，发挥了重要的推动作用。从中国的情况来看，由于这项工作同中国社会亟须解决的文化传统在全面现代化过程中遭遇巨大冲击和危机的现实困境有密切相关性，① 因此，它得到了尤其迅速而普遍的推广，并产生了十分突出的良好效果。② 不过，这种看似空前的"文化干预"③，从长时段来看，却并不是唯一的。在中国历史上，被我们今天称作"非遗"的各种文化传统遭受危机以及人们采取种种措施来应对这种危机的情形，可以说屡见不鲜。诸如帝王的册封、地方政府官员的褒扬，以及社会政治形势的巨大变化，都会使一种文化事象的有机传承受到干扰，或导致它发生一定的改变。与此同时，传承相关文化事象的群体或社区内部，也会采取种种措施，以维护或保证该事象的存在与延续。而这种来自文化承载者自身的主体性和能动性，是确保该文化事象存续力的基础，也是导致文化发生可能变化的主要力量。

目前有关非遗保护的研究，大都把目光集中在相关文化遗产在当代如何因保护运动而受到积极或消极的影响上，却很少注意这些遗产项目在保护工作开始之前存在及传承的状况，对于遗产项目所在社区或传承人以前为应对种种威胁或危机而表现出的主体性、能动性，更是鲜有讨

① 安德明：《非物质文化遗产保护的中国实践与经验》，《民间文化论坛》2017 年第 4 期。

② 张举文、周星：《中国非物质文化遗产实践的核心问题——中国传统的内在逻辑和传承机制》，王宇琛译，《民间文化论坛》2017 年第 4 期。

③ "文化干预"是美国公众民俗学者大卫·维斯农提出的概念，主要指的是某个个人或机构怀着改变文化的意图，有意识、有计划地在相应社会环境当中采取的行动。参见 Gregory Hansen，"Theorizing Public Folklore：Folklore Works as Systemic Cultural Intervention"，*Folklore Forum*. 1999，30（1/2）：35－44。

论。事实上，就像联合国教科文组织有关文件中所强调的，社区过去为保证相关遗产项目的存续力而作出的种种努力，是确保该遗产持续发展的重要基础。[①] 这一要求，从某种程度上也是在提醒非遗保护方面的研究者或实践者，应该把目光投向更加长远的历史，在更长的历史脉络中来观察和认识某一非遗事象的传承与变化，以及相关社区或传承人为应对种种变迁而采取的措施，唯此，方能使相关的实践与研究真正走向深入。

有鉴于此，本文拟以 20 世纪 70 年代末以来笔者家乡街亭村爷山庙宇群及相关信仰和仪式的复兴和重建为基础，展示和分析神灵信仰重建过程中村民之间的动态互动，进而讨论非遗相关社区在文化传统复兴和重建过程中表现出的能动性、社区内部的非均质性及其协商和妥协等问题。

20 世纪 70 年代末 80 年代初，随着中央政府相关政策的调整，“改革”“开放”和发展经济成了整个中国关注的重点，国家在思想文化领域的政策，也因而变得更加灵活、包容。这使得自中华人民共和国成立以来近 30 年间始终被主流意识形态所抵制或禁止的民间信仰，在全国范围获得了复兴的机会。那些在各地民众生活当中占有重要地位的信仰活动，由于曾被贴上“封建的”“迷信的”标签，有的只在少数虔诚的信仰者中间秘密持续，有的甚至几近中断。到了这一时期，它们又获得了新的生存空间，开始从半公开到公开，从小范围到大规模，逐渐发展成了一个强大的传统复兴过程中的一部分。今天，许多地方轰轰烈烈开展的非物质文化遗产保护运动，其对象中有相当多的内容，实际上都属于这种复兴的传统。

对于民间信仰活动，国家意识形态虽然采取了比较宽容的态度，却始终保持着一种谨慎和警惕；国家力量的时刻在场，对民间信仰活动的开展始终具有潜在的威慑。同时，经过近 30 年的禁锢，在许多地方，民间信仰和相关的仪式活动除了在一些老人的记忆或少数虔诚信仰者极其隐蔽的行为习惯中有所保留，已经远离了大多数人的日常生活。既然存在上述两个方面的条件的制约，那么，各个地区的人们为什么还能够恢复神灵信仰、庙会等社区信仰传统，他们又是怎样恢复那些传统的呢？

---

① 参见联合国教科文组织《人类非物质文化遗产代表作名录申报表》和《急需保护的非物质文化遗产名录申报表》两种申报书的第 3 项。

在一个地区民间信仰复兴的过程中，都有哪些力量，它们通过什么样的交流互动共同促成了这种复兴？

在民间信仰研究领域，目前能够看到很多从“传统的发明”的视角来探讨上述两个问题的研究成果。不过，许多论著所关注的，大都是国家或地方政府同民间社会精英之间的互动问题，却较少关心作为传统信仰传承人的普通村民之间的复杂关系。这种研究，可能是基于这样一种想当然的理解，即在建构传统的过程中，普通村民处于均质的、被动的状态，其作用可有可无。

针对这一缺憾，本文所关注的重点，不是国家政策与地方策略之间的张力和协商，而是要通过对地方信仰重建过程的详细描写，来揭示这样的事实：作为信仰传承者的普通村民是怎样为了重建信仰传统而相互冲突、积极协商的；他们是怎样达成关于庙宇组织和仪式活动的一致意见的；那种通过协商而创造的信仰传统又是怎样重新构建他们在日常生活中的关系的。通过这些描述和分析，笔者希望文章不仅能够提供一份有关西北地区一个村落民间信仰重建过程的民族志报告，也能够为当下有关非物质文化遗产保护过程中社区的能动性与多样性，以及传统与个体创造、传统的发明等方面的讨论，贡献一种民俗学的思考。

二　城隍庙的文本化和语境化：街亭村民间信仰重建的基点

街亭村位于甘肃省天水市麦积区中部，居渭河支流东柯河中上游河谷地带，因此过去又被称作“东柯谷”，属温暖湿润的传统农业区，该村距市区约20公里，人口4000人左右，其中除少部分学校教师、卫生院员工等公职人员外，大部分以务农为生。根据方志记载和口述材料，至少从民国时期开始，这里就一直是街子镇（后来在不同时期又称“乡”或“公社”）政府的所在地，是方圆10多个行政村政治、经济、文化和宗教信仰（民间信仰、佛教、道教、基督教、天主教）的中心。2003年之后，随着地方政府实施国家“撤乡并镇”的政策，作为行政单位的街子乡被撤销，它所属的村分别划归了其他两个镇。与此同时，过去同属街子乡的另一个邻近的村子温家庄，近年来因发现温泉而建成度假村，发展起了旅游经济，原来位于街亭村中心的集市，也因此逐渐移向了旅游线路沿线。这两个方面的变化，极大地削弱了街亭村作为方圆地区政治经济中心的地位。街亭村的许多村民，尤其是中老年人，则对村子原有中心地位的弱化充满了失落感。

街亭村四面环山。在东山山腰平缓处，建有一组庙观群，名叫“崇福寺—杏林观”，但当地人都习惯把这里称作“爷山”（“爷”是当地人对神灵的敬称）。从山上残留的石碑和古钟上的铭文来看，该处庙观至少在明万历年间就已经出现。按照老人们的回忆，20 世纪 50 年代以前，尤其是在“破四旧”以前，这里的庙宇十分齐全，山上建有凌霄殿、灵官殿、大佛殿、财神殿、娘娘殿、药王庙和城隍殿等多处神殿，供奉着几乎所有在人们心目中占有重要地位的神灵——显然，爷山上的神灵构成，综合了佛教、道教和地方信仰等多种宗教信仰中的因素，并由此形成了一个混合的但又相互协调的信仰体系。山上早年的香火也十分旺盛，香客们主要是来自方圆三十里地区的村民，但有时也会有从市区或外省很远的地方来的朝拜者。后一类的香客，尽管是在很偶然的情况下出现的特例，却成了街亭村人提及爷山时强调山上的神灵如何灵验的重要证据。

中华人民共和国成立之后，爷山上的信仰活动开始受到限制，山上的庙宇，则被改造成了初建的街子小学和中学的校舍和教师宿舍。在随后开展的“破四旧”运动中，庙内所有的神像都被摧毁，从此，20 多年间，除了一些虔诚的信仰者在家中偷偷进行祭拜，爷山上公开的祭拜活动被彻底禁止。到了 20 世纪 70 年代中后期，当地在山下平坦地带建起了新的中学和小学校园，在学校陆续搬迁的过程中，山上大部分的庙宇也都被一一拆除，拆下的木头和砖瓦，做了新校舍的建筑材料。最后，山上只留下一座城隍殿。

城隍殿之所以幸免于难，其表面的原因实际上很简单，这座庙宇位于整个庙观群的最外端，在旧校舍拆迁和学校搬迁的过程中，它一直被用作储藏家具和其他财物的仓库。然而，当地人从传统信仰的角度，却对此给予了另外一种解释，那就是，因为城隍神力无边、灵验无比，所以没有人——包括那些为“公家”做事的人——敢于决定拆除城隍殿。这种说法，实际上反映出当地人观念中对自己与不同神灵之间的关系所具有的不同理解，基于这样的理解，他们对不同神灵采取的态度也有很大的差别。这一传说的流行，进一步加强了人们对于城隍的信仰，由此为城隍信仰以及围绕整个爷山庙观群的庙宇、信仰和仪式的重建，打下了基础。

作为城市保护神的城隍，其庙宇通常是设在县城或县城以上级别的城市。街亭村最晚在明代中叶就建造的这座城隍庙，似乎违背了设立城隍庙的传统规则。而在该村方圆百里其他乡村地区，也看不到类似的情形。按照街亭村人的解释，该村之所以会有一座古老的城隍庙，是因为这个村子过去曾是一座县城。① 不论其缘由何在，一个不争的事实是，爷山城隍庙的存在，使得现在的街亭村具有了与附近其他村子迥然不同的特征。

城隍庙作为一个物理性的存在，因在不同时代被赋予不同的意义而得以持续保留：在国家政策对民间信仰采取严厉管控措施的时代，它的物质使用价值取代了神圣象征意义；一旦政策的约束有所松动，在人们的努力之下，它被现实的实用功能所掩盖的神圣价值又逐渐得到恢复。这一过程，实际上也是文本与语境之间复杂动态关系的一种体现，作为“文本”的庙宇，因不断改变的语境而处于不断被“文本化”或“再文本化”的状态，而当它因不同的时代需要而发生改变之时，又必然会经历“语境化”和“再语境化”的过程。② 正是这种持续的“文本化”（或再“文本化”）和“语境化”（或“再语境化”），使得作为客体的城隍庙具有了耐人寻味的丰富内涵，它也因而能够在寺庙及信仰重建之时发挥至关重要的作用。

尽管按照人们信仰观念中一个相对松散的大体的神灵系统，城隍的地位要远低于玉皇大帝，但是，在街亭村及其方圆地区，他却被视作最重要的神灵来敬奉，在某种程度上，他实际上充当着许多地区民间信仰中普遍存在的地方神的角色。对当地人来说，他们虽然供奉多位神灵，

---

① 当地人传说，这里是古代的上邽县治所在。光绪年间所修的《秦州直隶州新志》和民国时期所修《天水县志》，也都持这种看法。另外，当地人还普遍认为这里便是著名的三国古战场街亭，中国社科院历史研究所陈可畏研究员经细致考证，得出了同样的结论（参见陈可畏《街亭考》，《地名知识》1981 年第 4—5 期）。

② ［美］理查德·鲍曼：《表演中的文本与语境：文本化与语境化》，杨利慧译，《西北民族研究》2015 年第 4 期。

也相信这些神灵之间存在一定的等级秩序——其中尤其确定的是，玉皇大帝具有至高无上的地位；但是，对于城隍的敬奉，却始终是多神信仰中最基础、最重要的部分。

20世纪70年代末以来，与全国范围传统复兴的潮流相呼应，街亭村和方圆地区的村民也开始了重建自己传统信仰的活动，这项活动至今还在进行当中。

三　从个体行为到集体行动：信仰仪式及神庙的重建

最初，是一些虔诚的信仰者偷偷地在作为学校废弃仓库的城隍殿向城隍进香。这些信仰者，对神灵的信仰十分坚定，即使在“破四旧”和“文化大革命”时期，他们也在家中暗地里保持供奉灶神和城隍等重要神祇的习惯。当国家政策对于民间信仰的控制有所松动的时候，这些人运用自己经过长期保持和演练的仪式知识，成了复兴传统信仰的先行者。

由于在当地人的心目中城隍几乎是一位全能神，人们敬奉他的主要目的，是祈求在各种各样的生活境遇中获得成功和好运，例如，因自己或家人患重病而祈求痊愈，祈求找回丢失的财物，祈求家庭和睦，甚至祈求打赢官司，等等。这些内容，实际上同那些虔信者在“文化大革命”期间敬神时所祈祷的内容没有太大的差别。除此之外，在信仰者中还出现了一些新的祈祷因素，而这些因素也促成了更多信仰者的参与。这主要包括两个方面。一是全国高考制度的恢复，为诸多农家子弟乃至其家庭改变命运提供了可能，通过考取大学来获得更高的社会地位，成了农村几乎所有的中小学生及其家人梦寐以求的愿望。于是，除了读书的孩子要好好学习，家长们带着孩子去祈求无所不能的神灵的保佑，成了日益普遍的现象。二是随着国家实施鼓励私营企业和个体经济的新经济政策，农村出现了越来越多从事个体经营的人员，结果，祈求神灵保佑生意顺利、兴旺，也逐渐成为信仰者祈祷的一项重要内容。这两方面的变化，也可以看作国家政策如何具体而微地影响到乡村普通民众日常生活的一个例证。

值得注意的是，那些最早到山上偷着敬拜城隍的人，很长一段时间都是在没有城隍塑像的旧殿里进行祭拜。他们凭着记忆，在空阔的城隍殿正中从前摆放供桌的大概位置，支起一张旧方桌，上面放一个香炉，就成了简易的祭坛。进香的仪式一开始也很简单，大多数人只是将燃香插入香炉，再跪在桌前焚烧黄表纸和纸钱并向神灵祈祷即可，个别一些格外虔诚或有重大祈愿的人，同时还会点两支红色的蜡烛供在桌上。

通常，在许多寺庙当中，神灵崇拜仪式都要在某位神明的塑像或画像前进行。而几乎每个地区，建庙之后必须塑造神像或至少是供奉神的画像并为神像开光，然后才会在庙中举行祭拜活动。人们相信只有经过这些步骤，才能使神庙具有神力，在这里举行的仪式也才具有灵验性和有效性。街亭村人之所以能够很长时期虔诚地在没有神像的旧庙里坚持祭拜城隍，主要同以下两方面的原因有关：一方面，在国家政策对民间信仰仍然保持警惕或批判态度的形势下，人们不可能从容不迫地公开去为神灵塑像；另一方面，尤其重要的，是在那些进香者的心目中，对神灵的崇拜，并不一定非得在神像前进行，只要心怀虔诚，神灵就会有所感应——按照当地人的说法，也就是“心动则神知”。这种观念，在20世纪80年代之前的20多年中，构成了那些私下里仍然保持神灵崇拜心理和相关行动的人们的信念基础。一般而言，民间信仰往往以注重偶像崇拜著称，它也常常因为这一特征而被一些宗教研究者看作低级阶段的宗教。但从街亭村的情况可以看出，在民间信仰当中，不乏一种超越偶像崇拜的宗教观念，它同人们对偶像崇拜的心理需求处于同等重要的位置。二者看似矛盾，实际上却融洽地交织在一起，共同构成了信仰的观念基础，它也是民间信仰灵活性、多样性的体现。而在民间信仰传承的过程中，特别是在对神明的偶像崇拜受到限制的特殊形势下，这种超越性观念尤其具有支撑信仰整体延续的作用。因此，尽管旧庙里没有城隍的神像，人们仍然相信自己在这里对这位神灵的敬奉是有效的。

当然，对信仰者来说，城隍庙旧殿以及各庙遗址本身，也具有非凡的灵力。这种灵力，同人们有关各个庙宇以及庙中供奉神灵的记忆密不可分。尽管寺庙已经被用作学校多年，而且大多数的庙宇都已经被拆除，但有关寺庙的记忆以及相关的信仰，却仍然顽强地在那些虔诚的信仰者心中延续着。它不断唤醒人们对于爷山上的一草一木、一砖一瓦以及残垣断壁的特殊感情，并使那些旧殿和废墟始终保持着一种特殊的神圣性，进而构成了促使当地人重修庙宇、恢复祭祀活动的重要基础和动力。正因如此，随着越来越多的人开始半公开地在城隍殿中举行祭拜活动，不久，人们又在爷山上每一处庙宇旧址用砖瓦临时搭建了一个简陋的小亭子，其中只容得下一个香炉，供进香者祭拜相应位置曾经供奉的神灵。

这种现象，或许可以借用本雅明的著名概念“灵光”来作进一步的解释。① 爷山上的所有物事，都因为深厚的历史积淀而具有了特殊的“灵光”，对于信仰者来说，它们尽管被长时间压制，却始终不曾消失，并因此能随时吸引人们的关注，也能够随时为人们所借助或敬奉。

那些最早开始上山祭拜城隍的人坚持了一段时间之后，村中很快就流传起各种有关他们如何因为虔诚敬神而解决了现实困难的灵验传说，例如使重病得到痊愈、重新找回被盗的财物等。这进一步激发了周围其他许多正在观望那些先行者行为的村民心中潜藏的信仰观念，因为他们在现实生活中也会遭遇类似的困难。于是，越来越多来自街亭村和方圆其他村落的人受到吸引，开始参与到祈求城隍保佑解决生活中各种难题的活动当中；与此同时，国家相关政策的宽松以及地方政府对这种活动既不支持也不反对的态度，也减轻了人们对政治压力的顾虑，这就使得有关城隍的祭拜活动，逐渐从少部分人的行为变成了大多数人的行为，从暗地里的行动变成了半公开甚至公开的行动，最终导致了当地以爷山为中心的民间信仰的全面复兴。而这种延续至今的复兴潮流，也使得街亭村在其作为政治和经济中心的地位受到削弱的情形下，继续保持着作为宗教信仰中心的位置。

那些城隍祭拜活动的先行者，在庙里举行祭拜的基本方式，同他们私下里一直保持的行为一样，都是先上香，有的还会点上蜡烛，然后再跪拜祈祷并焚烧黄表纸和纸钱。但同时，神庙也为他们提供了恢复一种铭刻在心灵当中但以前却无法在家庭祭拜中进行的仪式的机会，即许愿和还愿。为了求神佑护实现某一特定心愿，这些早期的进香者会不时地“许愿”，向神灵允诺，等所求之事有了结果，无论成功与否，都要在将来某一确定日子还愿，即为神献上某物以表酬谢。起初，最常见的还愿

---

① 参见［德］瓦尔特·本雅明《迎向灵光消逝的年代》，许绮玲、林志明译，广西师范大学出版社2008年版，第21—35页。

物，是以一两尺或两三尺红布制成的软匾，上以墨笔书写“神恩感应”“神恩浩荡”“感谢神灵”之类的赞语，抬头和落款分别题写神灵名讳和还愿者姓名及还愿日期，还愿时把它挂在庙内正面或两侧墙上即可。以后，随着爷山上的祭祀活动日益盛大和公开，开始有人因为重大心愿的实现而敬献牺牲。这类祭品一般为红色公鸡，十分罕见地，也会有献一只羊的。还愿时把牺牲在庙外宰杀，并在神案上供奉，之后再由进香者带回。上述这些祭拜形式，同大多数人脑海中模糊的记忆是一致的，经过先行者们数年来一遍又一遍具有示范意义的重复进行，它们逐渐变成了后来不断参与进来的所有进香者都模仿和遵循的敬神模式。

随着越来越多村民的参与，对于城隍及爷山上其他诸神的祭拜，日益变成了当地一项重要的公共事务。很快，在20世纪80年代早期，村中几位热心于庙中诸多事宜的中年男子，成立了一个管理小组，负责维护城隍殿的卫生和秩序，管理信徒们捐献的香火钱，主持重塑城隍神像及重建其他各庙的工作，并组织城隍及山上其他重要神祇的庙会活动。随后不久，人们就凭借信仰者捐资捐物或出力，重新修葺了城隍庙，并塑造了新的神像。

从此，对山上其他庙宇的重建工作，也逐渐开展起来。在那些庙宇的旧址，人们本来已经设置了简易的祭坛，来敬奉该处原先所供的神灵，在原址重修殿堂，自然十分符合众多信仰者的心理，因此，得到了像修缮城隍殿时一样的支持。这项工作一直持续了近30年，至今已经建起了凌霄宫、大佛殿、财神殿、华佗殿和三霄娘娘宫等主要庙宇并重塑了大部分神像，不过仍然还有重修药王宫、重建山门、补塑神像等许多未竟之事要做。

四 重建过程中的冲突、协商和妥协：社区内部的非均质性

在这一漫长的过程中，尽管从表面来看村民们都抱着重建庙宇、恢复寺庙祭拜活动的相同目标，但在具体行动中他们却并非团结一致、毫无差异，相反，整个重建的过程充满了当地人之间动态复杂的互动和协商。随着爷山上的进香活动影响日益广泛，越来越多怀着不同目的的人

被吸引到了相关事务当中，其中，除了那些期望通过祭拜仪式和积极为重建贡献力量来获得神灵佑护的虔诚信仰者，也有一些试图借神灵信仰活动来为自己谋取现实利益的机会主义者。后一类人往往在很多场合都很活跃，其中一些人还通过自己的努力参加了寺庙管理小组。在广大信仰者看来，作为管理小组的成员，就应该在寺庙重建和神灵祭拜活动中贡献更多的力量，而他也会因此获得神灵更多的保佑并提高自己在村落中的地位。但那些怀着强烈功利目的加入管理小组的人，关心更多的却是如何把香客们捐献的香火钱更多地装进自己的口袋，而不是怎样得到神灵的祝福。当然，这样的人只是少数；而在大多数村民那里，他们要么相信那些管理小组的成员同自己一样都怀着虔诚的信仰，要么期望那些并不十分虔诚的人能够通过多次参与信仰活动而受到感化，因此对他们始终怀着宽容的态度，充其量只是在私下里说几句讽刺某人是“靠爷唆蜡杆”一类的话。

结果，管理小组内部出现了贪污香火钱的事件。虽然贪污者最终被清除出了管理小组，但普通香客除了在日常言谈中对那种行为予以谴责，并没有对贪污者采取其他任何的惩罚措施，更不可能有诉诸法律的行动。人们对贪污行为表现得相当平静和宽容，因为他们更愿意相信那些行为会受到神灵的惩罚——从这一点来看，这一消极的事件，反而起到了进一步强化人们信仰观念的作用。同时，这一事件也反映了普通香客对于香火钱的特殊态度，那就是，尽管香火钱来自他们每一个人的捐献，但对他们来说，个人的钱财一旦作为香火钱，它表达的就是人与神之间一种特定的交流关系，只要献给神灵，就已经完成了它的使命，而不必再关心其去向。这种态度，实际上是把金钱看作与各种祭品具有同等属性的对象，其所捐献的对象是神，而不是任何的组织或个人。这种态度和行为，当然重视金钱本身所具有的价值——也正因为这种价值金钱才能够成为特殊的祭品，但其价值只在人神之间“这一次”的交换中被强调。也就是说，在人们把有价值的金钱捐献给神灵以表达对神的祈愿或感恩之后，金钱对捐献者所具有的价值就已经得到了实现。至于“这一次”交换之后，金钱自身的价值在现实中通过何种具体途径得以发挥，或者说积累起来的香火钱作为一种公共资源如何管理、如何使用，就不再是他们所关心的问题。这种态度，或许可以看作中国乡村民众缺乏公共资源管理的意识与经验的体现，但更主要的，是它实际上反映了民间信仰相对单纯或纯粹的特征。此外，村民们对那些贪污行径的宽容，也同他们试图借助信仰力量来改变那些不大虔诚的同村人的心理期待是一致的。对他们而言，让那些并不诚信的同村人受到教化，进而改善大家与他们的关系，显然远比惩罚那些人重要。

尽管民间信仰的复兴过程较少受到国家意识形态的干涉，但是在民众中，那种认为民间信仰及其相关活动是落后、愚昧、应被取缔的“迷信”的阴暗记忆却依然挥之不去。为获得重建庙宇、恢复仪式的政治合法性，管理小组竭尽所能，以证明相关信仰的合法性。他们使用的策略包括：将地方民间信仰认定为道教或者佛教，而后者是受到政府允许和保护的；利用县（区）宗教局，成立庙宇管理委员会；从县（区）文化局，为城隍庙和爷山上的古树征得“文物树”的名分，等等。通过这些活动，管理小组不仅强化了村民在国家权力的强大压力之下对自身的宗教信仰的信念，而且，由于被政府认定为“管理委员会”，他们也扩大了自己在村民中的权力，并在日常社会生活中获得了更高的社会地位。到目前为止，大约有来自街亭和附近各村落的100多位村民被吸纳为委员会的成员。之所以有这么多的人员，除了因为管委会对积极参与者采取了相对开放的态度，更重要的，还和该委员会希望方圆每个村落都有自己的代表参与密切相关，爷山信仰影响力之广由此可见一斑。

与管理小组内部的那些成员不同，普通信众尽管一直担心和害怕国家力量对自身信仰的干涉和钳制，这种担心和害怕甚至很强烈，但一般而言，他们并不十分关心应对国家政策的策略。他们虽然很乐于看到通过村里一些积极分子的努力，自己的信仰获得了更多复兴的空间，但他们最关心的还是通过自己亲身实践烧香敬神等常规的信仰活动来达到获得神灵佑护的目的。由此可见，就民间信仰而言，并非所有的信仰者都同样关注地方性和国家之间的相互关系。事实上，对于街亭村民间信仰的大多数信众而言，通过信仰以及敬神行为来解决日常生活中的各种困境，远比应对自己与国家之间的互动关系重要。

不过，由于相关信仰与仪式活动已经停滞多年，大多数普通信众对于复杂多样的具体神灵的性质和功能并不十分清楚，对敬神仪式该如何进行也并不十分了解。他们不知道某些特定的愿望应该向哪些神灵诉说；

也不知道如何供奉祭品，如何许愿，当自己的愿望得以实现之后又该如何酬谢神的保佑。在这样的情形下，一些有经验的信众的做法和建议便为多数人所接受并遵从了。这些有经验的信众，大多家庭中有敬神的传统，因而熟知相关的仪式要求和具体程序，他们对于如何点红蜡烛、烧香、烧黄表纸和纸钱，如何在神像前磕头等的解说，此时也被广泛引用，并被接纳为流行的敬神仪式规程。在诸种程式中，最隆重、最正式的便是向城隍爷献牲，感谢他保佑愿望的实现。在不少上年纪的村民的记忆中，在“文化大革命”之前，这一做法是爷山上最高级别的敬神仪式，因此，恢复这一仪式是非常重要的。

与此同时，一些宗教仪式专家也利用各种公开活动的机会，积极参与到重建的过程中。这些仪式专家包括村落中的阴阳先生（在仪式中表现得更像道士）和居士。他们大都是村里的农民，但是他们拥有民间信仰的专门知识，能够帮助一般村民处理或主持相关事务，因此，不仅能够在村民的日常生活中扮演重要角色，而且还能获得额外的经济收入。在应对生活中一些重大事情，比如为结婚或者盖房选择吉日，为新建的房子选择恰当的位置和朝向，祛除邪祟引发的疾病等，村民们通常会听从这些仪式专家的建议和安排。这也是为什么即使在“文化大革命”期间，在国家政策对民间信仰最严厉钳制的岁月里，那些仪式专家依然会隐秘地活跃着的原因。

在信仰重建的过程中，除了恢复个人对神灵的祭拜，香客们也为爷山上的每一位神灵重新安排了过会日期。这一活动要求更多人的参与，尤其是仪式专家的参与。当专家们在爷山上唱经文或者指点仪式规程时，多数仪式专家也会借机纠正或者指点普通香客的进香行为。他们也因此成为人们了解并重建信仰知识和仪式的另一来源。

随着越来越多的人自愿加入管理事务，管理小组的权威和权力逐渐提升，他们在村落中的地位也越来越高。出于个人记忆以及基于当前形势而引发的创意，这些人力图对仪式以及其他规程的复兴作出更大贡献。除了对所知有限的普通信众进行指导，他们也创造出了一些新的规则。

来自不同群体的人们对于仪式规程的顺序，有些意见大致相同，有的却不同，甚至截然相反，由此引发了不少争执和冲突。冲突的一个案例发生在普通信众与管理小组之间。由于越来越多的香客上爷山进香，出于安全考虑，管委会要求香客在主要庙宇的外面烧香和焚烧黄表纸。这一要求引起了一些香客，尤其是那些富有经验并且引领着仪式复兴的香客的不满。当城隍的塑像被重塑起来之后，这些香客就立刻开始在神像前举行祭拜仪式，因为他们相信，距离神像越近，自己的虔敬和相关愿望才越能有效地传递到神那里，而倘若按照新的要求，不在神的面前致祭就达不到这样的效果，甚至也许会给自己带来坏运气。结果，在相当一段时间里，这些人上山进香时，往往都会因为他们力图进入庙宇内部烧香而与庙内的管理人员发生争辩，甚至是激烈的争吵。不过，由于管委会的坚持，人们开始逐渐妥协，并最终很不情愿地接受了新的规则。

更激烈的冲突发生在普通信众与佛教的仪式专家之间，因为双方对于用动物献祭有着截然相反的意见。最初，当一些虔诚的信众重新开始祭拜城隍时，向神进献的祭品，都是按照过去的传统，献上一只公鸡，或在极个别的情况下，是一只绵羊。鸡或羊要带到城隍庙，待焚香、烧黄表纸并向神祈祷后在庙外屠宰，然后，在庙内供桌上供奉一阵，再由进献者带回家中食用。他们的行为很快为其他普通香客所效仿。

后来，随着佛教徒越来越多地使用城隍庙举行一些仪式，并且协助重修大佛殿，他们开始对上述献祭活动进行干涉和阻止，理由是这一做法有违佛教原则，特别是杀生禁忌。但是，在普通香客尤其是那些忠实按照以往的传统敬神的人看来，佛教徒的要求，是要他们改变老规矩，那样做肯定会降低或损害敬神的效果，因此，他们坚持按照自己的方式来祭拜神灵。

两个群体之间由此产生了争吵，甚至引发严重的冲突。这场争执持续了好几年。不过，几乎从一开始，佛教徒们就占着上风，因为他们不是一个普通群体，而是一群被认为在信仰活动中具有特定权威的仪式专家。最终，管理小组也站到了佛教徒一边，甚至宣布了阻止以动物献祭的另一个理由：这种行为是不太卫生、不大文明的。

那些原本按照老传统敬神的个人不得不妥协了。自此以后，以动物献祭成了爷山上的禁忌，即使在大佛殿修建完毕、佛教相关仪式更多地转移到那里举行之后也没有改变。香客逐渐接受了这一现实，一些起初积极维护老传统的个人甚至最终加入了佛教徒的群体。一些虔诚的、坚持按老规矩敬神的香客不得不采用变通的办法：在祈愿之后，把带来的活公鸡交给山上的管理人员，或者干脆给庙里捐献相当于一只公鸡的香火钱。

正如上文所描述的那样，爷山上的神庙中供奉的神灵来自佛教、道教以及地方民间信仰，这里是当地民众集中展示并实践其混合的、综合性的宗教信仰的场所。除了宗教仪式专家，对每一位香客而言——无论他是佛教信徒、道教信徒，还是复合的民间信仰的信众——山上神庙里的所有神灵都具有神奇的威力，都应该被尊崇和祭拜。据老人们回忆，在爷山被拆毁之前，香客们会在不同的神像前采用不同的祭拜仪式，可以说，各种信仰之间保持着和睦相处的平衡关系。然而在重建传统的过程中，这一平衡被打破了。与许多力图原原本本地恢复旧有传统的香客不同，各个系统的宗教仪式专家都希望借此机会扩大自身的影响，提升自己在地方信仰系统中的地位，而管理小组也希望通过制定新的规程来强化自己的权威。因此，虽然那些作为复兴先驱者的香客希望按照自己记忆和继承下来的惯例来进香，但是，当村落里的民间信仰进入公共领域，村民中的各种力量试图在此通过重构一个新的传统来重新分配宗教生活中的权力和资源时，他们就不可能再随心所欲。相反，他们不得不终止自己的老传统，而与一个新建构起来的传统相妥协，从某种程度上说，他们从一个熟知信仰知识和实践的人，变成了一个被自己参与建构起来的新结构重新告知应该如何敬神的人。

上述事件也体现了民间信仰的一个根本特点。作为多种宗教信仰的混合体，民间信仰只具备有关仪式和宗教原则的大体框架，而缺乏严格的、细节性的仪式要求和统一规则，同时，信仰者的实践也更多是个人性的而非集体性的。这注定了民间信仰的仪式规程具有易变性，其信众在仪式实践中的行动具有随意性，它也因此而容易为制度性宗教所战胜或整合。当然，归根结底，在这场冲突中，争执的双方对于信佛和信城隍，是一视同仁的，冲突的原因只是基于对献祭方式的不同理解。这一点，可以说是双方最终所以能够达成妥协和一致的关键。

五　结论

纵观街亭村爷山神庙的重建过程，可以发现：起初是那些虔诚的信众为了个人的利益最早上山敬神，他们的行为以及相关的灵验故事吸引了更多的香客参与进来，由此推动了街亭村民间信仰的复兴，拉开了当地庙宇重建的序幕。随着越来越多的人群作为行动者主体而加入这一过程中来，街亭村神灵崇拜的复兴便从个人的行为演变成了集体或公共的事件。由此引发了在国家政策和地方策略之外的村民之间复杂的动态互动。为了重建仪式的顺序和规程，不同的群体提出了不同的意见，并根据多种多样的记忆、宗教取向、个人动机和创造性等，对之加以实践。这些意见和实践有的彼此协调一致，有的则彼此冲突。

经过不同群体之间的争论和协商，一部分惯例的以及新创造的仪式程序被公众接受为有关爷山神庙及其祭拜的新的公共知识，与此同时，一些香客却不得不放弃他们已经长期坚持的老传统，转而遵从这种被发明的规程。无论怎样，信众们通过合作与协商，最终在相互之间达成了一种新的平衡。作为几方协商和妥协的产物，新发明的传统不仅使村民们停止了争执和冲突，也使拥有不同仪式实践规程的人们能够在公共空间里使用一致的仪式来继续自己的信仰行为，从而使信仰的重建成为可能。

结合这个个案的调查，我们可以进一步得出如下结论：

首先，在任何一个社区，从来不会有一个现成的、有机或本真的传统供人们随时启用或传承和延续。相反，那些今天被我们以“非物质文化遗产”相称的各种传统事象，在保持相对稳定的因素持续传承的同时，总是充满了动态性和创新性，始终处在一种被不断创造和重建的状态，而并非一成不变。联合国教科文组织 2003 年通过的《保护非物质文化遗产公约》，始终强调非遗保护过程中对社区和传承人创造性的维护；① 教科文组织保护非物质文化遗产政府间委员会于 2015 年出台的《保护非物质文化遗产伦理原则》中，明确指出非遗的“动态性和活态性应始终受到尊重。本真性和排外性不应构成保护非物质文化遗产的问题和障碍”。②

---

① 联合国教科文组织创意处非物质文化遗产科：《基本文件 · 2003 年〈保护非物质文化遗产公约〉2016 年版本》，巴黎：教科文组织，www. ich. unesco. org/en/basic – texts – cos03，浏览日期：2017 年 12 月 3 日。

② 联合国教科文组织：《保护非物质文化遗产伦理原则》，巴莫曲布嫫、张玲译，《民族文学研究》2016 年第 3 期。

作为国际非遗保护工作的发起和引领机构，教科文组织之所以突出这些主张，正是因为对传统文化所具有的动态性特征有清楚的认识。

当然，需要指出的是，那些相对稳定地传承下来的核心要素，是使传统得以重建的前提。就街亭村民间信仰传统的重建而言，这种稳定的因素，就是对于神灵持续的信仰及相关的集体记忆，它构成了人们重建庙宇和祭拜仪式的内在动力，也是传统信仰之所以能够在历史长河中虽历经种种冲击却绵延不绝的重要基础。街亭村民间信仰得到恢复与重建的30多年，也是中国社会意识形态日益走向宽松、开放和多元的30多年。国家政策和地方政府对待日益盛行的民间信仰的态度越来越宽容，越来越多的人开始意识到民间信仰的存在理由与重要价值，民间信仰因此得到了全面复兴。毋庸置疑，非遗保护工作的展开，进一步发挥了解放思想的作用，彻底消除了人们以往因国家相关政策的严厉管控而形成的疑虑，并为民间信仰在意识形态领域提供了一个合法的位置。[①] 但是，归根结底，民间信仰能够得到重建、复兴和持续传承，最根本的原因，还是在于它在传承和享用这种文化传统的社区内部有着长期深厚的影响，在于社区成员确保和维护这一传统生命力的坚定决心和切实行动。

其次，在文化传统重建或再创造的过程中，始终存在着官方与民间的冲突与协商。为了重建曾长期被视为“迷信”的民间信仰，一方面，传承这些信仰传统的民众要尽力规避和应对来自官方力量的限制或压制，另一方面，他们又总是试图借助官方力量来为自己争取更大的权威和更多的合法性，并且要在一个更大的话语系统中增强自己的地位。后一方面的做法，在过去，可能是先争取县衙的支持，再争取府衙的承认，一直到获得敕封。而现在，则会表现为努力取得从县到省、再到国家乃至教科文组织层级的非遗代表作名号。借助这两种相辅相成的策略，以民间信仰为代表的各种生活文化传统，才得以在“大传统”的强势影响下持续存在。

---

① 在中国民族民间文化保护工程国家中心（即今“中国非物质文化遗产保护中心”）发行的《中国民族民间文化保护工程普查工作手册》当中，“民间信仰”被列为非物质文化遗产的一项组成内容，这可以说是民间信仰在国家话语体系中获得合法性的一种重要标志。参见中国民族民间文化保护工程国家中心《中国民族民间文化保护工程普查工作手册》，文化艺术出版社2005年版，第157—162页。

最后，尤其重要的是，重建或传承一种文化传统的社区内部，并不是怀着完全一致目的的一个均质、同一的整体，而是充满了多种力量复杂动态的互动。不同的立场、不同的动机和不同的诉求，都会在重建过程中得到展现和表达，相互之间不可避免会出现碰撞、冲突、交流与协商。那么，在这样的过程中，谁才能够代表社区，哪种意见才是有代表性的意见呢？这种现象与相关问题，已经引起一些民俗学者的关注和讨论，但研究者还是无法作出一个明确的判断。① 不过，可以肯定的是，冲突或协商的结果，必然是达成妥协，形成一个所有各方都不完全满意却又可以接受的成果。这种在相互妥协的基础上形成的新发明，就是我们在不同语境下以“传统文化”或“非物质文化遗产”等不同概念加以标识的对象。

---

① 参见 Lisa Gilman, “Demonic or Cultural Treasure? Local Perspectives on Vimbuza, Intangible Cultural Heritage, and UNESCO in Malawi”, In Michael Foster and Lisa Gilman, eds. , *UNESCO on the Ground*, Bloomington and Indianapolis: Indiana University Press, 2015, pp. 67 –71。

社区驱动的非遗开发与乡村振兴：一个北京近郊城市化乡村的发展之路*

杨利慧**

摘　要：在近现代以来的政治和文化话语中，“乡村”常被视为现代性的“他者”，是被动的、有待自上而下的努力去拯救的地方，其自身的主体性以及包括非物质文化遗产在内的文化传统往往被无视或低估。上述观念应该予以修正。北京近郊高碑店村的个案展现了一个失去土地的城市化乡村积极利用非物质文化遗产（以下一般简称为“非遗”）来谋求自身发展的主动实践历程。对驱动其开发非遗以实现振兴的动机、方法和行动主体进行研究，可以发现“社区驱动的非遗开发与乡村振兴”是更根本性的模式。这种模式强调以社区为主体来驱动非遗开发进而实现乡村振兴，并注重如下原则的重要性：(1) 由社区驱动的内在发展动机；(2) 以社区自身文化传统为基础；(3) 开发过程中的社区参与；(4) 社区受益。这一模式对于当今实施乡村振兴战略具有积极启示意义：只有充分尊重并发挥乡村具有的主体性，才有可能真正实现乡村的振兴及其可持续发展。

关键词：社区驱动；主体性；非物质文化遗产；乡村振兴；高碑店

作为农业大国，中国社会一直非常关注乡村。不过，在近现代以来

---

* 原文刊于《民俗研究》2020 年第 1 期。

** 杨利慧，北京师范大学文学院教授。

的政治和文化话语中，“乡村”常常被当作现代性的“他者”，不仅经济上“不发达”，而且在文化和精神上也相对“落后”——从“文化下乡”“送欢乐下基层”“能人回乡”等一系列文化政策和流行话语中，都不难看到中国社会对乡村持有的一个主导性观念：一个被动地等待精英文化自上而下的努力去拯救的地方。乡村自身的主体性以及文化传统——包括非物质文化遗产在内——往往被无视或低估，这是当前实施乡村振兴战略亟须反省并改进的。

目前，对于非物质文化遗产（以下一般简称为“非遗”）保护中乡村的主体性以及非遗对于乡村振兴的重要意义，已引起一些学者的关注，比如刘晓春在介绍日本和中国台湾地区的“社区营造”对中国大陆新型城镇化建设过程中非遗保护的启示时，特别强调要“充分激发地方民众的创造性”、重视“植根于地方社会自身的内生活力”，认为只有这样“非遗才具有可持续生存的内在活力”[①]；张士闪以鲁中乡村地区“惠民泥塑”和“昌邑烧大牛”习俗为例，强调“让非遗实践真正回归民间，融入乡村社区发展，是非遗保护工作的关键”[②]；陈志勤也指出，非物质文化遗产的保护和传承“有必要实现从‘政府介入’到‘乡村自救’、从‘旅游经营’到‘村民参与’、从‘文艺展演’到‘村落认同’的转换，以体现非物质文化遗产保护之于乡村振兴的重要性”[③]。但是总体而言，对乡村的主体性及其非遗在乡村振兴中的重要意义的研究明显不足，而且，宏大的号召和建议偏多，具体而深入的田野研究偏少，更缺乏以特定乡村的民族志研究为基础的经验总结、模式提炼以及理论反思。

有鉴于此，本文以北京近郊高碑店村的田野研究为个案，力图展现一个失去土地的城市化乡村积极、主动地利用非物质文化遗产来谋求振兴和发展的实践历程，以期对上述不足有所补充和修正。

笔者对高碑店村的关注和调查始于 2008 年奥运会开始前。当时的研究旨在探讨奥运会这一体育、文化和政治盛事对中国民俗传统的影响，

---

① 刘晓春：《日本、台湾的“社区营造”对新型城镇化建设过程中非遗保护的启示》，《民俗研究》2014 年第 5 期。

② 张士闪：《非物质文化遗产保护与当代乡村社区发展——以鲁中地区“惠民泥塑”“昌邑烧大牛”为实例》，《思想战线》2017 年第 1 期。

③ 陈志勤：《非物质文化遗产的客体化与乡村振兴》，《文化遗产》2019 年第 3 期。

高碑店村因此成为观察这一影响的窗口。该村借助奥运会的契机，积极运用民俗文化发展国际民俗旅游的策略与实践给笔者留下了深刻印象。[①]本文将高碑店村视为一个具有主体性的社区，分析驱动该村开发非遗以实现乡村振兴的动机和方法，展现参与其中的能动性个人，探索其中蕴含的有效模式，以期从非遗研究的特殊视角，为当前的乡村振兴战略提供一些有益参考。

在开始正式论述前，有两个概念需要事先阐明。第一，在很多人眼中，"非物质文化遗产"是指那些已通过各种认定、被列入各类名录的文化事象。其实，非遗应该包括两种类型：一种是"认知遗产"（heritage in perception），指那些在当代遗产标准框架下，被各种权威知识"认定"的遗产，如"世界遗产""国家级非物质文化遗产"等；另一种是"本质遗产"（heritage in essence），即那些并未被认定并进入名录、却在普遍意义上具有历史和艺术的内在价值的文化财产。[②] 本文所谓"非物质文化遗产"，是按照《保护非物质文化遗产公约》（2003）的定义来理解，指的是"被各社区、群体，有时是个人，视为其文化遗产组成部分"的各种相关文化现象[③]，既包括认知遗产，也包括本质遗产。

第二，关于"社区"的含义。"社区"（community）是联合国教科文组织非遗保护工作系统中的一个关键词，指的是直接或者间接地参与某一或某一系列非遗项目的施行和传承、并认同该（系列）非遗项目是其

---

① 以当时笔者和研究生的调查成果为基础，笔者曾撰写英文论文"Displaying Chinese Folklore to the World: The 2008 Olympic Games and International Folkloric Tourism in Gaobeidian Village in the Suburbs of Beijing"，在德国技术大学中国研究中心组织的工作坊"Workshop on Doing Social Anthropology with Folklore"（2009 年 7 月 9—11 日，柏林）上发表。此文后作为"Harvard-Yenching Institute Working Paper Series"在哈佛大学哈佛—燕京学社网站上登载，网址为 http://www.harvard-yenching.org/sites/harvard-yenching.org/files/HYI_-_YANG_Lihui_Displaying_Chinese_Folklore_to_the_World.pdf。笔者和学生的联合调查成果后来以《北京市民俗旅游的发展状况（2008—2009）——以高碑店村和涧沟村的田野调查为个案》（与祝鹏程、张荣合著）为题，发表在《2008—2009 年北京文化发展报告》（北京文化发展研究院组编，文化艺术出版社 2009 年版，第 336—350 页）上。

② 燕海鸣：《从社会学视角思考"遗产化"问题》，《中国文物报》2011 年 8 月 30 日。

③ 联合国教科文组织文化部门活态遗产处：《基本文件 · 2003 年〈保护非物质文化遗产公约〉2018 年版，巴黎：教科文组织，2018 年，《公约》第 5 页，见联合国教科文组织非物质文化遗产，https://ich.unesco.org/doc/src/2003_Convention_Basic_Texts-_2018_version-CH.pdf，浏览日期：2019 年 11 月 13 日。

文化遗产的一部分的人。社区的规模可大可小，具有非固定性和非均质性的特点。社区以及构成社区的群体和个人是非遗项目保护和传承的主体。[①] 在本文中，高碑店村人因“直接或者间接地参与某一或某一系列非遗项目的施行和传承、并认同该（系列）非遗项目是其文化遗产的一部分”，构成了传承和开发非遗的社区。该社区具有流动性和开放性：除本村人外，住在该村并参与该村非遗保护和开发实践的外地人，也被视为该社区的一部分；该村的非遗开发与国家、北京市以及朝阳区的相关实践之间存在密切互动关系。推动该社区的非遗开发和村落振兴的主体是多元的，具有非均质性的特点。

一 从漕运码头、“农业社会主义建设先进单位”到“三无村”：高碑店村的变迁

高碑店村属北京市朝阳区高碑店乡，在东长安街延长线上，距天安门 8 公里。现村域面积 2.7 平方公里，常住人口 6200 多人，流动人口 8000 多人。近年来，随着城镇化的快速发展，昔日高碑店村的很多村民已经拥有了城市户口，不过至今村里依然有 600 多人是农村户口。我们每次来到高碑店做调查，一出地铁口，总是一眼就能看到波光粼粼的通惠河，以及河边高悬的“高碑店村”的醒目标志。村头迎面矗立着一块巨大的石雕，上面刻着“北京最美的乡村”。确实，高碑店村在北京声名显赫，除了“最美的乡村”，它还获得了“全国绿色小康村”“中国（东部）小康建设十佳村”等一系列荣誉。它的重振过程以及非遗在其中扮演的关键性角色为本文的探讨提供了绝佳案例。

高碑店据考在辽代已成村，曾名“郊亭”“高米店”“高蜜店”等，清代更改为现名。[②] 它在历史上曾经是重要的漕运码头，由于通惠河是大运河的重要河道，高碑店村便成了南粮北运的重要码头和货物集散地，自元代开凿通惠河以来便商贾云集。由于地处京郊和大运河边，高碑店

① 杨利慧：《以社区为中心——联合国教科文组织非遗保护政策中社区的地位及其界定》，《西北民族研究》2016 年第 4 期。

② 北京民俗博物馆编：《高碑店村民俗文化志》，民族出版社 2007 年版，第 20—21 页。

人的谋生方式与一般华北乡村不同，村民并不单单依靠种地为生，在运河边上做“扛大个的”（码头上装卸货物的搬运工）或者到北京城里走街串巷卖小金鱼，也是重要的贴补农业收入的生计手段。[①]

中华人民共和国成立后，各地都成立了农业生产合作社，高碑店也先后成立了初级农业合作社和高级农业合作社，农田则分为大田和园田，大田种植小麦、玉米、稻子；园田种植蔬菜。后期逐渐以园田为主，不仅种植蔬菜，还种过葡萄。20 世纪 50 年代，高碑店公社实现了粮食和蔬菜的双丰收，并于 1958 年获得了国家总理周恩来颁发的“农业建设社会主义先进单位”的奖状。[②]

1983 年以后，高碑店开始面临巨大的危机：村里原有的 2300 亩耕地逐渐被京沈铁路、京通快速路、污水处理厂、五环路等国家和市政工程征用，村里不再拥有耕地。这使高碑店变成了一个“三无村”，陷入了“叫农村无农业，称农民无耕地，农转居无工作”的尴尬境地。[③]

二　社区驱动的发展动机：非遗的复兴与开发

现实的困境激发起高碑店人求生存、求改变的强大动力，促生了该村积极探求重振之路的内驱力。在此过程中，村委会和普通村民一道，共同发挥了重要作用。2002 年，高碑店村新任党总支书记支芬发现村里有几家零散的古家具企业，想到“咱们村没有农业、工业，但有深厚的文化传统，何不尝试走出一条‘文化兴村’之路”[④]。在该策略的引领下，村里陆续建成了古典家具一条街，又修建了“文化大街”，引进了科举匾额博物馆、华声天桥和中国油画院等一批文化企业。2005 年，利用

---

① 刘铁梁：《高碑店村民俗文化志》“序言”，北京民俗博物馆编：《高碑店村民俗文化志》，民族出版社 2007 年版，第 1—2、15 页。

② 资料来源：高碑店村史博物馆。

③ 关于高碑店面临困境的更多情况，可参见杨利慧、祝鹏程、张荣《北京市民俗旅游的发展状况（2008—2009）——以高碑店村和涧沟村的田野调查为个案》，北京文化发展研究院组编：《2008—2009 年北京文化发展报告》，文化艺术出版社 2009 年版，第 338 页。

④ 赵琬微、赵仁伟：《（十八大代表风采录）支芬：让千年古村重新焕发生机》，中国网，http://www.china.com.cn/policy/zhuanti/sbddbxj/2012-08/17/content_26285052.htm，浏览日期：2019 年 8 月 30 日。

奥运会即将在北京举办的契机，高碑店又启动了“国际民俗旅游”项目，主要针对国外旅客，以展示“老北京的民俗文化”为主要旅游形式，力图通过旅游，“使外国游客在饱览中国的名胜古迹的同时，有机会更多地了解中国普通老百姓的日常生活，增进各国人民的相互了解和友谊。同时也为奥运经济的发展进行一种有益的尝试”。[①] 各种形式的非物质文化遗产，由此成为“文化兴村”和发展国际民俗旅游的重要资源。其中，最为常用的非遗形式主要有三类。

1. 民间表演艺术，以高跷最为突出。高跷是高碑店村的标志性文化遗产，是“全村的精神支柱和骄傲”，“过去一提高碑店，大家伙儿头一（个）反应准是，高跷!”[②] 该村高跷老会的历史可追溯到清光绪年间，曾多次参加大型民间花会表演，1949 年和 1954 年曾参加国家庆典，并在 1987—1989 连续三年在北京市“龙潭杯”民间花会大赛中获得一等奖。2009 年 10 月，高碑店高跷老会被列入北京市级非物质文化遗产项目，多次代表北京市和朝阳区出国表演。

高碑店高跷会在历史上经历了三次起落。第一次是在 20 世纪六七十年代，与当时其他很多传统文化事象一样，高跷表演不得不停止。1979 年之后，高跷会重新恢复活动，并且多次获得花会比赛大奖。第二次是在 1992 年到 2002 年的十年间，由于许多人下海经商，表演骨干流失，高跷的表演和传承再次中断。第三次便是在 2002 年，高碑店村开始实施“文化兴村”的策略，高跷被重新发现和重视，骨干分子纷纷回村参加表演。关于这一复兴的过程，村经济合作社社长王娟和高跷会现任会长张爱革回忆说：

王：2002 年开始挖掘整理村史，提起来这个高碑店高跷，然后又开始重振高跷会。

张：又把这帮人给聚在一块了。

---

① 杨利慧、祝鹏程、张荣：《北京市民俗旅游的发展状况（2008—2009）——以高碑店村和涧沟村的田野调查为个案》，北京文化发展研究院组编：《2008—2009 年北京文化发展报告》，文化艺术出版社 2009 年版，第 338 页。

② 访谈对象：高碑店村经济合作社社长王娟、高跷会会长张爱革；访谈人：杨利慧、马会、孙伟伟、姜文华、王心怡；访谈时间：2018 年 11 月 2 日；访谈地点：高碑店村委会。

笔者：可是好多人不是都下海经商了吗？去外地了？

张：这个东西，小时候学完了以后，它是爱好，是丢不了的。那段时间是什么呀，大家伙都是结婚，都上外边干活什么了，也没人重视这个。没人重视呢，你就不提这茬了。后来领导一重视，一提重新恢复这东西，那这帮人很踊跃，"嗙"就回来了，一个不缺。完了紧跟着练练，出会了。①

除高跷之外，其他的一些"本质遗产"也得到恢复或新建。2003年以后，高碑店村先后成立了小车会、秧歌队、舞蹈队、腰鼓队、太极拳队、威风锣鼓队等20多支文艺表演队，其表演都变成村里重要的文化表现形式，成为"文化兴村"依赖的资源。

2. 传统节日。在发展民俗旅游的过程中，节日往往因其集体性、表演性和娱乐性受到特别的青睐，很容易从日常生活中突显出来，并进入更广泛的公共文化领域。高碑店村也不例外。端午节是高碑店人最看重的传统节日，在当地又被称为"五月节"，其热闹程度甚至大于过年——因为以往过年时节正是当地人到北京城里卖小金鱼或贩鱼最忙碌的时候，很多高碑店人都在外做生意而不回家过年，所以村里的春节反而显得相对冷清，端午节便成为高碑店人的大节。到了端午节，在外工作的人要赶回家，家家都要"穿新衣，戴新帽"，插蒲艾、贴带着葫芦花图案的剪纸、用通惠河边采集的苇叶包粽子。② 2005年，在北京民俗博物馆的帮助策划下，高碑店开始举办大型端午节、中元节等民俗节日活动，向村民和游客展示当地节日习俗。③ 笔者曾于2009年带领调查小组考察过这里的端午节活动，当时在"华声天桥民俗文化园"举办了集中的节日展演，主要内容包括民间花会表演、杂技表演、摔跤比赛、包粽子比赛等。

① 访谈对象：高碑店村经济合作社社长王娟、高跷会会长张爱革；访谈人：杨利慧、马会、孙伟伟、姜文华、王心怡；访谈时间：2018年11月2日；访谈地点：高碑店村委会。

② 北京民俗博物馆编：《高碑店村民俗文化志》，民族出版社2007年版，第24—26页；方志新主编：《节日与时代：北京高碑店村对传统民俗节日的记忆·端午节》，中国书画出版社2007年版，第162—165页。

③ 李彩萍：《传统节日的传承与保护：北京民俗博物馆传统节日活动的实践与思考》，《中国博物馆》2008年第4期。

2019 年 6 月，笔者再次前往高碑店，考察了在当地漕运文化广场举办的“端午民俗节”，明显感受到相关传统活动更加丰富，其开幕式现场组织了包粽子比赛、系长命缕、画王老虎、斗百草、端午知识竞答等，村民们还表演了高跷、腰鼓、太极扇等。

中元节又称“河灯节”。由于地处通惠河边，中元节在高碑店人的生活中也长期占据重要位置，过节时男女老少都要参加，在河中放入灯笼，为溺死的冤魂超度。[①] 后来由于传统节日衰落，加之河道淤塞，放河灯的习俗渐渐消失。实施文化兴村策略以后，村委会发动村民对灌渠进行了整治，疏通了河道，并恢复了七月十五放河灯的习俗。2005 年，高碑店在通惠灌渠上举办了首届“中元河灯节”，至今已连续举办多届。每逢河灯节，村里都会组织村民一齐做河灯，同时配有河灯免费发放区、花会展示区、河灯评比区等，以吸引更多的游人参加。

3. 饮食习俗。高碑店国际民俗旅游中最为重要的内容之一，就是传统饮食的制作与展演。食谱注重突出老北京饮食特色，比如常为外国游客做“宫保鸡丁”和“京酱肉丝”，以突出北京“东方古都”的文化品位。[②] 在主食上，也注意为外国游客做米饭、面条和饺子这三种具有明显中国特色的主食。在接待过程中，民俗户常常会亲自把包饺子、抻面条的过程展示给外国人看，还会邀请外国游客参与到制作过程中。有一些民俗户会结合游客口味，努力开发新的菜品，如老北京的炸春卷、炸藕盒、炸咯吱等传统饮食，也很受游客喜爱。[③]

---

① 方志新主编：《节日与时代：北京高碑店村对传统民俗节日的记忆·中元节》，中国书画出版社 2007 年版，第 198—200 页。

② “高碑店村村委会主任张月兰告诉记者，旅游局……根据对外国游客的口味调查，宫保鸡丁、京酱肉丝是外国游客最爱吃的两个中国菜，也比较能代表传统的北京饮食特色。因此，要求接待户每顿必上这两个菜。”《人民日报海外版·北京奥运特刊》2005 年 4 月 17 日。另参见杨利慧、祝鹏程、张荣《北京市民俗旅游的发展状况（2008—2009）——以高碑店村和涧沟村的田野调查为个案》，北京文化发展研究院组编：《2008—2009 年北京文化发展报告》，文化艺术出版社 2009 年版，第 340 页。

③ 杨利慧、祝鹏程、张荣：《北京市民俗旅游的发展状况（2008—2009）——以高碑店村和涧沟村的田野调查为个案》，北京文化发展研究院组编：《2008—2009 年北京文化发展报告》，文化艺术出版社 2009 年版，第 340 页。

三 非遗开发的主要方法

细察高碑店村对非物质文化遗产的开发，不难发现其主要有三种方法：复兴旧有传统，挪用其他传统，发明新传统。

复兴旧有传统，指的是发掘村中原有习俗，使之以新面貌出现在村民的日常生活、民俗旅游以及更广泛的公共文化领域。这是一个最常用的方法，前述高跷表演、端午节与中元节等，原本都是或曾经是高碑店人生活中重要的民俗，它们在乡村振兴过程中被重新发掘出来，再现在当下多元化的语境当中。

挪用其他传统，主要表现为对村落外其他相关文化传统的移植和搬用。还以高跷为例，在我们的采访过程中，会长张爱革多次说到，原来的高跷表演中并没有很多京剧元素，但是最近这些年，为了让表演变得更有观赏性，他借用了大量京剧元素，包括服装、角色以及化妆的方式等，充实到高跷表演中。

> 比如小头行是按京剧娃娃生来扮装的，孩发、打衣裤、加侉子是哪吒的扮相。大头行是按京剧（《蜈蚣岭》）中武松的扮相来的，头上是蓬头、僧箍，身上是打衣裤、僧坎肩、丝绦大带。武扇是按京剧中的武小生来扮的，头上是武生公子巾、身上是箭衣和武生道袍。文扇是按京剧中的大青衣来扮的，头上是凤冠，身上是女披和腰包……①

此外像威风锣鼓，也是从其他地方学的，如今已成为高碑店民俗展演中的重要形式之一。

发明新“传统”，主要是指创设新的形式或内容，比如在高跷表演中加入女性表演者。传统的高跷表演没有女性参与，角色都由男性扮演，即使有女角，也是男扮女装来表演，但在高跷艺术复兴的过程中，高跷会开始吸纳女性。

---

① 资料来自 2018 年 12 月 6 日笔者对张爱革会长的微信访谈。

张：原先最早没有女角。介[①]我们这一代，开始上的女同志。

笔者：就从阿姨开始，是不是？

张妻：那会儿都没有女的。

张母：那会儿都没有，都是男角化的女角，穿上女的衣裳。

张：介我们这一代开始，就有女同志了。今天晚上你看着，好多小女孩。[②]

以上三种方法中，复兴旧有传统显然处于最核心的位置，构成了高碑店村开发非遗、塑造村落文化标志的根基。后两种方法均是以第一种方法为基础对村落传统进行补充和拓展的举措。无论是挪用村落之外的何种文化事象，或者创设何种新形式、新内容，它们始终是围绕复兴“高碑店文化传统”这一中心而展开的。高碑店村原有的民俗传统，始终是当地非遗开发的根本，而选择哪些形式和内容来挪用和创造，如何挪用和创造等，均取决于其最终能否被接受、整合为“高碑店文化传统”的有机组成部分。从结果来看，诸多被挪用或创设的形式和内容的确最终融入了该村的文化当中，并起到了丰富和拓展其文化传统、增强其生机和活力，同时促进当地经济发展的作用。这种效果的达成，与当地人所具有的开放、包容的文化观念密不可分。张会长在回答对传统的挪用和改变的看法时，就表现出了十分开明的态度：“必须得变。说一点不动地把这东西就那么抱过来，给你这么传下去，不可能！活不了！一个时代有一个时代人的思想和欣赏水平，都不一样。所以你就必须得随着它变。”[③]

联合国教科文组织在《保护非物质文化遗产公约》（2003）及其相关衍生文件中，都强调既要保护非遗项目的传承与存续，又要保护其活泼生机和创造性，明确肯定了非遗在传承过程中的变化与更新。[④] 高碑店人

① “介”，北京方言，“到”的意思。

② 访谈对象：张爱革及其母亲、妻子；访谈人：杨利慧、马会、孙伟伟、姜文华、王心怡；访谈时间：2018 年 11 月 30 日；访谈地点：张爱革家中。

③ 访谈对象：王娟、张爱革；访谈人：杨利慧、马会、孙伟伟、姜文华、王心怡；访谈时间：2018 年 11 月 2 日；访谈地点：高碑店村委会。

④ 安德明：《非物质文化遗产保护的中国实践与经验》，《民间文化论坛》2017 年第 4 期。

的非遗开发和乡村振兴实践及其理念，与教科文组织的这一主张相吻合，体现出社区的文化自觉。

四　非遗开发的主体

到底是哪种力量在推动乡村振兴以及其中的非遗开发？在此过程中，社区又是如何参与的呢？从高碑店的个案中，我们发现，非遗开发和乡村振兴，是在多元性主体推动下得以展开的。其中，起主导和决策作用的自然是村委会。自2002年以来长期担任村党总支书记的支芬，在村落振兴过程发挥了关键作用，是她确立了文化兴村的方向和策略，并积极推动了这一方向和策略的落实。

此外，高碑店村的村民也同样重要，他们是非遗的传承者、实践者，是促成非遗开发与村落振兴的基础力量。比如高跷会的张会长和他的家人，都十分热心村里的事务。就像张会长的老母亲在访谈中所说的："我们全家都非常支持村里的事，村里一有集体活动，我们家就没人了，全都去参加集体活动了。"而张会长本人更是如此：

> 我从小在父亲的带领下开始学习高跷。1979年重整高跷会的首场演出中我12岁，扮演小头行，是当时年岁最小的演员。从那以后通过自己的勤学苦练成为高跷会的主力演员。1981年组建少年高跷时，我父亲张文玉是会头（会长）兼总教练，我是全队的核心，通过艰苦训练，我们高碑店高跷会在全国首届龙潭杯花会大赛中获得全体总分第一名的好成绩，荣获一等奖（100多个会）。我本人获得个人优秀表演奖第一名。在以后的各种比赛中高碑店高跷会都是第一、我都是个人优秀表演奖。高跷会从小头行到老太太十四个角色的活我全都会。……自2005年开始从化妆上、服装上、动作编排进行改革创新。今年又重新组建了少儿高跷。[①]

显然，张会长是村中非遗保护和发展的核心人物，他对自己的责任

---

① 资料来自2018年12月6日笔者对张爱革的微信访谈。

以及如何既传承高跷又不固守陈规，有非常明确而坚定的认识。

另一位舞蹈队成员田玉臣也给我们留下很深印象，听她讲述自己学习并表演舞蹈、热心为村集体尽力的故事，笔者和学生们深为感动：

> 这服装都是我们自己做的，那个新疆舞（的服装），就是我们一针一线做出来的。当时没那么多钱，我们就用那个黄穗，通开以后，用那个竹棍，一层一层绑，绑出那么一个穗来，一跳起来特别好看。那会儿天天上午跳舞，下午做衣服，根本就没有休息，08、09（2008年、2009年）那时候外国人经常来民俗村，民俗村刚开始呢。我们自己做衣服，自己花钱买（材料），没用公家掏一分钱。还比如说要糊灯笼，一次起码得糊两天到三天，最多时候我们糊了五天。这些河灯都是哪来的？这些灯笼，85%以上都是用那铁丝围的，围完了以后再糊纸。你看我这手，我这皮层都坏了……我们村里所有需要人去干的活儿，只要说一声，这帮人就跟那吃了蜜蜂屎似的，就得往上去。包粽子，一包三四天、五六天，就坐在这包。我们头年包了1600斤米。这（是）什么劲头啊?!家里都不顾了，饭我也不管做，什么都不管，就干这个去了。①

为了制作活动用的各种道具，她们付出了很多心血。用田玉臣的话说就是：“我们这帮人可为高碑店村没少卖力气，也没少出力，这都是无私的。”当我问她“为什么要这样做”时，她的回答很简单：“我是高碑店村人。”②

在高碑店，村民对村庄的认同感较强，参与村落集体活动的主动性也较高，当地流行的俗语“高碑店人抱团”“高碑店人护高碑店人”③，也说明了这一村落性格特征。在非遗开发和村落振兴的过程中，这一特征也有鲜明表现。尽管参与开发的主体是多元的，而且村民对待开发的

---

① 访谈对象：田玉臣；访谈人：杨利慧、马会、孙伟伟、姜文华、王心怡；访谈时间：2018年11月30日；访谈地点：张爱革家中。

② 访谈对象：田玉臣；访谈人：杨利慧、马会、孙伟伟、姜文华、王心怡；访谈时间：2018年11月30日；访谈地点：张爱革家中。

③ 北京民俗博物馆编：《高碑店村民俗文化志》，民族出版社2007年版，第31页。

态度和参与程度并不完全一致①，但在村委会的带领下，各种力量通力协作，最终促成了村落的重振。

五 结论与讨论

上文对高碑店村在实现乡村振兴过程中进行非遗开发的动机、方法和主体进行了考察和分析。以此为基础，本文提出“社区驱动的非遗开发与乡村振兴”模式，并认为这一模式是根本性的。

上文已指出，对乡村的主体性以及非遗在乡村振兴中的重要意义的研究亟待加强。联合国教科文组织有关非遗保护的基本原则，也十分强调保护实践中社区参与的重要性，甚至规定保护工作应以社区为中心、社区应在其中发挥主要作用。② 重视社区的地位和作用，目前已日益成为各缔约国开展非遗保护实践的共识。但是，如何重视社区的主体性并使之发挥主要作用，仍然有待经验总结与理论探讨。有鉴于此，“社区驱动”的观点，提供了一个新的思考和实践模式。

本文有关“社区驱动”（community driven）的提法受到美国民俗学会执行理事长杰西卡·安德森·特纳（Jessica Anderson Turner）的直接启发。2018 年 9 月，她在北京师范大学做了题为“以社区为驱动的美国民俗学研究”的讲座，其中提出“由社区驱动”是美国公共民俗学者对于社区遗产项目开展调查的一种模式。在该模式中，社区及其成员是主导者，主动选择研究主题以及展示对象，而公共民俗学者在其中只起引导作用，成为研究项目的合作者。③

不过，与特纳博士有所不同的是，本文提出的“社区驱动”模式，并非只限于一种调查方法，而是指以社区为主体来驱动非遗保护和发展、

---

① 例如，参与国际民俗旅游的民俗接待户，其参与的态度、程度以及积极性，有着诸多差异。参见祝鹏程《民俗旅游影响下的传统饮食变迁：前台与后台的视角——以京东高碑店为例》，《民间文化论坛》2013 年第 6 期。

② 杨利慧：《以社区为中心——联合国教科文组织非遗保护政策中社区的地位及其界定》，《西北民族研究》2016 年第 4 期。

③ 该讲座的中文翻译可参见［美］杰西卡·安德森·特纳《以社区为驱动的美国民俗学研究》，张立群翻译整理，《社会科学报》第 1634 期，2018 年 11 月 29 日第 5 版。

进而实现乡村振兴的模式。这一模式注重如下原则的重要性：（1）由社区驱动的内在发展动机；（2）以社区自身文化传统为基础；（3）保护和开发过程中的社区参与；（4）社区受益。

高碑店村的振兴历程为这一模式的提出提供了绝佳案例，其所获成功又证明了这一模式的有效性：高碑店实施非遗开发和村落振兴的动力，源于社区内部解决生存困境的现实需求；其所依赖的非遗资源主要来自社区原有习俗，并以此为基础不断拓展和创新，通过复兴、挪用和新建等多种手段，最终重振了当地的非遗传统；由村委会成员和普通村民所构成的非遗社区，共同参与并协力完成了开发和振兴的过程；最终，村落重振，从“三无村”变为远近闻名的小康村，村民从非遗开发和乡村振兴的结果中受益。

这一“社区驱动的非遗开发与乡村振兴”模式，对于流行的将乡村视为被动地等待拯救之地的观念是一个修正，对于当今实施乡村发展战略具有积极启示意义：只有充分尊重并发挥乡村具有的主体性和能动性，才有可能真正实现乡村的振兴以及可持续发展。

乡村空间中的非物质文化遗产
——以“干砌石墙”为例*

[希腊] 斯塔夫鲁拉—维利·佛托普露
(Stavroula Fotopoulou)**

摘　要：本文将讨论与以下两个主要问题相关的观点：乡村空间是文化遗产么？地方社区如何积极地保护作为文化遗产的乡村空间？本文以干砌石墙——一种“最简陋的”建筑技术为例，来说明在希腊这一讨论的结果。在过去的几年，一系列促进文化旅游业和农家乐旅游的活动——为了推广本地产品和美食举办的宴会和节日等——得到了地方社区和政府的大力支持，与此同时，还有一些指定生产地区和住宅区作为新土地用途的项目。现在乡村空间被认为是一种公共利益（public good），当地社区（通过他们的管理者）必须在可持续发展的框架内进行。地方身份被认为是发展的一个因素。然而，想要充分欣赏作为一种文化、环境和美学利益的乡村空间，前文所述的理解是远远不够的。乡村空间应该是更广泛的战略的支点，这将促进地方社区（当地政府、民俗和其他博物

---

* 本文的部分内容（探索教育项目中的干砌石墙的部分）已发表。Fotopoulou Stavroula-Villy, Kakampoura Rea, “Cultural Practices of Spatial Organization and Transnational Cooperation: The Art of Dry-stone Walling as an Element of Intangible Cultural Heritage”, *Geographical Literacy and European Heritage. A Challenging Convention in the Field of Education*, Galani L., Mavriakaki E., Skordoulis K., eds., pp. 309 – 335, Outcome of the EU HORIZON 2020 Project “Co-Here-Critical Heritages: Performing and Presenting Identities in Europe”, Workshop held in Athens, March 2017.

** 斯塔夫鲁拉—维利·佛托普露，希腊文化和体育部现代文化遗产局局长。

馆、文化协会、农业协会)、行政机关(协调部门,例如希腊文化和运动部,农村发展和食品部,环境、能源和气候变化部)和科学界的协同合作。如果乡村遗产的多种表现形式被纳入考虑,居住在乡村空间的社区的可持续发展和福祉才能得到支持。

关键词: 非物质文化遗产;干石;社区;联合国教科文组织;非物质文化遗产名录;参与式方法;教育课程;体验式学习;非物质文化遗产代表性名录

教科文组织《保护非物质文化遗产公约》(2003)

2003 年,联合国教科文组织通过了《保护非物质文化遗产公约》(以下简称《公约》)。目前,已有近 180 个国家批准了《公约》。如此快速的获批速度证明各个国家和文化遗产的专业人士都对《公约》的关键概念及其执行机制表现出了极大的兴趣。教科文组织将非物质文化遗产(ICH)定义为:“被各社区、群体、有时为个人,视为其文化遗产组成部分的各种社会实践、观念表述、表现形式、知识、技能,以及相关的工具、实物、手工艺品和文化空间。”(2003 年教科文组织《保护非物质文化遗产公约》第 2 条)。因此,从定义上来说,非物质文化遗产是一个包罗万象的概念,既适用于物质文化遗产,也适用于非物质文化遗产;然而,物质文化遗产——在《保护非物质文化遗产公约》(以下简称《公约》)的语境中——本身并未得到认可,它总是与特定的非物质文化表现形式相关联。《公约》第 2 条还写道:“非物质文化遗产世代相传,在各个社区和群体适应周围环境,以及与自然和历史的互动中,被不断地再创造,同时为这些社区和群体提供认同感和持续感,从而增强对文化多样性和人类创造力的尊重。”以此强调了非物质文化遗产的动态特征。非物质遗产不断以略有不同的方式被重新展现,创造性地改变和适应了社会经济和自然环境的变化。

实施《保护非物质文化遗产公约》

《公约》的关键概念是社区参与。也许教科文组织的《公约》对于社区参与的依赖度是最高的。如果没有现存的“各社区、群体、有时为个人”（2003 年教科文组织《公约》第 2 条）来重新创造、维护和传承这种遗产，属于《公约》领域的文化表达就无法获得认可。如果不存在这样的社区、群体或个人，那么，这种文化表达就不是活态遗产，也不是非物质文化遗产。它的各种遗留物也许可以在档案馆和博物馆中得到修复、保存，却无法以《公约》提议的方式加以保护。

然而，《公约》并未规定社区、团体或个人应当承担的义务，它只明确了缔约国的义务。根据《国际公约法》（*Vienna Convention on the Law of Treaties*, UN 1969），该公约获得了各国的批准，而这几乎是国家在非物质文化遗产传承人所在社区没有明确表示同意的情况下可以采取的唯一行动。《公约》缔约国在执行《公约》时应承担明确的责任，但是这些责任应该更偏重于协调，而非积极的管理。非物质文化遗产各表现形式的保护人只能是遗产的实践者，应鼓励他们去界定其活态遗产项目，以及他们认为自己未来生存的必要措施的适用范围。

所有保护措施都应由非物质文化遗产传承人所在的社区发起。研究人员、专家、学者以及国家行政部门都应扮演促进者的角色，在他们真正需要的时机和场所伸出援手。《公约》缔约国应建立适当的清单机制，“根据自己的国情拟定一份或数份关于在其领土内的非物质文化遗产的清单”（《公约》第 12 条）。然而，确定和记录非物质文化遗产主要是由非物质文化遗产项目传承人所在的社区最先发起。非物质文化遗产清单应主要传达传承人对其非物质遗产项目的讲述。研究人员的观点当然十分宝贵，但是草拟非物质文化遗产清单中的条目并不是学术活动。社区被告知（或者应被告知）其遗产项目的学术研究结果，如果愿意的话，他们可以自由使用这些成果并从中受益，但是不应将这些成果强加给他们。此外，只有当社区认为有必要寻求国家行政机构——及其行政手段——的帮助时，负责执行《公约》的行政机构的优先权才能生效。

保护措施应反映社区与群体自身对其遗产项目生存能力的关注与看

法。《执行〈保护非物质文化遗产公约〉的操作指南》① 《保护非物质文化遗产伦理原则》（在与非物质文化遗产的各利益攸关方协商后于最近②通过的道德准则，以下简称《伦理原则》）和政府间委员会的决定都强调了社区积极参与并且（最好）主动参与所有的名录收录过程，以及所有保护措施的重要性。根据《伦理原则》（联合国教科文组织 2015 年第十次政府间委员会常会决议，Decision 10. COM15a），社区、团体以及在适用情况下的个人应在保护自己的非物质文化遗产中发挥主要作用。故任何与非物质文化遗产有关的活动都应在相关社区、团体和个人尽可能充分参与，并且自由、优先和知情同意的情况下进行。因此，根据《公约》和性别平等与合乎伦理的非物质文化遗产保护方法，不应强迫人们以其无法接受的方式定义、实践或传承其非物质文化遗产。

然而，根据由来已久的传统，《公约》并未对“非物质文化遗产传承人的社区”做出任何定义③。显而易见的解释是，《公约》的文本是起草小组成员与最终通过了《公约》的缔约国在表达了若干意见和立场之后，经过长时间的辩论与相互妥协之后达成的产物。在类似的情况下，赋予定义某种“弹性”是常见做法。尽管有明确的迹象表明，应尽可能从最广泛的意义上理解这一术语，因为在 2003 年后通过的所有正式文本中反复出现的标准表述是“各社区、群体，以及在适用情况下的个人”。显然，无论是社区的规模还是正式构成都不能被视为其关键特征，因为即使是个人也可以被视为非物质文化遗产项目的传承人。

如果说“个人”一词易于理解，那么《公约》并未指出是否或如何区分“社区”与“群体”。《操作指南》（用以在《公约》执行过程中澄清要点的一组规则和建议，由《公约》缔约国大会定期更新）也经常未加区分地提到这些术语，不过《公约》也使用了“传统传承人”与“实践

① United Nations Educational, Scientific and Cultural Organization（UNESCO），(2016)，*Operational Directives of the* 2003 *Convention*，Available at：https：//ich. unesco. org/en/directives [Accessed 8 Jan. 2018].

② 译者注：确切时间为 2015 年。

③ 参见以下书中的暗示 Harriet J. Deacon and Rieks Smeets，Authenticity，Value and Community Involvement in Heritage Management under the World Heritage and Intangible Heritage Conventions，*Heritage and Society*，Vol. 6 No. 2，2013，pp. 1 – 15。

者”这两个术语（后者出现在教科文组织2003年《公约》21. b条中）。

为了执行《公约》，公约理事机构（大会和政府间委员会）鼓励缔约国根据各种标准，如行政、地理、职业、宗教或族裔语言标准，对“社区”进行定义——只要其中一个或多个标准适用于各个案例中非物质文化遗产的表达。在《公约》理事机构（尽管不是《公约》本身）发布的所有文本中，最多只能找到这份相当模糊且并不详尽的标准清单，这当然丝毫不令人感到惊讶，因为“社区”是在更广泛的社会科学中不断被使用甚至是滥用的概念之一，不过它仍然非常有价值①。

身份与真实性

仔细研究《公约》及其迄今为止的实施方式可以发现，社区参与的显著性与实践或展演其非物质文化遗产项目时传达给群体的“认同感”密不可分。因此，社区、群体或个人可以通过特定的非物质文化遗产项目或诸多同类项目来进行定义或自我定义。政府间委员会再三认为，可以将《名录》或《急需保护的非物质文化遗产名录》的提名文件列入其中，因为拟议的项目承载、实践或展演着非物质文化遗产项目的社区或群体的“身份认同”。

值得注意的是，《公约》中定义最不确定的这一概念也恰好是当前处于身份政治辩论和与主体性及自我性质这一哲学问题有关的辩论中心的概念。② 查尔斯·泰勒认为，现代身份的特征是强调内心的声音与真实性——也就是说，找到某种忠于自己的存在方式的能力。③

然而，这种极具挑战性的真实性概念被《公约》明确排除在外。如

---

① Emma Waterton and Laurajane Smith, “The recognition and misrecognition of community heritage”, *International Journal of Heritage Studies*, 2010, 16: 1, 4 – 15, URL: http://dx. doi. org/10. 1080/13527250903441671 [Accessed 15 Dec. 2017].

② Charles Taylor, *Sources of the Self: The Making of the Modern Identity*, Cambridge, MA: Harvard University Press, 1989; Cressida Heyes, “Identity Politics”, *The Stanford Encyclopedia of Philosophy* (Summer 2016 Edition), Edward N. Zalta, ed., URL = 〈https: //plato. stanford. edu/archives/sum2016/entries/identity-politics/〉. [Accessed 25 Dec. 2017].

③ Charles Taylor, “The Politics of Recognition”, in Amy Gutmann ed., *Multiculturalism: Examining the Politics of Recognition*, Princeton: Princeton University Press, 1994, pp. 25 – 74.

今的非物质文化遗产的真实性并不比过去有所减少。除了传承人所在社区之外的其他利益攸关方，如国家机构、专家或职业表演者等，并不需要就实践或传承特定项目的正确方式作出判断，即使他们的观点以历史记录和广泛研究为基础。在这方面，有必要援引 2004 年物质和非物质文化遗产专家在日本奈良通过的《大和宣言》的第八段："……考虑到非物质文化遗产不断被重新创造，用于物质文化遗产的'真实性'一词在确定和保护非物质文化遗产时并不适用。"[①] 此外，《伦理原则》第八条原则指出："非物质文化遗产的动态和鲜活本质应持续获得尊重。真实性和排他性不应构成对非物质文化遗产保护的顾虑和障碍。"[②]

在我们看来，《公约》中的"真实性"一词指的是非物质文化遗产表达形式的表现，而当代政治哲学和社会学所讨论的"真实性"指的是个人自我与群体的形成。在这方面，《公约》文本中反复强调的放弃援引真实性的要求，与证明某种文化表现形式属于非物质文化遗产，因为它是遗产实践者的"身份认同"这一同样强烈的需求之间，并不存在矛盾。但是这一观点并未在《公约》机制中得到广泛讨论。

然而，最困难的问题是缺乏可靠、精确的《公约》执行情况监测机制。抛开在围绕身份的论述和实践中否认真实性这一悖论不谈，对于《公约》所倡导的参与式方法的真正检验应该是根据利益攸关方设定的目标来评估其结果。当然，缔约国每五年会提交一次关于《公约》执行情况的报告[③]，但是这一监测制度还存在许多不足。目前，《公约》第十二

---

① United Nations Educational, Scientific and Cultural Organization (UNESCO), *Yamato Declaration on Integrated Approaches for Safeguarding Tangible and Intangible Cultural Heritage*, adopted 20 – 23 October 2004, Nara, Japan. Available at http: //webarchive. unesco. org/20160107013716/http: //portal. unesco. org/culture/en/files/23863/10988742599Yamato _ Declaration. pdf/Yamato _ Declaration. pdf [Accessed 10 Jan. 2018].

② United Nations Educational, Scientific and Cultural Organization (UNESCO), *Ethical Principals of the Convention*, 2015, Available at https: //ich. unesco. org/en/ethics-and-ich-00866 [Accessed 8 Jan. 2018].

③ 有关报告制度的全面评估，参见 United Nations Educational, Scientific and Cultural Organization (UNESCO), *Inventory-making: a Cumulative In-depth Study of Periodic Reports*, 2015. Available at https: //ich. unesco. org/en/focus-on-inventory-making – 2014 – 00876 [Accessed 8 Jan. 2018]。

届政府间委员会通过了一项决定，准备逐步引入新的监测系统。[①] 我们有理由相信，很快，它将大大提高缔约国所提交的报告的质量，从而改善《公约》的执行结果。

非物质文化遗产项目——干砌石技艺

本文中，我们按照《公约》机制建议的步骤，评估一项非物质文化遗产项目——干砌石墙，维持其作为非物质文化遗产项目的价值，并通过学校的教育项目进一步增强该价值。此外，希腊政府选择通过联合申请的方式将其提名，使其可能列入人类非物质文化遗产代表作名录，我们将对相关方面展开研究。

干砌石技艺是不借助任何黏合材料（如砂浆等）搭建石制实用建筑的技术。换句话说，就是将石头堆叠在石头上，除了偶尔使用干燥的土壤，不使用任何其他材料。石头通常就地取材（或者在干石建筑周边采石），草草加工，有时根本没有任何加工。

干砌石在景观形成尤其是文化景观的形成中具有十分突出的价值。不同干砌石结构（梯田、水利设施、岩石栅栏、小径、坡道和楼梯、打谷场等）混合在一起，通过划分地块与道路网络，为乡村土地规划的区域类型增添了特色，这对保护作物和农民免受恶劣天气的影响而言至关重要。灌溉系统同样使用干砌石设施进行调控。干砌石技艺为作物和畜牧业创造有利的土壤和天气条件（湿度、反射阳光、防风），被广泛用于支持和提高农业生产与动物育种。[②]

在城区，干砌石被用来铺设公共和私人空间以及基础设施工程（水

---

① United Nations Educational, Scientific and Cultural Organization (UNESCO), *Decision* 12. *COM*. 9, *Draft overall Results Framework for the Convention* and *Decision* 12. *COM*. 10 *Draft Amendments to the Operational Directives on Periodic Reporting*, 2017, Available at https://ich.unesco.org/en/12com [Accessed 8 Jan. 2018].

② Th Petanidou., *Terraces of the Aegean. The Case of Dodecanese.* Athens, Greece: Parisianou S. A., 2015; Th Petanidou., *Anavathmides tou Aigaiou. To paradeugma ton Didekanison.* Athina: Ekdoseis Parisianou A. E. [in Greek], 2015; G. Antoniou, "Dry stone wall construction in Cyclades – The Case of Amorgos: Methods, Techniques, Problems and Repairs", in *S. P. S. Proceedings of* 12*th Congress* *2010*, University of Cumbria, 2010, pp. 62 – 65.

道、道路挡土墙等）。

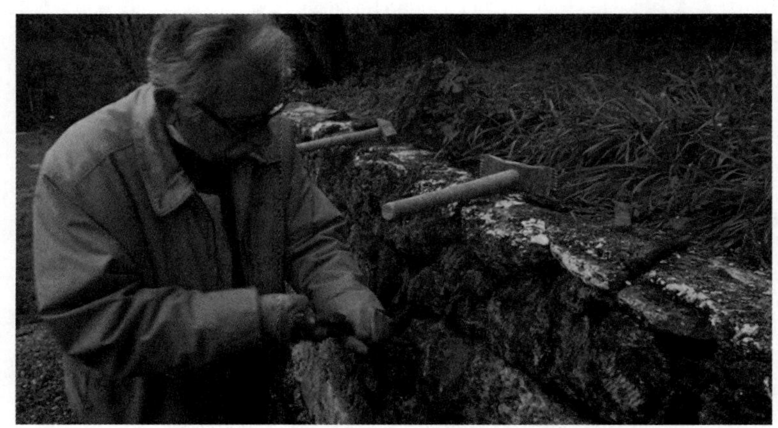

干砌石匠纳科斯先生正在修复旧的干砌石梯田

图片来源：塞拉斯·米加拉卡斯，希腊文化部，2016 年。

希腊执行《公约》的主管机构——现代文化遗产局（以下简称“遗产局”）隶属希腊文化和体育部，已将干砌石墙技艺列入希腊非物质文化遗产国家名录（http：//ayla. culture. gr/en/i_texni_tis_xerolithias/）。根据《公约》，所有专门知识、社会实践以及习俗等必须被认定为非物质文化遗产，并列入“各缔约国根据自己的国情”拟定的清单。这是选择和定义特定社会实践的过程。此外，这种社会实践必须符合联合国的总体价值观，如尊重人权、可持续发展以及对和平的贡献。①

列入名录的提议最初是由某些相关个人——主要是建筑师和民族学家——发起的。这些人都是旨在促进干砌石技艺的国际非政府组织——国际干砌石跨学科研究科学学会（Société Pierre Sèche，http：//pierre-seche-international. org/，以下简称“科学学会”）的成员。他们与遗产局的民俗学家以及他们已经接触过的干砌石匠一起工作。项目描述文件的起草工作持续了两年，在咨询了干砌石匠、其他研究人员以及地方政府之后，该条目于 2015 年 7 月列入了希腊非物质文化遗产名录。

① Janet Blake, *Living Culture, Identities and Sustainable Development. Taking the Human Rights-based Perspective to Community Participation*, 2015. Available at https：//www. museumsgalleriesscotland. org. uk/media/1213/provocation-paper-final. pdf [Accessed 7 Jan. 2018].

最为艰巨的任务是确认与干砌石相关的社会实践，即其对于实践这项技艺的社区的意义。事实上，这也是所有名录收录工作的重点。在起草该条目的两年中，遗产局的民俗学家与几个相关个人（科学学会希腊分会成员以及干砌石技艺最为突出的地方的社区权威机构，如伊庇鲁斯、基克拉迪斯以及伯罗奔尼撒山区等）参与了对实践者（干砌石匠）社区的长期协商。在这些会议期间，该项目的方方面面均得到了详细阐述。人们首先想到的往往是干砌石工程的实际建造及其带来的众多环境效益，而始终与之相伴的是对未来传承的担忧以及为此增加正式与非正式教育举措的必要性。例如，尽管希腊出版了大量从建筑、历史、考古和环境等角度研究干砌石的出版物，干砌石技术手册却是屈指可数。最著名的一个版本①则参考了瑞士干砌石手册。②

希腊萨摩斯岛的葡萄梯田，2000 年

图片来源：特拉格斯·迪米特里奥——萨摩斯的尼古拉·迪米特里奥文化基金会。

---

① E. Pagkratiou, ed., *Dry Stone Walls. Manual for construction and reapairs.* Ioannina: Anaptyksiaki Etairia Zagoriou [Pagkratiou, E. (2001, 2009). Tixi apo Kserolithia. Eghiridio gia kataskeyes kai episkeves. In Greek]. 2001 edition available at http://porfyron.gr/katopedina/wp-content/uploads/2015/03/xerolithia-zagori.pdf, 2009 edition available at https://issuu.com/dasarxeio/docs/__d16a7507bb8485 [Accessed 10 Jan. 2018].

② R. Tufnell, M. Hassenstein, A. Ducommun, and F. Rumpe, *Murs de pierres sèches. Manuel pour la construction et la réfection*, Berne, Switzerland: Foundation Actions Environnement, 1996.

与这项特殊技艺有关的一点从一开始就吸引了遗产局的注意：希腊各地（实际上也是在全世界）都能找到干砌石建筑。它们几乎是所有乡村景观不可或缺的标志，其历史可以追溯到史前时期。干砌石建筑的占地面积几乎难以计算。它们既可以是引人瞩目的，像迈锡尼人的巨石墙垣和散布在希腊岛屿及大陆许多战略要地的古希腊塔，可追溯到远古时代；又可以是简陋的，像牧羊人棚屋和分隔乡村空间的栅栏，且仅建于几年之前。干砌石技术这些多样、广泛且超越时间的表现形式为非物质文化遗产在现代社会中的巨大价值提供了一个很好的实例。这也是遗产局民俗学家更为欣赏的实例，因为它操作简单，技术要点简单明了，男女老少都可以参与干砌石建筑的建造工作。事实证明，在提名文件涉及的所有缔约国中，名录收录的工作都源自对该技术进行的类似评估。

干砌石对自然环境、土壤和水资源管理以及传统民居保护的贡献获得了充分认可。[①] 它们所创造的景观的美学价值也得到了开发：希腊旅游海报中最亮眼的景观就是海边的干砌石梯田。干砌石也能够帮助人们牢记传统手工艺的另一个重要特征——手工制品卓越的美感。

由于分布广泛、表现形式多种多样且具有环境和美学价值，这项非物质文化遗产项目提供了就地直观学习和展示非物质文化遗产的绝好机会，并可以提高广大公众对非物质文化遗产的认识。

有鉴于此，2015 年 12 月，遗产局启动了有关干砌石的多国联合申遗项目。从一开始，人们就对该项提名表示出了极大的兴趣。来自地中海周边及其他地区的专家，如克罗地亚、塞浦路斯、法国、希腊、意大利、斯洛文尼亚、西班牙和瑞士，合作准备了提名文件。我们有理由相信，未来将有更多国家对此表示出兴趣。干砌石项目已被列入上述国家的国家非遗名录。在意大利和西班牙，它还被列入多项名录（西班牙自治区的区域名录与意大利的专题名录）。在所有提交国，列入国家和区域名录的提议是由各协会、社区理事会、手工艺者以及农民提出的，他们在信

① Petanidou T. , Kizos T. , Soulakellis N. , "Socioeconomic Dimensions of the Agricultural Landscape Change in the Mediterranean: the Case of the Abandonment of Cultivation Terraces on Nisyros Island, Greece", *Environmental Management* 41, 2008, pp. 250 – 266; A. Pitta. and Theodosisiou A. *Cyprus. The Art of Dry Stone.* Nicosia: Leventis Foundation (under publication); Pitta A. and Thodosiou A. *Kypros. I Techni tis Kserolithias.* Leykosia: Idryma Leventi [in Greek] (ypo ekdosi).

息的收集和处理方面与国际组织成员（如科学学会、国际梯田景观联盟、干砌石墙协会）、环境和民俗组织、地方社区协会、专业团体（如建筑师、土木工程师、考古学家、生物学家、环境科学家和专家、地质学家和水文学家）、学术机构以及政府部门等密切合作。

女性在所有提交国的项目申遗过程中都发挥了决定性的作用。男女平等参与实践和保护该非物质文化遗产的趋势（以前由男性主导）十分突出，特别是在名录收录和实践传承的过程中。提名文件于 2017 年 3 月提交，并于 2018 年 12 月在毛里求斯举行的《公约》政府间委员会第 13 次会议期间被列入人类非物质文化遗产代表性名录。①

尽管这种建造技术朴实至极，在起草提名文件的过程中，上述所有国家的遗产局都出现了一股令人震惊的重新鉴评这种最为朴实无华的建造技术的浪潮。如今，在许多人眼里，干砌石建筑因其功能特性越来越有吸引力。除石头和人力外，这种建筑无须使用昂贵的隔热材料或耗能的机器，便能自然实现等温、通风和湿度调节。不用说，环保的干砌石建筑在许多可持续旅游项目中也发挥着重要作用。②

干砌石建筑与农村空间的可持续组织密不可分。③ 它们对于防止滑坡、洪水和雪崩，防治土地侵蚀与荒漠化，蓄水，增强生物多样性，并

---

① Multinational nomination file of the Art of Dry Stone（2017），Available at https：//ich. unesco. org/en/files-2018-under-process-00913 [Accessed 8 Jan. 2018].

② E. Pagkratiou，"Zagori，a Realm of Dry-stone Building. A Programme for the Development of Soft Forms of Tourism Focusing on the Architectural Tradition of Dry-stone Building"，*International Scientific Conference Tourism on Islands and Specific Destinations.* Chios 14 – 16 Dec. 2000，proceedings：University of the Aegean；I. Papaeutychiou，"A Cycladic Settlement in Dry-stone on the Island of Amorgos，Greece，and the Development of Alternative Forms of Tourism"，in *S. P. S. Proceedings of 12th Congress 2010*：University of Cumbria，2010.

③ Vernikos N.，Daskalopoulou S. and Pavlogeorgatos G.，"Proposal for taxonomy of Xerolithic Building Types"，Interdisciplinary Workshop "The Building Stone in Monuments"，Athens and Mytilini，2001，pp. 265 – 257. [In Greek：Βερνίκος Ν. Δασκαλοπούλου Σ. Παυλογεωργάτος Γ.（2001）. Πρόταση ταξινόμησης ξερολιθικών κατασκευών，*Διεθνής επιστημονική ημερίδα*："*Ο δομικός λίθος στα μνημεία*"，Αθήνα & Μυτιλήνη，265 – 276] Available at http：//www1. aegean. gr/xerolithic/files/Drystones. pdf [Accessed 10. 5. 2015]；Apostolou，M.，*The "Volti" Compounds in Vouni，Egklouvi，Leykada，Greece.* [Apostolou M（2007）. *To sygkrotima ton "Volton" sto Vouni Egklouvis Leykadas.* In Greek]. Available at https：//www. monumenta. org/article. php? perm = 1&IssueID = 2&lang = gr&CategoryID = 19&ArticleID = 69 [Accessed 10 Jan. 2018].

为农业创造适当的微气候条件①方面具有无可估量的价值。此外，干砌石结构与人们对岩石和天然材料的了解，与环境知识（风和雨的方向和强度、土地侵蚀的风险、滑坡、洪水等）均直接相关。在干砌石建筑的施工过程中，所有这些因素都被考虑到了，因此塑造和改善了当地的自然条件。对自然环境的深入了解使得干砌石匠与一般的乡村社区能够运用这项技术塑造这个地方并创造景观。② 对该地深刻的经验理解使他们能够有效设计出不同的建筑工程，甚至是高度复杂的工程。随着时间的推移，

农民的小屋，法国朗格多克—鲁西隆，圣昆廷，加尔德，2015 年

图片来源：菲利普·哈默——ASER。

---

① A. Theodosiou, "Drystone Construction in Alpine Regions". 8th International Drystone-Walling Congress, 2002. Available at http://www1. aegean. gr/xerolithic/files/DRYSTONstiftumg1. pdf [Accessed 10 May 2015]; Pitta, A. and Theodosisiou A., *Cyprus. The Art of Dry Stone*. Nicosia: Leventis Foundation (under publication); Pitta A. and Thodosiou A., *Kypros. I Techni tis Kserolithias*. Leykosia: Idryma Leventi [in Greek] (ypo ekdosi).

② Vernikos N., Daskalopoulou S. and Pavlogeorgatos G., "Proposal for taxonomy of Xerolithic Building Types". Interdisciplinary Workshop "The Building Stone in Monuments", Athens and Mytilini, 2001, pp. 265 – 257. [In Greek: Βερνίκος Ν. Δασκαλοπούλου Σ. Παυλογεωργάτος Γ. (2001). Πρόταση ταξινόμησης ξερολιθικών κατασκευών, *Διεθνής επιστημονική ημερίδα*: "*Ο δομικός λί θος στα μνημεία*", Αθήνα & Μυτιλήνη, 265 – 276]. Available at http://www1. aegean. gr/xerolithic/files/Drystones. pdf [Accessed 5. Qcto. 2015].

不断积累的经验让他们有能力去想象空间，建造出适合各种用途的建筑形式。多年来，他们一直坚持使用这种技术，把不适宜居住且毫无用处的土地变成适于耕种或饲养牲畜的可居住土地，其中一些因其特殊价值被列入世界遗产名录。

这些干砌石景观和建筑是这种传统建造技术有形的、匿名的表达，是人类适应环境能力的杰出范例。它们在物质与非物质文化遗产之间以及人与自然之间创造了密切的联系。

与项目展现相关的集体认同

按照传统，通过适应各地特定条件的实际应用，干砌石技术的相关知识以经验的形式代代相传。乡村空间塑造与价值评估的专门知识主要是在农业活动中传承的，当时社区的大多数成员都聚集在一起，或是建造新的干砌石建筑，或是修复旧的干砌石建筑。年轻人和年长者通过家族，或者该技术的传承群体，如石匠、农民、牧羊人或林业工作者，经由与熟练的建筑者一起作为学徒工作的方式来参与其中。集体参与干砌石工程建造的过程有助于增强社会凝聚力。

如今，干砌石的相关知识和技能也通过各类的正式教学（如职业培训、实训学校、劳动营以及时长和形式各异的课程与讲习班）得以推广。第二次世界大战结束之后，乡村地区人口急剧下降，该项目的口授和非正式传承也基本停滞下来。尽管如此，人们对干砌石技术在保持生态平衡方面的宝贵作用的认识一直在增强。因此，非政府组织和地方政府开始越来越多参与该项目的传承。

如今，一些社区承认干砌石建筑是其生活地文化与自然景观不可或缺的一部分。尽管受到了城市化和乡村永久居民人数下降等问题的影响，过去几年里，一些社区对干砌石结构保护的兴趣日益增强。

最重要的是，干砌石工艺有助于创造与该项目在当地和区域层面的表现相关的集体认同，产生协同效应和共同纽带。学习这项技艺成为一种至关重要的经历，可以加强个人之间以及人与土地之间的关系。在所有提交国中，常采用的做法是动员对提名表示知情同意的实践者、相关个人、非政府组织以及来自不同学术背景与学科的研究人员①。

干砌石技艺在世界的许多地方都得到了应用，这促进了不同文化社区之间网络的建立，从而鼓励了知识和经验的交流以及对文化多样性的相互尊重和欣赏。

在“我的干砌石圆顶屋——我的小屋（Moj kažun-La mia casita）”社区遗产活动期间，干砌石房的屋顶正在被重建。这一活动自 2007 年以来，每年 5 月都会在克罗地亚的沃德扬—伊斯特拉举行。在教育和志愿活动期间，当地的干砌石匠修复了该地区众多的小型地标。

图片来源：布兰科·奥巴尼，2011 年。

多学科保护措施——传统与创新

需要进一步记录项目的各种表现形式，这一点已在研究人员群体中得到了确认，这些研究人员归属于一系列令人印象深刻的学科，从人文

① “Multinational nomination file of the Art of Dry Stone（2017）”, Available at https：//ich.unesco.org/en/files－2018－under－process－00913［Accessed 8 Jan. 2018］.

学科到工程和建筑、生物科学、环境科学等，这一名单似乎没有尽头。项目的本质鼓励跨学科研究。实际上，对各类专家（建筑师、风景园林师、民族学家、历史学家、考古学家、生物学家、地质学家、教师、森林学家）来说，这项技能既是一个研究领域，也是一项挑战。干砌石对艺术家、画家、诗人和摄影师的吸引力并不亚于对科学家的吸引力，因为它处于传统和创新、工艺和艺术创作之间。

在我们生活的这个后现代时期，干砌石所创造的各种居住模式仍然吸引着人们，也许是因为它结合了日常生活中关于审美的两种不同语义元素：一方面是感受与感知，另一方面是创造，似乎任何人都能够创建一个干砌石结构。

通过学校教育课程推广干砌石艺术

多德卡尼斯群岛推行的一门教育课程也许可以证明“非物质文化遗产的微妙力量”这一恰如其分的说法①，特别是在提高年轻人对自然资源可持续利用的认识以及对地方和空间组织的理解等方面。

多年来，多德卡尼斯群岛的美术教师查拉·克里桑塔基始终将课堂教学的重点放在干砌石技术上，其灵感来自干砌石梯田的美学价值，如材料的质地和颜色、与土壤颜色的结合、结构元素的多样性、按照形状的流动模式排列梯田、空间的组织以及干砌石建筑与空间和时间的相互作用等。

她将该课程取名为“生活的艺术”②，并采用了跨学科的方法，将艺术与语言教学（英语和希腊语）、历史、环境、生物学和信息学结合在一

---

① Harriet J. Deacon, et al, *The Subtle Power of Intangible Heritage: Legal and Financial Instruments for Safeguarding Intangible Cultural Heritage*, Cape Town, South Africa: Human Sciences Research Council, 2004.

② H. Chrysanthaki, *The Aesthetic Value of the Terraced Landscape and its use in the frame of Education for Sustainability*, [I esthitiki axia tou anavathmidomenou topiou kai i axiopiisi tis sto plesio tis ekpedefsis gia tin aiforo anaptixi] for Master's thesis in Environmental Education, Program of Postgraduate Studies, Rhodes: Department of Preschool Education Sciences and Educational Design, School of Humanities, University of the Aegean [in Greek], 2016, pp. 213 - 245.

起。这是一个开放项课程[1]，鼓励学生先去实地探索，有时还会修复一些干砌石围栏或围墙，然后根据个人喜好描绘干砌石结构：摄影、素描、绘画、制作黏土模型等。它的重点是提供了整体学习模型的经验学习，而这一学习模型强调经验在学习过程中的核心作用。[2] 学生通过研究干砌石对环境的影响，如水管理、防止土地侵蚀和荒漠化以及增强生物多样性等，进一步增加他们的经验。与此同时，他们学习识别干砌石场和结构所面临的威胁，并被鼓励提出可以克服这些威胁的行动方案：比如限制对它们有害的活动，如允许绵羊、山羊和牛在废弃的梯田内部及周围吃草；或者任由森林或矮生植被侵占其领地；或者积极修复与重建干砌石建筑。

查拉·克里桑塔基设计了一款名为“生活的艺术之旅”的桌面游戏，这个有趣的教育道具旨在提高学生对环境伦理态度与价值观的认识，如环境责任、对旱地动植物的尊重与关怀等。通过游戏鼓励学生参与优秀的实践，如维护现有的干砌石墙，以及收集和妥善处理他们在实地参观时遇到以及自己产生的垃圾。通过这种有趣的方式，学生们意识到，梯田满足了功能与传统的双重标准，为景观增加并突出了美感。学生们还认识到，他们有权利也有义务要求保证升级后景观的美学完整性，并能以适当的法律方式做到这一点。他们意识到了干砌石技艺的重要性，以及干砌石技艺作为非遗的一个项目的出现。最重要的教学益处就是提供了可以提高他们生活质量的激励措施，将他们作为积极的公民从小动员起来，以保持审美的完整性，并在可持续管理的语境中保护和改进他们生活的地方。

---

① T. J. Dickson, T. Gray and B. Hayllar, eds., *Outdoor and Experiential Learning: Views Form the Top*. Dunedin, New Zealand: Otago University Print, 2005; S. Waite, ed., *Children Learning outside the Classroom (from Birth to Eleven)*, London: Sage, 2011.

② D. A. Kolb, *Experiential learning: Experience as the Source Learning and Development*. Englewood Cliffs, NJ: Prentice Hall, 1984; N. Evans, *Experiential Learning for All*. London, New York: Cassell, 1994; R. Kakampoura, G. Katsadoros, A. Nounanaki, and D. Kolokythas, “Educational Activities Concerning Folk/Popular Culture in Greek Primary School Websites”, *European Scientific Journal*, 2017, 13 (10), pp. 246 – 262. Available at https://eujournal.org/index.php/esj/article/.../8693 [Accessed 8 Jan. 2018].

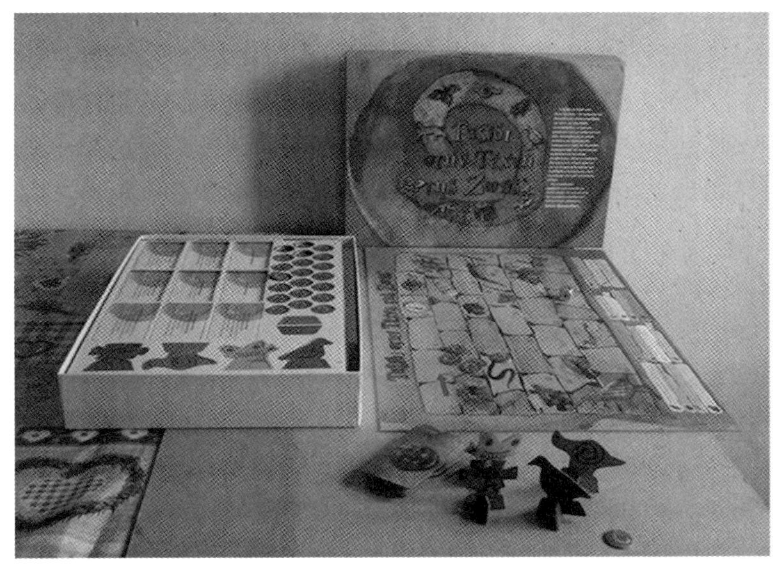

桌面游戏“生活的艺术之旅”

图片来源：查拉·克里桑塔基，2017 年。

乡村景观暑期学校

干砌石墙技艺列入希腊国家非物质文化遗产名录的漫长过程，以及与我们的国际合作伙伴在提交多国申遗文件方面卓有成效的合作，激励了遗产局采取进一步措施来推广乡村景观。2018 年夏，我们发起了一项新的活动，即一年一度的非物质文化遗产暑期学校。我们选择了伯罗奔尼撒中部一个以山地为主的乡村小镇迪米特萨纳，因为作为暑期学校的举办地，它周围的景观体现了乡村地区可持续发展不可或缺的所有文化和社会价值。

第一期暑期学校为期八天。学生与迪米特萨纳居民（他们受邀参加了所有活动——讲座、练习、参观生产单位和游览文化遗产）讨论了与乡村空间文化价值有关的几个问题：联结乡村社区并符合农民每年工作周期的宴会和庆祝活动；与该地相关的音乐、舞蹈和戏剧表演；就对环境负责任的自然资源管理而言，地方性知识和传统工艺有哪些价值；民俗博物馆作为人们讨论过去、塑造未来的社区中心的作用；景观诠释和能够促进当地文化价值的另一种旅游形式；农业食品传统的价值等。

暑期学校的目的是提供有关某地文化项目价值评估的实践经验，并通过在四类代理人之间建立联系来实现这一点：文化遗产管理领域的专业人士（博物馆馆长、景观导游、文化旅行社等）、非物质文化遗产项目的传承人、研究人员和学者以及行政部门（无论是地方的还是中央的）。遗产局在一份出版物中总结了其所采用的方法。①

第一期暑期学校的成功鼓励我们又在迪米特萨纳举办了第二期暑期学校（2019 年 7 月 21 日至 28 日）。我们计划每年举办一期，最好在未来几年内将暑期学校的地点定在同一地方，因为我们尚未对迪米特萨纳的所有文化层面展开探索，尽管我们收到了在其他感兴趣的乡村社区举办暑期学校的请求。

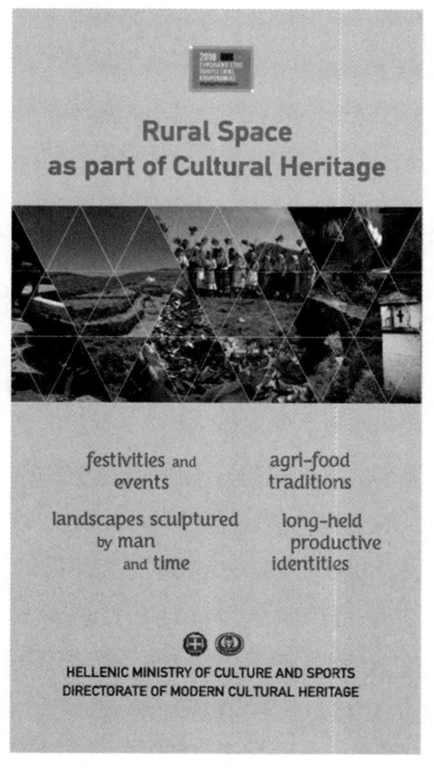

2018 年暑期学校宣传单的第一页专门介绍了乡村空间，可在遗产局网页上查阅：http：//ayla. culture. gr/en/o-agrotikos-xwros-ws-politistiki-klironomia/。

① DMCH，2018 – Directorate of Modern Cultural Heritage，*Rural Space as Cultural Heritage*，available at http：//ayla. culture. gr/en/o-agrotikos-xwros-ws-politistiki-klironomia/.

结 论

总之，根据2003年联合国教科文组织《公约》，遗产局为这项简单的建造技艺准备了申遗提名文件，以尽力使其被列入人类非物质文化遗产名录，并努力提升它在国际上的价值。

必须指出的是，名录不是一个明确、“封闭”的文本，而是一个开放的档案，必须在不断更新的过程中定期记录项目表现的变化。这是与《公约》相关的新的遗产处理方法之一。另一种方法是强调社区参与。正如我们之前所说的，目录必须反映非物质文化遗产项目传承人所在社区的观点。最好由他们亲自起草。但是，非物质文化遗产项目传承人社区并没有一个精确的定义——可能永远也不会有。更重要的是代表社区发言的代言人。这里存在几个问题：这些人是谁，他们是如何当选或被选中的；在一个社区中，关于其遗产项目的主流观点是什么，它是如何被表达的，等等。

根据《公约》，列入名录的特权不应该悬而不决（“基于社区的”“参与性”的名录等），所开展的保护和促进活动可能有助于拓展我们对于非物质文化遗产作为可持续发展关键性因素的总体价值的理解，说得更具体一些，它在教育年轻人方面具有巨大却尚未被充分认识的潜力。

“一带一路”会议翻译小组译校

乡村文化振兴与非物质文化遗产的保护利用

——基于乡村发展相关数据的分析*

黄永林**

摘　要：近些年来，工业化、城市化和现代化进程加快对乡村产生了冲击，中国乡村活力日渐衰退，文化传统濒临中断，农耕文明正在衰落。非物质文化遗产是农耕传统文化的重要组成部分，在乡村文化振兴中具有多重作用和价值，其独特的文化内涵可以为振奋乡村精神提供强大动力，让乡村文化在现代文明体系中找到自己的位置，得以复兴和重建；其丰富的文化资源价值可以为发展乡村经济提供不竭经济资源，让农村经济在现代文化产业发展中得以转型发展，这是促进乡村振兴的重要途径。

关键词：乡村发展；现状；非物质文化遗产；资源；振兴

党的十九大作出了实施乡村振兴战略的重大决策部署，《中共中央国务院关于实施乡村振兴战略的意见》指出："实施乡村振兴战略，是解决人民日益增长的美好生活需要和不平衡不充分的发展之间矛盾的必然要求，是实现'两个一百年'奋斗目标的必然要求，是实现全体人民共同富裕的必然要求。"提出了乡村振兴"产业兴旺、生态宜居、乡风文

---

* 原文刊于《文化遗产》2019年第3期。

** 黄永林，华中师范大学国家文化产业研究中心教授。

明、治理有效、生活富裕”五位一体的总要求。[①] 中华民族的伟大复兴离不开乡村振兴，乡村振兴靠文化引领，非物质文化遗产是乡村优秀传统文化的重要组成部分，充分发挥非物质文化遗产的作用是实现乡村文化振兴的重要途径。

一 乡村及其文化发展现状

乡村是农耕文明的载体，农耕文化是中华传统文化的根基、灵魂和精髓。但是，近些年来，工业化、城市化和现代化进程加快对乡村产生了巨大冲击，乡村人口大幅度减少，传统乡土建筑和文化快速消失，乡村活力日渐衰退，农耕文明正在衰落。

（一）古村落大量消失，农耕文化的根基在动摇

根据国家统计局统计数据分析，全国行政乡从 1997 年的 25966 个减少到 2017 年的 10529 个，减少 59.45%（具体数据见表 1）。全国村民委员会从 2007 年的 621046 个减少到 2017 年的 554218 个，减少 10.76%。平均计算全国每天有 18 个以上行政村消失（具体数据见表 2）。

表 1　　中国 1997—2017 年行政乡数统计

年度	2017	2016	2015	2014	2013	2012	2011	2010	2009	2008	2007
乡数（个）	10529	10872	11315	12282	12812	13281	13587	14571	14848	15067	15120

年度	2006	2005	2004	2003	2002	2001	2000	1999	1998	1997
乡数（个）	15306	15951	17451	18064	18639	19341	23199	24745	25712	25966

资料来源：根据国家统计局 1997—2017 年度数据制表，网址 http：//data. stats. gov. cn/easyquery. htm？ cn = C01。

① 《中共中央　国务院关于实施乡村振兴战略的意见》（2018 年 1 月 2 日），《人民日报》2018 年 2 月 5 日。

表 2　　中国 2007—2017 年村民委员会数统计

年度	2017	2016	2015	2014	2013	2012	2011	2010	2009	2008	2007
村民委员会数（个）	554218	559186	580856	585451	588547	588407	589874	594658	599078	603589	621046

资料来源：根据国家统计局 1997—2017 年度数据制表，网址 http：//data. stats. gov. cn/easyquery. htm？ cn = C01。

改革开放以来，中国经历了世界历史上规模最大、速度最快的城市化进程，其中乡村的城镇化是提高城市化率的重要途径。然而在轰轰烈烈的撤乡并村的城镇化运动中，那些“保留着最根性的文化记忆和多元文化发展的可能性”① 的古村落被无情拆毁，这将使中国乡村现代化建立在无根文化之上，并动摇中国农耕文化的根本。

（二）农村人口大幅度减少，乡村社会“空心化”

当今，中国经济社会结构正在经历深刻转型，这种转型对乡村发展影响最大的是乡村人口快速减少，农民持续向城镇流动，农业在三产业中的地位及贡献率越来越低。

根据国家统计局统计数据分析：2017 年年末，全国大陆总人口由 1997 年年末的 123626 万人增加到 139008 万人，增长 12. 44%；乡村人口由 1997 年的 84177 万人，减少到 57661 万人，减少 31. 5%。城镇人口由 1997 年的 39449 万人增加到 81347 万人，增长 106. 21%；农村人口占总人口的比例由 1997 年的 68. 09%，降低到 41. 48%，减少 26. 61 个百分点。（具体数据见表 3）

表 3　　1997—2017 年全国乡村人口数统计　　单位：万人

年度	2017	2016	2015	2014	2013	2012	2011	2010	2009	2008	2007
乡村人口	57661	58973	60346	61866	62961	64222	65656	67113	68938	70399	71496
城镇人口	81347	79298	77116	74916	73111	71182	69079	66978	64512	62403	60633
总人口	139008	138271	137462	136782	136072	135404	134735	134091	133450	132802	132129

① 《搜狐文化专访冯骥才：古村落消亡速度惊人 一代人当自责》，搜狐网《第一文化现场》2012 年 6 月 8 日第五十四期，网址：http：//cul. sohu. com/s2012/diyixianchang54。

续表

年度	2006	2005	2004	2003	2002	2001	2000	1999	1998	1997
乡村人口	73160	74544	75705	76851	78241	79563	80837	82038	83153	84177
城镇人口	58288	56212	54283	52376	50212	48064	45906	43748	41608	39449
总人口	131448	130756	129988	129227	128453	127627	126743	125786	124761	123626

资料来源：根据国家统计局 1997—2017 年度数据制表，网址 http：//data. stats. gov. cn/easyquery. htm？ cn = C01。

2017 年，全国第一产业从业人员，由 2008 年的 29923 万人减少到 20944 万人，降低 30. 01%。第一产业占全部三产业的增加值的比例由 2008 年的 10. 2% 降低到 7. 6%；第一产业对 GDP 的贡献率由 2008 年的 5. 2% 降低到 4. 8%。（具体数据见表 4）。

表 4　　1997—2017 年全国就业人员数和第一产业 GDP 占比统计

指标	2017 年	2016 年	2015 年	2014 年	2013 年	2012 年	2011 年	2010 年	2009 年	2008 年
就业人员（万人）	77640	77603	77451	77253	76977	76704	76420	76105	75828	75564
城镇就业人员（万人）	42462	41428	40410	39310	38240	37102	35914	34687	33322	32103
乡村就业人员（万人）	35178	36175	37041	37943	38737	39602	40506	41418	42506	43461
第一产业就业人员（万人）	20944	21496	21919	22790	24171	25773	26594	27931	28891	29923
第一产业占全部三产业增加值比例（%）	7. 6	8. 1	8. 4	8. 7	8. 9	9. 1	9. 2	9. 3	9. 6	10. 2

续表

指标	2017 年	2016 年	2015 年	2014 年	2013 年	2012 年	2011 年	2010 年	2009 年	2008 年
第一产业对 GDP 的贡献率（%）	4.8	4.1	4.5	4.6	4.2	5.0	4.1	3.6	4.0	5.2

资料来源：根据国家统计局 2008—2017 年度数据制表，网址 http://data.stats.gov.cn/easyquery.htm? cn = C01。

近些年，一方面乡村人口和第一产业就业人数逐年减少，另一方面农民外出务工人数不断增加。据国家统计局《2017 年农民工监测调查报告》显示，2017 年农民工总量达到 28652 万人，比上年增加 481 万人，增长 1.7%，增速比上年提高 0.2 个百分点。在农民工总量中，外出农民工 17185 万人，比上年增加 251 万人，增长 1.5%，增速较上年提高 1.2 个百分点；在外出农民工中，进城农民工 13710 万人，比上年增加 125 万人，增长 0.9%。[①] 大量农村人口向城镇迁移，青壮年劳动力大量进城务工，导致乡村精英大量流失，农民老龄化程度加剧，乡村空心化问题严重。

（三）城乡差距仍较大，农村贫困问题较严重

近年来，在中国社会整体发展的同时，乡村也获得了发展，但与城市发展相比仍存在很大差距，最直观的是居民收入差距较大，以及公共服务和社会保障方面的不平衡。

首先，一方面城乡居民收入相对差距缩小，另一方面城乡居民实际收入差距加大。

2017 年，农民人均可支配收入 13432.43 元，比 2013 年的 9429.59 元，增长 42.45%。城乡居民人均可支配收入相对差距由 2013 年的 2.81 : 1 缩小到 2017 年的 2.71 : 1。农村居民家庭恩格尔系数从 2013 年的 37.7%

① 国家统计局：《2017 年农民工监测调查报告》，国家统计局官网，网址：http://www.stats.gov.cn/tjsj/zxfb/201804/t20180427_1596389.html。

下降到2017年的31.2%（具体数据详见表5）。但城乡居民人均可支配收入差距从2013年的17037元扩大为2017年的22963.76元，2017年农村居民人均可支配收入仅为城镇居民人均可支配收入的36.91%。另外，当前农民增收形势严峻，继续保持较高速增长后劲不足，农民增收已进入“减速带”，从2013年的12.4%下降到2017年的8.6%。

表5 2013—2017年城镇和农村居民人均收入及恩格尔系数情况

指标	2017年	2016年	2015年	2014年	2013年
居民人均可支配收入（元）	25973.79	23820.98	21966.19	20167.12	18310.76
居民人均可支配收入同比增长（%）	9.0	8.4	8.9	10.1	10.9
城镇居民人均可支配收入（元）	36396.19	33616.25	31194.83	28843.85	26467.00
城镇居民人均可支配收入同比增长（%）	8.3	7.8	8.2	9.0	9.7
农村居民人均可支配收入（元）	13432.43	12363.41	11421.71	10488.88	9429.59
农村居民人均可支配收入同比增长（%）	8.6	8.2	8.9	11.2	12.4
城乡居民人均可支配收入差距（元）	22963.76	21252.84	19773.12	18354.97	17037.41
城镇居民家庭恩格尔系数（%）	28.6	29.3	29.7	34.2	35.0
农村居民家庭恩格尔系数（%）	31.2	32.2	33.0	37.8	37.7

资料来源：根据国家统计局1997—2017年度数据制表，网址http://data.stats.gov.cn/easyquery.htm?cn=C01。

其次，一方面农村贫困人口逐年减少，另一方面贫困人口数量仍较大。

据国家统计局对全国31个省（自治区、直辖市）16万户居民家庭的抽样调查，按现行国家农村贫困标准——每人每年2300元（2010年不变价）——计算，党的十八大以来，全国农村贫困人口累计减少 6853 万人。截至 2017 年年末，全国农村贫困人口从 2012 年年末的 9899 万人减少至 3046 万人，累计减少 6853 万人；贫困发生率从 2012 年的 10.2% 下降至 3.1%，累计下降 7.1 个百分点。2017 年，贫困地区农村居民人均可支配收入 9377 元，按可比口径计算，比上年增加 894 元，名义增长 10.5%，扣除价格因素，实际增长 9.1%，实际增速比上年快 0.7 个百分点，比全国农村平均水平高 1.8 个百分点。[①] 但同时我们也应当看到，截至 2017 年年末，全国农村贫困人口仍有 3046 万人，分三大区域看，东部地区农村贫困人口 300 万人，中部地区农村贫困人口 1112 万人，西部地区农村贫困人口 1634 万人。2017 年年末全国共有 4047 万人享受农村居民最低生活保障，467 万人享受农村特困人员[②]救助供养。[③] 由此可见，农村减贫任务仍很艰巨。

最后，我国乡村文化设施和生活服务条件仍然十分薄弱，区域间差距仍然较大。

据第三次全国农村普查数据统计，从文化设施来看，2016 年年末，农村只有 11.9% 的乡镇有剧场、影剧院，而最低的东北地区仅为 5.9%；16.6% 的乡镇有体育场馆，而最低的东北地区仅为 12.1%；70.6% 的乡镇有公园及休闲健身广场，而最低的西部地区仅为 59.4%；59.2% 的村有体育健身场所，而西部地区仅为 46.0%；41.3% 的村有农民业余文化组织，而西部地区仅为 35.7%（具体数据见表 6）。

表 6　　2016 年全国乡镇、村文化设施普及率　　单位：%

项目	全国	东部地区	中部地区	西部地区	东北地区
有图书馆、文化站的乡镇	96.8	96.2	98.0	96.6	95.2
有剧场、影剧院的乡镇	11.9	18.5	14.4	7.9	5.9

① 《2017 年末我国农村贫困人口减少到 3046 万人》，中华人民共和国中央人民政府网，网址：http://www.gov.cn/xinwen/2018-02/01/content_5262917.htm，2018 年 2 月 1 日。

② 农村特困人员是指无劳动能力，无生活来源，无法定赡养、抚养、扶养义务人或者其法定义务人无履行义务能力的农村老年人、残疾人以及未满 16 周岁的未成年人。

③ 中华人民共和国国家统计局：《中华人民共和国 2017 年国民经济和社会发展统计公报》，网址：http://www.stats.gov.cn/tjsj/zxfb/201802/t20180228_1585631.html，2018 年 2 月 28 日。

续表

项目	全国	东部地区	中部地区	西部地区	东北地区
有体育场馆的乡镇	16.6	20.5	19.4	13.5	12.1
有公园及休闲健身广场的乡镇	70.6	83.2	73.9	59.4	84.0
有体育健身场所的村	59.2	72.2	55.5	46.0	62.8
有农民业余文化组织的村	41.3	44.4	40.8	36.7	47.1

资料来源：根据国务院第三次全国农业普查领导小组办公室、中华人民共和国国家统计局2017年12月16日发布的《第三次全国农业普查主要数据》相关数据制表。

从一般生活条件来看，2016年，全国农村只有47.7%的农户使用经过净化处理的自来水，其中东北地区仅36.1%；36.2%的农户使用水冲式卫生厕所，其中东北地区仅4.1%；17.4%的村生活污水集中处理或部分集中处理，其中东北地区仅7.8%。虽然近年来乡村旅游和农家乐等新产业新业态迅猛发展，但开展旅游接待服务的村占比仅有约4.9%，有营业执照餐馆的村占比仅有约30%。还有10.1%的村未通宽带互联网等（具体数据见表7）。很显然，农村生活基础设施和基本社会服务较差，并在区域间存在明显的差距。①

表7　　全国乡村生活基本条件和设施　　单位：%

项目	全国	东部地区	中部地区	西部地区	东北地区
经过净化处理的自来水	47.7	62.3	43.9	38.2	36.1
水冲式卫生厕所	36.2	54.2	29.2	29.7	4.1
生活污水集中处理或部分集中处理的村	17.4	27.1	12.5	11.6	7.8
开展旅游接待服务的村	4.9	3.8	4.6	6.9	3.2
有营业执照的餐馆的村	30.0	31.3	32.4	26.6	27.1
通宽带互联网的村	89.9	97.1	92.7	77.3	96.5

资料来源：根据国务院第三次全国农业普查领导小组办公室、中华人民共和国国家统计局2017年12月16日发布《第三次全国农业普查主要数据》相关数据制表。

① 李国祥：《农村基础设施建设升级　基本社会服务范围扩大》，国家统计局，网址：http：//www.stats.gov.cn/tjsj/sjjd/201712/t20171218_1564195.html，2017年12月18日。

（四）农民和农村被城镇化，乡村文明日益衰落

中华人民共和国成立之初，我国有设市城市 136 个，建制镇 5400 多个，城镇化水平仅为 10.64%。从 1949 年到 1999 年这 50 年间，中国的城镇化率从 10.64% 提升到了 30.89%，增幅为 20.25%。近年来，党中央、国务院就深入推进新型城镇化建设作出了一系列重大决策部署，我国城市化水平快速提高，从 1999 年至 2017 年的这 18 年间，中国的城镇化率从 30.89% 提升到了 58.52%，增幅为 27.63%。对于传统的乡村来说，中国城市化和现代化的影响不仅仅包括农民身份的被城市化，还包括农村建设被城市化和乡村文明的被现代化。

农民身份被城市化。在实施农村城镇化过程中，有些地方为片面追求城市化率，将一些不符合城镇化要求的农民城镇化了，出现了一种被称作“具有城市户籍的农村人”。由于城市很难为他们提供适合的工作岗位，而且城里生活开支比农村大得多，加之他们的生活习惯也很难融入城市环境中，这些被城市化的农民在城市几乎无法生存下去，最终只能实际生活在农村。《国家新型城镇化规划（2014—2020 年）》数据显示，2000 年至 2011 年我国农村人口减少 1.33 亿人，农村居民点用地却增加了 3045 万亩。这说明这种不符合农村实际的城市化，既不符合农民的根本利益，更不符合国家通过城镇化节约土地的初衷。

农村建设被城市化。在城镇化和农村现代化建设过程中，不少人错误地把乡村与城市对立起来，把传统与现代割离开来，用现代化思维、城市化模式建设新乡村。因此，近些年来，我国不少新农村建设基本上是移植中国城市改造和建设的模式，忽视了乡村建设“随形就势、随地取材、随风造景、随遇而安”的观念和特征，生搬硬套城市标准，劈山填水，厚厚的混凝土道路，硬质渠化的河流，高楼大厦、洋房别墅使新农村变成“千城一面”山寨版的城市。在许多地方，城镇化被异化为“大拆大建大手笔，高楼大厦平地起，各种园区扎堆聚，CBD 扮靓 GDP”。[①] 其结果是乡村传统文化被边缘化，乡村建筑物失去了文化传承

① 刘敏、刘元旭：《莫让“乡愁”变“乡痛”——一些地方城镇化沦为“拆旧立新”现象反思》，《农村·农业·农民（A 版）》2014 年第 1 期。

和历史记忆功能，乡村发展失去了个性。

乡村文明被现代化。乡村文化是动态的生命体，传统乡村文化是中华文化的精髓，然而现代乡村文化却急速迷失在轰轰烈烈的现代化和城市化进程中。如现代市场经济发展在激发了农户个体发展经济、改善生活的积极性的同时，瓦解了传统的经济和社会合作机制，强化了农民个体意识，弱化了农民对村庄生产生活共同体的意识。[①] 传统重义轻利的乡村道德观念日益淡化，人际关系日益功利化，人情社会商品化，维系农村社会秩序的乡村精神逐渐解体，乡村社会秩序失范。优秀道德规范、公序良俗失效，陈规陋习盛行，如红白喜事大操大办，攀比之风和过度消费盛行。一些农民社会责任、公德意识、家庭观念日益淡漠，导致不养父母、不管子女、不守婚则、不睦邻里等有悖家庭伦理和社会公德的现象增多。乡村社会中传统的人与自然、人与社会、人与人之间的基本关系遭到了毁灭性的破坏。

二　非物质文化遗产在乡村文化振兴中的作用

中华人民共和国成立以来，我国分别在20世纪50年代、80年代以及21世纪初，组织过三次大规模民间口头文学的搜集和整理工作，2014年完成的第一期口头文学遗产数据库建设项目，就收录了116.5万篇（条）神话、传说、史诗、歌谣、谚语、歇后语、谜语、民间说唱等，总计8.878亿字，是迄今为止人类最大的口头文学遗产数据库。国务院已公布了4批1372个国家级非物质文化遗产代表性项目，包含3154个子项。原文化部先后公布了5批共3068名国家级非物质文化遗产代表性项目代表性传承人，各省（区、市）认定了14928名省级代表性传承人。我国入选联合国教科文组织人类非遗代表作名录项目达到40个，位居世界第一。各级非物质文化遗产项目及其传承人绝大部分在乡村，它们是乡村文化发展的重要基础和内生动力。在乡村振兴中，精神振兴的动力大多将来自非物质文化遗产传承的精神文化，经济振兴的新动力也将来自对

① 韩俊：《关于实施乡村振兴战略的八个关键性问题》，《中国党政干部论坛》2018年第4期。

非物质文化遗产的开发利用。

（一）用非物质文化遗产振奋乡村文化精神

聚焦乡村振兴战略，要重新认识乡村文化的价值和使命。源远流长、博大精深的中华优秀非物质文化遗产，源自农耕文化土壤，是一代代中华各族人民勤劳、智慧和经验的长久积淀，是最深层的精神追求，在提升民族自信心和精神和增进民族文化认同、凝聚力和向心力等方面，一直都发挥着十分重要的作用。如非物质文化遗产中所倡导的孝敬父母、尊敬师长、倡导和睦、崇尚节俭、重视友谊、恪守承诺、讲究诚信、恪尽职守等内容，在乡村发展中起着极为重要的作用。这些文化传统不仅赋予中华文化重要的特征，也是中华文化之所以绵延不断、长盛不衰的重要原因。

《中共中央　国务院关于实施乡村振兴战略的意见》指出："传承发展提升农村优秀传统文化。立足乡村文明，吸取城市文明及外来文化优秀成果，在保护传承的基础上，创造性转化、创新性发展，不断赋予时代内涵、丰富表现形式。"① 这为乡村文化振兴指明了方向。乡村振兴，既要塑形，也要铸魂。抓住文化振兴这个魂，不仅有助于推动乡村振兴，也能助力农村城镇化成为记得住乡愁的城镇化，让农业现代化成为有根的现代化。实施乡村振兴战略，要以科学的态度、发展的眼光，发掘、继承和弘扬乡村优秀非物质文化遗产的文化价值，并对其进行现代性改造，释放其正能量。非物质文化遗产浸透着乡村生活的规则、意义和价值，引领着村落成员的心理、行为和关系，模塑着社会治理的理念、方式和秩序，要深入发掘其中所蕴含的优秀思想观念、人文精神、道德规范，结合现代生活实际，进行创造性转化、创新性发展。深入挖掘那些普通村民都乐意共享，与时代相适应的非物质文化遗产资源，在保留原始风貌和生态肌理、保护社会价值体系和集体情感记忆的基础上，与乡村社会主义核心价值体系的建设结合，更好地促进当代人的社会价值观念重构和乡村情感认同，为乡村振兴注入强大精神文化力量，使乡村社

① 《中共中央　国务院关于实施乡村振兴战略的意见》（2018 年 1 月 2 日），《人民日报》2018 年 2 月 5 日。

会变得更加和谐、更加安定，也更加富有人情味。

王森在《实施乡村振兴战略非遗该做什么》一文中建议：发掘乡村文化资源，使每个村都尽量做到“八个一”：一个生动、精彩、让人印象深刻的民间故事；一个可以展示乡村风采的非遗表演项目；一项传统手工技艺；一个具有特色的传统节庆；一种让人难忘的传统风味小吃；一位让人听过会有点感动或感触的历史人物；一段体现传统价值观的族规家训；一处体现乡村历史的遗址遗迹。做到这“八个一”，乡村的历史、文脉、个性和特色就能保留与弘扬，乡村振兴就会底气更足。① 总之，通过对非物质文化遗产社会价值的挖掘和创造性运用，让优秀传统文化成为凝聚乡村文明精神、增强民众道德认识、提升农民精神风貌、培育文明乡风、良好家风、淳朴民风的强大动力，为新时代乡村振兴打牢思想道德基础，提供强大精神支撑和坚实的文化保障。

（二）用非物质文化遗产发展乡村文化产业

乡村振兴战略的关键是产业振兴，通过产业振兴提高乡村居民收入，让农民富起来。目前，农村经济发展要从产业优化的基本战略出发，寻找新的经济增长点。文化产业已经成为当今世界的朝阳产业，发展文化产业已成为我国调整产业结构、促进经济发展的重要途径。农村有着极为丰富的非物质文化遗产资源，通过创新和创造让这些文化资源转化为产业资源，发展非物质文化遗产产业及相关产业，是促进乡村文化发展、振兴乡村经济的重要途径。

1. 开展非遗生产性保护

2012 年 2 月，文化部印发的《关于加强非物质文化遗产生产性保护的指导意见》指出：“非物质文化遗产生产性保护是指在具有生产性质的实践过程中，以保持非物质文化遗产的真实性、整体性和传承性为核心，以有效传承非物质文化遗产技艺为前提，借助生产、流通、销售等手段，将非物质文化遗产及其资源转化为文化产品的保护方式。”② 从历史传统

---

① 王森：《实施乡村振兴战略非遗该做什么》，《中国文化报》2018 年 4 月 16 日。

② 文化部：《关于加强非物质文化遗产生产性保护的指导意见》，文非遗发〔2012〕4 号，2012 年 2 月 2 日。

来看，人们往往把非物质文化遗产的创造与传承仅仅看成一种民众日常生活自我满足的生存方式和自娱自乐的文化行为，由于它们是民众自发、自主、自愿、自享的文化，很少作为商品流通，其生产一般也不是为了谋利，绝大部分非物质文化遗产活动不但创造不了经济价值，相反还可能要消耗一定的经济资源。从现实发展来看，非物质文化遗产不仅是人类文明记忆的载体，是体现中华民族文化特征的鲜活样本，具有重要的社会文化价值，而且还是当代生活的底蕴和滋养，以及文化产业开发的重要资源。特别是非物质文化遗产生产性保护项目具有鲜明的生产实践性和生活实用性特征，具有丰富的物质资源、技术传统、传承人和品牌优势，具有极高的经济开发利用价值。从实践意义来看，充分挖掘非物质文化遗产资源潜在的经济价值，寻求非物质文化遗产项目与市场经济的新结合点，在充分观照当下社会生产、民众生活和审美观念新变化的前提下，适应时代社会发展需要，用现代产业理念和市场经济法则进行创造性转化，在保留传统非物质文化遗产项目精神内核和核心生产技艺的基础上，将现代精神文化、审美思想和活跃新颖的表现形式融入其中，开发出具有时代气息和地方特色的、为现代大众所喜爱的文化产品，对于传承乡村传统文化和发展乡村现代经济具有双重的意义。

近年来，在国家推行非物质文化遗产生产性保护和大力发展文化产业的大背景下，各地积极探索将乡村非物质文化遗产保护传承与推动特色文化产业发展紧密结合起来，通过保护方式、保护内容和保护机制的创新，拓展文化产业发展的新领域和新途径。非物质文化遗产以其丰富的项目资源、多样的生产形式和独特的传统技艺，被许多地方当作文化名片来打造，当作地方文化产业新的经济增长点来发展，特别是那些适合生产性保护和产业开发的传统技艺、传统美术、中医药制作和饮食文化类非物质文化遗产项目，更是成为文化产业的新宠。它们将传统技艺和现代形式融合重新走进百姓现实生活，满足民众的物质产品和精神文化生活需求，取得了良好的社会和经济效益，使优秀非物质文化遗产项目在产业发展中焕发出新的生命力。王学思提到，“通过生产性保护，一方面弘扬传承了传统工艺，另一方面实现了群众收入的增长，帮助贫困人口脱贫。一些传承人表示，‘指尖技艺’已真正转化为‘指尖经济’。传统工艺工作站在助推精准扶贫工作中也发挥了重要作用。”新疆哈密建立和完善了231家合作社，成立了刺绣协会，接收订单1.7万余件，近千名绣娘直接参与订单制作，每人月均增收1500元。湖南湘西工作站启动“让妈妈回家”计划，通过提高绣娘收入，吸引外出务工妇女回归家庭。工作站还与济南、深圳等地的公司洽谈苗族刺绣订单2800套（件），金额达50万元，带动农村妇女在家门口就业160余人。[①] 非物质文化遗产在生产性保护中产生了良好的社会和经济效益。

2. 发展乡村文化旅游

乡村文化旅游有别于其他旅游形式，它不追求现代时尚、豪华浪漫，而是在寻找乡愁、回归自然中回归人本。因此，发展乡村文化旅游必须充分利用乡村独特的自然资源和文化遗产资源。一方面，乡村的物态文化层面是有别于城市的显在表现之一，譬如，独特的自然山水、田园风光、篱笆墙、山田坳、湖泊溪流、田野草地等自然景物；“日出而作，日落而归”，宁静舒缓的生活节奏；水车灌溉、插秧割稻、采草摘茶、喂猪养鱼等农耕场面等；其自然景色优美、生态特色鲜明，与城市异质性的特征，是塑造乡村旅游吸引力的源泉。另一方面，乡村文化是乡村旅游发展的灵魂和核心。文化者，以文化人也，而文化旅游无疑是一种潜移默化的“化人”途径。当今世界，文化正成为国家核心竞争力的重要因素，用文化的理念发展旅游，用旅游的方式传播文化，不仅必要，而且可行。农耕文化是乡村文化的根基与灵魂，农耕文化中那些不具物质形态的非物质文化遗产，如农事节日、风俗习惯、乡村礼仪、民间工艺、民间小吃、民族服饰等，都以其独特的文化精神和丰富多彩的形式构成乡村传统文化的重要组成部分。由于它们文化品质原真，能满足现代旅游者求新、求异、求美的旅游动机，是发展乡村文化旅游的重要资源与基础条件。实践证明，没有乡村文化内涵支撑，乡村旅游就缺少生命力和竞争力。乡村文化旅游必须突出农耕文化特点，农耕文明与现代工业文明反差越大，其田园意味越足，农耕文化越突出、越典型、越贴近城镇居民亲近大自然的“乡愁”情感，越受欢迎。

---

① 王学思：《开创生动局面　提供中国经验——我国非遗保护工作行稳致远》，《中国文化报》2018年4月4日。

发展乡村文化旅游要增强项目中对游客的参与性和体验感。乡村文化旅游要以旅游者了解乡村历史、感受乡村文化、体验乡村生活为主要目的。乡村文化旅游项目必须将文化性与娱乐性、趣味性和体验性充分结合，使游客获得更多的娱乐和审美体验。非物质文化遗产中有许多项目具有丰富的文化内涵和有趣的文化活动，比如民间节庆、民俗活动、文学艺术、饮食文化、手工技艺、传统体育等，要在这些非物质文化遗产项目上做文章，推出一批游客可观、可闻、可参与的项目，使他们有新的体验、新的感受和新的收获。比如，为游客提供“做一天农民，体验农耕辛劳”的项目，提供传统的水车、石磨、石碾等农具让游客亲身体验如何使用这些古老的农用器具；充分利用本地饮食文化，让游客品尝具有农家特色的菜肴，在条件允许的情况下让游客亲自动手参与当地菜肴的制作；充分利用乡村竹编、纺线、织布、刺绣、印染、酿酒等手工技艺项目，让旅客体验手工制作的技艺与乐趣。通过这些体验活动，游客可以直接接触、体验和感受传统乡村生活方式，了解这些活动背后的历史故事、风土人情，使游客置身于自然和谐的环境中，落脚在安然平和的氛围里，回味“乡愁”，感受“乡情”，使乡村旅游成为他们难忘的人生经历。一般来说旅游的快感大多来自参与与体验，乡村文化旅游就是要使老年人在体验传统乡村生活中，找回童年的快乐，寻找到乡愁；使青年人在体验与城里不一样的生活中，感受一种新的生存方式，回味人生的意义；让儿童在体验乡村的自然新奇的快乐中，感受到真正的自由与幸福。发展乡村文化旅游，要以农为本，以人为本，以生态保护、文化传承为主干，打造更多的供游客体验的项目，以提高旅游项目的吸引力和竞争力。

目前我国乡村文化旅游才刚刚起步，处于发展初期和探索阶段，还有很多不足。不足点主要表现在文化特色不鲜明、创意和创新不突出。许多乡村文化旅游只是表层开发，既对当地民俗风情等人文资源的挖掘不足，缺乏乡村文化特色内容，又对到乡村旅游的游客心理和需求研究不够，活动缺乏娱乐性和参与性。在乡村，大力发展文化旅游将是今后文化产业发展的重点，充分利用乡村自然环境、田园风光、农牧渔业生产、农家生活等资源条件，以文化为灵魂，传承农耕文化的理念，通过合理改造和适度开发，为游客提供观光、度假、体验、健身等服务，让人们欣赏独特的田园风光，了解当地的民俗风土人情，感受和体验乡村生活的乐趣，享受农耕文化精神陶冶，通过发展文化产业，促进乡村经济发展。

3. 建设特色文化小镇

2016 年，住房和城乡建设部、国家发展改革委、财政部在《关于开展特色小镇培育工作的通知》中明确提出：我国“到 2020 年，培育 1000 个左右各具特色、富有活力的休闲旅游、商贸物流、现代制造、教育科技、传统文化、美丽宜居等特色小镇，引领带动全国小城镇建设，不断提高建设水平和发展质量”①。2018 年，《中共中央　国务院关于实施乡村振兴战略的意见》中特别指出：“实施休闲农业和乡村旅游精品工程，建设一批设施完备、功能多样的休闲观光园区、森林人家、康养基地、乡村民宿、特色小镇。”据 2018 年 5 月 29 日中国经济网《杨军：近 10 年我国小城镇发展大数据分析》公布的数据显示：2016 年年底我国各级城市共计 697 个，县城单位 1544 个，建制镇共有 20654 个，除掉部分城关镇，真正属于小城镇的有 18099 个。② 自 2016 年倡导特色小镇建设以来，目前国家已公布了两批 403 个全国特色小城镇、96 个全国运动休闲特色小镇。但在特色小镇快速发展的同时，一些地方特色小镇建设主线思路不清晰、发展盲目、地方特色缺失、文化特色模糊，出现了空心化、房地产化等一系列问题。因此，2017 年 7 月住建部发布通知，要求在推进特色小镇的规划建设发展过程中，做到三个“不盲目”：“尊重小镇现有格局、不盲目拆老街区；保持小镇宜居尺度、不盲目盖高楼；传承小镇传统文化、不盲目搬袭外来文化。”③

建设乡村特色小镇应遵循以下基本原则：

第一，立足当地产业基础，培育新业态、发展新经济、聚集新动能。特色小镇必须充分挖掘和利用乡村原有的产业基础和资源禀赋，发展特

① 住房和城乡建设部、国家发展改革委、财政部：《关于开展特色小镇培育工作的通知》，2016 年 7 月 1 日（建村〔2016〕147 号）。

② 《杨军：近 10 年我国小城镇发展大数据分析》，中国经济网，网址：http：//www.ce.cn/culture/gd/201805/29/t20180529_29276276.shtml，2018 年 5 月 29 日。

③ 住房和城乡建设部：《关于保持和彰显特色小镇特色若干问题的通知》，2017 年 7 月 7 日（建村〔2017〕144 号）。

色经济，打造农村新领域、新产业、新业态、新模式和新载体，通过原有产业的转型升级，产业链和价值链的延伸，推动产业结构的高端化，促进乡村经济发展的再提速、再提质，提高当地人民收入水平，走可持续的农业现代化发展之路。第二，立足当地民众生活，凸显乡村特色小镇建设为生活服务的功能。乡村特色小镇建设本质上是一种“完整要素的生活化空间”，是一种新型人居环境和新型城镇化空间。因此，它既不同于单一产业功能的粗放型传统城镇，也区别于传统意义上的千篇一律的以房屋建筑为重点的新农村建设，也不同于简单的农民离乡入城、进市上楼单一手段的农村人身份的城镇化，而是推动乡村小镇通过合理规划和更新改造，打造生产、生活、生态“三生融合”的庄园集群、风景区与风情村镇三位一体的空间结构，因地制宜、因地而异来承载服务业与农业，为居民提供休闲、娱乐、度假等功能的特色新型小镇。第三，立足于乡村自然和文化特色，将资源优势转化为产业优势。首先，发挥蓝天白云、青山绿水、田园风光等乡村独特的自然生态功能，将天人合一、绿色环保意识植入其中，让游客能真正回归自然，享受自然。其次，发挥包括古村落、历史街区，寺庙、老宅、大院等在内的特色建筑文化的作用，讲好与这些建筑相关的独特的历史和人物故事，让人们在娱乐中受到教育；最后，发挥乡土情怀、精神家园的独特乡村文化功能。乡村中的种植技术、生产工具、劳作习俗、人际生态、风俗习惯、祭祀民俗、饮食文化和手工技艺、景观美学等都是文化资源，他们散发着浓浓历史气息和泥土芬芳，乡村特色小镇建设必须做足文化底色，要在“文化+”上做好文章，找到传统文化与现代社会生活的契合点，增强当地传统文化的感染力并放大其价值，将文化资源转换成特色产业，使其成为推动乡村发展的内生动力。

建设乡村特色小镇要守住文化灵魂、擦亮文化底色。费孝通先生曾说：“文化得靠记忆，不能靠本能，所以人在记忆上不能不力求发展，我们不但要在个人的今昔之间筑通桥梁，而且在社会的世代之间也得筑通桥梁，不然就没有了文化，也没有了我们现在所能享受的生活。”① 要怀着敬畏之心，尊重乡村发展规律，深度梳理当地历史文化发展脉络，挖

① 费孝通：《乡土中国》，人民出版社 2006 年版，第 16 页。

掘提炼出独特文化基因，创造性活用乡村资源的人文和生态价值，通过田野生态风光与特色家居有机结合、民俗文化与现代人文互动融合，努力打造优秀的文化品牌，为发展乡村经济服务。据2017年3月27日《人民日报》报道，首批127个特色小镇建设带动产业和农村发展的效果明显，共新增企业就业人口10万人，农民人均纯收入比全国平均水平高1/3。这些特色小镇的传统文化也得到了保护和传承。85%的小镇拥有省级以上非物质文化遗产，80%以上的小镇定期举办民俗活动，70%以上的小镇保留了独具特色的民间技艺。①

综上所述，无论社会如何发展，城乡二元结构不会变。在工业化、城镇化和现代化的进程中，一些乡村消失不可避免，但总体来看乡村不仅不会全部消失，相反还会发展得更好。要充分认识农村的价值，尊重农民的主体性。未来的乡村发展不可能是把乡村变成城市，当今振兴乡村的意义，全在于尊重农民意愿，切实发挥农民主体作用，提升他们的生活品质，拓展他们的发展空间，促进农民共同富裕，引领他们把乡村建设成为更有乡村特色的农业强、农村美、农民富的幸福美丽的家园。

---

① 邱玥：《首批特色小镇建设成效明显》，《光明日报》2017年3月24日。

四

遗产旅游与乡村振兴

非物质文化遗产助力乡村振兴的“西江模式”研究*

肖远平　王伟杰**

摘　要：贵州西江千户苗寨凭借“大数据时代”和“高铁时代”带来的区位优势，已从旅游开发的单向度概念，跃迁为以旅游开发为发展导向，以非遗的活态传承为核心，在经济、文化、社会、经营、脱贫等方面产生规模化“红利”，利用非遗助推当地经济社会发展的经济扶贫模式，也是“旅游反哺文化”的文化保护模式，旅游带动传统工艺复兴的产业振兴模式，更是多元文化和谐共生的民族团结模式。然从非遗可持续发展视角出发，“西江模式”存在的民众文化素养提升缓慢、景区文化元素混杂、传统工艺现代性转化不足、生态环境遭受威胁等问题为学界诟病不已，存在着由“富饶的贫困”走向“空虚的富裕”的危险。因此，坚持非遗“样本保护和活态生产两条腿走路”，加强传承人群研修培训，推动文化教育进校园进社区，探索景区商业开发项目准入制度，才能实现西江苗寨走向“美满的富裕”。

关键词：非物质文化遗产；乡村振兴；西江苗寨；模式

贵州是全国脱贫攻坚主战场，更是未来我国乡村振兴战略的重要阵地。以西江苗寨为代表的大批少数民族村寨的脱贫致富，极具紧迫性、

---

* 原文刊于《文化遗产》2019 年第 3 期。

** 肖远平，贵州师范大学文学院教授；王伟杰，贵州民族大学文学院副教授。

艰巨性和系统性，关乎贵州2020年实现全面脱贫攻坚任务的完成，更关系到实现贵州2000万农民奔小康的根本目标。为此贵州不断探索党建扶贫、教育扶贫、旅游扶贫、易地搬迁扶贫、电商扶贫的新举措，总结提炼出“西江模式”等多种扶贫方式结合的新模式，为贵州当地民众的脱贫致富贡献了“贵州经验”和“贵州智慧”。西江苗寨等少数民族村寨非物质文化遗产（以下简称“非遗”）名录众多，探讨和分析“西江模式”在非遗保护与利用方面助力当地脱贫攻坚的经验举措，将为未来贵州乃至西南农村地区实现乡村振兴提供重要的借鉴样本。

一 西江苗寨在乡村振兴建设方面的有效尝试

西江千户苗寨是全世界最大的苗寨，有1400多户，6000多人。经过10余年的开发建设，西江苗寨已从一个“经济落后、贫困面广、文化保护乏力”的传统村落升级为一个“传统生计方式得到升级转型，旅游品牌日益响亮，民族文化得到保护发展，生态环境日益改善”的乐居乐业乐游的和谐景区。

通过保护与利用苗族文化资源以助力当地旅游发展，苗寨居民收入水平大幅提升，生活质量逐步改善。2008年旅游开发前，西江千户苗寨是一个经济落后、贫困面广、文化保护乏力的传统村落，虽然坐拥丰富的苗族文化遗产，但“富饶的贫困”是其典型特征。第三届贵州旅游产业发展大会的召开，开启了西江千户苗寨利用苗族文化资源发展文化旅游的乡村振兴之路。历经10年，西江的旅游接待人数和旅游综合收入，从2008年的78万人次和1亿元，猛增到2017年的606万人次和49.91亿元，分别增长了7倍和49倍。2008年旅游开发前，西江全村有1500多名村民外出打工，2007年村民人均收入仅1700元，旅游开发后，旅游收入已经成为村民主要经济来源。2017年，西江千户苗寨村民人均收入达22100元，是2007年的13倍，户均约为86190元。仅在2016年，西江苗寨社区居民通过文物保护费的发放和参与旅游业的收益就超过了10000元，大大减轻了雷山县脱贫攻坚压力，外出务工人数已经由2008

年以前的超过 1500 人到目前的“可以忽略不计”[①]。

村寨公共文化服务体系逐步完善，民众的文化获得感、幸福感逐步增强。旅游大开发之前，西江苗寨的公共文化设施较少，民众参与文化活动大多依赖民间自发组织民俗活动的形式；而随着西江旅游经济的迅猛发展，各类公共文化设施不断增加，整个西江千户苗寨面貌得到有机更新，已经形成了较为安宁和谐的公共文化空间。尤其是景区通过借助非遗等优秀传统文化资源，大力发展旅游及其衍生产业，将文化元素、民族资源、农业基础、传统村寨、朴实农户有机结合起来，构成了天人合一的多彩画卷。以公共文化建设为例，2005 年以前西江苗寨没有一座博物馆。旅游经济发展后的 2007 年，西江本土学者张晓教授启动了“民族文化传承与妇女发展项目”；雷山籍学者韦荣慧牵线搭桥建立了“中国民俗博物馆西江千户苗寨露天分馆”；2008 年政府大力支持西江苗族博物馆建立，并在此后短时间内支持了 20 多户家庭博物馆挂牌；2017 年村民李文芬的“阿幼民族博物馆”也正式开馆。而随着博物馆数量增加、文化扶贫项目的增多乃至公共文化基础设施的逐步完善，西江苗寨原住民可供选择的公共文化空间逐步增多。

以文化为核心的旅游经济，改变了景区民众传统农业社会的生产生活方式。西江以苗族文化为景区的最大卖点，将吊脚楼、苗绣、苗族古歌、苗族银饰、苗族美食等融入西江景区的文化空间中，使景区自身的观赏性、艺术性更高，参与性、互动性更强，以非遗为代表的活态文化的融入使西江景区由传统的文化观光旅游变为可以深度体验的全域旅游，而这也为当地旅游经济的发展提供了助推器。在发展旅游经济之前，整个西江苗寨社区以传统农业耕作为其生计方式，外出劳务输出是村民的主要经济来源。2008 年以后，世世代代以农耕为主的传统生计方式已经逐渐转型为以旅游业为主的现代生计方式。社区大部分居民直接或间接参与了当地旅游资源的开发，如在西江景区公司 500 名员工中，直接聘用村民就有 300 多人，占到了公司总人数的 70%。这不仅使大部分村民摆

① 李天翼、麻勇斌：《“西江模式”：西江千户苗寨景区十年发展的成效、经验与价值》，载李天翼主编《西江模式：西江千户苗寨景区十年发展报告（2008—2018）》，社会科学文献出版社 2018 年版，第 15 页。

脱了贫困，更有一批先富起来的村民在雷山县城购置了新房，过上了幸福的现代生活。

文化创新、文化交流促进了民族团结，形成了民族文化自信和文化自觉。首先是西江苗寨社区居民的文化自觉意识空前高涨，相关文化物质载体和精神文化遗产保存较好，民众也形成了良好的爱护文化、保护文化、传承文化、发展文化的文化自觉意识。其次是类似于“苗族古歌”、苗族古楼建筑制造技艺、民间刺绣、传统银饰制作、苗族乐舞等一批珍贵的苗族非遗得到了很好的传承与展示，经济上的收益使民众的民族文化自信心逐步增强。景区通过生产性保护、整体性保护等手段，开发了系列苗族文化产品，圈定了部分文化保护范围，使居民社区内文化事业与文化产业发展取得了双丰收。再次是从乡村振兴的角度看，发展旅游经济后，西江苗寨出现了经济兴、产业旺、百姓富的良好态势，很明显“西江模式”给当地经济社会文化带来了巨大红利，也促成了苗寨内各村民众的共同富裕和空前团结。最后是景区开放式的管理模式，吸引了外来游客与文化学者的到来，促进了西江苗寨与外来文化的交流与融合，更有利于苗族文化在现代社会中展现其当代价值。2016 年西江千户苗寨文化研究院揭牌，并逐步成为苗族文化保护与传承研究的高端智库平台，也为苗族文化的创造性转化和景区的未来发展提供了智力支持。

二 非遗助力乡村振兴的“西江模式”的成功原因分析

西江苗寨旅游开发建设的经验措施被国内外众多专家称为民族文化村寨振兴的“西江模式”。实质上，“西江模式”并非仅指旅游开发的单向度概念，而是以旅游开发为发展导向，在经济、文化、社会、经营、脱贫等方面产生规模化“红利”，所形成的一系列成功经验和可以操作的运行体系。① 从非遗的保护与传承角度分析，“西江模式”在助力乡村振兴建设方面提供了可供借鉴的“地方样本经验”。西江模式从单纯的旅游

① 李天翼、麻勇斌、汪文学：《“共生共建共享”：民族文化旅游发展的“西江模式”》，《贵州日报》2017 年 7 月 26 日第 14 版。

开发模式，蝶变为非遗助推当地经济社会发展的经济扶贫模式，也是“旅游反哺文化”的文化保护模式，旅游带动传统工艺复兴的产业振兴模式，更是多元文化和谐共生的民族团结模式。

利用“景区市场+传承人+农户”的市场驱动机制，助力非遗资源得到有效利用与传承，形成了西江的经济扶贫模式。西江苗寨基于民族地区的诸多资源，得益于民族地区旅游文化发展的先天优势，最大限度地发挥了旅游产业大发展的溢出效应并获取经济利益。在景区市场的吸引下，民众自发地逐步强化对传统技艺、传统美术、传统医药、民俗等类别非遗的生产性保护，推动了以苗族非遗为代表的传统文化实现创造性转化与创新性发展，使传承人经济收入和文化地位提升，并通过“传、帮、带”效应，帮助从事以上文化工艺品生产与创作的当地居民获益脱贫。2007 年西江本土学者张晓教授启动的“民族文化传承与妇女发展项目”，也是民族文化助力民众快速脱贫的积极探索。

建立“景区集中管理，家庭分散保护”运行机制，实施“旅游反哺文化”的文化保护奖励制度，使“西江模式”的文化保护效果显著。西江景区有较多的民族文化遗留保存较为完好，更有悠久的民族历史、灿烂的民族文化、浓郁的民族风情和特色聚落，使其在山地旅游的竞争中夺得先机。一是建立和不断完善文化保护法制体系，如制定《西江千户苗寨民族文化保护评级奖励办法》《雷山县人民政府关于西江千户苗寨贯彻落实〈黔东南苗族侗族自治州民族文化村寨保护条例〉的实施办法》，使景区民族文化保护逐步走上了制度化法治化建设道路。二是创新旅游利益分配机制，设立民族文化保护发展的利益共享机制，以门票收入的18%作为民族文化保护经费发放给村民，不仅使景区的文化物质实体得到了留存和保护，维护了非物质文化赖以可持续发展与传承的文化空间，也使苗族古歌、苗族音乐、苗族舞蹈等非物质文化得到了有效利用和较好的保护。三是景区通过对非遗与其他文化遗产资源进行整体性保护，当地群众文化自信和文化自觉意识明显增强，各级各类文化资源的保护力度不断增强。

依托现有非遗资源进行创新性发展，不断丰富文化产业发展新业态和新产品，使“西江模式”也成为文化产业振兴的新模范。一是推动旅游产业与文化产业逐步融合，发挥二者在旅游经济发展中关联性大、综合性强、渗透性好等特征，促使两大产业走向共同繁荣，同时借助景区的生态资源和农业资源，逐步形成生态、旅游、民族文化、特色农业相互融合、相互依存、相互促进的“四链”特色产业群。二是推动优秀传统文化创新性发展，不断推出文化新产品，使非遗等文化资源在旅游产业大发展中焕发新机。如景区在不改变苗族文化母体的基础上，创造出“高山流水”“五壶四海”“十二道拦门酒”等酒礼酒仪，以及“千人长桌宴”“鼓藏肉”“苗王鱼”等美食，成为景区游客最为追捧的旅游品牌。三是借力“旅游商品经济”的繁荣助推传统工艺实现了初步发展，旅游经济的崛起带动了农业的改造升级、商业的持续繁荣、传统手工业的绝处逢生和餐饮业的异军突起，进而激活和复兴了农作物传统耕作技术、传统美食制作技艺、传统音乐、传统舞蹈、传统服饰、传统节庆等非遗项目，如“民宿经济”的兴起带动了“苗族吊脚楼营造技艺”的应用和对已有吊脚楼的抢救性保护。四是凭借旅游产业能够“搬运”巨大的消费市场的优势，借力西江品牌的文化传播效应，弱化了“文化折扣”带来的不利影响，使西江苗寨在文化经济一体化的发展中大获其利。①

景区内权责主体分工明确，以及多元主体积极参与的合作机制的固化，使西江苗寨成为民族团结示范的重要典型。一是景区实行“民族文化发展利益共享机制”，保护和保存了非遗传承的有形载体，更促进了村寨内部社会和谐（群众间和谐、官民和谐、外来商户与本地居民和谐）；二是西江苗寨以开放博大的文化胸怀打造了公共文化空间，举行了苗族古歌传唱、芦笙舞表演等文化活动，使多元民族文化和谐共生，外来文化落地生根、外来游客融入村寨、外出务工人员回流，构成了多元文化的和美画卷；三是景区逐步在探索和教训中提炼出了多方合作共赢的参与机制，即以景区的核心文化资源进行顶层设计和要素集聚，促使了景区的“当然主体”（当地民众）、法定主体、市场主体、外来主体先后成立或出现，并最终实现了价值认同和意识统一。

---

① 舒小林：《新时期民族地区旅游引领产业群精准扶贫机制与政策研究》，《西南民族大学学报》（人文社会科学版）2016 年第 8 期。

三 “西江模式”在旅游开发中的问题分析

在乡村振兴战略稳步推动并成为民族地区建设主要任务的大背景下，西江苗寨的传统文化资源将成为乡村建设中“产业兴旺、生态宜居、乡风文明、生活富裕”等指标实现的重要依赖。从少数民族非遗的可持续发展与传承角度出发，“西江模式”的提出也备受争议，引发了学术界关于民族文化保护与传承的广泛热议，西江苗寨存在着由“富饶的贫困”走向“空虚的富裕”的危险。

首先，非遗赖以生存发展的文化空间正逐步遭到破坏乃至消亡。西江苗寨在旅游经济层面的成功，虽然在某种程度上受到地理环境复杂、交通区位不便等影响，但往往也占尽生态环境优美之便利，使经济发展较慢且贫穷落后的村寨变为经济发展迅猛且美丽富饶的现代化景区。然而目前景区旅游经济发展所依存的自然环境遭受了一定程度的威胁，非遗赖以生存的文化土壤正被逐步蚕食。这种文化空间的改变发生在三个层面：一是非遗资源发展的自然生态环境改变，如饭店餐馆林立造成生活污水较多，景区内河道水质变坏，景区因主体建筑建设而开山挖石导致耕地和绿地减少等；二是非遗生存的社会环境发生变化，如部分民居被外包改成民宿酒店和商铺，传统院落改成餐馆和娱乐场所，原有民俗活动的场所被规划为停车场和摆渡车站点，传统工艺作坊变成游客体验中心等；三是当地民众生产方式和生活方式发生转变。应旅游经济发展的需要，当地民众以传统农业为主的生存空间变为以旅游经济为主导的发展空间，民众也逐步向旅游从业者转变，由悠闲散漫的小农生活逐步转变为按时打卡的上班族生活，在停车场、收费窗口、民宿酒店、农家乐、各类商铺等场所奔波劳碌。

其次，西江苗寨在旅游经济上的巨大成功，有使部分民众走向“空虚的富裕”的危险。由于景区内居民多为苗族村寨原住民，限于长期交通信息闭塞及经济落后贫困等原因，其接受教育的时间较短，文化水平较低，文化修养和文化品位亟待提升。随着旅游经济浪潮疯狂席卷西江苗寨，在农耕社会中小农意识的支配下，景区内居民的经济意识明显提升，商业化头脑逐步加强，但其文化知识水平却十分有限，有走向“空虚的富裕”的威胁。同时，非遗传承人在旅游经济“搬运”的巨大市场中，逐渐受雇成为商家赚钱的帮手，成为当地旅游经济发展的利益攸关者，甚至背离了其原本的乡土精神和文化传统。尤其是部分居民通过旅游发家致富后，就远离了西江苗寨本原的文化空间，在雷山县城等地购置房产，从而与乡村社会割裂开来并去拥抱现代化的都市生活，这与非遗项目活态保护与传承的要求背道而驰。

再次，西江苗寨街区文化元素混杂且商业化气氛过浓，与本地化的民族文化竞争激烈。一方面，景区内的商铺、超市、娱乐场所、饭店及民宿酒店，大多数已为外地资本承包租赁经营，使多元化的外来文化登堂入室并鸠占鹊巢，在一定程度上冲击着西江苗寨优秀的传统文化。如充斥在景区内的义乌小商品，凭借价格低、种类多、装饰美等特征，赢得了部分游客的青睐，侵占了本土文化产品尤其是传统工艺品的文化市场，使苗寨当地的传统工艺品发展举步维艰。另一方面，景区内无所不在的浓烈的商业氛围，使游客在观光游览中的满意度逐步降低。每逢节假日的旅游高峰期，过多的游园人数超过了景区接待的最大承载量，将是未来景区可持续发展的主要瓶颈。

最后，景区内民族文化创意产品稀缺，传统工艺等文化资源的创造性转化不足。传统工艺等民族文化资源的产业化发展之路受阻，在现代性的转化过程中与景区消费市场供需脱节。其一是苗绣、苗银、苗族服饰等文化产品开发水平不高，同质化现象严重，实用性和创意性较差，亟须通过文化科技融合手段进一步提升；其二是景区文化产品供给结构不合理，低价位的低端文化产品比重过高，中端价位的大众消费型文化产品供给不足，将严重制约民族文化消费群体的培养和民族文化产品市场规模的扩大，故而景区文化产品亟须进行供给侧改革；其三是景区内民族文化市场尚未建立行业标准和市场行为规范，导致文化消费市场秩序较为混乱，商家的短期牟利行为较为普遍，未能在追求经济效益的同时注重其社会效益和文化效益，从而制约了景区内文化产业的长远发展。

四 乡村振兴视阈下西江走向“美满的富裕”的发展建议

“西江模式”在旅游发展、脱贫攻坚、文化繁荣、产业兴旺、民族团结等方面的宝贵经验和做法，与乡村振兴战略的核心要义不谋而合，而在其中非遗又起着不可替代的核心要素作用。未来，西江苗寨要从“空虚的富裕”走向“美满的富裕”，仍应当以非遗的保护与传承为出发点和归宿，努力发挥其在乡村振兴战略中的重要作用。

其一，在非遗保护与传承中，应坚持“样本保护和活态生产两条腿走路”的基本原则，使非遗同时成为民众生产生活中的艺术精品和必需品。一则坚持非遗的本真性保护，保护苗族古歌、苗族舞蹈、苗族传统工艺等非遗资源，以及承载非遗资源以使其活态传承的相关文化社区，保持该非遗项目以“活态样本”的形式存在。二则要坚持走苗族传统工艺的生产性保护之路，如可将景区内游客兴趣度较高的传统工艺品打造成为景区的“爆款”文化产品，使传统非遗与现代生活有机对接，将非遗资源转变为文化产业经济，优化景区内部严重依赖外来游客进行发展的弊端，改变景区内部文化消费疲软的状况，使传统工艺品等成为景区民众生产生活的必需品，提高景区内部居民的生产能力和消费能力。

其二，逐步推动民族文化教育进校园进社区，提高景区居民的文化素质水平。一是积极赋予非遗传承人以文化精英的特殊地位，鼓励其在社会主义核心价值观的熏陶下，利用非遗等文化资源构建民族文化课程体系，推动当地民族文化主动进景区、进社区、进校园。二是应将非遗进课堂、民族文化进社区作为西江苗寨未来发展的重要工作之一。从而使苗族民众从小接受系统科学的民族文化知识教育，习得并领会相关民族文化的核心精神和深层内涵，从而在意识上和行动上接受苗族优秀的传统文化，为未来苗族文化产业的发展提供充足的人才基础和庞大的消费市场。

其三，探索景区商业开发项目准入制度，提高涉及民族文化开发与景区自然生态改造项目的门槛。一者要主动修炼内功，加快苗族非遗等本地文化资源创造性转化与创新性发展的步伐，精心保护苗族文化遗产的物质载体，更要注意将本地文化打造成为省内一流、国内知名的少数民族品牌文化。为了西江景区的可持续发展，应当出台加强对西江景区各类文化产业相关项目管控的政策，引入由管理者、专家学者、当地民众组成的多方评价机制，拔高景区开展未来文化设施建设和衍生民族文化产业的门槛，综合测评相关文化景点开发项目、文化街区规划商铺、文化演艺节目、外来文化餐饮、文化创意产品等与景区未来发展的利害关系，坚决杜绝破坏文化生态、污染自然环境、造成不良价值引导、冲击本地市场的文化项目准入。

其四，做好文化旅游纪念品的创意研发工作，壮大景区内民族文化产业及其相关产业，打造一批具有苗族文化特色的文化产业品牌。首先是继续推动苗族文化与旅游业融合发展，以满足现代社会人们文化消费的心理预期，培育喜爱少数民族文化产品、艺术品的消费群体，拓展传统文化的消费需求和空间。其次是稳步推动苗族文化与科技结合，利用数字技术、“互联网＋”、云计算、物联网等高新技术手段，形成“文化创意”“文化科技”“文化网络”等新兴文化业态，完善景区现代性的文化市场体系，做大做强景区文化产品的研发、生产、展示、销售、反馈等渠道，扩大景区本地文化产品市场占有率。最后是推动民族文化与公共服务结合，景区管理机构可通过购买公共文化服务的方式，如可招标建设西江公共文化服务云平台，让苗寨居民共享优秀数字文化资源；邀请国内知名导演团队编制西江苗寨系列演艺剧目，将当地少数民族优秀传统文化转化为公共文化产品及服务，以满足当地群众和外来游客的精神文化需求，培育民族文化产品的潜在消费群体。

其五，应逐步加强传承人群研修培训，有效推动传统工艺的创意性利用。这就要求积极引导传承人在脱贫攻坚乃至未来乡村振兴方面的角色转换，由单纯口传心授的“教”向扎根苗族文化的“学”、追求文化创新的“变”、融入个人感悟的“授”等方向转变。首先，应不遗余力地开展面向传承人的“强基础、拓眼界、增学养”研修培训计划，提升其知识文化水平和道德修养水平，更好地为非遗传承和文化保护作出贡献，并减少相关理论知识的培训课程，增加创新性实践和创意性研发课程，力促传承人进行非遗的创造性转化。其次，应促进传承人由传统的传承者变为非遗资源的保护者、传播者、创新者和受益者，从而调动传承者的积极性和主动性，开展相关传统技艺的文化培训，带动苗族民众逐步走向自力更生的脱贫之路。最后，应有效推动景区内苗族非遗传承人与艺术大师、文化学者的沟通和交流，提供多方参与的共商共荣机制和平台，鼓励各民族间文化的交流融合，不断深化传承人对文化产品的认识，推出面向大众、面向未来的艺术精品。

作为乡村振兴活力源泉的非物质文化遗产

［印度］阿纳尼娅·巴塔查里亚

（Ananya Bhattacharya）*

摘　要：文化为发展助力引航。本文分享了印度社会企业 banglanatak dot com 的发展经验，该企业围绕艺术与手工业的传统知识和工艺技能，致力于依托社区实现创意型发展。banglanatak dot com 发起了“为生活而艺术”的倡议，通过振兴技艺的传承、广告宣传和同市场直接对接、建立管理文化产业的艺术机构，保护了 25 个以上的口头传统、表演艺术和手工艺。“为生活而艺术”采取了一种三管齐下的方法——保护艺术、赋能传统手艺人并重塑传统手艺人村庄的“文化中心”形象。该方法为乡村发展带来新活力，使落后的乡村地区变为开展文化传承教育和文化旅游业的胜地，一年一度的乡村节日也为艺术表演和文化推广提供了新的语境，社区群众在认可社区非物质文化遗产的同时增强了对社区的认同感和自豪感，年轻人对探索和实践传统技能有了更浓的兴趣。在此过程中，女性群体作为传统文化的主要传承者，社会地位得以提高，社会流动性有所增强，自身经济条件发生改善。乡村人口流失现象也出现缓和。随着社会包容性的提高，人们对实现发展目标更感兴趣也更具有自主权，更多孩子完成了学校教育，更多妇女获得了更高水平的教育，农村居民的卫生条件和生活质量都有所改善。随着社区对文化企业的重视度日益

* 阿纳尼娅·巴塔查里亚，banglanatak dot com 主管。

提高，社区人民逐渐摆脱了过去的阶级和种姓等级的制度划分，全球化和科技的进步将世界与这些社区群体联系起来。本文主要讨论非物质文化遗产的节日庆典如何重新连接并重振拥有历史传统的社区，以及如何利用节日庆典建立合作关系，创造强有力的未来，谋求共同的福祉与繁荣。

关键词： 文化旅游；乡村振兴；社区文化产业

文化遗产形塑着我们的文化认同。文化遗产不仅涉及历史遗迹和文物，还包括口头传统、社会实践、仪式节日、关于自然和宇宙的知识和实践、表演艺术和传统工艺知识和技术等非物质元素。在当下的全球化社会，非物质文化遗产增强了人们对文化多样性的认识，使人们意识到文化交流的必要性，为和平事业的建设和社会包容性的提高作出了重大贡献。目前，国际旅行游客人数激增。根据联合国世界旅游组织（UNWTO）2017 年年度报告，2017 年国际游客人数超过 13.23 亿人次。旅游业对全球 GDP 的贡献达到了 10%，占全球贸易总量的 7%，并创造了数以亿计的就业岗位，每十个就业岗位当中，就有一个是旅游行业创造的。历史上，旅游出行与文化密切相关。古代丝绸之路连通东西方国家，改变了世界的贸易往来方式，因此丝绸之路常常被视为全球化现象的起始点。丝路沿途各地紧密相连，环环相扣，丝绸之路运送货物的同时传播了知识，商品交易不仅创造了财富，也加强了思想的交流。"一带一路"等倡议通过非物质文化遗产庆典和文化合作的形式，为乡村振兴创造了新的机遇。当前，文化对可持续发展的促进和推动作用已得到充分肯定，联合国《2030 年可持续发展议程》（SDG）① 确认了非物质文化遗产对教育和人居环境可持续发展的重要性。以下是《议程》中的一些目标，其中明确提到了遗产和文化旅游的内容：

> 议程第 4 条　确保包容的优质教育，让全民终身享有学习机会。

① 译者按：SDG 是可持续发展目标（Sustainable Development Goals）的缩写。《2030 年可持续发展议程》中的核心部分提出了 17 项可持续发展目标。具体内容见联合国教科文组织官网，https://sdgs.un.org/goals，浏览日期：2020 年 9 月 30 日。

目标如下：到 2030 年，确保所有学习者获得推进可持续发展所需的知识和技能，其中包括可持续发展、可持续生活方式、人权和两性平等等观念，和平与非暴力文化和全球公民意识，对文化多样性的鉴赏力，以及文化与可持续发展的关系。

议程第 8 条 促进持久、包容和可持续的经济增长，促进充分的生产性就业和人人获得体面工作。目标如下：到 2030 年，制定并执行促进旅游业可持续发展的政策，创造就业机会，推广当地文化，加强文化产品的宣传。

议程第 11 条 建设包容、安全、有抵御灾害能力和可持续的城市和人类社区。目标如下：加强对世界性文化遗产和自然遗产的保护。

议程第 12 条 确保采用可持续的消费和生产模式。目标如下：通过开发和利用工具，监测可持续发展对旅游业的影响，创造就业机会，推广当地文化，加强文化产品的宣传等。

议程第 14 条 保护和可持续利用海洋和海洋资源以促进可持续发展。目标如下：到 2030 年，增加小岛屿发展中国家和最不发达国家可持续利用海洋资源的经济效益，包括对渔业、水产养殖和旅游业的可持续管理。

《议程》为国际社会可持续发展合作提供了准则，各国将利用非物质文化遗产为乡村发展注入活力。本文分享了印度的发展经验，展示保护非物质文化遗产如何推动可持续和包容性发展。banglanatak dot com 是一家总部位于加尔各答的社会企业，成立于 2000 年，企业服务范围辐射印度全国，采用基于文化的方法推动包容性和可持续发展，本文将以 banglanatak dot com 的经验为例展开讨论。

banglanatak dot com 大力提倡“为生活而艺术”（AFL），该倡议致力于保护非物质文化遗产，促进基于非物质文化遗产的创意事业和文化产业的发展。“为生活而艺术”起初涉及 3200 名从事表演的民间艺术家，涵盖六项民间传统。在 2005 年至 2008 年的起步阶段，“为生活而艺术”得到了加尔各答文化中心的支持，该中心是印度政府文化部下属的一个自治机构。2009 年至 2011 年，为了增强传统手艺人社区与全球受众的联系，欧盟提供了资金支持。2013 年，印度西孟加拉邦政府下辖的小微与中型企业部采用了这一模式，即融合艺术、手艺人群体和人居环境，并与联合国教科文组织建立了伙伴关系。目前，全国已有 2.5 万多名传统文化从业者被纳入了“乡村工艺文化中心”计划。此外，比哈尔邦约 1500 名传统手艺人也采用了“为生活而艺术”的模式。通过建立培训体系、培养创新意识，当地的文化表演、口头传统、编织工艺及传统手工艺等得到了振兴和发展。这些村庄得到推广，成为文化传承教育和文化旅游的胜地。

由于生活方式发生了改变，且传统工艺与节日仪式日渐衰微，传统表演与手工艺技术面临着威胁。庆祝以非遗项目为内核的乡村节日已经成为乡村振兴的有效途径。“为生活而艺术”目前涵盖 4 万名传统文化传承人。在近 3—8 年内，大约有 20 个村庄定期举行非物质文化遗产庆典活动。有些节日庆典是在传统文化传承人的村庄里举行，展示民族习俗、舞蹈、传统文化故事、刺绣和手工艺品等珍贵传统，其中一个是庆祝印度春天的洒红节，同时有土著的舞蹈和歌曲表演。另一个节日庆典在喜马拉雅山地区，16 个当地土著群体表演了节目。大约有十几个村庄有社区负责管理的文化中心，这些文化中心堪称“活生生的博物馆”。文化中心展示了当地的艺术和文化，为实践开展和协作研讨会提供场所，并提供 4—6 人的食宿。因此，一年到头都有游客来这里学习文化遗产，进行文化合作。150 多名外国艺术家参加了乡村音乐节及音乐和艺术居留项目。

“为生活的艺术”不只改变了传统手艺人及其社群的生活。在传统手艺人得到认可和尊重的同时，旅游和文化交流的机会也引起了年轻人的兴趣。现在，年轻人跟从手艺人学习传统文化，手工艺成了谋生的工具，由此传统文化的技艺得以巩固。大多数手艺人群体的收入增加了 5—10 倍。由于大多数传统手艺人（约 60%）是女性，因此“为生活而艺术”赋予了妇女地位，妇女经济实力不断提高，社会流动性显著增强，在家庭和社会拥有了更多发言权。日益强大的关系网促进传统手艺人与学术界、节日组织者和其他艺术家的多元文化合作。300 多名来自偏远农村地区的传统手艺人已游览过欧洲、亚洲、非洲和北美地区的诸多国家。国际交流与合作提升了整个传统手艺人群体的实力，也证明了艺术旅行不是单纯的经费花销，而是在从事投资。在社会认可度提升的同时，社会包容度不断增强，人们对发展进程的兴趣不断提高，由此产生了非货币化的结果，例如，传统手艺人家庭较以往更加注重在儿童教育、健康卫生以及改善其生活环境和生活质量方面的投入。正因如此，贫困的小村庄正逐渐成为充满活力的文化旅游胜地。

以下将分享比克纳村（Bikna）[①] 的发展经验。比克纳村一直以其名为多克拉（Dokra）的铸金工艺而闻名。20 世纪 60 年代，一群游牧人在比克纳这个小村庄定居下来，成为土著。比克纳村的多克拉工艺产品类型广泛，有各种各样的小雕像、神像、装饰件、珠宝和陶器。尽管产品受到广泛赞誉，但村民们的生活条件仍然很差。这个项目由大约 5 名传统手艺人管理，他们雇佣员工，定期发工钱。2013 年，"传统手艺人劳工"家庭的平均月收入约为 60 美元，较高的约为 120 美元。若要提高家庭收入，最便捷的办法就是参加政府举办的手工艺品展览会，但有资格参加展览会的人数只占总数的 5%。若要解决现有难题，控制高利贷将会是一项巨大挑战。由于当时只有 15% 的手艺人有银行账户，而银行又拒绝向他们提供贷款，因此比克纳村的普通多克拉手艺人只得寻求高息贷款，从而为高利贷者提供了可乘之机。延迟付款所产生的高利率不断压榨着传统手艺人的收益，使得他们顾此失彼，生活难以为继。此外，他们中有 63% 的人辍学，28% 的人不识字，7% 的人能勉强写自己的名字，只有 2% 的人通过了中学考试，如此低的受教育程度导致了社会矛盾的加剧，使整个社会陷入恶性循环。除了贫穷和社会整体受教育水平低下，环境问题也不容乐观。由于生产多克拉工艺品的露天旧炉不断排出浓烟，比克纳村的空气质量每况愈下，村民哮喘病和结核病高发。村里到处堆满了垃圾，因为大约 95% 的家庭没有厕所，所以村民们习惯随处排便。另外，当地全部的用水来源是村里仅有的一个水池，水源极易受污染，水污染引发的传染病多发，村民长期忍受折磨。

2013 年，在州政府乡村工艺中心的倡导下，开始了振兴比克纳村的工作。比克纳村与印度国家冶金实验室（NML）合作，采用了先进、省油且污染最小的熔炉，并为开发一系列新型家居饰品和实用物品举办了讲习班。同时，鼓励传统手艺人尤其是女性手艺人去其他城镇参加展览会和节

① 译者按：比克纳村（Bikna）位于印度东部西孟加拉邦，以 Dokra 金属铸造工艺闻名。

日庆典。比克纳村独特的工艺受到了赞赏，市场需求量迅速上升。节日庆典和促销活动不仅提高了产品的销售量，而且使手艺人熟悉了市场的选择和偏好。市场对比克纳村的产品需求空前高涨，现在，手艺人们直接向全国各地的企业供货，收入增加了五到六倍。有两位传统手艺人前往欧洲城市了解市场，其中一位是女性。比克纳村完善了基础设施和排水系统，人们用上了干净的自来水，也不再有人随地大小便。有了更好的基础设施和生活工具，村民们拥有了良好的工作环境，工作效率随之提高。传统手艺人群体恢复了往日的活力，并接受了商业管理方面的培训。现在，他们不再依赖放债人，直接从银行获得运营资金。比克纳村有一个文化中心，该中心设有传统手艺人社区办公室，配有可连接互联网的电脑。2015 年，传统手艺人举办了第一届多克拉乡村节，乡村节为比克纳村带来了多方面的改变。邻近的社区知道这群传统手艺人的存在，但从未亲自到比克纳村去，也很少关注濒临失传的传统文化。他们借着乡村节的机会亲临比克纳村参观游览，比克纳村文化产品的艺术技巧和繁多种类给他们留下了深刻印象。比克纳村文化中心和每年冬天举办的乡村节为其树立了良好的形象。社区管理着所有运营事宜和后勤。无论是国家或地方媒体，还是旅游和航空杂志及社交媒体，都为乡村节做了大量的媒体报道，极大地增进了人们对比克纳村的了解。目前，比克纳村吸引了五湖四海的游客，并为游客开设了时长 1—2 小时的传统工艺体验服务。传统工艺重新焕发生机不断增强村民们的尊严与自豪感，除收入提高以外，比克纳村的振兴还带来了其他方面的进步，例如，人们更加重视教育，女性拥有了更多权利。比克纳村为女性手艺人举办了特别讲习班，与此同时，村里的孩子们也在一边上学，一边学习手艺。女性手艺人不仅积极地投入工艺生产中去，还参与了工艺设计，并参观其他地区的乡村节，从中吸取经验。现在，由于市场需求的扩大和收入水平的提高，比克纳村赢得了社会的广泛认可，去其他国家和地区旅行参观的机会也随之增多，年青一代的手艺人们满怀希望，投身于传统工艺的发展，由此带来了比克纳村手艺人群体的壮大。年轻的多克拉手艺人正在利用网站和移动科技推广比克纳村的手工艺。此前他们接受了英语口语、计算机和互联网等方面的培训，现在他们正与外国的文化专家在网上交流对话，寻求企业创新发展之路上的共同点。不仅如此，他们还利用技术向孩子们推广网络课堂。2014 年，全印度工匠和手工艺工人福利协会（AIACA）将其享有盛誉的“工艺徽章”（Craftmark）授予比克纳村的多克拉手艺人。2018 年，孟加拉的多克拉被授予地理标志（G. I.）。“工欲善其事，必先利其器”，比克纳村的传统手艺人现在已拥有足够的力量保护他们的文化遗产。比克纳村的故事证明了非物质文化遗产能为乡村振兴发展带来全新面貌。曾几何时，面对文化的失传和生活的窘迫，比克纳村的传统手艺人一度陷入绝望，而现在，他们对未来充满信心。比克纳村村民的生活发生了翻天覆地的变化，从住房环境、卫生状况、饮食习惯到生活条件均有大幅改善，多数家庭拥有电视和冰箱，有些还扩大了家庭住宅面积，许多年轻人骑摩托车出行。现在的比克纳村已经实现了家家户户都有体面的工作，有了收入的保证，传统手艺人集中精力追求卓越发展，产品的生产质量和设计感显著提升。同时，他们已经能够成熟有效地管理大批量订单。年轻手艺人心存高远志向，渴望到国外施展才华。比克纳村的文化中心已经用于为学生进行文化遗产教育。对于比克纳村的一切改变，多克拉传统手艺人兼企业家 Putul Karmakar 用一个生动的比喻来形容：“我们曾经是路边的无名野花，而今幻化成夺目的莲花!”

综上所述，本案例研究说明了传统习俗和工艺技术如何共同助力乡村振兴事业。投资可持续的比克纳文化促进了经济发展，提高了社会包容度，赋予了妇女更多权利，提升了当地居民的整体幸福指数，改善了人们的生活环境，推动了手工艺产业和文化旅游业的发展，为更多群体带来了新的创收机会。

联合国世界旅游组织对文化旅游的定义如下：“文化旅游是为了满足游客了解、探索和体验物质和非物质文化景观及购买其文化产品等需求的一种活动。文化景观及产品指带有物质、精神、理性和情感特征的旅游资源，其中包括艺术和建筑、历史和文化遗产、饮食传统、文学作品、音乐、创意产业和涵盖生活方式、价值体系、信仰及传统的现有文化群体。”① 联合国世界旅游组织在《旅游业与非物质文化遗产》② 中指出，

---

① United Nations World Tourism Organisation, *Tourism and Cultural Synergies*, Madrid: UNWTO, 2018, p. 11. Accessed at https://www. e－unwto. org/doi/book/10. 18111/9789284418978. p. 11.

② 译者按：Touism and Intangible Cultural Heritage, UNWTO, Madrid, DOI: https: doi. org/10. 18111/9789284414796。

为了满足游客对旅行新奇体验的需求，文化产品会不断推陈出新，正因如此，人们对文化遗产的认识不断增强，文化旅游的发展为保护文化遗产提供了有力支持。如果我们能够发起类似于“一带一路”的倡议，集结文化中心的力量，利用节日庆典和文化交流活动将人们连为一体，那么将有更多的社会群体为建设和平和包容的社会贡献力量，增进人民福祉，维护人民尊严，激发人民的创造力。

了解更多信息请登录

http：//banglanatak. com/art-for-life/

http：//www. toureast. in

http：//www. ruralcrafthub. com

http：//www. rcchbengal. com

http：//www. toureast. in

http：//www. bncmusical. co. in

参考文献

United Nations World Tourism Organization. 2018. *Annual Report 2017*. Madrid：UNWTO，accessed at http：//publications. unwto. org/publication/unwto-annual-report-2017.

United Nations World Tourism Organization. 2018. *Tourism and Cultural Synergies*，Madrid：UNWTO，accessed at https：//www. e-unwto. org/doi/book/10. 18111/9789284418978.

United Nations World Tourism Organization. 2012. *Tourism and Intangible Cultural Heritage*. Madrid：UNWTO.

United Nations. 2016. “Sustainable Development Goals”，http：//www. un. org/sustainabledevelopment/sustainable-development-goals/.

“一带一路”会议翻译小组译校　康丽终校

重返“生土”世界：生土建筑和乡村技艺的复兴

——河南新郑裴李岗村的乡村振兴实践*

代改珍**

摘　要：河南新郑裴李岗村从2018年3月开始进行主动性、系统化的乡村振兴，聘请了专业的设计团队，以国家级文物保护单位裴李岗遗址中的生土建筑为源头，挖掘窑洞、夯土建筑、土坯建筑等村落中的生土建筑及其连带的文化符号，大规模地再现了裴李岗的生土建筑群落和生土艺术景观群落，重构了乡村空间，形成独树一帜的历史文化乡村景观场景。同时，政府主导、村集体组织、村民逐渐积极参与到以制陶、香包、剪纸、虎头鞋等为代表的非物质文化遗产的复兴中，增加了乡村文化活力，同时也丰富了游客参与乡村生活的内容。媒体的广泛报道和游客的高度认可，鼓励了村民进一步挖掘、传承本地非遗技艺，增强了乡村的文化自信。

关键词：乡村振兴；生土建筑；非遗传习；文化自信

裴李岗，位于河南省郑州市新郑市新村镇西部，是一个以农业为主的老村。1977年，在裴李岗村发现了重大的新石器时代文化遗址，年代为公元前5600年—公元前4900年，距今8000年左右，被公布为20世纪

* 原文刊于《民间文化论坛》2019年第2期。标题和文章内容均有变动。

** 代改珍，北京联合大学旅游学院副教授。

百项考古大发现之一和全国重点文物保护单位。裴李岗文化属于全部为地下文物的遗址型保护单位，转化为景观和产业的难度比较大，因此裴李岗村在多年的“河南省美丽乡村”评选中屡屡落选，给当地干部村民带来很大的挫败感，用当地有的人的话说，裴李岗“徒有其名”。

2018年年初，新村镇主要领导和村干部们下定决心，以文化复兴为突破口，投入较大资金和精力，抓好裴李岗村的振兴工作，进而给全镇甚至全市的乡村振兴作出示范。于是，迅速在裴李岗开启了以乡建设计为切入点，以乡建为基础、乡村业态和乡村旅游服务为主体的乡村振兴实践。笔者以乡村振兴规划者的身份参与了这一过程，本文以参与观察的视角，呈现裴李岗村在乡建中如何挖掘、再现、放大其生土建筑技艺，如何挖掘香包、剪纸等传统手工艺，以促进乡村经营业态丰富和产业振兴。

一　从裴李岗遗址到崖壁窑洞：生土建筑技艺的历史

1979年中国社会科学院考古研究所河南一队对裴李岗考古遗址进行发掘，考古队发现裴李岗遗址居住区土层主要有三层，即黄沙土、红黏土和浅黄土，且土质中有零星的泥质和夹砂的红陶片以及残石铲、骨针和骨锥等。在居住区北部遗址的发掘中，发现不少含有草秸和带植物杆痕迹的红烧土，这些红烧土当为房屋的墙壁或房顶倒塌后的遗存①，这些迹象表明这里曾有过比较完整的村落。通过研究表明，裴李岗文化的房屋均为半地穴式建筑，以圆形房屋为主，方形房屋较少，门朝南，有阶梯式门道。② 基于裴李岗遗址的发掘，新郑博物馆对裴李岗考古遗址发掘中的文物进行展示，并结合裴李岗遗址考古中对居住区发掘的建筑元素，对裴李岗文化中的房屋建筑进行场景再现。

如今，在裴李岗下属的西河李自然村南侧，双洎河北岸的台地上，

① 中国社会科学院考古研究所河南一队：《1979年裴李岗遗址发掘报告》，《考古学报》1984年第1期。

② 张之恒：《中国考古通论》，南京大学出版社2009年版。

沿着黄土崖壁排列着数十孔窑洞，在20世纪80年代之前，西河李村的大部分村民居住在这些窑洞里。在现在村庄的老房子里，还有着大片的夯土墙，甚至整座房子的主题框架都由夯土构筑而成，大多已无人居住，濒于坍塌。裴李岗从5000多年前到现在的这些穴居或者崖壁居的窑洞以及土坯房、夯筑房都属于生土建筑的类型，生土建筑及其原土和岩石是人类最古老的建筑技术和建筑材料①，生土建筑包括窑洞、夯土建筑、土坯建筑，其技术包括夯土技术、土坯技术和烧制砖的技术。在中国广大黄土地区长时期地广泛存在着，保存了黄土地区的历史、生活密码，也延续着该地域独特的村落景观。

生土建筑中的窑洞营造技艺，2008年被列入了第二批国家级非物质文化遗产名录，与碉楼营造技艺、客家土楼营造技艺、侗族木构建筑营造技艺、苗寨吊脚楼营造技艺、雁门民居营造技艺等，共同作为人类宝贵的非遗财富，被保护、传承。裴李岗的乡村振兴实践，紧紧把握住裴李岗村包括窑洞在内的生土建筑技艺，进行乡村空间的营造和景观设计，促进了乡村独特场景和文化氛围的形成，提升了裴李岗人的文化自信，并进一步助推了裴李岗村在新郑乃至河南省乡村振兴中的地位，给当地发展带来了政策、名望等方面实实在在的好处。

二 生态建筑技艺的复兴：营造裴李岗独特的乡村空间和景观

“古村落景观”的意象表现为一定地域人群所创造的村落文化的空间形象，一定地域人群的文化思想就通过这种独特的村落形象来表达。② 裴李岗的乡村振兴实践，在由设计师主导的阶段，就从生土建筑的大规模再现入手，营造古村落的黄土景观体系，试图构建裴李岗村从7000多年前走来的历史感和文化地位。

2018年3月，裴李岗乡村振兴的乡村建设工作开始。政府专门从北京聘请了设计团队驻村参与，该团队知识结构丰富，有在乡建领域享有

① 荆其敏：《生土建筑》，《建筑学报》1994年第5期。

② 刘沛林、董双双：《中国古村落景观的空间意向》，《地理研究》1998年第1期。

很高声誉的孙君，有多名建筑学、文化学博士，有熟悉建筑施工对接的技术人员，所以，从设计到施工，裴李岗乡村建设的全过程都由该团队负责和主导。工作之初，设计师基于裴李岗考古遗址报告和新郑博物馆中的裴李岗文化场景复原，通过现场踏勘、走访等形式，努力寻找裴李岗村的各类生土建筑，极力从裴李岗久远的生活痕迹中进行符号提炼、解读、放大、重复和叠拼，形成公共建筑、景观改造的符号语言，来唤起人们的乡愁记忆，建构裴李岗悠久的独特的历史空间感和景观体系。

设计团队前后两次驻村 20 多天，进行了大量的走访、踏勘，搜集了 30 多项生土建筑技艺的素材，包括西河李自然村南侧的崖壁窑洞，村民旧房中的夯土墙、夯土院墙、临时搭建的土墙柱，村落农田高架起来的水渠渡槽的黄土基底，甚至还包括正在进行的裴李岗遗址扩大发掘中的作业纹理、层叠的土层。在与村民的走访座谈中，设计师不断地引导老人们回忆以前的生活，尤其是生土建筑在生活中的使用状况，并让老人们描述其制作过程。设计方案以裴李岗遗址文化为品牌，从村落空间的梳理、地标性建筑的改造、公共景观的重构等方面，大规模地使用生土建筑，恢复村落的传统场景感和融于自然的生活体验感，彰显“八千回眸·根亲祖地”的主题。

在建筑景观改造中，设计团队重点把握了村口、祠堂、游园广场、村委会办公房、村诊所、公共厕所等节点，并选择了四户民居改造作为示范工程，以大尺度的黄土墙面、黄土立柱、黄土质感的雕塑、土木做旧的亭廊等，作为重要的旅游吸引力，将游客瞬间带入一种历史场景当中，增强对村落文化的好奇心和探索欲。同时，对于村民来说，村落本土文化被放大、强调，再由媒体传播出去，受到上级领导和周边村落以及外来游客的赞赏，很大地提升了文化自信和自豪感。

首先，利用黄土立柱及其变形、组合，设计了裴李岗村的村标和村口景观。设计师在从北部、南部两个方向进入裴李岗村的道路入口处，设计了以加粗、加长的黄土立柱为主体、辅以木架形成的村庄标志，上面用隶书字体、锈蚀钢板材料，写上大大的“裴李岗”村名，并悬挂“八千回眸·根亲祖地”标识牌以提示其文化高地的特征。

其次，对于村落游园、景观广场，采用土、木、茅草、石材相结合的乡土材料，形成亭、廊、台、挡墙、地面纹饰，构建原始蛮荒之感。

设计师在村落中安排了三处游园，以作休憩、交流、游玩、活动场所。在计算了本村活动人数，加上接待游客共享游园的数量之后，按照人均所需面积和功能进行了场地、空间规划，然后开始进行了以“土、木、水”为元素的艺术化装扮，包括六个圆形、八角形的茅草顶、木立柱的亭子，三面黄土挡墙，上面用石块刻字记录着裴李岗的村史，十多条木头长椅，以及若干个木质的跷跷板、土质的攀爬矮墙，这些乐园的地面大多以毛面的原石铺装，或者用大面积的透水砖铺设，以无动力的自然材料构筑出一片不知岁月的公共乐园，延续着游人的穿越感。

另一项重要的工程是选择村落重点公共建筑，进行精细的传统化改造。第一阶段，进入改造范围的是：李氏祠堂，村委会办公房，村诊所，公共厕所，4 户经过协商、居民腾退的民居等。在设计师开始工作的时候，村中的李氏祠堂因为长久没有活动、无人维护，除了正堂紧锁，其他地方已经被村民承包用于养鸡，杂物乱堆乱放，垃圾遍布，无处下脚。祠堂的建筑也是本村的非常常见的灰砖单层，主建筑朝向也因为便于道路连接的考虑，为坐西朝东格局。此地为典型的中原文化地区，而且村落地势平坦，整个村庄的建筑格局呈街巷式、排列规整，祠堂的坐落、朝向按照传统的礼法要求是应该而且可以做到的，设计师大胆地将原祠堂建筑拆除，重建一个南北朝向、高墙高屋顶、土木青砖建材的旧式祠堂，祠堂沿主街面，即院落的东墙开一个次门，便于游客进出，但是祠堂礼制式的正门位于南部。村委会办公房是设计量最大也是投资额最大的一项改造，主要的理念就是以黄土筑墙艺术包装建筑外立面、以黄土立柱的变形及组合构建院落及公共景观，以将这座村庄内体量最大的建筑群营造出一种“原始、神秘”的感觉，以大规模的黄土艺术将观众和游客带入一种遥远的文化意境中，以凸显裴李岗文化的独特魅力。村公厕是最有意思的一项改造，因为面积较小，仅为 80 平方米，单层，层高 2.8 米，设计师大胆地用黄土将整个建筑包裹、覆盖，公厕的入口处用低垂的黄土门廊、屋檐，完全遮挡了原有的门脸及其提示性文字，转而改用类似于原始岩画的符号来表示“男、女”区分。一个实用性极强的公共服务设施，变成了一件艺术品，吸引着来往人群驻足拍照，有游客的微信写着：这样的厕所，你还敢上吗？感觉里面藏着我们的祖先。一段时间内，这个公共厕所成了裴李岗村的网红打卡地，大家拿着一种探访

8000 年前先人们生活场景的心态前来膜拜。在对四户重点民居的改造中，设计师没有一味追求夯土住房技艺的艺术化彰显，而是主要结合本地和周边近代建筑的特征，青砖灰瓦，在门、窗、屋檐、屋脊的处理上，突出厚重感，并结合旅游接待经营的需要，打开了部分空间，尽量做到室内外互通，增大庭院内的休闲空间，并进一步通过命名系统，强化空间的怀旧感。

此外，设计师把握住在裴李岗遗址中发掘出大量陶器这一历史，艺术化地再现在整个村落的景观营造中，在广场的挡墙当中会镶嵌进各种造型的陶罐，地面铺装中使用陶罐的残片，在墙面装饰中用陶罐残片进行图案拼组，在主要街道的房脚，看似随意地堆放做旧的陶盆、陶罐，并对其进行景观绿化隔离。同时，在村落中建起两孔陶窑，寻找掌握烧制陶器的老匠人，进行烧制实验，成功之后，开始常态化地设置陶器技艺培训班，成立了陶艺合作社，由师傅带领徒弟们钻研技艺、制作陶器，由合作社的经营者将这些作品作为景观设施、公共用品供应给政府和建设者，作为旅游纪念品提供给游客。制陶工艺在裴李岗的乡村振兴实践中，既营造了空间的文化感，又丰富了游客的产品参与体验性，更重要的是激发了村民学习、掌握、传承传统手工艺的热情，增加收入的同时，提升了他们的文化自信。

三　制陶、香包、剪纸、虎头鞋：乡村技艺的组织化复兴

在裴李岗乡村振兴中，伴随着生土建筑的大规模再现对于村落空间和景观的重构，以陶器、香包、剪纸、虎头鞋为代表的本地非物质文化遗产技艺也在政府鼓励、村集体组织和村民的积极参与下得到复兴，形成了乡村生活的热闹气息，也成为游客进村参观、参与、购买的主要物品。

在国家乡村振兴战略的引导下以及开发商和乡建设计工作者等外界因素的“嵌入”，裴李岗村乡村空间由传统的生产空间、生活空间、生态空间开始被打乱和重构，逐渐融入消费空间、文化展示空间、公共休闲空间等新的空间。乡村振兴促进了裴李岗乡村再生产，拓展了乡村再生

产空间。伴随着新的消费空间、文化展示空间等的再生产，一些传统非物质文化遗产被作为一种主要的文化和特色休闲业态也得以复兴再生，嵌入裴李岗乡村振兴中来。如河南省省级非物质文化遗产香包、新郑市市（县）级非物质文化遗产剪纸以及虎头鞋等的制作技艺等。

非遗是老百姓生产生活的“活化石”，非遗的生命在生活，非遗复兴方式，尤其是非遗技艺的复兴，不是让它活在陈列室或者博物馆里，而是走进老百姓的生活里。制陶、香包、剪纸和虎头鞋等非遗被作为“乡愁”的符号和载体引入裴李岗乡村振兴中来，它们通过文化展演和表演等参与体验感较强的方式从非遗精英（非遗传承人或非遗公司）文化展演的空间生产扩展到社群范围的社会消费空间生产，融入裴李岗乡村生活中来，丰富了裴李岗乡村文化的内涵，在裴李岗乡村振兴实践中验证它的生命力，形成裴李岗的乡愁传统，扩大了非遗的影响力。制陶、香包、剪纸和虎头鞋等非遗（技艺）的复兴，是一个可以符号化、再现化的情感和文化记忆，在乡村振兴红红火火的场域中组合、叠拼、嵌入，深入老百姓的生活中，进一步将裴李岗村塑造成一个“乡愁的村庄”，让裴李岗村的乡愁更有乡味。在裴李岗的乡村振兴中，通过制陶、香包、剪纸、虎头鞋等非遗技艺的多元化复兴，促进了裴李岗村的乡村文化振兴。通过举办培训班等方式为广大群众提供了一个学习和传承非遗技艺的平台，结合非遗节庆活动的举办，既促进了非遗技艺的传承，又增强了裴李岗村村民对非遗的文化认同。将非遗与乡村旅游等相结合，推动非遗跨界融合，创新非遗文创产品，并充分利用互联网电商平台拓宽非遗文创产品的传播和销售渠道，为村民提供就业机会，带动裴李岗乡村振兴发展。

一是成立非遗传习所，开展非遗传承培训。在裴李岗乡村振兴中，政府组织成立非遗传习所，免费举办非遗传承培训班、非遗活动月、非遗进乡村等一系列非遗主题活动，聘请新郑市非遗传承人为广大村民群众开展非遗技艺的培训活动，吸引和带动广大群众参与到非遗产品制作中来，一方面，传承非遗的制作技艺，促进非遗的传承和弘扬，增进村民群众对非遗的文化认同，增强了村民的文化自信；另一方面，让广大村民群众掌握一项技能，使其变成一种谋生手段，为村民群众创造一个就业机会。

二是研发非遗旅游产品，发展非遗文化产业。在裴李岗乡村振兴中，通过“非遗+”的跨界融合，发展非遗文化产业，为非遗赋能，挖掘非遗的商业市场价值。一方面，将非遗与乡村旅游相结合，开展非遗体验之旅，成立非遗文创工作坊，打造非遗产品、非遗文创产品、非遗周边产品等一系列以非遗或非遗符号为主题的非遗旅游产品，让非遗产品与市场对接，通过市场流通实现非遗活态化发展。游客可亲自参与体验到非遗产品的制作技艺中来。同时要充分结合市场，创新非遗旅游纪念品的特色化和多样化设计，将非遗产品进行创意化包装与创新定位，加入现代消费理念，使其更加符合现代市场的消费需求。另一方面，将传统非遗与现代化设计相融合，通过非遗的跨界融合，让非遗走进当代生活，设计出符合当代人审美需求的非遗产品，从非遗自身的“创新”，到非遗与外界的融合，再到提取非遗元素或者非遗符号的“多样化诠释”来研发非遗文创产品，促进非遗在传承活化中焕发新生，挖掘非遗的文化魅力，发展非遗文化产业，提升非遗的价值。

三是充分利用互联网，拓宽非遗产品销售渠道。在裴李岗乡村振兴中，充分利用互联网等新技术新媒体，拓宽非遗产品的传播和销售渠道，互联网电商已成为产品销售的重要渠道。借助互联网电商平台，为非遗产品的流通提供渠道和空间，让非遗产品进入更多消费者的视野，激发消费者购买非遗产品的欲望，让非遗产品更好地融入消费者的生活中。

四是举办非遗节庆活动，传承非遗技艺。非遗不是静止的文化，而是动态的文明，非遗是不能脱离生活的“生活文化”，凝结着浓郁生活气息的情感记忆和精神寄托。端午节佩戴香包是新郑当地的古老传统，因其具有美好的寓意。在裴李岗乡村振兴中，充分运用这一传统习俗，在端午节来临之际，举办以香包制作为主题的非遗节庆活动。一方面，邀请新郑非遗传承人现场制作非遗产品，通过非遗技艺的活态展演来展示非遗魅力，吸引广大群众关注非遗；另一方面呼吁广大群众积极参与到香包的制作中来，使非遗的传承深入到群众的生活中来，潜移默化地促进了香包非遗技艺的传承。同时还举办非遗文创大赛，吸引广大群众参与到非遗文创产品的创意设计中来，推动非遗的创新发展。

四 非遗技艺的集体狂欢：裴李岗乡村振兴的主体实践

裴李岗乡村振兴是一个自上而下、由外而内的过程。国家在场、政府主导或参与、村干部带领、媒体推波助澜、乡建工作者积极参与、乡村精英重回主流、外来游客体验等等，多种社会力量与政治力量共同参与①，他们互相凝视，互相协作，他们是乡村振兴中非遗复兴的协作者，注重非遗“内在价值”及官民协作②，共同推动非遗复兴。

各级政府以决策者的角色主导乡村非遗复兴。在乡村振兴的非遗复兴中，从上到下，各级政府都发挥着举足轻重的作用。各级政府以政策扶持、资金保障、编制规划和落地实施等方式间接或直接参与到非遗复兴中来，是非遗复兴的主要参与者和核心力量。宏观层面上，中央政府提供发展战略方向指导、政策引导和资金支持，以国家在场的方式参与非遗复兴。中观层面上，省市政府出台相关的政策扶持和资金保障，推进非遗复兴。微观层面上是县乡镇村级政府，他们是国家和省市相关政策的具体执行者和实施者，不仅在政策扶持和资金保障上予以推进，更是直接参与到非遗复兴具体建设中来：他们成立非遗传习所，举办非遗培训班，聘请非遗传承人来开展非遗培训，并举办一系列非遗节庆活动。非遗节庆活动是政府主办的，政府占据绝对的主导地位，以行政手段和财政手段投入非遗节庆活动，赋予非遗新的文化意义，促进非遗复兴。

社会精英以特色专业优势引导非遗复兴。社会精英，诸如乡建设计师、乡村文化建设者、乡村文化艺术者、非遗传承人等，他们以各自擅长的特色优势参与到非遗复兴中来。乡建设计师，受到乡政府的邀请，以其专业的视角和技术能力参与到裴李岗村的乡村振兴规划中来，是乡村振兴的重要参与者。他们在编制规划时，在乡政府及村干部的帮助下获取裴李岗村的建筑资料、历史文化资料，并以专业的视角，融合地方

① 安德明：《对非物质文化遗产保护的反思》，《河南社会科学》2008 年第 1 期。

② 杨利慧：《官民协作：中国非遗保护的本土实践之路——以河北涉县女娲信仰的 400 年保护历程为个案》，《云南师范大学学报》（哲学社会科学版）2017 年第 6 期。

政府和相关人员的思想，努力实现他们构想的乡村振兴空间。

在裴李岗乡村振兴中，乡建专家孙君主导裴李岗乡村振兴的规划设计，派出专业团队进驻裴李岗，主要从以下几方面参与到乡村振兴中的非遗复兴：

凝练村庄最传统、最古老的建筑符号，进行建筑风貌改造，再现生土建筑技艺。乡建设计团队通过寻找到村庄南部已经废弃的土崖窑洞，描绘窑洞外缘的轮廓、窑洞留存的黄土纹理等，在村庄建筑改造中将黄土材质和痕迹斑驳的色彩以及窑洞的流线大量运用到外墙上以及村落的公共景观中，力图营造一种历史感和岁月流变的沧桑感。在裴李岗的建筑风貌改造中，乡建设计团队建议政府，首先从村部、祠堂、村卫生所和村部旁边的四户民居开始，并加上村口景观、村民活动广场等几处，尝试通过“点、线、面”的方式，迅速形成古老的、文明的裴李岗的视觉冲击力。

从“久远生活的痕迹”中提炼，用生土建筑技艺来建构公共建筑和景观改造的符号语言。乡建设计团队极力从裴李岗村“久远生活的痕迹”中提炼符号，如从窑洞壁、窑洞群、土泥墙、土墙柱和裴李岗遗址发掘现状进行符号提炼、解读、放大、重复、叠拼，形成规划设计中公共建筑、景观改造的符号语言。

解构与重构传统乡村空间，营造非遗的“文化展示和消费空间”。乡建设计团队通过对裴李岗村传统的生产空间、生活空间、生态空间的解构和重构，通过规划植入传统非遗休闲业态，如香包、剪纸和虎头鞋等，使其进一步融入消费空间、文化展示空间、公共休闲空间等新的空间，营造非遗复兴的“文化展示空间”和“消费空间”，唤起乡愁记忆。在裴李岗乡村振兴发展中，通过文化展示空间和消费空间的规划，引入传统休闲业态，如非遗香包、虎头鞋、剪纸等，既有这些非遗文创产品，又可以体验这些非遗产品技艺，从而促进了非遗的复兴。非遗进入旅游市场过程中，会涉及众多利益相关者，构成复杂的利益相关者关系圈。[①] 这些非遗文创产品，一方面继承了传统的非遗技艺，另一方面又吸纳设计

① 赵悦、石美玉：《非物质文化遗产旅游开发中的三大矛盾探析》，《旅游学刊》2013 年第 9 期。

师的创新思维，融合了新时代的工艺、创新和创意理念等，让非遗技艺融入当下生活和现代人的审美意识，促进了非遗产品的创新，为非遗发展带来全新动力，推动非遗的复兴和发展。

社会媒介以广泛宣传报道助推非遗复兴。在社会媒介广泛关注和宣传报道下，非遗被传播给广大社会受众，形成广泛的社会影响力，更进一步催升了村民的文化自豪感，也强化了村干部、乡镇干部撸起袖子加油干的决心。对此，村民和地方干部都深深地感到被鼓舞，纷纷转发、传播。在社会媒介的镜头下，以香包、剪纸、虎头鞋等为代表的非遗及其文创产品被赋予新的文化内涵。结合乡村旅游的发展，非遗及其文创产品呈现出明显的旅游体验和消费导向，并作为一种旅游文化景观实现了再生，推动了非遗的复兴。

乡贤以示范者的角色带动非遗复兴。乡贤在非遗复兴中起到先锋楷模和示范带头的作用。一方面，乡贤们基于乡情乡愁，更加容易且比较乐于学习和传承非遗技艺，并发挥他们的先锋楷模和示范带头作用，带动广大村民共同参与到非遗的复兴中来。另一方面，乡贤们可以发挥他们在市场、技术、信息、资本、人脉等方面的资源优势，推动非遗及其文创产品的创新和发展，拓宽非遗产品的传播和销售渠道，推动非遗的复兴。

外来游客以消费者的角色参与到非遗复兴。在裴李岗乡村振兴中，随着非遗与乡村旅游融合发展，开设非遗文创店或者非遗体验工坊，以前店后坊的形式对外来游客产生旅游吸引力，吸引游客参观购买非遗产品或者参与体验非遗的制作技艺，他们以消费者的角色直接参与到非遗复兴中来。同时，为了更好地满足外来游客和消费者的需求，裴李岗非遗文创企业也会主动去了解潜在游客群体的消费需求来进行创新创意化设计非遗文创产品，以更好地满足市场需求，此时的游客则可以说是间接参与了非遗的复兴。

本地村民逐渐以“文化自觉”的态度积极参与到非遗复兴。本地村民无疑在非遗复兴过程中占据着很重要的角色，他们是非遗复兴的重要传承者和参与者。在裴李岗乡村振兴发展中，本地生活的“主人”——村民最初对非遗的复兴并未表现出直接的反抗，但也没有积极参与其中，而是持“不以为然”的旁观者态度。在快速见效的乡村振兴成果面前，在乡贤的示范带动下，村民们逐渐“乐在其中”，由被动变主动，发挥起“主人”的角色，以“文化自觉”的态度参与到非遗复兴中来，既提高了村民对非遗技艺的传承自觉和文化自信，又使村民精神面貌焕然一新，且增强了村民对非遗复兴及非遗文创产品的认同。

在裴李岗的乡村振兴实践中，设计师和施工者以生土建筑的体系化复兴为基础，在空间上对乡村进行了重构，形成了景观空间、生活空间、生产空间、消费空间、生态空间，以黄土艺术为代表对村落景观进行了传统化实践[①]，力图营造一种 8000 年从未间断的历史场景感，极力塑造与裴李岗遗址相应的乡村文化地位。同时，以政府和村集体为主导，村民们积极参与到制陶、香包、剪纸、虎头鞋等乡村技艺的复兴当中，乡村的文化活跃度和感染力在增加，村民的文化自信也在媒体和游客的鼓励下迅速提升。

---

① 康丽：《从传统到传统化实践——对北京现代化村落中民俗文化存续现状的思考》，《民俗研究》2009 年第 6 期。

五

列入非遗名录对乡村的影响

韩国济州海女文化的遗产化与复兴

[韩国] 庾喆仁 (Chul-In Yoo)*

摘　要:“海女”是女性潜海捕捞者,她们在不使用任何呼吸设备的情况下潜入海水中捞取海产品,包括海螺、海胆、鲍鱼和琼脂。“海女”在汉字中的字面意思是海上女性或海洋女性。2016 年 11 月 30 日,“济州海女(女性潜海捕捞者)文化”被列入人类非物质文化遗产代表作名录。“海女”遗产不仅包括济州岛的海女,还包括韩国大陆的海女。2017 年 5 月,海女文化被指定为“国家无形文化财”,海女渔业于 2015 年 12 月被列入韩国重要的渔业遗产系统。济州海女文化被列入名录是阻止济州海女数量减少的手段之一。基于作者参与济州海女文化联合国教科文组织人类非遗代表作名录申请的经验,本文将探讨海女文化在列入名录之前和之后,海女社区、村庄渔业合作社和其他人是如何参与济州海女文化的遗产化和复兴的。自 2007 年以来,济州海女代表参加了一年一度的海女国际研讨会,并就保护济州海女文化发表了自己的看法。自 2014 年以来,高中生也在年度研讨会上表达了他们对济州海女文化的理解。此外,济州特别自治道实施了高中生记录济州海女故事的项目。2016 年,27 名学生第一次录制了 22 个海女的故事。2017 年,48 名学生录制了 44 个海女的故事。由于村庄渔业合作社(eochongye)拥有在其村庄附近海域的独家捕鱼权,任何想要作为海女工作的人都必须加入合作社。归德 2 里(Gwideok-2-ri)村的村渔业合作社于 2008 年首次建立了海女学校,以便

* 庾喆仁,韩国济州大学教授。

系统地教授潜水技能。村庄渔业合作社于2015年成立的另一所海女学校是法环洞（Beopwhan）村的海女学校。2018年，济州海女文化保全会——一个非政府组织，在坪岱里村开设了济州海女文化学校。济州海女文化被列入人类非遗代表作名录，通过提高对非物质文化遗产在促进可持续发展中重要性的认识，提升了海女的自尊心，重振了济州岛海女文化。济州海女文化的一些特点，如注重潜水工作的可持续性，关怀弱势群体，以及注重共同需求，是人类社会可持续发展的一个很好的典范。

关键词：海女文化；遗产化；复兴；政府作用；合作；公共价值

2016年11月30日，联合国教科文组织非物质文化遗产保护政府间委员会根据韩国的申报，将“济州海女（女性潜海捕捞者）文化”列入人类非物质文化遗产代表作名录（以下简称代表作名录）。海女是指不使用任何呼吸设备来潜水捕捞钟螺、海胆、海参、鲍鱼、琼脂等海产品的女性潜海捕捞者。海女一词在汉语中的字面意思指“海洋之女”或“潜海的女人”。目前仍有大约3900名海女活跃在远离韩国大陆南部海岸的济州岛。济州岛是一座火山岛，截至2017年的人口约为68万人。2007年，济州岛以“济州火山岛和熔岩管”之名被列为世界遗产名录中的自然遗址。济州海女在夏季每天工作6—7小时，冬季工作4—5小时，每年工作约90天。

济州海女、亚洲游泳比赛金牌得主和花样游泳队队员曾一同在一档电视娱乐节目中进行了一场水下憋气比赛。节目的所有嘉宾都预测济州海女会是赢家，就连济州海女也认为自己能屏住呼吸的时间最长。然而一分钟后，济州海女却第一个浮出水面。

反复的潜水练习让海女们知道自己何时必须浮出水面。平均而言，济州海女下潜10米捕捞海产品时会屏住呼吸1分钟。与人们普遍观点相异，海女并非天生具有特殊的体质，能让她们屏住呼吸的时间比他人长。身体素质，如肺活量和忍受冷水长期浸泡的能力，对潜水能力固然重要，但通过经验进行学习则更为关键。随着时间的推移，潜水技能可以通过练习不断培养、不断提高。

一 列入代表作名录

2006 年，庾喆仁首次提出将济州海女文化列入代表作名录。① 首先，济州海女的知识和潜水技能被视为《保护非物质文化遗产公约》（以下简称《公约》）界定的非物质文化遗产（以下简称“非遗”）。《公约》第 2 条第 1 款规定了“非遗”的含义：“被各社区、群体，有时是个人，视为其文化遗产组成部分的各种社会实践、观念表述、表现形式、知识、技能以及相关的工具、实物、手工艺品和文化场所。”②

其次，将济州海女文化列入代表作名录是基于济州海女文化属于可持续发展的典范，以及济州海女数量日益减少的现状。潜水工作的可持续性是海女文化的一个重要特征。在没有呼吸设备的情况下，人类对大量捕捞的欲望被个人在水下有限的活动能力所限制。表 1 列出了济州海女的群体情况（按年限和年龄划分）。

表 1　　济州海女的群体情况（按年限和年龄划分）

年代	总人数（人）	<29 岁（%）	30—49 岁（%）	>50 岁（%）
1970	14,143	4,426 (31.3)	7,764 (54.9)	1,953 (13.8)
1980	7,804	764 (9.8)	4,737 (60.7)	2,303 (29.5)
1990	6,827	294 (4.3)	3,017 (44.2)	3,516 (51.5)
2000	5,789	3 (0.1)	1,282 (22.1)	4,504 (77.8)
2010	4,995		125 (2.5)	4,870 (97.5)

① Yoo, Chul-In, “Jeju Haenyeo (women divers): Their Intangible Cultural Heritage and Sustainable Development”, A paper presented at the 1st International Conference on Women Divers, organized by the World Association of Island Studies, Jeju City, Korea, June 7, 2006.

② http://www.unesco.org/culture/ich/en/convention (retrieved March 11, 2017).

续表

年代	总人数（人）	<29 岁（%）	30—49 岁（%）		>50 岁（%）			
			30—39	40—49	50—59	60—69	70—79	80 +
2016	4,005		12（0.3）	46（1.1）	403（10.1）	1,246（31.1）	1,734（43.3）	564（14.1）
2017	3,985	1	63（1.6）		357（8.9）	1,178（29.6）	2,386（59.9）	

资料来源：济州特别自治道 2018 年海洋与渔业统计年鉴

自 1970 年以来，由于鲜有新人加入海女职业，济州海女逐渐老龄化，她们甚至会工作到 80 岁以上。1980 年以前，济州海女大多处于 30—49 岁年龄段，而到了 1990 年，50 岁以上的海女占总数的比例超过 50%。2011 年以来，济州海女最大的年龄段是 70 岁。截至 2017 年 12 月，在济州海女文化被列入代表作名录一年多以来，出现了一位 20 多岁的海女，30 岁到 49 岁年龄段的海女也从 58 人略增至 63 人。

2009 年，庾喆仁在提议将其列入代表作名录时建议命名为海女或海女文化，并强调列入名录是唯一能保护济州海女的手段。① 庾喆仁还强调，当海女消失后，作为活态文化遗产的海女文化也会消失。换言之，除非海女留存下来，否则海女的知识和潜水技能将消失。

20 世纪 60 年代以前，当济州海女乘着划艇到遥远的海域或韩国大陆潜水作业时，她们常常唱着海女的歌谣。如今，随着划艇的弃用，海女歌谣作为劳动号子的功能也逐渐消失。然而，海女歌谣作为女性潜水捕捞者的一种标志和她们的情感表达被口头传唱至今。1971 年，海女歌谣被列为济州道非物质文化遗产第 1 号。即便海女最终消失，海女歌谣仍然会在人们的口耳之间传播。

2008 年，传统棉质潜水服（murot）和传统潜水设备（现代海女并不使用）被列为第 10 号济州道民间文化遗产。即便海女最终消失，它们也

① Yoo, Chul-In, "Haenyeo (women divers): Proposal for Inscription on the Representative List of the Intangible Cultural Heritage of Humanity", A paper presented at the 4th International Conference on Haenyeo, organized by the Society for Jeju Studies, Jeju City, Korea, June 8, 2009.

会作为代表物品保留下来。20 世纪 60 年代，泡沫塑料制成的浮标取代了由葫芦制成的传统浮标（tewak）。20 世纪 70 年代，现代潜水服取代了纯棉潜水服，但济州海女仍会穿着传统潜水服参加一年一度的海女节和许多其他特殊活动。例如，2016 年，一名海女就身着传统潜水服参加了在埃塞俄比亚首都亚的斯亚贝巴举行的第十一届政府间委员会会议，而这场会议正式将济州海女文化列入代表作名录。① 随后，制作传统潜水服的相关技能开始在海女群体内广为传播。

《公约》第 2 条第 2 款明确了非物质文化遗产所涵盖的领域。济州海女文化的申报文件确定了两个领域：一个是关于自然界和宇宙的知识和实践领域，另一个是社会实践、仪式和节庆活动。

济州岛的海女有自己关于大海的心头地图，包括珊瑚礁的位置和贝类的栖息地。海女必须利用她对珊瑚礁地形的了解和经验估测贝类当天可能的栖息地。她必须自行测算自己与水面的距离，以确保在耗光肺部氧气前到达水面。她还需精通当地的风向和潮汐知识，使她能够在适当的时间、在适当的地方、在不受潮流阻碍的情况下潜水，同时让她的浮标免受风浪的影响。这些地图和知识是每个海女通过反复的潜水经验获得的。为了开展潜水工作，济州海女需要努力扩展她对水下环境的了解，并有效地将她的知识转化为适当的行动。②

根据潜水技术水平，济州海女群体的成员分为三类：高技能（称为上军）、中等技能（称为中军）和低技能潜水者（称为下军）。海女群体的排名与海女职业的工作经验密切相关。高技能的海女经过多年的实践，是最好的潜水者，掌握最充分的关于珊瑚礁和海产品的知识。其他济州海女向高技能海女学习潜水技能、相关知识，以及对群体的责任感。大多数济州海女进行潜水时，会参照高技能海女对天气的预测而非官方预报。③

济州海女彼此之间存在深厚的敬意。她们在捕捞海产品时是竞争对手，同时也是在海上危险作业时值得信赖的伙伴。在潜水过程中，她们

---

① https：//ich. unesco. org/en/decisions/11. COM/10. B. 24（retrieved July 19，2019）.

② Yoo，Chul-In，“Hardy Divers Gather Seafood from the Ocean Floor”，*Koreana*：*Korean Culture & Arts* 28（2），2014，pp. 12 – 17.

③ http：//www. unesco. org/culture/ich/en/RL/culture-of-jeju-haenyeo-women-divers-01068（retrieved March 11，2017）.

会组成小组，以监控附近其他海女的安全。为了让身体不太好的老年海女能有所获，相对安全、水深较浅的海域通常被指定为“祖母的海域”，只有老年海女才有资格下潜。

海女群体中有一句流行的谚语：“在阴间工作是为了能生活在这个世界上。”这暗示了潜水固有的风险。每年春天，她们都会举行一个名为jamsugut的萨满仪式，祈求祖母海神保佑她们在海上的安全，并收获丰厚的水产。作为jamsugut的一部分，萨满叙述的启示仪式中包含了一句警告：海女在水下不应贪婪。在仪式的“撒种”环节，小米种子被撒在海边，作为播种包括钟螺和鲍鱼等海产品种苗的象征性行为。村里的海女协会负责准备仪式食物并支付相关费用。

二 遗产化与复兴的相关各方

在济州岛海女文化被列入代表作名录前后，海女群体、渔村渔业合作社和许多其他组织都参与了海女文化的遗产化和复兴。由于名为“渔村契”的乡村渔业合作社拥有其村庄附近海域的专属捕鱼权，任何想从事潜水捕捞工作的人都必须加入合作社。济州岛有102个渔村渔业合作社。渔村渔业合作社依法规定每年的潜水天数、每天的工作时间，禁止使用某些技术以避免过度捕捞。渔村渔业合作社与海女协会、当地政府在该渔村所属海域中播撒钟螺和鲍鱼的种苗。济州海女文化申报代表作名录时，所有的渔村渔业合作社均同意提名。

《公约》强调提名过程需要社区的参与。在济州海女文化申报过程中，对该项目如何命名的调查就是社区参与的一个例子。济州海女博物馆在2012年对各渔村渔业合作社进行的调查中发现，他们在诸如“海女”“潜女”“潜嫂”等各种名字中更倾向于“海女”。潜水捕捞者在大多数村庄被称为“海女”，但济州岛的其他几个村庄也在使用“潜女”或“潜嫂”的名称。此外，自2007年以来，济州海女派代表参加了一年一度的海女国际研讨会，并就保护济州海女文化发表了自己的看法。归德2里村的渔村渔业合作社于2008年首次建立了海女学校，以便系统地教授潜水技能。法环洞村的渔村渔业合作社于2015年建立了另一所海女学校。

为了保护和振兴济州海女文化，渔村渔业合作社未来须指定交替区域为潜水禁区，减少工作时间和潜水天数，并修正成员的加入资格，以便海女行业的新成员能够轻松加入合作社。渔村渔业合作社也要强调潜水作业的合作性，更多地考虑公益性。

隶属于渔村渔业合作社的海女协会是海女的志愿组织。每个村庄的海女协会既是一个公民的团体，也是一个经济生产共同体。在它的会议上，成员们将讨论并决定每年潜水季节的开始和结束日期。当有重要的社区活动如婚礼或葬礼时，协会将决定他们暂停潜水工作的时长。在大多数情况下，潜水工作的合作性使决策能够通过协商一致达成。高技能的海女通常在海女协会中担任领导角色。

海女协会一直在寻求并实施在其海域可持续潜水的措施。例如，济州海女每年清洗水下区域和潮间带，并多次清除不需要的海藻，以促进海产品更好地生长。把海洋称为她们的“水下田”，她们的其他职责还包括在海里“播种”钟螺和鲍鱼的种苗。济州海女文化是与自然和谐相处的典范，也是可持续发展的典范。然而，为了保护和振兴济州海女文化，海女只能捕捞适量的海产品。她们还必须重视潜水工作的合作性质，更多考虑到公益性，特别是关心新手海女和年老的海女。

韩国中央政府和地方政府在海女文化遗产化中发挥了关键作用。在济州海女文化被联合国教科文组织列入代表作名录后，2017 年 5 月，“海女”这一文化遗产，包括济州海女和韩国大陆海女在内，均被列为韩国国家级非物质文化遗产。韩国其他地方的潜水捕捞工作主要是由济州海女在季节性外出务工时传授的，这些地区的海女或者是从济州岛迁徙过来的，或者是当地的妇女。尽管如此，韩国大多数的海女仍然生活在济州岛。2015 年 12 月，济州海女渔业被认定为韩国重要渔业遗产。韩国中央政府提交了一份提案，申请将济州海女渔业系统列为粮农组织（联合国粮食及农业组织）发起的全球重要农业遗产系统（GIAHS）所在地。国际与国内的认可提高了海女的自尊，并有助于人们逐渐认识到海女文化和渔业的重要性。

地方和中央政府全面落实了海女渔业系统的保障措施。对渔村海洋资源的管理一直是重大且主要的措施之一。海产品不得捕捞的期限和捕捞的规模由法律规定。定期监测村庄的海洋资源，必要时在水下播种海产品种苗。

济州政府努力提高海女的福利。例如，根据济州特别自治道条例，自 2002 年起，退休和仍在工作的海女均可享受免费医疗。作为海女行业招聘计划的一项，济州政府最近对参与渔村渔业合作社的海女给予了启动费补贴。济州海女文化被列入代表作名录后，济州特别自治道海洋水产局设立了海女文化遗产科。

学者们也参与了济州海女文化的保护、遗产化和复兴。除了对海洋资源和环境的研究外，他们还应记录海女的知识和技能，收集海女的口述生活史。其次，学者们应该开发推广海女文化的课程，并作为可持续发展教育（ESD）的一部分。课程包括潜水工作所需的生态知识，海女社区群体对弱者的照顾和对公共利益的承诺，以及海女渔业系统以女性为中心的经济模式。

在申报期间和被列入名录之后，济州人包括非政府组织都进一步意识到济州海女文化的意义。例如，非政府组织“济州海女文化保全会”于 2018 年在坪岱里开设了济州海女文化学校。自 2014 年以来，高中生在一年一度的海女国际研讨会上展示他们对济州海女文化的理解。此外，济州特别自治道海女博物馆还开展了中学生记录济州海女故事的项目。2016 年，27 名学生首次记录了 22 名海女的故事。2017 年，48 名学生记录了 44 名海女的故事，2018 年，47 名学生收集了 13 名海女的故事。①

三 结论

济州海女文化作为非物质文化遗产，来源于海女渔业系统的性质。根据联合国教科文组织非物质文化遗产保护政府间委员会的决定，济州海女文化“有助于提高妇女在社区中的地位，并通过其生态友好的方式和社区参与管理捕鱼的做法来促进环境可持续性”。由于渔村渔业合作社和海女协会主要负责海女渔业的实践和传播，首先应在海女自身的积极参与和合作下制定各种措施来保护和振兴海女文化和渔业。此外，相关

① Yoo, Chul-In, “Who's on First? Multi-stakeholders Participation for the Sustainability of Jeju Haenyeo Fisheries System”, A paper presented at the 5th Conference of ERAHS (East Asia Research Association for Agricultural Heritage Systems), Wakayama, Japan, August 27, 2018.

各方之间的合作也至关重要。

济州海女的遗产化和复兴将促进海女渔业的可持续性和海女文化的保护。将济州海女文化列入代表作名录，既增强了海女的自尊心，又提高了人们对济州海女文化的重要性以及非物质文化遗产在促进可持续发展方面的认识，并以此振兴济州海女文化。济州海女文化的特色，如潜水工作的可持续性，海女社区对弱势群体的关怀、公共利益的价值等，都是人类社会可持续发展的良好范例。

“一带一路”会议翻译小组译校　彭牧终校

假面舞会、公众、传承人与社会行动者

——作为非遗项目的苏洛瓦

[保加利亚] 伊格利卡·米什科娃
(Iglika Mishkova)*

摘　要：当前，化装舞会作为一个特殊空间仍持续发挥作用，在该空间下，人们建构、主张并捍卫他们的自我身份。这些呈现给观众的表演正好体现了化装舞会如何成为公众文化中一个重要部分。事实上，作为文化实践的化装舞会，其意义就在于展示给大众。化装舞会是城市和农村节日文化的一部分。随着时间的推移，面具的含义已经发生了改变，但它们仍然是“仪式或节日魔法（magic）”的一个元素。莫斯（Mauss）将魔法定义为一种社会现象，指向传统和集体记忆。面具是一种地方文化资源，也是当前旅游业开发的重点。在现代性和后现代文化背景中，化装的仪式经历了一些转变，主要在于其重点不再是面具和仪式，而是庆典活动。在苏洛瓦化装游戏列入联合国教科文组织非物质文化遗产代表作名录之后，它是否又发生了一些变化呢？这些变化是什么？它对于巩固参与者的社区有什么作用？该地区自身发生变化了吗？是否吸引了更多的游客？当前人们参与这些仪式是出于想代表社区，还是只是想消磨空闲时间？对化装舞会影响最大的社会行动者是谁？它究竟属于地方性文化遗产还是国家文化遗产？对不同的利益相关者而言，他们赋予化装舞会的意义是什么？在保加利亚，有哪些方式或工具用来彰显化装舞会

* 伊格利卡·米什科娃，保加利亚科学院民族志博物馆民族学与民俗学研究所助理教授。

仪式？化装舞会被列入联合国教科文组织非遗代表作名录是否使它比保加利亚的其他民间节庆更受欢迎？它作为文化遗产是如何被合法化的？

关键词：化装舞会；自我身份；公众文化；合法化

今天，保加利亚依然保留着举办假面舞会的空间。人们戴上面具，建立、宣布和宣传他们的身份，将其展示在公众面前。作为一种展示给观众的文化体系，它是公共文化不可或缺的重要组成部分。本文探讨的是苏洛瓦民间盛宴（Surova Folk Feast）自2015年被列入联合国教科文组织非遗名录之后所受的影响。列入后苏洛瓦假面舞会比赛是否发生了变化？这些变化是什么？这项遗产在凝聚传承人社区方面起到了怎样的作用？该地区会发生改变吗，会吸引更多的游客吗？如今人们之所以参与仪式是因为他们来自相关的社区，还是因为他们愿意这样打发空闲时间？对假面舞会的发展影响最大的社会行动者是谁？假面舞会被视为当地或国家的文化遗产吗？不同的利益相关者赋予了假面舞会怎样的意义？保加利亚采取了哪些不同的方式和工具来强化假面舞会仪式？与保加利亚的其他民间节日相比，列入名录是否使苏洛瓦变得更受欢迎？假面舞会的文化遗产身份是如何合法化的？这些是本文将要讨论的主要问题。

假面舞会是保加利亚城镇和村庄节日文化的一部分。面具的意义已经发生了改变，但仍然是“盛宴魔法”的一部分，因为莫斯将魔法定义为与传统和集体记忆直接相关的一种社会现象①。今天，保加利亚超过258个村庄都会举办假面舞会。在佩尔尼克地区，来自47个村庄的民众戴着面具参加了这类活动。2015年12月2日，联合国教科文组织非物质文化遗产保护政府间委员会在纳米比亚将佩尔尼克地区的苏洛瓦民间盛宴列入了联合国教科文组织非物质文化遗产名录。在此之后发生了什么，其他举办假面舞会的村庄、遗产传承人自己以及其他社会行动者是如何接受的？又是如何逐步明确应将什么列入名录的？

列入世界遗产名录可以赋予某项目特殊的地位和保护，是民族自豪感的源泉，也是巨大的责任。列入名录提高了公众对该地区的了解及其全球杰出价值的认识，从而增强了人们对它的兴趣和旅游吸引力。在保

① Margaret Mos, *Magiyata. Sofia. Kritika i humaniam*, 2001.

加利亚许多大众媒体的报道中，对这件事的阐释如下："继比斯特里察祖母乐队（Bistritsa Grannies）、蹈火舞仪式（Nestinarstvo）和奇普罗夫齐传统地毯织造技艺（Chiprovtsi carpets）之后，我国又一项古老传统被列为非物质文化遗产。"接下来是关于佩尔尼克地区居民定居点的信息，那里依然保留着这项传统。但是，文章的标题与文章的内容往往是互相矛盾的。也许文化部和保加利亚科学院民族志博物馆民族学与民俗学研究所（IEFSEM-BAS）向媒体提供的信息被纳入了新闻的正文部分，而标题则是围绕着"库克里苏洛瓦盛宴于1月举行"的新闻展开的。正文所配的图片则是另一个地区戴着面具的舞者的照片。

由于媒体对公众介绍得并不清楚，民族志博物馆民族学与民俗学研究所（IEFSEM）向媒体发送了特别信息，指出："被联合国教科文组织非遗名录列入的不是佩尔尼克镇举行的苏洛瓦节，而是佩尔尼克地区村庄里的苏洛瓦民间盛宴。这个节日是城市文化的一部分，而苏洛瓦是一项拥有一千年历史的习俗，由当地社区的遗产传承人一直传承保存到现在。"①

列入后不久，佩尔尼克每年都会举办苏洛瓦假面舞会节。戴着面具的国内外团体参加了节日活动。节日期间，他们有机会在有限的时间内展示自己的习俗。最后，由一个特殊评审团设置奖项，并将参与者分为不同的级别。节日前夜，教科文组织总干事伊琳娜·博科娃颁发了苏洛瓦民间盛宴被列入名录的证书。对许多人来说，这就标志着这个节日，而不是村庄里的习俗被列入了名录。佩尔尼克"利用"了这一点，宣布该节日与联合国教科文组织有关联。"政府没有立即区分节日和习俗，这造成了很大的损害——所有的发言都提到这个节日被列入了遗产名录。参加节日并参与其组织的人们因此十分自信；这误导了他们，也向传承者传达了错误的信息。"② 节日举办前通常都会举行学术会议，在会议框架内，学者讨论了假面舞会仪式的各种话题，包括列入名录及其对乡村习俗的影响。节日前夕，博科娃女士在国家民族志博物馆主持了为此举办的展览的开幕式。遗产传承人社区参与了展览的筹备工作，这使得人

① https：//kulturni-novini. info/news. php？ page = news_show&nid = 22512&sid = 18.

② 对民族学家及民俗学家的采访。私人档案。

们能够听到他们对于盛宴重要性的看法。[①] 渐渐地，在一场针对大众的大规模运动之后，人们逐渐明白列入名录的不是这个节日，而是苏洛瓦民间盛宴。

两个月后，我开始研究保加利亚其他村庄的假面舞会仪式。他们大多数认为自己被低估了，与佩尔尼克的村庄相比，他们的假面舞会被列入了一个稍低的级别。对他们中的一些人来说，这是一种歧视他们的评估行为，他们根本不知道申遗的事情，（但）他们必须参与申请书的文档准备工作。在对非物质文化遗产的批判性研究中，人们一直注意到，列入名录的遗产是一种“有利有弊”（square）的遗产[②]，一方面可以鼓励和促进某种价值观，另一方面也进行了区分和分级[③]。在一个假面舞会传统十分丰富的国家，仅将一种假面舞会列入名录的行为自然会引发遗产的价值评估。它很容易就能在不同社区中激起相似的想法，并区分出边界。但是我们不应该忘记，即使社区有呈现其非物质文化遗产的意愿，能否列入国家或世界级名录取决于社区外部的政治行动者和专家的观念。

一　研究专家的作用

许多民族学家/民俗学家忽视了众所周知且经过研究的文化转型过程，特别是在现代“经验社会”中，即在现代知识社会传统的不断循环、杂交、审美化、节日化……如果我们采纳贝克、安东尼·吉登斯和斯科特·莱什[④]的理念，那么在“反身现代性”中——以前的传统文化实践不

① Iglika Mishkova, “Safeguarding and Transmission of Intangible Cultural Heritage – the Case of Surova in a Museum Context”, In Schreiber, Hanna, ed. , *Intangible Cultural Heritage, Safeguarding Experiences in Central and Eastern European Countries and China*, 2017, pp. 318 –334.

② Chiara Bortolotto, “Le trouble du patrimoine culturel immaterial”, In *Terrain*: *Le patrimoine culturel immaterial*, *n*° 26. Paris: Ministère de la Culture, 2011, pp. 21 –43.

③ Vladimir Hafstein, “Intangible Heritage as a List: From Masterpieces to Representation”, In Smith, Laurajane & Narsuko Akagawa, eds. , *Intangible Heritage*, London, New York: Routledge, 2009, pp. 93 –111.

④ Ulrich Beck, Anthony Giddens & Scott Lash, *Refleive Moderniation*, *Politics*, *Tradition and Aesthetics in the Modern Social Order*, Cambridge: Polity Press, 1994.

仅不再成为问题或不符合常规[①]，而且还倾向于有意识的选择（分类、压制或放弃）、反思和新的解释、评估和重新评价，即创造了文化遗产产品的“超文化”过程[②]。从某种程度上来说，即使是在为“人间国宝”（Living Human Treasures）项目准备提名材料时，档案的编写工作也会促使候选群体进入一个话语过程，其中就包括超文化操作，如可视化和书写遗产。[③]

芭芭拉·基尔申布拉特－基希列特[④]提出，文化遗产是一个超文化过程，它改变了文化生产和再生产的基本条件。民族学家和民俗学家通过概念、标准和法规将传统现象和传承人转移到遗产领域。在这里，文化现象被转化为超文化产物——无论它们是“人间国宝”或“人类非物质文化遗产杰作”[⑤]。研究人员不再描述和分析材料，而是开始申遗，陷入了更多参与政治活动而非科学研究的境地，而感兴趣的对象从一个活态传统变成了非物质文化遗产。矛盾的是，大多数学者关注的是传统社会时期的假面舞会，而很少有人关注其现代性和后现代性时期。根据一些研究人员的说法，假面舞会比赛必须“清除近年来发生的许多变化，必须回归旧的实践”：更换面具，将妇女和儿童排除在群体之外，参与者在比赛时不许摘下面具，等等。而另外的人则认为，“每一种习俗之所以能够得到发展，只是因为每一代人都尊重古代的模式，但却用他们自己的语言和技能发展来这些技能。事实上，我们不应该担心，也不应该认为传统在总体上是保守的”。[⑥]

---

① Petar Petrov, *Zazvuchaha li v dosieto ot Dolno Ablanovo po-interesni i po-starinni pesni? Razmisli varhu programata "Zhivi choveshki sakrovishta – Bulgaria"*, in Peycheva, Lozanka, ed., *Dni na nasledstvoto* 2013, Sofia. Prof. Marin Drinov Academic Publishing House, 2014, pp. 274 – 290.

② Barbara Kirshenblatt-Gimblett, "Intangible Heritage as Metacultural Production", *Museum International*, 2004, Vol. 56, Issue 1 – 2, pp. 52 – 65.

③ Markus Tauschek, "Writing Heritage. Überlegungen zum Format Bewerbungsdossier", in Berger Karl C., Schindler Margot, Schneider Ingo, eds., *Erb. gut? Kulturelles Erbe in Wissenschaft und Gesellschaft.* Wien, Selbstverlag des Vereins für Volkskunde, 2009, pp. 437 – 448.

④ Barbara Kirshenblatt-Gimblett, "Intangible heritage as metacultural production", In *Museum International*, 2004, Vol. 56, Issue 1 – 2. pp. 58 – 61.

⑤ Barbara Kirshenblatt-Gimblett, "Intangible heritage as metacultural production", In *Museum International*, 2004, Vol. 56, Issue 1 – 2.

⑥ http://www.cross.bg/praznik-praznitzi-zashtoto-1524774.html#.W-WTLdX7SM8.

二 社区媒体成员如何展现自己?

在其他城市的节日期间，如2016年延博尔的库克兰迪亚节，来自佩尔尼克地区的大部分团体的表演使用的是事先准备的列入名录时的注释。这种对传统仪式如假面舞会的表演，将这些传统置于一个新的语境中，赋予它们新的价值和不同的意义。传承人展示了自己对传统的新看法，这也反映在其他假面舞会团体对他们的态度上。这些群体的表演反复强调它们起源于历史悠久的远古时代，它们源于异教，始终保持着仪式的纯净和真实。根据他们的说法，今天实践这一习俗的目的是将邪恶势力从定居点驱逐出去。这样的文本赋予了假面舞会以当代价值。行动者必须配以古老和独特的叙事。根据社区自己的说法，这种叙事更加重视表演并且改变了他们的地位。

苏洛瓦被列入名录之后的第一年，出现了来自全国不同地区的群体在佩尔尼克人的影响下更换面具的趋势。这种趋势在假面舞会的历史上并不新鲜。[①] 但是，如果说佩尔尼克地区的假面舞会在其被列入名录后的头两年里为整个国家的其他地方定下了方向，而后来用面具来区分其他群体，促进在面具、仪式和人物等方面的差异的趋势反而加强了。该项目在加强农村社区方面起到了怎样的作用?该地区正在发生变化吗?游客是否被这些定居点吸引?如今的假面舞会是否只与他们来自某个特定定居点的出身或选择休闲的目的有关?

有趣的是，每个人最初的期望都与传承人社区的变化有关。许多人期待社区能够获得财政支持[②]，但这是真正的支持还是象征性的支持?至于列入名录之后他们有何期望，许多传承人在2016年接受采访时表示，希望可以“获得更多的机会在村庄里发展不同的生计”，开发一种特殊的假面舞会旅游以及对假面舞会的兴趣何不“帮助人们在村庄内购买房屋

① 在实行社会主义的时代，一些村庄禁止举办假面舞会。在佩尔尼克地区，这一传统几乎没有遭到破坏。1966年，佩尔尼克假面舞会比赛节开始，在重建保加利亚假面舞会传统的过程中发挥了重要作用。在佩尔尼克传统的影响下，某些地区的面具发生了变化。

② 在对来自保加利亚其他地区的佩戴面具的人进行采访时，他们指出，列入名册之后，佩尔尼克地区的群体将在发展风俗和国外普及方面得到州里的更大支持。

并永久定居，从而增加人口”。其他人对该地区的人口和习俗的变化没有任何特别的期望。他们一致认为这是一个值得骄傲的活动。

这种分析的核心是项目传承人所在的社区。这个社区有多大？在编制教科文组织申报文件期间，向 41 个举办苏洛瓦的社区定居点发出了知情同意书。该地区有几个定居点依然在举办假面舞会，但他们无法准备文件。很难准确给出正在积极有效地实践该项目的社区的数目。佩尔尼克地区大多数村庄的人口在减少。移民给整个地区造成了严重影响。如今，许多假面舞会部落的成员和大量移民回到家乡，在节日那天聚集在村庄里。即使在为筹备苏洛瓦申报而拍摄视频的时候，许多受访者也表示：“如果每天都是苏洛瓦，村子里就会挤满了人。”列入名录之后，来村里参加假面舞会的人数增加了。以前不举行仪式的村庄也出现了新的群体。佩尔尼克周边的察尔卡瓦和德拉吉切沃村就是这种情况[①]，佩尔尼克镇建立了新的学校团体，维萨亚村的团体也是如此[②]。1953 年冶金工厂建立之后，佩尔尼克成立了“察尔卡瓦”区，来自全国各地的工人在此定居。列入名录之后，附近的舞蹈团团长决定成立一个假面舞会小组，理由是“苏洛瓦很重要”。不管他们来自何处，附近居民的家乡都没有假面舞会的传统。他们中的许多人还不清楚会发生什么，欢迎假面舞会团体来到自己家里的过程会如何进行。苏洛瓦表演者走访到人们的家中，在那里表演铃铛舞，让人们感受到了“苏洛瓦魔法”。2018 年，苏洛瓦表演团体再次造访这些家庭，并在附近的街道上表演。在 2018 年 9 月的田野调查中，这一片的大量居民已经报告说，该社区的节日“自古以来”就存在。

佩尔尼克镇创建了新的团体，定居点的其他团体成了两个新的团体——这是埃洛夫多尔村的情况。在拉多米尔镇，有一个罗姆人团体会举行假面舞会，但它更像是呈现了罗姆人社区特有的“班戈 · 瓦西里”习俗。虽然可以把这仅仅看作是对全球化所带来的统一化的回应，但也可以把假面舞会解释为给参与者和观众自我表达，从而保持对地方的重

---

① 2017 年前，德拉吉切沃村没有假面舞会的传统。目前，该村的居民已经开始热情地庆祝这项节日，并宣布将其作为当地身份的一部分。

② 维萨亚村在残障人士之家设立了一个苏洛瓦人小组。

视的一个好机会。关于假面舞会和节日的信息不会从印刷媒体的页面上消失，电视台会竞相播放关于它们的报道。

为了进行研究，我用一份问卷采访了假面舞会团体的 124 名参与者，请他们回答他们参与节日的动机。除了标准的人口统计数据，团体成员还必须指出假面舞会的哪个方面促使他们参与，以及什么对他们来说最重要。他们必须回答与苏洛瓦的历史、仪式和面具相关的问题。最常见的是，假面舞会参与者说他们返回苏洛瓦村庄的目的是“保留传统”（99.8%），其他人的目的则是“见见很少见到的亲戚和朋友”（56%）和“民间盛宴的整体氛围”（78%）。大多数参与者对假面舞会的历史演变感兴趣（72%），尽管他们对它没有足够的了解。我也向来村里度假的游客提出了类似的问题。

所有舞会参与者和游客都认为，传统的各个方面有助于形成和表达身份。非物质文化遗产项目指的是“知识和技能”，它影响人们的态度，并通过假面舞会帮助形成他们的身份和表达。对于假面舞会而言，这也是一种投资。为了参加盛宴，他们必须购买服装、铃铛和面具。他们会学习如何制作、投资购买和维护面具，接受知识更为丰富的社区代表的培训，并且进行准备。为了参加苏洛瓦盛宴，节日前的最后一周，他们都会回到自己的家乡，举行传统的村庄团体的组织会议。

我们在分析社区本身发生的变化时，不禁提到一点，认同该项目的人越来越多，尽管他们可能并不是项目的实践者。1 月 13 日和 14 日，该地区的定居点挤满了返家的人。他们中的许多人带着亲朋来参加节日。该项目是开放的，允许不属于社区的人对其加以利用。在这些团体中，不参加节日活动的新参与者（大部分是来自城市的游客）卷入得越来越多。传承人对此感到非常荣幸，并热烈欢迎新的参与者。德鲁甘村全年只有 30 户人居住。来自那里的小组成员说，他们在 1 月 13 日和 14 日的假面舞会后“气喘吁吁”，因为带着铃铛和沉重面具在村庄内走访人家，他们已经累垮了。他们还说，在苏洛瓦期间，150 多户人开门迎接他们，观看他们的节目，并给他们礼物。该地区大多数村庄的情况都类似。①

① 对德鲁甘村庄传承人的采访。私人档案。

三 习俗参与者/项目执行者

佩尔尼克的苏洛瓦盛宴在搭建“代际桥梁”方面具有广阔的前景和融汇综合作用。假面舞会的节日体验吸引着年轻人，增强了他们作为传统延续者的自尊，表达了他们当地社区的文化身份。在为盛宴做准备时，假面舞会参与者必然希望自己的面具和服装与邻近村庄不同。通过节日，每个村庄社区都表达了自己的形象，肯定了自己的文化身份。

今天，男人、女人和孩子都能参加仪式。虽然在传统社会中，这是过渡仪式的一部分，但现在每个人都能参加。习俗以非正式的方式传承。过去，知识由父亲传给儿子，小男孩加入团体，从拜访过的人家那里收取礼物。这样一来，他们自然可以获得知识。如今，知识的传承也可以通过新的渠道进行。该地区的博物馆为幼儿园的孩子和学生创建了特殊的假面舞会教育项目。他们主要关注的是体现非物质文化遗产的“物质”方面——面具。

面具是什么？哪个部分可见，又隐藏了哪个部分？它今天的功能是什么？与传统社会的功能有什么区别？当今面具是什么的体现？为什么现代人要戴面具？如果我们坚持符号学这一解释工具，我们可以把面具看作一种符号。过去，面具被认为是两个世界之间的工具，是神圣的化身与遥远世界的化身。现在的面具是什么工具？它有什么个人故事？我们能在不看不同地区案例的情况下谈论象征主义吗？

我们可以把今天的面具定义为“与过渡、变形、扰乱自然边界相关”① 吗？或者说我们可以完全认同面具上所描绘的内容吗？② 现在的面具是什么？它是如何变化的？在传统的保加利亚社会中，每位假面舞会参与者都会自己准备面具，不让别人知晓，如今发生了许多变化。出现了面具大师，对他们来说，制作面具可以带来额外的收入。许多大师都

---

① Mihail Bahtin, *Tvorchestvo:o na Fransoa Rable i narodnata kultura na Srednovekovieto I Renesansa*. Sofia: Nauka I izkustvo, 1978.

② Tokarev, S., *Maski i Fryazhenie*. In *Kalendarnie obichai I obryadi v stranah zarubezhnoy Evropoy, Istoricheskie korni i razvitie obichev*, Moskva: Nauka, 1983, pp. 185 – 193.

有自己鲜明的风格。这些团体在各种节日上的展示让他们能够在面具上应用新的元素，使它们更加难以辨认。如果在传统社会中，面具有其神奇的意义，那么对于当代人来说，戴面具过程与其说是通过匿名与去人格化的需要有关，不如说是与自我展示有关。[①] 在过去，个性化通常与社区展示和定居点的理念联系在一起。也许这就是现在用定居点的名称来装饰面具的原因，保加利亚国旗作为一种常见的标志出现在了面具上，来自佩尔尼克的一些群体穿着缝有国旗颜色的布片的套装。如果在过去，化妆是男性的成年仪式，现在我们经常看到妇女和小孩戴着面具。过去，面具是秘密制作的，不能让人认出来，但是今天，前几年就已经尽人皆知的面具依然在村庄广场上公开展示。对苏洛瓦节来说，新面具是保密的，这样就不会被其他村庄和竞争对手抄袭。

根据《国家地理》杂志2016年的评级，节日期间的佩尔尼克是最受欢迎的旅游目的地之一。也许苏洛瓦项目之所以能够被列入名录，最初正是依靠节日挽回的，因为人们可以看到许多来自国内外的假面舞会群体。在有假面舞会传统的村庄（尤其是在佩尔尼克），最近出现了一种新趋势。假面舞会的开幕与闭幕的官方组织性越来越强，出席者包括各种政治领导人、地区和中央行政/立法权力机构的代表。这样，假面舞会的资源也可以被用于政治目的以及与选民的接触。在这类官方演讲中，官员谈到了当地传统的价值及其在保存和传播民俗中的作用。这种代表团在各个定居点间游走。由于需要等待官员的到来，不同村庄节日开始的时间往往会被推迟，这使得一些当地社区团体直接回家，而不是等待官方部分。苏洛瓦的闭幕式也是如此，而闭幕在当地社区是前所未有的。通常，传承人按照当地要求的时间聚集，假面舞会就此开始，但一般没有确切的结束时间。

假面舞会的政治化是表演工具化的又一种形式。事实上，自民主化过渡开始以来，假面舞会就被当局用作展示政党精英以及地方、市和地区领导人以及立法权力等的场所。他们的代表甚至在项目被列入名录之前就参观了佩尔尼克村庄的假面舞会。然而，申遗成功之后，这一过程进一步加

---

① 虽然在传统社会中，直到仪式结束才能揭开面具，但如今，小组成员自豪地展示了自己的脸，并在社交网络上分享自己戴着面具时的照片。

快。官方代表团中的当局代表越来越多。这些“嘉宾”在不同的村庄都会受到特殊方式的欢迎。通常，政治家会去与地方当局出自同一政党的村庄。这种行为往往会令传承人社区感到紧张。对他们来说，这是当局给予他们的一种尊重，如果村庄没有被选中参观，当地人会很生气。

2013 年，在筹备苏洛瓦民间盛宴申遗期间，佩尔尼克与该地区的行政当局打算在佩尔尼克镇建立一所特殊的面具博物馆。这个项目仍然没有实现，而且似乎已被地方当局放弃。还有一件事引起了人们的注意。近年来，在苏洛瓦申遗成功之后，开展了各种国际项目，重点是当地文化遗产和假面舞会。因此，它逐渐成为地方发展的资源以及当地和地方政府制定战略和政策的起点。

编制申报文件期间在科瓦切夫茨村创建的“苏洛瓦”民族志中心就是这种情况。① 这个市有 10 个村庄，大约 1600 名居民。展览体现了苏洛瓦习俗的发展过程。中心有专门的电影放映区和木偶剧区。在游客中心附近的商店里，你可以看到市里面具大师的作品。展览包括奖状、证书和苏洛瓦群体在各种节日和民俗博览会上获得的奖章。它与卡利什塔村所谓的“面包屋”组织了联合活动，还为佩尔尼克地区学校的儿童制订了学习方案。

在佩什特拉村，“克鲁格尔·尼科洛夫 1922”文化中心创建了一座“风俗和传统博物馆”。该项目包括创建面具工作坊和一座面具、地方传统与习俗的博物馆。已经创建了一家在线商店，为苏洛瓦提供两种类型的面具。旧的苏洛瓦经过处理，收集他们的面具和服装（破布和皮），记录他们关于传统仪式的记忆。面具工作坊是专门为吸引年轻人参加仪式而设立的。在项目文件以及村庄和项目的网站上，记录显示村庄最大的节日是苏洛瓦。② 目前，该村有 96 人居住。他们强调，与传统不同的是，

---

① 2007—2013 年农村发展计划下的“苏洛瓦”民族志中心，第 313 号措施“促进旅游业活动”，通过欧洲农业基金得到了欧洲联盟的支持。

② “这个节日在 1 月 13 日和 14 日举行，它与保加利亚土地上驱逐邪恶势力、唤醒地球、开始新生活的化装舞会传统有关。根据传说，佩什特拉村的苏洛瓦群体自古以来就存在，唯一一次中断发生在 1944 年。它于 1951 年恢复，从此一直处于活跃状态。它由大约 45 人组成，主要角色是新娘和新郎、恶霸、旗手、熊主人和熊，以及婚礼宾客。”此外，还列出了该团体在各种节日的表演、参加的电视节目以及保加利亚和外国电视台在该村拍摄的电影。

他们所有人，不仅是未婚的男子，还有儿童，都参与了佩什特拉村的文化遗产活动。这个群体由35人组成，而过去大约有75人。但是在苏洛瓦期间，所有居住在其他定居点的人都会返回村庄，不管是否参与假面舞会。将这个团体迎进自己的家，向其成员赠送礼物是一件很荣幸的事情。据当地人说，由于苏洛瓦被列入了名录，村里的婚礼庆典也变得非常受欢迎。他们甚至自夸说，英国广播公司制作了一部关于这个节日的特别电影。丹麦国家电视台和撒丁岛的两家电视台（与他们的联合项目有关）对这个村庄的假面舞会表现出了兴趣。他们指出，他们是一个团结的群体，每个人都参与其中。年轻的苏洛瓦人逐渐取代年长和有经验的人领导这个团体。

2011年8月，在科萨雷沃村，一家名为“面具之家”的博物馆开张了[①]。今天，博物馆展出了来自布列兹尼克地区的16张苏洛瓦面具和“面孔”，科萨雷沃村和巴尼希特村两个苏洛瓦人的服装和特色配饰——这两个村庄的群体是佩尔尼克国际苏洛瓦大赛最高奖项获得者，他们还获得了许多其他奖项。在提供面具制作材料的面具工作坊，每个人都可以准备自己的面具，那里还有一家照相馆，游客可以在那里装扮成苏洛瓦人，拍摄照片。他们为客人准备了三款手机应用程序，让他们了解苏洛瓦的传统、该地区不同面具类型的特点及其制作大师的细节，不同的苏洛瓦人群体及其服饰的特点。

这些项目将如何影响传承人社区？这些“博物馆项目”的效果将会怎样？这些问题还有待观察和分析。

假面舞会的当代视觉化会向不同的方向发展。一方面是与节日或其他事件相关的博物馆展示，另一方面是博物馆化，通常将面具作为审美对象来展示，背后没有相应的人和社区的历史。博物馆因此通常被视为一个试图教育游客的学科机构。由于博物馆将文化价值合法化，在某些定居点戴上面具和展示面具具有了象征意义。与此同时，博物馆本身试图把今天的假面舞会放进策展人观点的框架内。因此，博物馆变成了现

① 博物馆综合体“面具之家”得到了“旅游和传统——多彩、有趣、有吸引力”项目的资助。该项目属于保加利亚—塞尔维亚跨界合作方案，由佩尔尼克和塞尔维亚的察维尼克拉斯特镇合作实施。

在和过去之间联系的化身——一方面是正在消亡和已经被拒绝的传统，另一方面也是博物馆权力所体现的主导话语的化身。这是一个无可争议的记忆之地，在其空间提供了一种关于假面舞会历史的叙事。[①] 传承人也宣称其空间也是博物馆，尽管他们的空间不符合博物馆的实际要求，但也具有博物馆的收藏地位。对村里的居民来说，他们就是“苏洛瓦博物馆”。然而，实际上，他们之所以具有博物馆的收藏地位，是因为他们不符合建立博物馆的法律要求。尽管如此，他们还是扮演着空间的角色。在这里，习俗不仅被传递给了传承人，也传递给了远近的游客。

老照片、不同作者的图画、纪录片和专题电影不仅记录了假面舞会，还在保护社区和人民的历史方面发挥了作用。社交网络上假面舞会团体的简介显示了他们如何在乡村宴会和各种节日活动中展现自己。尽管趣味浓厚，但虚拟空间中的信息仍然是混乱的。没有专门的网站可以向有兴趣去农村过节的人提供信息。这促使一群人，其中大部分是面具研究人员，创建了一个非政府组织，该组织赢得了国家文化基金的一个项目，创建了一个互联网网站，介绍该地区所有定居点的习俗。

当代理解和构建假面表演的方式将它们视作当地遗产的一部分。但是苏洛瓦民间盛宴被列入名录之后，给当地人民带来了额外的价值——“保加利亚人”的价值，以及去表达民族文化和表现身份的机会。项目传承人群体参与了非常不同的事业——为病人筹集资金，补充乡村图书馆的藏书，为基督教节日筹集资金，参与抗议该地区道路状况不佳的活动以及参与政治斗争。2018 年 10 月 31 日，佩尔尼克群体加入了全国运动“汗库布拉”（政治组织）反对保加利亚庆祝万圣节的抗议活动。活动在索非亚、普罗夫迪夫、瓦尔纳和布尔加斯举行。索非亚的抗议很肤浅，但是对普罗夫迪夫的观众来说，一大群蒙面人的出现十分有趣，因此吸引了广场上的路人。与此同时，佩尔尼克的街道上挤满了穿着花哨的衣服、戴着女巫面具的儿童，他们在街区里走来走去，索取糖果。苏洛瓦传承人在社交网络上发布自己的照片和视频，宣布自己反对庆祝外国节

① Iglika Mishkova, “Muzealiatsiata Na Maskarada”, *Maski I Kulturi*, Sbornik Dokladi ot Nauchnata Konferentsia, Provedena V Ramkite Na XXI Mezhdunaroden Festival Na Maskaradnite Igri Surva 2015, Pernik, Argus, 2016, pp. 157 – 173.

日的立场，因为这与他们的传统相抵触。通过这些行为，他们宣布了自己的身份，这种身份具备了保加利亚的性质，而与外国人相对立。他们的一种叙事中谈及“本真性”，但完全不考虑假面舞会的变化、不同社会行为者活动的结果以及他们自己的作用。他们对自身的意义有了新的理解，不仅过度衡量他们眼中的象征资本，而且还决定他们可以塑造和评估文化传统和遗产。而留给学者去做的则是分析当地参与者在处理表演比赛时的策略和实践，并跟踪其工具化的过程，同时勾勒现有的良好实践。

苏洛瓦被列入名录之后引发了新的进程。佩尔尼克村庄的社区成员显然把假面舞会比赛视作一种象征性的文化资本。通过继承和放弃的过程，假面舞会实践成为构建苏洛瓦社区的重要工具。苏洛瓦是凸显当地民众地区和身份的主要标志之一，民间节日使得将文化资本转换为经济和政治资本成为可能。尽管不断提到传统和媒体宣传中的本真性，但催生比赛表演的信息并不是以前残留的风俗中所固有的。假面舞会的新价值成为各种社会和政治行为者工具化的主旨。列入名册之后，该地区的声誉得到了提升，这与前往假面舞会目的地的游客人数的不断增加是一致的。社区和地方文化组织的新“博物馆”项目致力于保护和创建遗产及其意义。

“一带一路”会议翻译小组译校　彭牧终校

联合国教科文组织的影响：日本乡村小岛的九年

［美国］迈克尔·迪伦·福斯特
（Michael Dylan Foster）*

摘　要：2009年，一项在日本萨摩川内市的甑岛上举行的新年典礼——甑岛来访神（Koshikijima no Toshidon）被列入联合国教科文组织非物质文化遗产代表作目录。来访神（Toshidon）是2009年日本13个被列入目录的项目之一，这也是自2003年《保护非物质文化遗产公约》生效后第一年列入的新项目。对于这座相对偏远小岛上的2700位居民来说，像这样来自国际组织的认可是一件具有重要意义的大事件。基于作者在甑岛上进行的长期田野调查（包括2009年之前和之后），本文探讨了岛上的居民是如何对联合国教科文组织将来访神列入名录进行反应的。这件事是否改变了居民举行来访神的方式？是否有游客因此前往该岛？岛民如何在渴望保留仪式原初功能的同时，尽力协商发掘出发展旅游业的可能性？迄今为止，该代表作名录和联合国教科文组织本身对于那些远离曾经举办联合国教科文组织会议并做出相关决定的城市，例如巴黎、阿布扎比、毛里求斯等的居民又有什么意义？本文将特别探讨社区的不同部分如何反应，以及所谓的保护协会在随后的几年内对于列入名录的回应情况。现在距列入已经过去了九年，另一个改变发生了：2018年，日本文化部取消了甑岛来访神的独特地位，并将其与日本列岛其他九个

* 迈克尔·迪伦·福斯特，美国加州大学戴维斯分校民俗学教授。

相似但不同的活动整合。这些活动后来以一个统一的名称——“来访神：假面装扮的祭神仪式”（Raiho-shin，Ritual Visits of Deities in Masks and Costumes）被作为一个整体提交给联合国教科文组织，并在 2018 年 11 月、12 月的第十三届政府间委员会上获批通过。自己独特的非物质文化遗产项目不得不与全国各地的其他仪式合为一体，岛民们对于本次变化又有什么样的感受？通过探索这一单个地方社区如何回应上述变化的个案，文章将探索边缘乡村社区对基于地区、国家乃至全球层面上建立的文化政策的理解与回应方式。

关键词： 联合国教科文组织；文化政策；理解；回应

请允许我先做几项声明。首先，我是来自美国的民俗学家，但是我的演讲与美国无关：一个原因是我的研究对象是日本，另外，这篇文章的研究重点是2003 年通过的联合国教科文组织的《保护非物质文化遗产公约》，而大家都知道，美国并未签署这项公约。[①] 我还必须指出，我并不认为自己是联合国教科文组织及其《保护非物质文化遗产公约》或非物质文化遗产政策方面的专家。这里我之所以参与讨论这些问题，是源于一种“基层的视角”（“on-the-ground” perspective），试图了解联合国教科文组织及其他文化政策机构会对个人或小型社区造成怎样的影响。诚然，这种视角存在较大的局限性，也难免存在偏颇——我在其他地方称为“文化内部的视角”（esocultural perspective）——但是在我看来这个视角至关重要[②]。在考虑农村可持续发展以及旅游业对非物质文化遗产项目及其实践者可能造成的经济和文化后果等问题时，这种视角尤其有意义。

考虑到这一点，我在这里将集中探讨在一个叫作下甑岛的小岛上举行的仪式。下甑岛位于日本西南端鹿儿岛县西海岸约 30 公里处。岛上人

① 有关美国参与（或者缺乏参与）《保护非物质文化遗产公约》的历史和语境，可参见 Kurin，Richard，2014. U. S.，“Consideration of the Intangible Cultural Heritage Convention”，*Ethnologies* 36（1）：325－335。

② Michael Dylan Foster，“The Challenges of Bridging Metacultural and Esocultural Perspectives on Intangible Cultural Heritage”，In *Glocal Perspectives in Intangible Cultural Heritage：Local Communities，Researchers，States and UNESCO，with the Special Focus on Global and National Perspectives.* Tomiyuki Uesugi and Mari Shiba，ed.，2017，pp. 73－88，Tokyo：Seijo University Center for Glocal Studies.

口约为 2100 人。我的大部分研究都是在岛上的一个村庄里进行的，那里约有 625 位居民。① 通过探讨这种针对非物质文化遗产的实地案例研究，我希望能够阐明地处偏远的农村社区如何解读和应对区域、国家和全球层面的文化政策。

近 20 年来，我经常去下甑岛参观于每年 12 月 31 日晚举行的一种叫作“甑岛来访神”（简称“来访神”）的仪式。自 1999 年以来，我已经参观了七次仪式，并于不同时期在岛上生活了很长一段时间。我探索岛屿及其仪式，研究它的历史，采访社区居民，并试图理解“来访神”对岛上的生命循环及岛民生活的意义。没有人将我误认为岛上的原住民，但我确实感觉与许多居民之间的关系十分亲近。在数百次的谈话和采访中，他们慷慨地与我分享了他们对这项仪式以及岛上生活的想法。②

与所有鲜活的传统一样，“来访神”每年都会根据当时的具体需要以及参与仪式的人而发生变化。但在过去的十年间，仅有的一项最重要的变化却是由位于岛外——实际上是千里之外——的地方所决定的。2009 年，“来访神”被联合国教科文组织列入《人类非物质文化遗产代表作名录》，成为首批入选的 76 个项目之一。当时，我意识到，作为一名已经对“来访神”及该岛十分熟悉的研究人员，我将获得一个独特的机会，可以去探索生活在一个受到联合国教科文组织直接影响的社区中的人们的经历：就这项研究而言，就是生活在东海这一小片肥沃土地上的我的朋友们。

因此，我会在接下来的几页中，就“来访神”被列入名录之后，联合国教科文组织对这一仪式以及下甑岛所造成的影响发表一些看法，并思考在整整九年之后的今天（本文撰写之时已是 2018 年年末）这件事情的意义。我也希望自己能够提出某种总体理论，但我得出唯一的结论就是：全球及国家政策的影响始终取决于当地的实际情况，因此，实地了解当地人民对该政策和决定的解读至关重要。民俗学家、人类学家和其他以民族志为导向的文化工作者往往拥有独特的机会去探索个人与社区

① 根据 2018 年 4 月的统计数据，参见 https：//www. city. satsumasendai. lg. jp/www/contents/1300087101977/html/common/other/5cb98385040. pdf。

② 我曾于 1999 年、2000 年、2009 年、2011 年、2012 年、2013 年和 2016 年在甑岛进行观察；2017 年的其他时间做了额外的田野调查；从 2011 年 12 月到 2012 年 5 月一直住在下甑岛。

在面对遥远的外力时所表现出的不同的应对方式。今天，我提出自己的观察结果，希望我们可以通过对比，加深对全球、区域及地方利益攸关方之间的对话互动的理解。为了进一步揭示我的结论，我建议，在讨论非物质文化遗产及类似的文化政策的过程中，关注权力与等级制度问题，并重点关注生活在受影响社区的人们的意见与看法，这一点非常重要。虽然这一做法看似简单，但正是由于其显而易见，所以在许多情况下，它往往容易被人忽略。

来访神仪式

首先，什么是“来访神”？每年 12 月 31 日的晚上，有小孩的家庭都会将家中最大的房间收拾干净，焦急地等待神的到来。这些看起来与恶魔无异的神被称作“来访神”。“来访神”会在旧年的最后一夜从“天井界”（*tenjōkai*）来到人间，特意造访儿童，斥责并惩戒他们的不良行为，表扬和奖励他们在这一年中所取得的成就。对孩子而言，这是每年的过渡礼。在很多时候，他们的父母和祖父母小时候也经历过这一切。

众多家庭在家中焦急等待时，“来访神”的扮演者将在社区中心集合。他们身穿苏铁叶和其他当地原料制成的服装，头戴涂抹了鲜艳色彩的超大纸板面具，化身为可怕的恶魔（“来访神”）。他们四人或五人一组，带上一小群吵吵闹闹的同伴，挨家挨户走访。他们会猛烈撞击墙壁，使劲晃动屏风，发出具有威胁意味的咆哮，最后像野兽那样手脚并用爬进屋里（通常从房子侧面的阳台进入）。他们会唤来每个孩子，让他们站着背出自己的名字，然后一一斥责他们的不良行为，比如经常剩饭或者没帮助父母做家务。但是他们也一定会表扬他们的良好举止，比如不与兄弟姐妹打架或是上学从不迟到。随后，他们会要求每个孩子进行某种形式的表演，通常是演唱一首他们在学校或从电视广告中学到的歌。接下来，他们会要求孩子挑选一位“来访神”，并伸出手指触摸它的鼻子。最后，为了象征性地强化孩子们作出的要规规矩矩的承诺，“来访神”会送给每个孩子一份奖励，让他们与家人分享——一块巨大的圆形米糕；孩子们必须倒着爬向“来访神”，请它将米糕放在自己的背上，再次展现自己的勇气。“来访神”会在离开前咆哮着威胁孩子，在接下来的一年内，它们都会在天上看着他。随后，“来访神”倒退出房间。孩子关上门，跑回父母的怀抱。

六个社区或地区会举行来访神仪式，其流程、礼仪与服装各异。在我主要研究的手打村（人口625人），这项仪式在三个社区（居住区）中举行：港、麓和本町。其中，麓和本町，居民人数最多，因此通常最热衷于举行来访神仪式。我在上文所作的简要描述就是根据这两个社区的不同仪式所作的一般性概括。

日本其他地方也有与“来访神”类似的仪式。这些通常在年底或年初举行的仪式中，佩戴面具的人挨家挨户去吓唬孩子。有趣的是，这与亚洲其他地区、欧洲、非洲以及美洲的习俗非常相似，甚至与世界各地发现的传统假面哑剧以及假面舞会有着共同的特征。在日本，“来访神”是第一个获得联合国教科文组织认可的此类传统。① 尽管岛民们知道日本和其他地方也有类似仪式，但他们依然毫无意外地对当地的活动充满了浓厚兴趣。

① 在日本的来访神传统中，最著名的是秋田县的Namahage仪式，参见Michael Dylan Foster，“Inviting the Uninvited Guest：Ritual，Festival，Tourism，and the Namahage of Japan”，in *Journal of American Folklore* 126，no. 501，2013，pp. 302 – 334；对日本该传统的类似观察可参考：Ine Yuji，*Namahage shinpan*（revised edition）. Akita：Akita bunka shuppansha. 2005；Oga no namahage hozon denshō sokushin iinkai，ed.，*Namahage shinpojiumu：Oga no Namahage—sono denshō to kiban wo saguru.* Oga-shi：Oga no namahage hōzon denshō sokushin iinkai. 1997，pp. 33 – 81；Yamamoto，Yoshiko，*The Namahage：A Festival in the Northeast of Japan.* Philadelphia：Institute for the Study of Human Issues. 1978，pp. 37 – 45、136 – 139；Endō Kei，*Umi no michi，yama no michi. Chikuma shobō*，2009，pp. 173 – 274。可资比较的其他地域的面具表演研究，可参考Terry Gunnell，ed.，*Masks and Mumming in the Nordic Area*，Uppsala：Kungl. Gustav Adolfs Akademien för Svensk Folkkultur，2007；Regina Bendix. *Progress and Nostalgia：Silvesterklausen in Urnäsch，Switzerland*，Berkeley：University of California Press，1985；Endō Norikatsu. *Kamen：Uuroppa no matsuri to nenjū gyōji.* Gendai kyōyō bunko，1990；Suwa Haruo and Kawamura Minato，ed.，*Otozureru kamigami：kami，oni，mono，ijin.* Yūzankaku shuppan，1997；Herbert Halpert and G. M. Story，eds.，*Christmas Mumming in Newfoundland：Essays in Anthropology，Folklore，and History.* Toronto：University of Toronto Press，1969；Henry Glassie，*All Silver and No Brass.* Bloomington：Indiana University Press，1975；Ray Cashman，Mumming with the Neighbors in West Tyrone，*Journal of Folklore Research* 37（1）：73 – 84，2000；Jason Baird Jackson，“Making Faces：Eastern Cherokee Booger Masks”，*Gilcrease Journal* 5（2），1997，pp. 50 – 61；Gerald Creed，*Masquerade and Postsocialism：Ritual and Cultural Dispossession in Bulgaria*，2011.

列入《名录》后的反应

当联合国教科文组织——总部位于巴黎的国际组织——在2009年将“来访神”列入《人类非物质文化遗产代表作名录》之后（只要能上网，任何人都能访问这个全球数据库），生活在日本偏远之地的岛民们做出了怎样的回应呢？许多居民告诉我，他们既“激动”又“惊讶”。一位社区领导人对当地一家报社解释道：“能够让全世界了解位于日本偏远的一座孤岛上所发生的这件事，真是太好了。”① 简言之，在下甑岛，“来访神”被列入《名录》是一件意义深远的重大事件。

除了这些充满感情的个人感受，岛民们做出了怎样的反应？首先，他们在市政厅和轮渡码头的两侧悬挂横幅，并在各类公共场所张贴海报以示庆祝。接着，他们邀请了日本南部著名的民俗专家下野敏见教授（生于1929年）为大约150人举办讲座。② 此外，2009年，市政府还聘请了摄制组专门记录了六个社区的来访神仪式——与其说是为了与世界共享DVD版的来访神仪式，还不如说是为了给市政厅和各类图书馆留下记录。③ 最后，一份证明“来访神”被列入《名录》的联合国教科文组织的官方证书于2010年送至岛上；人们自豪地将它陈列在手打的小型历史民俗博物馆里。

“来访神”被列入《名录》之后受到大肆吹捧。这些是在最初的几个月里可以观察到的积极反应。④ 但是在接下来的几年中，情况又如何呢？

---

① 《南日本新闻》，2009年。

② 确切的参加人数尚不清楚，估计在100—200人。

③ 关于这一日本传统的影像记录，可参看 Hyōki Satoru，“Mukei minzoku bunkazai eizō kiroku no yūkō na hozon, katsuyō no tame no teigen：jōhō no kyōyū to hikareta riyō no jitsugen ni mukete”, *Mukei bunka isan kenkyū hōkoku* 1, 2007, pp. 41 – 50。

④ 对此我在其他地方做过更详细的描述。参见 Michael Dylan Foster,“The UNESCO Effect：Confidence, Defamiliarization, and a New Element in the Discourse on a Japanese Island”, in *Journal of Folklore Research* 48 (1), 2011, pp. 63 – 107；Michael Dylan Foster,“Shikakuteki sōzō：‘Koshikijima no Toshidon’ ni okeru miru/mirareru kankei no ichi kōsatsu”, in *Nihon minzokugaku* 273, 2013, pp. 55 – 95。关于更多来访神的一般性探讨，也可参见 Tsuchiya Hisashi,“Shima no seishin bunkashi Dai 19 wa：Toshidon (zenpen)”, in *Shima* 237, 2014, pp. 80 – 95；Tsuchiya Hisashi,“Shima no seishin bunkashi Dai 20 wa：Toshidon (chūhen)”, in *Shima* 238, 2014, pp. 94 – 109。

2012 年，我有幸在岛上住了五个月，毫不意外地发现，“来访神”与联合国教科文组织成了有关该岛未来的更广泛的持续讨论的一部分。这场讨论的核心就是旅游业。众所周知，非物质文化遗产对世界各地产生的影响各不相同，但常见的一种就是游客关注度的增加。就“来访神”而言，下野教授在讲座中暗示，这件事将在未来几年内吸引大批游客涌入下甑岛。尽管一些岛民对实际可能增加的游客数量提出了质疑，但这种可能性还是得到了广泛讨论。

在是否对游客“开放”来访神仪式这个问题上，人们的观点各不相同，这也反映出他们对“来访神”以及更广泛的遗产与传统问题的态度。虽然岛上有一家市政旅游局，但是所有与“来访神”和旅游业有关的决定权均掌握在六个居住区的来访神保存会（hozonkai）① 手中。每家协会由四五名成员组成，他们负责组织每年的仪式，充分思考与其相关的问题，而且正如协会名称所言，为子孙后代“保存”这项遗产。2009 年以来，这类协会越来越关心如何在下述两种现状下保持来访神这项传统：一是更多外界访客（游客）希望见到仪式的可能性；二是岛屿总人口持续下降，以及随之而来的社区成员老龄化的问题。尽管麓和本町的保存会都面临人口减少与人口结构变化的问题，他们对旅游业的反应却截然不同。

麓的处理方法很简单。在这个社区里，“来访神”一直被认为是一种半隐秘的仪式。众所周知，几十年来，它一直不向外界访客开放仪式。通常，仪式的过程中禁止拍摄照片与视频。“来访神”列入《名录》之后，向电视台工作人员及其他人员开放仪式的压力越来越大，但是保存会坚决拒绝为游客表演这项仪式。事实上，无论是否有意为之，声名狼藉的摄影禁令有效地限制了游客的参与，同时也为麓的来访神仪式带来了独特与“真实”的光环，因为越是神秘的东西就越令人向往。

相比之下，邻近的本町居民在举行来访神仪式时对外界的态度更加

① 我这里将“hozonkai”翻译为“保存会”是因为我认为“保存”（preservation）最接近日语中“hozon”的“保存”之意。但值得注意的是，在 2018 年的提名文件中，部分采用了联合国教科文组织的用语“safeguarding”（保护），其中指出“在社区层面，保护协会主动保护和传承该仪式”（UNESCO，*Convention for the Safeguarding of the Intangible Cultural Heritage*，Nomination file No. 01271）。

开放。2012 年，本町保存会的负责人告诉我，他和同事们觉得，“来访神”列入《名录》所带来的宣传会引起外界的兴趣；提名后不久，他们便开始认真讨论是否应该正式“开放”来访神仪式。支持者与反对者的“意见都十分强烈”。一些成员认为“孩子会将注意力集中在摄像机而不是来访神上：他们会分散注意力……来访神原本的意义将会丢失”。他们认为，“在家中举行的仪式不应成为一种盛大的活动”。其他成员则反驳说，向游客开放该仪式大有好处，他们认为外来者“会逐渐理解来访神的重要性”，“有必要与公众分享这项传统”，而且这可以成为“振兴当地［经济］的重要形式”。

讨论结束的时候，本町保存会决定向游客开放来访神仪式。但是他们对此设置了严格的限制，这样一来，仪式就不会被打断，从而保持其作为家庭活动的功效。2008 年，也就是来访神列入《名录》的前一年，他们刊登广告寻找对“来访神”感兴趣的访客——不过他们寻找的不是“观光客”，而是指明了欢迎“见学者”（kengakusha）。当然，“见学者”可以译成“访客”“游客”或“观察者”，但是这个单词中的“见”与“学”二字暗示出见学者的目的是学习与研究，而非肤浅的娱乐或观光。这一点也许很微妙，但是这个名称明确指出他们并不欢迎休闲旅游的游客，而且这些人可能也不会来。事实上，尽管预计会出现大批旅游者，但是该岛的交通极为不便：冬天，渡轮常常因为天气不佳而被取消；可以住宿的地方有限；仅有的几家商店和餐馆也在新年假期关门歇业了。

即便如此，本町保存会还是表现得十分谨慎。万一真的有访客来了，也不应对其进行干涉。他们拒绝接待旅游团，并将个人见学者的数量限制在 20 人以内，这样每个家庭只需要接待几位访客。广告本身就提醒观众，来访神仪式在私人家中举行，见学者应听从负责人的指引。

最终，本町保存会通过随后几年中的经验意识到，很难将来访神仪式开发成岛上的旅游景点。2008 年，一共来了 10 位见学者。来访神被列入《名录》的 2009 年，共有 19 人进行了预注册，但是 12 月 31 日的一场风暴导致渡轮被取消，因此只有提前一天上岛的 9 人参加了仪式。2010 年，又一场风暴导致渡船被取消——这场风暴持续了两天，因此没有一位游客能够上岛。2011 年，12 位见学者从日本各地来到本町。其中有几人曾试图在 2010 年上岛，却被恶劣的天气挡住了脚步，还有两人也曾在

2009 年做出过尝试——所以这是他们的第三次尝试！可以说，这些访客并非普通游客：他们当中有一位大学教授、一名高中教师、一名节日爱好者/博客作者，以及几名对世界遗产、年度仪式、民俗表演和岛屿生活感兴趣的研究人员。

岛民对来访者的欢迎方式体现了他们此行的严肃目的与见学者的身份。晚上 7 点，他们在本町社区会堂集合。保存会成员简要说明了来访神仪式，强调了它对家庭的意义以及作为儿童教育实践的作用。随后他们表示，来访者应跟随领队前往几户人家，领队将引导他们进入屋内。每个家庭的要求各不相同，有些允许拍照，有些禁止拍照（还有一些禁止在拍照时使用闪光灯）。仪式结束后，领队带领见学者返回社区会堂，一边享用小吃、啤酒和芋烧酎（一种在该地区十分受欢迎的酒，由红薯制成），一边与参与者进行公开讨论。

对话与陌生化（Defamiliarization）

活动结束后的这种非正式聚会意义重大，因为它反映出“来访神”被列入《名录》后一项重要的实地效果：外来者与当地居民的直接对话。保存会成员意识到，允许外人参观他们的仪式不仅可以将其展示在他人面前——无论这可能带来多么微小的经济利益——而且可以让他们有机会从不同的、通常是比较的视角获得反馈。这种交流使得岛民可以站在外人的视角看待来访神，并引发我所说的具有批评意味的“陌生化”①。一位领导人告诉我，外界的这种兴趣实际上激励了岛民去研究“来访神理念”，重新去评估它的意义与重要性。

在与外界的交往中，本町保存会的表现最为积极，但是六个社区都面临着类似的问题。最终，“来访神”被列入《名录》一事激励了居民更深入地思考“来访神”在该岛未来中所扮演的角色。这个问题当然不仅与“来访神”有关：如果说孩子的存在对于能否继续仪式而言至关重要，那么，“来访神”就反映出儿童在社区中的重要性。与日本大部分的农村

① Michael Dylan Foster, “The UNESCO Effect: Confidence, Defamiliarization, and a New Element in the Discourse on a Japanese Island”, in *Journal of Folklore Research* 48 (1), 2011, pp. 63 – 107.

一样，该岛也正面临着人口减少和儿童数量急剧下降的威胁。事实上，本町在过去几年里都没有邀请任何访客，因为“来访神”只去了两三户人家——适龄孩子的数量太少。那么，“来访神”的未来在哪里？与我交谈过的大多数居民都认为，由于“来访神”是一种教育形式，如果不将重点放在儿童身上，仪式就无法举行。他们坚持认为，不应仅仅为了游客而继续这项传统。

与此同时，一些社区领导人的态度则更为谨慎。一位领导人说，保存会成员的内心受到了这个称号的影响。自从“联合国教科文组织对来访神作出积极评价”以来，保存会成员便感受到了传承仪式的“重担”。也就是说，全球认可度赋予了岛民更强的责任感，让他们开始为自己也为他人对传统遗产做出了思考。这位领导人说，来访神不应成为只为游客表演的项目，但是与此同时，联合国教科文组织的认可迫使他们不得不以某种方式继续保持这一传统，即使这仅仅意味着不解散保存会本身，以便在未来各个家庭孩子增多时能够继续这一传统。归根结底，尽管联合国教科文组织没有以任何有形的方式对“来访神”作出干涉，但是列入《名录》还是带来了一种无形的——但仍然有意义的——责任感。

“新”的遗产项目

我在这里列出的所有参观记录均源于“来访神”被列入《名录》之后的几年。在接下来的几年里，并未出现大规模游客涌入的情况：每年上岛的游客数量不会超过5—10人。来访神仪式依然在继续，恶魔们每年依旧会造访本町、麓以及其他社区中的两三户人家。2018年，岛民已在联合国教科文组织的影响下生活了9年。无论好坏，他们的生活都没有发生显著的改变。但是就在那一年，出现了一个重要的变化：日本文化厅将“来访神”与在日本群岛中发现的九种相似但又不同的习俗组合在一起，作为一个单一的项目，以“来访神：假面装扮的祭神仪式”为题，重新向联合国教科文组织提交了非遗申请。11月下旬，在毛里求斯路易港举行的政府间委员会第十三届会议上，这项新的内容也被列入了《名录》。

当他们独有的非物质文化遗产与全国其他仪式组合在一起之后，岛上居民对这一变化又有何看法？新的申请获批之后，我一直没有机会再回岛上。但我确实曾在 2017 年去过那里，当时新的提名已在酝酿之中。此文不再赘述岛民的反应，但是他们给我留下的印象是有些失望。2009 年“来访神”最初被列入《名录》时所享有的独特性会被此次的新申请所覆盖，现在，“来访神”只是其中的一个项目而已。

此外——这只是我从一次相对较短的采访中获得的印象——我感觉一些保存会成员认为，在“来访神”与其他传统组合在一起的过程中，他们并没有处于显著位置。这里不需要详述日本的市、县以及国家政府结构，只需说明一点，政府确实联系了保存会成员，他们也在提名表格上签了字，但是他们完全没有仪式代表人的感觉，即便这些保存会一直全程参与了新项目的提名过程。因此，当我在新项目的“提名文件”中读到下面的句子时感到十分惊讶。文件写道：“在提交文件前的整个过程中，社区传承人一直居于工作的前列（at the forefront of the work）。”① 我想强调的是，我在这里的评论完全是我个人的意见（不代表岛上的特定个体），参与这份文件撰写工作的其他社区可能有着更为积极的经历，但是坦率地说，我并不觉得我在岛上的朋友作为“社区的传承人”而总是“居于工作的前列”。

话虽如此，但是这句话所表达的观点——即“社区传承人”应始终主导对话——无疑是恰当和值得称赞的，我认为它反映了 2003 年通过的《保护非物质文化遗产公约》的精神。我更有理由认为，若是所秉持的观点与实地经验之间的联系脱节，则会十分麻烦。我认为，当务之急是拥有更大权力和机构的实体——在此案例中，多指日本文化厅——确实应该让受影响的社区“居于工作的前列”。我认为，在社区与更强大的决策机构或政府机构进行对话时，无论何种情况，这一点都很重要，在日本可能尤其重要，因为在日本，将几个传统组合成一个提名的做法似乎越来越普遍。

开放式结论

我所要表达的观点是，在实践和经济影响方面，最初列入《名录》

① UNESCO, *Convention for the Safeguarding of the Intangible Cultural Heritage*, Nomination file No. 01271. 2018, p. 11.

对该岛的影响可能是有限的，但它仍然有助于激发对该岛所关心的问题的深入探讨，例如人口减少以及农村生活的可持续性。同样，我认为虽然新项目的提名可能令人失望，但其最终也将带来有限的经济效益和实践效果，例如不太可能造成游客数量的增加或减少，不过我也认为，将“来访神”与其他仪式组合在一起的做法可能会激励居民从其他相似或不同的传统的角度来看待“来访神”，希望这可以促使处于不同地域的社区之间开展富有成效并且能够解决问题的对话，这些社区在老龄化、人口减少、旅游业和经济可持续性方面面临着类似的挑战。事实上，我并非过分乐观，但我确实想指出这一点——如果我们相信提名文件上的话——即第一部分申请原因中的话：“由来自与提名有关的社区的所有成员组成的全国委员会也决定成为交流和观念共享的主要组织，保存会在此可在提名前后积极与地方政府官员讨论保护措施和促进措施。”①

正如我在此文中事先声明的那样，我没有得出任何结论，只不过指出非物质文化遗产的全球提名所激发的当地协商和自我反省的强度。对于距巴黎联合国教科文组织总部千里之外的人来说，“UNESCO”这个漂浮的符号必须通过当地的视角来解读，并纳入每一个受影响社区未来的特定话语中。当然，“来访神”只是一个例子：这是生活在科技发达国家边缘的少数人共享的一种传统。但是“来访神”的模糊性和独特性只能提醒我们，应该具体问题具体分析，全球政策的意义总是视当地的具体情况而定。联合国教科文组织或国家或地方政府所作决定的效果取决于当地社区的具体实际和特殊情况。因此，必须牢记权力的动力学（power dynamics），让那些拥有更多决策权的机构不遗余力地倾听受其决策影响的人们的声音，并始终让这些社区“居于工作的前列”。这可能是一个显而易见的观点——也是这个特定提名文件中所表达的字面意思——但重要的是要记住、重申，并在未来的岁月中实践。

“一带一路”会议翻译小组译校　杨利慧终校

① UNESCO, *Convention for the Safeguarding of the Intangible Cultural Heritage*, Nomination file No. 01271. 2018, p. 11.

一个乡村和它的非物质文化遗产

王霄冰　郑裕宝*

摘　要：妙源村因其独一无二的“九华立春祭”成为非遗传承单位之后，当地的乡村经济发展模式和人们的生活环境都发生了一定程度的改变，同时也面临着一系列新的问题：立春祭年复一年地持续下去，当地人的生活并没有发生质的变化，村民们参与立春祭的热情似乎也越来越低。作为非遗传承主体的当地人需要找到新的发展模式，并处理好乡村社区与外部力量之间的话语权力关系。为了不使传承主体丧失其自身文化发展的动力，政府在发挥指导作用的同时，更需要激发传承主体的参与和创新热情，让村民们能从传承实践中获得物质和精神两方面的满足感，促成乡村社区的可持续发展。

关键词：非遗；二十四节气；立春祭；乡村发展

一　问题的提出

2016年，“二十四节气——中国人通过观察太阳周年运动而形成的时间知识体系及其实践”被联合国教科文组织认定为“人类非物质文化遗产代表作”。外陈/妙源的立春祭则被认为是该项文化遗产最具代表性的当代实践之一，并因此获得了来自政府与媒体的极大关注。

* 王霄冰，中山大学中文系、中国非物质文化遗产研究中心教授；郑裕宝，云南大学中文系民俗学2018级硕士研究生。

2011年，在浙江衢州的“九华立春祭”进入国家“非遗”名录不久，[①] 笔者（王霄冰）曾前往当地进行田野调查，并以《民俗文化的遗产化、本真性与传承主体问题》为题发表了一篇论文。在这篇文章中，笔者就民俗事项被认可为非遗之后容易出现官方化、博物馆化和商品化的问题提出了自己的看法，认为：“遗产化后的民俗文化得以本真和活态传承的关键，在于确立一个实实在在的传承主体。民俗的传承，不仅有赖于个体的传承人，而且更加有赖于传承人之后的那个民众群体。”对于“九华立春祭”的发展前景，笔者也持乐观态度，相信：“只要有这片土地在，有这座古庙在，有这些农民在，有这种生活的欢乐在，民俗就一定可以以它本土、本色、本真的面目永久地生存和发展下去。”[②]

然而，六年后的2017年，当笔者再次回到这个小乡村时，却发现村里的面貌虽有一些变化，但村民的生活状况并没有得到质的提升。作为非遗的“九华立春祭”越来越像是一个面向外人的表演项目，只有少数村干部和村民代表在忙着张罗，大多数村民的参与热情似乎反而不如从前了。造成这种现象的原因何在？难道笔者在数年前得出的结论错了吗？

带着这一问题，笔者和学生一起，于2018年11月再一次走访了外陈村（现已改名为妙源村），并就“九华立春祭”的传承现状及其与乡村发展之间的关系展开了调查。该研究将围绕外陈村/妙源村成为非遗传承单位之后所发生的变化及其所面临的问题，并以此为例，探讨政府或其他组织的文化赞助与文化传承主体自我生长力之间的关系。

二　妙源村和“九华立春祭”

妙源村，原名外陈村，位于浙江省衢州市柯城区九华乡东北部，距离市区约20公里处。村四周多山地丘陵，土壤多为黄泥土，耕地面积较

---

① 2011年5月，国务院颁布了《第三批国家级非物质文化遗产名录》（共计191项）和《国家级非物质文化遗产名录扩展项目名录》（共计164项）。由浙江省衢州市柯城区申报的“九华立春祭”和浙江省遂昌县的“班春劝农”、贵州省石阡县的“石阡说春”一起，以“农历二十四节气”为总体名称，被纳入国家级非遗名录的扩展项目名录中（项目编号X－68）。

② 王霄冰：《民俗文化的遗产化、本真性和传承主体问题——以浙江衢州“九华立春祭”为中心的考察》，《民俗研究》2012年第6期。

少且分散，竹林面积较大，作物以毛竹、柑橘为主。村庄依山而建，且位于庙源溪流域上游，村冈大小溪流蜿蜒贯穿全村，周边山峰高耸险峻，竹木苍翠有致，自然景色优美，是一个山清水秀并有一定文化底蕴的小山村。村中有梧桐祖殿、寺坞古民居、百年牡丹、沙坝瀑布、木鱼山等自然人文景观。

如今的妙源村由外陈村和寺坞村合并而成。1986 年 10 月，外陈大队分设外陈、寺坞行政村，隶属九华乡。2013 年 7 月，因行政区域调整需要，外陈和寺坞重新合为一村，称妙源村。这一名称的来源，一方面借用流经村里的庙源溪的“庙源”谐音，另一方面取的是“美妙的源头”之意。

如今全村有 378 户人家，共 928 人。妙源村主要由苏姓、吴姓、傅姓、龚姓等族人组成，除此之外，还有陈、黄、童、郑、巫、舒、徐等姓氏。明嘉靖年间，苏姓族人来到此地，吴氏、傅姓族人则分别于清乾隆、康熙年间迁来此地定居。清嘉庆年间，龚姓族人先后从福建上杭迁居于此。

位于妙源村村口的梧桐祖殿，是村里唯一现存的寺庙。殿里供奉的神仙，当地人称为“梧桐老佛”（即我国古代神话中的春神和木神句芒）。据村民回忆，这座梧桐祖殿在清朝时就已经存在，以前每年八月十五有“抬菩萨”的活动，逢年过节也会举行祭拜，只在 1949 年后中断了数十年。关于梧桐祖殿为何能够躲过“文化大革命”的浩劫而幸存下来，村里老人的说法是：在“文化大革命”期间，当地村民怕祖殿被毁坏，就赶紧召集人们想办法，最后想到一个好办法，就是用泥巴把神像、壁画以及种种显示出庙宇特征的地方都糊上厚厚一层，使这座庙看起来像是一座普通的土房子，这样才逃过了被毁的命运。后来，该房子曾作为木材加工厂和碾米厂使用，直至 2001 年，因为一个偶然的机会被人发现，剥去层层泥土，再加上村民和相关专家的修缮，才得以恢复成如今的样子。

整座建筑分主殿和偏殿，主殿属清早期建筑，为前后衍梁结构，面积达五百多平方米，分为上、中、下三堂。上堂正中供奉着句芒神像，上有匾额以篆书写“芒神灵祠”四字，这里的芒神像是村民根据古籍《山海经·海外东经》中的记载，按照“鸟身人面，乘两龙”和郭璞注的

“木神也，方面素服”而确定其形象的。因此这里的神像形象是方脸阔耳，面相威严，背后双翅，身穿云纹白衣，双脚赤裸，各踏一龙，其右手举圆规、左手握着装有五谷的布包，据村民解释，圆规用来丈量土地，表明这一方土地归春神管理和庇佑，五谷布包里装满五谷种子，祭春时人们将其取下，进行春耕仪式，也反映了人们祈望五谷丰登、农业丰收的愿望。神像右脚边还有一只以竹篾扎成牛形并糊以彩纸做成的“春牛”。上堂左右两边还有风雨雷电四神和杨（杨炯）、茅（茅瑞）、蔡（蔡伦）、尉（尉迟恭）四位令公的雕像，神像旁边的柱子上有“风伯雨师耕云布露，雷公电母击鼓助威”字样的对联，左右各有一面钟和鼓，钟上有“国泰民安”字样，还刻有《锄禾》一诗，祭春的时候撞钟以迎春，以上种种，皆昭示了村民对于风调雨顺、五谷丰登的美好愿景。

中堂有一方形鼎状香炉，用来平时祭拜或立春祭祀上香用，香炉周边有数盆花苗，或许是为第一时间带来春的气息做准备之用。下堂是大戏台所在，正门开在台后，因为每年立春祭祀时有演戏酬神的惯例，一般都要连唱三四天的戏，戏台的面积不小，围观的村民也很多，往往能挤满剩下的空地。去的时候正赶上戏台翻新，部分老旧木料换新了，但两边柱子上“清雷惊梦苏万物，黄道轮回冠四时”的对联依然保留了下来，从中也不难看到当地人对时序节令的重视。整个大殿左右两旁的墙壁上，绘有二十四节气主题的壁画，每一幅画对应一个节气，并有相应的文字介绍。旁边还有个偏殿，面积略小一些，原本供奉着一尊观音菩萨，如今已经改造为一个农耕文化展示馆，展出一些当地特色的生活物件和早期耕作的农具。

每年的立春祭是梧桐祖殿祀春神句芒的盛会。民间俗称“年大不如春大”，所以迎春庙会举行得极为隆重。迎春庙会习俗有迎春、探春、插春、迎春牛等。每年祭祀之时，不仅本村的村民积极参与，甚至附近的一些市民都会赶到梧桐祖殿，观看祭祀春神的仪式，感受春光，谓之“探春”；采集冬青树枝、松柏及野菜，谓之“采春”；将采集的松枝翠竹等各种树枝插在门上，谓之“插春”；早餐和午餐必须吃青菜，谓之“尝春”；将柳条、竹枝编成环状戴在小孩头上，以为能保四季清健，谓之“带春”。最热闹的还是鞭春牛之俗，人们给春牛披红挂绿，牵春牛游行，并由一小童扮成芒神，拿竹枝作鞭打姿态，同时还要高咏祝词。届时敲锣打鼓，观者如堵，热闹非常。

这种民间的立春祭祀实际上是对东汉以来朝廷的立春礼仪的一种仿效。虽然立春礼的形态在各朝各代有所不同，汉代的较为庄严肃穆，在唐代则较多欢乐色调，增加了像皇帝赏赐大臣春花这样的节庆内容。“出土牛”的仪式在唐代也有所改变，耕人变成了策牛人，他和土牛的相互位置被用来象征立春节候的早晚，而且出现了官员杖打土牛的仪式性行为。由人扮演的“芒神”取代耕人或策牛人进入“出土牛”礼仪，应是在南宋时期才出现，且“很可能是由于迎气礼衰微或者废止的缘故”。[①]到了明代，朝廷制定了相应的礼规，从礼制上确立了芒神的地位。官家的“出土牛”仪式到了民间，就演化成了“扮芒神”和“鞭春牛”的习俗。

2011年笔者现场考察了外陈村的立春祭祀仪式，并做记录如下：

> 为迎接祭典，村民们提前好几天就开始忙碌。梧桐祖殿被打扫一新，门口贴上了新的春联：“黄道轮回，四时节令从今始；春神下界，千树梅花报喜来。”殿门口则挂上了一排排红色的大灯笼，里面则挂起24个代表二十四节气的小灯笼。勾芒的祭台前贴着“迎春接福”的红色标语，旁边摆着一只竹制的、身裹绿绸和红巾、头戴大红花的“春牛”。厨房里准备了好几百斤大米、成箩成筐的白菜、萝卜、豆腐等，以备招待工作人员和来宾香客之用。为保仪式顺利进行，村委会还会提前专门把老老少少的村民召集起来“彩排”，里里外外忙得不亦乐乎。9点18分左右，祭祀开始。担任司仪的是村主任，主祭为村支书，陪祭的是两位年轻村民。由于场地狭窄，村委会对入场人数进行了严格控制，只有几十名村民代表在场，分老中青三拨，从老到幼且男女对称地分列在上堂和天井的两边。老年人都穿着平常的服装，青壮年要参加抬佛巡游活动的，则穿黄色绸服，戴黄巾，儿童们（共八男八女）都穿着绿衣绿裤，头戴竹枝编成的花环，脸上化了妆。
>
> 仪式开始时先在户外燃放鞭炮，奏乐。然后分成三大拨向春神献礼：第一拨为公共的祭品，有20多样，分别装在漆成红色的木盘

① 简涛：《立春风俗考》，上海文艺出版社1998年版，第67、87页。

里或直接摆在案前，内容包括：饭甑（即在木制的饭桶里将蒸好的米饭摞成高高的小山的模样，表面压入一排排红枣，上盖红色剪纸，并插上一枝翠柏做装饰）；牛头（当日用猪头代替）、猪头、羊头、清茶、苹果、香蕉、桔子、桂圆、金橘、蛋糕、红糕、芙蓉糕、油爪（江米条）、麻球、年糕、粽子、青粿、青菜、五谷种子、甘蔗、还有梅花、松柏枝和一对大蜡烛等。第二拨是由领导和来宾敬献给春神的花篮，都已提前摆在了大门口，届时只象征性地把其中两个抬到祭台上。第三拨是村民们自发准备的祭品，男女老人排着队、有序地献上了自家装有祭品的竹篮或木盆，其内容和摆设大同小异：一条肉、一株青菜、两个粽子、一杯开水、一碗米饭（也要压成山形，嵌上红枣）、两条年糕、青白米粿、水果、糕点等。上面同样用红色的剪纸和翠柏枝条装饰起来。因当日的交春时刻是在黄昏的18点22分，所以祭品一直要摆放到交春仪式结束之后才能收回。

祭品、鲜花献完后，由主祭、陪祭和群众代表到天井的香炉前焚香祭拜。之后主祭宣读《迎春接福祭词》，宣读完祭词之后，就到了仪式的最后一项，是由陪祭导唱《祭春喝彩谣》。殿内仪式大约在9点40分结束，而后众人移至殿外的一块地头，观看“鞭春牛”仪式。“春牛”是向养牛的村民借的，因此也就由他本人驾驭。老人穿着蓑衣，戴着斗笠，扮演着人们印象中的“老农”形象。而鞭打春牛的“芒神”，却不像古礼所规定的那样由男童扮演，而是由一位12岁少女来装扮。她头扎发髻，披一件白色斗篷，装束并未完全依据用红纸张贴在殿前的《壬辰年立春交春、芒神、春牛图》。“芒神”一边象征性地鞭打牛的头部、左身、右身、尾部和背部，口中一边念诵道：“一鞭春牛，风调雨顺；二鞭春牛，幸福安康；三鞭春牛，三阳开泰；四鞭春牛，万事顺利；五鞭春牛，五谷丰登。”

古俗中的“抢春”仪式没有进行，取而代之的将糖果、花生等分撒给观望的人群。前任老支书提了两篮祭品，代表村民们在田头焚香烧纸，祭拜天地。老农赶着牛开始来回犁地，两位陪祭人一个在前平地，一个在后播种，并将几株小青菜整齐地种到地里。此时，有人在地头放起了鞭炮。在一片硝烟弥漫之中，穿着黄色绸衣的村民们抬着纸糊的春牛、关公和四大“灵公”的坐像来到殿外，后面跟着一条绿色的长“龙”。他们在广场上转了几圈之后，就开始浩浩荡荡地沿村巡游。在事先约好的一些人家门口，他们停下来，让神灵们接受祭拜。村民们把盛有整套祭品的篮子摆出来供奉，并将事先准备好的红包放在牛头上和神灵们脚跟的“功德箱”里，然后焚香烧纸，为家人祈福。等祭拜结束，他们会把祭品拿回家去给小孩们吃，因为相信这样他们会长得“蛮气”（壮实）一点。

跑在巡游队伍最前面的，还有一位“报春人”。他手中拿着一叠红纸，每到捐过钱、做过奉献的人家，就贴一张在门口或墙上，或直接交到主人手里。红纸上的文字为“九华乡外陈村梧桐祖殿祭祀”，下有两幅图，一幅是春神像，上方写着“新春大吉”，左右分别写着“风调雨顺”“国泰民安”的条幅；另一幅是儿童在日光下、田地里鞭打春牛的图像。文字部分主要介绍梧桐祖殿及其“立春大典”，并告知立春祭祀的时间和地点，届时将有知名婺剧团来梧桐祖殿连演四天大戏，欢迎社会各界人士即时前来同庆，共同祈福。最后还有乘车路线和下车地点。显然这是本次活动的宣传单，在巡游时则被用来“报春”了。

巡游队伍在本村转完一圈之后，吃过午饭，又到邻近的各村去继续巡游，直到下午三点多钟才回到庙里。这边庙里中午摆满了饭桌，香客们可以免费用餐。饭是白饭，菜以白菜、萝卜为主，都是素食。当天来拜神和看热闹的估计有上千人。

而以上这些仅仅只是“迎春”的前奏，因为当天交春的时刻是在黄昏。这时，来宾都已离开，香客也大都散去，只剩下了外陈村的村民和他们的亲朋好友。时辰到来之前，殿门紧闭。时辰一到，殿门即被打开，在一群打着灯笼的儿童引领下，手拿香烛的村民们一涌而出，纷纷在殿门口点上蜡烛，焚香烧纸，迎接春神降临。一时间，鞭炮大作，烟花四起，几位村民代表捧着两枝象征“春天”的树枝回到庙中，将它们摆到祭台前。又在庙中祭拜之后，仪式才告结束。之后戏台上好戏开场，以飨春神等各位神灵。①

---

① 王霄冰：《民俗文化的遗产化、本真性和传承主体问题——以浙江衢州“九华立春祭”为中心的考察》，《民俗研究》2012 年第 6 期。

在“立春祭”及其巡游活动结束之后，村里还请来当地的婺剧团为村民们唱了三天三夜的大戏。剧团登台前还按照传统举行了除秽仪式，开场则照例先“闹花台”，然后“摆八仙”，完全按照当地的乡俗编排程式。当时的场面十分热闹，令人难忘。

三 “申遗”与妙源村的经济转型

由于地形的限制，妙源村的耕地一直不多。1949 年前，除了地主家的地多一些，普通人家一家甚至分不到一亩地。20 世纪 60—70 年代农业学大寨的时候，开垦了一些田地，耕地面积才稍微多了一些。早年种地时主要农作物以水稻为主，一年可以收获两季，第二季水稻收获后就已经临近冬天，冬天还要种小麦，所以一年四季地都不闲着。

到如今已经没有人耕种了，大多数人家在 20 世纪末，也就是 1997 年、1998 年就基本不种地了，晚一些的到 2000 年前后也不种了。不种农作物后，就在原来的地里开始改种柑橘，种了十多年，总体效益不错。但 2014 年，因为大雪冻害，柑橘树大部分被冻死，损失惨重，从此柑橘也不种了。原本的耕地或荒废，或被改造成商业用地，现存离家近一些的地基本都用来种一些蔬菜或番薯，由于土地面积不大，只能自给自足，农产品基本不出售。

由于早已不种植粮食作物，在“立春祭”中扮演了主要角色的牛也无用武之地，因此村子里在 2000 年前后就已基本没有养牛，多数人都把牛卖掉，到如今这个村庄已经没有牛，就连立春祭时鞭春所用的牛都是从邻村的村民那儿借来的。早些年，村里的牛也不是家家户户都有，因为受山地地形限制，耕地面积并不多，每家每户分到的就更少，农户没有必要也供养不起一头牛，所以早期的牛都是归生产队所有。原来的外陈村，一个大队有四五头牛，整个村子有几十头牛，而原寺坞村，一个大队不过两三头牛，整个村子也就十几头。

常言道，“要致富，先修路”。通往外界的公路对于偏僻乡村的发展而言至关重要。妙源村的第一条公路是在 1996 年开通的，从此小山村与外界的沟通开始方便起来，而如今村里随处可见的两层新房，最早是从 2005 年开始盖的，但主要还是以 2009 年至今建的新房居多，以前低矮破旧的土房子虽然仍有留存，但是已经不再占据主流了。

2005 年，也就是立春祭祀恢复后的第一年，当地对竹料腌塘进行整治，一度成为当地主要经济产业的土法造纸（以竹子为原料制造的祭奠用的黄纸）也渐渐歇业。而从 2012 年开始，出于保护乡村环境的需要，在“五水共治”的政策指导下，村里严格禁止养猪，如今村里已没有猪了。包括鸡、鸭等家禽，也属禁养之列。目前村中还有极少数人家有养，不过都是圈养，不能放养。

以上产业曾经是很多村民的重要经济来源，但是因为对环境尤其是对水源的污染严重，不利于长远发展，政府下定决心治理污染，还人们一个青山绿水，同时发展其他无公害的绿色产业。

俗话说“靠山吃山”，村子四面环山，山上的毛竹很多，毛竹可以说是当地最主要的经济作物，每家每户都有属于自己的一片毛竹林，可以对其砍伐然后加工，但是一般只能砍自己家的。当地家庭小户对毛竹的利用基本是拿来制作“筅帚”，单纯出售毛竹利润很低，已经很少有人单卖竹子。“筅帚”是一种当地农村非常常见的洗刷用具，取材于毛竹，制作简易，几乎每家每户都有人制作，熟练者一天可以做出 50—60 个成品，有专人统一收购，收购价在一元左右。根据走访调查，早年村里还有做竹扫帚、鸭笼等较为复杂竹制品的手艺人，近年会做这些的人则越来越少了，留在村里的人基本都是靠制作“筅帚”获得收入。此外，春冬之际，刨挖竹笋制成笋干，出售后也可为家庭带来一些经济收入。

除了毛竹，山上还种植了很多山茶树。村民收获茶籽进行晾晒后榨取得到山茶油。一般村民家中也会在屋舍角落放置蜂箱养蜂采蜜。但一方面资源有限，另一方面无人组织规模化生产，因此产量不高，产品主要归各家自用，很少对外出售。

因为不再种地，在当地从事其他农副业也难以维持生计，50 岁以下的年轻人和青壮年基本都外出务工。近几年，一般成年劳力外出务工人均收入 2.3 万—4.5 万元。待在家里的妇女和上了年纪的老人则依靠出售竹制扫把、筅帚、衣架等竹制品，人均年收入大约 8650 元，由于最近几年旅游开发的带动，留守村民收入的总体呈增加趋势。

随着“申遗”成功，‘九华立春祭”声名远播，慕名而来的人也越来越多，妙源村也渐渐为人所熟知，加之当地自然环境优美，许多人也把这里当作休闲旅游的好去处。因此当地领导提倡大力发展乡村休闲旅游，一个最明显的改变就是，当地的民宿和农家乐越来越多，甚至有看到商机的外地客商前来投资，买下旧房改造成民宿。一些有头脑的当地村民也开始把自家的老房子装修成特色民宿和农家乐。

村里目前有 11 家民宿，3 户农家乐，其中三星级民宿 2 所，二星级民宿 2 所，一星级民宿 1 家，普通民宿有 6 家。最早的一家民宿于 2017 年年初开业，晚一些的则在 2017 年年底和 2018 年年初开业，每家民宿的房间大多在 7—8 间，价格则从数百元到上千元不等。在走访的过程中，发现还有好几家民宿正在建造中。而根据对一家精品民宿老板的访谈来看，这个趋势很可能一直持续下去，越来越多外出打工的人可能会回乡开办民宿或农家乐，这个情况在某种程度上来说也是一件好事，一方面避免了农村空心化继续加剧，另一方面也有利于增加当地人的收入和促进当地经济发展。

当地政府还开办了民宿培训班，旨在帮助本地人更好地开发民宿资源，将旅游资源转化为经济收入。今年，以“民宿与乡村振兴”为主题的民宿设计大赛的颁奖仪式就在梧桐祖殿前的梧桐广场上举行，这一活动既展示了当地乡村旅游发展的新面貌，也能吸引更多人去当地体验。此外，今年当地政府还组织了一场森林运动会——灵鹫山森林运动会，开幕式同样是在梧桐祖殿前举行，甚至在当地拍摄电影取景，也有相当一部分是在梧桐祖殿中进行的，诸如此类的活动，都是当地政府牵头宣传当地非遗和旅游资源，为打造当地特色旅游品牌做铺垫的行为。

近年随着参加“立春祭”的外地人日渐增加，村民们也开发推出了一些与立春有关的特色旅游产品，如“春糕”。春糕本是家家户户过年时做的年糕，自从立春祭恢复后，就将其作为祭品的一种，命名为“春糕”。目前村里已经和旅游公司合作建起了一个“春糕风物馆”，它既是民宿，同时也可以让游客在住宿的同时体验春糕的制作工艺，也将春糕作为销售产品，大约 5 元一斤。另一些民宿老板也紧跟潮流，联合工艺大师推出各种纯手工的产品，如纯天然又时尚的“竹篮 LV 包”就是由竹子手工编制而成，费时费力，一天也只能做出一个，但是精美别致，深受女士们的喜爱，售价 200 多元。同时通过各种现代化渠道（如微信朋友圈）向客人和朋友推销土蜂蜜、笋干等特产。

不过目前通过发展旅游相关产业获得利益的村民尚属少数，大约占总人口的10%，其他大多数村民家庭仍然依靠外出务工和销售传统竹制品相结合的方式维持生计。同时，政府拨款也是一个重要的经济来源。例如2017年为进行土地整理规划而做的一个前期项目就拨款约一百万元，都直接发放到村民手中。

四 谁的非遗？为谁而祭？

2011年，笔者在调查中曾看到当地居民都非常热心参与立春祭。记得有不少村民专门为此从外地赶回老家参加祭祀。但最近笔者在与一位当事人的微信聊天中了解到，这几年愿意在祭祀活动中帮忙的村民似乎越来越少，骨干分子从当年的十几人减少到了今天的两三人，参加祭祀的村民也从原来的举村同祭变成了今天的选派代表参加。

为了了解实际情况，笔者特意向村委会索取了该村的人口花名册以及近年来参加立春祭的人员名单。从花名册上看，原外陈村男性村民的年龄构成如下：18岁以下的孩子占总体的16.4%，18—30岁的青壮年占12.3%，30—50岁的壮年男性人口占27.9%，50—70岁的老年人占32.8%，70岁以上占10.6%。原寺坞村男性村民的年龄构成如下：18岁以下的孩子占总体的12.5%，18—30岁的青壮年占12.5%，30—50岁的壮年人占27.1%，50—70岁的老年人占36.1%，70岁以上占11.8%。因此总体来看，两村30—50岁和50—70岁的男性村民加起来占了大半，这部分人也构成了立春祭祀的活动主体。

从2013年的立春祭祀名单来看，各个环节参与人数总共有120人，2015年略有减少，但也有95人，而2017年达到了195人，2018年则有181人。虽然可能是由于受重视程度的不同（如有无专家学者来访和知名媒体前来采访录制）而导致参与人数稍有浮动，但总体来看人数是在不断增多的。这说明村民们实际上对于立春祭的重视与参与程度并无减弱。此外，祭祀仪式过程的分工每年虽然也略有出入，但是总体趋势是分工越来越明确和细致，主要流程也没有改变或者减少。

如2013年，整个筹备工作分为：礼仪组（23人）、抬佛组（15人）、祭拜组（8人）、酬神组（31人）、鞭牛组（2人）、戏班组（5人）、安保组（10 人）、厨房组（25 人）和后勤组（1 人）。而到了 2015 年，人数虽然少了，但是一些主要的如礼仪组（31 人）、祭拜组（21 人）、抬佛组（5 人）、舞龙组（16 人）都还保留着，之前的祭拜和酬神合并为一组，抬佛组则细分为抬佛组和舞龙组。

到了 2017 年和 2018 年，分工就更为细致。以 2018 年为例，总共分为：礼仪组（34 人）、抬佛组（6 人）、舞龙组（15 人）、锣鼓组（17 人）、祭拜组（30 人）、酬戏组（3 人）、膳食组（30 人）、卫生组（8 人）、安保组（10 人）、后勤组（15 人）、财务组（2 人）。

其中，礼仪组主要由小孩子组成，扮作迎春的使者，另有几位年轻姑娘，负责接待礼仪和给小孩子化妆、穿戴。安保组则主要由年轻人组成，负责维持现场的秩序和停车场的管理工作，这些年轻人基本是本村人，平时在外打工，正月里回来恰好帮忙。祭拜组，则主要由五六十岁的中老年妇女组成，这是因为老一辈更注重传统，也更懂得这些相应的礼仪。年轻人则不太喜欢这些，而更热衷于负责诸如安保、燃放烟花等。抬佛组，主要由壮年男性构成，尤其是干农活出身的、力气大的壮年人，一来，梧桐老佛分量不轻，需要力气大的人才抬得动，二来，巡游路程也远，一般人坚持不下来。舞龙组则由一些爱好文艺和体育的青年人组成。膳食组一向人数不少，因为他们要负责立春一天几乎所有来宾的饮食，一般由经常操办地方红白喜事的厨师带领他们的团队负责。据了解，2018 年立春那一天，仅大米就吃掉了 1100 斤。演戏酬神也是必不可少的一个环节，酬戏组负责与戏班子交接，进行食宿、场地的安排等。从前多是请当地的土戏班子，而近些年则多从市里请来比较有名的婺剧团。一场戏价格在一万元左右，一天的下午和晚上算一场，一般唱 3—4 天，就要花去三四万元。

立春祭祀的花销主要分为两大方面，一方面是立春祭当天接待用的吃食；另一方面，是立春祭祀整个仪式过程产生的花销。柯城区文化局每年拨款 30 万—50 万元，其中用于仪式部分为 5 万—10 万元，其他用于基础建设，如梧桐祖殿前梧桐广场的建设。在上级拨款不够的情况下，乡政府和村委会也要补助一部分支出。参加祭祀的村民们，在前几年多为义务劳动，近几年才开始发一些象征性的补助，但每人每天也就 60 元钱，甚至远不如在工地做小工挣得多，因此多数参加祭祀的人员，还是凭借着对传统文化的热爱才能坚持下来。小孩子还不懂事，权当凑热闹，在参与中接受一些传统文化的熏陶，家长们也很鼓励。浮动性较大的是年轻人这一群体，一开始很多人出于好奇而热心参与，但时间长了之后，就很难像老一辈那样投入，坚持每年参加，大概是因为这样的仪式对于他们来讲有些枯燥，并且几乎没有什么报酬，就更难吸引他们了。

由 2013 年和 2017 年的名单对比就可以发现，安保组里年轻人的名字没有几个重复的，说明这些年轻人大多数是“临时工”。而祭祀组的人员名字有四分之一都是重复的，这从侧面表现出老一辈仍然是祭祀的主力军。但是老一辈的年龄渐渐大了，幼童们尚未长大，年轻人又不感兴趣，因此立春祭也面临着后继无人的局面。现如今，每年的立春祭祀基本都由村里的书记和主任牵头指挥，统筹全局，而由新组建的梧桐祖殿管委会的委员进行具体事项的操办。管委会为了尽量让村民们都参与进来，在选取工作人员的时候，秉承着妇、幼、老、中、青都均衡选择的标准，就是希望能够激发全村人的参与和传承热情，让立春祭的传统延续下去。

尽管从数字上看，参与立春祭的村民人数并未减少，但为什么在当事人的感觉中，村里人对于立春祭的参与热情却越来越低了呢？

笔者在调查中，一个较大的感受是，参与的村民大部分并非出于自觉，而是被“指派”和被“选择”的居多，加之参加者还能获得薄酬，虽然钱不多，但难免也带上了一些“雇佣”的色彩。因此，对于村民们而言，“九华立春祭”这项非遗虽然在他们村中的梧桐祖庙举行，却似乎并不完全属于他们。从名字来看，“九华”是该村所属行政乡的名称，这已代表着该项非遗从申遗之日起就已被当地政府所征用；从资助情况来看，立春祭的主要费用都由当地政府赞助，村民们只用出力，不用自主筹钱；从组织过程来看，上级政府、外来专家学者包括媒体的在场，直接影响到了祭祀活动的规模和形式，也就是说，外在的推动力量往往大于村民内在的信仰需求，从而决定了村民们只是被动地参与，而不是主动地在活动中建构和演绎其信仰和社会关系。

在传统的乡村祭祀活动中，各种社会力量在话语权方面的争夺和博弈往往构成了民间信仰活动中的社会关系主体。不同的人群通过赞助金钱、财物或出力参与活动来实现自己的表演权力。[①] 而非遗保护在政府的赞助和指导之下，为民间社会的自组织留下了较小的空间，以至于村民们来不及相互沟通和相互制衡便被变成了“演员”乃至道具，无怪乎部分民众会感觉失落和不满足了。

五　问题分析与对策

非物质文化遗产保护运动使妙源/外陈村赢得了来自外界的关注和政府的重视，为这个小乡村带来了发展的契机。首先是村落的规模因与邻村合并而得以扩大，乡村旅游则为部分村民带来了经济效益，结合当地“美丽乡村”建设的一系列措施，村落居住环境也得到了很大的改善。但是村民们的生活似乎并没有发生质的变化，他们的幸福感似乎也没有得到明显增强。

传统的农村通过耕种土地来维持生计。正因为此，立春这样一个与农事活动密切相关的节气才得以传承至今，且耕牛在其中扮演了重要的角色。而今天，由于农业生产成本的提高，小面积的土地耕种对于农民而言入不敷出，更遑论维持其家庭生计。青壮年农民不得不背井离乡，到城市务工，赚钱养家。土地失去了种植粮食的功能，变成了荒芜的闲田或种植蔬菜的自留地。

在这种背景下，立春祭祀对于当地人而言已经失去了祈求风调雨顺、农业丰收的信仰意义。老辈人多是出于一种惯性来维持祭祀，年轻人则出于好奇，或者是一种莫名的乡愁使然。如果没有政府和外界的介入，妙源/外陈村的立春祭也许维持不了多久就会举办不下去，就像笔者之前在邻近的江山市调查到的每年五月份举办的礼贤城隍庙会[②]，近年来因为种种原因已经基本处于停办状态。从这个意义上讲，非物质文化遗产保护确实给很多像“九华立春祭”这样的民间信仰行为提供了保护伞与持

---

① 相关的研究很多，例如：［日］佐藤仁史：《从刘王信仰看“村社”的统合与村际关系》，佐藤仁史、吴滔、张舫澜、夏一红：《垂虹问俗——田野中的近现代江南社会与文化》，广东人民出版社 2018 年版，第 147—173 页。

② 王霄冰：《礼贤城隍庙：地方历史与区域文化的“记忆之所”》，《温州大学学报》（社会科学版）2009 年第 5 期。

续发展的外在推动力。

但政府的指导和经济赞助包括来自学术圈和媒体的关注，又部分地剥夺了当地人在庙会组织和祭祀行为中的话语权和自主权，从而使得村民的参与变得被动。传统的社会关系无法在祭祀活动中得以体现和展演，从而也就无法给参与者带来人情和亲情方面的满足感。政府在赞助非遗的同时如何将组织权充分释放给民间社会，也就是联合国教科文组织提出的“社区赋权”，是未来需要考虑的一个关键问题。

如何利用非遗保护达到振兴乡村的目的，则是值得思考的另一个问题。从根本上讲，政府牵头的非遗保护活动只是一个发展的契机，而绝不是可以完全依赖的金饭碗。怎样利用这个契机整合村中资源，发展地方经济，才是关键。乡村振兴的关键还在于当地民众自发的创造力与内在的发展动力。一个村子只有找到了自己的发展模式，才能使得当地的经济、社会和文化得以可持续发展。同样，非遗保护本身也不能仅是依靠外力的支援和一时的热情，只有人们在传承它的过程中，切实地感受到该项目带来的益处，才会更乐意和真心支持其发展传承下去。

经济发展模式较为单一，没有形成体系，村民缺乏主动创新意识，是妙源/外陈村面临的主要问题。目前很多开发项目都是由政府或者村干部带头组织，而村民们能想到的基本只有民宿和农家乐。虽然有每年立春时由立春祭带来的短暂的人潮，但当地的农家乐和民宿接待能力有限，知名度又不高，难以吸引外地游客常来。

正如习总书记所言，“绿水青山就是金山银山”。村民们应当多了解周边的和类似的成功案例，主动取经，开动脑筋。例如废弃的竹料腌塘，可以改造后养殖清水鱼，发展特色“渔家乐”，走上生态发展的创业之路。村子附近山环水绕，可以在当地信用社或者村委会等的扶持下，投资搭建毛竹屋，搞具有当地特色的农家乐，增加一些诸如水上漂流的趣味项目，这些都可以增加收入，带动乡村发展。

类似的例子还有农民兴办毛竹拉丝厂。治污前，大家都把毛竹腌制后造纸用，因此用于拉丝的毛竹原料不足，经常停工。但治污后原料反而增多了，因为竹料腌塘取缔后，村民更多地将毛竹卖去拉丝厂，而卖用来加工竹丝的成竹与用来造纸的腌竹相比，每 50 公斤就能多赚 3—5 元的差价，仅这一项，全乡竹农就可增收近 50 万元。这是因治污而得利的例子。不仅如此，毛竹加工还推动了毛竹林低产改造，保护了生态环境。这样的案例显示了农民自主创业的无限可能，妙源村非但坐拥丰富的毛竹资源，更拥有立春祭这个文化招牌，因此，村民们在积极做好传承立春祭的工作的同时，也可开发一系列周边产品，并形成一个流水线加工厂，这样既能宣传当地传统文化，又能创造收入，保护环境。

当地也可借鉴一些将当地文化和农业发展完美结合的例子。例如由云南昆明宜良县耿马营乡与浙江大学共同打造的马蹄湾彩色稻田风景区苗族美神——“仰阿莎之引枫蝶舞”，在 58 亩稻田引进彩色水稻新品种，种植了红、黄、紫、白、黑等 6 种彩色水稻品种，通过精细规划和卫星定位，用彩色的稻谷构成了一幅美丽的风俗图画。同时还规划 200 亩稻田进行“稻花鱼”“稻花泥鳅”项目示范养殖。2017 年，当地用彩色水稻构成阿诗玛头像，在水稻从成长到收割的五个月时间内，就吸引了 23 万人前来参观；2018 年参观人数增至 28 万人。游客体验割稻可收门票，同时销售稻米，既能带来旅游收入又能产生经济价值，且对环境没有任何危害。

妙源村虽然因为地理原因，耕地分散且面积小，不能形成这么大规模的种植，难以复制类似的大项目。但很多人家的房子附近，还有一些分割为一块块的平地，大多被村民用来种植蔬菜。村干部可以在每年立春祭的时候，趁着本地和外地游客都较多，组织一个“青苗会”，即征求村民们的意愿，将村民自家的地或者划一小部分地，出租给想要体验种地或者想要吃到自己种植的绿色蔬菜的游客，并且提供一些蔬菜或者作物（诸如小白菜、番薯、水稻，甚至鲜花、果树苗）的种子或幼苗供游客选择，由这块地的村民带领游客体验播种、种地的乐趣，指导游客怎样操作，并且可以在游客离开后代为打理，游客根据距离、时间因素选择来访次数，如邻近市区的游客可以每周末或每个月来一次，看看作物成长的情况，自己再进行施肥、除虫等，同时可以在当地游玩、住宿。而较远的游客，可以选择几个月来一次，甚至直接在作物成熟时再回来进行收获，其间都由村民进行打理，只要游客和村民达成协议，付给村民一定的费用即可。

这个方案的优点是，在付出同等精力、种植同样作物的情况下，获得的收入比村民单纯出售蔬菜收入更多，也可以使现有耕地得到更好的保留，人们可以更充分感受到农业文化的氛围，体验农耕和种植的乐趣。而这也恰恰正是二十四节气中的立春祭祀这一非遗项目所要表达的本意。

此外，尽管有关方面己经全面禁止在乡村养殖牛羊，但出于传承非遗的需要，笔者以为，在妙源村开辟一个小小的耕牛养殖基地，也是值得一试的办法之一。目前“九华立春祭”“鞭春”仪式中使用的耕牛，都是从外村租借，未来如果能使用本村饲养的耕牛，定能增强祭祀的真实效果。且在今天的农村，耕牛越来越成了稀罕之物。如果耕牛养殖场经营得当，也可以吸引游客，成年人可体验古人驾犁耕地之苦，儿童们则可体验牧童骑牛的田园之趣，使之成为一个独特的旅游项目。

当然这些都只是一种愿景，实现起来有一定的难度，需要在政府的支持之下，依靠村民自己的力量来策划和开展。乡村社会素有组织松散的特点，加上很多村民外出务工，对家乡建设未必十分热心，所以要想启动一些项目并不容易。但有难度并不就等于完全没可能。政府在发挥指导作用的同时，更需要激发传承主体的参与和创新热情，让村民们能从传承实践中获得物质和精神两方面的满足感，从而产生出一种自我生长的能量，推动乡村经济和社会的自主发展。

六

民间工艺与乡村振兴

亚洲四国乡村传统手工艺集群化发展策略的比较研究*

唐璐璐**

摘　要：传统手工艺作为非物质文化遗产的重要类别，覆盖群体广泛，在传承传统文化、调整和优化农村生产结构以及推动社会经济发展方面发挥着重要作用。越南手工艺村的发展得益于政府总体发展规划，不断调整和优化产业结构；泰国推动“一乡一品”战略，支持偏远地区农民通过传统手工艺制造特色产品；印度手工艺集群化计划主要根据手工业区域分布特点，因类制宜，区别施策。日本的手工艺村由政府和民间共建，体现了面向新生活的可持续发展思路。这些发展策略以村落为单位，既注重传统手工艺的传承，也注重市场效益，将生产与销售结合，将传统手工艺群体发展成为管理专业、运营独立的共同体，可为乡村振兴视野下中国传统手工艺的振兴提供有益借鉴。

关键词：传统手工艺；乡村振兴；手工艺村；集群化；非物质文化遗产

作为联合国教科文组织2003年《保护非物质文化遗产公约》（以下简称2003年《公约》）中所规定的非物质文化遗产（以下简称非遗）的

---

* 原文刊于《文化遗产》2019年第3期。

** 唐璐璐，北京外国语大学艺术研究院副教授。

重要类别[①]，传统手工艺在各国的非遗保护实践中都有重要地位。我国作为签署和实施2003年《公约》最早的国家之一，十分重视传统手工艺的保护与发展。在目前通过的共四批"国家级非物质文化遗产代表性项目"名录中，我国专门设立了"传统技艺"一类，与2003年《公约》所规定的"传统手工艺"可大致对应。有"景德镇手工制瓷技艺""苏州缂丝织造技艺"等项目被列入国家级非遗名录。[②] 传统手工艺与人们日常生活紧密联系，而且许多项目具有重要的经济与社会价值，因此一直是政策关注的重点。2017年3月多部门联合出台的《中国传统工艺振兴计划》[③]，2018年6月发布的《文化和旅游部办公厅关于大力振兴贫困地区传统工艺助力精准扶贫的通知》[④]，都进一步突出了传统工艺在社会经济结构方面的影响。传统手工艺一方面得到了政策的诸多支持，社会关注度高；另一方面，在保护与发展实践中，也凸显了一些问题。

首先，在目前公布的五批共3068人的"国家级非物质文化遗产代表性项目代表性传承人"中，共有518位"传统技艺"类的国家级非遗传承人，人数较多，约占总人数的16.9%。但在可查具体出生日期的326人中，我们可以发现，传承人主要分布在50—80岁年龄段，年龄最小者为40岁（图1）。[⑤] 这一数据一方面反映出传统技艺需要较长时间训练，年龄较大者技艺更为出色；另一方面也说明，重要传承人群体年龄偏大，存在传承的风险。如何让更多人，尤其是年轻人参与到传统手工艺的发展中，这是值得思考的问题之一。

---

① 参见联合国教科文组织文化部门活态遗产处：《基本文件·2003年〈保护非物质文化遗产公约〉2018年版本》，第一章第二条，见联合国教科文组织非物质文化遗产网，网址：https://ich.unesco.org/doc/src/2003_Convention_Basic_Texts-_2018_version-CH.pdf，浏览日期：2019年4月16日。

② 中国非物质文化遗产网，http://www.ihchina.cn/project，浏览日期：2019年4月16日。

③ 中国政府网，http://www.gov.cn/zhengce/content/2017-03/24/content_5180388.htm，浏览日期：2019年4月16日。

④ 文化和旅游部官网，http://zwgk.mct.gov.cn/auto255/201807/t20180717_833855.html，浏览日期：2019年4月16日。

⑤ 中国非物质文化遗产网，http://www.ihchina.cn/6/6_1.html，浏览日期：2019年4月16日。

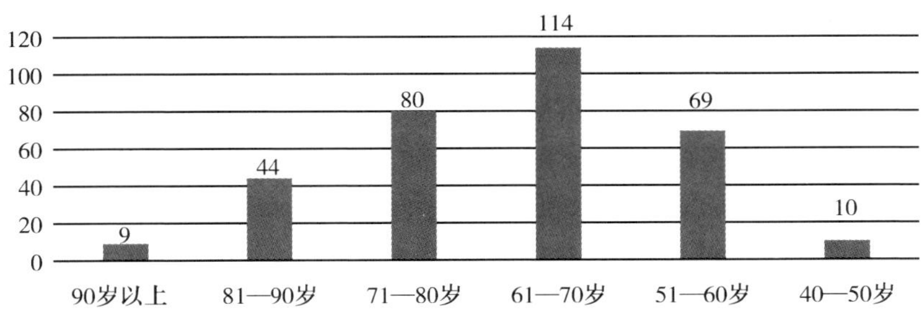

图1 国家级非遗传承人年龄段分布（可查出生日期部分）

其次，我们经常可以见到的现象是，许多手工艺人的作品，尤其是国家级、省级传承人的作品，被视为重要的“艺术品”，走上了精品化、贵族化的路线。传统工艺与生活的关联性、使用价值被削弱，取而代之的是膜拜价值。本雅明曾指出，艺术品原作具有“光韵”（aura）效应，能产生膜拜价值。① 艺术曾作为巫术、神秘主义和宗教神学的工具参与生活实践。虽然艺术逐渐独立，但某种神秘的沉思仍保留在器物（即艺术品原作）中。因此，在人与艺术品原作的交流中，也会因为其神秘性、原真性和在地性的体验，产生敬畏感和崇拜感。② 虽然在机械复制时代，突出手工艺品的膜拜价值，对于传统手工艺的振兴具有重要意义。但手工艺品是否等同于艺术品？追溯欧洲中世纪手工艺发展的历史，我们可以知道，手工艺主要由行会发挥主导作用，强调的是集体规范。直到文艺复兴时期，艺术家才逐渐从手工艺群体中脱离出来，个体成为创作的主导，强调的是原创性。③ 因此，手工艺品与艺术品有着本质的区别。不否认相当多的手工艺品具有突出的审美价值，体现着精良的工艺与巧妙的匠心。但从传统手工艺的本质来说，它们之所以与人们的生活有千丝万缕的联系，是因为其“物性”④，即实用性。手工艺品除了膜拜价值，更应该与实际生活联系，发挥实用功能。因此，在当代社会，如何真正

---

① ［德］瓦尔特·本雅明：《机械复制时代的艺术作品》，王才勇译，中国城市出版社 2002 年版，第 13—14 页。

② 向勇：《文化产业导论》，北京大学出版社 2016 年版，第 29—30 页。

③ Richard Sennett, *The Craftsman*, London: Penguin Books, 2009, pp. 57, 65 - 66, 73.

④ 参见刘晓春《从柳宗悦到柳宗理——日本“民艺运动”的现代性及其启示》，《民族艺术》2018 年第 1 期。

让传统手工艺与生产、生活密切联系，这是我们值得思考的又一个问题。

在越南、泰国、印度和日本等亚洲国家，传统手工艺的发展实践[①]既有共性，又体现了不同特点，为我们思考这些问题提供了一些成功的经验和失败的教训。对于我国当前乡村振兴战略背景下，发挥传统手工艺的独特优势，以实现《乡村振兴战略规划（2018—2022 年)》所提出的“产业兴旺、生态宜居、乡风文明、治理有效、生活富裕”[②]，具有重要的启示作用。

一 越南：政府主导的手工艺村

越南的传统手工业较为发达，手工艺品远近闻名，是其旅游业发展中的重要资源。到越南旅游的外国游客，大多会选购当地的木器、丝绸、刺绣和陶瓷等手工艺品作为纪念品；同时，越南手工艺品也远销世界 160 多个国家和地区。越南手工艺行业取得如此成就，与其采用了手工艺村这一极具特色的模式来保护和发展传统手工艺是分不开的。手工艺村，就是专门从事一种或多种手工艺品生产的村庄。越南政府于 2006 年 7 月出台的《第 66/2006/ND - CP 号关于发展产业农村的议定》，为手工艺村的发展提供了保障和助力。[③]

（一）越南手工艺村发展概况

在越南，许多手工艺村拥有几百年甚至上千年的历史，一直是越南传统文化的重要象征。例如首都河内市周边生产瓷器的钵场村、生产丝绸的万福村、生产传统年画的东湖村等，都是著名的手工艺村。数量、种类繁多的手工艺村为保护和振兴越南传统文化，推动越南经济社会发

---

① 以下四国相关资料，主要来源于笔者与文化和旅游部相关机构合作进行的调查。本次调查主要参考了四国政府部门出台的政策文件和相关机构的统计数据，并对文化部门、民间组织相关人员进行了访谈。

② 中国政府网，http：//www. gov. cn/zhengce/2018 - 09/26/content_5325534. htm，浏览日期：2019 年 4 月 16 日。

③ *Decree No. 66/2006/ND - CP of July 7, 2006, on Development of Rural Trades*, https：//www. ecolex. org/details/legislation/decree-no-662006nd-cp-on-development-of-rural-trades-lex-faoc065919/，浏览日期：2019 年 5 月 8 日。

展，调整和优化越南农村地区生产结构做出了巨大贡献。因为与村民的生计直接相关，手工艺村这种集聚生产模式使得特定手工艺品的生产工艺、生产方式得到妥善保护并代代相传；同时，与生产相关的风俗习惯、节庆等也得到了较好传承；随着越南政府对手工艺村进行综合开发，包括大力发展旅游业，手工艺村的寺庙、祠堂、民居等也因历史悠久而成为宝贵的文化遗产。大量国内外游客进入手工艺村，这既为当地村民带来了可观的收入，也促进了越南传统文化的传播。

越南目前约有5400个手工艺村，涵盖约50类行业①，这带来的影响是：首先，创造了大量的就业岗位，吸纳了社会闲散劳动力，尤其是贫困落后地区的劳动力。其次，创造了巨大的经济效益，使民众生活水平得到改善和提高。手工艺村内从业人员的平均收入是仅从事农业生产农民收入的2—3倍；而一些高附加值的生产行业，收入水平更高。由于经济发展水平较高，手工艺村城镇化进程较快，贫困水平远低于全国平均标准。最后，对于促进农村地区产业结构调整和生产方式优化也有积极影响。手工艺村的快速发展打破了农村地区原有单一的农业生产模式，使多种业态融合成为可能。先进工艺、技术和现代化设备的投入使用，进一步推动了农村地区工业与服务业的发展，同时推动了物流、商业和旅游业等行业的兴起。

（二）发展手工艺村的主要措施

尽管手工艺村产生了多方面效益，但其发展也并非一帆风顺，面临诸多挑战。例如，随着越南市场经济体制的确立，融入国际社会的程度不断提高，手工艺行业面临的竞争也日益增加。大多数手工艺村能够维持日常经营，但也有一些手工艺村面临经营困难甚至破产的局面。由于保护和振兴手工艺村、推动手工艺村走可持续发展道路对于越南而言，不仅具有十分重要的经济意义，在维护社会稳定方面还有十分重要的政治意义。因此，越南出台了多项措施，以保护和振兴手工艺村的发展模式。

第一，制定总体发展战略规划。越南政府继续调整和优化手工艺村

---

① “Vietnamese Craft Villages to be Promoted”, http://tgvn.com.vn/vietnamese-craft-villages-to-be-promoted-84201.html，浏览日期：2019年5月8日。

的产业结构。梳理目前已有产业布局，建立越南手工艺村档案，及时掌握各手工艺村发展经营现状。对于落后和过剩产能坚决淘汰，严格按照国内、国际市场的需求安排生产和调整商品线；对有发展前景但面临经营困难的手工艺村进行总体投资并进行政策引导，使这些手工艺村可以维持并得到较好发展；而对于一些实力较为突出的手工艺村则进行重点扶持，通过综合开发提升其优势竞争力，形成品牌效应。如钵场村瓷器的生产和万福村丝绸的生产，不仅得到维护和升级，旅游业也得到大力发展，形成了循环良好的营销生态。

第二，在资金、土地、环境治理等方面予以政策扶持。资金和生产用地短缺一直是普遍困扰越南手工艺村进一步扩大生产和经营规模的难题。为此，越南政府出台了一系列优惠政策扶持手工艺村发展。对于手工艺村向银行贷款、手工艺村各企业更新和升级设备、手工艺村的广告宣传、手工艺村企业出口和参加国内外展会、污水处理费用等方面都提供优惠或资金支持。对于手工艺村租用土地也提供相应的补贴，并按量、按需优先提供土地。[①] 越南 90% 的手工艺村日常生产对自然环境会产生污染，这与可持续发展的理念是相违背的，因此，政府也帮助各手工艺村对生产地点和场所进行了重新规划。对于原本就属于环境亲善型的产业维持其原有生产模式；对于重污染类型的产业则专门建立工业加工区，与居民区隔离开来；此外，地方政府还拿出专项经费，对各手工艺村在生产过程中产生的污染进行综合治理。[②]

第三，建立稳定的生产原料供应渠道和多元的销售渠道。如果没有稳定的原料供应，一定会在源头上影响手工艺村的正常生产。因此，建立稳定的生产原料供应渠道，对于手工艺村的日常生产而言尤为重要。为了维持原料的供应，主要采取的措施是：一方面，合理利用本地能够提供的原材料，大胆采用新工艺，提高生产率，减少浪费；另一方面，

① Decree No. 57/1998/ND-CP; Decree No. 66/2006/ND-CP; Nguyen Thi Thu Huong, State Policy on the Environment in Vietnamese Handicraft Villages, *Chinese Business Review*, Vol. 15, 2016, pp. 290 – 295.

② *National State of Environment 2008: Vietnam Craft Village Environment*, Ministry of Natural Resources and Environment, http //cem. gov. vn/Portals/0/DULIEU/bao% 20cao/SoE _ 2008 _ Eng. pdf，浏览日期：2019 年 5 月 8 日。

与信誉良好、实力雄厚的原料供应商建立长期合作关系，保障生产原材料的稳定供应。除了原料供应渠道，越南各级政府和职能部门也积极为手工艺村建立稳定、多元的销售渠道。越南党政领导人就曾多次亲自推销本国的手工艺品，如将钵场瓷器作为国礼赠送给外国客人。越南政府还积极推行“越南人优先使用越南货”政策[①]，为越南手工艺品销售打开局面。在政府的组织下，手工艺村除在河内、胡志明市等大城市直接建立销售中心外，在麦德龙、BIC 等大型超市，五星级酒店和机场等人流密集地也广泛建立了销售网点。此外，在互联网发展的当下，也注重通过互联网等新媒体进行广泛宣传，打造覆盖全国且具有一定数量海外销售平台的营销网络。

第四，建立稳定的人才队伍。尽管手工艺村吸收了大量的闲散劳动力，但在人才队伍建设上仍面临一些问题。首先，受过培训且具备较高专业技能的人才数量严重不足；其次，手工艺村人才技能培训多为传统家族式传业，没有系统的培训，这导致难以建立统一的行业标准；最后，传统的技艺传授模式相对冗长，需经过反复的训练，很难吸引年青一代的兴趣，从而严重制约了手工艺村生产规模的进一步扩大和未来的进一步发展。针对上述情况，政府在各手工艺村建立培训班，引入互联网教学等现代教学模式。地方政府有意识地引入现代先进工艺并注重建立标准行业规范，在提高生产率的同时还提升了手工艺品的附加值，使从业者的收入得到大幅增加。这在一定程度上吸引了年轻人投入传统手工艺品的生产中，促进传承。

二 泰国:“一乡一品”战略

与越南手工艺村类似，泰国手工艺的发展也是以乡村为单位，突出地方资源特色。泰国于 2002 年开始实施“一乡一品”（One Tambon One Product，简称“OTOP”）战略。这一模式最初源于日本的“一村一品”（One Village One Product）运动。20 世纪 70 年代末，日本开始了造村运

① 《越南开展“越南人优先使用越南货”活动》，http：//vn. mofcom. gov. cn/article/jmxw/201209/20120908360279. shtml，浏览日期：2019 年 5 月 8 日。

动（也称造町运动），以振兴逐渐衰败的农村，促进地方经济发展。“一村一品”运动正是在这一背景下兴起的，最早由日本大分县知事平松守彦于1979年提出并在当地实施。这一运动不仅在日本国内迅速得到推广，还传播和影响到其他国家。目前，已有超过100个国家以各样的形式开展了“一村一品”运动，其中亚洲和中近东国家超过30个。[①]

如果说，“一村一品”运动的理论雏形及其在日本的早期实践主要集中于微观层次的发展援助；那么在后续发展和对外推广中，特别是在泰国等国的实践，则日益体现了宏观层次的特点。日本学者一直强调“一村一品”是“运动”而非“事业”或“项目”，是因为这两者在参与主体和推进方式上有本质差异。前者是民间自下而上，自发进行的；后者则是政府主导，从上至下推进的。泰国的“一乡一品”则是后者，实施的是首相领衔、中央主导、从上至下的推动方式。这种改良的项目模式，对亚洲一些国家却更为适用，因为国情更相似，国内市场狭小，民间企业的生存状况并不乐观，传统手工艺的生产主要就是为出口服务的，因此需要政府的积极介入。[②]

泰国政府推行“一乡一品”主要是鼓励全国各地发展自己的特色产品，促进地方经济发展。政府结合各地特色非遗，支持偏远地区农民通过传统手工艺制造特色产品；再由政府推动销售到国内市场及国际市场，从而改善低收入人群生活。政府会遴选出其中较有经济开发价值和可进行产业化运营的项目，进行重点扶持和培训；引领、教授相关人员管理和销售经验，并且帮助其扩大市场。同时，政府也会在贷款、融资方面对生产者提供支持。

被列入“一乡一品”项目的产品种类丰富，主要包括食品、饮料、装饰品、服饰、草药等类别；截至2019年4月，产品数量已超过13万件。[③] 为推动“一乡一品”战略的实施，泰国政府曾在122个乡试点；同

---

① 贺平：《作为区域公共产品的善治经验——对日本“一村一品”运动的案例研究》，《日本问题研究》2015年第4期。

② 贺平：《作为区域公共产品的善治经验——对日本“一村一品”运动的案例研究》，《日本问题研究》2015年第4期。

③ 参见OTOP网站产品页面，http：//www.thaitambon.com/en/product，浏览日期：2019年5月8日。

时，还专门成立了工作组，为各乡制定产品开发、营销和出口等方面的具体计划。[①] 如今，加入“一乡一品”的乡镇主要分布在北部、东北部、中部和南部地区，包括中小企业、合作社、个体等不同的制造商三万余家。[②]

对于“一乡一品”的具体产品，泰国政府也非常注重树立品牌意识与严控质量标准。各地推出的产品，如果被认定为“OTOP”产品，则可享受在商业推介、包装设计等方面的支持。“OTOP”产品会按照品质、包装等要素，被分为一星到五星不同的等级，定期会评选出四星、五星产品以及冠军产品，而顾客则可以各取所需。严格的规范和标准使得“OTOP”成为放心产品的标志。在“OTOP”模式的推动下，泰国建立了许多本土品牌，深受大众欢迎。如今，许多外国游客在泰国都会购买当地特色产品，而泰国本国消费者也可以通过每年举办的“OTOP”产品展销会，购买到质优价廉的跨地域产品。[③]

越南的手工艺村和泰国的“一乡一品”战略这两种基于村落的发展模式，具有一些共同点：第一，都是由市场机制作用于传统手工艺的保护。当手工艺成为与人们密切相关的生产、生活方式时，就获得了自力更生的能力。第二，都是由政府主导，自上而下推行的。这种模式在一些国情相似的亚洲国家存在合理性，初始阶段需要政府进行总体规划和指导，协助地方利用文化资源进行集中生产、扩大市场、树立品牌意识。但这种自上而下的方式仍存在风险。例如，政府的换届会影响该战略实施的可持续性。因此，在此战略框架下，如何增强民间的内在动力仍是值得思考的问题。

三　印度：因地制宜的集群化计划

印度传统手工艺的发展策略与国情相关。在英国殖民时期，手工艺

① 卢向虎、秦富：《国外“一村一品”运动对中国发展现代农业的借鉴》，《世界农业》2007 年第 10 期。

② 参见 OTOP 网站制造商页面，http：//www. thaitambon. com/shop，浏览日期：2019 年 5 月 8 日。

③ 王均文、胡正梁：《国外、省外刺激消费经验借鉴》，《山东经济战略研究》2009 年第 4 期。

生产由于工业化的影响遭受重创，大批传统手工艺人失去了赖以生存的根本。1947 年印度独立之后，保护和发展传统手工艺行业被列入地方邦政府[①]职权，联邦政府则从国家层面起协调辅助作用。作为印度农村除农业之外的第二大行业，印度传统手工业的优、劣势都比较明显。优势是印度拥有大量廉价劳动力，就地取材方便，投入小，手工艺品也具有独特的艺术性。劣势则在于地域分散、组织性差、缺乏资金、从业人员受教育程度不高、市场开拓能力不强等。从事传统手工业的人群大都处于偏远、不发达的农村地区，并且据印度手工艺品发展委员会的数据统计，手工艺从业人员有一半以上来自表列种姓、表列部落[②]、其他落后的阶层以及人数较少的宗教团体等弱势群体。

鉴于印度传统手工艺行业在促进经济发展和传承印度文化方面所发挥的重要作用，同时考虑到该行业及从业人员的脆弱性，印度将传统手工艺的保护和发展列入国家发展计划并成立专门机构，采取多种措施促进传统手工艺的发展。自 2007 年以来，印度政府每年投入数亿卢比扶植手工艺行业发展；在财政资金持续投入的同时，还制订了各种专项计划。专项计划的重要特点就是因地制宜，区别施策。根据印度手工业区域分布的特点，通过财政补贴，鼓励手工艺人自发实现集群化，引进先进生产设备和技术，加大产品设计和开拓能力，增强手工艺产业竞争力。[③] 其中，两个具有影响力的专项计划是阿姆倍伽尔发展计划和集群化计划。

（一）阿姆倍伽尔手工艺品发展计划

阿姆倍伽尔手工艺品发展计划（Ambedkar Hastashilp Vikas Yojana，简称 AHVY 计划）[④] 于 2001 年开始实施。阿姆倍伽尔（Ambedkar）为

---

① 印度 1950 年宪法确立了联邦制国家形态。外交、国家安全等事务由中央政府管理；文化、土地等邦内事务由地方邦自治。

② 表列种姓和表列部落是印度的在册种姓和部落，是印度宪法规定的两类弱势群体的总称。

③ 参见印度纺织部手工艺发展委员会手工艺发展专项计划介绍，http：//www. handicrafts. nic. in/pdf/Scheme. pdf，浏览日期 2019 年 5 月 8 日。

④ 参见印度纺织部手工艺发展委员会 AHVY 计划网页，http：//www. handicrafts. nic. in/pdf/Scheme. pdf#page =7，浏览日期：2019 年 5 月 8 日。

印度贱民阶级领袖、印度宪法之父，倡导禁止对低种姓人的歧视。由于印度手工艺从业者多为弱势群体，以阿姆倍伽尔命名，展现该计划对弱势群体的关注。AHVY 计划主要按照地域划分，最小的规模是以村落为单位。该计划主要通过引入非政府专业机构（民间力量），为手工艺群体提供社会保障、技术、市场及资金支持；将同类传统手工艺人群发展成为管理专业、运营独立的社区企业，建立起以手工艺项目为基础、需求明确、具备持续发展能力的手工艺机构，增强手工艺行业的内生动力。

（二）手工艺集群化计划

印度于 2008—2009 年提出手工艺集群化计划（Mega Cluster），最初主要针对的是手工纺织业，后来逐步扩大到其他手工行业。该计划的重点是根据印度手工行业区域分布的特点，为手工业集群配备先进生产设备、引进尖端技术、开展技术培训、加大产品多样化和市场开拓能力，力图建立品牌，扩大产品市场。集群化计划既针对特定地域，也针对全国范围内被认定为可以形成集群的特定手工艺行业。较早纳入该计划的，如印控查谟 - 克什米尔地区的巴斯霍赫利披肩及刺绣工艺。2014—2015 年，印度又增设了 3 个手工业集群并拨款 1.83 亿卢比对这 3 个项目进行资助，包括北方邦巴雷利竹藤制品、陶制品等，北方邦勒克瑙的刺绣，古吉拉特邦的喀齐皮革、木雕等。①

虽然 AHVY 计划与集群化计划的侧重点不同，前者注重为弱势手工艺群体提供辅助与服务，后者注重引进先进技术与开拓市场；但二者都鼓励通过规模化生产，促进传统手工艺的发展。值得注意的是，印度的手工艺发展专项计划在政府主导模式的基础上，进一步向前发展，更加注重从内部激活手工艺群体的活力。非政府组织扮演了文化经纪人的角色，成为政府与手工艺群体之间沟通的桥梁。这对于加强手工艺群体的能力建设（capacity building）是有积极影响的。经过多年努力，印度的传统手工艺行业已发展为国民经济的重要组成部分，在增加就业和出口方面发挥着重要作用。

---

① 参见印度纺织部手工艺发展委员会 Mega Cluster 计划网页，浏览日期：2019 年 5 月 8 日。

四 日本：面向新生活的文化体验

日本则呈现了传统手工艺规模发展的另一种发展路径。我们知道，日本在1950年就颁布了《文化财保护法》，最早开始保护“无形文化财”。就传统手工艺来说，尽管日本采取了各种保护、振兴手段，但传统手工艺行业的整体规模仍不断缩小。据传统工艺产业振兴协会（the Association for the Promotion of Traditional Craft Industries）的数据，2012年，日本传统手工艺行业总产值降至1040亿日元，总值不足1983年（5400亿日元）的1/5；企业总数从1979年的34043家减少到2012年的13567家；从业人数从1979年的288000人减少到2012年的69635人。[①] 针对这一状况，日本进一步思考传统手工业在当今社会的意义，寻求面向21世纪的传统手工业发展新理念。隶属于日本经济产业省的传统工艺品产业审议会在《21世纪传统工艺品产业措施走向》报告书中，提出了面向未来发展传统手工艺的新方向：一是将其建设为传统与创新相结合的自主产业；二是积极提倡面向21世纪的、使用传统工艺品的新生活方式、生活文化；三是重视消费者，重视事业经营者；四是强化与其他领域的产业合作及新技术、新系统的应用；五是制造业者自身努力与国家等各方支援相结合。[②] 日本东北地区岩手县境内的盛冈手工艺村，正体现了这种面向新生活、创造生活文化、重视消费者的传统手工艺发展方向。

盛冈手工艺村创建于1986年，以“观赏、触摸、创作”为理念，汇集了盛冈各种民间工艺品、食品等传统器物。如果说越南和泰国的手工艺村是政府主导的，印度的集群化在此基础上，开始注重激发手工艺群体内部的力量，那盛冈手工艺村就体现了一种更为自觉的内生发展模式，因为它主要是由周边市镇、行业协会、企业等自发创立的。这符合2003年《公约》非遗保护范式所期望实现的“自下而上”的保护模式。原来

---

① 参见日本传统工艺产业振兴协会网站，https：//kyokai. kougeihin. jp/current-situation/，浏览日期：2019年5月8日。

② 参见日本经济产业省网站，https：//www. meti. go. jp/report/whitepaper/council19. html，浏览日期：2019年5月8日。

分散在周边的手工作坊，因为规模小，污水、噪声、废气等环境问题得不到有效解决，无法吸引游客；作坊的经营非常困难，当地传统手工艺也面临传承问题。正因存在这些问题，民间自发、政府协助创立了盛冈手工艺村，将散布在各地的作坊集中起来，以统一解决相关问题。手工艺村体现了区域内手工艺群体的共同愿望，因此该手工艺村的参与团体之多，在日本全国都是极为少见的。①

从盛冈手工艺村的规划来看，已经不再为保护而保护，而是将手工艺与当代人的休闲、旅游等生活方式相联系，注重与周边整体环境的融合，也重视市场的作用。手工艺村与文化旅游相结合，主要包括三个功能区：产品展销区、手工作坊区和古建筑保护区。在产品展销区，销售约4000种当地小作坊生产的各类产品，游客可以直接听工匠说明商品并购买商品。而手工作坊区是盛冈手工艺村的主体，目前有10个行业共14间作坊，聚集了当地一流的工匠。作坊不仅有生产功能，也强调手工活动的体验性。游客不仅可以直接看到匠人的巧手妙心，还可以参与其中体验手工艺的乐趣，在工匠指导下创造自己的作品。例如手工制陶、靛染、制作木艺品等。古建筑保护区则是呈现了当地传统民宅的特色，这些建筑是从其他地方“搬迁”到手工艺村的。② 这些设置，不仅使文化遗产集中得到保护，也为游客创造了更为丰富和立体的体验。

结　语

从上文所述四国的传统手工艺发展实践来看，都体现出一种以村落为单位，突出地方特色，集中进行生产的思路。这种集群化发展策略，改变了传统手工艺生产布局分散、组织不便、环境治理等方面存在的问题，可为我国传统手工艺的发展提供参考。就我国国情而言，地理上幅员辽阔，农村人口数量众多；同时，文化资源丰富且特色突出。因此，

---

① 参考岩手官方旅行指南：https://visitiwate.com/zh-cn/article/4739，浏览日期：2019年4月16日；《日本建手工作坊园区聚集各类工匠 保护传统手工艺》，人民网，http://world.people.com.cn/n1/2016/0121/c1002-28074531.html，浏览日期：2019年4月16日。

② 参见《日本建手工作坊园区聚集各类工匠 保护传统手工艺》，人民网，http://world.people.com.cn/n1/2016/0121/c1002-28074531.html，浏览日期：2019年4月16日。

因地制宜，采取集群化的手工艺生产模式具有多方面的发展优势：第一，有利于进行人员培训，更新观念、技术和设备，使手工艺生产真正与当下人们的生活相连接，而不再只是个人曲高和寡的活动；第二，有利于激活农村经济，提供更多就业、创业的机会，改善民众的生活条件；第三，当手工艺与人们的经济生活密切相关时，也有利于吸引更多的年轻人参与其中，促进传统手工艺的传承；第四，对于手工艺生产中不可避免的环境问题，可以进行集中治理，因而对环境更为友善，从而保障可持续发展。

我们也应注意，上述四国的集群化发展思路在主体和推进方式上是有差异的。越南、泰国、印度主要是以政府为主导、自上而下推动的；而日本是民间自发、民间主导、政府协助的另一种模式。在基础条件较差、手工艺群体发展意识较弱的初级阶段，手工艺的集群化发展需要政府强有力的政策引导，在资金、土地、税收、人才培训、市场开拓等方面给予支持，帮助手工艺群体更新观念，加强市场经营意识。但要保障手工艺的可持续发展，更重要的是要增强民间的内生动力，努力将手工艺群体自身发展成为管理专业、运营独立的共同体。

乡村复兴视角下的彩绘蜂箱板：斯洛文尼亚非物质文化遗产的重要元素

［斯洛文尼亚］柏佳娜·罗杰里·什卡法尔
（Bojana Rogelj Škafar）*

摘　要：彩绘蜂箱板是一项独特的民间艺术活动，也是养蜂业的一个重要组成部分。它兴起于18世纪下半叶的斯洛文尼亚民族地区（时值哈布斯堡君主国时期），在1820—1880年达到高峰，并随着第一次世界大战的爆发而逐渐衰落。这一习俗涉及绘制蜂箱的前面板，尤其是kranjič类型的蜂箱。彩绘的蜂箱板不仅美丽有趣，而且实用，因为养蜂人利用图案来区分蜂箱和主人。自20世纪末以来，养蜂人中再次兴起了用传统技术绘制蜂箱板的潮流，原因是使用了更具耐久性的环境友好型油漆，以及他们自己对传统母题的欣赏。和当代作品一样，当代彩绘蜂箱板获得了新的功能，尤其是作为纪念品。另一方面，它们至少有着三重当代功能。

关键词：彩绘；母题；功能；媒介；国家象征

提起非物质文化遗产与乡村复兴之间的关系，我们也许会关注许多不同的方面及其案例。最有可能的是，我们会将重点放在传统知识与实践、它们的活力或复兴的可能性，及其潜在的包容性方面。这种包容性将丰富当下乡村人群和社区的生活，最终惠及城市居民。不过，我们当

* 柏佳娜·罗杰里·什卡法尔，斯洛文尼亚民族志博物馆顾问、馆长。

然也应该考察教科文组织于2003年通过的《保护非物质文化遗产公约》[①]第2条所界定的更为广泛的领域。这些领域包括口头传统及其表现形式，作为非物质文化遗产媒介的语言，表演艺术，社会实践、仪式与节庆活动，有关自然界和宇宙的知识和实践以及传统手工艺。

位于卢布尔雅那的斯洛文尼亚民族志博物馆，是斯洛文尼亚共和国核心性的民族志博物馆与研究机构。博物馆收藏、研究、情境化地展示了斯洛文尼亚的一项杰出的民间艺术——彩绘蜂箱板。本文探讨了这些彩绘蜂箱板所具有的更广泛的作用与意义。由于它们属于博物馆藏品，我们首先需要阐明对博物馆与非物质文化遗产保护之间的关系的各种看法，教科文组织已经在两份文件中对它们做出了界定：前文提及的《保护非物质文化遗产公约》（下文简称《公约》）（2003），包括其《操作指南》[②]，以及《关于保护和促进博物馆及其藏品之多样性与社会作用的建议书》（2015）[③]。在此需要说明，彩绘蜂箱板[④]和养蜂[⑤]——后者是彩绘蜂箱板的生成语境——已被列入国家文化部和民族志博物馆负责管理的斯洛文尼亚非物质文化遗产名录[⑥]，该博物馆协助国家文化部展开斯洛文尼亚非物质文化遗产保护工作。

一 博物馆与教科文组织的《保护非物质文化遗产公约》（2003）

事实证明，自2006年生效以来，对迅速增多的缔约国（目前为178

① https：//ich. unesco. org/en/convention，浏览日期：2018年11月8日。

② https：//ich. unesco. org/doc/src/ICH-Operational_Directives-7. GA-PDF-EN. pdf，浏览日期：2018年11月8日。

③ http：//unesdoc. unesco. org/images/0024/002463/246331m. pdf，浏览日期：2018年11月8日。

④ http：//www. mk. gov. si/fileadmin/mk. gov. si/pageuploads/Ministrstvo/Razvidi/RKD_Ziva/RZD_ENG/Rzd-02_00065_eng. pdf.

⑤ http：//www. mk. gov. si/fileadmin/mk. gov. si/pageuploads/Ministrstvo/Razvidi/RKD_Ziva/RZD_ENG/Rzd-02_00066_eng. pdf.

⑥ http：//www. nesnovnadediscina. si/en，浏览日期：2019年5月14日；http：//www. nesnovnadediscina. si/sites/default/files/koordinator_zlozenka_eng_web. pdf，浏览日期：2019年5月14日。

个）而言，《公约》（2003）是一项具有开拓性、灵活性和功能性的法律文书，极大地促进了全球对活态遗产的认知及其保护方向。

与教科文组织的其他公约类似，《公约》（2003）是一份规范性框架文书。它从政策、机构和工具等角度，界定了缔约国在采取必要措施对各自领土内的非物质文化遗产进行保护时所必须遵循的一般原则。

在这一框架内，《公约》文本并未直接将博物馆列为相关机构。然而，在国家层面保护非物质文化遗产的第11—15条中，对缔约国义务的定义还考虑到了与宣传、研究、培训、正规和非正规教育等一系列潜在的利益相关方①。如此宽泛的定义，自然也将博物馆作为保护、传承、研究和宣传遗产的关键角色涵盖在内。

博物馆可以扮演多种角色，上至国家机构，下至私人或自筹资金的实体和民间组织，这些都能够在执行《公约》（2003）方面提升博物馆的参与介入能力，在国家和地方层面尤是如此。

同样，《公约》（2003）《操作指南》的第三章侧重于参与执行《公约》，强调了"专业中心"和"研究机构"的潜在作用，博物馆当然也在其中。《操作指南》第四章甚至更加明确地提到博物馆在此方面的重要作用（第108—109条），博物馆负责收集、记录、归档和保存非物质文化遗产的相关资料，提供信息并增强人们对其重要性的认识。即使博物馆的出发点是人工制品，对其社会功能和意义以及制作的技术过程的分析和展示也有助于在物质文化与非物质文化之间搭建起一座桥梁。

二 非物质文化遗产和《关于保护和促进博物馆及其藏品之多样性与社会作用的建议书》

2015年，教科文组织第三十八届大会通过了《关于保护和促进博物馆及其藏品之多样性与社会作用的建议书》（38C/Resolution 25）（以下简称《建议书》）。《建议书》在第1条便认可，在保护自然与人类的物质与非物质文化的见证方面，博物馆及其收藏是一种主要的方式。

---

① 例如，第11b条的"有关的非政府组织"，第13b条的"主管机构"，第13d. i条的"培训和传播机构"，第13d. iii条的"文件编制机构"。

《建议书》的主要目的是在下列基本功能方面重新发挥博物馆作为全球性关键执行者的作用：保护遗产，研究、沟通、宣传科学知识和教育（第9—12条）。特别是，博物馆被视为文化传播，跨文化对话，学习、讨论与培训的场所，在教育（正式、非正式和终身学习）、社会凝聚力与可持续发展方面也扮演了重要角色（第2条）。博物馆在增强“文化与自然遗产意义重大，保护遗产与传播人人有责”的公众意识方面，具有巨大潜力。

此外，《建议书》还使人们注意到，在全球化的积极和消极影响下，博物馆在保护多样性与同一性方面的贡献。由于在创意文化产业和旅游业的经济发展、人们的生活质量以及社会融合与凝聚力方面作出了贡献（第13—18条），博物馆在社会中所起的作用也得到了强调。

《建议书》鼓励博物馆既扮演不同文化中物质遗产的保管者，也扮演非物质文化表现形式的保管者，提醒人们所有的二分法与分类都是人为的。博物馆的作用之所以具有特殊性，就在于“物质”和“非物质”之间存在不可分割的联系。

根据《建议书》，博物馆所具有的跨越物质和非物质文化遗产的多面角色极其符合《公约》（2003）的基本原则和精神，强调了认知、身份、对多样性的重视、遗产的传承以及民间行为的重要性。

民族志和历史类博物馆是《公约》（2003）的主要执行者。目前，博物馆不同程度地参与了非物质文化遗产的保护，特别是在建档、编目、更新藏品目录、展览、制定非正规教育方案，以及在某些情况下设计传统技术的核心培训课程等方面。从这个意义上来说，除了以保管民族志藏品为主要任务的博物馆，其他与活态非物质文化遗产存在密切且明显关联的博物馆及其藏品也能够发挥作用：考古、自然历史或主题博物馆（如技术、科学博物馆）也可以在其领域中探讨非物质文化遗产的各个方面和维度。

符合当代趋势与《公约》（2003）精神的一个关键点是，博物馆可以策划和开展一系列直接涉及非物质文化遗产传承人和实践者的活动，包括终身学习和其他针对不同目标群体（如青年）的宣传活动。旨在增强知识和实践的传播、非物质文化遗产元素再创造的培训课程可以在当地非物质文化遗产社区传承人的直接参与下开展。

最后，博物馆可以作为非物质文化遗产的平台，如开展与传统艺术和工艺等相关的小规模商业活动。这符合《公约》（2003）的原则，作为可持续发展的驱动因素，博物馆可以创造经济价值和社会价值。

因此，《公约》（2003）与《建议书》都将博物馆定义为社会机构，不仅研究和展示非物质文化遗产，而且身兼记忆守护者和知识提供者的双重角色，刺激遗产的复兴，从而发展出具有经济意义的新型现代形式。

三 斯洛文尼亚的养蜂传统

养蜂是斯洛文尼亚的传统经济活动，经历了相当程度的技术和社会性转变。它本身也无特别之处，因为世界各地都在发生这种转变。

如今，全球一半以上的粮食生产和消费都依赖主要由蜜蜂进行授粉的植物。蜜蜂对我们的生存而言至关重要。它们的主要功能是收集花粉，这对生态系统的平衡而言非常关键，因此也直接关系到我们的生计。据说，我们享用的80%以上的食物都有赖于蜜蜂授粉和酿蜜的本能。蜜蜂授粉保证了植物生长与果实成熟，人类才得以收获与享用食物。蜂蜜是一种产量稀少的营养品，天然蜂蜜可以直接食用。

在斯洛文尼亚，几个世纪以来，蜜蜂一直是一种具有经济价值的生物。[①] 蜜蜂或蜂巢的标志象征着勤奋和努力。养蜂业的发展，体现着人类对蜜蜂自身习性的理解和人类利用其酿蜜的技术这二者之间的和谐统一。此种独特而又珍贵的昆虫往往与财富和价值联系在一起，这些观念使得斯洛文尼亚一直站在现代养蜂业的前沿。

虽然面积不大，但是从温暖的亚得里亚海沿岸延伸到凉爽的阿尔卑斯山，斯洛文尼亚拥有多样的地形。斯洛文尼亚属大陆性气候，拥有原始景观，生物多样性丰富，因而具有得天独厚的养蜂条件。斯洛文尼亚一半以上的土地被大片的森林、湖泊和河流覆盖，是采蜜昆虫的天堂。斯洛文尼亚有各类丰富的、确保蜂蜜产出的植物，包括薰衣草、冷杉、

---

① Noč Boštjan, “Slovenian Beekeeping”, In Peter Kozmus, ed, *No Bees, No Life*. Žirovnica: Beebooks, 2017, pp. 256 – 259.

云杉、菩提树、枫树、野樱桃和蒲公英。

斯洛文尼亚的土蜂是棕灰色的卡尼奥兰蜜蜂。它勤劳温顺，方向感很强，是如今全球养蜂人最喜欢的蜂种之一。斯洛文尼亚是卡尼奥兰蜂王最大的出口国，也是人均养蜂人数最多的国家。最近，斯洛文尼亚开始采取措施保护本土蜜蜂，而斯洛文尼亚蜂蜜也已获得欧盟的产品地理标志。

养蜂与酿造葡萄酒以及制作奶酪等其他手工艺一样，也是一门科学。蜂蜜产量受周围植物、蜂箱或蜂房位置等许多变量的影响。蜂蜜的稠度和质地取决于蜂农的实际手法。蜂农对“养”蜂的理解与把握，对蜜蜂的生存与蜂蜜的产量而言至关重要。正如人们所说的，养蜂最重要的不是耐心，而是谦逊。

在斯洛文尼亚，养蜂不仅仅是一门生意，也是一种由来已久的生活方式。

在斯洛文尼亚语中，人类与蜜蜂共用一个动词“死”，而其他所有生物都有各自特定的词汇。听起来略带辛酸，也说明了在斯洛文尼亚，蜜蜂的生命与人类一样重要。

养蜂成功与否一向取决于蜂农是否掌握了关于蜜蜂的知识和精湛的养蜂技术。几位关键人物对养蜂业的发展起到了至关重要的作用。他们怀着伟大的热情向淳朴的农民传授实用的养蜂技巧，同时将关于卡尼奥兰蜜蜂和养蜂的知识传播到世界各地。其中最杰出的一位要数安东·扬萨（1734—1773）。他既是优秀的养蜂理论家和实践者，也是维也纳养蜂学校首位养蜂教师。在斯洛文尼亚的倡议下，自 2018 年起，他的生日 5 月 20 日被定为世界蜜蜂日。

斯洛文尼亚的养蜂业，即蜂群养护的历史可以追溯到三百多年前。尽管养蜂业历史悠久，但是直到 1800 年采用新技术收集蜂蜜之后，大规模的蜂蜜生产才逐渐发展起来。其中的一项是从蜂窝中提取蜂蜜的离心技术。在此技术应用之前，都是依赖人工收集并加热蜂窝，然后将其捣成稠糊状。这种方法不仅烦琐混乱，而且结果也很不理想：最终的混合物中常常出现蜂蜡和死蜂。

四 蜜蜂产品[①]

提取蜂蜜之后，蜂箱的剩余部分可被压缩后加入酵母，酿成蜂蜜酒。蜂蜜酒是世界上最古老的酒精饮料之一。蜂蜜酒分为不甜、半甜或甜味三种，也可以分为无泡、碳酸或起泡三种。当时，蜂蜜也是该地区最容易获得的天然蔗糖的来源，被用作当地各种甜点和菜肴的甜味剂。由于具有抗菌特性，蜂蜜在清洁伤口、促进愈合和减少感染方面非常有效。

电力发明之前，蜂蜡实际上是蜂蜜提取物中最有价值的产品。蜂蜜提取后，清洗之后的蜂蜡可以用作蜡烛。源自蜜蜂的蜂蜡能够散发出纯净、无味的火苗——在没有电力照明或是通风不够充分的环境里极为实用。几个世纪以来，蜂蜡一直被当作防锈剂和润滑剂，用以保存武器、工具、艺术品和绘画。蜂蜡在民间医学中也被用作香油、清凉软膏或是治疗脓肿的药剂。为了收集制作蜡烛所需的蜂蜡，公园、工作场所甚至是修道院等公共空间通常都会养蜂。获取蜂蜡成为养蜂的主要目的，因为蜂蜡无须像蜂蜜那样装袋或装瓶。而且它重量轻，因此运输也更便宜。蜂蜡常与树脂混合融化，制成一种有效的黏合剂，用于粘贴文件、封印信件以及印章。

从化妆品到药品，蜂蜜衍生物种类繁多。在早期的欧洲医学中，人们采集蜜蜂的毒液来治疗蛇伤，并将其制成一种调制品，作为可服用药物用于癫痫的早期治疗。现代蜜蜂疗法采取治疗室的形式，病人可以在养蜂场中过夜，一边听着蜜蜂的嗡嗡声，一边闻着新鲜的蜂蜜味。

如今，对于斯洛文尼亚的养蜂人来说，与蜜蜂相关的各种旅游形式也在蓬勃发展，逐渐形成了繁荣的市场。养蜂旅游业让游客了解并领会到，蜜蜂对大自然以及人类的生存而言至关重要。许多养蜂人向游客介绍关于蜜蜂及其产品的信息。养蜂人掌握的有关蜜蜂世界的知识体现在他们生产以及提供的各种产品之中。这些产品在许多纪念品商店里出售，

---

① http://www.tms.si/fck_files/image/Dogodki11/TE/slovenia_honey.pdf，浏览日期：2018年11月8日。

非常受欢迎。因此，它们在斯洛文尼亚的旅游经济中发挥着十分重要的作用。此外，斯洛文尼亚养蜂及其所包含的意蕴和有形标志，在为斯洛文尼亚民族提供象征性身份与持续性等方面发挥着重要作用。

当代养蜂人可可尔的养蜂场。2018 年，普雷德沃附近的波托奇

照片来自：米哈·什皮切克。

斯洛文尼亚养蜂人协会支持的传统养蜂方式在斯洛文尼亚日益受到欢迎。许多年轻人十分乐意学习如何饲养以及照顾蜜蜂。不过，当代养蜂一个非常重要的方向是养蜂业在城市中的快速发展。

城市养蜂并非近代才出现。[①] 位于约旦河谷的泰尔·雷霍夫可证明这一点。泰尔·雷霍夫是有人类定居的一处山丘，也是一处考古遗址，其历史可以追溯到公元前 10 世纪。该地已经发现了可靠的证据，可以证明人们在社会组织的早期就已开始从事养蜂业。那里的古代居民与大卫王和所罗门生活在同一时代，他们在自己紧凑的居住区内养蜂，这意味着城市养蜂从人们开始在城市定居之时起便已出现了。

① Gorazd Trušnovec, "Urban Beekeeping – Not So Recent", In Peter Kozmus, ed, *No Bees, No Life*. Žirovnica: Beebooks, 2017, pp. 247 – 248.

最近，由于全球社区开始推行绿化城区运动，人们追求健康生活方式，渴望自给自足和与自然全面接触。同时，人们越发认识到蜜蜂在保护生态系统和人类生存中所起到的重要作用，世界各大城市的城市养蜂业都出现了长足发展。斯洛文尼亚首都卢布尔雅那也加入其中，于 2015 年启动了“卢布尔雅那蜜蜂之路”项目。[①] 该项目以丰富的养蜂传统为基础，包括与蜜蜂和养蜂相关的文化和自然遗产。除提出个人观点之外，该方案主要将 30 多位参与者组织在一起，他们来自教育、文化、卫生领域，以及商业机构、养蜂协会、非政府组织，当然还有养蜂人。他们以各种方式确保城市蜜蜂的生存状态。“蜜蜂之路”的产品之一就是“卢布尔雅那蜂蜜”。这不是一个商标，而是卢布尔雅那市出产的花蜜、栗子蜜或森林蜜。这些蜂蜜带有 SMGO 证书，是带有地理标志的斯洛文尼亚蜂蜜。

五 蜂箱与蜂房的搭建

第一批养蜂人基本上都是猎人，他们可能在砍树或身处野外其他地方时偶然发现了新鲜蜂蜜。这些蜂蜜猎人决定搬走整个蜂巢，很可能是搬至离家更近的地方，以便学习如何有效采集蜂蜜，于是养蜂便开始了。

早期的蜂箱原型通常是中空的树干或原木。随后出现了便携式套管与箱子。如今，由于蜂箱可以移动，养蜂人可以在不同季节不同地点放养不同的蜂群。1852 年出现了第一个可拆卸蜂箱框架，这一设计旨在保护蜂箱壁免受损坏。随后蜂箱被拉长并组织起来，每个蜂箱内部由隔板分隔成若干空间，里面生活着由一只蜂王领导的一个完整蜂群。蜂箱可以很容易地堆放成排，或是垂直堆叠，甚至是背在背上。

防护墙建起后不久，养蜂人便在堆叠的蜂箱上加盖了耐用的屋顶以应对极端天气，并将它们转移到了更偏远的地方。1769 年至 1773 年，斯洛文尼亚出现了第一座木制蜂房，宽约 4.5 米，高约 3 米，深约 60 厘米。

① https://www.ljubljana.si/en/ljubljana-for-you/environmental-protection/the-bee-path/. 浏览日期：2018 年 11 月 8 日。

后来，人们对这种设计做出了修改。养蜂人可以从侧面进入蜂房，蜂房内设有一个通往蜂房后部的工作空间。

18 世纪以来，斯洛文尼亚的耕作方式发生了变化，这在很大程度上是由于引入了现代轮作制所造成的。轮作制有助于收获土豆、玉米、豆类和苜蓿等易于储存的新鲜粮食。与当时欧洲的许多地方一样，它们帮助人们战胜饥荒与疾病，当地人因而得以繁衍生息。

进入工业化时代之后，斯洛文尼亚乡村出现了一种新的创造性表达。随着养蜂业的普及，对彩绘蜂箱板的需求也开始不断增长。在蜂箱正面绘画的传统可以追溯到 1758 年。尽管许多蜂箱板从未被记载，但是保存在知名公共与私人藏品中的数百件彩绘板都可以追溯到 18 世纪 70 年代。记录显示，蜂箱板艺术品的数量曾超过 5 万件。

kranjič彩绘蜂箱（主题是对东方三贤士的敬意）。19 世纪下半叶。斯洛文尼亚民族志博物馆藏品

照片来自：若泽·贾姆谢克

18 世纪到 19 世纪初，宗教主题十分盛行。第一个可以确定日期的蜂箱板绘画主题是圣母与圣婴（1758）。此后，各种圣经主题逐渐传播开来，也有其他主题，世俗主题的面板比较罕见。

六　彩绘蜂箱板在斯洛文尼亚养蜂传统中的作用和意义[①]

无论是否为手艺人，大多数斯洛文尼亚蜂箱彩绘师都是自学成才的。第一代蜂箱彩绘师模仿巴洛克时期的欧洲画家，借鉴他们的颜料使用、精细构图、艳丽色彩和主题等方面，但压根不受欢迎。人们认为第二代彩绘师使用了手工颜料和纸模板，因此他们创作的人物更具有漫画的特征，这使得快速复制成为可能。第三代则创造性地倾向于认为绘画主题比其表现方式或介质更重要。

当时，人们对未使用的库存蜂箱板进行修复。这表明在此期间，他们开发出了各种颜料制造技术。这种颜料通常由松节油或亚麻籽油等家用原料制成。一些手工艺人还会使用更自然的底色。资料显示，他们会将天然色素与蛋黄这种常见的定色剂混合在一起。据说，由于在颜料中使用了当地的亚麻籽油，颜料始终能够在斯洛文尼亚严苛的季节变化中保持鲜艳的色彩。红色与绿土色调尤其具有活力，已经成为后巴洛克时期斯洛文尼亚乡村手工艺品的标志性颜色。

就最早的蜂箱彩绘而言，标准的技术流程是首先准备一块已经刷过一层厚漆的干木板。木板干燥之后，彩绘师会用大号画笔蘸上油性颜料绘制背景，然后再用更细的画笔添加更多细节。模版会在不同背景中使用。一般来说，背景采用亮色，以突出故事的中心人物。

到了19世纪中叶，工业颜料日益成为室内绘画和装饰的宠儿。工业颜料能够更加有效地防止墙壁因潮湿而腐烂。它采用蒸汽动力磨坊技术，因为不需要事先涂上底漆或石膏，更易于使用。作为廉价的结合剂，亚麻籽油的使用也日渐广泛。年轻彩绘师开始使用这些颜料在蜂箱板上创造更厚、更鲜艳的效果。由于颜料特性不同，今天我们很容易就能将这

---

① Gorazd Makarovič, Rogelj Škafar, *Bojana*: *Poslikane panjske končnice*: *zbirka Slovenskega etnografskega muzeja*[*Painted Beehive Panels*: *the collection of the Slovene Ethnographic Museum*]. Ljubljana: Slovenski etnografski muzej[Slovene Ethnographic Museum], 2000. Knjižnica Slovenskega etnografskega muzeja[Slovene Ethnographic Museum Library]:8.

两代蜂箱板区分开来。

随着新媒介的出现，新的风格逐渐产生。大多数蜂箱板呈长方形，水平放置在一个由三部分构成的框架之中，被当作最受欢迎的画布。蜂箱板上绘以宗教主题的画作，如位于画面正中的圣像以及两边的装饰元素。最初的蜂箱板都是饰有彩绘的实木或较薄的压缩胶合板。板的中央有一个小型长方形切口，通常称作“通道”。这里是蜂箱的入口。一些两倍宽的蜂箱板上有两个开口，不过这种情况比较少见。尚不清楚人们究竟是打算将其作为两个蜂箱的正面，还是仅仅把它当成一种装饰。

这些绘画是一种原创的民间艺术，也是唯一以众多世俗的人物主题、道德说教与讽刺内容为特色的视觉艺术类型。这种民间艺术的起源和发展，得益于发达的养蜂业和季节性地将蜂箱运输到牧场所创造的有利条件。大多数主题都与人物有关，包括600多个不同人物，其中很大一部分是宗教人物，描绘了《旧约》《新约》以及圣徒传说中的场景和天主教圣徒的形象。在世俗主题中，最引人注目的是以动物喻人，打趣妇女、裁缝和鞋匠，描绘客栈场景，体现军事和异国情调主题以及涉及两性关系的绘画。这种绘画流派发展出一种特殊的绘画风格，也是反映欧洲下层社会生活的、以人物为主题的最丰富的绘画收藏。

屋顶由稻草制成的传统养蜂场。Vrh pri entjerneju/Vrh at entjernej，1952年

照片来自：鲍里斯·奥利尔。

因此，彩绘蜂箱板是农民的文化需求、世界观和创造力的珍贵见证。斯洛文尼亚民族志博物馆为其收藏的750多幅彩绘蜂箱板而自豪。

七 彩绘蜂箱板:神圣和世俗的奇幻想象

在养蜂业中，细腻的蜂农将蜜蜂社会与结构化的世界相联系。他们为蜜蜂建造特殊的住所，照顾它们，收集它们的劳动成果。从精神意义上来说，这些有彩绘板的蜂房成了人们看待自己和世界的一面镜子，他们在这世界中居住、奋斗、生存。人与动物的关系占据了这些绘画中的特殊地位，以动物为特征的场景用以比喻社会中的人。

捕捉蜂群。1874年或1877年，利奥波德·莱尔位于克拉恩的工作室。斯洛文尼亚民族志博物馆藏品

照片来自：马尔科·哈比。

许多养蜂主题显然与真实事件有关。有一个主题是“收集蜂群”，养蜂人被熊吓了一跳。许多场景都描绘了猎人射杀各种动物的场面。有的场景是不真实的，比如熊射杀猎人，故事中鲁莽的猎人睡着了，熊借机偷了猎人的枪并向他开枪。

有许多嘲讽裁缝和鞋匠的彩绘，例如《山羊一口吞下裁缝之后又将他拉了出来》《蜗牛赶走裁缝》或《风吹跑了一群裁缝》，都出现了剪刀、尺子和熨斗等标志性工具，从中可看出他们的社会阶层。在农村，这些都是无产阶级从事的职业，因此遭到了贬损。彩绘主题临摹了版画主题，在中欧的图像学研究中广为人知。其中一些非常生动，甚至富有表现力，因此也可能是原创的。这些绘画的主题也常见于斯洛文尼亚民歌中。

许多动物图像的原型明显来自家养牲畜，其他则明显模仿了书籍中的图片。图中还有大象、骆驼或河马等外国动物，画家必定参考了外国作品。

拟人化的动物是一类特殊的主题。其中一幅展示了动物送一位猎人去参加他的葬礼；源自欧洲的一组主题展示了“颠倒的世界”。这些画最早可以追溯到中世纪。17 和 18 世纪，图画主要以印刷品的形式传播。然而，以猎人葬礼为主题的彩绘蜂箱板表明，画家临摹了早期彩绘蜂箱板的样本。关于这个主题有几种解释：猎人想要这样的葬礼，上帝满足了他；猎人意外丧生，因此动物们把他送到他的坟墓；动物杀死了猎人，并为他的死亡而高兴。

19 世纪中叶，出现了许多拟人化动物的主题，如熊给猎人刮胡子、动物跳舞，和农民一起演奏音乐等。这些主题很可能都是原创的，没有临摹范画或受其启发。

也许最有趣、最吸引人的主题是乡村的日常生活。尽管关注的是宗教主题，但是它们构成了民间视觉艺术图像学整体中一个独特的例外。它们很可能是原创的，并且以创作者的生活经历为基础，因为它们展现了农活场景，例如耙干草并将其堆放在干草架上的场景、牵着牛的农民、劳作中的铁匠和手艺人、木炭堆上的炭炉、女裁缝、装载磨石的场景、马车夫、装桶运输的场景。还有日常生活中的意外，例如在磨坊前的场景；还描绘了日常生活中的娱乐，如酒馆、保龄球、民间音乐家、舞蹈、喝醉的小伙子、招待音乐家的人和马戏游行。在这组主题中，我们还可以找到对历史人物的描绘。

蜂箱板上的画也讲述了邪恶势力以及与邪恶势力的斗争。邪恶势力往往被具象化为不同角色的魔鬼。魔鬼出现在童话主题的作品中，陪同两个小伙子去拜访揉麻的妇女，要么收到村民给的垃圾，要么被村民骗了。另一个童话中的形象是具有多重含义的龙。

田间劳作，1897 年。卡林西亚画家。斯洛文尼亚民族志博物馆藏品

照片来自：马尔科·哈比。

两个魔鬼在洗女人的内衣，一个魔鬼在熨烫。19 世纪下半叶，格雷戈·贝内迪克位于什科菲亚洛卡附近的庞格特的工作室。斯洛文尼亚民族志博物馆藏品

照片来自：马尔科·哈比。

一组特殊的主题嘲讽了女性的弱点。其中最有趣的是《研磨女人舌头的魔鬼》和《女人的磨坊》，两部作品都临摹了印刷图。魔鬼清洗或扔掉女性内衣的主题是原创的，同样原创的还有《丈夫驱赶醉酒的妻子》《丈夫把妻子当成耙》，以及揉亚麻的妇女想找男朋友，说“就算魔鬼也可以”，结果真的引来魔鬼这类主题。女性面对魔鬼的主题具有嘲弄的性质：魔鬼从壁炉里偷了一个罐子，一个女人追赶踢翻罐子的魔鬼，两个女人追赶一个向她们打手势的魔鬼。

女人常常是嘲弄的对象。其中一个主题是《争夺一条裤子》。这个最迟始于15世纪的主题在整个欧洲都很有名。在斯洛文尼亚，这意味着嘲笑女性愚蠢，因为女人们争夺的是裤子而不是丈夫。因此，这也可能暗示了当时男性人数不多，或者在想象未来社会中女性对裤子的兴趣会超过对待男性。

这些女性的形象明显贬损了她们在社会中的角色。另一个例子是《一个正直的男人和一个有罪的女人的忏悔》。罪人永远是女人。

数量最多的一组主题是宗教想象。《朝圣玛丽》有各种人物类型，《加冕的玛丽》有圣徒，特别是守护神，是18世纪和19世纪欧洲各种风格的农村艺术的一种典型主题。这些艺术被简单地称为民间艺术，包括标准的民间艺术、常见的肖像，也见于玻璃、外立面和家具上的绘画。

朝圣之女。19世纪下半叶。塞尔卡研讨会。斯洛文尼亚民族志博物馆藏品

照片来自：马尔科·哈比。

一组特殊的主题是《圣经》中的《旧约》和《新约》。必须指出的是，《旧约》这个主题在其他民间艺术品中非常罕见。这些图案出现在画家绘制的彩绘蜂箱板上，采用的是19世纪30年代和40年代乡村手工艺人的传统技艺。

基督进入耶路撒冷。1821 年。利奥波德·莱尔位于克拉恩的工作室。斯洛文尼亚民族志博物馆藏品

照片来自：马尔科·哈比。

19 世纪 40 年代和 50 年代，以圣徒传说、教会职责和象征为特色的主题大量增加。当时的画家受到了祈祷卡的启发。在圣徒肖像学中，从养蜂主题的演变轨迹来看，一件很有趣的事情就是圣安普罗修斯取代了约伯。这源于一首民歌，歌中说约伯将虫子当成货币付给音乐家，后来虫子变成了金币。音乐家的妻子也想要金币，但是他给她的虫子变成了苍蝇，苍蝇袭击了她的头发。“苍蝇”是蜜蜂的另一种表述，因此它们也成为彩绘蜂箱板的主题：以苍蝇比喻蜜蜂，而约伯则是养蜂人的守护神。这就解释了为什么约伯会出现在一个养蜂场旁边，为什么他没有和其他中世纪主题中的常见人物一同出现，而是与民间音乐家和他的妻子在一起。

这位圣徒成了斯洛文尼亚的守护神，这一点通过《帕多瓦的圣安东尼的传说》和《地狱目击者》得到了证实。在斯洛文尼亚的相关传说中，这些事件发生在斯梅莱德尼克城堡，因此除了圣人和官员，这些人物都穿着戈伦吉斯卡的农民服装。

八　当代蜂箱板彩绘

彩绘蜂箱板的习俗出现在 18 世纪下半叶，1820 年至 1880 年达到顶峰，后来逐渐衰落，直至第一次世界大战。因为使用了环保颜料，色彩保持时间更长，而且他们自己也欣赏传统的图案，自 20 世纪后期以来，养蜂人越来越喜欢使用以传统技术作画的彩绘蜂箱板。现代作品也受到一点影响，蜂箱板有了新的功能，尤其是作为纪念品。过去，画家临摹或创造自己的主题，官员或买家对所选主题具有最终决定权。在木板上绘制生动画作的前提条件是对绘画技巧和颜料制备的了解，这为一种特殊绘画风格的发展奠定了基础。到目前为止，已经发现了 40 多位画家在第一次世界大战前为三种风格的发展作出了贡献。当代画家试图在技巧与主题上忠实地遵循传统（见 1877 年以及当代的“马蒂亚斯国王”），而传统主题偶尔会与当代生活产生交集。例如，《被魔鬼追逐的骑自行车的人》。它传递了怎样的信息？是什么或是谁驱使当代人如此频繁和密集地参与到这一活动中？也许，是魔鬼自己。

马蒂亚斯国王，1877 年。利奥波德·莱尔位于克拉恩的工作室。斯洛文尼亚民族志博物馆藏品

照片来自：马尔科·哈比。

按照教科文组织的相关文件，斯洛文尼亚民族志博物馆在研究、收集、学习和阐释以彩绘蜂箱板为特色的非物质文化遗产方面发挥着突出作用。博物馆将蜂箱彩绘与广阔的养蜂业背景结合起来，并以展览、讲座和研讨会的形式向各个年龄段的参观者传播了研究成果。同样值得一

马蒂亚斯国王，大约 2000 年。来自普雷德沃附近的波托奇的养蜂人可可尔的养蜂场
照片来自：米哈·什皮切克。

提的是，在推广彩绘蜂箱板的收藏方面，博物馆和艺术家之间建立了合作关系，后者从彩绘的故事中找到了激发自身创造力的灵感。这是当代民族志博物馆正在日益寻求的一种合作形式。

结 论

彩绘蜂箱板是一种独特的民间艺术活动，也是养蜂业的一个重要组成部分。它于 18 世纪下半叶出现在斯洛文尼亚民族领地（当时是哈布斯堡君主制），在 1820 年至 1880 年达到顶峰，随着第一次世界大战的爆发逐渐衰落。

该习俗包括在蜂箱的前面板上作画。彩绘蜂箱面板不仅美观有趣，而且非常实用——养蜂人可以根据这些图像来区分蜂箱及其主人。自 20 世纪后期以来，养蜂人越来越喜欢使用以传统技术绘画的彩绘蜂箱板。因为它采用了更为环保的颜料，色彩更持久，同时，他们自己也欣赏这些传统图案。

最常见的主题包括日常生活、异国风情、不寻常的事件、军事事件、涉及两性关系的场景、狩猎主题、拟人化的动物，以及对女性缺点的讽嘲。最常见的宗教主题是《旧约》和《新约》中的圣徒、传说和场景。

当代的彩绘蜂箱板也是如此，蜂箱板又有了新的功能。养蜂业对自然界的平衡来说越来越重要，所以蜂农喜欢为蜜蜂建造蜂箱，而蜂箱必须用传统的彩绘蜂箱板装饰。此种艺术表明人们意识到养蜂对人类的生存至关重要，这也是当代乡村复兴的主要活动之一。健康的蜜蜂是养蜂业成功的必要保障。

斯洛文尼亚民族志博物馆收藏的750多幅彩绘蜂箱板对这种活态非物质文化遗产的复制与重新诠释很有意义，同时，它们也是当代艺术灵感的媒介。更重要的是，彩绘蜂箱板常被视为斯洛文尼亚的国家象征之一。因此，这一文化遗产也是在当代世界创造美好新生活的重要资源。

“一带一路”会议翻译小组译校

主体互动与自由意志选择：非遗研培案例中的传承与创新*

吴新锋　柏仙爱**

摘　要：非遗传承中参与的各方实践是密切互动的、不可替代的。原文化部、教育部启动中国非物质文化遗产传承人群研修研习培训计划（以下简称研培）以来，学术界对非遗传承问题研讨更为激烈。石河子大学非遗研培团队以“固本培元、守正创新”为理念，按照文化和旅游部“见人见物见生活”的要求，开展了六期新疆非物质文化遗产传承人群的培训工作。石河子大学非遗研培案例中所呈现出的传承与创新的问题，具有一定的代表性。石河子大学非遗研培中不同主体的互动与诉求，是对《保护非物质文化遗产公约》及其相关文件精神和非遗“十二条伦理原则”的自觉实践。这实践背后隐含的主体互动与自由意志选择更加值得我们深入思考，因为这对非遗的传承与创新更具有决定性影响。

关键词：非遗研培；公约精神；主体互动；自由意志；传承与创新

一　引言

文化和旅游部开展非遗研培已有近三年的时间，政府、研培机构、

* 原文刊于《新疆艺术学院学报》2020 年第 4 期。

** 吴新锋，石河子大学新疆非物质文化遗产研究中心教授；柏仙爱，石河子大学文学艺术学院 2019 级民间文学方向硕士研究生。

学者和民间力量等参与非遗研培的实践逐渐深入，取得了显著的成效。但在这一过程中，有学者批评政府与研培高校"喧宾夺主"，有改变改造非遗项目之嫌。我们可以通过一些研培工作的开展案例来检视研培启动时各方的一些评论，同时也可以从研培高校的参与实践来观察这些高校对《保护非物质文化遗产公约》（下文简称《公约》）及其精神的履行情况。非遗研培的深入开展是中国自觉探索非物质文化遗产保护工作的有益尝试，更体现了中国作为缔约国积极履约的负责任精神。随着近三年的非遗研培工作实践，政府、研培参与高校和传承人群逐渐达成了一些共识，这些共识是《公约》精神的体现。

如果以"虚静"的心态来分析各方评论，我们会发现争论的核心有两个方面：一是非遗研培过程中传承人群的主体地位和权利的问题，二是非遗研培实践过程中如何平衡传统传承保护和与时俱进的创新。笔者梳理了文化和旅游部关于研培的文件和工作部署，并结合石河子大学的研培实践，在此重点讨论非遗研培工作对《公约》中"互动、尊重、选择与创新"等主题精神的实践。总体而言，非遗研培需要各参与主体的积极互动，这种互动应该建立在对非遗本体的有效认知和主体相互尊重基础之上；在此过程中，无论是传承人群，还是高校教师、设计师，必然产生各种选择，这些选择应是基于相互尊重的自由意志选择——既包括基于传统的"保守"传承，也包括基于传统的"积极"开拓创新；但无论是"保守"传承或"积极"创新，参与主体的自由意志选择同样值得尊重。原文化和旅游部副部长项兆伦在2018年全国非遗保护工作座谈会中充分肯定了高校在研培中的作用，说："大学成为弘扬传承优秀传统文化的重要支持力量。作为提高传承实践能力、确保非遗可持续发展的基础性、战略性工作，研培计划正在日益显现其重大作用和深远意义。"①同时，他在总结存在的问题时也指出："既存在将传承活动与文化生态割裂、不注重保护非遗实践环境的问题，也存在对传承人群主体地位和创造性表达权利尊重、保障不够的问题。"项副部长敏锐地指出非遗研培现阶段存在的一些问题；尊重是双向的，非遗研培工作各方的权利都值得

---

① 《项兆伦在全国非物质文化遗产保护工作座谈会上的讲话》，http：//mct. gov. cn/whzx/whyw/201809/t20180911_834728. htm，浏览日期：2018年10月20日。

相互尊重，尤其是在大部分研培案例中处于弱势一方的非物质文化遗产传承人群。

二 《公约》精神与非遗研培计划

（一）互动与尊重

“互动”理念在《公约》对非物质文化遗产概念的界定中表达得十分明确，同时，联合国教科文组织在召开的第十届政府间委员会会议上通过了《保护非物质文化遗产伦理原则》（下文简称《伦理原则》），《伦理原则》第三、四条明确提到“互动”：

> “三、相互尊重以及对非物质文化遗产的尊重和相互欣赏，应在缔约国之间，社区、群体和个人之间的互动中蔚成风气。
>
> 四、与创造、保护、延续和传承非物质文化遗产的社区、群体和个人的所有互动应以透明的合作、对话、协商和咨询为特征，并取决于尊重其意愿、使其事先、持续知情并同意的前提而定。”①

在此，我们必须看到“互动”是以“相互尊重”为前提的。在《伦理原则》中，“尊重”出现了八次，共涉及五条伦理原则，尽管第一条“社区、群体和或有关个人应在保护其自身非物质文化遗产中发挥主要作用”② 没有提到“尊重”一词，但此条原则强调了非遗传承人的主体作用，是“尊重”理念的逻辑起点。非物质文化遗产保护尊重了各族群文化的发展，是尊重人权的一个重要体现：“非物质文化遗产的很多内容很普通，没有那么高大上、高精尖，但是，它们是因‘人’而贵。”③ 非物质文化遗产保护过程中的主体互动不仅涉及社区、群体、个人，更有政府、

---

① 联合国教科文组织：《保护非物质文化遗产伦理原则》，巴莫曲布嫫、张玲译，《民族文学研究》2016 年第 3 期。

② 联合国教科文组织：《保护非物质文化遗产伦理原则》，巴莫曲布嫫、张玲译，《民族文学研究》2016 年第 3 期。

③ 高丙中：《保护非物质文化遗产公约的精神构成与中国实践》，《中南民族大学学报》（人文社会科学版）2017 年第 37 期。

学者和媒体参与。已作为文化和旅游部非物质文化遗产司常规工作的非遗研培，正是这样一项由政府主导，个体、社区、高校、企业、媒体等多方参与的非遗保护工作。正如巴莫曲布嫫在其《民俗学伦理与非物质文化遗产保护》中所言："因此，《原则》的出台将极大地强化相关社区、群体和个人致力于保护非遗的努力，也将指导文化遗产、博物馆、人类学、民俗学、旅游业、媒体和知识产权等相关领域为保护人类共同的遗产而做出努力，进而促进对非物质文化遗产的尊重。"① 因此，在非遗研培工作的全过程，我们都应当认真考量不同参与主体之间的互动与相互尊重问题。非物质文化遗产司作为非遗研培的管理和主导部门，在已公布的正式文件和会议培训表述中，多次强调对非物质文化遗产和遗产主体的尊重问题。但自非遗研培工作启动以来，负责非遗研培具体实施的参与高校对非遗《公约》中"尊重"的认识可谓差异巨大，尤其是早期参与的高校。这些高校以美术类院校和工艺类院校为主，其中个别高校实施方对人类非物质文化遗产保护工作的历史和中国参与非物质文化遗产保护的历史与实践缺乏整体了解，甚至对《公约》中的很多理念认识不足。这也是造成早期个别参与高校的研培工作受到学界质疑的主要原因之一。时至今日，仍有少数高校或多或少存在这个问题，随着我国非遗研培工作的深入与制度的成熟，非遗研培各方逐渐意识到相互尊重的重要性，各方的诉求在充分互动中得到很好解决，逐渐向良性互动过渡。

在此过程中研培计划的三项重要理念（活态传承，走进生活，以人为本）逐渐得到参与主体的各方认可。尤其是"以人为本"理念，很好地体现了对传承人群的"尊重"。"以人为本"的理念是非遗概念界定的题中要义："各社区和群体适应周围环境以及与自然和历史的互动中，被不断地再创造，为这些社区和群体提供认同感和持续感，从而增强对文化多样性和人类创造力的尊重。在本公约中，只考虑符合现有的国际人权文件，各社区、群体和个人之间相互尊重的需要和顺应可持续发展的非物质文化遗产。"② 非遗研培的"交流研讨"就很好地体现了"以人为

① 巴莫曲布嫫：《民俗学伦理与非物质文化遗产保护》，《民间文化论坛》2016 年第 4 期。

② 文件汇编委员会：《联合国教科文组织〈保护非物质文化遗产公约〉基础文件汇编》，外文出版社 2014 年版，第 9 页。

本”的理念；非遗研培课程体系中要求必须设置“交流研讨”环节，这是研培计划培训内容的五个必备环节之一。大部分研培高校都会邀请一些代表性传承人或发展好的研培学员讲述自身非遗传承的经历，或邀请设计师与学员交流，但更多的可能是研培高校授课教师与非遗传承人群之间的互动交流。这种交流从一开始的单向，逐渐过渡到以尊重为基础的双向互动。非遗研培不仅是高校对非遗传承人群的培训，其实更是高校研培机构及其教师以及设计师向非遗传承人学习的过程，二者都重要。

（二）选择与创新

斯宾诺莎在其《伦理学》一书中论述道：“公则（一）假如两个相反的动作，在同一个主体里被激动起来，那么它们将必然发生变化：或者是两个都变，或者是只有其中的一个发生变化，一直到二者彼此不再反对时为止。”① 如果我们假定非遗研培中传承和创新是两个相反方向的非遗保护行为动作，那么研培的各个参与主体“被激动起来”时，这两种动作也将必然发生变化：或者两个都变（更加趋向保守的传承和更加趋向开放的创新），或者是一个发生变化（更加趋向保守的传承或更加趋向开放的创新）。那么，非遗研培中传承与创新之间的界限在哪里呢？这当然取决于主体的自由意志选择。例如，如果研培高校一味追求艺术设计和创新——所谓的“积极”创新，在培训的课程设置、与传承人群的态度关系上便会有潜在的倾向性，传承人群有可能成为设计师设计图的手工实现者，这显然是研培高校培训主体基于自身专业的自由意志选择。但这种选择必然会经由“研修、研习和培训”三种不同研培方式强势引导传承人群做出某些被动的选择，而非传承人群的“自由意志”选择，尤其是对于那些文化程度偏低或偏远的少数民族传承人群而言。被动的选择则意味着一种不被尊重的感觉，这种感觉会影响传承人群的创作积极性和对遗产的传承态度，对高校研培培训主体和被培训主体（传承人群）而言，是否基于自由意志选择对传承、创新的影响力度是非常不同的。

联合国教科文组织在《实施〈保护非物质文化遗产公约〉操作指南》

---

① ［荷兰］斯宾诺莎：《伦理学》，贺麟译，商务印书馆2010年版，第239—240页。

第四章第一节第二款第107条中明确指出“让实践者和传承人参与教学课程的设置，并请其到学校和教育机构讲解自己的遗产”①，这是操作指南对教育传承提出的要求，研培作为非遗教育传承的一种重要形式，理应尊重传承人群和传承人的意见，重视传承人群之间的互动及传承人群与培训主体的互动。也就是说，我们要让传承人群中那些保守的传承者和开放的创新者都得到充分的尊重，同时亦让那些高校教师、学生助理和设计师们的艺术设计价值得以体现。换句话说，我们要让保守的传承者和开放的创新者在研培中都能找到自己的位置并形成各自的认同感和持续感。如此，有一个问题便值得我们关注：哪些是基于非遗本体的传承，哪些是基于非遗本体的艺术设计创新。

非遗具体以何种模式传承不是固定的，而是应根据非遗项目自身规律和发展情况考量，或者说由非遗传承人群或非遗项目持有者来选择。无论是保持所谓的非遗“原生态”（尽管我们一般已经不太提这个词）还是进行“积极”的创新，都应尊重传承主体的选择。我们在看待非遗保护时有一种误区，即过于注重非遗传承的形态，而忽略了非遗传承过程中人的主观能动性。如印第安人音乐《最后的莫西干人》被搬上舞台之后，受到了较多批判，大多数民众认为：这种表演应在街头，而在媒体之前或是舞台上则充满了铜臭，从而破坏了其蕴含的精神。其实无论是街头还是舞台，《最后的莫西干人》音乐都能够表达出坚韧不屈、苍凉悲壮的感情，音乐中感情的表达并不是因为场景，而是因为传承人通过遗产传达的精神。在《公约》第二条定义中写道：“各个群体和团体随着其所处环境、与自然界的相互关系和历史条件的变化不断使这种代代相传的非物质文化遗产得到创新，同时使他们自己具有一种认同感和历史感，从而促进了文化多样性和人类的创造力。”非物质文化遗产的传承时空和传承主体是不断变化的，而传承人群根据这种变化无论选择怎样的非遗传承形式——“保守”传承或“积极”创新，都是一种自然而然的现象，这正是《公约》保护文化多样性精神的体现，也是非遗传承过程中的一种必然选择。

---

① 联合国教科文组织：《保护非物质文化遗产伦理原则》，巴莫曲布嫫、张玲译，《民族文学研究》2016年第3期。

三 石河子大学非遗研培案例分析

笔者以石河子大学的研培案例进行剖析。石河子大学非遗研培工作由石河子大学重点文科基地新疆非物质文化遗产研究中心（2009 年筹备，成立于 2011 年 7 月）为主要实施单位，石河子大学文学艺术学院美术系艺术设计专业师生辅助参与。这样的组织实施架构在早期 57 所研培参与高校中并不典型。石河子大学在近三年里共实施六期非遗研培项目，涉及“哈萨克族毡绣布绣”“维吾尔族柳条编制”和“维吾尔族模戳印花技术”。在当今社会发生巨大变革的背景下，在外界动力的冲击下的少数民族非物质文化遗产研培案例分析更具有典型性，在石河子大学非遗研培中不仅存在民间艺人、设计师、学生助理和研培负责人等不同参与主体的互动，还有着不同民族非物质文化传承人群之间的交流互动。笔者与郑亮教授（非遗中心主任）、李钦曾副教授（美术系）组成首席专家组负责课程体系、实施过程的学术把控，提出了“固本培元，守正创新”的培训理念，目的是通过研培让非遗传统得以“活态传承”，提升传承的动力；同时也让我们的艺术设计老师从非遗传统中获得创新设计的灵感，将非遗元素融入现代生活，在研培中积累经验和教训。石河子大学非遗研培团队在认真“争吵”、持续地互动学习中，试图创造更自由的交流空间和传承平台。下文将以石河子大学开展非遗研培 10 期普及培训和 1 期研习培训为基础，进行案例的自我批评与分析。

石河子大学非遗研培基本信息统计表

	项目名称	人数（人）	培训时间	学员来源	经费（万元）
2016 年度	哈萨克毡绣和布绣普及培训班	48	30 天	木垒县、第六师红旗农场、北塔山牧场、玛纳斯县等地	30
	哈萨克毡绣和布绣普及培训班	53	30 天	木垒县、第六师红旗农场、北塔山牧场、玛纳斯县、天池、第四师	53

续表

	项目名称	人数（人）	培训时间	学员来源	经费（万元）
2016年度	维吾尔族枝条编织普及培训项目	30	30天	吐鲁番市、伽师县	53
2017年度	哈萨克毡绣和布绣高级研修班	20	40天	第六师红旗农场，北塔山牧场，第四师61团、73团、77团、78团、89团，乌苏市巴音沟牧场，和布克赛尔县，伊犁哈萨克族自治州，塔城地区，玛纳斯县等地	50
	维吾尔族模戳印花布织染技艺普及培训班	34	30天	英吉沙县芒辛乡恰喀村	67
2018年度	维吾尔族、哈萨克族刺绣培训	36	30天	伊犁、哈密、昌吉、喀什等地	50
2019年度	新疆刺绣传承人群培训班	46	31天	哈萨克族、维吾尔族、蒙古族、锡伯族、塔塔尔族、汉族六个民族，学员分别来自兵团的第四师、第六师，阿勒泰、伊犁、塔城、昌吉州、哈密等地	50
	新疆柳编、草编织传承人群培训班	38	31天	第十三师红山农场、吐鲁番市	50
	新疆印花布织染技艺、编织技艺传承人群培训班	44	31天	第三师图木舒克市	50
	新疆曲子传承人群培训班（1期）	31	31天	第六师红旗农场、芳草湖农场、新湖农场、呼图壁县等地	50
	新疆曲子传承人群培训班（2期）	30	31天	第六师红旗农场、芳草湖农场、新湖农场、呼图壁县、玛纳斯县、昌吉市、乌鲁木齐等地	50
	合计	410			553

（一）传承人群的自由意志选择：坚守与新变

在如何传承非遗的问题上，不同的研培学员（传承人群）对待非物质文化遗产的态度不同。研培中普及培训的学员大多不是政府认定的代表性传承人：一方面，他们关注如何传承这份遗产，另一方面，他们更关注研培是否能给他们带来更高的经济收入。而非遗研培中的研修班、研习班学员多是政府认定的各级传承人或企业骨干、合作社骨干负责人或文化程度较高的中青年传承人，尽管他们传承非物质文化遗产的责任心和使命感更强一些，但他们同样特别关注如何创新非遗的传承方式来提高他们的收入和效益。因此，无论是代表性传承人还是普通传承者，追求收入和效益是他们传承这份遗产的重要动力之一，也是研培能够激活民间艺人传承遗产的重要原因。

然而经过高校一个月的研培，学员到底选择如何传承遗产呢？影响他们选择的因素很多，地方政府、高校非遗研培授课教师、设计师、学生助理的各种意见和建议会直接或间接地影响他们。除此之外，现代社会各种技术的创新，传承人群所在地生产生活方式的变迁，强大的市场对产品的各种导向等，这些因素都客观地影响着非遗传承人的选择。在石河子大学第一期哈萨克族毡绣布绣普及培训班中，共有 50 位学员，其中大部分是 30 岁以上的哈萨克族绣娘，而年纪在 30 岁以下的很少有人会传统手工刺绣，即使来自刺绣合作社的年轻哈萨克女性也只是会机绣。这部分反映了哈萨克族刺绣技艺的现状，年青一代认为机绣更快、效益更高。但是，经过一个月培训，那些不会手工刺绣的学员不仅熟练掌握了手工技艺且逐渐意识到本民族手工技艺的价值。这期学员中有一位 23 岁的绣娘 A，她原是某刺绣店机绣绣娘，这次培训期间她学会了手工绣，并拜知名刺绣艺人 54 岁的 B 为师傅，正是因为这次研培，她喜欢上了手工绣，并希望弘扬这门手艺。然而也有极个别学员对手工绣不以为然，17 岁的年轻姑娘 C 是一个典型，她在家没有学过刺绣，只见过她的妈妈和姐姐刺绣，这次培训并没有引起她的热情。在笔者看来，她只是来完成一个培训任务，引以为豪地体验一下大学生活。可见，非遗传承中不同主体在同一活动中作出的选择是有差异的，以上两位年轻学员基于不同的认知作出了自己的判断和选择。

在传统技艺的坚守与创新上，存在着这样的现象，年纪大的艺人更乐于去学习新的绣法技能，更善于去提出新想法。苏州工艺美术学院郁江老师应邀向传承艺人交流苏绣绣法时，大部分年长的传承人听得较为认真，表现出极大的热情，会写汉字的传承人还做了笔记，而年轻艺人并不是那么重视。54 岁的 D 说："苏绣很难学，自己那么粗糙的手一碰线线会断的，但是还是会积极地尝试和学习。"她认为苏绣的一些针法和细致处值得哈绣学习。这是非常难能可贵的认识，苏绣和哈绣本是不同民族、不同风格的刺绣技艺，我们的培训并没有要求哈萨克族学员学习苏绣，这堂课的意义只是在于开阔哈萨克族绣娘的眼界，让她们了解中国不同民族的刺绣艺术；而哈萨克族刺绣既有其独特性，也有其共性。D 的话让笔者看到年长艺人对本民族手艺的坚守和对新鲜技法创新的渴望。对年长艺人而言，哈萨克族毡绣布绣见证和陪伴着他们一生成长的重要时刻，融进了他们的游牧生活里，有着长久的记忆和深厚的情感。随着游牧转定居，生活方式的变化使得年青一代没有像上一代人那么深的感触，虽然她们也认为这项技艺被重视很值得高兴，但是对这项技艺的传承保护，她们并没有表现出我们预期的高度责任感。在其他几期培训班上，这种情况也部分得到了验证。老艺人和年轻人对遗产的坚守与创新所表现出的不同态度也为我们后续的研培工作提出了新的课题。

在哈萨克族毡绣布绣研培班中，很多学员非常"保守"，她们更愿意做哈萨克族传统的东西，无论是图案、式样，还是材料、色彩等。对此，石河子大学非遗研培团队是予以支持和鼓励的。绣娘们似乎更认可石河子大学研培宗旨"守正创新"中的"守正"理念。对那些更希望做新颖尝试的学员，石河子大学非遗研培团队亦非常支持鼓励，但采取的是一种熟练掌握传统技艺基础上的创新。传统的哈萨克族毡绣布绣都是基于草原游牧生活的，毡绣和布绣在整个草原游牧和毡房中有其传统的民俗功能、实用功能和审美功能。而随着哈萨克社会的转型，毡绣布绣的功能随着哈萨克族现代生活的改变而发生着变化。之前的实用功能以另一种形态依然实用，而另外一些则可以转变成为一种手工艺术品。然而，无论如何，传承人群更多关注的是这些传统手工技艺产品进入市场的状况，当然这也是各方都予以关注的。根据笔者的观察，很多人在谈论这一问题时容易忽视一些前提条件，即体现非物质文化遗产物质属性的手工或半手工产品在面对不同市场时，各有其优势和缺陷。一件做工细致的具有现代审美气质的少数民族手工艺品未必能得到非遗传承社区的认可，却可以在不同旅游景区以较好价格卖出；以此逻辑，我们可以区分出很多不同情景。换句话说，坚守传统的手工技艺有市场，迎合现代审美（无论是在民族内部还是面向各民族）变化做出创新的手工技艺更有市场。关键看传承人群如何选择，而石河子大学研培团队始终把握着“着力帮助传承人群知其然、更知其所以然，知不足然后补不足”① 的理念，尊重他们所坚持的任何原则。

石河子大学非遗研培团队对研培后的传承人群进行了回访，这让我们看到她们回到所在传承社区以后如何坚守和创新这份遗产。哈萨克毡绣布绣传承方式可以概括为三种：一为教授传承，即当地政府会聘用非遗研培学员把自己在石河子大学非遗研培中所学与创作教予他人；二为从业传承，即非遗研培学员开有自己的刺绣合作社或公司；三为家庭传承，即跟随家中长辈学习刺绣。无论是教授传承、从业传承还是家庭传承，经过非遗研培学习后的绣娘更乐于创新传承。首先在绣法上，毡绣布绣的绣娘们与其他民族的绣娘进行交流学习，把学习到的绣法和哈萨克族民族元素融入毡绣布绣的创作中。以前的哈萨克族将游牧生活中所接触的大自然形态抽象、简练、夸张地概括成了独具特色的民族装饰图纹。② 研培之后，毡绣布绣的成品形式更加多样化了，哈萨克毡绣布绣与现代生活相结合。进一步说，很多少数民族传统手工技艺都要面临这些技艺和产品如何适应社会变迁带来的功能缺位和功能换位。换句话说，当技艺和产品丧失了它的传统功能时，如何适时寻找到新的可能性，并被非物质文化遗产社区主体和社会所接受和尊重，这是研培一定要关注的。总而言之，学员无论是选择坚守传统而“保守”传承非遗，还是在传承中进行各种创新尝试，都是他们综合各种因素做出的选择，理应得到尊重、理解和支持。

---

① 《项兆伦在全国非物质文化遗产保护工作座谈会上的讲话》，http：//mct. gov. cn/whzx/whyw/201809/t20180911_834728. htm，浏览日期：2018 年 10 月 20 日。

② 巴彦·卡德尔别克：《浅谈现代景观设计与哈萨克族装饰图案》，《家具与室内装修》2016 年第 3 期。

（二）非遗研培团队的自由意志选择："争吵"与共识

在石河子大学研培核心团队中，并不是所有团队成员都认为传承人群的自由意志选择应得到尊重和理解。整个团队时常会因此"争吵"，在争吵期间，首席专家组、创作导师组、授课教授、班主任、学生助理等各主体对"非遗传承"的自由意志都得到了较好的表达、调适与修正。同时在与传承人群的充分互动中，相互尊重的理念逐渐确立，对培训宗旨也逐渐达成了共识。

从研培项目的基层调研到研培课程设置，从研培理念到研培管理，石河子大学的非遗研培内部都存在着激烈的"争吵"，甚至是"针锋相对"，但是这种"争吵"却是坦诚的、相互尊重的。正是这种"争吵"让各种问题和困难都得以解决，促进了研培工作的健康开展。而且这种"争吵"延续到研培授课专家的集体备课上，所有授课教授、创作导师乃至学生助理逐渐对非遗研培理念和目的达成了明确的共识。因此，研培核心团队和教师们的"争吵"是一个辨明道理的过程，是一个达成共识的过程，同时也是深入学习和理解《公约》精神和《中华人民共和国非物质文化遗产法》的过程。

"争吵"同样存在于创作导师（设计师）之间。从四人创作导师组到两人创作导师组，在哈萨克族毡绣布绣和维吾尔族枝条编织的作品实践与创作环节中，导师组内部对如何把握传承与创新的度也产生了分歧，他们相互辩论，请教传承人，与学生讨论，再与首席专家组沟通。在"争吵"过程中不断修改方案，引导学员们和学生助理完成作品。创作导师这种"争吵"正是自由意志选择的体现，许多学员受这种情况的影响，积极表达对作品创作的看法，提供了一些基于传统技艺本身的新创意。

有一个值得参考的"争吵"反例。在维吾尔族枝条编织培训班上，来自伽师县的三位艺人（来自同一家族）在编织技艺强化环节想创作一个"毡房"，笔者和创作导师组都不能理解他们为何要编一个"毡房"，因为从时间、用料到"毡房"成型等都有很多不确定因素，在与导师组等充分"争吵"后，三人仍坚持要创作。最后，笔者同意了他们的意见。在连续编织七天之后，他们完成了作品，但是在器形、大小、细节、功能等各方面均没有达到他们的预期，最后他们向笔者和导师组承认这是一个失败的尝试。正是这个失败的作品尝试极大地促进了双方的有效沟通，并最终在编织技法传承与作品创新上达成了共识。这样的例子很多，研培工作中，不同主体都希望将非遗保护工作做好，但限于身份、立场、认知等多方面的因素，对同一问题出现不同看法的情况是可以理解的；但问题的关键是，研培组织方如何营造一种更加自由的氛围，让不同主体达成有效的共识。因此，非遗研培中应鼓励这种“争吵”，不对这种有益的“争吵”作“权威”裁定，而是营造出一种相互尊重和自由选择的空间，这种空间更有利于非遗研培各方的利益诉求得到充分的倾听和解决。我们试图以这种“无为”的方式做非遗研培，但背后隐含着对研培的“有为”情怀。唐璐璐曾在《由社区联盟主导的集体表演——布鲁日圣血大游行的保护与传承》中说道：“无论是政府层面，还是民间本身，对发展自身的文化传统都有诉求。”[①] 正是这种对各方诉求的尊重，非遗研培在一个共同目标的共识中平等交流互动、传承创新非遗，自然会形成一个相互尊重的非遗保护主体联盟。

四 结语

在原文化部、教育部制定的《中国非物质文化遗产传承人群研修研习培训计划（2017）》中说道：“研培计划旨在为非遗传承提供高校的学术资源和教学资源支持，通过学习专业知识、研究技艺和技术、开展多形式的交流研讨与实践，帮助非遗项目持有者、从业者等传承人群强基础、拓眼界、增学养，提高文化自信和可持续发展能力，在秉承传统、不失其本的基础上，实现为民族传承，为生活创新。同时，推动相关高校加强中华优秀传统文化教育，更好地发挥文化传承创新功能，服务地方经济社会发展。”[②] 从某种意义上说，近两年来的非遗研培实践正在将2017年制定的目标逐渐实现。非遗研培为非物质文化遗产的传承与创新提供了一个交流的平台，从事非遗保护与传承的各方主体得以充分互动

---

① 唐璐璐：《由社区联盟主导的集体表演——布鲁日圣血大游行的保护与传承》，《西北民族研究》2016年第4期。

② 文化部、教育部：《中国非物质文化遗产传承人群研修研习培训计划（2017）》。

交流，石河子大学研培实践正是得益于这种“固本培元、守正创新”的理念，在非遗研培的“调研考察”环节充分了解非遗项目和传承人的实际情况，与非遗传承人和传承人群充分互动，将其意见纳入课题体系；而在培训期间充分营造互动交流的氛围，充分尊重基于非遗本体实际的“保守”传承与“积极”创新，在“研培回访”中积极鼓励学员根据当地实际进行传承与创新。如此过程体现了《公约》“尊重、保护与发展”的精神。

概言之，中国非物质文化遗产传承人群研修研习培训计划已经成为当下中国非物质文化遗产保护工作的重要组成部分。中国非遗研培工作正在为非物质文化遗产履约实践探索出中国特色道路。在这一过程中，我们应该尤为关注研培参与主体之间基于尊重的互动以及主体互动后的自由意志选择问题。或者，我们可以直接讨论：从事非遗研培的高校组织者和授课教师，在以特定专业视角介入非遗研培的时候，还要始终明白非遗本身的保护规律，在《公约》的框架和精神下做研培。在有为的大话语下，我们希望给非遗研培留有“无为”的空间；让传承人、传承人群、非遗学者、授课教师、授课设计师、学生助理、企业、媒体等各方的自由意志得以有效表达，尽管这基本上很难做到。但是我们仍然可以通过非遗研培实践的实绩（尤其是传承人群的满意度）检视各方的自由意志的表达。如此，在有为与无为之间，非遗传承和创新的活力与非遗的多元丰富性才会被呈现出来；《公约》保护非物质文化遗产的共识和精神也才能得以彰显。因此，在有为中“无为”，不作太多规定和约束，充分尊重各方的自由互动和创造，或许值得研培高校认真思考。正如老子所说：“天下皆知美之为美，斯恶已。皆知善之为善，斯不善已。故有无相生，难易相成，长短相形，高下相倾，音声相和，前后相随。是以圣人处无为之事，行不言之教；万物作焉而不辞，生而不有，为而不恃，功成而弗居。夫惟不居，是以不去。”[①] 在这有无之间，主体自由互动，各方选择无惟游心，非遗传承创新自然。

---

① 王卡：《老子道德经河上公章句》，中华书局 2011 年版，第 7 页。

中国布老虎艺术及乡村振兴计划*

马知遥　刘垚瑶　马道玥**

摘　要： 布老虎是中国大地上的母亲艺术，它表达着中国人对虎图腾的原始崇拜，表达着人们在结婚和生子这样的关键时刻，对老虎的崇敬。同时也表达着在端午节这样的特殊节日里，人们通过老虎的形象驱邪避祸的愿望。布老虎艺术主要存在于中国北方的山西、陕西、山东、河南、甘肃五省。通过对北方五省布老虎艺术的田野调查，并持续性地进行回访调研，经过近八年时间，我们获知，在非物质文化遗产保护的进程中，布老虎这种流传千年以上的虎文化崇拜的文化活动一直没有中断，而且获得了良好的发展。目前，八年前采访过的布老虎艺人大多还健在，但她们各自生存状况的不同，又让人对非遗传承有喜有忧。喜的是一些传人已经通过农户加企业的方式将布老虎艺术发扬光大，并带动一方村民致富；忧的是一些人一味创新改变了当地布老虎的特点，完全丢弃了当地布老虎的非遗特点，甚至采用大机器生产，模糊了非遗和创意产品的关系。同时一些艺人因为找不到徒弟面临手艺失传的危机。总结艺人的成功经验，为当前的乡村振兴计划助力，是本文的目的。

关键词： 布老虎；非物质文化遗产；乡村振兴

---

* 原文刊于《民间文化论坛》2019 年第 2 期。标题有变动。

** 马知遥，天津大学国际教育学院教授；刘垚瑶，天津大学建筑学院 2017 级博士研究生；马道玥，天津大学教育学院硕士研究生。

一 八年之间的变与不变

2010 年我们曾经对山东、山西、河南三省的布老虎民间艺术进行了实地调查，探访了 100 多位民间艺人，走访了 40 多个村落，最后形成了《布老虎寻踪》一书，八年前我们对当时的布老虎艺人的生存现状基本上作了一些归类，对这项非遗特点进行了概括。“崇虎的民俗心理更多地表现在妇女生育方面，如祈虎赐子、配虎保婴等。孩子未生之前，人们求子似虎；既生之后，则给幼儿戴虎帽，穿虎鞋，以像虎子，保子健康。”[①]同时在调查中我们也得知，在河南、山东一带，布老虎还用到了端午节辟邪和新婚时对新郎新娘的祝福等多个民俗活动中，布老虎的使用范围在当代也在不断延展。

（一）民间布老虎艺人的境遇分析

我们在调查中发现，从事这项女红的还是以女性为主，她们大多是家庭妇女，没有正式职业。也有的是单位退休职工，有了闲散时间开始女红活动。还有一些女性生活在农村，以已婚妇女为主。粗略分一下，主要有业余从事布老虎缝制工作的；有出于生计，专业制作布老虎的；有的纯属企业需要，哪一年需要什么就进行哪方面的布艺缝制。业余爱好的占了大多数。她们大多在 50 岁到 90 岁。这些女性每年做的布老虎不多，所做布老虎也不是用来出售的，仅为了打发时间。她们大多从长辈那里继承了女红传统，能够掌握布老虎缝制的技术，而且能说出很多关于布老虎背后的习俗故事；比如胶东青岛的一个村落，当年采访的老太太李进花 79 岁，全村只有她一个人能做布老虎了，年轻人知道制作布老虎费功夫，赚不了钱也不来学，这样就构成了传承危机；山东沂水的解祥芳当时刚退休，收过几个徒弟，可做一个布老虎需要半个月，费功夫，很快徒弟们就不干了。解祥芳的布老虎是当地的特色，非常精巧，我们在后来的不同地方都没有看过重样的。八年后我们了解到，解祥芳的手艺没有传人，她现在年龄大了，当地人已经没有人再做。虽然我在当地

① 汪玢玲：《中国虎文化》，中华书局 2007 年版，第 180 页。

找到过类似形制的布老虎，但像解祥芳的一样精巧而用材讲究的布老虎没有碰到过。解祥芳出身在家境不错的人家，自小有残疾，因此很大年龄后才嫁人，自小在家里和姥姥学着做针线活。按照她的说法，自己做针线活尤其是布老虎比较有名，以至于在生活很艰苦的时期，很多人家来她这里讨要布老虎，然后留下一些点心和糖果作为答谢。当时她做布老虎获得的报酬比一个下地干活的男人多，也因此获得了家里人的认可和赞许。“当别人家没有粮食吃的时候，我给家里挣了一大屋子的点心和好吃的。”在山西潞城见到刘海兰的时候，她刚在城里租了门头房，开了一个布老虎商店，楼下卖布老虎，楼上做卧室和工作间。刘海兰当时就有商业头脑，给自己的布老虎起名叫潞王虎，当时所做的布老虎就在当地销售，谁家生了孩子来买一个，生意算不上好也算不上坏。八年后，我们电话邀请她来天津进行传承人培训，她带着两个徒弟一起来了。在介绍自己的时候，她自豪地告诉我：目前开了三个工厂，她是董事长，带着几十个徒弟，主要做枕套，接受来自杭州商人的订货，每年纯盈利200万元，同时还在继续做潞王虎，销售也不错，通过多种经营，保住了布老虎手艺，培育了品牌，还带领村民们致富了。在天津大学培训期间，她面对中央电视台的镜头自豪地说：我小学只上到三年级，做梦都没想到能到天津大学上学。刘海兰的身世也不太顺利。中年时丈夫死了，为了抚养孩子上学，她凭借着自己的手艺养家糊口。现在三个厂子已经交给儿子来管理，她专心带徒弟，她感到很满足。

这几个人八年的历程都似乎在告诉我们，村里的生活在发生变化，她们个人的生活也在随着时代的变化而变化。有的因为没有把手艺传下去的心思，年轻人又不喜欢，就没有了传承的热情；有的因为让自己的产品产生了效益，于是开门收徒，不断扩大影响。还有的艺人们八年前就靠纯手工的技艺吸引了国内外客人，不过在边远山村，也没有走出大山的意愿，因此还是保持了纯手工家庭作坊式的劳作。

（二）民间布老虎艺人的优势与劣势

民间艺人的布老虎风格各异，即使是一个地方的，她们的作品也有不同的特点。这些民间艺人的优势在于：1. 她们大多没有多少文化水平，一般住在边远的乡村，这样反而让她的手艺没有受到太多其他外来文化的影响，保持了古朴的地方特色；2. 大多还是纯手工制作，没有受到大机器生产的影响，而且长期制作，基本上在当地都小有名气；3. 由于自幼受到家传的影响，熟悉当地的风俗，对布老虎艺术背后的文化内涵比较了解，使得布老虎制作有了自己的文化源头。

她们的劣势：1. 长期在农村生活，她们基本上不懂得市场规律，作品也大多是周围人因为习俗需要前来购买，价格不高，销量很少；2. 她们的作品受到一些机器化大生产和粘贴卡通虎的很大冲击，创作积极性也受到很大打击；3. 由于制作时间长、耗费精力，价格不高，她们基本上找不到更多的继承者。

这些基本上概括了八年前我们观察到的基本景象。民间艺人虽然手工精湛，但其作品无法和已经兴起的机器化生产的布老虎争夺市场，本来就比较局限的生存空间被抢夺，艺人们的生计和传承受到严重影响。

（三）当时布老虎保护和发展的雏形

根据调查，我们发现当时的布老虎保护和发展已经形成一定趋势。各地布老虎艺人开始有意识地申报传承人，获得政府支持。一些艺人已经自觉地成立企业，自己生产自己销售。而这样的方式也应该是最早的保护和发展方式之一。当时山东沂水的赵娟芳的布玩具厂，年生产布老虎 20 万个，自己生产不过来，就把订单分发到村民家里，让他们通过缝纫机加工制作，老虎身子里填的是比较传统的刨花废料。这样的布老虎不易保存，很容易发霉。而且她制作的布老虎基本没有手工刺绣的工艺，工艺已经到了最简单化的程度，批发每个卖 3 元钱，市面上卖 5—10 元。当时销量很大，主要销往附近的农村集市，据说莒县一带不仅生孩子需要布老虎，结婚也需要买一对布老虎送给新人。赵娟芳的布老虎销售业绩那么大，沾了当地虎文化崇拜和婚姻生育习俗的光。有些地方比如山东潍坊，我们发现有两个地方布老虎销售也不错。一个地方是孙美兰母女俩的布老虎销售店，一个是王永胜的布艺销售店。当时碰到一个场面，孙美兰母女俩的销售点接到一个订单，一次性要 40 万个布老虎，要求在两个月内完成并送货，听说是销往东南亚一带。母女俩凌晨三点就在装车，把已经做好的老虎样子分发到附近的乡村里去，让村民们加工完成，然后公司回收计件付费。一个完整的布老虎她们给村民手工费 15 元，市场销售 50—80 元不等。在山西我们看到一个叫锦绣坊的公司，也是一家农户自己办的，经营者号称走遍中国，吸收了所有布老虎的精华，自己设计了锦绣虎，他的锦绣虎一年销售额也在 70 万—80 万元。为了承接国内外越来越大的订货，他新进了德国机器，老虎的头脸通过机器一次成形，基本上符合了大批量生产的需要。他也称自己开始了半手工生产布老虎的工作。因为纯手工的布老虎价格不高，量也少，满足不了市场需求。但被问到他这样做是否可能挤压了刚刚复兴起来的手工传统布老虎的生存时，他不置可否。在他认为，通过机器化大批量生产也是在宣传非遗，赚的钱反哺到纯手工制作也是一种可行的思路。但反哺到纯手工制作了吗？这一直是我们产生疑问的地方。前一阵做非遗研培计划，我们邀请了这位很早就开始机器化生产的民间企业家，想让他谈谈这些年来他销售布老虎的经验，他谈到最多的是他的企业一直在发展，但大家都想靠非遗挣钱是不现实的，布老虎这些年产值是在提高，但发展太慢。他认为，非遗不创新不可能发展。但只是在发展自己的企业，不考虑周边布老虎制作者的生存，尤其当地长治布老虎的整体保护和发展，势必影响到布老虎保护的整体生态。可以说，参与布老虎销售的人员，大多掌握着布老虎的缝制技术，但他们的精力常常不得不放在经营上，一旦获得了不错的业绩，更多注意的是企业的经济效益，一味围绕市场追求创新。我们认为，创新是必要的，没有创新的非遗必然走向绝路，但在创新中应该首先尊重当地文化多样性，在继承布老虎传统风格的基础上适度进行，同时还要兼顾非遗产品手工制作的独一性。尽管“公司 + 农户”的销售方式扩大了布老虎的销量，但真正的传承人，那些凭借手工生活的民间艺人的利益在机器化生产中显然受到了很大冲击，处于劣势。

二　布老虎非遗项目的保护与发展

非遗保护进校园是在文化和旅游部、教育部、人力资源和保障部联合发起下进行的。该项计划全称为“全国非物质文化遗产传承人研修研培计划”。该项计划原本是遴选有实力的100所高校参与非遗保护和发展工作，而随着该计划的深入进行，全国进入该计划的高校超过了100所，而且还有更多的院校加入进来。在对布老虎艺人八年后的再一次近距离接触中，我们有必要进行深入的体验。

（一）和八年前一致的情况

和八年前比较一致的地方是，这些民间艺人大多没有离开自己原来居住的地方，原来手工作方式的操作模式还是大多数艺人坚持的方式，布老虎艺术保持了最初看到的水准，地方特色明显，非遗需要保护的元素得到了很好的体现。其次，大多数艺人年龄已经偏大，超过70岁的艺人几乎已经不再动针线，因为眼神不好，做出的东西已经不如从前。和过去一样，他们会受邀参加一些大展，自己能参加的精品也越来越少。买的人少，拿的人多。再次，更多的艺人还继续在为自己的未来担心和发愁。因为他们的作品销售价格上不去，但和市面上的卡通粘贴虎和机器化生产的布老虎相比，他们的价格又偏高，销售受阻。最后，大多数艺人的生活状况并没有得到根本提高。

（二）和八年前不一样的地方

和八年前不一样地方是，年轻的艺人加入进来，民间艺人的队伍在增大，这些加入的艺人大多也是村中没有出去打工的媳妇，她们留守在村里只为了能够照顾家中老人孩子，平时挣点零花钱。其次，有些会电脑操作的年轻人开始关注网络的作用，通过建立网店的方式销售布老虎，其中山西的苏丽丽就是将小小的作坊变成网店展示作品，受到关注后，每年的订单都在20万个以上。因为个人能力有限，她需要扩大规模，吸引更多的同道和自己一起经营，而有她这种想法的年轻民间艺人很容易沟通，只是由于文化水平所限，她们急需苏丽丽这样的人去帮助他们实现产品的销售。最后，一些艺人经过摸索，找到了自己产品的市场，通过和南方一些商人联系，她们出产品，南方一些经销商为她们谋划市场，逐渐打开了销路，比如很典型的就是山西长治的刘海兰女士的潞王虎系列手工作品。

八年的时间，有些艺人已经退出传承的道路，也有很多艺人增加了传承的勇气和信心。有些人在传承中感受到传承的艰难，感觉八年还没有任何改善；有些人及时改变思路，在市场中摸索，找到了发展的道路。在国家非遗保护力度加大、非遗传承人的利益获得空前提高的当下，非遗传承人的文化自信在不断提高，但他们的实际生存境况还是令人担心。在2018年7月的非遗研培班里，来自河南灵宝的张红立——布老虎班寥寥可数的男性民间艺人之一，手艺超群，做的灵宝布老虎以手工刺绣和渲染为主，完全继承了当地的布老虎特色，但结业时他提出自己面临一个困难，他和师傅张月慈一起做成的三米长的布老虎，参加了河南省里的展览，好评一片，却没有单位愿意收购，运回家里到现在，产生不了经济收益。目前家里经济紧张，希望能有单位购买，但找不到这样的单位或个人。他对自己的手艺产生了动摇。“乡村是具有自然、社会、经济特征的地域综合体，兼具生产生活、生态、文化等多重功能，与城镇互促互进，共生共存，共同构成人类生活的主要空间。”① 目前的非物质文化遗产主要集中在乡村，而乡村振兴离不开非物质文化遗产的发展。但仅仅注意到硬件环境的改变，不注意非遗传承人的生活水平的提高会使得很多非遗传承人失去传承的兴趣，转而到别的行业。《乡村振兴战略规划（2018—2022年）》中指出：“基本原则之一为坚持农民主体地位。充分尊重农民意愿，切实发挥农民在乡村振兴中的主体作用，调动亿万农民的积极性、主动性、创造性，把维护农民群众根本利益、促进农民共同富裕作为出发点和落脚点，促进农民持续增收，不断提升农民的获得感、幸福感、安全感。”② 没有乡村主体人的积极参与，调动不起他们对自己手艺的自豪感，非遗的保护和发展反而可能会在乡村振兴中丧失。“主体性是一个与人的生存状态相关联的问题。通俗说，一个能够把自己与周围世界区别开来，有意识地以自己的活动能动地满足自己生活需要的存在，他就一定是一个主体性存在。”③ 雅斯贝斯认为：“要在交往中保

① 中共中央、国务院：《乡村振兴战略规划（2018—2022年）》，http://www.gov.cn/zhengce/2018-09/26/content_5325534.htm，浏览日期：2018年9月26日。

② 中共中央、国务院：《乡村振兴战略规划（2018—2022年）》，http://www.gov.cn/zhengce/2018-09/26/content_5325534.htm，浏览日期：2018年9月26日。

③ 尹岩：《现代社会个体生活主体性批判》，上海人民出版社2009年版，第1页。

持人的主体性和个性就要把彼此作为非对象化的存在来对待，即人与人之间交往中要把对方当作主体来对待。”① 在非遗保护中，长期以来，一些专家以高高在上的启蒙姿态来指导民间文化的保护和发展，在他们眼中，民间生产、精英挑选是一种非遗保护工作中需要坚持的可行的方法，可是实践告诉我们，非物质文化遗产传承人有自己的主张，他们会根据时代和生活的需求对自己的手艺进行调适性的改造和发展，他们有表达观点的权利，他们也有受教育继续深造的权利，他们也希望自己的手艺被更多人认可和喜欢，他们表达出的最大愿望是提高自己的水平，精益求精，能够上更大的舞台，把自己的东西推销出去。② 其实她们表达了自己作为一名民间艺人最真实的想法。在一个发展的年代，如何把自己继承的传统发扬光大并且还能获得体面的生活，是她们最关心的事情。“自主生活是个体充分发挥自己主体性而表现出自觉、自强、自律、自为和自由相统一特征的个体生活，也是从积极的个体主体性的角度表现出来的个体生活状态。自主生活的个体主体性特征就是自觉、自强、自律、自为和自由的统一。”③ 从杨雅琴和刘海兰这两位自小在乡村长大并且靠乡土艺术成长的艺人那里，我们看到了传统女性的自强自立，同时她们也一直在寻求更多的渠道获得更大的自尊。

三 发现的问题

目前发现的情况是，国家开始提高国家级传承人和省级传承人待遇，但大多数传承人并没有什么称号，他们得不到非遗给他们带来的荣耀和经济收益。很多非遗项目，比如布老虎艺术掌握在广大的农村巧手手中，她们中不乏技艺超群者，但往往国家级或省级传承人只能是极少数人，大多数人得不到国家资金的支持，更不要说更多的机会和荣誉了。调查

① 转引自尹岩《现代社会个体生活主体性批判》，上海人民出版社2009年版，第25页。

② 这段观点来自对2018年来天津大学进行布老虎刺绣技艺培训班培训的学员刘海兰和杨雅琴的访谈。在她们看来，她们的手艺需要用来挣钱养家糊口，过去是这样，现在也是这样，她们也希望自己能做出更多大家喜欢的东西，所以需要经常到大城市来了解市场，和更多的学员交流。

③ 尹岩：《现代社会个体生活主体性批判》，上海人民出版社2009年版，第298页。

中我们还发现，国家级和省级传承人的水平有时也大可怀疑。有些国家级传承人做出来的东西甚至不如一个没有称号的民间艺人的作品，这也让我们反思，非物质文化传承人称号是不是不能终身制，需要不断地根据作品传承情况做调整。否则非但不是鼓励传承人积极性，还会打击大多数传承人的积极性。

非物质文化遗产缺少推广和营销的有效手段。非遗经纪人队伍的培养和建设应成为当务之急。多数非遗传承人掌握着精湛的技艺，却不是经营的能手，既能传承非遗，又能经营的人少之又少。所以，帮助非遗传承人做经营，提高作品的知名度，改善生活，完成非遗产品从生产到销售的过程恐怕需要专业的非遗经纪人队伍。同时，经过熟悉市场、掌握市场营销策略的经纪人的帮助，非遗传承可以根据需要做一些创意产品，利用传统的技艺翻新产品内容和品种，这是对非遗的发展而不是破坏，是对非遗的积极保护而不是消极等待。民间文化有自己的调适性变化和稳态性传承的特点。它们总是随着时代的变化做着微调，以适应环境的变化找到生存之道。我们不能一味要求非遗一成不变，不能要求非遗必须在地化保护而不求发展。非遗的保护应该以人为本，提高民众的生活质量，在生计得到保障和改善后积极保护和发展非遗，让非遗的成果在日常生活中获得民众认可和喜爱。没有得到使用的非遗是注定没有出路的，为非遗找出路，就需要让它们重新回到最初的起点：为生活、为百姓服务。基于这点共识，非遗传承人对自己的手艺开始产生了更大的兴趣和信心。艺人们基本认可：需要让非遗重新进入日常生活中去，用手艺改善生活；提高手艺的同时，创作贴近生活、符合人们审美情趣的新的作品。这一行为是思维的更新，也是当前非遗保护观念的革命。一句话：死保只能保死。

十多年的非遗保护实践已经证明了这一点，没有创造没有发展的非遗保护一定不是彻底的保护，其持续性不会得到保障。为了维护大多数民间艺人的利益，激发更多艺人的积极性，目前的非物质文化遗产代表性传承人制度应有所修正。对于那些有着广泛群众基础和影响力的集体项目，设立代表性传承人的意义已经不大。

四 “乡村振兴规划”中的非遗

从国家乡村振兴战略的大局看非遗的乡村振兴和作用。国家《乡村振兴战略规划（2018—2022年）》第二十三章“弘扬中华优秀传统文化”专章指出：“立足乡村文明，吸取城市文明及外来文化优秀成果，在保护传承的基础上，创造性转化、创新性发展，不断赋予时代内涵、丰富表现形式，为增强文化自信提供优质载体。”① 非物质文化遗产作为传统文化最为精粹的那部分理应成为乡村振兴的中坚力量，理应顺应时代的发展，立足乡村文明，为增强文化自信提供优秀的成果。在我们当前的非遗保护工作中，有一种声音曾经影响了保护工作者和传承人，那就是所有的非物质文化遗产都要保护，都要原汁原味地保护。这个持续了十多年的保护理念，在当代新的形势发展中，随着人们在实践活动的真实体验中终于显示出其局限性。非物质文化遗产本身就是民间文化的一部分，它必然地具有随着时代变化而调适性变化的特性。它拥有稳态不变的一面，也具有不断变化发展的一面。我们无法把目前看到的保留下来的非遗定义为“原汁原味”，原汁原味这个所谓的保护原则本来就是“伪命题”。最原初的那件非遗究竟是什么，哪个朝代的才是“原汁或原味”。当你这样发出疑问时，很多所谓的非遗专家都会哑口无言，因为所有当代的非遗都是相对于现在是古老的，但我们不能确认那就是最为古老不变的样式。其间经过了多少变更和变化，已经无法查对。“非物资文化遗产的动态性和活态性应始终受到尊重。本真性和排他性不应构成保护非遗的问题和障碍。”② 因为，这是由非遗的特性决定的，它总要主动适应时代而生存，否则非遗将会因失去使用价值很快被自动淘汰，这不是哪一个人说了算的，时间和需要决定一切。

在乡村振兴的今天，我们明白一个道理，很多丰富的非遗都藏身于

---

① 中共中央、国务院：《乡村振兴战略规划（2018—2022年）》，http：//www.gov.cn/zhengce/2018－09/26/content_5325534.htm，浏览日期：2018年9月26日。

② 联合国教科文组织：《保护非物质文化遗产的伦理原则》，http：//www.crihap.cn/2016－10/31/content_27228556.htm，浏览日期：2018年9月26日。

乡村，或者它们还生长在乡村生活中，被村里人使用。有一些已经开始消亡，是因为长期不再使用。一些民歌很好听，但没有唱歌的场合和活动了就会消失；乡村振兴不仅仅是让村民过上很好的物质生活，更要让村里原来具有的优秀传统文化发扬光大，让传统文化在经济发展乡村振兴的活动中发挥作用。“传统的民间文化仍然主要是老百姓的日常生活中所崇尚和遵循的理念和准则。”[①] 好的非遗活动一开始就有凝聚人心鼓舞士气的作用；好的非遗能够带动一方百姓致富，能够让他们通过绝技绝活获得更大的声誉，从而带动旅游发展；好的非遗，能够在结合城市人的消费需要大胆创意的基础上，将传统元素和现代时尚元素结合，走出一条雅俗共赏的路子，这些创新发展不是破坏非遗，相反是激发传承人的创造活力，多出精品，丰富产品类型。在进行了近三年的传承人研修研培计划中，我们看到了传承人对进入高校学习的积极性，看到了传承人并不是不想学习，而是过去没有机会，而艺人一旦经过高校专业的学习，通过和大师们的交流，他们的创造灵感不断涌现。一些研培学员将自己的刺绣成果和时尚设计师的产品组合在一起，就出现了奇妙的结果，既能从设计师那里看到世界潮流性的追求，又能从细部看到传承民间艺术的魅力。从时尚女装到皮鞋、女包、首饰的设计，非遗的工艺已经开始渗透到城市文化中。这是非遗创新的一个重要标志，同时也为乡村振兴的传承人们提供一个讯息：古老的作品有自己的魅力，但它们还需要在当代更有魅力，让更多的年轻人开始靠近并喜爱它，要让他们能够主动选择和传播它，这就需要有符合当代审美需要的作品。我们不是要剔除非遗本身，而是在不断保护和发展非遗的同时，通过对非遗资源的利用，大胆创新，为非遗发展提供自我造血能力。中国乡村的布老虎艺术也当如此。在此过程中，我们还是要清醒地认识到：哪些是非遗作品，哪些是创意产品。创意是为了创造财富保护和反哺非遗，非遗是创意的源泉，为创意提供思路和资源。二者只有在互补中发展才有出路，而在我们的乡村振兴计划中，非遗的作用一定会得到彰显。

---

① 刘锡诚：《非物质文化遗产理论与实践》，学苑出版社 2009 年版，第 64 页。

七

乡村振兴与遗产化反思

在传承和变迁的路上：两个村庄的“拔河”对比

［韩国］ 咸翰姬 （Hanhee Hahm）*

摘　要：在韩国的传统农村，村民在庆祝新年时的一个流行的仪式和比赛就是拔河。但是，随着工业化开始，农村人口减少，拔河也相应地萎缩了。基于此，韩国政府将拔河作为一项非物质文化遗产。目前，有六个村落的拔河游戏被中央和地方政府认定为非物质文化遗产，它们分别是宜宁、三陟、甘川、南海、机池市里和灵山。本文试图通过比较机池市里和灵山两个村落的拔河比赛，来展现农村的非物质文化遗产现状。机池市里的拔河比赛表演很活跃，并被作为文化资源使用，而灵山则与之相反。机池市里是典型的农村，但是随着村落周围工业设施的建设，它的周遭环境发生了变化，拔河比赛成为一个节日庆典。每逢拔河节，机池市里的村民不仅自己积极地参与到拔河比赛中，还会邀请邻居、工厂工人和其他地区来的游客参加。灵山的拔河比赛则是另一个发展路径。从20世纪60年代到90年代，灵山拔河比赛是一个全国庆祝的节日庆典，但是，到了21世纪，它的传承变得困难重重。我们将对问题的考量放在农村发展和非物质文化遗产的密切关系上。

关键词：拔河；传统；传承；申遗

* 咸翰姬，韩国全北国立大学非物质文化研究中心教授。

引 言

过去，在新年佳节期间，几乎所有村庄都会举行独特的仪式、表演与比赛，充满了仪式感。拔河是当时村民们十分喜爱的游戏和风俗。然而，随着工业化的开始，农村人口减少，拔河比赛也相应减少。为此，韩国政府将拔河定为非物质文化遗产。目前，韩国中央和地方政府将宜宁、三陟、甘川、南海、机池市里以及灵山等六个村庄的拔河比赛定为非物质文化遗产。本文试图通过比较机池市里与灵山这两个村庄的拔河比赛来阐述农村非物质文化遗产的现状。之所以选择这两处，是因为在不久的将来，机池市里与灵山的拔河风俗将面临不同的命运。这促使笔者开展进一步的调查。机池市里将拔河作为一种农村文化资源，积极举办拔河活动并对其加以利用，而灵山的情况恰恰相反。笔者将首先解释这两个案例的现状，然后探讨农村发展与非物质文化遗产之间的密切关系。

一 拔河风俗概述

尽管世界各地都有拔河仪式与比赛，但拔河风俗主要集中在东亚和东南亚，这些地区至今依然在积极地举办拔河活动。在拔河比赛中，双方分别拽住绳子的两端，进行力量的较量。各地的拔河均具有其独特的地方特色。根据学者们的说法，拔河通常在东亚和东南亚的水稻种植区进行，是丰收仪式的一部分。到目前为止，已确定中国、日本、越南、老挝、柬埔寨、泰国、印度尼西亚和菲律宾等国家均有拔河比赛①。樱井

① 根据樱井龙彦的亚洲拔河仪式与比赛地图，尽管在南美洲、北美洲、非洲和英国也发现了拔河的案例，但是拔河仪式与比赛大多集中在东亚和东南亚。他还提到了世界拔河比赛地图（Tatsuhiko Sakurai，“Characteristics of the Distribution of Tug-of-War in Asia”，In *Proceeding of International Symposium for Tug-of-War.* Gijisi Tug-of-war Preservation Society. 2010）。拔河仪式与比赛在日本得到了积极的传承，以九州和冲绳地区的拔河实践最为广泛（Jeong Hyeong-ho，“Seacoast Areas and Islands in Kyusu and East Asian Folklore”，*Antiquity of East Asia* 15，2007，pp. 141 – 170）。

龙彦在关于生态学与拔河分布关系的研究中提出，拔河与定居农业相关。[①] 现有文献表明，亚洲农民举行拔河仪式的目的各不相同——庆祝新年、在播种之前以及农历中的重要时节祈祷丰收，或作为丰收仪式、感恩仪式或祈雨仪式等。尽管亚洲各国的拔河具有许多共同点，但是每个地区也各有特色，因此需要进行更详细和全面的研究。

现有研究大多数集中在基于扩散理论的起源理论上。这些理论认为拔河起源于中国、东南亚或印度，并且与农业或佛教仪式有关。在韩国，中国起源论流传很广，但是最近的研究指出拔河起源于东南亚[②]。也有研究试图将其起源追溯到东南亚的密宗，而非农业文化。[③] 其他研究则反对扩散理论，而是提出了本土起源论。[④]

其次，也有人试图通过对比分析对亚洲拔河进行分类。樱井发现亚洲农业群体（包括刀耕火种的农民和稻田耕作的农民）的拔河仪式和比赛具有以下七处相似之处：（1）祈求农作物丰收；（2）迎接新年；（3）象征男女交媾；（4）用女性的胜利来预示丰收；（5）与天父、地母的神话有关；（6）通过双绳的结合召唤雨水，唤来上天的精液（雨水）；（7）用绳索象征战士。[⑤] 特别有趣的是从功能、象征意义以及绳索形式等特征对各种拔河比赛进行比较。每种仪式都赋予了绳索独特的象征意义，在不同群体中可以代表龙、蛇、毛虫或生殖器等，通常都伴随着各自的传说与民间故事。因此，有必要为这些象征与神话建立一个分类系统。

---

① 拔河在刀耕火种的农业群体中并不普遍（Tatsuhiko Sakurai，“Characteristics of the Distribution of Tug-of-War in Asia”, In *Proceeding of International Symposium for Tug-of-War*, Gijisi Tug-of-war Preservation Society. 2010, p. 19）。樱井对拔河仪式与比赛分布情况的研究表明，拔河更为集中地出现在种植水稻的渔村中。

② Kwang-eon Kim, *Plays of East Asia*. Seoul: Minsokwon (in Korean), 2004; Wien Li (苑利), “Chinese Festival: Tug-of-War-the Origin of Good Harvest Ritual in Korean Peninsula”, *Gukje Asea Minsokhak* (*International Asian Folklore Studies*) 2: 506 - 514 (in Korean trans. by Kim, In Hee), 1998; In Joo Pyo, “A Structural Analysis and Characteristics of Tug-of-war Culture in the Area of Yeongsan River”, *Hanguk Minsok Hak* 48: 299 - 332 (in Korean), 2008.

③ Hwa-seob Song, “Origin and Transmission of Tug-of-war in the area of Asia”, *Cross-cultural Folklore Studies* 38, 2009, pp. 127 - 163 (in Korean).

④ Jang-kyuk Im, “A Study on History of Juldarigi, a Tug of War, as a Traditional Sport”, *The Korean Journal of History for Physical Education, Sport and Dance*, 2009, 14 (1): 105 - 115.

⑤ Tatsuhiko Sakurai, “Characteristics of the Distribution of Tug-of-War in Asia”, In *Proceeding of International Symposium for Tug-of-War*, Gijisi Tug-of-war Preservation Society, 2010.

仪式或比赛后绳索的处理方法也可以分为几种。有的任由绳子顺河水飘走，有的则会把绳子绑在树或岩石上。绳索象征龙的仪式通常与祈雨仪式密切相关。

总而言之，拔河是公共的集体活动，因为广大村民可以参与其中。虽然在某些地方，只有男性才能参加拔河，但妇女和儿童仍然以观众的身份积极参与，为他们加油。主持仪式的村落长老或部落代表所起的作用至关重要。他们不仅将仪式的程序与技巧传授给年青一代，还传承相关的神话和民间传说，确保了村落历史和文化的传承。通过拔河比赛，农村民俗与仪式程序以及绳索的制作技术一起得到了传承，这一点具有重要意义。

二 韩国的拔河风俗

拔河比赛在韩国南部地区广受欢迎。为了一年一度的拔河比赛，村民需要共同努力近一个月才能制作出所需的绳索。在拔河比赛正式开始之前，会先举行一场精心准备的仪式来向村里的神灵致敬。按照传统，拔河比赛的费用由所有村民根据其经济状况共同分担。这种参与模式增强了群体精神，鼓励人们积极参与。Juldarigi 是一种韩国民间活动，近似拔河比赛，村民在活动中举办仪式祭拜村神和其他守护神，欢快的庆祝活动与比赛同时进行。尽管比赛通常在农历第一个满月前后开始，使用大绳拔河的村庄必须在一个月前就开始准备。不论是制作绳索还是令人兴奋的拔河比赛，村民们都非常兴奋和期待，而且拔河比赛往往伴随着农乐表演，又称 nongak①。

（一）灵山的拔河

灵山村民世世代代都在举行 Juldarigi 或拔河比赛。他们不知道这种习俗始于何时，但一直沿袭祖先的传统，并为一年一度的拔河比赛感到自豪。拔河已成为他们乡村生活的一部分。他们喜欢举行祭拜仪式、游行

① 2014 年，农乐被联合国教科文组织列入人类非物质文化遗产代表作名录。这种音乐既是群体乐队音乐，也是一种舞蹈和仪式。农乐是韩国流行的民间艺术表演。

和拔河比赛。由于拔河期间活动众多，所有村民，甚至是外来者也都喜欢参加。节日期间，人们祈祷比赛胜利、丰收与乡村繁荣。三月第一天的仪式前后，村中洋溢着欢乐的气氛，拔河参与者也精力充沛，热情满满。比赛及后续活动加强了村民之间的合作与团结精神。它也被誉为当代韩国同类似民间仪式与比赛中的最佳实践模式。1969 年，它被列为韩国重要的国家级非物质文化遗产，并在 2015 年被列入联合国教科文组织的人类非特质文化遗产代表作名录（以下简称非遗名录）。

灵山镇由 9 个村庄组成，位于朝鲜半岛东南部庆尚南道的昌宁郡。该地区以农业生产为主，过去主要种植水稻，现改种经济作物。洋葱、大蒜、辣椒和牲畜是村民主要的收入来源。灵山镇约有 6000 人，2500 户家庭。20 世纪 80 年代以来，灵山镇的人口大幅减少，年轻人大多离开了家乡。

1969 年，灵山拔河被韩国中央政府确定为重要的非物质文化遗产后，便成立了灵山拔河保护协会。该协会主要负责传承、培训和处理公共关系，现有 17 名成员，其中包括一名辞去首席传承人职位的荣誉传承人、一名助理教练和 15 名传承者（又称 isuja，指完成培训课程的人）。

1. 保持传统

灵山拔河是韩国农村最大的节日，来自邻近村庄、城市甚至是海外的嘉宾都会参加比赛。灵山拔河包括收集稻草、组建两支队伍、挑选领袖和制作绳索等几个阶段。收集稻草是成功举办节日的第一步。每户人家都会捐出自己的稻草。然而，如今收集到的稻草不足以制作绳索，因此需要额外购买稻草。绳索需要村民们耗时将近一个月，齐心协力才能完成。用于拔河仪式与比赛的绳索象征着神话中的龙。在韩国的稻作文化中，人们认为龙能够带来雨水。

比赛在两队之间进行。灵山村民分东、西两队。每队选择三名领袖或队长作为仪式和比赛的主持人。他们必须体格健硕，因为他们被称作“将军”（juanggun）——将军必须能够在战场上击败敌人。绳索准备完毕之后，村民会为绳灵准备特殊的赛前仪式，认真严肃地在绳索前举行祭拜仪式，因为人们认为绳灵和/或村神控制着整场比赛。东队与西队在不同的地方举行祭拜仪式。仪式结束后，村民们将绳索搬至比赛场地。两队分别绕灵山镇外围前往赛场。行进时，游行队伍将巨大的绳索扛在肩上，吸引更多人参与比赛。所有人都因游行而兴奋不已。

游行结束后，随着队长或最高领袖一声令下，拔河正式开始。两队队员用力拉拽绳索，希望能够获得胜利。比赛结束后，人们聚在一起唱歌、跳舞，庆祝节日。

灵山拔河

2. 面对新阶段

近年来，灵山拔河正处于转型的过程中。众所周知，它非常有趣，也是韩国最出彩的节日。它积极调动村民和外来游客的团结精神，彼此和谐共处。然而，为了维持每年的拔河比赛这项大型节日，灵山村民正面临许多困难。它不得不面对人口下降、老龄化和经济困难等问题。即使灵山拔河在 2015 年被列入非遗名录，但是从保护和传承的角度来说，目前的形势不容乐观。许多村民甚至不知道名录以及共同申遗到底是怎么回事。即使如此，他们也都同意了这个提议，随后前任负责人向筹备委员会递交了成员同意书，并多次与筹备委员会通话、会面。灵山没有足够的人力和资金来完成这件事。然而，机池市里村发起了一项倡议。馆长、专家和民俗学家齐聚机池市里协助筹备工作。灵山只能在一旁默默观看。

（二）机池市里村的拔河

2010 年以来，机池市里的拔河已经成为韩国最盛大的拔河节日，此

机池市里的拔河

前这项荣誉一直属于灵山拔河。灵山团队成员感到担忧，但他们也承认这是自然发展的结果。机池市里团队人力资源丰富，并且拥有外部援助，主要是省政府和中央政府的援助。在它们的支持下，机池市里确实在联合申遗的准备过程中发挥了领导作用。机池市里的团队非常活跃，热衷于与地区和中央政府、专家以及其他海外拔河团体进行复杂的沟通。他们做了包括网络通信在内的大量行政工作。最终，教科文组织于 2015 年批准了这项联合非遗申请。

2015 年 3 月 13 日，有消息称机池市里的拔河主绳已经开始制作，于是笔者便动身前往。到达的那天，有两百多人聚集在一起制作绳索，他们中有居民、志愿者和游客。绳索长两百米，直径一米，重达四十吨。过去，机池市里的居民常常一起制作绳索，但是由于绳索的尺寸不断变大，制作就成了问题。于是机池市里拔河保护协会决定招募志愿者，甚至在必要的时候雇人加入绳索的制作。从小绳到大绳，整个制作过程通常需要持续一个多月。

绳索制作启动当天，174 名工人与在附近大学就读的年轻人加入了制作过程。指挥者发出命令：“uiyeocha!”接着所有参与者都按照指令制作主绳索。首先，工人与大学生需要听从高级别指挥的命令加入制绳过程。随后，他们逐渐进入状态，仿佛自己就是机池市里拔河社群的一员。他们将精力和激情完全投入到制绳过程中。尽管工作很辛苦，他们还是认真地制作这根又大又重的绳子。

一个月后也就是2015年4月12日上午，是该节日的最后一天，拔河仪式开始。附近城镇和村庄的居民纷纷乘车抵达节日地点。这是一场公开的活动，任何人都可以参加，尽管比赛分为Suha（水下村）和Susnag（水上村）两队。运绳仪式一大早就开始了，人们需要将主绳从制作场地搬运到下午举行拔河比赛的主体育场。这是整个比赛中最重要的活动之一。运载距离只有300米，却需要2—3个小时。参加游行的游客人数超过了当地居民。运绳队伍必须听从队长的命令同心协力。数千名参赛者被分成两组，每人握住一根系在主绳上的小绳子，一边喝着组织者提供的免费米酒和水，一边将绳子运到会场。

两根绳索到达体育场之后，制作主绳的最后仪式便开始了。主绳由一根大母绳和另一根公绳组成。两根绳索必须拧成一根。仪式由机池市里拔河保护协会、节日委员会成员以及唐津市领导们共同主持。最后，主绳制作完成之后，拔河指挥官宣布拔河开始。获胜规则是从三轮比赛中选出两次获胜的队伍。三轮比赛仅仅花费20分钟便结束了，水上村获胜。在获胜者的欢呼声中，拔河比赛落下帷幕。但事实上，仪式并未结束。参与者挑选或割断绳索，将它们带回家。他们延长了拔河仪式，带走了有关拔河的神话和传说。他们将绳索放在屋顶，为孩子和家人祈福。他们向邻居和朋友讲述有趣的故事和激动人心的时刻，是拔河比赛的传承者。他们的经历和记忆将持续到明年另一场拔河比赛开始的时候。

讨 论

本文试图通过对比机池市里与灵山这两个村庄的拔河比赛来比较农村非物质文化遗产的现状。笔者认为在机池市里，拔河作为一种乡村文化资源，得到了积极的实践和利用，而灵山恰恰相反。机池市里是一个典型的乡村，但是随着村庄周围工业设施的建设，环境发生了变化，拔河已经变成包括本地人和外来移民在内的居民的节日。节日期间，机池市里居民积极参与拔河比赛，并邀请邻居、工厂工人和许多来自其他地区的游客参与其中。灵山拔河则走向了另一个方向。20世纪60年代到90

年代，灵山拔河曾是全国闻名的节日活动，然而，现在它的传承却变得越来越艰难。

是什么因素导致了这两个村庄拔河活动的现状？笔者将重点放在了农村发展与非物质文化遗产之间的密切关系上。机池市里拔河在将拔河融入不同文化元素方面发挥了不可或缺的作用。然而，在保持传统的过程中，灵山拔河成了僵化的农村活动，参与者局限于本地农业村落。考虑到灵山经历了人口急剧下降和农村经济崩溃，这或许是不可避免的后果。

然而，笔者需要简短地补充一个影响该村对待拔河的反应和态度的重要因素。这便是关于拔河被列入非物质文化遗产名录的政府政策。韩国政府开始寻求多国联合申遗的方式，以便能够在教科文组织的名录上展示更多。2011 年和 2012 年，教科文组织改变了对提名文件和申请审查限制的规定①，跨国联合申请不在限制之列。

2012 年 4 月，中央政府通过地方政府对申遗工作提供了资助。在唐津郡的帮助下，机池市里拔河比赛与其他亚洲国家一起联合申遗②。韩国的许多村庄传承着拔河比赛，但是政府没有时间一一调查。因此，中央政府选中了灵山与机池市里这两个拔河项目，这两个项目已被中央政府列为重要的非物质文化遗产。三陟、甘川和南海也都入选，但是它们放弃了联合申遗的提议。尽管有更多举办拔河仪式的地区可以加入，但是政府并没有通知它们，也没有要求它们参与。

在韩国，大多数从业人员和社会组织都非常渴望当地的拔河仪式能被列入名录。得到"联合国教科文组织"的认证似乎是国家和地方非物质文化遗产传承人与团体的最终目标。为什么他们会有这样的愿望？首先，他们认为列入名录十分光荣，这是一个光荣的头衔。其次，他们认为列入名录可以带来更多好处，国家和地方政府，甚至是教科文组织也可能会进一步承诺保护和促进文化遗产。

---

① Seong Yong Park, "Safeguarding of Intangible Cultural Heritage from the Perspective of the 2003 Convention", *In Proceeding of International Symposium*. Dangjin-si & ICHCAP, 2013, pp. 13 – 14.

② Kyung Soon Hwang, "Ideal and Practice of UNESCO Intangible Cultural Heritage System", In *Proceeding of* 2014 *Fall Meeting of Cross Cultural Folklore Society*, 2014, pp. 42 – 45 (in Korean), 柬埔寨、越南和菲律宾参加了多国提名的文件准备工作。

西方的文化遗产学者已经就教科文组织的文化遗产制度如何赋予当地人民一种新的角色进行了讨论并提出提醒，社区中有关乡村遗产化或遗产政策的问题已经得到了很大的解决①。通过对韩国拔河的研究，笔者发现这样的讨论令人鼓舞，因为教科文组织的公约和政府的政策都对遗产社区产生了重大影响。

笔者发现，被列入名录会带来好处，因为拔河传承者与当地社区获得了一项荣誉“奖项”。此外，该“奖项”是由一个国际知名组织——联合国教科文组织——所颁发的，更是锦上添花。然而列入名录之后，村民们开始了更为深入的思考：它为什么会入选，能带来什么好处，保护和传承能否做得更好，等等。换句话说，他们开始思考，作为拥有入选名录的文化遗产的社区，他们应该做些什么。要知道，目前，灵山正面临着人口下降、老龄化和经济困境等诸多困难。

网站

Cultural Heritage Administration, www. cha. go. kr.

ICHPEDIA, www. ichpedia. net.

UNESCO, “Intangible Cultural Heritage”, www. unesco. org/culture/ich.

“一带一路”会议翻译小组译校　杨利慧终校

① Regina F. Bendix, Aditya Eggart and Arnika Peselmann, eds. , *Heritage Regimes and the State*, Göttingen: Universitätsverlag Göttingen. 2012.

论民间艺术、工艺品和纪念品：非物质文化遗产与城乡关系

——波兰视角下的思考

［波兰］伊娃·克莱科特（Ewa Klekot）*

摘　要：在中欧，民间艺术、手工艺和传统是不同民族遗产的重要组成部分，正如赫尔德的“民”的范畴是这个地区大多数国家意识形态的根基所在。无论是无形的还是有形的，在波兰等中欧国家，“民间文化遗产”一直被作为现代民族国家中被发明的传统的一部分。考虑到在波兰的语境中民俗以及民间艺术和手工艺的传承，本文将讨论那些（位于城市中的）由不同实体、组织和机构所致力于的支持所谓民俗工业（位于乡村）的行动背后的政治和经济目标。随后，笔者将讨论农民民俗化的政治项目，它是在波兰现代民族建立的不同阶段维持阶级和地区差异的手段。接下来，笔者将从文化生产动力和社会资本的角度出发，关注“民间艺术与手工艺”这一在20世纪上半叶被构建的，至今在文化政治话语中仍然有效的范畴在文化生产领域内的社会解放性潜力。最后一个问题将讨论把民间文化遗产概念化为经济资产的后果，无论是在波兰人民共和国时期（1948—1989），还是在市场经济时期，尤其是在波兰于2011年加入联合国教科文组织《保护非物质文化遗产公约》之后。关于近期的评论，包括巨变时期（1990）以及1999年行政（去中心化）改革

* 伊娃·克莱科特，华沙大学设计学院、波兰社会科学与人文大学博士。

的结果，乃至遵守欧盟的区域和文化政策，均将是以民族志为基础，以在与民族志工作者和文化鼓动家的对话中建构的基层，特别是乡村为主。

关键词：民；民间艺术；自我民俗化；实践价值；文化政治；商业化

联合国教科文组织《保护非物质文化遗产公约》(2003)(以下简称《公约》) 确定了遗产对群体认同的重要性。按照《公约》第2条的定义，“这种非物质文化遗产世代相传，在各社区和群体适应周围环境以及与自然和历史的互动中，被不断地再创造，为这些社区和群体提供认同感和持续感”①。

认识到这一重要性，《公约》进一步强调了社区和群体参与遗产保护的重要性，并为此专门撰写了一条。因此，《公约》第15条规定：“缔约国在开展保护非物质文化遗产活动时，应努力确保创造、延续和传承这种遗产的社区、群体，有时是个人的最大限度的参与，并吸收他们积极地参与有关的管理。”② 但是，对于农村社区“最大限度的参与”保护其遗产究竟意味着什么的解释，以及关于其遗产是否能够进入国家目录以及非遗名录的决策过程，都由身处首都或其他中心城市的一个专家小组所决定。城市专家和官僚在决定农村仪式、农村工艺、实践或知识是否属于文化遗产、是否对当地的认同感十分重要等事项上拥有最终决定权。遗产化是生产的价值选择性过程；或者如国际人类学和民族学联合会非物质文化遗产委员会在其报告中指出的那样：“‘遗产’是一个充满价值的概念，没有中立的内涵基础，……遗产产生于政治和权力的联结：它也是一种象征性统治的项目。”③ 因此，从农村社区的角度考虑非物质文化遗产的潜力，就必然需要考虑遗产参与者之间的不平等性。

---

① Convention for the Safeguarding of the Intangible Cultural Heritage, http://portal.unesco.org/en/ev.php-URL_ID=17716&URL_DO=DO_TOPIC&URL_SECTION=201.html，浏览日期：2019年5月28日。

② Convention for the Safeguarding of the Intangible Cultural Heritage, http://portal.unesco.org/en/ev.php-URL_ID=17716&URL_DO=DO_TOPIC&URL_SECTION=201.html，浏览日期：2019年5月28日。

③ Commission on Intangible Cultural Heritage, *Research Planning Meeting on Intangible Heritage: Report, Cuernavaca, Morelos*, México, 2012, p. 11.

我想在论文中重点谈一谈中欧，尤其是波兰的农村遗产化的进程。我首先指出，民间和民俗的分类是18世纪初在欧洲受过教育的精英们在话语实践中构建的对于乡村的审美化再现。我将讨论这些再现在包括自由民主民族国家和共产主义民族国家在内的现代国家的建设过程中的进一步运用。我认为，民俗遗产的发明并未建立起地方认同感和持续感，而是以民的形象的方式将乡村对象化。实际上，农村与其生产者分离，被改造成纪念品，或是“为了陌生人而身份被剥夺”① ——社会或种族陌生人。接下来，我将从民俗化、风景化和异域化等形式思考乡村遗产化的后果。

建构民及其艺术

在中欧，民间艺术、工艺和传统是不同民族遗产的重要组成部分，因为该地区的大多数民族意识形态的根基是赫尔德对“民”的划分。德语的Volkskunde（意为民俗学，以及与之相对应的斯拉夫语和斯堪的纳维亚语术语，包括波兰语中的ludoznawstwo）这一话语构建并推动了其“研究对象”的形象，将其视为时间上和社会上的异域民众，野蛮粗野却又高贵古雅的农民则是其中的主角。更为复杂的是，在英语中，lud这个波兰名词既可以翻译成“民众”（即农民、农村居民），也可以翻译成“民族”。因此，Ludoznawstwo传达了民俗的浪漫观念，因为它意指潜在的“国家根基”；本身就是对赫尔德提出的das Volk（民众）一词意义上的延续。

Volkskunde（民俗学）和Volkerkunde（民族学）这两个术语最初出现于18世纪，当时二者可以互换使用。到了19世纪，它们才开始指代不同的研究对象。Volkerkunde指的是对在地理上具有异国情调的文化和民族进行的研究，而Volkskunde则侧重于在欧洲现代化进程中，那些在社

① On souvenirs cf. Sarah Benson, “Reproduction, Fragmentation and Collection: Rome and the Origin of Souvenirs”, in D. Medina Lasansky, Brian McLaren, eds., *Architecture and Tourism*, Oxford, New York: Berg, 2004, pp. 15 – 36.

会上属于外来者的农村居民。① 德国哲学家约翰·戈特弗里德·赫尔德（1744—1803）的著作对于界定该学科的主题及其研究对象而言至关重要。“在工业现代性的前夜，赫尔德的作品巩固了‘民’这一范畴的现代发明”②，瑞吉娜·本迪克斯在其著作《追寻本真性》（In Search of Authenticity）中写道。按照本迪克斯的说法，赫尔德“在历史上假设了一个完整的民族，其中的每个人都了解大量的神话和民间诗歌。在历史的进程中，人分化为有知识的和民众这两类，神话则以故事、民歌以及传说等形式，在那些负责保管和传递这些东西的民众间传承”③。对乡村之民进行美化，使其成为体现在音乐和歌曲、故事以及传说等艺术形式中的传统的载体会导致理想化的异化，使其与高贵的野蛮人相一致，并和“城市暴民”形成对照。赫尔德所指的 Volk（民）构成国家的根基，具有强烈的社会内涵。正如他在《歌声中的民众之声》（*Stimmer der Volker in Liedern*，1807）中所解释的：“Volk 并不意味着小巷中的乌合之众；那群人从不唱歌或会唱歌，他们只会尖叫。”④ 本迪克斯观察到，赫尔德因此暗示了“理想化的农村‘民众’与那些正在迅速失去其农民祖先‘与生俱来的高贵品格’的新城市下层阶级之间存在着区别”⑤。

在德国，由于 Volkskunde 参与了现代国家建设、民族主义以及后来纳粹的 volkist 意识形态，导致了该学科对它的彻底批判以及随后对 Volk 一词的解构。在波兰，自 20 世纪 80 年代以来，民族学和民俗学学科一直在批评 lud 和 ludowy 这两个术语，但不幸的是，这一批评从未传递给更广泛的受众。与此同时，无形和有形的“民俗文化遗产”已被用作包括波

① Arturo Alvarez Roldan and Hans F. Vermeulen, “Introduction: The History of Anthropology in Europe”, in *Fieldwork and Footnotes: Studies in History of European Anthropology*, eds. A. Alvarez Roldan And H. F. Vermeulen, Routledge: London, 1995, pp. 1 – 17.

② Regina Bendix, *In Search of Authenticity: the Formation of Folklore Studies*, Madison: University of Wisconsin Press, 1997, p. 35.

③ Regina Bendix, *In Search of Authenticity: the Formation of Folklore Studies*, Madison: University of Wisconsin Press, 1997, p. 41.

④ Regina Bendix, *In Search of Authenticity: the Formation of Folklore Studies*, Madison: University of Wisconsin Press, 1997, p. 42.

⑤ Regina Bendix, *In Search of Authenticity: the Formation of Folklore Studies*, Madison: University of Wisconsin Press, 1997, p. 47.

兰在内的中欧现代民族国家发明的传统中十分重要的一部分。19 世纪和 20 世纪初，与其他欧洲国家一样，在波兰，这一学科对最重要的民族神话的形成起到了战略性的作用：统一、持续的民族，对现代民族国家的创建而言不可或缺。Volkskunde 版的民众概念在政治上被用来弥合波兰贵族和农民之间的差距，从而压制最尖锐和持久的社会冲突。

波兰民族学家路德维克·斯托马在其著作《19 世纪波兰村庄的文化人类学》（*Antropologia kultury wsi polskiej XIX wieku*）中，从主题类别的角度分析了波兰著名民俗学家奥斯卡·科尔伯格所写的巨著《民俗》（*Lud*）中七卷的内容（科尔伯格生前出版了三十多卷，迄今为止共出版了八十多卷）。斯托马发现，在马佐维亚地区的专集中，84% 的内容描述的是“大多在闲暇时间举行的欢快的活动”，例如一年一度的节日、家庭仪式、歌舞、传说或游戏。在科尔伯格对农村文化的描绘中，民俗不仅是其呈现的基础，而且构成了其绝大部分内容。斯托马解释说：“我们提供这些统计数据不是为了抨击一部无价的经典作品。但是，值得注意的是，大多数后来的文学作品（更不用说电影）对乡村的描绘都基于这样的假设；这种描绘不仅相当有效地塑造了知识界的舆论，甚至进入了一些民族志工作者的潜意识之中。”①

通过分析波兰有关 volkskundist 的作品，我们可以发现与 19 世纪人类学家相同的那种描述殖民地的“野蛮人”的异域机制，不同之处就在于民俗学家的他者的距离体现在社会地位上，而非地理位置上。对人类学的语言、修辞和研究工具的批评表明，它对于他者的再现存在种族中心主义和殖民偏见。他们还指出了研究者和被研究者之间的内在不平等性。在构建学术叙事、对在人类学田野研究中收集到的材料进行描述和解释的过程中，对研究对象所采用的一种主要的异化机制就是异时性（allochrony）。这个术语是由约翰尼斯·费边创造的②，指的是在进行研究现实的文本再现时，民族志学者没有使用过去式，将研究对象放在历史环境

① Ludwik Stomma, *Antropologia kultury wsi polskiej XIX wieku*, Warszawa: Instytut Wydawniczy PAX, p. 236.

② Johannes Fabian, *Time and the Other: How Anthropology Makes Its Object*, New York: Columbia University Press, 2003.

中加以记录，而是用现在时对它们进行描述。尽管实地考察已经结束，而且与特定人群存在的时间相比，调查持续的时间非常短暂，但是人类学家将其发现描述为一种永恒的现象；使研究对象缺乏历史性（但人类学家自己是具有历史性的）而成为“没有历史的人民”，沉浸在“自然时间”，或永恒的“现在”或极度迟滞之中。异时性意味着参与研究的两个人，即研究者和被研究者，在同一时间同一地点相遇，但在人类学文本中在时间上完全不同。费边认为，现代人类学作为一门经验科学，是根据观察的顺序，即视觉性来构建其再现的，这意味着它们不受时间流动的影响。通过这种方式，研究者将自己与他者分开，形成自己的研究对象，即观察对象，然后是对它的再现。费边认为，组织现代人类学家世界的进化论元叙事使空间旅行成为时间旅行，这样研究对象被赋予了活化石的地位。这之所以成为可能，是因为在研究进行的地方，时间似乎并不存在，而研究对象成了“没有历史的人民”。

此外，民间艺术这一类则是在由收藏家、艺术家或研究人员的价值观的指导下，在农村选择可获得的手工艺品而形成的。这种选择机制对知识分子和其他受过教育的精英成员来说是透明的，是他们文化工具包的一部分。当然，在话语领域，认为乡村体现了“民”的话语已经成形，而在 volkskunde 学科的主要研究领域中，认为村民们创造了具有审美吸引力的民间艺术的观念也已出现。直到 20 世纪上半叶，当反对学术主义的时代的审美眼光允许受过教育的城市观众去欣赏构成农民图像世界（iconophere）的木刻、绘画或雕塑的美学价值时，艺术研究的话语才加入进来。因此，直到 19 世纪初，收集这些物品的动机是对文物的兴趣和爱国热情，而不是物品的审美吸引力。① 即使在 20 世纪初，人们对民间艺术创造力的兴趣仍然局限于语言、音乐和装饰领域。齐格蒙特·格洛格在他的《古波兰百科全书》（*Old Polish Encyclopaedia*）中的“沉思”篇中写道：“这些是普通的木头雕塑，没有艺术价值。”②

① Cf. B. Skoczeń-Marchewka, “Drzeworyty ludowe z kolekcji Józefa Gwalberta Pawlikowskiego”, in *Spotkanie/Зустріч/A Meeting* (Kraków: Muzeum Etnograficzne im. Seweryna Udzieli, 2014), pp. 10 – 33.

② Zygmunt Gloger, *Encyklopedia staropolska* (1900 – 1903), http://literat.ug.edu.pl/~literat/glogers/index.htm，浏览日期：2019 年 5 月 25 日。

收藏或是源于对文物的兴趣，或是基于赫尔德对农村传统的古老特性及其对理解民族精神而言的意义的假设。这些收藏使“民”成为再现农村方式的基础。这种再现植根于现代性的伟大叙事，尤其是本真性及其与原始性关系的叙事。在这里，自然与文化相对立，野蛮代表着人类的童年[①]。亚历山大·杰克夫斯基恰当地指出，“民俗文化的概念是从外部、从观察者的立场来定义的”，因此“‘民俗文化’一词的历史主要是那些研究和命名该词的人的历史”[②]，而不是被命名者的历史。促进区分“民”与农村的价值观源自做出这种区分的知识分子的价值观，而不一定是农村社区的价值观，虽然这种区分本应体现农村社区的价值观。用于构建 volkskundist 再现并将其嵌入具有贵族血统的文化拓扑中的工具将民置于美学和“闲暇活动”的背景之中。实际上，将民作为农村真实而合适的再现，可以通过美学和景观手段有效地管理社会和民族差异。

然而，有必要说服农村居民认可这种对他们自己的世界的再现：农民自己必须相信，他们现实生活中最有价值的元素是民俗和民间艺术。最终，事实证明，这种对农村的再现在农民中十分成功，因为这是在农村环境中，乡村教育和在乡村活跃的政治及社会运动强加给他们的。从世纪之交，到波兰第二共和国[③]、波兰人民共和国，再到 1989 年以后的现在，这种情况一直在发生。通过这种方式，农民从原本善意的城市知识分子那里学到了什么是农村“文化”，什么不是农村“文化”以及如何利用这种“民俗文化”来实现自己的解放。农村文化的民俗化和农村居民的自我民俗化[④]是 20 世纪波兰国家、社会、文化和经济政策中一个持续存在并且极其重要的组成部分，无论其权力体系或甚至政府体系如何。

然而，把民视为创造源泉的着迷先于对乡村视觉艺术的兴趣而出现。原因当然十分复杂，源于塑造现代艺术领域形成过程的动力以及将品味

---

① Cf. Regina Bendix, *In Search of Authenticity: the Formation of Folklore Studies*, *Madison: University of Wisconsin Press*, 1997.

② Aleksander Jackowski, “Kultura ludowa – sztuka ludowa [voice in a debate]”, *Lud*, vol. 74 (1991), p. 186.

③ 1918 – 1939; more cf. Mirosawa Drozd-Piasecka, *Społeczne funkcje sztuki ludowej. Sztuka ludowa w życiu społeczeństwa II Rzeczpospolitej*, “Etnografia Polska”, 1983, Vol. XXVII, No. 1, p. 57.

④ Cf. Ewa Klekot, *Samofolkloryzacja. Współczesna sztuka ludowa z perspektywy krytyki postkolonialnej*, “Kultura Współczesna”, No. 1, 2014, pp. 86 – 99.

作为社会区隔的相关判断。用于构建民俗再现的工具一方面剥夺了民间艺术家的历史性①，另一方面不可避免地与现代艺术家的条件相关。民间艺术家被置于一个没有历史的古老世界，同时被赋予了一种自然的“上帝的火花”或者说孩童般的无知的新奇和对自然的亲近。但是，波兰知识界对农村的描述十分复杂。整个19世纪，对于大多数非农民——包括民族志工作者和艺术家——来说，民俗几乎完全被理解为带装饰的工具、衣服和住宅的生产者，至少在视觉领域是这样的。之所以如此，是因为在乡村创作和使用的代表性艺术与城市的品味不符，只能作为波兰历史的古迹和里程碑引起人们的兴趣。相比之下，装饰性和实用性物品有可能在城市中售出，因为成为“民俗产业”的产品，符合可能改善农村经济状况的想法②。然而，为使这一计划能够取得成功，有必要首先针对城市受众的口味有所准备，以确保他们能够积极接受以农村生产为载体（自然原材料、手工艺特性、地方性自然等）的价值观。反过来，也有必要调整农村产品的范围和它们的美学以适应城市人的眼光（通常被视为“提高产品质量”或“保护传统设计”）。在这些活动的过程中，民间艺术的意义得到了锻造，并从一开始就涉及对本真性的争议和对其决定因素的讨论。

民间风格与民俗产业

与20世纪上半叶的许多现代民族国家一样，波兰鼓励以乡土元素为灵感进行艺术和设计创作，将其作为民族精神的表达以及对民间艺术本身的研究和推广。20世纪初见证了具有民族风格的艺术品和手工艺品在“民间艺术”的启发下的发展。尽管当时波兰还不是一个独立的民族国家，但艺术家兼建筑师斯坦尼斯瓦夫·威基维奇（1851—1915）却发展出了一种艺术风格，因为他对波德黑尔地区的高地人的艺术和手工艺十分着迷。这种风格以扎科帕内波德黑尔的一个村庄命名。19世纪80年代

---

① 总之，异时性代表了这样一个工具，正如费边所描述的，参见 Fabian, *Time and the Other: How Anthropology Makes Its Object*, New York: Columbia University Press, 2003.

② Cf: Piotr Korduba, *Ludowość na sprzedaż*, Warszawa: Bęc Zmiana, 2013.

以来，这个村庄发展成为波兰知识分子们经常光顾的最受欢迎的山区度假胜地。威基维奇使用了高地人在其金属、木材、纺织品和皮革工艺中使用的装饰图案，学习了他们加工材料的方法，从而创造出一种非常有特色且吸引人的建筑和设计风格。第一次世界大战前夕，扎科帕内风格失去了它的地域内涵，成为号称波兰民族风格地位最强有力的伪装者之一。① 因此，"城市谈论农民"既体现了波兰对工艺与美术运动理念的接受②，也体现了现代主义对于学术美学的质疑。后者使人们认识到农村作品是一种形式上有吸引力的表达和一种富于创造性的不同，"通过它可以看到一些与我们不同的其他世界观"③。

第一次世界大战后，新生的波兰开始对领土上的遗产进行盘点。这一努力显然是基于对一种新形式的国家政治组织的意识形态的期望来调整环境。因此，一座木质乡村教堂被宣布为波兰民族遗产的一部分，其象征意义可与法国大教堂相媲美，被认为是民族精神最崇高的体现。④ 受乡土元素启发的民族风格在20世纪20年代发展出了最健全的形式，其最精彩的表现就是1925年巴黎装饰艺术展上的波兰馆。⑤ 随后，20世纪30年代，现代主义和地域主义在室内设计中的融合，倾向于使用民间工艺原创产品，特别是粗糙的乡村陶器和纺织品，来与简单、现代的功能形式形成对比。⑥

此外，早在1924年，波兰议会就通过了一项支持民俗产业的法律。新法案反映了农村地区经济发展的政治重要性及其居民的"民"的性质

---

① Cf. David Crowley, *National Style and Nation-state: Design in Poland from the Vernacular Revival to the International Style*, Manchester University Press 1992; Malgorzata Omilanowska, "Searching for a National Style in Polish Architecture at the End of the 19th and Beginning of the 20th Century", in N. Gordon Bowe ed., *Art and National Dream*, Dublin: Irish Academic Press, 1992, pp. 99 – 116.

② A. Szczerski, *Wzorce tożsamości. Recepcja sztuki brytyjskiej w Europie Środkowej około roku* 1900, Kraków: Universitas, 2002.

③ Ksawery Piwocki, "Z badań nad powstawaniem stylu ludowego", *Przegląd Współczesny*, no. 7/1936, p. 96.

④ Ewa Manikowska, *Wielka wojna i zabytki*, in E. Manikowska, P. Jamski eds., *Polskie dziedzictwo kulturowe u progu niepodległości*, Warszawa: Instytut Sztuki PAN, Ministersktwo Kultury i Dziedzictwa Narodowego, 2010, pp. 21 – 91.

⑤ Cf. *Wystawa Paryska 1925*, J. Sosnowska ed., Warszawa: Instytur Sztuki PAN, 2007.

⑥ Korduba, *Ludowość na sprzedaż*, Warszawa: Bęc Zmiana, 2013, pp. 135 – 138.

问题，因为“制度化的民俗运动证明，农民必须永远是农民。这是民众意识形态的建构”[①]。波兰艺术史学家皮奥特·科尔杜巴所说的“待售的民”，是波兰第二共和国社会秩序建设中的一个重要因素。从一开始，“待售的民”就在其经济政策中发挥了作用，并代表了重要的社会和文化维度。[②] 根据议会的建议，公共教育和宗教部根据包括艺术家、知识分子和国家官员在内的波兰精英在两次世界大战之间所阐述的民俗和民间艺术的概念，制订了一项得到国家资助的方案来支持“民俗产业”。一方面，由于经济原因，对民俗产业的支持很重要，因为它可以在提高波兰农村人口的收入这一方面发挥作用。另一方面，被城市专家认可为“民俗”的农村生产对于将民俗遗产建构为民族认同而言具有重要意义。国家和知识精英倡导保护“真正的民俗传统”，始终牢记民族浪漫主义和/或解放目标，来推动使用和利用民俗物品以及较少的民间实践方式在“民间艺术和工艺”这一标签下成为时尚和设计趋势。正如亚历山大·杰克夫斯基所写的：“不是民众称他们的艺术为‘民间艺术’，而是镇上的人‘发现’了它的意义。”[③] 事实上，民间的东西与其说是“民间”的创造，不如说是精英们的创造，其中便包括民俗学家和民族学家，因为是他们主导了赋予意义的过程。

亚努·波拉斯基地区的双经纺织品就是一个很好的例子。它们是农村传统的家庭编织工艺品，一般用作装饰嫁妆床罩。当在华沙接受教育的编织艺术家埃莉诺拉·普卢提斯卡看到这种19世纪的纺织品时，她无法想象它是如何制造的。于是，在一位知名的波兰民族学家的鼓励下，她来到了这个地区。一到那里，她就遇到了几位正在使用双经纱织机的家庭织布工，但是普卢提斯卡觉得他们的产品令人厌恶。她觉得村里的织布工是在模仿机器制造的织物，因而“破坏”了传统技艺的美。她设法说服几个织布工按照她的品味来生产所谓的“民俗”产品，并开始在

---

① Stanisław Węglarz, “Chłopi jako ‘obcy’. Prolegomena”, in *Pożegnanie paradygmatu? Etnologia wobec współczesności*, W. Burszta, J. Damrosz eds., Warszawa: Instytut Kultury, 1994, p. 96.

② More in Korduba, *Ludowość na sprzedaż*, Warszawa: Bęc Zmiana, 2013, pp. 29–80, 121–132.

③ Aleksander Jackowski, *Polska sztuka* ludowa, Warszawa: Wydawnictwo Naukowe PWN, 2002, p. 2.

城市销售。随后，村里的手工艺人开始生产两种不同类型的产品：在城市销售的“民俗产品”（ludowe）和在农村市场销售的“我们的产品”（nasze）[①]。因此，城市专家和艺术家推崇的“民间风格”与“民众”的品味格格不入。不仅是农村织布工会根据市场的不同，明确地将产品分为两类，并将那些打算运往城市的产品称作“民俗”产品，比亚拉波德拉斯卡地区的黑陶制造商也是这样做的。[②] 农村及其产品的“民俗”性质是一个在许多层面上具有政治标记的复杂建构。它代表国家，为城市和现代公众的利益服务。此外，“民俗”也被证明是社会产生的价值观的集合，对这些价值观的肯定或质疑往往成为有关世界观的表述。

然而，艺术家和民族学家对民俗实践价值的怀疑正在逐渐加深，而民俗实践是面向农民的教育（见上文）和旨在促进“民俗美学”的教育活动的基础。这些活动脱离了农村学生的经历，同时也在质疑他们的文化价值。[③] 这一问题不仅涉及农村生产者的训练方式，以便使他们能够更好地回应城市受众的期望，而且还涉及这样一个事实，即在艺术家和设计者自己看来，应用艺术的设计者“从民间艺术的这一活生生的源泉中汲取”灵感的做法并未“产生预期的结果”[④]。对于肤浅地迷恋民俗、把它作为一系列的形式和母题的理解以及对“伪民俗”的相关批评不断出现。自 20 世纪初关于民间艺术在“应用于工业的艺术”中的“应用”的论述中，这种批评便成为波兰设计反思的主旋律，在随后与民间、本土或民族相关的灵感启发中不断回响。

中欧和东欧的共产主义国家决定用无处不在的“农工联盟”的意识形态来充实“民间艺术”的概念。波兰人民共和国依然将农村人口异化为“民”。民俗成为农村和农民唯一的有效代表，从而通过审美规范为管理阶级和社会差异提供了有用的工具。一方面，一旦农村接受现代化，就会被

---

① Aleksander Błachowski, *Ludowe dywany dwuosnowowe w Polsce*, Toruń: Muzeum Etnograficzne 1990, p. 11, 18.

② Cf. Zofia Cieśla-Reinfussowa, “Siwaki z Białej Podlaskiej”, *Polska Sztuka Ludowa*, no. 5/1954, pp. 273 –294.

③ Cf. Drozd-Piasecka, *Społeczne funkcje sztuki ludowej. Sztuka ludowa wżyciu społeczeństwa II Rzeczpospolitej*, “Etnografia Polska”, 1983, vol. XXVII, no. 1, p. 57.

④ Schrammówna, *Sztuka ludowa*, 86.

打上落后和文化匮乏的烙印。另一方面，它提供了一种审美上令人满意的古代表现：民俗传统是古代文化的证明，可以呈现给掌握现代文化的城市人。民俗化的民众可以将社会和种族差异转移到休闲领域，在那里他们可以获得接纳，失去破坏性或颠覆性潜力。在波兰人民共和国期间，“民俗之国波兰”的形象被卖给了外国人，而民俗庆典则在家中的院子里举行。意识形态领域的发展也影响了民族学和民俗学，而民间艺术则演变成一个高度政治化的概念。它的推广成为文化政策的官方优先事项之一，通过官方比赛、国家设立的奖项以及国家委托和收购的方式得到了官僚机构的支持。因此，在中欧和东欧，艺术品和手工艺中的民俗被用于国家建设进程和建立作为族群国家（ethnic nation）的现代民族国家的政治权力。与此同时，接受民俗化是自相矛盾的，它有助于固化那些铭刻在所谓的社会主义民族国家（如波兰）浪漫的“民”的形象中旧的阶级偏见，或是在多民族国家和帝国（如南斯拉夫或苏联）里管理和控制差异。

在波兰人民共和国，民间艺术和手工艺品成为文化生产的重要组成部分，被广泛用于国家的国际宣传和构建一个社会统一的国家的内部神话。这两个目标很大程度上都是通过一家名为“塞佩利亚”的国有企业实现的。为了适应对“民俗产业”的发展和支持，以及更广泛地界定工艺品和源自民俗的灵感设计，塞佩利亚于 1949 年成立。它实际上垄断了民间艺术和工艺品以及一般的手工业生产。它控制着所有的手工业以及民间艺术和手工艺品生产合作社。此外，它对于在生产者（非常符合教育乡村生产者“真正的民间艺术和手工艺品”的含义）以及构成客户群的城市观众之间建立起对民俗事物的规范理解发挥了至关重要的作用。塞佩利亚的经营延长了许多民间艺术和手工艺品生产中心的生命，甚至促进了一些中心的复兴，例如位于伊拉的陶器中心或波德黑尔的玻璃画传统，因为至少从 19 世纪 80 年代起，它们就已经消失了。[①] 这些复兴运动的发起者中就有著名的民族学家，如罗曼·赖因弗斯。他说服扎利皮村的妇女用花卉画装饰房屋外墙，从而创造了第二次世界大战后波兰最

① Aleksander Jackowski, *Cepelia: tradycja i współczesność*, Warszawa: Fundacja Cepelia, 1999, p. 12, 19.

著名的“民间艺术”现象之一。①

1990年1月，波兰过渡议会在制定新的合作社法时，投票清算了民俗和艺术手工艺品中央联盟也即“塞佩利亚”（这是该组织当时的正式名称）。作为其41年（1949—1990）遗产的一部分，塞佩利亚这个词仍然常被人们用来标记那些被认为主要是为商业目的而创造的、不真实的民间艺术和文化。但是1990年通过的法律并未终结塞佩利亚作为一个组织的历史。早在1989年12月，清算前夕，一个同名基金会就已成立，其章程得到了文化和艺术部的批准。随着新《合作社法》的颁布，另一个实体——塞佩利亚民俗和艺术手工艺品商会及其相关基金会成立。同时成立了一家名为塞佩利亚的公司，负责经营商店、组织商会成员提供的产品的商业活动。到了1994年，新塞佩利亚就被波兰商业俱乐部授予了年度公司称号，并于2001年向波兰专利委员会注册了商标（2005年获得保护）。1999年，塞佩利亚迎来了50岁的生日。此时，它是一家活跃且有活力的市场经济企业。正如公司在自己的出版物中所说的，“面对正常的竞争，为生存而奋斗”②。这场斗争的工具之一是获得塞佩利亚认证的手工艺品享受较低的增值税率。1993—2004年，认证产品的增值税为3%，而2004—2013年为7%。自2004年以来，只有塞佩利亚国家艺术和民族学委员会才有权签发这项认证。自从取消认证民俗产品7%的增值税以来，塞佩利亚的财务状况就每况愈下。公司濒临破产，开始拼命出售财产。2017年，其位于华沙市中心的现代主义旗舰展馆开始出售。该展馆是1966年设计的，其设计者是华沙最著名的现代建筑师之一。自20世纪90年代初以来，塞佩利亚自己就已经对它进行了破坏，因为公司把展馆内部和外墙（作为一个策略性的广告空间）租给任何愿意付钱的人。主管该建筑的新公司——波兰麦当劳已承诺将其恢复到建筑师最初计划的模样。③

---

① Aleksander Jackowski, *Cepelia: tradycja i współczesność*, Warszawa: Fundacja Cepelia, 1999, pp. 12 and 79 note 3.

② Aleksander Jackowski, *Cepelia: tradycja i współczesność*, Warszawa: Fundacja Cepelia, 1999, p. 36.

③ https://www.muratorplus.pl/inwestycje/inwestycje-komercyjne/cepelii-warszawa-w-zmodernizowanej-cepelii-powstanie-mcdonalds-aa-1d9G-Sxvq-WUrm.html，发布日期：2019年1月14日，浏览日期：2019年5月28日。

当增值税法通过时，土特产需要获得城市专家的认证才算“民俗”产品，这并未引起任何特别的怀疑。毕竟，从一开始就是精英专家根据自己的价值观决定什么是“民俗事物”，什么不是。但是，这个问题在2003年引起了公众的关注，当时一些来自高地村庄科尼亚科夫的花边制造商开始制作和销售手工花边内衣。能否以较低的增值税出售手工艺品取决于能否获得塞佩利亚的认证，或是成为面向传统民间艺术和手工艺品生产者的波兰民间艺术家协会的会员。不幸的是，塞佩利亚拒绝了高地人的认证申请并拒绝在商店里出售他们的内衣，而波兰民间艺术家协会的成员——那些科尼亚科夫花边的老牌制造商，则称该产品是“科尼亚科夫花边的耻辱”①。显然，问题不在于技术，它采用的就是用于制造家庭和教堂装饰桌布和餐巾的钩针花边技术，而在于他们将产品用在内衣上所产生的轻佻效果。

结　论

从农村制造商的角度来看，民俗遗产起初似乎是一个不稳定的结构，这既是因为民俗这一概念所包含的内容，也是因为这一复合术语中的遗产部分。可以说，笔者刚才叙述的故事符合联合国教科文组织对非物质遗产的定义，即“在各社区和群体适应周围环境以及与自然和历史的互动中，被不断地再创造”②，特别是如果我们把“环境”理解为群体的社会环境。甚至可以说，所谓的“民间遗产”为被定义为其传承者的社区提供了“一种身份感和连续性”，如果我们以人类学家约翰·科马洛夫和简·科马洛夫夫妇在其开创性的著作《族群公司》（*Ethnicity Inc*）中提供的遗产定义为例的话③。他们认为遗产“是一种易驾驭、可转让的身份形

① Katarzyna Surmiak-Domańska, “Hańba z trzydziestu kwiatków”, *Wysokie Obcasy*, 25/10/2003.

② Convention for Safeguarding of the Intangible Cultural Heritage, http://portal.unesco.org/en/ev.php-URL_ID=17716&URL_DO=DO_TOPIC&URL_SECTION=201.html，浏览日期：2019年5月28日。

③ John and Jean Comaroff, *Ethnicity Inc.*, Chicago: The University of Chicago Press, 2009.

式，其发现的对象和客体化可能会被他人消费并因此进入市场”①。如今在地区和地方层面上参与的“民俗遗产”与科马洛夫夫妇所说的“族群产业”产生了相当好的共鸣，后者主要是作为纪念品的食品、时尚、音乐和文化艺术品或其他人可以带走的身份标识。由于休闲产业的快速发展推动了其商业潜力，“自我民俗化”如今似乎是对遗产进行文化生产的方法中最受鼓励的。

对农村的民俗再现使得人们可以看到一个农民不受剥削的农村。这些农民被转化为赫尔德所谓的农村之民，是古老传统以及国家根基的传承者。而将民俗视作农村真实而恰当的再现，使我们能够将社会差异呈现为一个品味问题，把它们简化为美学和“休闲活动”。因此，乡村的审美化服务于另一种——虽然有些不同的——非同时机制。民俗独特的（非现代）时间状况使缺乏历史的“民”进入了一个具有永恒的（根据现代神义论）艺术价值与普遍艺术法则的世界，使其能够凌驾于文化的相对性之上。农村的审美化意味着“民俗品质”成为一个关乎审美判断以及那些能够在农村居民身上发现并欣赏它的人的社会身份的问题。从这个角度来看，乡村受到艺术领域所发生的进程的影响，是被现代艺术话语和现代艺术实践赋予特有的意义和价值的表达形式与风格的集合。因此，它与“原始性”或“本原性”一样，受到分配和同化的影响，它的形式为寻求打破学术规范的表达方式的现代艺术家提供了灵感，它的作者是“对美具有自然敏感性”和“本真性”的承载者。遗产化的过程总是需要建立质量控制和评估制度。身份，无论是族群身份还是社会身份，都被描绘成民俗化的事物和习俗，不仅容易商业化，而且容易受文化监管。由于保护总是涉及包容和排斥的政治，农村生活中不容易民俗化的实际上可能会被排除在遗产保护的文化政治之外。

“一带一路”会议翻译小组译校　彭牧终校

---

① John and Jean Comaroff, *Ethnicity Inc.*, Chicago: The University of Chicago Press, 2009, p. 10.

遗产化与民俗节日：怀柔的“敛巧饭”*

毛巧晖**

摘　要：“敛巧饭”是北京市怀柔区琉璃庙镇杨树底下村一带在元宵节的一些特殊风俗活动，其包含“扬饭喂雀儿”及“乞巧”之俗等。这一习俗蕴含了早期的太阳崇拜、鸟信仰以及女性“乞巧”、春耕仪式、敬老等元素，2008年被纳入国家级非物质文化遗产代表性项目。在遗产化过程中，这一节俗转换为“‘敛巧饭’民俗风情节”，在转换过程中，它进入社会“公共”领域，从时间程序、敛取食材过程到参与人员的安排都被纳入了现代秩序；同时它也被“标准化”“规范化”，具备了“现代性”“娱乐性”，但节俗的核心仪式渐趋演化为“陌生化”的他者仪式展演，文化内涵与功能变得单一化。新型民俗节庆是未来发展的趋势，在这一形式中须注重节日丰富的文化内涵与功能的多样性，应将传统节俗中的重要文化元素转化为当下社会可资借鉴的文化资源。

关键词：非物质文化遗产；民俗节日；民俗节庆；“敛巧饭”习俗

“敛巧饭”，是北京市怀柔区琉璃庙镇杨树底下村一带在元宵节的一些特殊风俗活动，每到正月十六前夕，村中十二三岁的少女到各家敛取大米、各类杂粮、菜蔬。正月十六，由成年妇女将所敛实物做熟，供全村人一起食用，在食用前由年长老人先扬饭喂雀儿，并念诵吉祥之词。当地人将“雀”称为“巧”，这一民俗活动又兼具“乞巧”之俗。“敛雀

* 原文刊于《北京联合大学学报》（人文社会科学版）2018年第1期。

** 毛巧晖，中国社会科学院民族文学研究所研究员。

饭”在锅内放入针线、铜钱等物。凡能食到者，便证明求到巧艺及财运。饭后，人们还要在村边小河的冰上行走，曰走百冰（病），即去掉百病。而且在这一时段还会有戏班及花会等活动。这一习俗迄今已有180余年的历史，2008年入选第二批国家级非物质文化遗产代表性项目。

一　杨树底下村与“敛巧饭”习俗

怀柔地处北京市东北部，是北京的郊区之一，其南邻顺义，西南为昌平，西是延庆，东为密云，西北至东北则与河北省赤城县、丰宁县和滦平县接壤。怀柔历史悠久，燕昭王设置渔阳郡，从所出土的战国墓葬情况看，当时这一带经济繁荣，也是中原农耕文明与燕山山脉以北草原游牧文化接壤、交融之处，“开上谷胡市之利，通渔阳盐铁之饶”。魏晋时期，这一带战争频仍，经济遭到破坏。隋唐时期渔阳郡迁至今天津蓟县一带，怀柔则成为契丹弹汉州部落定居之所，唐王朝在今顺义一带设置了怀柔县，这也是怀柔立县之始。“怀柔”之名源自《诗经》“怀柔百神”，其意为招来安抚，这与唐王朝当时允许少数民族入关定居的政策息息相关。金元明清时期，它作为首都的畿辅要地，位置也极其重要，但是一直到中华人民共和国成立前，这一带经济都相对落后，民众经常出外逃荒，“烟火几绝于千家”，且居民流动性较大，移民村较多，杨树底下村即是其中之一。

杨树底下村地处怀柔山区，群山环抱，交通闭塞，在琉璃庙镇以西22公里。再往西5公里则是延庆地界，距离其最近的是20公里外的延庆四海镇。从琉璃庙到四海镇的公路紧挨村南，在台地前通过，早期村落与外界联系主要靠这一通道。杨树底下村以靳、霍两姓为主，其他还有黄、梁、常等姓。靳、霍两姓均从外地移入，一种说法认为靳、霍两姓都来自山东德州。相传清嘉庆、道光年间山东德州大旱，大量村民外出逃荒，靳、霍两姓部分族人陆续迁到怀柔杨树底下村，他们在此生息繁衍，至今已有13代。另一种说法则是霍姓从密云县苍头村迁来，来时是兄弟俩，至今有宗谱排字为“永宏长久在，正大光明来”。无论哪种说法，杨树底下村都是清代嘉庆、道光年间形成的移民村。从清嘉庆年间到现在约二百年间，这里的民众在这片土地生活劳作，现在他们像许多农村一样，生活富足，但村中主要是老人留守，最年轻者50岁左右，青年人和孩子都已移居到城市。村落房屋依照住建部新的农村规划，不再拆迁重建，而是在原地翻建，建女儿墙。按照规划是2017年建好35户，预想2018年在村里建一条步行街。现在全村有农业人口263人，非农业人口82人[①]，传统民居618间[②]。现在按照规定，所有的农户、非农户都归村委会管理。

杨树底下村村名源于一株大青杨，与二郎神担山赶日神话有关。当地相传二郎神赶了九个太阳后，看到大青杨，想在树荫下小憩片刻，等树荫偏斜他再继续逐日，没想到树荫一直罩在他头上，等他醒来太阳已逃跑。这一神话与其他地域的马齿苋（俗称“不死草”）救太阳的神话故事一脉相传，只是用大青杨这一地方方物置换了“马齿苋”，其神话内核依然是“担山”与“赶日”。正如维柯所说：各民族最早的知识“都是神话和神话故事的解释”，神话故事是各民族最古的历史。[③] 二郎神担山赶日神话是民众对日月山川等自然世界认知的一种表达，太阳对人与万物极其重要，但世界又怕干旱与炙烤。人们希望太阳既能满足万物对阳光雨露的需求，又不会“十日炙烤”。远古时期人们将太阳与鸟联系在一起。距今6000—8000年前河姆渡文化遗址出土的“双鸟异日图”恰是太阳神鸟远古时期的图像化。《山海经·大荒东经》：“汤谷上有扶木，一日方至，一日方出，皆载于乌”[④]，《淮南子·精神训》中说“日中有踆乌”，高诱注“踆犹蹲也，谓三足乌”[⑤]。杨树底下村村名来历的神话故事与“敛巧饭”习俗的“山雀信仰”恰是太阳崇拜与鸟信仰在民众日常生活中的呈现。

---

① 此数字为2017年2月10日笔者在杨树底下村文化委员会访谈靳××所得。靳××，男，1962年生，现负责杨树底下村管理工作。

② 这一数字来源为包世轩《杨树底下村概述》一文，见北京民间文艺家协会编《杨树底下敛巧饭》，文物出版社2011年版，第2页。

③ ［意］维柯：《新科学》朱光潜译，人民文学出版社1986年版，第43页。

④ 袁珂校注：《山海经校注》，上海古籍出版社1980年版，第346页。

⑤ 刘安等编著，高诱注：《淮南子·精神训》第七卷，上海古籍出版社1989年版，第69页。

随着社会发展，人们对于太阳和鸟的知识已经超越了“原始文化”的知识体系与逻辑，但是这一知识在信仰仪式中依然留存并发展。至今南方很多民族与区域还有鸟信仰留存，比如京族每年哈节祭祀中，祭祀对象之一就是点雀大王。点雀大王现在京族地区有信仰无口传叙事，但是在京族的起源地越南涂山一带，这一神话故事依然流传。他们认为点雀大王是帮助人们消除旱灾或杀死水怪的神灵，其被称为“点雀大王”是因为这一神灵在米粉或米面上所留脚印，可以判别出是鸟的痕迹。而在杨树底下村谷种来源的神话中，专门提到靳、霍两人丢失种子后，山雀将种子从石缝中叼出，两人叩头念道：“多谢雀神相助，待等庄稼收成后，即使我们自己不吃，也要先敬诸位雀神!”[①] 此雀神与点雀大王有诸多相似之处。

至于杨树底下村“敛巧饭”是靳、霍二姓迁徙到此处携带而来的，还是一直在怀柔琉璃庙一带就留存这一习俗，从当下的史料很难考证，再加上民俗源流考辨存在很多未知因素。但是，从“敛巧饭”并不是杨树底下村一处独有可以推知，这一习俗应该是多种文化层结合凝筑而成。太阳与鸟崇拜在中国南北方是较为普遍的一种信仰存在，可能是当地本就有这一文化信仰或知识认知，后来者又有认同的基础，因此很容易将其内化为自己的“地方性知识”。杨树底下村的习俗在时代变迁中保存相对完整，尤其是“扬饭喂雀仪式”代代传承。以鸟崇拜为核心的这一信仰或崇拜仪式又不是单一的文化内涵，它与元宵节这一民俗时间节点相结合，融入了大量新的文化元素。首先就是与女性性别身份结合，融入了男性社会对女性角色的期待，即女性的“巧”。在采集社会，无论男女都处于生产的主力地位，“男女平等程度远远超农业社会，没有重男轻女这回事。……采集狩猎社会，两性平等程度都高”[②]，只是到了农耕社会，男女性别分工与社会价值体现渐渐不同，女性的社会地位进入“男耕女织”的模式，对女性社会价值的考量亦以此为标准。再者就是

① 刘嵩崑：《杨树底下往事如烟》，载北京民间文艺家协会编《杨树底下敛巧饭》，文物出版社 2011 年版，第 36 页。

② ［美］玛乔丽·肖斯达克：《妮萨：一名昆族女子的生活与心声》，杨志译，季娟、刘文尧校，中国人民大学出版社 2017 年版，第 1 页。

这一习俗与“春耕仪式”“敬老”以及村落内部人际关系的协调相结合。这些文化因素使得这一节俗内涵丰富，同时也形成了具有地域特色的元宵节文化。

二 “敛巧饭”习俗进入“公共”领域

进入21世纪以后，传统的“敛巧饭”习俗在国家发起非物质文化遗产运动的历史语境中发生了巨大的变化。2006年，中国的非物质文化遗产保护全面开启，至今已有十余年。非物质文化遗产在学界搭起了一个新的平台，民俗学、文学、戏曲学、艺术学、人类学、建筑学等多学科在这一学术话语中交融共筑，形成了新的研究领域。在这一领域中，民俗学研究者积极活跃，非遗成为带动民俗学发展的一个重要话题与推手，在民俗学中形成了新的研究视野。尽管“非遗是块唐僧肉”，但不同领域在“吃法”上有不同理路。民俗学因为关注非遗，逐渐将“民”“俗”“民间”转入国家话语空间，其对非遗的研究涉及保护内容、保护原则、保护方法、保护伦理等。这一过程呈现了民俗学者在非遗研究中渐趋深入的学术历程。而对于学术问题的探究，亦经历了“本真性”“原生态”“文化保护区”以及非遗关注（政府、学者、文化承载者）不同层面的问题、传承人（传承主体）等。上述问题的演化恰恰反映了非遗的学术史历程以及理论的内在变迁，同时也呈现了非遗研究的发展路径。

随着非遗研究理论渐趋深入与成熟，初起之时“非遗运动”的喧闹渐趋转入理性的学理分析与思考。节日作为民俗学研究的重要内容，历来受到学者的高度关注。2016年二十四节气进入联合国教科文组织人类非物质文化遗产代表作名录，它在社会中的关注度进一步提升。在众多话题中，民俗节日在当下社会的发展这一话题引起了社会各领域的热议。传统社会的大部分节日都是农耕社会的产物，在新的时代语境中，它们何去何从？非物质文化遗产如何改变了节日民俗的传统样态？它对节日的未来发展有何意义？等等。学者的关注点转向民俗节日的节庆转型与建构以及新型节庆与公匠文化、旅游对外传播等，用“传统的发明”“嵌入理论”“脱域与回归”理论视野予以观照。[①] 这些对于民俗节日研究而言，都超越了传统的单向度与平面化研究。

> 当前，我们正处在人类历史上的一个转折性时期，充满不确定因素。自古以来，人类从未像今天这样动员起来并充满热情地保护过去的遗产，特别是在不同社会间大范围接触和对资源进行以消费为导向的过度开发的背景下。这种遗产保护意识的产生有一个先决条件，即“地方性的生产”（production de la localité）及其模式与机制的转变；同时还造成了一个代价，即在周围一切或几乎一切遗产都消失的时候，感到惊恐的人们才去寻找坐标（repères）和里程碑（bornes），以维系他们陷入剧变中的命运。正是在这种情况下才出现了遗产的生产，不论是遗址、文物、实践或理念；这种遗产的生产能够恰如其分地被视为一种“传统的发明”。[②]

民俗虽不是从无到有，但其在新的历史语境中发生了显著变化，从“村落文化”逐步转入怀柔区、北京市、国家级的“非物质文化遗产”。在《中国非物质文化遗产百科全书·代表性项目卷》中的“敛巧饭条”，“敛巧饭”写在“元宵节”名称后的括号内，即“元宵节”（敛巧饭），对其内容的描述突出了“感恩”“春耕”及“乞巧”。[③] “敛巧饭”在遗

---

① 相关研究甚多，“发明”主要是借鉴霍布斯鲍姆《传统的发明》（顾杭、彭冠群译，译林出版社 2004 年版）；“嵌入理论”主要有马威《嵌入理论视野下的民俗节庆变迁——一浙江省景宁畲族自治县“中国畲乡三月三”为例》，《西南民族大学学报》（人文社会科学版）2010 年第 2 期。“脱域与回归”主要参见成海《传统民俗节庆的脱域与回归——以云南新平花腰傣花街节为例》，《旅游研究》2011 年第 3 期。

② ［摩洛哥］艾哈迈德·斯昆惕：《非物质文化遗产及其遗产化反思》，马千里译，巴莫曲布嫫校，《民族文学研究》2017 年第 4 期。

③ “敛巧饭”习俗是北京怀柔琉璃庙镇杨树底下村元宵节的传统活动。每年正月十六，村中少女到各家敛收粮食和蔬菜，之后妇女们将它们做熟供全村人共食。此习俗已有近二百年历史。关于“敛巧饭”习俗，传说是村民为感恩雀儿为大家带来庄稼种子。每年正月十六从各家各户收集粮食（意为“敛”），村落居民联合起来做一顿饭先喂雀儿（本地语称“雀”为“巧”），然后共食以示感恩“雀儿”，庆贺“春耕”开始。后来，这项活动由对“雀儿”的感恩意识演变成了村中少女们乞求巧艺和财运的节日。做“敛巧饭”时，各家各户的米要由十二三岁的少女去取；煮饭时，母亲往锅里放些针线、顶针一类的物件，哪个少女吃到就会变得心灵手巧。如今是全村参加敛巧饭活动，先做饭再乞巧，最后吃团圆饭。冯骥才主编：《中国非物质文化遗产百科全书·代表性项目卷》，中国文联出版社 2015 年版，第 1037 页。

产化的过程中，其节日习俗进行了标准化规范，进入社会“公共”领域，即按照上述内容，“敛巧饭”习俗无论从时间程序、敛取食材过程以及参与人员的安排都被纳入了现代秩序，传统习俗时间观转换为“日程表”。

从2006年开始，“敛巧饭”习俗不再是村民的自发活动，而开始由村、镇政府策划、组织，成为政府主导的公共领域的“民俗节庆”。政府参与及组织的优越性就是各种活动规范统一，而且将传统的习俗纳入了新的社会秩序范畴。2017年这一节庆活动已经组织到了12届，这年的活动流程是：

09：00 调音师在主会场播放背景音乐

09：10—10：30 按节目单内容进行歌舞表演

10：30 主持人上台宣布2017年“敛巧饭”民俗文化风情节活动正式开始。具体安排如下：

1. 介绍“敛巧饭”举办情况

2. 杨树底下村党支部书记靳洪安致辞

3. 祈福仪式开始（同时播放祈福仪式背景音乐）

10：35—10：45“敛巧饭”祈福仪式，具体安排如下：

1. 主持人宣布祈福活动正式开始（点响电子礼炮）

2. 请主祈福人上台，净手上香后：

（1）行施拜礼

（2）恭读祈福文

（3）祈福上苍

（4）主祈福人和陪祈福人转身向游客鞠躬致谢礼

10：45—11：05“敛巧饭”情景剧表演

11：05 主持人上台，邀请游客进行互动

11：30 主持人宣布“敛巧饭”开饭（古戏台按节目单内容继续歌舞表演）

11：30—13：30 游客品尝“敛巧饭”

14：00 演出人员退场，游客自行选择冰雪游乐活动[①]

统一的活动流程，改变了"敛巧饭"习俗的传统"时间"存在，民俗活动的时间秩序变成了每位参与者手中的"时间日程表"。这一日程表的出现，意味着民众的习俗时间观念被纳入"现代时间"观。在不同社会、不同文化群，时间观念不同。正如《走进他者的世界》一书中所说，在田野调查中，经常会遇到被访谈人不按时出现，或者问他某地有多远的时候，对方的回答是"半天"或者"一顿饭的时辰"。[②] 一旦转换为"日程表"就意味着这一民俗活动的时间统一化为"现代时间"。民众的各项相关活动，都要按照这一时间执行。当下民众大多已习惯在现代时间中生活、工作，虽然时间范式转换了，这对他们而言并没有太大不适，但也不是完全适应。

在调查中，最显著的一个例子就是："敛巧饭"开饭时间按照日程表是11：30，很多民众11：00就开始拿着碗筷在各个灶台前喧哗，甚至与做饭人员争执，意见极大。当地外出归乡村民，他们念叨从前不会如此，大伙一起做饭，随时做好随时吃。这一新的时间规范，对于政府而言时间是活动执行的标准，而当地民众却忽略了"日程表"。在这一最普通、最本能的时刻——饮食，民俗时间观与现代时间观发生了矛盾与冲突。标准化的"日程表"也改变了"敛巧饭"习俗的时间框架。传统"敛巧饭"习俗的时间只是正月十六，但是现在一般是三天，有可能是十四、十五、十六，也有可能是十五、十六、十七。其目的主要是想凑周末，希望村里的年轻人能够回来，外来旅客多点，增加节庆创收。他们在接受现代社会秩序规范的同时，又难以遗忘民俗时间，其冲突与矛盾多有呈现。这也是当下民俗节庆存在的一个普遍性问题：如何将传统的民俗时间与现代社会秩序更好地契合？是否可进一步增强现代民俗节庆的包容性，在现代化的转换中能适当吸纳传统的"时间观念和时间感觉"[③]，

---

① 怀柔区琉璃庙镇人民政府、北京华夏人民艺术创作院：《2017 年"敛巧饭"民俗文化风情节执行方案》，内部资料，本材料由怀柔区琉璃庙镇宣传部王颖女士提供，特此致谢！

② 麻国庆：《走进他者的世界》，学苑出版社 2001 年版，第 4—8 页。

③ 周星：《关于"时间"的民俗与文化》，《西北民族研究》2005 年第 2 期。

使得习俗在纳入现代秩序的同时，保存其时间文化的多样性？

（一）传统食材敛取方式与现代食品安全的抵牾

我们在正月十五当天，前往“敛巧饭”制作现场，在杨树底下村新建的文化广场，全场有七个档口，每个档口十口锅。在场外（西检票口外）还支了十口锅，共计八十口大锅。场外的十口大锅主要负责会议工作人员与保安人员的午饭。参与做饭人员统一着装，都是蓝底碎白花的围裙与罩衫，全场看过去，整齐划一。

在调查中，我们访谈了常××。她今年74岁，没读过什么书，认识的字很少，有三个女儿，一个儿子。她18岁嫁到当地霍家，霍家兄弟五人还有一个女儿，全家共十七口人。她最初嫁到杨树底下村时，“敛巧饭”就是村里人一起熬粥，粥的食材主要是棒楂、小米、大米等。一般村里的小姑娘（一般指未嫁人的女性）正月十六一早去各家上门敛饭，各家有什么就给什么，有的人家给玉米楂，有的给红豆、大米、小米，最富裕的人家就是给块肉。然后她们（已婚女性）在村子里支起十几口锅，最多就是十三四口锅，大伙聚集在一起煮粥。粥快煮好时，在粥里放上针、顶针等，吃到的女性就会变得心灵手巧。“敛巧饭”一般是女性吃，但有时候小男孩也参加。以前杨树底下村“敛巧饭”没有现在热闹，但是一般在外工作的人都会回来参加。现在“敛巧饭”由镇政府统一负责，今年又由北京华夏人民艺术创作院承担完成，所有的食材（大米、豆子、杂粮、白菜、豆腐、粉条、猪肉）都是政府统一采购，她提到万一谁家自己提供的食材不够新鲜，大伙吃出问题来就不好办了。在“敛巧饭”民俗风情节调查的两天期间，我们访谈了八位参与做饭的女性，一位负责“敛巧饭”做饭组的男性以及当地政府的工作人员，都提到了食材关乎食用者的身体状况，万一食物中毒谁都负担不起。在这一过程中，传统“敛饭”过程就被置于“食品安全”的对立面。正如福柯所说：“疯癫不是一种疾病，而是一种随时间而变的异己感。”① 随着时间的改变，不同家庭敛饭这一过程成为与食品安全、食品卫生格格不入的事件。

① ［法］福柯：《疯癫与文明》，刘北成、杨远婴译，生活·读书·新知三联书店1999年版，第3页。

在现场，我们还看到到处飘扬着赞助商的广告标语。京信社的广告吸引了笔者。京信社的广告标语是：“吃了敛巧饭，六村吉祥安——京信社为您祈福。”京信社是近年来成立的理财机构，2015 年成立，2016 年就参与了“敛巧饭”习俗的赞助活动。笔者填写了他们的一份资料，只需要写名字和电话，他们发给我一张京信社名片和一个餐具小礼物。我趁机访谈了摊位前的女士。女士姓杨，1968 年生，京信社资深员工，从京信社未成立就开始介入了筹备工作。她说：他们董事长积极资助文化事业，但具体赞助情况她不了解。京信社在现场搭了红色的帐篷，他们希望给来参加“敛巧饭”习俗的本社 VIP 提供一些服务，比如免洗洗手液和热水以及休息场所。另外，值得一提的就是北京恒信昌盛商贸有限公司提供的“敛巧饭”酒，他们专门申请了“敛巧饭”商标，成为这一传统习俗的衍生文化产品。他们现场提供免费酒，既是做广告又增添了节俗气氛，同时也为大家解决洗手、热水等基本需求。

现代商业机构介入传统习俗，他们更多为民众提供的是现代社会保障，而这恰是传统习俗活动所缺失的，这成为传统民俗活动的一个良好补充。只是将“传统食材”置于“食品安全”对立面，在一定意义上，也消解了这一活动的文化内涵，尤其是“敛”的文化意义及其实践。在“敛巧饭”民俗风情节的举办中，举办方对此进行了一定弥补。他们在活动中举行了“敛”的仪式，组织 16 个十二三岁的小姑娘到村边的两三户人家象征性地敛取白菜、萝卜、大米等。这就使得一些文化实践活动转换为“仪式”，今后这一文化现象将作为仪式留存在民俗活动中，其实用意义则渐渐消失。这是在新的民俗风情节中做得相对完善的一点，值得进一步推广，为其他新型民俗节庆提供一定借鉴。

（二）“敛巧饭”习俗活动由“自在参与”转向“统一安排”

“敛巧饭”习俗过去主要是几家人聚在一起，或者大家聚在村落的公共场域（如村里的街道或村边的河道旁），大家一起做好饭后，先扬饭喂雀，从前村里的这一仪式由梁姓老人主持。他入选为北京市级非物质文化遗产传承人，但他户口不在村里，现在被本村人员取代。最早没有举办民俗文化节的时候，村里人都是自发举办，大家敞开吃，谁来谁吃，有时候有过客通过，只要不开车还会让过客留下喝酒。2006 年，随着非物质文化遗产受到国家的重视，这一民俗活动开始由村里统一筹办，正月十六当天文化活动内容丰富，有二魁摔跤、高跷、秧歌、小车会等，参与活动的外来人员收取二三十元的费用。

从2008年被列入国家级非物质文化遗产项目后，“敛巧饭”习俗由镇政府统一管理规划。镇政府从正月初七开始上班就启动了举办活动的工作，从上一年十月就开始了规划活动。在活动现场，我们访谈了活动承办者北京华夏人民艺术创作院工作人员、杨树底下村书记、参与安保的警察等人，他们都讲述了这次活动的人员安排。

全村村民分了十个组，分别负责做饭、洗碗、打扫卫生，除了打扫卫生人员，每人每天150元，打扫卫生人员每人每天100元。在“敛巧饭”活动现场，他们坚持有票[①]先吃、工作人员和村里人后吃。今年来了欧曼集团的50多人，其中外国人20多人，在村长家吃饭。参与活动者老龄化严重，参加人员中至少有三个1942年出生的人，当地人都希望能实行民俗节庆活动承包制，现在这种“哭的拉笑的”（当地俗语“吃大锅饭”之意）方式大家都能有些许收入，但人员不好管理，年龄大、劳动积极性差等情形较为突出。尤其是今年，这一活动由承办商北京华夏人民艺术剧院安排，包括感恩神雀祭祀仪式的30人都是从琉璃庙镇各村选拔的村官，当地没有这么多年龄、外形相当的人员。

从上述内容可以看到，“敛巧饭”民俗风情节改变了参与人员的“自在性”，杨树底下村民众从文化承载者、文化传承主体逐渐成为新型节庆的“工作人员”。既然是工作人员，就要按照现代社会薪酬规范接受相应的配给。同时，他们渐渐开始淡出了节庆的核心“祭祀仪式”。这给他们造成了压力感与焦灼感。2015年年底，联合国教科文组织第十届常会审议并通过了《保护非物质文化遗产伦理原则》，强调“确保非物质文化遗产的存续力；把社区、群体和个人置于传承非遗的核心位置”[②]。显然，上述活动形式不符合这一规定，在今后民俗节庆的举办中，须关照民众的文化传承，他们作为文化承载者不能从民俗节庆中逐渐“隐去”。

---

① 指购买门票入场者，2015年开始门票为每人100元。

② 联合国教科文组织：《保护非物质文化遗产伦理原则》，巴莫曲布嫫、张玲译，《民族文学研究》2016年第3期。

三 “扬饭喂雀”仪式舞台化

民俗展演所呈现的“舞台真实”是旅游人类学的重要理论①，展演地的民俗文化与民众的生活割裂，所展示的文化经过了权威话语的重新建构。从“敛巧饭”活动内容中可以看到，“扬饭喂雀”仪式的展示占重要部分。早期的“敛巧饭”习俗是每年阴历正月十六中午，村民搭锅垒灶，在村中有威望的老者指挥下，大家动手，将敛收而来的食粮、菜蔬做熟，全村人共餐。做巧饭前，老者高喊“生火点柴喽！生财气，点旺运，预祝财源兴旺，日子红红火火。水开下米喽！水开财源滚滚，下米五谷丰登”，同时，所有做饭点开始做饭。其间，在锅内放入针线、铜钱等物，吃饭时若吃到顶针表示心灵、吃到针线表示手巧，吃到铜钱者被认为是祈到一年的财运。而“敛巧饭”习俗节庆活动中，重要的仪式在“神雀台”（示意图中的祈福台）举行（见图 1）。整个仪式的核心区域就是祈福台，核心仪式展演地就是祈福人（2017 年由靳红安担任）与陪祈福人（两列各站 15 人）所在的中央舞台区。

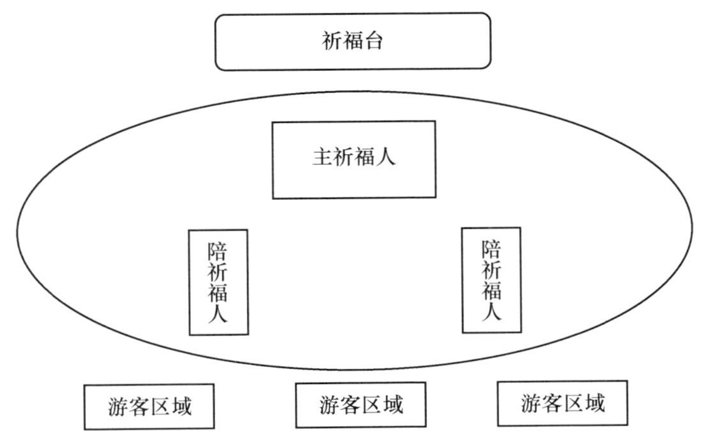

图 1 杨树底下村“2017‘敛巧饭’民俗风情节”仪式场域示意图

① 张晓萍：《西方旅游人类学中的“舞台真实”理论》，《思想战线》2003 年第 4 期。

按照《2017 年“敛巧饭”民俗文化风情节执行方案》的安排，10：35至10：45 为“敛巧饭”祈福仪式。祈福仪式主持人由承办单位北京华夏人民艺术创作院所推选人员承担，首先鸣礼炮，接着祈福人员全部到了中心舞台，主祭人念祭文①：

祭神雀祈福

中华文明，渊源流长，天人合一，道兴德长，物与人是，古有传唱，人称龙凤，玄鸟生商，虽为传说，图腾继往，以之喻人，教化纲常，记天地万物之恩惠，承华夏文明之翰光。琉璃庙镇杨树底下居京畿宝地，得乾坤滋养，自清道光之际，二百年以降，靳霍双族以勤朴而生养，肇始之初，垦荒种粮，借金谷之种，启田陌之桑，奈天道无常，谷种遗撒于石隙而生机无望，时天遣神雀衔种而生秧，成百业之兴旺，滴水之恩，万世不忘，铭记神雀之功德，感上苍之厚望。每年以上元节之际，集百家之蔬果，融一村之食粮，唤神雀之回乡，置百口大锅，巧一村之炊，时维丁酉上元，同聚杨树下村，共祭祥鸟之恩，同谢天地上苍，吾辈当勤奋前进，初心不忘，团结协力，富民国强。

尊礼成服，伏惟尚飨！

2017 年岁次丁酉上元②

从祭文可以看到突出的文人叙事特色，不过这一祭文的诵读更多是一种舞台展演，现场民众只是“文化展示”的观众。他们不再是仪式的践行者，而成为文化的“观赏者”。在这一“文化展示”中，政府试图借这一契机，将其转化为“有利可图的资源”。③ 他们期冀按照美学规律展示，呈现给文化他者。在这一过程中将“文化记忆”变为吸引“参观者”的一桩生意。当然，这并不是贬低政府在这一“文化展示”中的工作，

① 据说祭文为北京华夏人民艺术创作院请人民艺术剧院的院长写作而成。

② 此祭文由怀柔区琉璃庙镇宣传部王颖女士提供，特此致谢！

③ ［美］贝拉·迪克斯：《被展示的文化：当代“可参观性”的生产》，冯悦译，北京大学出版社 2011 年版，第 126 页。

他们“运用‘阐释’的技巧小心翼翼地创造意义”[①]。如果是门生意，只要能让传统文化借此红火，未必不是件好事。只是在这种文人化的祭词中，民众对于“扬饭喂雀”仪式的认知及仪式的参与性越来越低，他们与舞台下的其他游客已经没有区别。在这种文化身份的转换中，他们渐渐失去了文化传承主体的位置，这一仪式表演也会逐渐出现前文所说的“脱域”现象，会逐渐丧失文化的“土壤”。

总之，参与“扬饭喂雀”仪式的主祈福人与陪祈福人的活动，更多是仪式的表演，这一表演是舞台的延伸，他们在观众面前展示被“提炼”的文化元素，而这些元素却远离他们的生活。他们的展演更多是将陈列在博物馆或文本的文化事象通过具体活动展示出来。在展演的过程中，策划者与表演者都在追寻吸引观众或者社会关注的文化要素，这与民俗事象本身的发展有着一定的空间与距离。但这些文化要素成为“2017‘敛巧饭’民俗风情节”活动文化建构中的要素或者文化构件。这恐怕是“‘敛巧饭’民俗风情节”最应警惕以及改进之处，如何能进一步让祭祀仪式与民众勾连在一起，主祭人的祭祀词到底是选取文雅的古文体还是继续沿用本地几十年的口语化的念词，需要政府以及相关主办方进一步思考。主祭人是“敛巧饭”习俗的传承人，陪祭人则也应该由本村人担任，祭祀神雀仪式不是追求人员、外形的整齐化，而应重视文化传承主体本身。

结　语

在村委会、镇政府的组织与规划下，“敛巧饭”习俗活动由村落习俗逐渐转换为社会公共空间的新型“民俗节庆”活动。这一活动在现代视域与社会秩序的规范下，在传统节俗的基础上具有了新的内涵，如现代性、娱乐性，但是从中我们也看到了传统节俗的某些文化因素被抛弃，除了其核心要素仪式展演渐趋“陌生化”，民俗节庆的文化内涵也开始单一化，成为元宵节北京的民俗文化活动之一。虽然有地域性特色，但已

① ［美］贝拉·迪克斯:《被展示的文化：当代“可参观性”的生产》，冯悦译，北京大学出版社 2011 年版，第 12 页。

将“鸟信仰”“乞巧”等文化意蕴抛弃，主要存续了现代社会主题“感恩”。具有女性性别意识的“乞巧”并没有予以张扬，这是可以充分利用的新型民俗节庆的生长点。

民俗节庆功能单一化、平面化，在文化宣传与仪式展演中只是彰显其旅游文化的意义，而其调节村落人际关系的功能却逐渐减弱。过去“敛巧饭”习俗中，村民在一起吃“所敛取的食材”做成的大锅饭，他们在一年中人际关系的不快与摩擦，在这一活动中就烟消云散，这同时也是为了形成村落凝聚力，尤其是靳、霍两姓之间更是如此。但是，现在村落文化传承主体成了“敛巧饭”民俗节庆的工作人员，这一功能完全消失。在民俗风情节现场，笔者看到两家游客因为小孩都想玩西门检票口处五谷祈福缸里的杂粮发生争端，当地民众无奈地摇头，但他们只是劝说，大家都是来旅游，节庆为了讨欢心，再无其他言语。用他们的话说，游客都是买票进来的，他们是顾客，是消费的上帝。可见，在这一民俗风情节中，人际关系的凝聚与协调功能已被摒弃。对于这一重要的文化资源，如何让其在新型民俗节庆中进一步发扬尚需进一步思考，是否能在“敛巧饭”的图像展演及展板宣传中突出这一重要文化功能，这也正是当下和谐社会可资借鉴的重要资源。

此外，新型民俗节庆是未来发展的趋势。政府关注其作为“文化资本”对于乡村振兴的推动，而且也可能是一个重要途径，但作为“被展示”的文化，须注重文化承载者的主体性以及节日文化内涵的丰富性、功能的多重性、节俗活动的整体性等，探寻其作为乡村文化建设资源的契合点与生长点。

八

作为资源的口头传统

话语转换：地方口头传统的"在地化"

——以新余毛衣女传说为例*

万建中**

摘　要：《毛衣女》传说是民间口头传统的典型代表，其最早的记载距今已有1600余年。在此期间它在新余的流传状况不得而知，但其话语的转换却是可以考察的客观现实。凡是与之有关的或能够引发类比联想的实物、景观、生产生活方式一并被纳入其间话语言说当中，建构为一幅完整的话语谱系。毛衣女叙事话语转换的趋向和法则就是不断地向新余当地的生活世界靠拢，并且朝着内部和外部两个向度展开。这是一个"在地化"的过程，几乎所有的地方口头传统要获得新的生命活力，"在地化"是必然的途径。

关键词：毛衣女传说；地方口头传统；话语转换；"在地化"

在干宝的《搜神记》里，有许多传说点明了人物的籍贯或故事的发生地，这种处理似乎只是为了满足传说文类的基本要素，而《毛衣女》传说中所提供的"豫章新喻县男子"（豫章新喻县即现在的江西省新余市）则具有特殊的意义。因为毛衣女不是一般的传说类型。美国著名故事学家斯蒂·汤普森在《世界民间故事分类学》一书中阐述了这一类型传说的分布情况：作为一类口头传统，它是全球性的，均匀而又深入地

---

* 原文刊于《贵州民族大学学报》（哲学社会科学版）2017年第5期。

** 万建中，北京师范大学文学院教授。

遍布欧亚两洲，几乎在非洲每一地区都能找到许多文本；在大洋洲每一角落以及北美印第安族各文化区都实际存在。我国的近邻韩国、日本、朝鲜、越南、蒙古、老挝、泰国、缅甸以及印度等都有关于此传说的文献记录。可以说，在所有民间传说类型当中，毛衣女传说在全球流传最为广泛，异文最为多样，所涉及的人口和民族也是最多的，是一个真正意义上的全球性的传说类型，是全世界人民最喜爱的故事之一。另外，毛衣女传说与牛郎织女传说又有密切的关联性。凡是研究民间传说的学者几乎曾涉及这一类型，也都在追问为何这一传说最早落户在“豫章新喻县”？其现在的境遇如何？

民间传说无外乎两种动机，一是解释当地某一物候景观的来源，可谓之起源传说；二是讲述其个人的传奇经历，可谓之逸闻趣事。若前者，在传说形成的初始阶段就有当地某一景观或“纪念物”的伴随。《毛衣女》讲述的是新喻县男子的猎艳奇遇，显然属于后者，天生就与“在地化”[①]（Localization）无缘。然而，地方口头传统只有完成了“在地化”，才会拥有旺盛的生命活力。毛衣女通过内部和外部话语的转换获得了地地道道的“在地化”身份。

一　话语转换的内在逻辑和条件

毛衣女传说作为新余一则标志性的富有生命力的口头叙事传统，不可能永远只是说一说的故事，必然要寻求自我衍生的契机和新的发展动态。这是传说这一口头传统与民间故事不同的叙事要求。民间故事延展的趋势无外乎两种情况：一是生长出诸多异文，形成故事类型并使故事类型的家族越来越壮大；二是和其他故事类型黏合，形成新的故事类型，或重构为一种复合型的故事。也就是说，故事口头传统的传承与发展是基于情节单元、母题的，即故事文体本身的要素，是在故事文体内部进行的。这是故事之所以为故事的根本所在，也是它区别于其他口头传统的文体标识。而民间传说则不同。民间传说的传承与变异既可以是文体本身的，甚至转化为故事文体，也可以跳出传说文体，以其他形态呈现

① 在地化又称为本地化，是指将某一事物转换成符合本地特定要求的过程。

出来。传说口头传统都是开放性的文本，可以不断地生产出其他的生存样式。

毛衣女传说在新余至少流传了1600多年，在此期间呈现出怎样复杂的口述状态已不得而知，但从当下毛衣女传说的生存状况来看，其文体内部发生了叙述的附会和话语的转换，即和牛郎织女传说类型融为一体。毛衣女变身为“织女”，而男子则成为牛郎。毛衣女和牛郎织女传说中的织女都是天女，都下凡到人间沐浴。这是导致这两种不同传说类型发生交融的文本依据。牛郎织女传说就是这样，其情节大致是这样的：美丽善良的织女是天官王母的女儿，能用灵巧双手织云彩。牛郎是一个人间孤儿，在家遭兄嫂虐待，后来，他在老牛指引下，通过取走在湖中洗澡的织女的衣裳而得到织女，婚后生活圆满。不料织女下凡成婚的事被王母所知，王母下令抓回织女。牛郎带着所生儿女追到天上，王母恼怒拔下发簪在织女后面一划，一条天河便将牛郎织女隔开。从此两人只能隔河相望痛哭。后来王母起了怜悯之心，容许他们每年七月初七相见一次。显然，这一传说在流传过程中已融入了毛衣女传说的主要情节，使得牛郎织女传说绚丽多彩，引人入胜。两种不同类型的故事结合在一起是常见的叙事现象，但在传说学上，类型之间泾渭分明，不容混淆，否则便遭到学理上的质疑。可是在实际流传过程中，一种传说类型总是在向流传更为广泛的影响更大的传说类型靠拢。毛衣女传说就是如此。尽管毛衣女传说在学界获得了崇高待遇，但在民间终究不若牛郎织女那么有名。在新余，这两个不同类型的传说总是黏合在一起。故事类型之所以发生跨越式发展，主要在于新余人不满足于一种故事类型的口头经营，而是要使古老的叙事进入农耕生产和生活当中，使之与新余独特的夏布绣结合起来。地方经典性的口头传统进入当地人的日常生活当中，获得超越叙事文学文本的实用价值和文化意义，这是一种带有普遍意义的民间文化现象。这不是人为的，而是民间传说文体特质所展现出来的地方口头传统的叙事魅力。

每个传说流传的地区或范围叫作“传说圈”。“其传说圈都必然地受到传说中历史人物在民间传承中影响的大小所支配，使传说圈不仅具有地理分布特点，更重要地具备人文历史特点。”[①] 地方传说在流传的过程中，总是会将“圈”内遭遇到的相关事物裹挟进来，使之成为口头传统自身的有机组成部分，这也就进入到“在地化”的步骤。2017 年七夕节这一天，中国民间文艺家协会命名新余为“中国夏布技艺之乡”和“中国夏布绣传承与发展基地”。在新余，从苎麻的种植、夏布的制作、纺织到夏布刺绣，形成了一条体系化的民间手工技艺生态链。夏布绣并非新余才有，但其他地方大多只有绣，缺少苎麻种植和纺织的生产环节。男种麻，女织布和刺绣，这是典型的男耕女织的生产结构。现在，人们仍称那些纺织夏布的女性为织女。于是，毛衣女这一地方口头传统与种麻纺织地方生产实践相结合实属必然，这是新余特有的叙事倾向和记忆逻辑。毛衣女和牛郎织女传说在新余便有了“在地化”的依据，或者说，在新余，夏布传统技艺的起源被给予了明确的历史记忆。在新余（其他地方也莫不如是），“历史就像一位装满记忆的老人，对各种各样的传说进行了某种‘选择’，使传说中那些能够满足人们某种精神需求及解释欲望的内容，在漫长的流传过程中，得以继续‘传说’”[②]。在一定程度上，毛衣女得以继续传说的原因在于满足了人们对夏布生产和夏布绣联想和解释的欲望，给夏布和夏布绣注入了意向明确的历史文化内涵。

二 传说与现实的“互文性”关系

在文学文本理论中，有一种理论叫“互文性”（intertextuality，又称为“文本间性”或“互文本性”）。这一概念由法国符号学家、女权主义批评家朱丽娅·克里斯蒂娃在其《符号学：意义分析研究》一文中提出：“任何作品的文本都像许多行文的镶嵌品那样构成的，任何文本都是其他文本的吸收和转化。”[③] 这仅就文学文本而言，若扩展至生活文本，其生成和表现的形态就更为丰富。在新历史主义那里，“互文性”不仅包括文

---

① 乌丙安：《论中国风物传说圈》，中国民间文艺家协会辽宁分会编：《民间文学论集（2）》，内部资料，1984 年，第 21 页。

② 万建中：《民间文学引论》，北京大学出版社 2006 年版，第 179 页。

③ ［法］朱丽娅·克里斯蒂娃：《符号学：意义分析研究》，载朱立元《现代西方美学史》，上海文艺出版社 1993 年版，第 947 页。

学文本与非文学文本之间的“互文”,更包括文本与现实之间的互文。毛衣女传说作为地方口头传统中的经典,不可能滞留于文学文本的状态,否则就难以流传至今。寻求与当地生产生活的互文关系几乎成为地方传说生命力延续的叙事策略。毛衣女和“豫章新喻县男子”的身份向牛郎织女靠拢,是基于男种麻女织布、刺绣的现实依据。现实与传说的文本间性只体现在这一方面,还不足以反映毛衣女这一口承文本演绎过程中相互指涉的关系。

毛衣女和夏布的联系还在于毛衣即羽衣乃夏布所制。夏布最初是用于缝制衣服,即便是刺绣,也是为了装饰衣服。新余夏布以“轻如蝉翼,薄如宣纸,软如罗娟,平如水镜”著称,其缝制的衣物被誉为羽衣,可谓名副其实。20 世纪 90 年代,新余水北出土的一件 500 年前的夏布女衣引起世人的关注,这件明朝嘉靖年间的夏布女衣质地白皙,做工考究,衣领和衣袖还有蜡染的图案。可以这样说,这是迄今发现的保存完好的最早的毛衣或羽衣。或许也可以这样理解,正是因为新余的祖先种植苎麻、纺织夏布、缝制女衣、夏布刺绣,才产生了毛衣女即羽衣仙女的联想。毛衣女即天鹅处女型传说的核心意象是羽衣,凭借羽衣,天女才能下凡。而夏布衣是羽衣的直接原型。《隋书·地理志》下:“豫章之俗,颇同吴中,……亦有夜浣纱而旦成布者,俗呼为鸡鸣布。”“鸡鸣布”这一称谓说明夏布与飞禽的紧密关系,鸡和鸟都有羽毛,由夏布到羽衣的类比联想的理解并非虚妄。夏布与毛衣即羽衣是新余祖先对于夏布衣的美好想象,是由夏布衣生发出来的叙事话语。织女—夏布—羽衣的叙事逻辑成为毛衣女传说基本的话语构成,也是毛衣女传说一直活跃在新余“在地化”的主要依托。这种内在的关联性以往并没有被认识到。

在新余,人们并不认为毛衣女和牛郎织女是两种不同的传说类型。富有新余地方特色的叙事转换是这样的:仙女下凡到新余后成为织女,与牛郎过着男耕女织的幸福生活,织女不仅教会了当地农民用苎麻纺织夏布,还带领农民在洞内织布,直至今天,新余仍保持在山洞内和房前屋后纺织夏布的传统,成为新余一道人文景观。传说总是不断地向现实漂移,毛衣女一旦与夏布勾连起来,其真实性和可信性也坚固了起来。如今,新余人并不热衷于延续毛衣女的口述文本,也几乎没有人对这一故事津津乐道。人们注重的是毛衣女传说之于现实的影响和作用,赋予夏布生产和刺绣的历史文化内涵。事实上，传说这种口头传统的流变并不十分活跃，由于受到讲述“真实性”的约束，文本一旦确立下来，变异的空间极为狭小。毛衣女传说流动的方向更倾向于可观可感的物象，其发展的态势是外向型的，触角深入现实世界的各个角落。毛衣女处于互文性的中心，围绕中心，一种把对传说讲述的欲望转化为了符合历史性客观法则的自发运动。

毛衣女传说的这种话语构成、转换及“互文性”表现是地方口头传统的普遍现象，也是民间传说的记录者和研究者需要正视的问题。毛衣女传说曾多次申报国家级非物质文化遗产代表性项目，申报书重点突出了这一传说“在地化”现象。毛衣女传说即天鹅处女型故事并不属于新余，而要成为新余的文化传统及可持续的文化资本，寻求“互文性”和“在地化”是必然的途径。将毛衣女话语转换的实际状况呈现出来，恰恰是如实地反映了这一口头传统的真实情况，也是处于活态当中的毛衣女的叙事法则。然而，最终却因未能提供活态的故事口传文本而被淘汰。作为一则具有世界意义的民间口头传统，竟然未能列入我国国家级非遗名录，这是值得学界深刻反思的，至少说明学界对民间文学现状的认识存在严重误区。笔者在另外一篇文章中写道：“在日常生活中，除了新余仙女湖和仙女洞的导游，现在谁还会演述这一故事呢？这一故事早已失去了演述的环境，口传的链条已然中断。然而，在新余，还有以仙女命名的学校、道路、村落以及人文景观，许多年轻男女还特意到仙女湖畔集结良缘，仙女故事之符号频频出现并得到广泛使用。这是以现代生活样式讲述着毛衣女的传说。民间文学口述作品难以寻觅，而民间文学生活仍在持续，并方兴未艾。在汉民族地区，传统的民间文学的命运大体如是。”①

三 毛衣女的空间叙事境界

这是故事话语被成功利用的典型范例。毛衣女早已成为新余标志性的话语文化，文化的逻辑是话语的逻辑，是相关文化符号系统化、规范

① 万建中：《“民间文学志”概念的提出及其学术意义》，《云南师范大学学报》2015年第6期。

化的过程，一种文化形态一旦形成，就能自成体系，表达完整的意义。[①]但不管怎么说，以上毛衣女话语的转换是内部的，旨在丰富口头传统之情节和人物的逻辑关系。这种转换完全是出于传说文体生存自身的需求。传说在流传过程中要不断地显示自己的“真实”，必然要在“传说圈”的范围内寻求事实的依据。前文指出，这种话语转换的空间毕竟有限，地方口头传统的话语转换还要向外部延展。牛郎、织女、毛衣女、“豫章新喻县男子”、种麻、织布、夏布、夏布绣、羽衣等都是毛衣女话语转换本身的运作母题，它们相互之间构成了内在的叙述关系。

然而，真正使毛衣女传说获得永远记忆的并不是这些母题要素，而是外在于故事情节和母题的、与毛衣女有关的文化景观。在新余各地，留存大量的仙迹，诸如神牛洞、仙女洞、龙母庙、神山、鹊桥、赶仙桥、仰天岗、仙女湖等；新余老城西南有凤凰池、凤凰门，相传有凤凰浴于此得名，城东还有凤落滩等。在新余市内还有仙女小学，仙女湖成为著名的商标。它们游离于传说的故事情节和母题之外，没有任何叙事逻辑的约束和限度，因而可以无限扩展衍生；尽管处于毛衣女传说的外围，却是构筑传说圈的耀眼的文化地标。

这些人文景观和命名是对毛衣女传说的现代“纪念”，它们一直在默默而又生动地讲述着毛衣女的传说。这些景观和标识提供了传说的经历、地方历史以及加深人们对毛衣女下凡这件事的记忆。这些景观同样具有坚固传说真实性的作用，尤其是“仙女湖”，为毛衣女下凡沐浴提供了直接的注脚。

在新余，毛衣女传说的永久记忆并非将口头转化为书面，而是以给景观或地点命名的方式实现的。口头传统的记忆毕竟是有限的，而将其镌刻在当地著名景观和地点上面，便进入根深蒂固的记忆状态。同时，景观本身就是一种叙事的风格和对象，它从来没有脱离传说叙事而独立存在过。这样，景观与叙事相辅相成。[②] 现代叙事学已跳出文学文本的框

---

① 蒋原伦：《传统的界限：符号、话语与民族文化》，北京师范大学出版社 1998 年版，第 12 页。

② 毛巧晖：《日常生活、景观与民间信仰——基于湖北远安嫘祖传说的考察》，《江汉论坛》2016 年第 5 期。

框，几乎迈向了所有的领域，为景观进入叙事提供了可能性。一般而言，口头传统的叙述维度是偏向时间的，这些文化景观和地名却开启了毛衣女的空间叙事境界。传说一旦步入空间领域，便能够获得精心的极富目的性的经营，因为这些景观具有让人体验和经历的效能。

毛衣女传说在流传过程中，实现了内部和外部话语的整体转换。如果说内部话语是主干，那么外部话语就是繁茂的绿叶，可以不断地生长。在外部话语体系中，毛衣女这一古老的口头传统俨然转化为一个山洞、一片湖水、一座桥梁、一座神庙、一道山门、一所小学、一种商标和品牌，等等，传统的发明表现得淋漓尽致。在新余，似乎毛衣女无所不在，无所不有。从目前毛衣女传说演绎的情况看，已然步入体系化的话语境界，变得相当成熟。其显著的标志便是毛衣女传说深入日常生活当中，转化为一个个具体可感的永恒的文化符号。

口头文本向实体化转换，这是地方传说“在地化”的普遍状况，但一则古老的传说演变为如此之多的话语表达，实属罕见。这是毛衣女话语构成体系化的表现。干宝在《搜神记》中点明天女下凡沐浴的地点在新余，本来是出于传说文体本身的需要，意想不到的是，这对于新余产生了非凡的历史和现实意义。在新余，毛衣女绝不仅仅是一则传说，而是充溢了自豪感的信仰和追求，是着力打造“天女下凡地”的美好的新余梦。这种信仰不是诉诸祭拜，而是毛衣女话语转换的顺势实现。

在新余，毛衣女传说话语被引用、转述、重复，乃至改头换面，并非毛衣女传承上的不幸，相反，毛衣女话语的进展和演化得力于种种不同程度的借用和转述。2000 年起，新余市人民政府、仙女湖区管委会在这一基础上，举办了首届仙女湖形象小姐评选大会。此后，以“情爱圣地”仙女湖为主题，新余市每年都会举办仙女湖情人节活动。还有一年一度的学术研讨会。这类活动的开展是毛衣女传说话语演化和发展的有机组成部分，也是毛衣女传说走向仪式化和建立仪轨的有效途径。另外，新余市成功申报“中国七仙女传说之乡”，确立了新余在这一传说传播中不可撼动的地位和绝对优势。毛衣女话语的现代延续和转换，其力量首先来自话语的操纵者和使用者，也就是政府。政府的出面，才能维系毛衣女话语的神圣性和权威性。应该说，毛衣女传说话语的体系化、规范化和其权威性的增强是互为因果的，共同促进了“在地化”的实现。倘若毛衣女仅仅为传说文本，只是个别的、散落的、未经组织的话语，那便不足道，没有体系就难以构成完整和富有冲击力的意义。

毛衣女传说文本、苎麻、夏布、织女、夏布绣、诸多与毛衣女相关的遗迹、人文景观、由毛衣女衍生出来的各种活动、命名和挂牌等，构成了毛衣女传说的话语图式和话语转换的谱系。丹麦民俗学家阿克塞尔·奥克里（Axel Olrik）指出“在地化”的来源可分为三种：（1）确系本地事件的真实记述；（2）对某些显见现象的想象性解释；（3）已有叙事附会于新环境。[①] 毛衣女传说话语的转换恰好满足了这三种来源。首先，传说本身就带有“真实”的要素，毛衣女“事件”的地点和人物都比较明确；其次，苎麻、夏布、织女、夏布绣等都属于显见现象，并进入毛衣女话语当中，获得想象性解释；文化景观、以毛衣女为主题的各种活动等完全属于口头叙事的附会。可见，毛衣女的“在地化”是完全彻底的。这些既是毛衣女传说话语的扩展，也是变相的话语阐释，将片段的、个别的文化事象连串起来，凡是可能与毛衣女相关的事物都被纳入其中，并证明了其存在的必要性和对于仙女文化发展、文化整合的重要性。毛衣女传说已形成了完备而成熟的话语系统，可以肯定，随着社会的发展，毛衣女的话语将更为丰富和多样。

在新余市，毛衣女话语的转换及空间布局是精心运作的过程，即主要的自然景观和文化遗产都进入毛衣女的话语系统中进行运作。这是有意识的地方文化话语运作的模式，包括每年七夕节期间所开展的一系列展演活动和学术研讨。这种运作使毛衣女传说焕发出时代的文化魅力，体现了地域文化的动态过程。所有的运作围绕毛衣女展开，并不断向外在空间延伸文化的触角，建构出表现形态丰富多彩又基本一致的话语体系。话语的排他性和内在纯正性构成了仙女文化的完整性和独特性，酝酿成极富新余精神气质的文化界限。

---

① 张志娟：《口头叙事的结构、传播与变异——奥克里〈口头叙事研究的原则〉述评》，《民族文学研究》2017 年第 1 期。

从“遗产”到“资源”

——辽河口“古渔雁”文化的承续动力与意义重构*

江　帆**

摘　要：“古渔雁”是辽河入海口区域古已有之的一个特殊生计群体，其口承叙事已列入我国第一批国家级非物质文化遗产保护名录。古渔雁生计之路在辽河口的开凿，成就了一个文化与文明的特殊通道，使该区域沉积了异于其他生计文化的文明累层。古渔雁文化及其口头传统不仅以族群记忆的方式对辽河口区域及渔雁群体的历史予以了“建档”和“存档”，如同一座坐标，使该区域社会的运行秩序得以有序构建；其所凸显的渔捞文化“次生性生计”类型的质素，在倡行文化多元化的今天也尤显珍贵。对这一传统予以重新审视，发现其一些文化因子绵延至今的承续动力，开掘其内隐的实践理性与资源潜能，有助于促进该传统在当下由“遗产”向“资源”转换，在辽河口区域的可持续发展中发挥特有的功用。

关键词：辽河口；古渔雁；口头传统；承续动力；功能转换

辽东湾是辽河入海口，也是中国纬度最高的渔场，每年冬季渔场都会冻结。辽东湾渔场的地质条件独特，海滩皆为泥质滩涂，肥厚的滩涂特别适合鱼虾和各种蛤类生长，因此自远古以来就吸引着没有深海捕捞

---

* 原文刊于《民间文化论坛》2019 年第 2 期。

** 江帆，辽宁大学文化传播学院教授。

能力的人类群体来此赶海捕捞，捡拾蛤类。历史上，每到大地回春、海冰消融之际，一个庞大而又特殊的群体就会顺潮而出，应时在辽河口聚集，开始这种几近捡拾性的捕捞生计，这一群体被当地人称为“渔雁”。

“渔雁”也即赶海的打鱼人，持这一生计的打鱼人没有远海捕捞的实力，只能顺着沿海水陆边缘随潮流迁徙，在江河入海口的滩涂及浅海捕鱼捞虾，沿袭一种不定居的原始渔猎生计，每年都像大雁一样春来秋往，迁徙于陆路的江河入海口处，繁衍生息。称其“古渔雁”，是因为这一群体自远古即已存在，历经漫长岁月，穿越渔猎文明和农耕文明，生生不息。由于生计的特殊性，这一群体在我国历代社会都近乎处于行政辖制的“几不管”状态，文献对其极少记载，其文化的边缘性属性特征明显。然而，就是这样一个庞大且流动的群体，却以其绵延不息的生计传统、文化实物与口承叙事，留下了在辽河口拼搏的生存足迹和族群记忆，构筑了辽河口文化的历史根基。

一 辽河口渔雁生计群体及渔捞文化的特殊性

20 世纪初，河北省冀东乐亭、滦南等地每年都有大批打鱼人从陆路滦河口等地徒步走到辽河口打鱼，俗称“陆雁”。陆雁最多时结帮上千人向辽河口进发，队伍浩浩荡荡。而冀中白洋淀地区养船的人家，多是那种被称为“小燕儿飞”的小木船，也由小船载着一家老小十几口人，行水路来辽河口海域打鱼，俗称“水雁”。无论陆雁水雁，都只是春夏秋三季在辽河口渔捞为生，靠海吃海，鱼虾七成粮，冬季均返回故里冀中或冀东越冬。

在传统社会，渔雁群体的社会地位处于农耕阶层之下，属于社会最底层。古渔雁口头传统对此有真实描述：有两人见面后相互发问，“你是干啥活计的?”答：“我干的活死了还没埋。”反问：“你干啥活计的?”答：“我干的活埋了还没死。”周遭人听了，都明白这两人是干什么生计的了：“埋了还没死”——是在地下挖煤的；“死了还没埋”——说的就是渔雁。渔雁在船上捕捞，船小稳定性差，生命随时有危险，死在船上没法埋，只能拉到岸上掩埋，寥寥数语却道尽渔雁生计之凶险。历史上，“陆雁”和“水雁”虽是两个群体，但在渔雁群体内部却并无高低之分。

自20世纪30年代，渔雁生计在我国沿海及世界各海口区域逐渐断行。辽河口二界沟是古渔雁聚居之地，当地渔雁定居是在1931年。其时，东北三省沦为“伪满洲国”，关内民众被限制往来关外。但即使在这种情况下，仍有一些渔雁为生存所迫，携带家口偷偷爬过长城或者走小道来到辽河口谋生。当然，这部分人在当地落脚后就不能迁徙了。就这样，沿袭千百年来的渔雁迁徙历史，到1931年结束。

了解渔雁的生活以及历史，就能理解其文化建构为什么具有门类齐全、杂糅并包、各种知识皆自成体系的特点。从宏观上看，渔雁群体具有相对封闭的特点，生计的特殊性使其在文化上形成一个完全自足的体系。然而，从河北的海河口迁徙到辽河口，再沿着海岸线继续往北流动，使一代代渔雁们接触交往的社会幅面又异常开阔。二界沟的古渔雁文化传承人刘则亭幼时曾听其外祖父讲过二界沟“四脸仙结拜”的传说，相传有红脸、白脸、黄脸、黑脸的四仙曾在二界沟长发福网铺结拜。还有一些老一辈陆雁也津津乐道夜间出潮回来抬货，在月亮底下看见过四脸仙在长发福网铺结拜，还传说人一进院，四仙就不见了，说得活灵活现。其实，这类传说的生成应该有一定的现实依据，极有可能脱胎于历史上辽河口曾有过不同国度、不同肤色的渔雁汇集在此的历史记忆。可见，渔雁是一个既带有某种封闭性又带有一定开放性的特殊生计群体。

渔雁生计的规矩和禁忌很多，如在船上不能乱说话，不允许打闹嬉笑、指手画脚、叉腰背手等。这些禁忌不仅与船小空间逼仄限制、捕捞生计不容分散精力有关，还与渔雁群体的一些古老信仰相关联。渔雁俗信，海上的许多生物，小船上的所有设置，都有神灵附着。在神灵面前人不可指手画脚，必须谦卑，人若高傲，神灵就会降罪。同时，在渔雁文化传统中也不见对巫觋神汉的崇信，渔雁普遍笃信船上不宜举行任何跳神仪式，概因陆上巫觋不谙海上之事，既然这些所谓“通神”者不懂潮性，在靠海为生的渔雁面前也就没有指点生活的权威。

由于生计的特殊性，渔雁口承叙事和一般海岛渔村的口承叙事有很大的不同，其口承叙事带有鲜明的渔雁生计特点和原始渔猎文化遗风，如对渔雁群体的始祖崇拜、海神崇拜、自然崇拜、对渔船网具及捕捞工具发明创造的解释，对该群体的生产生活、习俗传统等，均有全方位反映，富有河海口地域与渔雁生计特色。渔雁口承叙事在形式方面也有其特点，由于海上生产风浪大，船上空间有限，休息时间短暂，渔雁口承叙事多篇幅短小，情节简单，且较少发展和变化。

由于辽河口古渔雁口承叙事具有重要的历史、科学和文化价值，2006 年，古渔雁民间故事入选第一批国家级非物质文化遗产名录。

二 古渔雁口头传统中的人文始祖想象

在辽河口古渔雁口头传统里，对渔雁人文始祖的想象与渔雁文明起源的解释一脉相承，这类叙事不仅占有一定的比重，而且伴随着历史上一代代渔雁从中原地区向辽河口的迁徙流动，一些原本在中原神话中有深广根基的人文始祖也连同他们的“神绩”在辽河口落地生根。只不过画风有变，这类神话叙事无一不浸染上浓郁的海口之风，散发着渔雁文化的特有气息，体现着渔雁群体特殊的文化想象。此中较有代表性的叙事主要有《黄帝造渔船》《炎帝造篷》《蚩尤造舵》《伏羲造网》《女娲在船上补天》《女娲用勃蝌牛钉天》等等。

在上述叙事中，一些在中原神话中具有人文始祖属性的人物原型几乎参与了渔雁文明起源的创制，黄帝造船、炎帝造篷、蚩尤造舵、伏羲造网、女娲在船上补天……可谓各路大神齐显神通，都派上用场，在渔雁文明的起源中扮演重要角色。不言而喻，这些中原神话原型在这里统统被进行了某种重构，其“神绩”已与其在神话原生地拉开了较大的距离。然而，正是依托这些中华人文始祖原型的权威性，通过一代代渔雁的情感演绎，铺排成篇，口耳相传，他们的“神绩”不断被重构、强化，最终定型为稳固的渔雁始祖叙事，积淀为渔雁群体的文化记忆。这些渔雁人文始祖及其文化发明的叙事，作为渔雁群体文化源头的“原生性”记忆，在很大程度上影响了后世该群体民众精神的滋育及其文化建构走向。

众所周知，古渔雁人文始祖叙事的原型本系生成于中原内陆文化圈，有关这些中华人文始祖的神话与传说在原生区域可谓家喻户晓，有深广根基。辽河口的古渔雁先民主要来自中原区域，据老一辈渔雁讲述，过去每年循着潮汛迁徙流动到辽河口的渔雁主要来自河北省，尤其是冀中平原的白洋淀地区，辽河口二界沟小镇便有“河北人打底”之说。一代代渔雁春来秋往，一年有三季在辽河口聚居劳作，“其语言风俗一仍旧贯”，① 而民间叙事作为一种口承文学样式，其基本特征是以人为载体进行传承和流动，故土原有的一些信仰以其为载体在辽河口得到承继与传播也属自然而然。

从宏观上看，特定的口承叙事总是生成于特定的历史情境，生成于一方水土的口承叙事常常可以将“小区域”与“大社会”联系起来。应该说，渔雁先民对中原本土的原生文化是熟悉的，在中原地区广为流传炎帝和黄帝的大量神话与传说，炎黄二帝已成为公认的中华民族始祖形象，出于对其的爱戴，后世民众纷纷将中华文明史上的许多文化发明创造，诸如车、陶器、井、鼎、音乐、铜镜、鼓等，都归功于黄帝或其臣子的发明；炎帝则教民使用工具，播种五谷，教民医药，制陶、绘画，教民射箭、猎兽、健身，教民制琴、音乐、舞蹈，还教民智德等。炎黄二帝也因而成为善于发明创造的人文始祖。这些神话原型以人为载体被携至辽河口之后，渔雁先民根据外部生境的变化，自觉调动起原有的文化经验与智慧，根据群体的集体记忆，将原生文化的象征符号及权力话语予以整合，融入生境变迁后的调适性应对，将人文始祖叙事与渔雁文明的起源巧妙对接，重新建构起具有辽河口生境特点与渔雁生计属性的叙事体系，使其成为一代代渔雁认同的文化旗帜，此举无疑带有明显的文化谋略意味。同时，由于古渔雁人文始祖叙事充满了情感体验，这类叙事的情感及其象征意蕴已经深深植根于渔雁群体的集体意识之中，这类叙事又显现出不同寻常的神圣意味。

三 古渔雁传统中的文化策略与实践理性

特定生境与区域社会是文化传统存在和传承的具体时空，因此，任何传统必然含蕴着与特定生境及区域社会相匹配的文化特质。

在漫长的历史时段中，迁徙游动的渔雁群体无法像定居村落人口那样接受固定的教育，识字的人极少，其文化的建构、知识的传承只能依

① 参见［日］田中秀作《满洲地志》，古今书院 1930 年版。转引自山曼《山东人的保护神——秃尾巴老李》，见李衡昌主编《移民史论集》，齐鲁书社 1998 年版，第 203 页。

赖于“口传心授”。由于旧时生产力极其低下，海上讨食随时面对各种凶险和突变，渔雁在大自然面前谦卑恭顺，心怀崇敬，甘愿将自己身段降到最低，对大自然永远心怀感恩。在古渔雁口头传统中，最丰富的内容即是讲述渔雁生计的文化起源，人文始祖怎样开始最初的捕捞生计，有哪些文化创造，如何发明船、网、篷、舵等生产工具，如何教授先民们捕捞技艺，引领他们实现对各种海洋生物的认知与利用。这些叙事以感性、生动的情节提醒一代代的渔雁：在渔雁文化的源头上，人和自然的关系最初是怎么建立的，在所处生境的生物链上，渔雁如何定位自己的身份与权力。其中一些看似常识的知识，却是历经了一代代渔雁的探索实践才得来的，其中饱含了冲突、苦难和曲折。

法国社会理论学者亨利·列斐伏尔曾提出“生产空间”的概念，认为：“任何一个社会，任何一种生产方式，都会生产出自己的空间。社会空间包含着生产关系和再生产关系，并赋予这些关系以合适的场所。”[①] 在漫长的历史进程中，古渔雁始终没有稳定的居所，生存空间弥漫着挥之不去的漂泊感，生计的异质性使其与其他群体的融合度极低，婚姻的缔结以及社会关系构建基本上都在群体内部进行。在传统社会里，即使在辽河口这一带有临时寄寓或鲜明过渡意涵的生存空间里，渔雁们也往往抱团而聚，形成“自愿性的隔离区”，在居住空间上与当地其他生计群体脱榫，鲜明地体现着“人以群分”的特点。

哈布瓦赫（Maurice Halbwachs）认为，集体记忆（collective memory）可用以重建关于过去的意象，在每一个时代，这个意象都是与社会的主导思想相一致的。由于一些记忆让另一些记忆得以重建，因此许多社会活动都是为了强调群体的某些集体记忆，以延续并巩固该群体的凝聚。[②] 由此可见，能够加强群体凝聚的集体记忆常常被人们所强调，所以，任何社会群体的历史都是该人群共同体对特定历史情境作出选择性记忆与叙述的结果，而选择的标准通常就是特定社会现实所造成的群体利益需求。

---

① 包亚明：《现代性与空间的生产》，上海教育出版社2003年版，第87页。

② ［法］莫里斯·哈布瓦赫：《论集体记忆》，毕然、郭金华译，上海人民出版社2002年版，第70—94页。

辽河口渔雁先民在创生与传承渔雁始祖叙事之初，未必在主观上即明确以此作为实现群体凝聚和认同的文化策略及手段；在这类叙事的后世承传中，人们也未必清晰意识到这类叙事可以在辽河口区域建构“我群”的边界与历史，在迁徙地的生存博弈中扩大话语权，是做强本群体形象及集体记忆的象征性资源。但是，当这些具有权威性的渔雁始祖形象经世代传承深植人心之后，对于处于主流社会边缘的渔雁们而言，自然而然地就成为具有法力依据的崇信对象，得到普遍认同。事实上，在对中华始祖神话的转化与重构过程中，这些神话原型已成为渔雁群体的文化利器，对中原始祖神话的续码重构，不仅是渔雁群体文化建构的一种策略，其中也内隐着该群体在特殊生境中的生存实践理性。这些叙事不是脱离生活的碎片，而是占据着社会记忆的空间，作为象征物代表着曾经真实存在的“过去”。同一个业缘传承体系的渔雁们由是得以相互认同，形成凝聚力，以对抗来自外部的生存压力。

渔雁群体的口头传统承续表明，在漫长的历史时段中，这一传统的生成与演化并非空穴来风，而是有迹可循，是该群体智慧与生存经验的结晶，隐含着渔雁群体立身行事的基本价值观念。一些优良的传统不仅为该群体确立了人格范例，也以日浸月染的方式为群体形成理想人格提供了基础，具有模塑“一方水土一方人”的以文化人功能。

四 从遗产到资源:“古渔雁”文化的承续动力与意义重构

辽河口古渔雁文化具有乡土知识的合理性，其以独特的话语系统合理地解释着自然与生计、社会与历史，是古渔雁群体从生活视角展开的一种对区域与族群历史的展演，是从民间生活的视角进入的一种对历史的叙述。

二界沟镇是位于辽河入海口的前沿地带，这里有涨潮为海、落潮为滩的“渤海金滩”，自古以来即被誉为辽东湾第一渔镇，是辽东湾的天然渔港之一，周边沿海滩涂栖息着丹顶鹤、黑嘴鸥、天鹅、鸿雁、大苇莺等多种珍禽，有长满红色碱篷草的天下奇观“红海滩”。近年来，红海滩国家风景廊道已正式建成开放，一弯飞桥过海，贯通了二界沟和红海滩风景区，使二界沟小镇成为辽东湾的一颗明珠，闻名遐迩的旅游胜地。

如果说历史上二界沟曾是吸引"古渔雁"岁岁年年聚此捕捞的滩涂热土，近些年，"似曾相识燕归来"，当地又接续性迎来一批批新的"渔雁"。与古渔雁相比较，新一代渔雁无论人员结构还是生计指向都发生较大变化。

历史上，二界沟的陆雁、水雁多来自河北，仅有少量来自山东、河南两省，这些渔雁"闯关东"，实乃生活所迫，是谋生之计。而近年来涌入辽河口的渔雁们，除来自河北、山东两省外，更有包括四川、江浙等远道而来的捕捞人。与往昔比较，新一代渔雁的捕捞设备已经"鸟枪换炮"。这些人每年仍沿袭春来秋往的季节性捕捞，其生计指向却与古渔雁有本质不同，已不仅仅是谋生之策，更多的人是奔着到辽河口海域"淘宝"。换言之，推动新一代渔雁汇聚辽河口的驱动力是当代中国经济运行中无形的"市场之手"，也得益于当下中国社会发展的开放之门。在这一潮流带动下，仅二十几年的时间，二界沟便由昔日一个素朴渔村发展为繁华小镇，在辽河口的版图上凸显着重要的经济与文化地位。

素朴渔村既已发展为繁华小镇，无疑为当地政府、相关机构与渔雁民众提供了有所作为的空间。近年来，为使渔雁文化在辽河口区域的发展中发挥更大功用，当地政府、相关机构、企业、媒体以及渔雁群体中的文化精英，无形间自觉组构成"多元行动方"，开始合力打造辽河口特色文化，致力于将这一独特的文化遗产转换为更有价值的资源。在渔雁文化的传承与转化、传播与旅游开发的结合方面，当地进行了许多有益的尝试。诸如，二界沟开海仪式是当地一种古老渔俗，民间俗称开海、祭海。过去每年冬去春来，渔雁都隆重举行开海仪式，以祈求鱼虾满仓，海上作业平安。近几年，当代政府首先引领复原了二界沟渔家"开海节"祈福仪式；再如，二界沟传统的排船（打造木船）技艺已有180多年传承历史，这种以手工方式制造的大型木船具有鲜明的"古渔雁"生计特点与海口地域特色。古往今来，当地排船多沿袭手工打造与民俗祭祀活动相结合的生产方式，令排船过程充满人情味。近年来，传统排船技艺的大"掌作"张兴华为二界沟辽河口老街的复建，先后复原打造了旧时在辽河渡口上有名有号的"福昌顺"号门锭船、"福永顺"号瓜篓船等一系列古船，在渔雁中形成极大反响，其本人也因此获评"大国工匠"和辽宁省非物质文化遗产代表性传承人；又如，辽河口渔家号子旧时曾唱响辽河港湾，现在虽然已废弃退出了渔捞生产，但经当地文化部门挖掘整理后，由老一代渔雁李子元老人领号，率一众渔雁在当地旅游文化中恢复呈现，给来此地旅游或“淘金”的文化“他者”带来惊喜；而辽河口渔家菜经挖掘整理后更是直上层楼，一些菜品直接进入央视《舌尖上的中国》，声名大振，如此等等。这些传统的修复与重建，大大激发了渔雁群体的文化自信与自豪感，使辽河口渔雁文化的影响力得到有效提升。今日二界沟小镇，无论是传统技艺排船的造船厂、补网场，还是码头、鱼市，随处可闻南腔北调混杂的语音方言，可嗅腥咸浓淡胶着的河海气息，可见形态各异而又相互融通的交流方式，可感“古渔雁”文化飞地的独特韵味，这一切都在诠释着这种古老文化在当代的活态传承。

值得提及的是，在助推渔雁文化从“遗产”到“资源”的转换中，渔雁群体内精英的作用至关重要。前述二界沟传统排船掌作张兴华、渔家号子传承人李子元、渔家菜传承人张嵩等均在此列，每人皆有可圈可点的谋划与践行。此中，古渔雁文化传承人刘则亭的文化自觉与传承实践更是对此的生动注脚。

刘则亭1944年生人，读了4年小学，是渔民出身的文化人，古渔雁的后代。刘则亭能讲述1000余则有关古渔雁的故事和传说，善于运用生动质朴的语言来增加故事的感染力，在讲述中常常穿插一些渔歌、号子，并习惯运用手势等形体语言，使故事的表现力和感染力大大提升，现为国家级非物质文化遗产项目《古渔雁民间故事》的代表性传承人。

刘则亭除了将心力投注到古渔雁民间故事的搜集采录与讲述传承，早在30多年以前，其便以一人之力开始搜集古渔雁生产、生活器物，如旧船、网具、铁锚、海碗等，大到古渔雁使用的传统木船、十几吨重五六米长的巨型铁锚，小到大枣一般的石质网具、生活器皿，至今已搜集古渔雁生产、生活用物千余件，压舱石20多块，老橹木数百根。这些丰富的藏品使古渔雁文化与口头传统有了可依托的物质载体。

2006年，在刘则亭的提议下，当地文化部门积极筹划建立了辽河口古渔雁民俗博物馆。博物馆就设在刘则亭的家，其家也是二界沟老网铺“长发福”的遗址，刘家在“长发福”网铺遗址已居住几十年，繁衍了几代人。“长发福”网铺遗址现有房屋22间，刘家住5间，剩下的房屋都用来收藏“古渔雁”民俗用物。在这个小小的古渔雁民俗博物馆中，还有一个“古渔雁”文化资料的档案室，内藏经过整理的与渔雁有关的文字资料1000余卷，记录二界沟古渔雁生产与生活的黑白照片资料千余幅。近年来，这个博物馆每年都接待众多来访者，年接待参观者多达千余人。

渔雁群体的文化精英往往表现出一些共同的特质：熟稔本群体的源流、历史、惯习与传统；对群体的文化及其传统有清醒的认知与评估；掌握本群体生产与生活领域丰富的知识；对传统的意义开掘及其价值重构有与时俱进的践行能力；在传统的继承与保护方面具有更高的文化自觉；在本群体的日常生活中具有权威性；如此等等。

古渔雁文化传统含蕴着丰富的原生文化质素，沉积着多层次的文化认知体验，其不仅以族群记忆的方式对渔雁群体的历史予以了“建档”和“存档”，也如同一座坐标，使辽河口区域社会的运行秩序得以有序构建。古渔雁生计之路的历史开凿，成就了一个文化与文明的特殊通道，是异于其他生计文化的文明累层。在世界各地海口文化日渐消逝的当下，辽河口古渔雁文化遗存焕发生机是一种幸运。从某种意义上看，是族群的传统维系着这些历经磨难而承续至今的文化基因，使今人方得以从这一方独特的渔猎捕捞文化“飞地”中，窥见辽河口区域历史的发展印痕，发现这一古老传统映射出的生态思维及生存智慧之美。而这一古老文化传统所给予当代社会的启迪，其所蕴含的可为当代社会所用的资源潜能，也绝不止于本文所述。

族谱叙事与乡村治理变迁

——对18世纪以来山东大芹村吕氏的考察*

任雅萱**

摘　要：本文旨在通过探讨18世纪以来山东省莱芜市大芹村村民关于族谱中祖先叙事的转变，以期寻找北方乡村治理变迁的内在逻辑和当下路径。乡村治理实则是在回答两个问题，即“国家如何进入地方”和“地方如何想象国家”。前者在讲国家制度，后者则是考察地方民众对制度发挥了怎样的主动性和创造性。从本文选取的个案中可知，宗族成员对于祖先的叙事是他们在乡村中构建身份认同的重要途径之一，而乡村治理的动力来自村民自我身份认同的建立。乡村治理的变迁往往与祖先叙事的变化联系在一起。

关键词：族谱；祖先叙事；乡村治理；身份认同；国家制度

一　时间维度下的乡村治理

随着国家对乡村振兴战略的部署和安排，探讨并实践当下乡村基层社会治理的模式和路径成为工作之重，乡村治理的研究也成为热门。不

---

* 本文系北京师范大学中国社会治理智库“百村社会治理”项目阶段性成果（项目编号：312231104）、山东大学基本科研业务费专项资金资助（项目代码：12360078614010）阶段性成果。

** 任雅萱，山东大学儒学高等研究院副教授。

过，关于乡村治理的研究却并非从近几年才开始流行。刘淑媛、崔榕指出，“治理”概念源自古典拉丁文或古希腊语，在 1989 年“治理危机”一词被世界银行的报告首次引用后，西方学者将其引入政治学、社会学等视角。[①] 在西方视野下的“治理”，包括了“公”与“私”的概念，以及调和相互冲突或不同利益之间的矛盾，以使这种调和可以产生持续的过程。换言之，若矛盾得到解决并且可以持续得到解决，则治理被视作是有效的。在中国，1998 年由徐勇等人引入“治理”概念，首次提出“乡村治理”，使其成为解释和分析中国乡村社会的一种视角。社会学领域随之运用“乡村治理”视角展开研究。比如学者们对乡村治理概念的界定、主体的讨论以及模式的提出等，他们从当下中国农村的现状和存在的问题出发，总结改革开放以来的乡村政策以及面临的困境。[②] 其中，贺雪峰使用“农民认可与行动单位”来讨论乡村治理，他认为：“在日常生产生活中，农民可以依托解决超出家庭范围公共秩序和公共事务的合作单位，因为存在认同，单位内的人都是自己人，从而可以相对克服超出家庭单位的搭便车困境。”[③] 并且由此提出了中国的乡村治理存在区域性差异。

当然，在社会学学者的研究中，也提到 20 世纪初吴文藻、费孝通等关于中国乡村的研究范式。因此，虽然“乡村治理”一词是 20 世纪 90 年代末才在中国兴起的，但从权利、秩序等运行机制研究中国乡村的做法却远早于此，而且已有较成熟的理论发展。比如历史学者通过对县级以下行政系统的研究，试图解释政府是如何透过设置基层行政制度，将国家的力量渗入基层社会，借此达到社会控制与教化目的，维持社会的稳定，由此形成“国家控制”的理论。[④] 而另一些历史学者及人类学者则看到除行政组织与国家控制之外，在基层社会中还存在多种组织形态，

① 刘淑媛、崔榕：《当前我国乡村治理研究述评》，《三峡论坛》（三峡文学·理论版）2017 年第 4 期。

② 刘淑媛、崔榕：《当前我国乡村治理研究述评》，《三峡论坛》（三峡文学·理论版）2017 年第 4 期。

③ 贺雪峰：《差序格局与乡村治理的区域差异》，《江海学刊》2007 年第 4 期。

④ Hsiao Kung-Chuan, *Rural China: Imperial Control in the Nineteenth Century*, Washington: University of Washington Press, 1968.

比如宗族、民间社团等，这些组织具有民间自治的特征。[①]

在历史学者的视角中，乡村秩序的维持和运作是一个流动的过程。若将乡村治理放入一个历史的维度中去考察，便会发现连最基本的“村”这一单位都是在不断变化。对一些学者来说，村（或类似共同体）的出现是不言而喻的。他们将“村”作为一个固有概念与基层单位加以使用，并进行分类。然而，在科大卫的历史人类学研究中，首个问题是何谓“村”（village）。他从华南地区香港新界的例子中发现，村落作为一个共同体，不单单是聚落，而是在该地域生活的人有目的地建立出来的。这些目的，科大卫称作“入住权”（settlement right）。获得入住权的居民，便能享有在该共同居住的范围包括建屋、耕作、埋葬、捕鱼、采集等的权利。[②] 亦即是说，在村庄中建立庙宇和祠堂的目的是强调乡村已有的入住权，也就是在维持乡村的秩序。

有学者发现，若华南地区多是以单个宗族组成的单姓村庄，北方的乡村似乎呈现出另一种结构。贺雪峰在比较南北乡村的差异后，认为华北乃至西北一些地区，村庄内存在多个竞争性小亲族群体，村庄多为分裂型村庄。[③] 山曼将山东村落分成“单一型村落”“亲族联合村落”“杂姓聚居村落”“特殊类型的村落”（如青州市城北的北城村原为清代驻防满洲骑城）。[④] 杜赞奇在有关华北社会的研究中，把村落分成“宗族型村庄”和“宗教型村庄”两大类，他认为两种村落并不存在非此即彼的划分，宗族型村庄中有因信仰结成的组织，而宗教型村庄中也有宗族力量的存在。[⑤] 黄宗智则认为在华北地区一姓一村的情况罕见，自然村内共同

---

① 费孝通：《中国士绅》，赵旭东、秦志杰译，生活·读书·新知三联书店 2009 年版；Maurice Freedman, *Lineage Organization in Southeastern China*, London: Athlone Press, 1965；岸本美绪：《明清交替と江南社会：17 世紀中国の秩序問題》，東京：東京大学出版会 1999 年版；梁其姿：《施善与教化：明清的慈善组织》，河北教育出版社 2001 年版。此部分研究较多，不一一列出。

② David Faure, *The Structure of Chinese Rural Society, Lineage and Village in the Eastern New Territories of Hong Kong*, Hong Kong: Oxford University Press, 1986.

③ 贺雪峰：《南北中国：村主社会结构视角的中国区域差异》，《华中科技大学学报》（社会科学版）2013 年第 3 期。

④ 山曼：《山东民俗》，山东友谊出版社 1988 年版。

⑤ ［美］杜赞奇：《文化、权力与国家：1900—1942 年的华北农村》，江苏人民出版社 1996 年版，第 102—104 页。

协作完成村落事务的往往是多族组成的“自然村共同体”，所以华北的宗族是薄弱的。[①] 而在常建华等人的研究中，我们看到在明清时期的华北乡村社会中通过建立宗族、实行乡约民约实现人们身份认同的建立与乡村秩序的维护。[②] 可见，研究不同历史时段的学者在看待北方乡村社会结构时，得出的结论可能会有很大差异。

因此，在关注地域差异的前提下研究乡村治理，我们首先需要问的是，当今我们在北方地区看到的乡村又经历了怎样的历史？乡村中最不能被忽视的便是村民，而在北方的乡村中，很多村民与现代都市中的流动人口不同，他们并不是刚刚在村中定居，反而大多数村民祖祖辈辈生活在同一个村庄内。即便因外出打工或其他原因离开了村庄，大部分人还是会在特殊的时间节点返乡，连接他们与村庄的是他们认同的传统。乡村的历史，即村民们认同形成的历史。村民自我认同的传统并不是一成不变的。即便在相同的地理空间中，因不同时代基层组织方式的差异，产生的自我认同传统也有所不同。

笔者认为，族谱中的祖先叙事结构是考察村民认同传统与乡村历史的重要途径之一。刘志伟阐释了宗族历史的叙事结构与地方发展历史过程之间的关系，他指出：“值得我们研究的不仅仅是这种历史叙事本身所蕴含的事实，更有意义的是在宗族历史叙述中，无论是真实记录也好，附会虚饰也好，都是后来被刻意记录下来的，因而是人们一种有意识的集体记忆，而这种集体记忆在地方社会发展的历史过程，更有其特定的社会和文化的意义。”[③] 笔者在此基础上，就所调查村庄的实际情况使用“祖先叙事结构”一词，不仅关注宗族的历史叙事，还希望对当下村民不断更新的祖先叙事进行考察。因此将主要论述宗族成员如何叙述自己的祖先？为何这样记述？这种叙述在不同历史时期出现了怎样的变化？以此来考察乡村治理及社会结构的变迁。

---

① 黄宗智：《华北的小农经济与社会变迁》，中华书局 1986 年版，第 243—247 页。

② 常建华：《明代宗族组织化研究》，“第四编，华北宗族组织的形成”，故宫出版社 2012 年版。

③ 刘志伟：《附会、传说与历史真实——珠江三角洲族谱中宗族历史的叙事结构及其意义》，郑振满主编“厦门大学民间历史文献研究中心民间历史文献论丛”，饶伟新主编《族谱研究》第一辑，社会科学文献出版社 2013 年版，第 325 页。

二 一个北方的单姓村庄

2018 年 11 月 8 日上午 9 点，笔者来到山东省莱芜市大芹村调查村民的祭祖仪式。对于大芹村村民来说，这一天被称为“寒衣节”，是祭祖的日子。莱芜市，位于山东省中部，紧邻泰安市、济南市和淄博市，境内三面环山，有汶河、淄河发源。大芹村位于今山东省莱芜市城北 5 公里处，属于张家洼街道办事处。地处丘陵，村内有一条小河穿过，村民称之“芹村河”。旧有莱明公路穿村而过，南有环城路及莱芜西火车站。2000 年前后，村内有耕地 2530 亩，620 户，人口 2600 人。大芹村至少已有 500 多年的历史，在明代嘉靖年间名为“禽村”，至清代康熙年间仍是此名。至清晚期光绪、宣统年间，“禽村”的称呼变为“吕家芹村”或“大芹村”。[①]

按当地村民的话说，整个村子内都是姓吕的人，外姓只有两三家，也是做女婿来到本村的外姓人。毋庸置疑，大芹村是一个吕氏单姓村庄。不仅如此，仅有一条马路之隔的“东芹村”和“沈家庄”也是吕氏单姓村庄，在当地又俗称“三芹村”。其中，大芹村不仅被认为是东芹村和沈家庄吕氏的发源地，而且是整个莱芜吕氏的发源地，更有山东其他地市、山东省之外的吕氏前来追认祖先。在今天，莱芜大芹村俨然已经成为吕氏宗族和吕氏文化的代表。

如何体现大芹村的吕氏宗族与吕氏文化？最直观的办法或许是举办整个吕氏宗族的祭祖大会。大芹村的祭祖仪式有两种，一类是全村乃至其他村庄、地市的吕氏宗亲会来参加的祭祖大会，地点在吕氏祖茔。这种祭祖大会的特点是“五年一大祭、每年一小祭”。[②] 另一类则是各家在当天下午，准备好酒菜前往自己祖先的坟地上坟。上一次“大祭”的时间在 2015 年，今年是小祭，因为下雨的原因，原本在吕氏祖茔举行的祭

① 明嘉靖《莱芜县志》卷二“街里”；清康熙《莱芜县志》卷三“村落”；清光绪《莱芜县乡土志》；清宣统《莱芜县志》卷六“地理志 · 编里”。

② “五年一大祭、每年一小祭”是笔者在调查过程中获得的说法。上一次全村大型祭祖仪式是 2015 年，也是吕氏宗祠落成的时间，大型的祭祖仪式会请戏班，以及会有很多从外地赶来祭祖的宗亲。

祖大会选择在吕氏宗祠内进行。整个仪式由吕氏宗亲会吕姓会长负责主持。根据这位会长的发言，寒衣节这天的祭祖大会主要有三项内容：一是祭拜列祖列宗；二是表彰为吕氏宗族做出贡献的族人，主要对大芹村村两委和村内建筑公司在大芹村修建“步行桥”一事进行了立碑表彰；三是把一位外地宗亲的祖先神位请入祠堂，当然，请入祠堂需要交一笔费用。整个仪式井然有序。

不过，出乎笔者的意料，前来参加祭祖大会的本村吕氏族人并不是很多，主要是前来帮忙或将要接受表彰的族人，反而有一些从临沂、济南赶来的宗亲。当笔者访谈了几位没有参加的本村族人之后，他们或表示没有收到通知，或表示去祠堂磕过头就回家了，对他们而言，更重要的仪式是下午为自家祖先上坟。在祖茔或祠堂举行的祭祖大会，似乎成了少数吕氏族人的“表演”。

这样的祭祖场面自清代延续至今。根据目前搜集的七个版本的吕氏族谱来看，他们关于宗族内部结构的说法具有一致性，即莱芜吕氏宗族分为“五门六道”。[①] 莱芜吕氏的宗族结构分五大门，分别是大门、二门、三门、四门和五门。二世祖有六个儿子，自三世祖开始分门，一门、二门、三门、四门、五门，老六因为出家为僧，没有后代故没有入谱，也没有墓碑，这就是“五门六道”的来历。其中三门、四门的子孙基本都在莱芜本地，以大芹村及周边村庄为主。大门有一部分在莱芜，有一部分迁到博山县颜神镇。二门、五门的子孙则多分布在泗水等地。

在今天的大芹村，最能彰显吕氏宗族传统的也许是位于村西南方位的吕氏祖茔与吕氏祠堂。吕氏祖茔总占地百亩左右，是大芹村村民埋葬祖先的地方。在吕氏祖茔前的广场上竖有一座“吕氏祖茔”牌坊，广场上还有一些重修、捐款碑刻。在广场右侧是一座吕氏宗祠，为 2015 年建成。两个空间之所以重要，不仅因为它们是大芹村村民祭祀祖先的地点，更是莱芜地区吕氏族人甚至外地吕氏族人前来寻根问祖的地方，吕氏祖

---

① 七个版本的族谱分别是：《莱邑吕氏二门族谱》，光绪二十四年（1898）岁次戊戌（五修）；《莱邑吕氏四门族谱》，民国十九年（1930）（七修）；《莱芜吕氏族谱　大门谱》，2012 年统修（七修）；《莱芜吕氏族谱　二门谱》，2012 年统修（八修）；《莱芜吕氏族谱　三门谱》，2012 年统修（七修）；《莱芜吕氏族谱　四门谱》2012 年统修（八修）；《莱芜吕氏族谱　五门谱》，2012 年统修（五修）。

茔与吕氏宗祠内分别有始迁祖“吕信復”的墓地、塑像和神主牌位。从前文叙述可知，大芹村不仅仅是一个普通的吕氏单姓村庄，其也被外村、外地的族人认为是莱芜地区吕氏宗族的发源地。问题是这种“发源地”的说法是怎样出现的？又为何可以得到其他族人的认同，以至于外村甚至其他地市的吕氏族人也要将自己的祖先神主牌位放入大芹村的吕氏宗祠内？其实，要回答这些问题，便要从大芹村吕氏的祖先叙事入手，从中得到的答案与乡村秩序和身份认同的建立紧密相连。

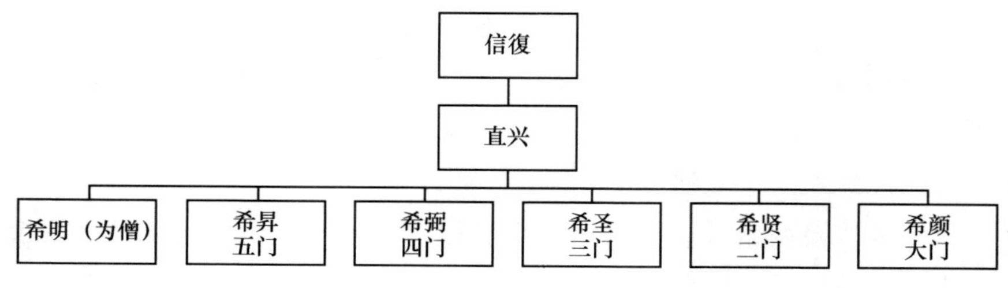

图1 吕氏宗族三世分门图①

三 18—19世纪的族谱书写与“三门”绅董建立乡村权威

就像珠江三角洲地区一般成文族谱具有稳定的祖先叙事结构一样，在位于内陆的山东中部地区，多数族谱序言首先将自己的祖先追溯为明初从外地迁入山东，比较常见的叙述有山西洪洞、河北枣强等。这些族谱成文的时间，主要集中在17—18世纪。比如在明代天启四年（1624），时任都察院右副都御史的朱童蒙回到家乡莱芜县筹备编修朱氏族谱，并撰写《朱氏族谱序》。在这篇序言中，他这样叙述自己的祖先来历：“稽之吾族，自我太祖高皇帝定鼎之后，吾莱僻在山区，兵火乱离，杳无人烟，极目尽蒿莱矣。故今土著者，什九为冀之枣强人，而吾族亦为枣强

① 绘图人：任雅萱。

人，盖国初所徙而隶籍者也。”[1] 朱童蒙作为朱氏家族内产生的第一个做官者，他用文字将祖先的故事记录下来，并通过族谱的形式保存至今。

在本文所要论述的大芹村吕氏中，与一般山东中部地区族谱的祖先叙事相比，除有明初从外地迁入、选择定居地点、建立祖茔和村庄等共同特点之外，区别是在莱芜地区的吕氏宗族内，存在着分门叙述祖先故事的传统，比如分别有大门谱、二门谱、三门谱、四门谱和五门谱。换言之，在吕氏宗族内部，并不存在一个统一的族谱版本。[2] 五大门族谱编修的时间各异，其中叙述内容更是存在差别。若仔细翻阅五大门编修的族谱可知，最早进行这项文字编纂工作的，均是来自“三门”和“四门”的族人，大门、二门和五门的族谱编纂时间则相对较晚。[3]

莱芜吕氏族谱的祖先叙事开始自 18 世纪前期，来自四门族人吕思问。吕思问居住在吕花园村，并不居住在大芹村。他于乾隆元年（1736）考中举人，次年（1737）撰写《莱芜吕氏四门族谱序》。在这篇序中，他用简短的文字记述了吕氏何时于何地迁入莱芜境内：

> 吾家自宋元而上，莫可详考。先世相传，旧居登州莱阳壍水庄，明洪武三年，始祖行四，讳信復，迁居于莱芜，方初迁迁时，祖惟一子，置篑中，暨贫家斧甑肩挑之，以行，祖母问止处，谩应曰：茅草高一丈二尺，即吾家矣。至南宫憩空桑下，见茅丈余，因卜居，盖谶语也。二世祖生六人，一人绝嗣，吕氏五门实分于此。……族叔讳钾等，谓阖族难以联属，不若各门分修为力较易。遂纠其第四门之众，结社画谱。[4]

---

[1] （明）朱童蒙：《朱氏族谱序》，明天启四年撰写，光绪二十年甲午（1894）重镌《续修博阳朱氏族谱》，务本楼藏板。

[2] 分“门”叙事的情况还有莱芜地区的亓氏，但亓氏宗族内部有总谱。参见拙作《分“门”系谱与宗族构建——以明代山东中部山区莱芜县亓氏为例》，《中国社会经济史研究》2017 年第 2 期。

[3] 按时间顺序排列，五大门创修族谱的时间分别为：四门，乾隆二年（1737）；三门，乾隆三年（1738）；大门，乾隆四十五年（1780）；二门，嘉庆八年（1803）；五门，同治十一年（1873）。

[4] （清）吕思问：《莱芜吕氏四门族谱序》，清乾隆二年撰写，《莱邑吕氏四门族谱》，民国十九年（1930）（七修）。

在四门族人吕思问的笔下，他们的祖先于洪武三年迁入莱芜，迁入时非常贫困，也因有“谶语”指示，在南宫定居。吕氏自二世分五大门，分门编修族谱。四门修族谱的方式是结成“社”的组织。不过我们看到，在吕思问的叙述中，并没有出现关于“芹村”的记述。但是，至乾隆三年（1738）四门以及三门的谱序中，就出现了二世祖直兴“卜葬芹村”“聚居芹村”的说法。“芹村”在族谱中第一次出现。

从朱童蒙和吕思问的例子可以看出，文字的使用及科举的成功，是族谱中祖先叙事得以产生的重要因素。科大卫认为，成文族谱不仅是识字群体对资格的凸显，也是一种协约文书。[①] 亦即是说，用文字书写的族谱，是区分族内与族外、族内有份与没份之间的重要依据。生活在大芹村的吕氏族人非常明白这一点，他们不仅用自己的行动构建本村在莱芜吕氏宗族中的重要地位，更重要的是获得在乡村内的权利。乾隆三年（1738），大芹村三门族人吕向高参与编修族谱并撰写谱序，他在谱序中着重强调了“芹村”在莱芜吕氏宗族中的重要性：

> 吾家旧世莱阳，洪武三年迁居莱芜。始祖信復墓在南宫，二世直兴徙居芹村，卜茔村西。尔时耕读世继，忠厚家传，父子惟二人耳，厥后瓜瓞绵延，绳绳振振，迄今几四百年矣。……三世希颜、希员、希圣、希弼、希昇、希明兄弟六人，希明为僧，而五门始分于此。希圣固我三门始祖也。[②]

在吕向高的这段文字中，也出现了吕氏二世祖迁徙芹村，并将祖茔安置在村西的说法。在他看来，正因二世祖将祖茔卜在芹村，才使得吕氏族人绵绵不绝地世代传承下去。值得注意的是，此时记载始祖墓在南宫，即大门族人聚居地。同年，来自四门的族人吕思仁也撰写谱序一篇，在序言中也出现了芹村是吕氏宗族发源地的说法：“至莱芜，卜居南宫村，始祖墓在焉。二世直兴公善堪舆，生子六人，更卜葬芹村之西，阡

① 《成文的和不成文的：成文族谱的政治议程》，载科大卫《明清社会和礼仪》，北京师范大学出版社2016年版，第109—128页。

② （清）吕向高：《吕氏三门族谱序》，清乾隆三年撰写，《莱芜吕氏族谱　三门谱》。

碑石俱，昭昭可考也。迄今十有余世，始也聚居芹村，继而散居别里。”①

族谱记载的祖茔位置与今天大芹村祖茔位置一致，族谱叙事与当下大芹村村民的口头叙事也如出一辙。据笔者访谈资料来看，在今天大芹村村民关于祖先的传说中，他们普遍认为莱芜地区吕氏族人都是从大芹村迁出去的，本来由二世祖直兴迁入本村，后三世分门，村子里人口越来越多，住房和土地有限，大门、二门、五门便迁往外村。大芹村内只有三门和四门的族人留了下来。我们将村民的口述与族谱的书写进行对比便可发现，这样的祖先叙事主要来自三门和四门的文字书写。他们用祖先叙事塑造大芹村在莱芜吕氏宗族中具有“发源地”的地位，同时也是在塑造自己的正统身份。

然而，三门族人似乎对于村内只有二世祖的祖茔并不满意，嘉庆五年（1800），他们联合本门族人，将始祖信復的墓地从南宫村迁到大芹村。三门族人的理由是“始祖茔南河流冲激，前岸倾圮”，不忍心始祖墓有漂泊之患，于是由三门族长十一世孙吕子智、十二世孙庠生吕肯堂、庠生吕认以及十三世孙举人吕士珍等人发起倡议，将始祖信復墓迁入大芹村祖茔。② 移迁之后，壬午科举人吕克仁为记录此事撰写始祖墓志。从这篇墓志中可以看到，参与本次迁墓行动的，主要来自三门内部科举成功和正在上学的学生。始祖墓的迁入，不仅代表着大芹村的地位更加重要，而且说明在其背后有一股强大的士绅阶层力量正在兴起，他们代表着文字与功名，他们运用二者来构建自己的身份，树立在乡村乃至全县的权威。

自 18 世纪起，生活在大芹村的三门族人在科举上取得了巨大成功。该门共有 9 个举人和 1 个进士，这样的成绩在整个莱芜地区都非常瞩目，他们也因此被后人称为“官字号”。表 1 是大芹村三门族人取得功名的情况。我们看到，该表中的吕士珍和吕克仁，正是前文中参与嘉庆五年迁移始祖墓的成员。

---

① （清）吕思仁：《吕氏四门族谱序》，清乾隆三年撰写，《莱邑吕氏四门族谱》。

② （清）吕克仁：《新迁始祖墓志》，清嘉庆五年撰写，《莱芜吕氏族谱　三门谱》。

表1　　18—19世纪大芹村三门族人考取功名一览表①

姓名	考中科举年份及中试级别	所属宗支
吕应祥	乾隆九年（1744）甲子科举人	三门五支之七
吕士珍	乾隆十二年（1747）丁卯科举人	三门五支之七
吕克仁	乾隆二十七年（1762）壬午科举人	三门五支之七
吕传诰	咸丰五年（1855）乙卯科举人	三门五支之七
吕宪春	咸丰五年（1855）乙卯科举人	三门五支之七
吕宪瑞	咸丰九年（1859）己未恩科举人，同治元年中进士	三门五支之七
吕宪和	咸丰九年（1859）己未恩科举人	三门五支之七
吕宪秋	同治元年（1862）壬戌恩科举人	三门五支之七
吕传瀛	同治九年（1870）庚午科举人	三门五支之七
吕遵善	光绪十九年（1893）癸巳恩科举人	三门五支之七

从表1可以看出，19世纪三门内取得功名的族人，有两人为“传”字辈，四人为“宪”字辈。其中，吕传诰与吕宪瑞是父子，与吕宪春、吕宪和以及吕宪秋是叔侄关系。

科举的成功，使大芹村三门族人开始通过参与教育事业，在村内乃至莱芜县塑造自己的地位，从而获得了“绅董”身份。“绅董”是指莱芜县内可以参与县政议事的士绅，在一县之内，他们有着极高的权威与声望，正所谓：“莱城向无民治机关，即邑有大事，须招集绅董会议者。”② 道光三年（1823），吕传诰的父亲吕清临开始协助时任莱芜知县的纪淦兴建汶源书院。汶源书院于道光六年（1826）建成。在民国《续修莱芜县志》中，吕清临被收入“孝义”之列。三门族谱中收录的另一位莱芜县进士潘绍烈对其的描述是：“在城创修汶源书院，谋修脯，置膏火，诸生至今赖之。”③ 不仅参与县为教育事业，吕清临还以自身的行为规范，参与调解一里之内的争讼纠纷、风俗教化等事务。

故里中从无赌博失业者，公之训也。……故乡里有争讼，得公

① 绘制人：任雅萱。

② （清）吕遵善：《岁进士候选训导景叠吕公传》，《莱芜吕氏族谱　三门谱》。

③ （清）潘绍烈：《诰封奉政大夫吕公暨孙太宜人传》，《莱芜吕氏族谱　三门谱》。

片言立释。或畏公知即自解，其为人所钦重如此。性至孝，在外营谋，极迟暮，即恶风雨必归，以慰悬望。常戏为歌舞博老人欢。待兄弟友爱甚，至义方之训以严为慈。视犹子如己出，故子侄皆成立。晚年家颇饶，群知公不吝于财，每贷赀操奇赢或私橐自肥，谩以耗折，公廉知之，乃折券弃债，戒子辈勿究诘。谓：财物小，廉耻重，勿以细故败人行检。[①]

大芹村三门族人不仅参与莱芜县汶源书院的建立，还致力于本村的私塾教育。吕宪瑞于同治元年（1862）中进士，同治六年（1867）在村北建立吕氏祠堂，而这座祠堂也是三门内部的小宗祠堂。在吕宪瑞及第后，吕传诰在村子南侧建造私塾一座，称为“蕉雨山房”。自此，吕传诰被称为“蕉雨先生”，这座私塾也成为族中文化教育的主要场所。不仅如此，在咸同年间山东遭捻军之乱时，吕宪瑞还捐资修建了围子墙，在民国《莱芜县志》中称“土围”。[②] 以吕清临、吕传诰和吕宪瑞为代表的祖孙三代，可谓是大芹村三门绅董的代表。

19 世纪中后期，当大芹村三门族人获得“绅董”身份之后，他们在村内部也围绕祖茔、春秋祭祖、资本运作等事宜建立起相应的族内公约。道光九年（1829），大芹村吕氏宗族制定《护林条规》，以规范祖茔的管理：

族公议：

一禁止林内推车、挑担、牧牛，故违者罚钱；一禁止盗伐林树，被护者视树株大小责；一禁止私用公土南岭坡、公土厂一段，原□□祖茔添土使用私取者，按车数多寡罚；一禁止采取树头；一看林人不用心守护、包庇故放纵，按事情节轻重责罚。

皇清道光九年岁次己丑十月　立[③]

---

① （清）潘绍烈：《诰封奉政大夫吕公暨孙太宜人传》，《莱芜吕氏族谱　三门谱》。

② 民国《莱芜县志》卷九《政教志·村治·各区围寨》。

③ 《护林条规》碑刻，道光九年撰写。田野调查获得拓片。

今天，我们虽然无法只从这段文字中得知“族公议”背后是由谁来主要负责，但在这则《护林条规》中，我们可以看到大芹村吕氏祖茔在19世纪前期的管理模式。在五条条规中，前四条是对族人的规范，最后一条则是对“看林人”的规范。因此，在19世纪大芹村吕氏祖茔的管理体系中，起码有两类人，一类是族人，另一类是看林人。其中，祖茔的看管者被称作“看林人”，他们若不用心守护、包庇放纵等，族内会按照情节轻重进行责罚。

不过，从一本民国十八年（1929）的账本和访谈资料可知，至迟到民国年间，村内已有专门管理吕氏祖茔的民间组织，被称为“老林社”。[①] 据访谈人吕姓老人的回忆，老林社的运作模式如下：

笔　者：什么是老林社？

吕大爷：全部姓吕的家族内有个老林社，是管老林的。祖坟里有好几十亩地。

笔　者：怎么管的？

吕大爷：那时候有专门管账的，有看林的，还有林社里的先生。看林的有二亩地，地的收成属于他自己的收入，相当于他的工资。林社的先生都是在族里有名望的、说了算的人来当，有什么事也得开会商量，一般四五个人，全族人都知道他们几个是老林社的。

笔　者：他们在哪商量？

吕大爷：在家祠里面，没有家祠的时候就不知道在哪儿了。这几十亩地除了坟墓占用一部分土地，其余的一般都是租出去种，有租给姓吕的，也有租给外姓的。租出去多少地，谁家种哪块地都有账本，种多少亩地，一年就得向老林社里交多少租子。老林社收了这些租子以后再支配。十月一唱戏的钱、祭祖花的钱，都是老林社花钱。还有一部分也可以放贷，有些穷人家没有粮食吃，就把收的租子放给没有粮食的人家。[②]

---

① 民国十八年大芹村古聚恒酒店账本一册，吕姓老人提供，访谈人：任雅萱；被访谈人：吕姓老人；访谈时间：2014年。很遗憾，这位吕姓老人后来去世。

② 访谈人：任雅萱；被访谈人：吕姓老人；访谈时间：2014年。

这位吕姓老人1928年生人，比上面提到的民国十八年账本的时间还早一年，他的访谈资料可以为大芹村吕氏祖茔的管理提供佐证。作为生产生活的资本，老林社的土地不仅是埋葬祖先、祭祀祖先的场所，在大芹村吕氏族人的运作下，它们还是重要的资本运作媒介。掌握这种运作权力的则是族内有名望的人。但问题是已有材料并未显示老林社内有名望的人是来自几门，不过，收录在三门族谱中的两张契约文书可以提供一些证据。

19世纪末，三门族人在大芹村围绕宗族资源建立起一整套的经济运作模式。三门内成立了管理春秋二祭和轮流放贷生息的组织"笃亲堂"。光绪六年（1880），三门族内公议，将同治十一年（1873）四修族谱时剩余的一百一十五千钱，作为本金，按照殷实之户轮流生息。每年按一分五厘的利息，以十个月进行一次合算。至光绪二十二年（1896）共得本利京钱一千零七十六千钱。光绪二十四年（1898），三门族人五修族谱，同时在邻村东芹村购置公所宅基瓦屋三间，获得的其他利润被用在春秋祭祖。

在这份购买宅基的契约文书中，签订协议的双方分别是笃亲堂和吕保安，其中"笃亲堂"为三门族人进行资本运作的民间组织，吕保安应为东芹村村民。而代表笃亲堂与这位吕保安签订协议的三门族人，分别是吕建谟、吕恒新、吕传训、吕炳昌、吕文修和吕怀清，他们是大芹村内的绅董。相比之下，纵观整个19世纪，四门的族人虽然也有五次编修族谱的行为，但由于参加科举不如三门成功，四门族人在大芹村内的声望也不如三门高，经济条件也略逊一筹。尤其在参与乡村治理方面，四门族人似乎没有留下这方面的记载。18—19世纪的乡村治理，更多是依靠乡绅和宗族条规的力量。

四 20世纪以来族谱叙事的转变："三门""四门"角逐乡村权利

19世纪末期，大芹村内的三门和四门在居住空间上呈现的特点是相对独立，至今依旧保持着这种居住格局。图2为19世纪末20世纪初大芹村示意图，其中虚线部分为围子墙，围子墙包括北门、东门、小东门、南门和西门，祖茔的位置在西门外。围墙内即为吕氏三门与四门生活的空间。

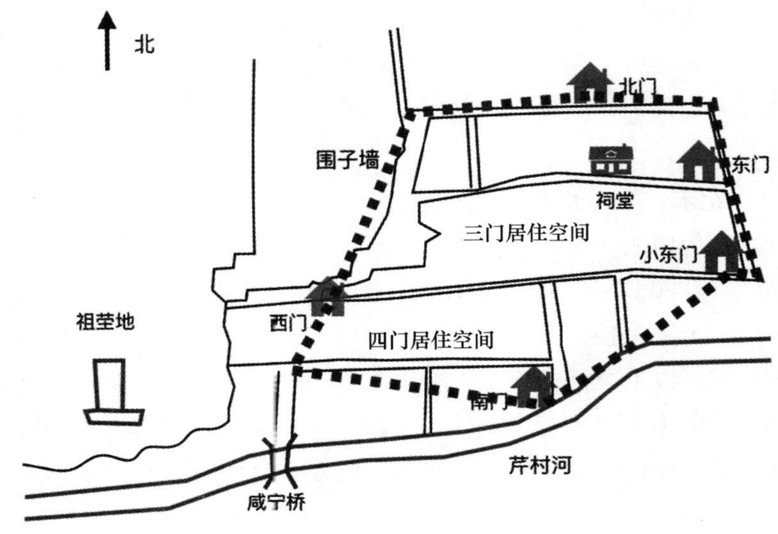

图 2 19 世纪末 20 世纪初大芹村示意图①

以西门—小东门的东西街为准，以北居住的是吕氏三门的后代，以南主要是吕氏四门的后代。吕氏祠堂在三门居住范围内。由此可以看出，虽然是一个整体的村子，在外人看来也属同一宗族，但在村子中存在着不同的差距格局。不过，当他们面对外来威胁时，又变成了一股力量一致对外，比如共同的边界范围——围子墙。

20 世纪初，大芹村吕氏关于祖先的叙事随着社会的变革发生转变。他们在自己生活的场域内，寻求着与时代息息相关的变化。民国二十年（1931），三门六修族谱。在此次的族谱序言中，三门族人将民族主义、世界主义的思潮引入修谱联宗的讨论中：

> 近世列强已由民族主义进而为帝国主义，方且讲大同之化，进而为世界主义，而吾犹拘守宗族旧制，去世界之潮流，不亦远

① 绘制人：任雅萱。

> 乎？……孙中山先生之学说，今世所奉为圭臬也，然其论民族也，亦必先推本于宗族。……藉此宗族之基础，以兴起民族之精神，使各大姓自相联络，可成为多数之团体。再尤其有关系者交相联络，可成为更大之团体，扩充之可造成中华民国之极大国。族占世界优胜之地位，而后可言世界主义也。此次吾三门修谱发起于族兄建和、族弟俊栋，虽遭时多故，集款惟艰，而族众协力，以迄于成，且与大门、二门、四门之谱次第告竣，是亦吾族声气联络团体固结之明证也。[①]

撰写这篇序言的是大芹村三门最后一个举人吕遵善。他于光绪十九年（1893）中举，撰写谱序时距取消科举已有几十年，在这样一个时代变革期，从这篇谱序并未看出作为晚清功名取得者的尴尬。不止如此，吕氏祖茔的管理方式也在发生变化，族人认为此时不必墨守成规，他们设置祭田，方法则是变卖祖茔中的树木，这在19世纪前期是违反《护林条规》规定的。[②]

若说20世纪初期三门绅董还掌握着大芹村的乡村权威，那么从20世纪中期开始，乡村治理权利出现了从“三门”到“四门”族人转移的现象。目前笔者根据访谈资料统计，“土改”时期很多三门的绅董，因为拥有大量的土地被划为“地主”，他们的房屋和土地被重新分配，大多分给了四门的族人。除此之外，新中国成立之后担任村主任和村支书职务的，绝大多数来自四门，四门很可能已经获得了管理乡村的官方认可，也因此三门族人在很长一段时间内似乎失去了原有的话语。

直到2000年，三门族人开始依托原有的乡绅文化基础，重新塑造本门在吕氏宗族文化中的权威。来自三门的吕祖璋、吕忠武等19名族人，在这一年共同倡修《三门敦化堂小宗支谱》。在这本小宗支谱序言中，三门族人认为由于“时局动荡”等原因，从民国年间至今一直未

---

① （清）吕遵善：《六修吕氏三门族谱序》，《莱芜吕氏族谱　三门谱》。

② 《吕氏祭田碑记》，此碑刻现躺在大芹村吕氏祠堂前草地中，碑刻并不完整，没有时间落款，但从仅存的这块碑刻中出现的人名考证，加之对其他村民的访谈可知，此碑刻的立碑时间应为民国年间。

编修族谱。而他们使用的堂号是“敦化堂”，却并非19世纪末的“笃亲堂”。三门族人向笔者解释，主要因为本来“笃亲堂”只是三门内部使用，后来包括其他四大门在内的整个吕氏宗族也使用了这个堂号，他们为了加以区分，遂重新取了“敦化堂”。2000年，由三门族人发出倡议，联合了村内四门族人，共同重修了吕氏祖茔。自2009年起，大芹村吕氏成立“族谱续修委员会”，会长为三门族人，成员也主要来自三门。2011年新建“吕氏祖茔”牌坊，这一牌坊据说是为文教兴盛、科第辈出的三门所立。2012年建始祖信復墓碑，同年，吕氏五大门分门编修的族谱完成。

在以三门族人为主的族谱续修委员会的组织和管理下，从2009年至2012年，大芹村吕氏积极打造自己的宗族文化。2013年，“大芹村吕氏家族墓地”被山东省人民政府定为“山东省重点文物保护单位”。至此，吕氏祖茔不再仅仅是吕氏宗族追思先人、祭祀先祖的场所，更成为省级文物保护单位。大芹村村民的身份认同经历了从清代“三门”极力构建的“宗族资源”，转变为当今被大芹村村民所共享的吕氏宗族“文化资源”。2015年，吕氏宗祠建成。这座祠堂即本文开头提到寒衣节吕氏宗族祭祖的地点。今天，大芹村吕氏宗族文化不仅成为村民们，尤其是三门族人标榜自己的文化符号，乃至莱芜宗族文化的代表，也成为村委会进行村庄治理的途径之一。

结 论

当下的乡村治理，要考虑村民的自我认同传统与村庄的文化传承。乡村治理的动力来自村民自我身份认同的建立。村民建构身份认同的重要途径之一，是通过他们讲述祖先的历史和故事实现的，即祖先叙事结构。族谱中祖先叙事的变化往往与村落的发展联系在一起。大芹村村民的身份认同经历了从清代“三门”极力构建的“宗族资源”，转变为当今被大芹村村民所共享的吕氏宗族“文化资源”。乡村治理的方式也发生了从“绅董管理”和“宗族规约”到“村委会管理”和“新乡贤参与”两套模式的转变，其中蕴含着乡村管理的权力在“三门”“四门”族人之间的角逐。不过，清代“三门”的构建不仅使本门族人享有了村庄的管理权，更重要的是确立了“大芹村”在莱芜吕氏宗族中的地位。而正是这种确立，才使得大芹村可以在当下的文化再建中脱颖而出。因此，要了解当下基层社会人群的生活状态和自我认同传统，需要从历史的维度解释个体与村庄的关系，以及个体与个体的关系。

九

非遗对于乡村振兴的意义

民俗传统与乡村振兴*

萧　放**

摘　要：民俗传统是乡村振兴的重要保障，民俗传统包含生态、生计、社会、信仰与道德伦理及村落文艺等五大类型。村落民俗传统助力乡村振兴有七大途径：利用村落非物质文化遗产资源，重建乡村精神传统；运用乡规民约之乡村自治传统，实现乡村德治、法治、自治的三治合一；传扬乡贤文化，发挥乡贤与民间组织在乡村振兴中的带动和组织作用；以村落节庆、人生仪式传统，增强乡村人际互动，传承与增进乡风文明；以村落口头传统、乡土表演艺术，讲好村落故事；从传统村落与环境协调的生态利用经验中，提炼民俗智慧，为当代村落布局、环境治理等提出对策性的研究意见；发掘村落生计资源，以地方物产、地方特色手艺来助力乡村生产。民俗文化传统助力乡村振兴主要有三大原则：保持和传承乡村民俗文化的品质特性，不能简单地将城市文化移到乡村；对一些乡村的村落传统应该有选择性地传承；要充分重视人、地、物有机复合，强调自然生态、人文生态和产业业态三态并重的整体复兴。

关键词：文化振兴；民俗传统；乡村振兴

实施乡村振兴战略是党的十九大作出的重大决策部署，是新时代做好“三农”工作的总抓手。中央要求各地区各部门要充分认识实施乡村振兴战略的重大意义，把实施乡村振兴战略摆在优先位置，让乡村振兴

---

* 原文刊于《西南民族大学学报》(人文社科版)2019年第5期。

** 萧放，北京师范大学北京师范大学社会学院人类学与民俗学系教授。

成为全党、全社会的共同行动。乡村振兴首要着眼点是经济，没有经济的振兴，乡村是很难发展起来的。但是乡村振兴持久的动力应该是文化，文化振兴是乡村振兴的重要组成部分。

中华文化源远流长，中华文化最早最扎实的祖根在哪里？应该就在乡村，乡村里相当多的地方还保留了中华文化的传统形态。当然在现代的城市化过程中，它已经受到相当程度的损毁。所以我们要以文化振兴的方式，去修复和养护中华文化根基。当然传统文化也要满足当代社会的文化需要，要满足这个时代的人们对精神生活的需求。

今天中国的乡村问题非常复杂，近一百多年以来，中国与世界处于一个持续交流变化的过程。在这个过程中，我们的很多文化传统遭到破坏，传承下来的东西已经很少了。我们今天进入了一个新时期，乡村振兴成为我们的主要任务，在这样的背景下，我们需要重新认识文化振兴对于乡村振兴的价值和意义。习总书记说："不忘历史才能开辟未来，善于继承才能善于创新。"① 创新不是凭空的，创新是有一定的凭借的。离开此前基础谈创新，那就是无根之谈。而中国有五千年的文明，有几千年丰厚的文化传统，这是我们继承创新的重要基础。继承和创新，是中央特别强调的两个方面。我们应尽可能偏重对民俗文化传统的优良部分的发现，或者说对其价值应有再认识的过程。

民俗文化是民族的基础文化，是与日常生活息息相关的文化。它既不抽象，也不思辨。它直接服务于基层社会。党的十九大报告提出乡村振兴战略的总目标是："产业兴旺、生态宜居、乡风文明、治理有效、生活富裕。"② 这里面谈到的生态、乡风、治理三项与民俗文化有着非常密切的关系。民俗文化是乡村社会重要的传统文化，我们需要对它进行深入研究，重新发现民俗文化对于当代乡村社会的资源价值，把它作为创新性发展与创造性转换的文化凭借，以此助力乡村振兴。

---

① 习近平总书记关于"科学对待传统文化"的论述，参见《在纪念孔子诞辰 2565 周年国际学术研讨会上的讲话》，新华网，http://www.xinhuanet.com//politics/2014-09/24/c_1112612018_2.htm，2014 年 9 月 24 日。

② 习近平：《决胜全面建成小康社会 夺取新时代中国特色社会主义伟大胜利——在中国共产党第十九次全国代表大会上的报告》（2017 年 10 月 18 日），人民出版社 2017 年版，第 32 页。

讨论民俗文化或乡村振兴，我们需要关注如下几个问题：首先，民俗文化是什么？其次，民俗文化怎样去推动乡村振兴？最后，在提倡民俗文化促进乡村振兴的过程中，我们应注意什么问题？

一 “民俗”概念与民俗文化的起源

民俗文化是日常生活文化，它跟日常生活是相即不离的。它是一个国家或民族中，广大民众创造、享用和传承的生活文化。生活文化是民俗文化的核心内涵。

虽然民俗学学科领域的民俗是现代学术名词，但是中国很早就有“民俗”这一词汇。它最早出现在《礼记·缁衣》：“故君民者，章好以示民俗，慎恶以御民之淫，则民不惑矣。”[①] 意为统治社会的人君要选择一个合乎伦理规范的榜样，让大家仿效；对一些不好的事情，统治者应尽量远离它。对于管理社会的人来说，应给大家树立清晰的是非标准。《韩非子·解老》也讲到“民俗”，“狱讼繁，则田荒，田荒则府仓虚，府仓虚则国贫，国贫则民俗淫侈。民俗淫侈，则衣食之业绝”。[②] 意思是说如果人们总是去打官司的话，就没有人种田，没有人种田，就没有人给国家交粮食，仓库就空虚。仓库空虚则国家贫穷，国家贫穷，反而会形成耗费资财的奢华风气，以致造成百姓生活的极度贫困。《史记》有三个地方用到“民俗”词汇。一是《周本纪》记载“耕者皆让畔，民俗皆让长”[③]，这里的“民俗”大约指民间习惯；二是在《货殖列传》说到中山地方“民俗懁急”[④]，这里指居民性格；三是《循吏列传》记孙叔敖的故事，有“楚民俗好庳车”[⑤] 的记载，民俗即风俗好尚。《史记》三个地方的“民俗”用法，跟我们今天的民俗学的民俗概念近似。

民俗是民众的一种生活文化，是一种生活传统。它首先源于人们对物质生存的需要，人们会为了生活而选择特定的生计方式。其次源于种

---

① 王文锦译解：《礼记译解》，中华书局 2001 年版，第 829 页。

② 陈奇猷：《韩非子新校注》，上海古籍出版社 2000 年版，第 425 页。

③ （汉）司马迁：《史记》，中华书局 1982 年版，第 117 页。

④ （汉）司马迁：《史记》，中华书局 1982 年版，第 3263 页。

⑤ （汉）司马迁：《史记》，中华书局 1982 年版，第 3100 页。

族繁衍。种族繁衍里面就关系到婚姻的模式问题，关系到两性伦理的问题，关系到家庭结构的问题。再次源于社会适应。因为人要生存、要发展，必须在社会中进行。社会团结或群体心理的认同、等级秩序、协调原则、人情往来，这都是民俗起源的社会适应问题。最后是源于精神活动。人不是普通动物，人有强大的精神需求，有对自然社会、历史、人生的理解和表达，这样就会形成丰富的精神产品，呈现精神民俗。如神话传说、故事歌谣、信仰、民间艺术等。

二 村落民俗传统的五大类型

村落民俗传统，是世代累积下来的思想与生存惯习。民俗传统，一般分成三个层面。一是物质民俗传统，包括物质生产、物质生活。二是社会民俗传统，是在社会适应过程中所发生的，节日、人生仪礼、社交礼俗，都属于社会民俗传统。三是精神民俗传统，包括伦理道德、信仰、娱乐艺术。这三个层面的传统是我们村落社会传统的完整形态，但是如果要更加细致地去理解，我们可以把村落民俗传统分成以下五大类型。

（一）生态民俗传统

直观来讲，村落就是一个聚居的形态，村落的聚居形态跟城市是不一样的。村落社会有自己的肌理，有自己的形态布局，有村落内部的东和西、上和下，有中心与边缘。所以我们看以前的村落，它非常重视水井，水井是村落的中心。我们经常说离开家乡是背井离乡。城市化过程中，好多背井离乡的村民都会对村里的水源地有特殊情感。我们去浙江景宁县高演村调查，村落耆老首先带我们去看的就是他们村的一口老水井，那是全村的水源地，是村落居民生存的重要资源。①

村庄的设立，首先考虑到水土的问题。所以完整的村落形态，它是符合生态宜居需要的。选择一处适合人居的环境，需要有很多来自生活实用的考虑与观念上的智慧思考。我们经常谈论风水，风水看起来好像

---

① 2016 年 4 月 23—27 日，笔者带领博士研究生前往浙江景宁畲族自治县高演村进行乡村走访调查。资料参见萧放等撰写的《浙江景宁高演村村落文化调查报告》（未刊稿），2017 年。

是一个神秘的观念，但我们也可以理解风水是利用风土条件而进行的景观选择与设计，它是为了人居安全安定而发明的技术手段，由于它被附加了许多神秘性的寄托，因此受到现代一些人的误解。比如所谓“前有案，后有靠”“左青龙右白虎”等，就是一个宜居小环境的选择。我们中国人生活在北半球的东亚大陆，村落选择坐北朝南，后有靠山，它可以阻挡北方寒风，东面是青龙位，西面是白虎位，民俗讲究东西的环抱，如湖北长阳土家族说“左青龙，右白虎，又安静，又热乎”。[①] 传统的村落选择，一般都是山环水绕，前面一定会有一条河，绕过来，像环状的，这个环不能倒过来内环，是外环的，只有向外环的时候，它才逐渐往外扩展。村落里水流出村的地方叫水口，水口往往是村落生态环境的重要保障，它是村落生态的重要节点，传统村落大多会设计一座风水桥，锁住水口。

（二）生计民俗传统

生计方式的选择，受制于三个因素：一是地理条件，二是地方物候物产，三是历史传统。所以说选择一个什么样的生计类型，不仅仅是我们主观上的选择，它与地理环境、地域生态、地方的物产、资源以及文化传统有关。中国古人为什么选择农耕？为什么没有以畜牧业为主？这是很早的问题，早在新石器时代就已开始选择，远古先民根据地理环境和气候条件等，选择种植不同的农作物，逐步形成了中国重要的农业传统。在特定的环境里，选择一种生计模式，然后在这个生计模式之上，又形成了我们的生活传统。

（三）社会民俗传统

所谓社会民俗传统就是在特定社会条件下形成的社会性行为习惯。大家知道中国是农耕社会，农耕社会强调的是人们的安居乐业，安居就容易形成家庭的不流动，家庭的不流动，就会凝结成家族的亲缘传统。村落里的家族之间要互相帮助，“生相亲爱，死相哀痛”，生死相依。通过长期的稳定的人际关系构成稳定的村落社会相互救助的传统。除了家

---

① 哈经雄主编：《中国谚语·湖北卷》，中央民族大学出版社 1994 年版，第 548 页。

族，还有很多村落不是单一的家族村落，它是多姓村。各个不同姓氏之间，它有自己的村落协调的乡缘传统，村民之间互相合作。我们的研究团队在浙江松阳平卿村调查发现，平卿村周、张二姓都有自己的大祠堂与房支的香火堂。但是在家族之上，两个家族共享了一个祭祀禹王的社庙，每年有多次村落的集体的祈福仪式，周张二姓世代和谐相处。由此可见，村落社会除了家族，还有邻里之间守望相助的乡缘传统。①

与此相关的社会民俗传统还有村落社会的自治传统。我们经常说乡村社会是"天高皇帝远"，皇帝管不了最底层社会。但是底层有一套自治的传统，这个自治可以通过宗族、通过乡社来实现。宗族可以通过家训族规制约，形成稳定的家风传统，家训族规的制约力是很强的。然后还有乡规民约，乡规民约是村里百姓在乡绅乡贤主导下制定的习惯俗规，村民会自觉遵守执行。乡里自治的自我服务方式，是中国传统社会基层自我管理的方式之一。

当然村落社会传统里面，还有村落的社会活动的传统，比如说村落的庙会、村落的节日、村落的人生仪礼。礼俗互动让村落成为一个和谐社会。大家知道乡村跟城市最大的区别就是人情的问题。乡村的人情是文化资产，通过人情可以流动，人情可以遗传，可以继承。就是祖父帮了别人，孙子还可以得到回报。而现代城市社会缺少人情，就是家住在对门的人都不见得认识，也不一定互相帮助。人情的资源在现代城市社会是匮乏的，而乡村有很纯朴的人情。当然，目前乡村面临精神衰落的问题，人情也受到很大挑战。②

（四）信仰与道德伦理的精神民俗传统

精神信仰传统，包括祖先信仰、先贤纪念、神灵信仰。就乡村社会而言，普遍存在它们自己的信仰传统。我们经常会说中国人不信教，其实中国人有自己的特定的祖先信仰。信仰祖先、礼敬亡人，这是中国文

① 贺少雅：《乡土文化传统对当代农村社会治理的价值探讨——以浙江省松阳县平卿村做福仪式为例》，《社会治理》2018 年第 5 期。

② 萧放：《"人情"与中国日常礼俗文化》，《北京师范大学学报》（社会科学版）2016 年第 4 期。

化的一个特点，强调慎终追远、木本水源的根脉意识，这是中国人特有的信仰。[①]

当然除了祖先信仰，还有对历史人物和地方先贤的纪念，我们常常会在村落里面看到许多庙宇，可能是关公庙，也可能是岳飞庙、屈原祠、刘猛将军庙，或者是祭祀唐朝平定安史之乱时的两位忠臣张巡和许远的庙。这些人物都会被村民纪念。一般村落也都会有地方的先贤。先贤纪念的文化内涵是什么？它实质传递的是村落社会里的一种历史精神，一种伦理的追求，一种对本土本乡有重要贡献人物的纪念情感。过去很多县城都有城隍，城隍一般来说是守护乡土的一个重要人物。当然佛道等神灵信仰，在乡村社会也经常可见。其实村落社会里的人们没有那种特别强烈的宗教情怀，他们多是根据生活的需要来信奉某一神灵，所以在拜神的时候，其实就是祈福的表达，就是人们求得精神的安定。比如，妙峰山庙会期间，我们作为调查者常常问上山的人，他们的目的是什么，他们说就是为了"心安"，为了精神的安定而去信仰某位神灵。[②] 这也是乡村社会的一种精神内容，当然还有道德伦理传统，道德伦理传统是我们乡村社会秩序的保障。

大家都知道赵氏孤儿的故事，赵氏孤儿的故事发生在襄汾地区，这个地方很多姓赵的，他们自己说是赵氏孤儿的后代。他们每年都要举行庙会，祭祀他们的祖先，而且安徽的程姓子孙有时候也到这个村里来，说是程婴的后代。这个故事不断地被当地赵氏子孙讲述传承，故事的核心就是强调忠义传统。[③]

（五）村落文艺民俗传统

村落日常生活中，人们不仅仅有劳作，也有休息，也有令他们精神愉悦的东西。所以在口头的语言艺术里，包括传说故事、歌谣、谚语、

① 萧放、邵凤丽：《祖先祭祀与乡土文化传承》，《社会治理》2018 年第 4 期。

② 萧放：《明清时期的碧霞元君信仰与香会活动》，《文史知识》2005 年第 9 期。

③ 2016 年 7 月 29 日至 8 月 2 日，笔者带领北京师范大学"百村社会治理调查"重大项目课题组，前往山西襄汾进行传统村落文化调查。本次调查主题是赵氏孤儿传说与忠义文化传承。2018 年孙英芳博士生形成《赵氏孤儿传说与当代村落社会》的研究报告。

谜语、俗语等都有着丰富的民俗文化的存在。[①] 乡村里边俗语起着生动的社交沟通作用；谜语是生活中通过语言表达的斗智游戏，它也有教化的作用；谚语是人生哲理与经验的凝练，有非常强的语言效果，它简洁有力，常常是一语中的，你要说一大篇话，不如说几个字的谚语有效。乡村社会有着丰富而生动的口头语言传统。

再如表演艺术，像小戏、歌会、舞蹈、舞龙舞狮，另外又如书法、美术、对联，还有农民画。在此不一一展开论述，这些具有欣赏性的乡土艺术表达方式，构成了村落的文艺民俗传统。

以上五类村落民俗传统，是乡村社会持久传承的宝贵的文化遗产，也是一笔丰厚的文化资产，在今天的乡村振兴过程中，如何有效传承利用这一村落所拥有的巨大文化财富，值得我们认真思考与研究。

三 村落民俗传统助力乡村振兴的七大途径

村落民俗传统，如何转化为今天乡村振兴的资源，助力乡村振兴？这需要我们用心思考，我们既不泥古，也不生拉硬拽，我们按照传统应与人民生活密切配合的原则，对其进行适当的提升和转化。

（一）利用村落非物质文化遗产资源，重建乡村精神传统

乡村的衰败，不仅是人口移出的空心化问题，很重要的一个原因是精神的衰败与崩塌。民国以前乡村里大都有完整的宗族、乡族组织，中华人民共和国成立之后便进入人民公社的集体管理，改革开放之后，既没有宗族，也没有公社，乡村缺乏有力的精神支撑与相应的乡风文明建设的制度保障。如何重建乡村社会精神？这是现阶段非常重要的问题。精神重建不是外边加给它的，应该从内部去培育，激活内部资源，方能让乡村精神传统复归。乡村精神的重建需要依托与载体，乡村精神传统重建的重要载体之一是家训，家训门风传递着价值观念，村落流传的谚语、箴言与口头故事，以及村落艺术都是对乡村精神意涵的积极呈现。

---

① 祝秀丽：《村落故事讲述活动研究——以辽宁省辽中县徐家屯为个案》，中国社会科学出版社 2013 年版，第 9—10 页。

大家知道村民在拥有现代媒介手段之前，他们的历史观、伦理观、人生观，大多是通过民间文化的潜移默化熏染出来的。所以那些小戏、家训、故事，都会给村民很多的启发。特别是家教、家训、家风，它们是非常重要的伦理培育路径，这也是村落社会里面非常强调的，它是塑造村民一生的立身资本。村民日常生活的语言与社交行为，会对孩子性格、行为，发生潜移默化的影响。村落社会里非常强调人情，强调这种生活细节的培育，把年轻人变成一个社会所需要的成人。村落的信仰和伦理道德的振兴，是我们乡村精神振兴的一个重要基础。这需要通过多方面条件的相互协助，才能有效推进乡风文明建设。

（二）充分运用乡规民约之乡村自治传统，实现乡村德治、法治、自治的三治合一

2018 年我们去浙江诸暨枫桥镇调查，在那里开了一个村落社会治理会议，发现当地的经验就很强调民间自治传统。[①] 我们民俗传统里是有这样的乡村自治传统，有一套自己的习惯俗规，这个民间俗规如果与今天的法治与德治配合，与新的自治概念结合的话，就会变成一种非常好的社会治理资源。但是如何将传统的家族文化、村社文化变成跟现代社会观念结合的共享性的、公益性的、服务性的文化？我们还得去研究传统的乡规民约如何与今天这个社会环境中的德治、法治、自治合一。

中国最早的乡约是“蓝田乡约”，关键内容是四句。第一，德业相劝。在乡村里边，我们的道德和我们的生计方式，是互相促进的。第二，过失相规。如果有什么不好的行为，大家互相纠正。就是民间自治。第三，礼俗相交。在村落社会里边，在人际往来的时候，人们按照礼俗的规矩交往。那礼俗的规矩是什么？儒家传统里边特别强调礼合乎人情。我们不搞那种特别铺张，也不特别简陋，而是用一种合适的礼俗方式进行交往。乡村社会的礼俗相交是用合适的财力、物力表达得体的人情。第四，患难相恤。村落一旦出现危机与大事，村民互相救助与支撑，这是村落共同体的基本伦理。蓝田的吕氏乡约是吕氏四兄弟在家家居时制定

---

① 2018 年 4 月 11—13 日，北京师范大学“百村社会治理调查”重大项目课题组的萧放教授与杨共乐教授等 5 人，前往浙江省诸暨市枫桥镇进行实地走访调查。

推行的，后来成为中国乡约最早的一个范本。[①] 现在蓝田有了新乡约，对最早的蓝田乡约进行了新的诠释，传统内涵与社会主义核心价值观相融合，这便是创造性发展传统的尝试。

今天在关注乡规民约的时候，应该重视民主协商，重视这个乡约的制定过程，重视乡规民约执行过程中是否建立了监督机制。当然乡村的团结，乡村社会的建设，不仅要有乡规民约这个条文，更重要的是我们应该具有维护共同利益的义务与责任。比如水源的保护、水利设施的兴修、桥梁的维护等问题。另外，一些公共空间，比如寺庙、祠堂的维护。现在浙江很多地方把祠堂改成文化礼堂，那么这个文化礼堂就需要公共维护。上述这些方面都是非常重要的，因为它们与村民生活息息相关。习近平总书记讲人类命运共同体，其实我们乡村就是一个小的命运共同体，在共同体里边大家互相关心、互相帮助，村民生活得就比较如意。如果乡村里面四分五裂，大家都是为了个人利益，那这个乡村就无法构成一个良性的社会形态。所以说，公共设施需要大家出力，我们也需要依靠这些村落的公共设施发挥服务村民生活的功能。

（三）传扬乡贤文化，发挥乡贤与民间组织在乡村振兴中的带动和组织作用

过去皇权不下县，天高皇帝远，地方靠自治，但自治过程中必然需要有主要人物，这个主要人物过去叫乡绅、绅士，今天我们将之命名为乡贤。乡贤是传统基层社会与当下民间社会的代表，是民间的权威。乡贤会在乡规民约的制定与公共事业的开展以及乡村治理过程中，都发挥重要作用。我们应该充分调动乡贤在乡村社会治理中的主动性与创造性精神。浙江的新乡贤工作推进比较成功，他们利用乡贤会的形式，将一批有实力、有思想、办事公正、具有奉献精神的乡贤引回乡村，让他们以智慧与物质力量回报自己的故土。[②]

乡贤是重要的资源，但是乡贤如何回到乡村？这是需要研究的问题。

---

① 牛铭实：《中国历代乡约（第二章）》，中国社会出版社第 2005 年版，第 16—17 页。

② 萧放、贺少雅：《礼仪实践：当代乡贤参与基层社会治理的重要途径——以晋浙两地田野调查为例》，《社会治理》2016 年第 1 期。

如果一个乡贤在城乡间候鸟式的来回，他是不可能带动乡村的。他必须回到乡村长期生活，才能了解到村民的生活与生产实际情形，进而寻找帮助乡民的有效途径。乡贤是非常重要的人力资源，他从农村出来，服务了城里几十年，现在回报乡村合情合理。国家和地方政府，应提供优惠条件、配套措施，帮助解决乡贤落地安置问题，加大吸引乡贤返乡服务的力度。

在“百村社会治理调查”课题中，我们发现了浙江绍兴的一位乡贤，他原任绍兴市柯桥区的人大副主任，退休以后，回到老家冢斜村。冢斜村景物资源丰厚，山水清幽，古庙、祠堂仍在。这位乡贤做了一件大事，他通过与政府沟通，将自然村变成行政村，并担任该村第一任党支部书记，再通过挖掘乡村余姓历史文化资源，在国家与地方政府支持下，他筹措了大笔资金，修复了寺庙、祠堂等公共空间以及一些老房子，整治了村落环境，后来该村成功申请成为中国历史文化名村。目前他正积极引导该村朝绍兴知名旅游村方向发展。[①] 由此可见乡贤对于乡村振兴的积极推动作用。

（四）以村落节庆、人生仪式传统，增强乡村人际互动，传承与增进乡风文明

乡村是一个共同体，人们生死相依，费孝通先生在《乡土中国》里边曾经分析过：“这是一个‘熟悉’的社会，没有陌生人的社会。”[②] 今天的乡村却面临着人心瓦解的问题，我们提倡振兴乡村，就是希望乡村重新充满力量，这需要通过村落的一些公共活动，把人心重新凝聚起来。村落的信仰、村落的伦理、村落的物质生活、村落的公共空间，都需要村落共同体的每个成员去关心它。把村落的事情变成大家的事情，而不是某一个村干部的事情，这个村就有希望。党对基层的领导、村委会的主导，是乡村治理的根本保障，加上乡贤的协助，一定会更有利于乡村

① 2016 年 8 月 10 日，笔者到浙江省绍兴市冢斜村调查，访谈了村支书余茂法，他讲述了冢斜村的变化过程。2018 年 4 月 12 日，在浙江诸暨百村社会治理研讨会期间，笔者再次访谈村支书余茂法。

② 费孝通：《乡土中国》，生活·读书·新知三联书店 1985 年版，第 5 页。

的社会治理与文化建设。

开展乡村集体活动是增强乡村团结的重要方式，也是乡村治理的有效手段。如果一个乡村没有集体活动，没有公共活动，它不可能凝聚起来。在20世纪90年代，笔者在湖北荆州调查[①]，问一个农民过年还舞龙舞狮吗，他说不舞了，我问为什么不舞？他说这是傻子舞给聪明人看的。本来是一个村落共享的庆祝活动，在这位村民心里成为一帮傻子演给其他聪明人看。20世纪90年代就有这个观念了，说明乡村的精神离散问题，已经存在几十年了。我们如何把乡村的集体活动变成他们自己的舞台，需要特别注意调动村民自身参与的积极性。其实村落社会的人，因为秉性与能力是有差异的，有的人可能在生产方面不是能手，但是舞龙好手。这个过程中就可能显现他的位置，他也愿意在集体活动中露脸，集体活动让人们既互相配合又各显其能，这是实现村落有机团结的重要方式。北京门头沟区的庄户村与千军台村就利用传统活动有效实现了村民力量的凝聚。庄户与千军台是两个相隔不远的村庄，它们世代以元宵中幡走会的方式强化着村际联系。现在该村人大部分住北京城里，但是每到正月十五，他们必须回去参加村里的中幡会。一年一度的耍中幡走会，是两村村民传承历史、实现村民文化认同与社会团结的有效方式。[②]

除了村落节庆，还有人生礼仪问题，这也是村民的人生大事，并且不仅是一个家庭内部的事情，还是一个家族或村落人际往来的重要方式。[③] 这里特别要说明的是，丧葬是一个非常重要的礼仪，中国的儒家文化，最早就非常重视丧葬。《礼记》里有多篇讲丧葬的问题。儒家最早的职业可能与丧葬服务业有关，后来由死亡思考演变成伦理思想文化体系。[④] 对死亡这个事情，中国人普遍看得非常重，这实际上是对生命的尊

---

① 1993年2月10日，笔者进行《湖北风俗文化研究》课题调研，在湖北省荆州市江陵城郊访谈。

② 2017年2月10—12日，北京师范大学“百村社会治理调查”重大项目课题组赴北京门头沟区庄户村与千军台村实地调查元宵节中幡会走会情况。

③ 龙晓添：《当代民间礼俗秩序与日常生活——以湖南湘乡丧礼为例》，《文化遗产》2018年第4期。

④ 《礼记》的《檀弓》《丧服》《丧大记》《奔丧》《问丧》等篇集中讲述了丧葬制度，还有《曲礼》等篇也涉及丧葬文化。由此可见，儒家重视丧葬职业与关注礼俗文化建设之间的渊薮。

重，对生命的礼敬通过丧葬仪式活动来体现。今天我们的丧葬改革过程中，很少考虑“慎终追远”这个方面。将人送走那一刻的许多仪式都被简化掉，人死了，直接送到火葬场，缺乏让生者因死亡事件导致的心灵危机得到安抚的仪式过程，这样的仪式其实是心理疗伤的过程。仪式是安慰在生的人，也是对亡人的礼敬。让个体生命庄严地离开，在传统中是很受重视的。我们讲乡风文明，移风易俗，反对铺张浪费，是对的。但是不能简化到仅仅是对人生命个体的机械处理，如果这样，人生的意义就会大大减损，会让大家对生命没有那么敬畏，也让活着的人缺少了面临亲人生命终结时对自我个体生命意义的思考环节。所以我们应该在人生仪礼大事里边，重视丧葬礼仪问题。

还有成人礼的问题。我们青少年如何走向成年，这是当今现实生活中需要面对的问题。当今社会急需要成人礼，对年轻人做一个仪式的唤醒，以仪式方式催熟其成年。目前年轻人大多没有经历这样的仪式，他对自己是否长大成人没有足够清醒的意识。从身体生理状态看是成年人了，但精神上还没有成人，他还在依靠父母，还在“啃老”，还没有作为成人的责任感。现在一些学校也举办成人礼。但许多学校的成人礼往往是高考动员，高考成为直接功利的目标，这是很短期的人生目标。这个短期的人生目标实现完了以后怎么办？所以成人礼应该从文化上考虑，不能是一个短期行为。成人礼告诉年轻人什么叫“成人之道”，什么是“人”，通过仪式之后，年轻人就意识到自己是一个成熟的生命个体，就有特定的责任与义务，当然也有权利。现在年轻人的社会圈子里有很多现象是不成熟的。很多人把幼稚化的东西叫作时尚，其实就是对不成熟的欣赏，这不是一个成熟的秩序社会所应该有的态度。目前整个社会处在一个过渡的状态，处在从不成熟走向成熟的过程中，正在民族文化复兴的路上，我们需要进行包括成人礼在内的礼仪文化建设。人生仪礼的推行，其实就是一个实现社会秩序化的过程。①

（五）以村落口头传统、乡土表演艺术，讲好村落故事

在凝聚村民情感精神的同时，要注意提升乡村文化的影响力和传播

① 萧放、贺少雅：《伦理：中国成人礼的核心概念》，《西北民族研究》2017年第2期。

力。在乡村振兴的过程中，我们其实有很好的民俗文化资源，就是村落口头传统和村落表演艺术。[①] 我们讲送戏下乡，其实乡里边本来就有很好的东西，是否可以调戏进城呢？现在已有许多地方戏到大剧院演出，如到梅兰芳大剧院、国家大剧院演出，就是很好的例子。

村落里边有属于自己的地方戏传统，它跟老百姓生活切近，把它利用好、传承好，就非常不错。在乡村振兴过程中，要重视乡村的口头传统和表演艺术。[②] 村落故事的讲述，特别有利于提升村落的知名度。[③] 如何实现文化传承和村落的旅游的结合，发掘一个好故事就异常重要。

例如前面说到的赵氏孤儿的传说故事，它有着广泛的传播度，如果我们说山西这个地方还有一批赵氏孤儿的后代在那生活，大家一定有兴趣去看看。宜兴讲梁祝的故事，形成了扑蝶节庆活动。山西闻喜县裴柏村是裴氏宰相府所在地，裴氏是大家族，唐朝开始出了多位宰辅大臣，裴氏家训在历史上影响很大，裴柏村因此成为知名村落。[④] 乡村故事要讲好，必须重视乡村村落的民间口头资源与风物、历史人文传说，村落口头传统需要深入挖掘与提炼，并以适当的形式向社会传播。

村落口头传统不仅是自我教育、自我传播的一个方式，也是彰显村落形象、彰显村落魅力的一个重要资源。讲好村落故事，是我们在乡村振兴中需要足够重视的方面。每个村落都有自己的个性，都有自己的故事，需要认真发掘村落故事资源。彰显村落文化魅力最好的方式之一是设立村落故事馆。在台湾花莲有一个大陈村，大陈村民来自浙江省台州的大陈岛，当年国民党政府撤退台湾时将村民带到了台湾，并集中安置在花莲县。大陈岛的居民为了怀念他们的故里，设立了大陈村故事馆，馆里有大陈岛人的传统仪式、歌谣、口头故事、家乡饮食等。这些人按

---

① 张士闪：《乡民艺术的文化解读——鲁中四村考察》，山东人民出版社 2005 年版，第 16 页。

② 袁瑾：《地域民间信仰与乡民艺术》，中国社会科学出版社 2017 年版，第 117 页。

③ 参考秭归县文化旅游局、秭归县非物质文化遗产保护中心编著的《屈原传说》，三峡电子音像出版社 2012 年版。

④ 邵凤丽：《裴氏家训参与基层社会治理的路径》，《社会治理》2018 年第 8 期。

照家乡的生活传统在花莲地区落地生根。[①] 故事馆是他们的乡愁，也是他们保持大陈村形象的有效方式。所以这个故事馆对大陈村村民而言十分重要。

因此，讲好村落故事，是传播村落声名、吸引外来资源、提升人气的重要方式。

（六）从传统村落与环境协调的生态利用经验中，提炼民俗智慧，为当代村落布局、环境治理等提出对策性的研究意见

乡村形态有依托地形自然形成的，也有经过人工的选择设计而形成的。一些延续几百年甚至上千年的古老村落，在村落布局形态上，体现出了丰富的人生智慧，它承载着丰厚的生态知识传统。乡村村落的内和外、上和下、东和西，都是肌理明晰的有机组合。应该总结这些名村的生态智慧。在今天的新农村建设过程中，我们应该充分利用传统智慧资源，不要盲目地去做那种不顾村落肌理性的挪移、搬迁。那些建在乡村公路两边的新农村，没有考虑到生态问题，不符合党的十九大报告强调的“生态宜居”目标要求。因此我们建设新农村时，应该考虑到当代村落振兴中的生态宜居问题。

（七）发掘村落生计资源，以地方物产、地方特色手艺来助力乡村生产

乡村最重要的是生计资源，特别是几百年，甚至上千年的村落，它都有自己生存的基础，有它的生计方式。在今天的乡村振兴过程中，我们应该尽量去寻找这种地方的生计基础，寻回它的特色手工艺，让它在新的社会条件之下，能够找到它的生存发展之道。乡村振兴不是一个统一的模式化的东西，我们要根据每一村落的个性进行设计，做到一村一品。比如江西婺源篁岭村的旅游创意，就是很好的案例。篁岭村本是一个在山顶上公路连接不到的偏僻村落，很多村民外迁。但是这个村落地

---

① 2018 年 1 月 2 日，笔者作为客座教授与台湾东华大学中文系语宸助理一道考察花莲市大陈村，参观故事馆，并与负责故事馆的吴姓志愿者交谈，吴姓志愿者出生在从浙江温岭大陈岛前往台湾的军舰上。故事馆有各种物质生活、社会习俗与精神信仰的展陈资料。

貌特殊，民居呈台级分布，高低错落，村落形态特别古朴，具有很好的欣赏价值。当地乡建公司与村民商量，在征得90%的村民同意之后，在山下平地安置村民，对空出的村落民居进行修缮，又从外地移入了一些与徽派风格一致的建筑，让这个村落有了私塾、祠堂，构成了一个完整的传统村落形态。对于村落内部的生活设施进行了全面系统改造，民居内部是现代民宿装饰。为了突破仅为传统民居欣赏的传统村落旅游局限，篁岭村选择了传统的秋晒景观，让它作为吸引游客的卖点。因为这个村落的民居是高低错落的、一层一层叠加上去的，在每一层的民居晒台上，晒白的萝卜、红的辣椒、青的白菜，还有黄的菊花、南瓜等，层层晒台，看上去就像是一幅挂在山坡上的精美油画。经过几年的经营，篁岭村已经成为江西传统村落旅游的品牌，同时外迁的村民可以进村当员工，拿工资，在里面提供饮食经营、乐器演奏、手工技艺制作等服务。这是江西古村落转变成现代旅游对象的一个成功案例。①

再一个例子是台湾宜兰的白米社区营造。宜兰白米社区，以前是矿区，矿区衰落后，当地林姓青年不甘心家乡衰落，立志重振家乡，在一番调研之后，寻找到当地曾经有的木屐生产传统，而且调查到周围有生产木屐的树木资源。于是他请老师傅出马，带动全村的人做木屐，建立木屐博物馆，除了把木屐做成实用的鞋子，还做成便携旅游品，上面刻上“福”字，旅游者可以“带福回家”。这个地方吸引了许多外地人观光，成为通过有创意的社区营造而复兴地方的典范。村落复兴重振需要符合这个村落的生态资源与历史人文环境，需要符合内在村落肌理与技艺传承的传统。以一个有生机的创意凝聚村民，可使村落社区重新恢复活力。②

因此手艺特色村的发掘，值得特别重视。手工技艺不仅是重要的谋生手段，也是村落物质生活的一个内容，同时还是维系村落生活共同体的文化力量。在村落振兴过程中，要善于发现村落里的特色手工艺。虽

① 2018年8月5—8日，笔者在江西省婺源市篁岭村进行调查，并参与中国民间文艺家协会主办的晒秋习俗研讨会。

② 2018年11月笔者走访台湾宜兰市白米社区，文中提到的“林姓青年”已经是年近七旬的老人，他刚从社区经营的负责人位置上退休。资料根据笔者对林董事长的专门访谈整理而成。

然有的工艺制品在当地不起眼，但是对外地人而言，可能就是颇具欣赏价值的物品，也可能作为特殊的伴手礼。我们现在去一个地方旅游，发现很多公开销售的旅游产品几乎都是某一手工艺品市场批发出来的，东西南北都一样。我们很少做地方手艺产品的开发与设计，在乡村振兴中资本下乡的分配时，应该在这些方面有更多的投入。

手工艺是乡土文化的重要遗产，它具有传承和更新乡土文化的功能，我们可以通过文化创意来提高村落的经济效益，提升村民的物质生活质量。[①] 物质生活是村落社会的最基本的东西。如果村民生计不能得到解决，单纯强调文化是无效的，历史和传统文化是与生计紧密相关的，所以我们讲民俗文化传统时要特别重视经济生产。

四 民俗文化助力乡村振兴的三大原则

民俗文化具有自己的文化特性与功能价值，它同样也有时代与地方性局限，如何扬长避短，发挥民俗文化助力乡村振兴的正向积极作用，需要有理论的引领。民俗文化助力乡村振兴主要有三大原则。

第一，要保持和传承乡村民俗文化的品质特性，不能简单地将城市文化照搬到乡村。现在讲城乡融合，我们乡里的文化，是不是也可以融合到城里边呢？乡里保持的传统，可以移到城市里，城市人的一些生活方式，也可以进入乡下，但是不要去改变乡村生活里优良的品质。如作为共同体的人际关系里互助的传统，人生仪礼过程中的互惠传统等，是应该保持的。有秩序的、和谐的乡村生活状态，是我们所期待的。

第二，在保持村落社会文化品质特性的时候，不要泥古，不要照搬，即我们对一些乡村的村落传统应该有选择性地传承。有些传统我们要在继承中实现形式与内容的更新，表面上保持这种形式，但实际上我们已改变它的性质，它的精神内涵需要服务现代社会。比如乡村里的神灵信仰，我们可以将其融入现代人的公共生活中。浙江人做了很好的一

① 朱霞：《传统工艺的传承特质与自愈机制》，《北京师范大学学报》（社会科学版）2018年第4期。

个实践，就是把祠堂变成文化礼堂。[①] 因为毕竟现代社会家族已经泛化，乡村的家族也没有以前的经济基础，不构成稳定牢固的物质实体性社会，现在尽管有一定的家族观念，但基本上是小家庭，没有家族共同体。所以我们应该把传统家族共同体里边“公”的概念，转化为现代村落的公共概念。把祠堂变成礼堂，就是把村落传统文化空间转换成当代村落公共活动平台，重新发挥村落文化空间凝聚村民的社会功能。村落寺庙同样具有凝聚村民情感与精神的作用，我们今天也可以尝试创新与利用。

第三，在村落振兴过程中，要充分重视人、地、物的有机结合，强调自然生态、人文生态和产业业态三态并重的整体复兴，各方面都应得到均衡发展。当然这是最理想的状态，因为一些村落的生态资源、文化资源都是优质的，但就是经济不发达。如何把这种自然生态与人文资源转换成它获取生计保障的资源，需要我们深入研究。云南、贵州等地就有很多这样的村落，浙江西部也有，如松阳的平卿村。平卿村有一古老祭社祈福的民俗传统，每年都要举办八次大小祈福活动。大家知道，祭社是从先秦开始便有的一个传统。到后来村社瓦解之后，社祭很少了，但平卿村居然还保持着这一传统，而且每年还要分社肉。每年有四个年轻人来主持这一年所有的仪式活动，主持年度活动之后，年轻人才成为这个村落里边有发言权的人。其实这就是特殊的成人礼。它是一个非常传统的村落团结方式。今天我们如何保持这一村落传统，同时提升它的生活品质呢？我们可以调动村落内部力量，配合外部资源，把村落自足的祈福活动，变成一个与外来者共享的资源，成为人们共享的平卿祈福节。当地人可通过借助公共性的节庆活动营销地方产品，增加村民的收入。

总之，我们要激发村落社会内生的力量，才能有效推动乡村振兴。我们需要深入乡村内部，总结提炼乡村的民俗传统资源，发现与呵护村落内生性的动力。依托社会大环境，根据当代社会的需要，对民俗传统资源进行创造性转换与创新性发展，实现村落内涵发展的振兴之路，这是乡村振兴的根本性方向。我们不仅要依靠中央提倡，靠当地政府推动，

---

① 刘秀峰：《农村文化礼堂：从公共空间到社区营造》，浙江工商大学出版社 2006 年版。

更要积极发挥村民自己的力量。乡村建设任重道远，乡村振兴中的文化复兴问题是一个很重要的课题，应该得到我们的高度重视，并予以更深入的研究。

“借礼行俗”与“以俗入礼”：胶东院夼村谷雨祭海节考察*

张士闪**

摘　要：近半个多世纪以来，胶东院夼村谷雨祭海节大致经历了从“借礼行俗”到“以俗入礼”的过程。借礼行俗，是指村民自觉地将地方传统贴近国家意识形态，形成“礼化之俗”以获得合法性；以俗入礼，则指国家通过对地方传统的甄别、遴选与调整，赋以不同层级的名誉和资助，纳入社会公共文化系统之中。二者发生的社会背景不同，操持方式各异，但均可视为中国传统社会中“礼俗互动”的延续。院夼村谷雨祭海节，游走于地方之俗与国家之礼之间，是渔民因应国家历史进程，基于生计、信仰和民俗传统而发生的时移势易之变，其社区调谐功能与自身调适机制值得关注，庶可借此推进对中国“社会性”的理解。

关键词：借礼行俗；以俗入礼；胶东院夼村；谷雨祭海节

观诸海内外关于中国之“社会性”传统的研究脉络，英国人类学家弗里德曼可谓是里程碑式的人物。在他之前，注重“国家大一统”者往往过于强调“礼制下行”的社会流向，而注重地方社会者则过于强调地方自治系统的发育过程与自主运行，由此形成了关于中国社会观察的某

---

* 原文刊于《开放时代》2019 年第 6 期。作为山东省社会科学规划优势学科项目《中国文化的民间传承机制研究》（项目号：19BYSJ32）的阶段性成果，本文在写作过程中，曾得到赵世瑜、耿波等先生的指点，并在与王加华、龙圣、朱振华等先生的讨论中受益，在此一并致谢。

** 张士闪，山东大学儒学高等研究院教授。

种偏狭。其极端者，在处理官与民、集权与民意之关系时，生硬切断二者关联，甚或着意强调二者之间的对抗，而轻忽中国社会中曾有的社会事实、政治智慧与话语形式。[①] 弗里德曼从葛兰言和高延关于中国宗教体系的论争[②]中，看到"在表面的差异背后"，"存在一个中国的宗教系统"[③]，而试图超越上述关于中国社会的两极化判断，寻找贯穿中国社会各阶层的总体特征。

中国传统社会作为超复杂系统，其存在与运作必然不是"家天下"之集权专制的结果，而是自成一体的生活—文化系统，这应该成为中国"社会性"研究的立论基础与核心问题。在弗里德曼以后，史华慈、科大卫循此路径持续推进。史华慈不仅同意弗里德曼关于中国的精英宗教和农民宗教"都建基于共同的基础之上，代表着同一种宗教的两种版本"的说法，而且强调二者之间是"习惯用语式的互译"式的紧密关联，而且仅就文献记载中的民间宗教而言，"民间宗教的内容既不是简单同一的，也不是长期缺乏变化的，甚至也不缺乏自觉的反思……在'高层文化'和'民间文化'之间存在着经常性的、迁移性的相互作用"。由此，他对中国传统社会与文化的复杂性保持敬畏，甚至断言"迄今为止，关于中国民间文化的研究很难说已经真正开始起步"。[④] 科大卫则长期致力于中国本土田野调查，将地方宗教、祖先祭祀、社区节诞、民众文字传统、庙宇建筑等视作"有意义的礼仪标签"，试图以此"重建地方社会整

---

① 张士闪:《礼俗互动与中国社会研究》,《民俗研究》2016 年第 6 期。

② ［英］莫里斯·弗里德曼:"高延和葛兰言，每个人以自己的方式，指出了一种方式，使我们理解存在广大等级制的中国近代社会如何可能被认为在多种宗教形象之下潜存着一个单一的基础的宗教……荷兰人高延和法国人葛兰言都寻求中国宗教不同形式的根源，讨论其在中国社会不同阶层中的传播，但是高延在他成熟的著作中，是从一个精英—经典的视角开始的，从这一视角来看，其他的都是低劣的变异（精神性的宗派性运动除外），然而葛兰言是从所谓的农民起源出发建立起精英—经典版本……一个贬低了大众，另一个贬低了精英。"［英］莫里斯·弗里德曼:《论中国宗教的社会学研究》，李华伟译，见金泽、李华伟主编《宗教社会学》（第 1 辑），社会科学文献出版社 2013 年版。

③ ［英］莫里斯·弗里德曼:《论中国宗教的社会学研究》，李华伟译，见金泽、李华伟主编:《宗教社会学》（第 1 辑），社会科学文献出版社 2013 年版。

④ ［美］史华慈:《古代中国的思想世界》，程钢译，江苏人民出版社 2008 年版，第 546、13—14 页。

合到中华帝国的过程"[①]。他在新近研究中，特别强调从"地方社会与国家机构打交道的形式"认知中国社会历史进程：

> 国家对地方社会的影响，不一定是控制，也可以是地方社会很主动、很巧妙地把国家制度引入来处理地方上的问题。所谓地方整合到国家，就是一种认同的过程。我们在田野考察的基础上注意到，这种认同跟地方社会与国家机构打交道的形式很有关系。[②]

在他看来，大一统的国家建构与地方社会发展之间的互动过程，即是"形成中国的历史"，而在这一互动过程中形成的"礼仪标签"，则使得"理解中国"成为可能。

笔者在长期的田野调查中发现，地方社会对于这类"礼仪标签"的制造与使用，普遍存在着以"礼""俗"为表征的不同话语流向[③]，并呈现出多主体交互建构的特征。这其实是与国家大一统进程中的两大特征有关，即国家政治"地方化"与地方社会"国家化"的同时发生。笔者将之概括为国家政治的"以俗入礼"与地方社会的"借礼行俗"：以俗入礼，是指国家通过对地方传统的甄别、遴选与调整，赋以不同层级的名誉和资助，纳入社会公共文化系统之中；借礼行俗，则指民众自觉地将地方传统贴近国家意识形态，以获得合法性。二者均作为中国社会"礼

---

① 科大卫、刘志伟："在不同时间不同空间，尽管人们都同样追求大一统，但他们用来定义大一统的标签往往不一定相同。在把地方传统纳入大一统范畴的过程中，尽管他们总是会努力把对自我的认知与对大一统认知之间的距离拉近，他们建构的大一统样式与其他人建构的大一统样式在概念和行为上仍然可以有很大的差异，问题不在于这种差异有多大，而在于他们对正统的理解和定义是否有规律可循。"见科大卫、刘志伟《"标准化"还是"正统化"？——从民间信仰与礼仪看中国文化的大一统》，《历史人类学学刊》第六卷第一、二期合刊，2008 年 10 月。

② 科大卫、张士闪：《"大一统"与差异化——历史人类学视野下的中国社会研究——科大卫教授访谈录》，《民俗研究》2016 年第 2 期。

③ 山东大学曾于 2014 年 11 月举办"礼俗互动：历史学与民俗学的对话"学术研讨会，学者从"据俗成礼""礼化为俗""礼俗共处""礼俗冲突""礼俗运用"五个方面进行研讨，认为"礼与俗作为勾连官方、文人精英与普通民众的重要机制，对于理解中国社会、阐释中国文化具有特别重要的意义"。龙圣：《"礼俗互动：历史学与民俗学的对话"学术研讨会述评》，《民族艺术》2015 年第 1 期。

俗互动"[1] 传统的常规表现，促成了国家政治与地方社会之间双向互动、相互嵌套的关系。在"礼俗互动"中理解中国[2]，或许是值得尝试的学术路径。

在笔者长期关注的诸多村落中，都有着"礼俗互动"的丰富表现。如山东省荣成市人和镇院夼村[3]，在20世纪70年代所谓"集体化时期"，当地政府贯彻国家制度精神，允许渔民将谷雨节这天的海上捕捞所获留归私有，虽然各户渔民的反应不尽相同，但绝大多数会在改善伙食、欢度谷雨节的同时，还以"家自为祭"的方式祭祀海龙王——在当时国家强力"根除封建迷信"的大背景下，他们既未坚守此前以生产队为单元的集体共祭仪式，更没想要恢复20世纪50年代以前的家族共祭传统，但也并不就此告别仪式。此后，村民逐渐通过"军民共建"、申请列入国家级非遗名录[4]等方式，将之自觉改造为"阖村共祭"的形式以获得合法性。这类现象并非偶然，而是国家政治与地方传统之间交叠互渗、交互印证等互动关系的常态。进一步看，历史上国家大一统进程中充满了革命与改革，自古及今并没有一以贯之的国家制度，而地方传统则不会被国家进程所轻易裹挟，不可能也没有必要快捷地与时俱进，但并不妨碍二者之间同生共存、多样合作的关系。不过，如果仅从国家大一统的眼光来看，类似地方传统节日等乡村社会运行的内发性因素，却容易被视为阻碍社会进步的障碍，时至今日仍偏见难除。

胶东院夼村谷雨祭海节，是以祭祀仪式为主要特征的节日民俗传统，在20世纪50年代以来的民族国家进程中迭有新变，而又不脱村落语境与民俗根性。笔者相信，从这一个案出发，考察国家政治与民俗传统的互动关系，观察地方社会运转的自洽机制，有助于以小见大地理解传统中

---

① 张士闪:《礼俗互动与中国社会研究》,《民俗研究》2016年第6期。

② 李海云认为,"'礼俗互动'的研究理念以民间传统的田野发掘为基础，聚焦地方社会中长期的礼俗互动实践与机制，并与中国社会悠久的历史进程相联系，蕴具着探索中国社会整体结构与历史进程、深化已有民俗学研究的可能性"。李海云:《边界视角：新时期中国民俗学发展脉络考察》,《民俗研究》2018年第6期。

③ 在2010年、2018年两个年度，笔者曾两次组织民俗学团队到院夼村调查，其间曾多次零星造访。

④ 2008年6月，院夼村谷雨祭海仪式以"渔民开洋、谢洋节"名义，入选第二批国家级非物质文化遗产名录（属于"民俗类"，编号X－72，保护单位是山东院夼实业集团有限公司）。

国的“社会性”脉络如何在近现代延展、重构及运作实践。

一 渔村经济:从近海捕捞到远洋作业

“夼”，音“kuǎng”，山东半岛东部地区方言，专指两山之间较大的山谷。院夼村位于胶东半岛最东端的西南角，三面环山（铁槎山），一面靠海（黄海），属于冬暖夏凉的海洋性气候区。据该村《王氏族谱》记载，在明朝天启五年（1625），即有王姓人家从荣城干占村（现属石岛）迁徙至此定居，并有始祖“亦农亦渔”“前世起身佃渔”等记载，以海上渔业为生计传统。[①] 目前，该村占地3750亩，户口登记1409户、3502人，王姓占全村人口90%以上。同时，村内还有来自安徽、河南、东北等地的打工者3000多人，使村里常住人口数超过7000人。院夼村人对“院夼村养活穷人”之类话题津津乐道，以本村有“不欺生”的传统而自豪。笔者注意到，目前村落居住空间的贫富格局是很明显的：沿铁槎山而建的别墅区，居住着本村最富裕的群体；村落主体格局是在20世纪70年代建成的低矮房舍，附有较小院落，为一般村民所居；在村西邻处，有一片空间逼仄的简易房，卫生条件较差，是外来打工者居住之处。

院夼村人世代以海为生，是典型的传统渔村。目前，院夼村集体经济基础较为雄厚，村民生活富足。院夼村曾有集体企业——山东院夼实业集团公司，实行村企合一的管理方式，下辖国际货运、水产品精深加工、名优海品养殖、船舶修造、生物制品、鱼粉厂、制冰厂、冷藏厂、鱼油厂、土壤调理机厂等20多个子公司，拥有资产总额4.9亿元。海外贸易方面，主要与我国香港、台湾以及柬埔寨、东南亚地区等开展海上冰鲜鱼贸易，最远的到了南非。截止到2016年，院夼村在海上捕捞方面，拥有100—960马力渔船130多对，其中荣成籍渔船73对，其他均为外地船籍渔船，如浙江、河北、辽宁、山东寿光等；100马力以下渔船（泛指体外挂机）100多艘；国际国内货运船共10条。村东部有一处空空荡荡的电影礼堂，是本村往昔繁盛一时的集体主义经济时代的见证。自2002年以来，山东院夼实业集团公司转为民营私有企业，大致业务如前，只是变为个人所

---

① 院夼村王氏家谱编修委员会：《王氏族谱》，院夼村委会收藏。

有。此外，村中还有特种养殖户 10 家，貂种存栏量 6000 头；水产养殖加工厂 10 家，主要养殖加工海带、裙带菜、牡蛎等，亩产 2000—3000 元；鱼粉加工厂 6 家；鱼油加工、海参养殖场各 1 家；冷储业 4 家。[①]

长期以来，院夼村男女分工明确，男人出外工作，妇女当家。这使得村内同性之间的交往较为密切，有妇女之家、老年人协会、秧歌队等组织。此外，本村还成立了创业者协会、特困救助爱心会等经济类组织。

近 20 多年来，近海渔业资源日渐匮乏，是院夼村人不得不面对的问题。依靠现代技术的渔业远洋捕捞、加工与运输等业务，逐渐成为该村经济支柱产业，在国内外渔业日趋激烈的竞争格局中具有一定的不确定性。近年来，村委、企业和村民的危机意识日益增强，寻找新的经济增长点已成为很多村民的共识。如以 2011 年从村支部和集团党委退休的老书记王巍岩为代表的一部分人，就多次提出要发展渔海民俗旅游业，但全村并未形成一致，村委会多次议而未决。

院夼村以在谷雨节期间举行隆重祭海仪式而闻名远近，活动以本村龙王庙为中心，每每吸引邻村甚至更远的人们前来参加，近年来更成为吸引上万人参与的海滨盛会。在长达 8 年的调查中，笔者曾对如下情形感到迷惑：院夼村的祭海仪式，本是依托谷雨节期间近海特有的"百鱼上岸"传统景观，作为渔民下海捕鱼前的时间节点而举行的仪式活动，但近 20 多年来，近海渔业资源枯竭，"百鱼上岸"景观不再，本村从事远洋捕捞渔业的船只也不在谷雨节期间返村过节，作为过节主体的船老大等已是节日仪式的"缺席者"，为什么这一仪式却并未衰微，反而越来越隆重？这是否意味着，祭海节一旦定型，就可以与海洋渔业没有关联？[②] 地方民俗传统，是否一旦约定俗成，就可以自外于国家进程与地方社会格局而"脱域"[③] 自转？

---

① 参照院夼村村委会《院夼村基本情况》，2016 年。

② 纳尔逊就暗示说，中国的祖先崇拜其实与祖先无关，而意在社会关系的调谐，"祖先崇拜是仪式化了的亲情纽带，倘若我把研究重心放在亲属关系而非其仪式化之上，那么我所做的无非就是中国人希望我去做的了"。见［美］纳尔逊《祖先崇拜和丧葬实践》，载武雅士著《中国社会中的宗教与仪式》，彭泽安、邵铁峰译，郭潇威校，江苏人民出版社 2014 年版。

③ 吉登斯："所谓脱域，我指的是社会关系从彼此互动的地域关系中，从通过对不确定的时间的无限穿越而被重构的关联中'脱离出来'。"［英］吉登斯：《现代性的后果》，田禾译，译林出版社 2000 年版，第 18 页。

二 谷雨节祭海：渔村的历史记忆与文化表达

循流溯源，地方社会中的节日传统，首先是作为以年度为周期的时间刻度而被感知的。一方面，节日作为地方时间制度中的特殊时段，年复一年如期到来，营造出一种周而复始的永恒感；另一方面，时移事易，处于国家一统进程中的地方社会生活，又会对既有节日传统发生种种影响。地方节日传统，是在国家规定的时间制度框架下，因应地方社会生活之调适而成。具体到院夼村而言，村民在谷雨节祭海传统中的仪式行为，既为当地山海之间自然环境所限定的传统生计的长期塑造，也与这一地理景观在人们心中激发的神圣想象有关，但其生计模式却又受制于不同时期的国家制度，其神圣想象也与历史悠久的中华民族神圣传统有着内在关联。因此，看似单纯与自然环境有关的传统生计，与渔民似乎仅仅为生存而选择的神圣符号和仪式行为，背后潜存着国家一统进程所携带的巨大力量。民众对于民俗传统的时移势易的活用，必须在国家、地方社会与民众日常生活的复杂互动中予以观察和理解。

从院夼村人充满怀旧色彩的讲述中可知，20 世纪 80 年代以前这一带近海到处都是鱼虾等物，生活资源充足。在岸边随便撒网，就可以捕到很多鱼虾，吃不了就晒干储存，或者卖给邻村农民当土地肥料。后来海洋资源急遽减少，虽然渔船马力不断增大，但靠海吃海的生计还是越来越困难，更让人不安的是日益严重的海洋污染。与此同时，村中传统民俗多有存留，吸引着众多渔民参与，如岁时节日、婚礼、葬礼等，尤其是谷雨祭海仪式，吸引着几乎院夼村所有家庭都参与进来。在谷雨节期间，渔民纷纷来到龙王庙行祭，既有传统信仰心理的惯性驱动，也有对往昔时光的记忆和回味，还有对难以估测的未来生活的期望。在普通院夼村人看来，谷雨祭海节活动的举办关乎整个村落福祉，也是其以主待客的特别时段。这从院夼村神圣空间的建构、神圣仪式的设置以及诸多神圣符号的选用和解释等方面，可约略看出。

1. 龙王庙：村落的神圣中心

矗立于院夼村村东南海边山坡上的龙王庙，既是村民举行祭海仪式的特定空间，又是日常公共聚会的重要场所。龙王庙面朝大海，看上去很是气派，是本村最神圣的祭祀之地。村民夸说，本村海龙王庙是中国沿海地区规模最大的一座，出海打鱼的渔民很远就能看得见："出海打鱼多少天的渔民，老远看见了龙王庙的尖顶，就像出门多时的孩子看见了等他回来的亲娘，那眼泪哗哗地就下来了。"① 在浩渺的大海上，并不像陆地那样有明晰的边界感，何况院夼村渔民大多是远洋捕捞而归，此时渔民眼中的龙王庙，就不仅代表了他们在海上漂泊多日终得返回的家乡，也隐含着丰满的祖国母亲意象。

在村民口中，本村龙王庙经历过"三建两拆"，眼前所见已是"第三代龙王爷"。"第一代龙王爷"是用石头刻制成的小石像，高约 0.3 米，放在高约 1.3 米、用石头垒砌的一座破旧小庙里。小庙规模不大，却有讲究，门前是三级台阶，所处方位就在今龙王庙处，庙门朝向也都是"子午向朝南"②，最终在 1966 年被拆，龙王爷石像被推入海中。"第二代龙王庙"复建于 1972 年海难发生③以后，长约 3 米，宽约 2.5 米，高约 4 米，龙王爷塑像高约 1.3 米。20 世纪 80 年代以来，村民纷纷向村委会提议重修龙王庙，希望扩大建筑面积，理由是"到了谷雨节，来烧香的拥挤不堪，场面混乱，危险"，并愿意出钱出力，终于在 1989 年由村集体出资隆重修建龙王庙。自 2003 年起，又在原址基础上对龙王庙再行扩建，增设海神殿、财神殿等。2009 年，再次将龙王庙修整一新，沿用至今。

在龙王庙庙墙外面，刻录着历代皇帝御笔题写的众多"龙"字。进得龙王庙内，一道石牌坊映入眼帘，以大字书写"龙王庙"三字，其中的繁体"龙"字分外显眼。龙王庙共有三个大殿，殿前各有一尊香炉，供香客烧香。进入庙门后，左右两边是海神娘娘殿和财神殿，中间有一尊 2 米多高的香炉。石牌坊后是一道十几米高的石梯，显得威严而神圣，拾阶而上便是题名"龙王宝殿"的正殿。龙王宝殿地势较高，殿内立有一尊高大的黄海龙王像，凝视着前方辽阔的海平面。龙王像右侧的塑像

---

① 被访谈人：王巍岩，男，院夼村人，曾长期担任村党支部书记；访谈人：张士闪等。访谈时间：2010 年 4 月 17 日中午。

② 被访谈人：王锦堂，院夼村村民，男；访谈人：王刚、武宝丽；访谈时间：2018 年 4 月 20 日。

③ 1972 年农历二月十六日傍晚，院夼村曾发生过一场船毁人亡的惨痛海难，死亡人数达 30 余人。

是风伯、雨师，左侧则是雷公、电母。各神像上方都悬挂着金黄的丝缎流苏，上绣有飞龙图案。在龙王宝殿两边，左边是重修龙王庙后所立的功德碑，刻有捐资人姓名，右边立有一道描绘有八仙过海图的影壁墙。影壁墙前砌有一座高台，节日期间可作为文艺表演的舞台，此时上悬横幅“渔民开洋节谢洋节文艺汇演”。

据院夼村人说，本村龙王庙长年香火鼎盛，附近渔民多来此上香祭拜，有家人出海作业的家户更是虔诚，常来祭拜龙王以求平安、财旺。一年之中，香火最旺的时候当属谷雨节，龙王庙祭拜场面壮观，热闹非凡，这天的鞭炮声甚至比过春节时还要热闹些。至少在本村人的心目中，龙王庙虽然有拆有建，或大或小，但“海龙王一直都在”，庙址就是它的长居空间。在许多村民心目中，“海龙王一直都在”的说法并非比喻性的，因为神灵并非依存庙宇而生，而只是依据人间的供奉状况（建庙、香火、仪式等）而有所奖惩。虽然在王斯福看来，“地方崇拜的复兴是一种对地方认同感的深邃宣言，这里有着自己的神话与历史，有着相对于国家的神话和行政以及集体式政府制度的自主性”①，但这种“自主性”是极为有限的，而且在一定程度上可以视为国家一统进程的“地方化”表现。借助地方神灵观念及谱系在人们心中的稳定存在，国家的权威力量也获得了与向地方社会贯彻的神圣逻辑。即便是在“文化大革命”这一非常时段，院夼村依然存有一定的自治空间，民间之“俗”对国家之“礼”的因应活力依然存在，村民在“过日子”的生活逻辑下，仍然尽量将“坚决响应政府号召”与向“衣食父母”大海行祭的民俗传统予以兼容。

2. 正月十三“起信”

在院夼村，正月十三是每年的第一个大汛，俗称“起信”，此时海洋开始涨潮，海水流速逐渐加快，一直到正月十七八达到峰值，即流速最快之时。随着黄海水流速度的加快，深海鱼虾遵循洄游规律，涌向院夼村南的黄海近海海域，直至谷雨“百鱼上岸”，这就是渔民常说的“鱼鸟不失信”。长期以来，大海季节性地通过洋流为院夼村海岸送来大量鱼

---

① ［英］王斯福：《帝国的隐喻：中国民间宗教》，赵旭东译，江苏人民出版社 2008 年版，第 6 页。

虾，村民定期到龙王庙上香、烧纸、放鞭炮、磕头祭拜，祈求出海平安顺利、鱼虾满仓。这一物候现象，连同当地渔民对于海洋的敬畏心理，其实是院夼村谷雨祭海节传承至今的自然与人文根基。无论国家政治如何渗透，地方精英如何援引“国家之礼”，都不能遮蔽或根除由这一“地方性知识”所支撑的民俗传统，但却可以引发其表达形式的调适性改变。归根结底，有恩必报、诚信为先等道德伦理原则，乃是中国传统文化的核心所在，只不过在历代官方之礼与各地民间之俗中的表达形式有所不同而已。

在院夼村人的传统观念里，“起信”意味着当年收获有望，但还需要举行虔诚的祭拜仪式予以保障。仪式时间讲究“抢早”，越早越好。很多渔民在正月十二晚间，就已陆续来到龙王庙祭拜，但大规模的祭拜活动还是从正月十三凌晨开始，以凌晨2点左右人数最多，一直持续到清晨6点多。此后的一整个白天，都有渔民零零散散地前来祭拜，尤其以妇女居多。因为按照传统规矩，妇女尽量不晚间出门活动。

在整个胶东沿海地区，在正月十三“起信”之后，再过一月多就是“百鱼上岸”的谷雨出海之期。渔民选择正月十三的大海“起信”之期，将诸多供品作为“百鱼上岸”的信祝之物，虔诚表达对新的一年鱼虾满仓的祝望。供品极为隆重，每户渔民都会带1个整猪头、5个大枣饽饽，以及香、纸、鞭炮、酒等，到龙王庙上香拜祭。祭拜神灵的顺序也有讲究，是按照渔民心中诸神的地位高低而定的，依次是龙王爷、海神娘娘、财神、土地神等。祭拜诸位神灵的仪式程序相似，大致包括烧香、磕头、敬酒、摆供等，然后出庙门外烧纸、燃放鞭炮。正月十三“起信”祭拜仪式，其实是谷雨祭海节仪式的预演。可以说，神圣的龙王庙空间，与神圣的时间节点（从正月十三到谷雨），共同营造出稳定的地方神圣传统。

3. 谷雨节祭海形式：船祭、海祭与庙祭

“清明断雪，谷雨断霜”，谷雨是二十四节气中的第六个节气，也是春季最后一个节气。就内地农耕而言，谷雨期间正是播种移苗、“雨生百谷”的最佳时节。对于黄海沿岸渔民来说，则意味着海水回暖，各种鱼类游至浅海地带，是下海捕鱼的好日子，俗称“骑着谷雨上网场”。以前的院夼村，每到谷雨节，休息了一冬的渔民就要开始整网出海，一年一度的海上捕捞作业宣告开始。为了祈求平安、预祝丰收，渔民出海之前要举行隆重而盛大的仪式，虔诚地向海神献祭，由此形成了隆重的祭海仪式活动。时至今日，院夼村依然流行着“一年中谷雨节最隆重，春节也赶不上”的说法。

与官方祭祀仪式的“标准化”追求①有所不同的是，民间祭祀活动更多地呈现出因地制宜、方式多元的形态特征。院夼村谷雨祭海节的组织形式，传统上主要有两种：一是以渔船为单元，每条渔船准备一头整猪，去毛带皮，用腔血抹红，将一朵大红花戴在猪头上，船行大海一番，以示向海龙王献祭；二是以家庭为单元，一般是买一个猪头，也有用蒸制的猪形饽饽代替的，先到龙王庙祭拜一番，再到渔船上去祭拜，最后将祭品摆在沙滩或码头上，烧香，烧纸，磕头，放鞭炮，祭拜完毕后将大枣饽饽抛撒到大海里。不过，自从 2009 年村里集资将龙王庙翻修以后，祭祀活动就基本上都在龙王庙内进行，船祭和海祭的仪式趋于消失。笔者推断，这可能与近 20 多年来的祭海仪式，已不再承担出海壮行的功能有关。不过，诸多节俗依然讲究遵循传统，从节前忙忙碌碌地贴剪纸、蒸饽饽，到谷雨前一天进入龙王庙隆重行祭，再到谷雨节“正日子”里开门待客与“不醉不归”的宴饮狂欢，整个渔村都沉浸在盛大节日的热闹喜庆气氛中。

节前准备，在谷雨节前的两三天就已开始。各家准备祭祀用的猪头、大枣饽饽，在屋里窗户上贴剪纸等，整个活动与过大年前的“忙年”相似。在谷雨节的前一天上午，就有渔民携带整猪或猪头、大枣饽饽、纸、香、鞭炮等陆续来到龙王庙，在庙门口放一挂鞭炮。进入龙王庙后，大

---

① 沃森认为在中国传统社会中存在着所谓的神明“标准化”现象，用以解释中国大一统的观念何以普及大众文化的层面。他认为，在朝廷官员的推动下，通过地方志和帖式的编撰，一套标准化的礼俗得以推广开来，地方精英也发挥了自己在地方上的作用去强化某种礼仪行为正统化的过程，使得“官方所不能接受的礼仪逐渐被禁压或改变到遵行天下通行的模式”。但他又同时指出，“正是在这里展现了中国人达致文化标准化的本事：这个制度容许在统一结构的罗网下，存在高度差异”。参见［美］詹姆斯·沃森《神的标准化：在中国南方沿海地区对崇拜天后的鼓励（960—1960 年）》，［美］韦思谛编《中国大众宗教》，陈仲丹译，江苏人民出版社 2006 年版。笔者以为，在沃森看似矛盾的说法背后，恰好呈现出了中国传统社会中官方之礼与民间之俗的文化同一性，只不过在国家“借礼行俗”与地方社会“以俗入礼”的具体实践中，发生了多主体、多元性的自由发挥，而有了形式方面的诸多差异。

多数人都会先去祭拜左右偏殿的海神娘娘和财神爷——通常在门前简单地烧炷香就行——再去祭拜龙王爷，但也有人会省略这一环节而直接去主殿祭拜龙王爷。进入龙王爷殿内，先将供品摆上，大枣饽饽五个一组，三个摆在下面，两个摞在上面，然后烧香磕头，祈祷龙王保佑新的一年平安发财，如“龙王保佑，鱼虾满仓，风调雨顺”“多打鱼，多发财，不管大船小船平平安安都回来……”之类。

现今祭海仪式的高潮阶段，是在谷雨节前一天的下午，由村委会领导、船老大共同献祭。三头通体血红、头顶红花的整猪由几个壮劳力抬到龙王殿前，旁边摆了数十个八斤八两重的大枣饽饽，一干人等轮流向龙王爷献上碗口粗的檩香九炷，再向香炉前的“玉液盉”里倾洒数瓶白酒以供龙王爷享用，然后默默祷告一番。2013 年以前的若干年，在邻近苏山岛驻防部队官兵，也应院夼村之邀而前来参加祭海仪式，庄严献祭事先由院夼村出资置办的一头整猪，彰显“军民共建”“军民一家亲”的象征意义。祭仪过后，受邀而来的石岛大鼓队骤然开始表演，各种小型锣鼓队与大鼓队激烈对敲，震天动地的鼓点营造出热烈激昂的现场气氛。伴着鼓乐声，人群涌向庙前，争相观看陈列三头整猪的祭祀场面。一时间，龙王庙前人头攒动，锣鼓喧天，鞭炮齐鸣，烟雾缭绕。

祭祀仪式持续一整天，中午、晚间是渔民齐聚一堂、庆祝狂欢的时刻。这一天，村里所有工厂都会放假，船老板大摆筵席宴请所雇用的船长、船员，一起大碗喝酒大口吃肉，划拳猜令。村委会领导则去各个船老板的宴席上慰问，最后醉得一塌糊涂。按照村民的说法，谷雨节这天就是渔民“喝酒的日子”，喝得再多也没人笑话。前一天祭祀用的猪头或者整猪，在谷雨节这天成了宴会上的美味佳肴。在十年前，船老板一般是要在家中备办丰盛酒席，如今都安排在村里饭店举行。平日里再严苛的船老板，在谷雨节这天也会好好款待属下船长、船员，劝其尽情吃喝。杯觥交错之间，平时可能有的误解和摩擦似乎都已烟消云散，一种同舟共济的情谊得以增强。

于是，在热热闹闹的同一个谷雨节祭海仪式活动中，我们发现被不同主体赋予了不同的意义：从各级政府的立场来看，它是一种被列入国家级非遗名录的地方文化，因此需要在庙前醒目之处悬挂“热烈祝贺国家级非物质文化遗产渔民开洋谢洋节”条幅，庙西广场上悬挂“渔民开洋节谢洋节文艺汇演”条幅；作为非遗保护单位的院夼村村委会，通过活动的组织展演，完成了当初提交申报书时所承诺的“活态传承”的任务；在相当多的院夼村村民看来，海龙王是当地的保护神，他们以进庙祭拜的方式完成了每年一度的敬神谢神仪式；在被本村船老板雇用的船长、船员等外来打工者看来，他们是真正与海打交道的人，除非他们接受船老板的邀请而到场赴宴，否则海龙王就不会接受当地人的任何祈求，祭海仪式也就没有实际意义。

4. 谷雨花饽饽

院夼村面食风俗独特，如生日场合用的寿桃、清明节的面燕①、七夕节的烙花②等，而最典型的则是谷雨节的花饽饽。过去谷雨节祭海，买不起猪头的家户就用面蒸制猪头替代。

大饽饽是院夼村谷雨节祭拜龙王的重要供品。祭拜前一天，几乎家家户户的妇女都会忙着蒸饽饽，通常是几家妇女合伙一起蒸，互助帮工。除非是实在没空自己蒸制的女主人，才会到村里超市去买。花饽饽还是该村年节期间供家堂、祭祀龙王和走亲戚串门的必备礼品。在蒸制大饽饽时，传统上有亲邻间的互助帮工的讲究，从而成为村里妇女交际频繁的时段。在院夼村大多数妇女看来，从年前忙年到谷雨过节，是人际交往频繁的预定时段，只不过因为顶着敬神的名义更具合理性而已。

花饽饽的制作程序是：先取一些干面粉，用水和一下，加上酵母、“面引子”使其发酵，接着揉面，取八斤八两的湿面做成一个大饽饽。剩下不够八斤八两重的，就用秤平均分成若干份，做成小饽饽，但小饽饽不能用于祭祀，只能留下自己吃。花饽饽的外型要“开口笑”才好，寓意吉祥，如果蒸出来没“笑”，也要留下自己吃，直到蒸出“开口笑”的形制为止。现在为了保证效果，村民在下锅前就把它们做成开口的样子：先是揉出一种类似椭圆的面团，面团的顶部被捏成一朵花的样子，或者是元宝形，然后用刀浅浅地划成平均的三份，在刀划的每一条线上均匀

① 院夼村在清明节蒸的“面燕儿”，其造型并不限于燕子，还包括多种小动物。蒸熟后用线串起挂在屋里，俗以为可保家中孩童健康成长。

② 院夼村七夕节的传统节令食品是“烙花”，又称“烙糖烧”，是用面食模子刻出各种瓜果动物的形状，蒸熟后用线串起来，俗以为可保家中孩童健康成长。

插入六颗大红枣，左右分成三对。一锅只能蒸一个，用时约50分钟。通常需要蒸十个，敬神祭祖五个一组，总计要用两组。[①] 有趣的是，村民称呼饽饽是"大"还是"小"，是取决于饽饽所用枣子的多少的：再大的饽饽，如果是每边点缀两颗枣，也叫"小饽饽"；再小的饽饽，如果每边点缀了三颗枣，也叫"大饽饽"。这是因为当地有"神三鬼四"之说，"三"和"四"的数字不能随便用，敬神仪式上讲究用三，葬礼上则讲究用四，每边点缀三颗枣的大饽饽为敬神仪式所专用。每边点缀两颗枣的饽饽，是不能用于敬神仪式的，属于供人们日常食用的"小饽饽"。

其实，蒸饽饽是整个胶东地区普遍流行的地方特色食品，并在各种民间礼俗活动中扮演重要角色。在院夼村，每逢年节、婚嫁、生子等重要场合，都会蒸制各色各样的饽饽，寓意吉祥，表达亲情，且能营造气氛。如当年新娶进媳妇的家户，当婆婆的会在大年三十那天，特意问儿媳妇："蒸大饽饽了吗?"媳妇一定要回答："蒸了，蒸了，蒸了很多!"此后沿袭成俗，每年必问。"蒸了"谐音"挣了"，寓意挣钱发财。在大年初二、初三姻亲走动时，这一带时兴给岳父母家送花饽饽，外面用花色或红色的包袱包裹，放在用柳条编成的或方或圆的笸帚笸箩里盛着，用扁担挑着，很是喜庆，也很显礼物分量。年节走亲戚用的大饽饽，有莲花形的，有点心饽饽，每个差不多都要用1斤面。给父母祝寿时，儿女则需蒸制重达20斤的大寿桃造型饽饽。饽饽还被用来庆祝生子添丁之喜，在婴儿出生的第7天、第9天或第12天，姥姥会带着饽饽来"看喜"，饽饽的造型有"句子"、老虎等。所谓"句子"，是将整个饽饽做成船型，两头各有一个面球，是院夼村"看喜"场合的必备之物。老虎饽饽造型，则寓意婴儿像老虎一样健康强壮地成长。当有村民搬入新居，亲友们会约好日子，一起带着蒸好的饽饽去"温锅"，此时所用饽饽的造型有老财神、鱼、石榴等，分别代表着发财致富、年年有余、子孙昌盛等祝福。[②] 院夼村在举办葬礼后，很讲究做"五七"的仪式，届时要向初

---

① 刘清春：《山海之间的渔家精神——院夼村村落艺术调查报告》，山东大学民俗学研究所编印《百脉泉》（荣成市人和镇院夼村民俗调查专辑）总第5期，2010年7月。

② 魏甜甜：《院夼村胶东饽饽田野调查报告》，山东大学民俗学研究所编印《百脉泉》（荣成市院夼村调查专辑）总第28期，2018年6月。

死者敬献“四山”“四海”的面食供品，“四山”指龙、虎、鹤、鹿，“四海”指对虾、鲅鲔、螃蟹、海螺。

显然，葬礼上关于“四”的讲究，与前述敬神仪式上所用的点缀三颗枣的“大饽饽”，乃是当地“神三鬼四”信仰观念的具体表现。放眼整个华北社会，“神三鬼四”的仪式讲究不仅有着悠久的历史，而且呈现出地域分布的广泛性，在人们心目中也就不再仅仅是“俗的存在”，而有遵循官方之礼的意味。民众在操持上述仪式完毕后，就意味着“礼成”。

5. 剪纸：小龙、老财神、元宝

地方传统节日活动，往往离不开特定节俗或物象的稳定组合。在院夼村谷雨祭海节期间，除了蒸制花饽饽面食，引人注意的还有“小龙”“老财神”“元宝”等造型的特色剪纸。在院夼村人心目中，这类剪纸是有着特别寓意的，用以祝愿或襄助出海亲友能够“鱼虾满仓”“平安归来”，因此又是财富和吉祥的象征。其实，这类剪纸在“二月二”节期时就多有张贴，只是在谷雨节期间更加普遍而已，渔民走门串户时多以此为话题品评一番，看到“不全活”的还会提议再剪几幅予以贴补。剪纸张贴的位置很有讲究：“老财神”一般贴在内门上；“小龙”贴在大门两侧的底部，特别讲究的人家还会在门窗、炕上、贵重家具上多贴几幅；“元宝”则是陪衬性的，一连串的“元宝”造型与“小龙”“老财神”等连缀一起，将渔家院落装点出一派红火气象。

据村民说，“小龙”的原型是蛇，“老财神”的原型则是癞蛤蟆，都是院夼村内外常见之物。“小龙”的剪纸技法最容易，新手学习剪纸多从“小龙”开始。“小龙”造型很具特色：模样简洁小巧，没有指爪，因为村民认为“小龙就是蛇”；龙身有鳞状物，整体肥短，龙嘴也像鱼嘴，乍看上去不太像蛇而更像鱼；龙角很长，仅略短于龙身，显得威武可爱。“小龙”身下常以船型元宝为装饰，烘托出在元宝上翻腾跃动的小龙形象，寓意大海藏宝、财源滚滚。贴“小龙”剪纸时，讲究头要朝上，渔民俗称“龙抬头”。作为“老财神”原型的癞蛤蟆，当地俗称“老别把子”。在当地人心目中，二月二是“百虫出洞”之时，癞蛤蟆能吃虫除害，是益虫。“老财神”剪纸的造型特色是：体态丰肥，很像螃蟹，有人干脆就在其四肢加上蟹爪；大大小小的方孔制钱图案布满全身，是富裕多财的象征。显然，院夼村人是从自身生活环境中，选取了蛇、鱼、癞蛤蟆、蟹等自然物象，与象征吉祥的龙、船、元宝、制钱等加以组合，以剪纸建构起一个神秘世界，再通过特定节日里的贴挂与言说，期望能带来好运。在年节期间，院夼村里手巧的妇女也会剪制很多剪纸，不仅自家张贴，还欢迎同村人来讨要，其中最受欢迎的是“老财神”剪纸。据院夼村人说，分赠剪纸是“分福气”，还流行着“别人要得越多，老财神对我越好”的说法。当然，在当地民间的礼物交换系统中，有“落下人情”的说法，即人们将礼物交出去的同时，就将“人情”留给了自己，或者说对方就对自己“欠下了人情”。总之，通过“老财神”等剪纸的制作、讨取、赠予、张贴和品评，院夼村人增强了节日往来，强化了村落社区的情感纽带。

综上可知，院夼村人的谷雨祭海节活动，看似是在因应村落社会之需而“因俗行事”，其实是营造一种“礼俗相交”的社会景观。无论是以巨大条幅彰显“国家级非物质文化遗产渔民开洋谢洋节”，在龙王庙庙墙外侧刻录历代皇帝御笔题写的众多“龙”字，还是在正月十三“起信”祭仪中对于“鱼鸟不失信”叙事的强化，祭拜程序中对于“神三鬼四”规矩的恪守，剪纸意象中对龙的符号的凸显等，渔民都在将世俗功利、社区秩序与国家政治相联系，旨在寻求一种价值稳定、发展和谐的地方生活模式。一言以蔽之，看似是充分“地方化”的院夼村谷雨祭海节，并非仅仅与村落生活有关。

三　国家里的乡村

虽然当今乡村社会正在发生急剧的现代变迁，但民众以家庭为生活单元的格局未变，以过上“体面”的生活为生存动力。自己的生活是否“体面”，所参照的大致是所在生活社区的标准。刘铁梁注意到，在乡村社会中普遍存在着一种散漫的、冲击着国家想象的“民俗现象”，是任何国家力量也无法消除的，“任何大一统的文化到了民间，都有一个民间化的过程，而这个民间化过程是紧密联系其社区自身存在和发展的需要”①。这一判断来自自下而上地对于乡村生活的观察，无疑是很有道理的。

① 王铭铭、刘铁梁：《村落研究二人谈》，《民俗研究》2003 年第 1 期。

不过，当我们以历时性的眼光观察乡村变迁，就不能低估国家持续渗透并改变乡村社会的力量。其实，乡村社会发展一直内在于国家历史进程中，与国家政治、地方行政运作等有着密切关联。特别是20世纪50年代以来，国家试图自上而下地彻底改造乡村社会，对于村民生活影响巨大。与院夼村“国家化”进程有关的诸多重大事件，至今仍为村民时常提及。以谷雨祭海节为例，20世纪中叶曾被国家政治定性为“封建迷信”而引发拆庙与公共仪式的中断，又在八九十年代借助“文化搭台，经济唱戏”的国家经济改革大潮得以复兴，并在21世纪初因进入国家级非遗名录而名声大噪，不仅成为地方文化品牌，也巩固了其地方信仰中心的地位。在这一过程中，国家政治与民间生活并非水火不容，而是进退容与。一方面，现代国家不仅持之以恒地规划乡村经济生活，而且努力改造乡村文化传统；另一方面，民间社会依然有着一定的自治空间，在因应国家历史进程的同时也努力延续地方传统。近现代以降，地方民俗活动多有“旧瓶装新酒”或“新瓶装旧酒”的灵活变通，显示出民间之“俗”对国家之“礼”的应变活力。

1. 国家对于村落经济类型的划定

20世纪50年代，院夼村被当地政府划归渔村，以集体近海捕捞为劳作模式，再将所捕获的海产品交由地方政府“统购统销”，由此获得粮票、布票、油票、肉票等以为生计，村民自我调侃是“没有工资的市民”。此前，院夼村人依靠打鱼所获，在周边地区购买了大量土地，雇工耕作，但一旦被确定为渔村后，院夼村人就必须以打鱼为业，不能兼营土地，原有土地被强制性无偿交还，由当地政府另行分配给邻村。① 1949年，在荣成县政府号召下，这一带出现了互助组这一合作形式，参加者的船、网具由大家共同管理使用，共同维修。到1953年，超过60%的渔业劳力加入了这一组织。至1956年，超过85%的渔业劳力加入了初级合作社，并很快升级为高级合作社。② 此时，院夼村渔业生产资料如渔船、

① 王巍岩：“我们村最主要的特征就是以渔业为主，现在是一点地没有，包括口粮地、菜地是一点儿也没有，就是全部以打鱼为生……我们以前用打鱼的钱买了地，五几年的时候，政府要求把那些地都无偿地给了人家。我们就是以打鱼为生。”被访谈人：王巍岩，男，院夼村人，以前曾长期担任村支部书记；访谈人：张士闪等。访谈时间：2010年4月18日下午。

② 山东省荣成市地方史志编纂委员会：《荣成市志》，齐鲁书社1999年版，第232页。

渔具等由私有制转化成了集体所有，渔民必须将捕鱼收获交给集体，再由集体统一售卖。[①] 从1973年开始，院夼村成立了3个渔队，当地政府配给3条20马力的渔船，每队一条，直到1975年再新配30多条机动船。[②]

在上述历程中，国家所具有的强制性力量毋庸置疑，这牢牢扎根于院夼村人的集体记忆中。不过，当地政府为院夼村这类边陲渔村制定了某些特殊政策，如以“改善渔民生活，过好渔民节”的名义，规定唯独谷雨节这天的出海捕捞之物可归渔民自家所有，而平时所获则要全部上交国家。同时，院夼村以生产队为单元祭拜海龙王的仪式，在1966年前被默许，且由生产队集体购买香纸、猪头等祭品，由个人蒸制或购买饽饽为祭品。

这类特殊政策在当地有着长期延续，也就不能视为中华人民共和国成立之初面向乡村所设计的“权宜之计”，而是有意为边陲渔村预留更多的自治空间。正如潘家恩所言：“以乡土为底色的中国革命直接面对着小农经济与传统村社结构，为了完成民族独立与国家建设，必须通过组织动员，逐步改变高度分散的社会结构，在‘去乡土化’中提升国家能力工业化所必需的原始积累。与此同时，它仍然需要回到基本国情，在‘再乡土化’中充分发掘农民主体性与创造性，夯实乡村革命的社会基础，而这些做法本来就是广义的乡村建设。”[③] 在院夼村，基于渔村的特殊生计方式，来自国家的“去乡土化”与“再乡土化”即是始终交织在一起的。这说明，国家制度在“地方化”的过程中，总会发生调适性的改变，容许民众在宏观制度的框架下自主安排生活。虽然因时因地有所不同，但就总体而言，在国家制度下行与地方社会运行之间，长期存在着双向互动的嵌套关系。

2. 苏山岛海防官兵在村落祭海仪式的进与退

20世纪50年代，中国人民解放军某海防连队开始驻守号称“四无岛”的苏山岛（无居民、无淡水、无耕地、无航班），距离院夼村6.5海里（约10公里），约一小时航程。院夼村经常以集体的名义，为苏山岛海防官兵送去淡水、蔬菜、水果，慰劳官兵，以补充正式供应之不足，

---

① 访谈人：王刚；访谈对象：王义店，院夼村人；访谈时间：2018年4月19日。

② 访谈人：王刚、武宝丽；访谈对象：王锦堂，院夼村人；访谈时间：2018年4月20日。

③ 潘家恩：《重思乡村建设与乡村革命》，《开放时代》2018年第3期。

而一旦渔民出海遇险，海防官兵也总是即刻出动救护①，由此缔结的“军民鱼水情”“军民一家亲”关系，多次获得省市和部队军区的表彰②。在20世纪60年代，当地谷雨祭海之类活动被定性为“封建迷信”，遭到取缔。1966年，院夼村“第一代龙王庙”被当地红卫兵拆除，显示出来自当时国家政治的强大力量。不过，院夼村人凭借与苏山岛海防官兵结成的军民关系，仍然以生产队为单元举行谷雨祭海仪式，后改为家自为祭，比邻村多了不少底气。21世纪初，逢院夼村谷雨祭海节之期，苏山岛海防官兵更是多次参加祭祀仪式，抬着整猪的四名士兵迈着整齐划一的正步，拾阶而上献供龙王庙，其庄严气势给在场者留下了深刻印象。2010年后，海防官兵逐渐从祭海仪式中淡出。与此同时，近年来随着与海洋有关的国际形势的变化，苏山岛也以“国防军事重地”名义不再对院夼村人开放。

苏山岛海防官兵在院夼村祭海仪式的进入与退出，以及近年来军民关系的微妙变化，至少可以从三个方面来理解：首先，自20世纪60年代至今的半个多世纪里，双方的相互依赖程度在逐渐降低。早期，海防官兵日用品供应不足，需要地方支援，而渔民渔业安全保障不足，遇到特殊天气需要海防官兵救援。在近些年来，海防官兵生活已供应充足，而渔民随着渔业设施的逐渐升级，对海上天气预测能力的增强，特别是捕捞地点由近海向远洋的过渡，使得在近海遇险的可能性已经微乎其微。其次，在20世纪60—80年代，这一带谷雨祭海仪式被定性为“封建迷信”，唯有借助“军民一家亲”的关系贴近“国家之礼”，才可能获得活动空间，而在2008年入选第二批国家级非物质文化遗产名录后，自身已获得国家层面“政治安全”的护身符。苏山岛海防官兵对于仪式的参与，不再是“雪中送炭”，而变为“锦上添花”。再次，随着国家兵役制度的改革，对于“拥军爱民”等活动的强调不比从前，而院夼村自2002年全

① 1972年农历二月十六日傍晚，院夼村一带海面骤起风暴，发生惨痛海难，死亡人数达30余人，“中央下令派直升机去救……海军都出动了”。被访谈人：王巍岩；访谈人：刘铁梁；访谈时间：2018年4月20日。

② 王巍岩：“从1960年起至今，历经半个多世纪，苏山岛上的驻扎部队和院夼村构筑了深厚的感情，留下一段段军民鱼水情深的佳话。在大型船只普及之前，渔民的船只很容易受到风浪的影响，来不及赶到岸边的船只会暂时登岛避风浪。村民为了感谢子弟兵的帮助，在村里建起招待所，供他们上岸时歇脚，并派‘拥军船’载他们靠岸。”访谈人：张士闪等；访谈时间：2010年4月18日下午。

面推行私有化改革后，再以村落集体名义进行拥军活动，在实际操作上有较大难度。

显然，当国家政治对民间生活形成粗暴干预时，民众就会通过各种改头换面的方式予以应对；当国家为民间生活预留自治空间，乡村自治资源就会焕发生机，并通过向国家政治话语的贴近，谋求在国家治理框架下的社区生活优化。岳永逸认为："通过这些承载群体记忆、地域文化的周期性体化实践，乡民表达、强化着他们自己的国家（意识）。不是国家的村落而是村落的国家和乡土宗教人神一体的辩证法、家庙让渡的辩证法一道铸就了诸如行好的这样芸芸众生忧国、忧民、忧己的'中心—四方'的'家天下'的世界观、宗教观……这既是中华文明延续千年的核心内驱力，也是至今国人共享的大一统意识、家天下意识永久持续的丰厚土壤。"① 院夼村谷雨祭海节即是如此，特别是随着新中国30年积累起来的"大政治，小民间"的社会秩序的逐渐消解，在官方之礼与民间之俗之间寻求文化共享与认同的趋向日益鲜明，民生意识持续强化，这为中国"礼俗互动"传统在当代社会中的复生与重构提供了难得契机。

3. 国家政策的直接影响

近40年来，国家持续关注乡村社会发展，陆续实施了多项政策，其中以渔业政策和人口流动政策对院夼村的影响最显著。

20世纪90年代，国家开始推进由村落集体所有制向个体私有制的转型，以及为"大力发展远洋捕捞业，振兴海洋经济"② 而对远洋捕捞活动实施资助政策。以此为背景，院夼村社会结构发生了重大变化。2002年，院夼村将全部渔船卖给个人，村落集体经济彻底向个体经济转型，生产资料得到重新配置。其中，消息灵通兼具经济实力的少数村民，通过买船经营先富起来，并依靠资本的逐步积累，不断地置换更大马力的渔船，

---

① 岳永逸:《行好：乡土的逻辑与庙会》，浙江大学出版社2014年版，第297页。

② 尽管中国在20世纪80年代初就提出要"尽快组建我国的远洋捕捞船队，放眼世界渔业资源，发展远洋渔业"，但远洋渔业的大规模发展却是在21世纪初，特别是伴随着2001年国务院批准的《我国远洋渔业发展总体规划（2001—2010年）》中提出要"稳定过洋性渔业，优先发展大洋性渔业"、2003年颁布《全国海洋经济发展发展规划纲要》、2008年《中共中央关于推进农村改革发展若干重大问题的决定》第四部分提出"要扶持和壮大远洋渔业"等党和国家政策的出台，远洋渔业活动多次得到了各级政府旨在提升其总体装备水平方面的财政补贴。详见杨瑾《大力发展远洋捕捞业　振兴海洋经济》，《海洋开发与管理》2012年第11期。

将捕捞范围扩大到东南亚乃至南非等远洋区域，在远洋捕捞中获利甚巨。其巨额财富的累积，不仅仅是通过远洋捕捞，也包括在置换更大马力渔船时对于国家高额政策补贴的“捕获”①。如果说，从1999年开始、在2002年彻底完成的村落集体资源私有化转型，使得部分有眼光的村民凭借胆识迅速致富，但也同时导致了近海资源的迅速枯竭，那么近十年来国家对于远洋捕捞业的政策性资助，则使得上述船主仅仅凭借数次卖船买船活动，就可套取高额的“政策红利”，而加剧了村落中的贫富两极分化趋势。②

伴随着国家改革开放政策的实施，近40年来我国流动人口数量不断增加。具体就院夼村而言，便是引发了村落常住人口结构的巨大变化。20世纪90年代以来，院夼村外来人口逐渐增多，约有3500多人，原居民（俗称“坐地户”）与新迁入人口（俗称“外来户”）③ 的比例大致稳定在1：1左右。坐地户与外来户之间大致和谐相处，但也潜存危机，如外来人口可在此地自由劳动致富，但无法掌握地权资本，很难扎根落户。④ 村内和谐现状的保持，既得力于院夼村坐地户对于“院夼村养活穷人”“不欺生”的村风的不断强调，也与双方相对明晰的分工和对潜规则的遵守

① 此处所说的“捕获”，即Diya Dutta所谓“精英捕获”（elite capture），是指发展中国家的发展项目或反贫困项目实施过程中，计划用于惠及大众的资源被少数人（他们常常是政治或经济上有权利的集团）占有，从而损害了政治和经济上权利较弱的集团的利益。参见Diya Dutta，“Elite Capture and Corruption：Concepts and Definition”，National Council of Applied Economic Reseacher，2009.

② 院夼村某村民：“大队倒闭了以后，就把小船去卖，当时就是谁大胆的话谁就买。那时候就是亲戚家凑凑，凑出来以后，就被一个老板留着了，都没考虑国家的补贴那么多，他靠着国家的补贴就几十万。他再把船一卖，这个船用了十来年就是没落价。再加上自己又挣了一些钱，他把船卖了再换大船，从200马力换到500马力，再换到700马力，再到现在都有900马力了。马力越大，国家给补贴越多，好多贷款利息也很低。”访谈人：李松、张士闪、李常清；访谈时间：2018年4月19日。应被访谈人要求，对其姓名保密。

③ 在院夼村村委会文件中，则分别使用“内部人口”“外来人口”的称呼。

④ 李常清：“院夼村的福利不考虑外籍人口……有些外来人口虽然在本村已居住二三十年并有了第二代，但是他们的最终归宿仍是老家。院夼村对户籍制度的严格管制，在保护了本村村民的福利的同时，影响了外地人对本村的归属感，但是开放的渔业社会所遵循的勤劳致富原则，也给外来人口提供了生存发展的机会，部分人历经海上的多年磨砺之后，渐渐当上了船长，甚至买上了自己的渔船成为船主……村委领导也注意到外地人的需求，如村中的小学有一半为外来人员的子弟，在一定程度上照顾到了外地人的利益。”详见李常清《院夼村村落概况调查报告》，山东大学民俗学研究所编印《百脉泉》（荣成市院夼村调查专辑）总第28期，2018年6月。

有关。目前，本村业主大都在完成了资本的原始积累以后，走向资本的多种运营，而将出海渔业生产等交由外来人口掌握，双方雇佣关系明确，并有合同担保，从而减少了直接的经济冲突，而渔业生产所特有的船主、船长、大副、二副、水手等的细致分工和长期协作关系，也培育了当地恪守契约的传统心理。但也毋庸讳言，坐地户与外来户的复杂关系，再加上坐地户内部日益扩大的贫富差距，业已成为院夼村未来发展的巨大隐患。近年来日益红火热闹的谷雨祭海节活动，正是以此为背景而展开。表面上看来，它是在因应国家非遗制度而建构"国家之礼"，但更为重要的则是因应村落发展态势，"借礼行俗"，谋求因地制宜的社区文化价值系统的建立。

四　谷雨祭海:从"借礼行俗"到"以俗入礼"

近年来，院夼村一直致力于"和谐社区"建设，优化村落社会秩序。如高悬于出口的"院夼村越老越好"等大字标语，"院夼村不欺生""养活穷人"等口头叙事，以及谷雨祭海节大型仪式活动的年年举办。毕竟，作为一个巨型村落社区，大约1：1比例的坐地户与外来户之间如何和谐共处，再加上坐地户内部错综复杂的人际关系，是包括每届村干部在内的村落精英所必须考虑的问题。

具体说来，院夼村坐地户中的富裕阶层即100多个船老板，已基本上不再出海，最操心的是"怎样招到一名合适船长"。船老板倾向于用本地人做船长，踏实可靠，但由于本村富户多，愿意从事海上作业的本村年轻人越来越少，因而只能从外来务工群体中遴选。于是，现今从事远洋捕捞的基本上都是外来人口，如船长、轮机手、大副、二副、水手等，都以年薪制受雇于船老板。同时，在院夼村内坐地户中间，资本实力的相互攀比是日常交流的重要话题，如船有几条，马力多大，一年利润多少，获得国家补贴多少，以及如何从国际金融获利等。实际上，院夼村坐地户给本村人打工的情形也不少见，而且多是或远或近的亲戚，关系极其微妙，街头巷尾经常听到类似"都是本村人，（没）有船的人家那么多，我为（找）谁打工不行"的抱怨，反映出该村坐地户内部积存的心理纠结。院夼村坐地户中的失意者，只有在面对外来打工者时，才有

“生活也没有多落魄”的底气。

院夼村谷雨祭海节活动，近年来逐渐成为本村最重要的民俗传统，年复一年地予以精心组织、隆重举行，正是村落精英基于上述状况的调谐诉求有关，但在具体的运作实践中却又每每别开生面，体现出我国礼俗互动传统①的丰富意涵。

1. “借礼行俗”的节日传统

毫无疑问，谷雨祭海节首先是以传统农历节气为依据，基于院夼村一带自然环境而形成的社区传统，而这本身就是与讲究“天道”“天人之际”等儒学正统意识相通。置身于山海之间这一隆重热闹的节俗活动之中，也会感受到某种“大礼与天地同节”② 的神圣氛围。谷雨祭海节有着丰厚的神圣资本：谷雨是中国传统二十四节气之一，在院夼村海岸恰好与“百鱼上岸”景观相叠合，早已为当地渔民所圣化；作为节日活动特定空间的龙王庙，自建成之日即作为神圣空间而存在，此后更被渔民一再强化③。显然，这一节日仪式既在渔村之内年复一年地举行，便不可避免地被赋予更多的文化意义，并有脱离语境因素而升华为超验性价值的倾向。这种超验性价值，并不必然指向神圣，也可能朝向审美的维度，并被糅合于地方民俗政治格局中。如本作为祭品的大饽饽，村民在献供过程中，除了表达对神灵的虔诚祭拜，还会在意“谁家蒸的饽饽不强，谁家蒸的饽饽好，谁家蒸的更好”等。这说明，在谷雨祭海节期间作为祭品使用的大饽饽，兼具圣物与工艺品的意义。而唯其如此，才能真正调动起人们神圣与世俗的全方位情感体验，促进“借礼行俗”的节日意

① 张士闪：“礼与俗的话语，在国家统治阶层是治国驭民之术，在文人精英群体是安身立命之本，在民众手中则是社会交往的工具，由此形成一种所谓‘礼俗社会’的文化认同，并内化为‘局内人’操持生计、理解社会、运作政治的潜在规则……贴近国家政治、建构地方社会价值的层面积极地有所作为，是民俗的政治性面向之一，而以稳定性和反复性为特征、持续地作用于地方社会生活，特别是赋予民众个体以生命归属感和人生意义，则是民俗的根性所在。”张士闪：《礼俗互动与中国社会研究》，《民俗研究》2016 年第 6 期。

② 《礼记·乐记》。

③ 发生于 1972 年的院夼村海难，不断地为渔民所追述，在村落集体叙述中占有重要地位。特别是那些亲历现场的渔民关于劫后余生的讲述，如当时骤遇海上风暴时“当时就许愿！保我平安回家，我买猪头啊、买什么地敬龙王”之类的本能性反应。事实上，自 1966 年该村龙王庙被拆毁、龙王像被扔进海里以后，每遇海上风暴，渔民都容易产生龙王爷发威报复之类的想法，而非仅仅这一次。只不过这场海难损失惨重，死亡渔民 30 多人，因而被村民特别记忆而已。

义的达成。

20 世纪 50 年代以来，院夼村谷雨祭海仪式朝向国家政治的不断贴近，大致可分为三个阶段：20 世纪 50—70 年代，积极响应“拥军爱民”的国家号召，通过与相邻苏山岛海防官兵的礼仪往来，建构“军民一家亲”“军民鱼水情”的宏大叙事，在获得省市县、军区无数次表彰的同时，也为祭海仪式添加了一道“政治安全”的屏障；20 世纪 80 年代至 2008 年，则借助村庙系统内的符号设置，巧妙贴近国家的主流叙事，如在龙王庙内以大字书写“龙”字，在庙墙外面刻录历代皇帝御笔题写的“龙”字，以体现中华民族根脉“龙的传人”的正统性，并广为贴挂“文化搭台，经济唱戏”的时尚标语；2008 年以来，因应国家大力倡导行的非物质文化遗产保护制度，将本村祭海仪式申报国家级非遗并一举成功，并建构为胶东海神信仰的一大中心。在这一过程中，村民在响应时代政治精神的前提下，灵活运用国家政治符号，为地方传统寻求合法性。其实质，是民众努力将民间之“俗”贴近国家之“礼”的文化实践，最终在村落生活中建构起“民间之礼”。

2. 以俗入礼，调谐社区生活

颇为有趣的是，近年来院夼村人在谷雨祭海节期间，有意将同一个节日切割成两个时段，赋予不同意义，以体现出社区生活的“差序格局”①：谷雨节前一天，是本村坐地户过节的“正日子”；谷雨节当天，则是他们的“待客日子”，摆宴接待村里的外来户（如各户船长雇用的船员、在村里开设店铺者等），以及应邀而来过节的外地朋友。② 于是，同一个节日呈现出判然有别的两种面向，内中况味值得琢磨。

院夼村谷雨祭海节期间这种“一体两面”（正日子、待客日子）的格局，与村内多元的群体身份认同有着密切关系：首先是坐地户与外来户的身份区分，其次是在坐地户群体中，因经济条件不同而划分的贫富阶层，再次是坐地户、外来户内部血缘、亲缘关系的交错。近年来，前两

① 费孝通：《乡土中国　生育制度》，北京大学出版社 1998 年版。

② 王玉荣：“昨天是我们自己过节，拜龙王，今天就是伺候客，招待船员啊，外边来打工的……也有外地朋友来贺喜的，都得喝酒……谷雨就是渔民节！最隆重是今天。”王玉荣，院夼村村民，女。访谈人：杨文文、刘清春；访谈时间：2010 年 4 月 20 日。

类身份认同的边界日益明晰，如在住房位置及大小、日常交往程度等方面的表达越来越固化，由此导致了村落不同群体之间的关系日趋紧张。在以祭海为神圣旗号的谷雨节期间，上述群体走进庙宇祭拜如仪，晚间相聚宴饮，先按照辈分年龄依礼敬酒，终则陶然而醉。至少在谷雨祭海节期间，他们隆重行祭，豪迈宴饮，暂时消泯了现实生活中的人际边界，这种超越日常的节日设置对于调谐社区生活意义重大。

乍看起来，谷雨祭海节是以神圣仪式与宴饮狂欢为特色节俗活动，通过定期举行而彰显的村落同一性传统；在村落社区的内部叙事中，它却是以“一体两面”的节日格局，通过主客关系的设定，而对村落内坐地户与外来户等不同身份区隔的隐喻。

首先，祭海仪式既冠以院夼村之名，并着意凸显隆重行祭、豪迈待客的渔村风情，就在年复一年的节日活动中不断强化着村落文化的一体性特征。事实上，村民之所以对“院夼村养活穷人”“不欺生”之类话题津津乐道，以及凡事讲人情味、讲究邻里相助的村落生活传统的强调，都是院夼村人强调集体精神、建构和谐社区的表现。这一点，在讲究恪守传统的丧葬礼仪中也有所体现。如在为死者做“五七”时，主家要为过世者备办酒席、擀手擀面，还要先以宴席饭菜为祭，供死者在阴间请客——一般是15道菜、15碗面，然后再用以隆重招待前来帮忙的亲友。在村民的观念中，一个人即使过世以后，在阴间也是需要礼仪往来的。这与谷雨祭海节待客习俗一样，只不过在名义上有祭神（海龙王）、祭鬼（初死者）之别而已。杨庆堃认为，神庙庆典活动能够“提供一种超越不同经济利益、经济地位和社会背景的集体象征，以便能够把许多人整合进一个社区”①，从而促进或达成社区生活的同一性。具体到院夼村来说，尽管当今远洋捕捞的船只不会在谷雨节期间返村过节，而是以半年左右的远海轮休制度往返本村，但院夼村以谷雨祭海节的名义为他们“留一杯团圆酒”，也就保留了本村与远人、雇主与雇工之间的情感纽带与契约

---

① 杨庆堃：“在这样的社区活动中，宗教的基本功能是提供一种超越不同经济利益、经济地位和社会背景的集体象征，以便能够把许多人整合进一个社区，这样来自各界的人就能一起走到广被接受的信仰的活动场所来……庙宇是对社区及其集体利益一种可见的表现，其中的公共崇拜表现为社区的人为了反映其共同的信仰和共同的利益而定期聚会。”见杨庆堃《中国社会的宗教》，四川人民出版社2016年版。

精神。

显然，谷雨祭海节将人们凝聚到一起的礼仪行为，并不仅仅是一种仪式性的传统民俗操演，还承担了一定的社区政治功能。节日期间短暂的共祭、欢宴等活动，并不能改变村落的社会结构与现实人际之间的微妙边界，却可以借助节日时空中特殊的交流实践，让失意者暂忘人生得失，从而赋予日常生活以更远阔的文化意义。就此而言，节日礼仪提供了社区伦理的理想状态与神圣形式，而且通过年复一年的定期举行，持续不断地予以重温和强化。地方传统节日所蕴具的深刻社会意义，或许正在于此。

结　语

在绝大多数院夼村人心目中，在谷雨节举行祭海仪式，似乎是天经地义之事。正月十三“起信”、谷雨节“百鱼上岸”等物候现象，支撑着其祖祖辈辈“靠海吃海”的传统生计，拜祭龙王仪式也就具有了感恩与还报大自然的文化象征意义，这也正是乡土伦理的深厚根基所在。再看称呼癞蛤蟆为“老财神”，分赠“老财神”剪纸是“分福气”，“别人要得越多，老财神对我越好”，以及“鱼鸟不失信”“拜神抢早”等说法，以及“院夼村养活穷人”“不欺生”之类叙事话语的强调，乃是院夼村人对于凡事讲人情味、讲究邻里相助等传统伦理的强烈认同。在一般性的农耕村落里，外人入居就意味着对本村土地资源分享的可能，哪怕后者仅仅是开垦荒地。面对流动的海洋公域的院夼村人，当然不会像一般的农耕村落那样，早就有着警惕或排斥外人入村的传统。因此，近年来院夼村留行的“院夼村养活穷人”“不欺生”之类说法，因为有着悠久的历史传统而并不新鲜，值得关注的倒是村民何以近年来对于这一叙事特别强调，这或许意味着当下社区生活发生了某些亟须解决的问题。换言之，院夼村人对于谷雨祭海仪式的珍视与坚守，与其面向未来的社区生活秩序建构有关。

诚然，20 世纪以降的国家一统进程并非一马平川，国家之礼也不乏变化，地方民俗传统的调适性改变更难一语道尽。近半个多世纪以来，院夼村龙王庙在“三建两拆”过程中的形制变化，祭祀空间从船上、海边到庙里的挪移，苏山岛海防官兵在祭祀仪式中的进入与退出，以及近年来村民对节日“正日子”与“待客日子”的设置等，都与国家政治渗透乡村社会的历史进程有关。其实，谷雨祭海节之于院夼村人，乃是俗与民的关系，前者是已被村民熟练掌握并灵活运用的文化工具，可以不断地应当下之需而取舍有据、变易有度。归根结底，民俗传统并不完全等同于村民的全部文化，而是内嵌于乡村社会之中，其一端连接着民众日常生活，另一端连接着国家政治。①

院夼村谷雨祭海节活动年复一年地进行，旨在促进当下村落社区生活的和谐，但调谐方式却因时因事而异。历经国家历史进程的时移势易，院夼村人一直在想方设法将其谷雨祭海仪式与国家之礼相连接，并最终成功。这一过程，既有民众因应国家政治态势而“借礼行俗”的文化实践，也是国家面向地方社会“以俗入礼”的文化政治。但在不同地方，国家政治的“地方化”进程不一，而地方社会的“国家化”表现也有所差异，研究者对此必须有足够的想象力，庶可推进对中国“社会性”的理解。

---

① 张士闪：《当代村落民俗志书写中学者与民众的视域融合》，《民俗研究》2019 年第 1 期。

生态的生活方式：“非遗”活化再生的内生动力

——生态文明和乡村振兴视域下的“非遗”*

萧淑贞**

摘　要：“非遗”中有一部分是源自农耕生活和经验的手工技艺，因此，“非遗”的转化和再生也是乡村振兴的一个重要关切。在工业化的文化和知识体系中，人们对“非遗”的印象多是在博物馆中安静得有点落寞、落后的旧时记忆，“非遗”的现代活化面临如何从博物馆走向生活的挑战。如果从经济效益和直线史观的视角看，“非遗”好像注定会被历史淘汰，但在生态文明的视域中，“非遗”会重新获得自身价值的新定义，因为它们代表一种生态的生活方式。回到乡村的人群能够成为建设乡村的直接力量，远离乡村的人们的生活其实也并未真正远离乡村，如果人们能够在衣食住行游购娱的诸多方面主动、自觉地选择生态的生活方式，“非遗”活化和乡村振兴都会在人们重新选择的生活中获得深刻、持久的内生动力。改变生活方式可以促进实现生态文明，“非遗”也会以一种新的面貌重新活在我们的生活中。

关键词：非遗；生态文明；生活；乡村振兴

从某种意义上可以说，区别于大自然的人类所有活动及其产物都可

---

* 原文刊于《民间文化论坛》2019 年第 2 期。标题有变动。

** 萧淑贞，北京师范大学联合国教科文组织国际农村教育研究与培训中心副教授。

以被称为文化，狭义的文化则指除了经济以外的活动及其产物。中国传统文化是“道”不是“器”、是“体”不是“用”，它渗透在经济、社会、生态等其他可持续发展的维度之中。有的传统文化形式如建筑，人们可以看见；有的如道德、风俗等是看不见的。传统文化的力量虽然无形，但更深刻、持久，它蕴藏的可持续发展的力量在乡土中、乡村中表现得更加鲜明。如果说乡村是国家的基础，那么乡土传统文化则是基础的基础、根本的根本。

生态文明、乡村振兴与中华文明的复兴实际是一体三面。中华文明以农耕文化为基础，乡村是传统文化的母体和载体，是传统文化的灵魂和根脉。对传统文化自信，才会有振兴乡村的国策。振兴乡村是综合的系统工程，复兴中华文明的伟大目标一定伴随乡村振兴。只有乡村生机勃发，中华文明才能实现真正复兴。

那么，文化自信应对传统文化中的什么自信？我们现在占据主流的是什么样的文化、知识体系？传统和乡土文化对于转向生态文明能够起到什么样的作用？生态文明视域下“非遗”的价值和可能的发展方向如何？

一 传统与乡土：另一种文化和知识系统

在近三四十年间，出现频次最高、广为大家熟悉的词汇莫过于“发展”和GDP。在工业化背景下，人们对于乡土的印象多是落后、愚昧，乡土与传统所代表的知识和文化体系也被贬抑。我们目前主流的文化、知识体系和系统①还是“西化”的工业化体系，选择什么样的文化和发展道路，也是近代以来“中西之争”的延续，生态文明、乡村振兴的战略和国策其实是对于未完成的历史任务的一次重新选择和再出发。

在工业社会中，伴随全球化的快速蔓延，基于工业化的“科学”知识以压倒性的优势碾压在地的本土知识和文化。从文化的视角看，我国工业化的知识体系自近代以来在远离本土、传统和乡土的过程中不断得以强化。联合国教科文组织《着力文化多样性》报告指出：“科学对我们

① 参见王治河、樊美筠《第二次启蒙》，北京大学出版社2015年版。

的日常生活、与环境的互动、价值系统和世界观发挥着强大的影响力”，然而，“科学只是诸多知识系统的一种知识，其他的许多知识体系根植于不同的文化，滋养、支撑着各种各样的生活方式，构成了丰富、多样的知识遗产，它们对实现国际发展目标包括千年发展目标的重要性的作用仍然被低估了。对在地知识应持一种更加复杂和细致入微的态度，应该认识到，在一个特定的地方，没有单一的、同质化的‘知识’，如果我们要面对当前的环境挑战，就需要跨文化、代际间不同的知识体系共同参与，并根据性别、职业和种族有差别地去处理”，而“利用当地和本土知识的部分困难在于，它们往往是隐性知识”。[①] 隐性知识难以证明给人看。比如，民间和中医都有在端午节当天太阳出来之前采摘艾叶的惯习，这样做出来的艾条和艾香才有疗效。用现代科学的手段目前无法证明这短暂的时间与疗效之间的关系。此外，对于中医、中药的认识也体现了隐性知识的被忽略，以及“科学”知识对本土文化的挤压。与西医依赖于生硬、冰冷的指标不同，中医重视生命的过程和联系。真正高水平的中医价廉、高效，但中医长期被贬低、忽视，没有得到应有的发展。解决百姓的医疗健康问题，需要走出对于西医的简单迷信，走出对于科学主义的迷信。在本土和乡土文化中，有很多这样的实例。在“科学”的思维参照下，这些隐性知识都被当作愚昧的迷信，被边缘化，从人们的生产、生活、文化和教育中消失了。

因经济生产方式和社会组织方式不同，在两种文明的理念和形态下，文化和教育也呈现出不同的显著特征。从工业化转向生态文明不只是简单的生产方式的转型和改变，而是系统的改变，需要重新确定社会关系、人与自然、人与人的关系，将发展目标转向以人的发展和幸福为主，从重“物”向重“人”转变，“人”的发展将取代以“物”为中心的理念，被置于较高的地位。以“人”的发展为目标，社会建设和文化发展的重要意义将被日益重视，支配工业化的理念和工业化的伴生物如人类中心主义、个人主义、物质主义、消费主义、工具主义、功利主义、科学主义、价值中立以及注重竞争、成功的观念，将向以人文主义和精神为基

---

① 联合国教科文组织英文版《着力文化多样性》报告第三部分“文化多样性与可持续发展”，第 225 页。

础的合作、互助转变，因为人文精神是“意义”和幸福的源泉，也是确保社会可持续发展的核心。在生态文明的理想图景中，社会成为重视联系、情感、团结互助的生态的社会；多样性文化促进社会和谐和人的精神发展；人自身不再陷于身心的分裂之中，身心合一尤其是人的精神和道德素养的提升，会使人获得幸福而有尊严的生活；而生态的环境是实现以上三个维度的目标之后的自然结果。

因此，从工业文明向生态文明的转型，不亚于一场革命，一次新长征。这个转型除了显性的体制、机制的转变，更需要内在的思想、认知方式的根本转变，本质上是文化、知识体系的全面转型。到哪里去寻找整体转型的文化资源和动力？那部分曾经被视为落后、愚昧的本土、乡土文化能够帮助实现这一转型。

本土、乡土化的知识和文化体系因具有互助、包容和尊重的人文主义特征，具有修复、疗愈工业文明背景下经济、社会、文化和教育弊端的资源和力量。应对工业化带来的系统性问题，建设生态文明，需要文化和知识的系统转型，需要回到本土的知识和文化体系中寻找疗治的源泉和力量。工业化的危机与问题更加凸显了乡土在经济、社会、文化和环境可持续发展的维度上的价值，建设生态文明，需要重估本土和乡土在社会、文化、教育和精神层面对世界、国家和个人的价值和意义。在生态文明的革命和长征中，本土和乡土文化将重新作为一个重要的知识来源参与生态文明建设，以乡土文化的复兴作为载体支撑我们向生态文明转型。

其实，不只中国如此，全球都有类似需求。在工业化的深重危机中，乡土自身也在不断觉醒，焕发自信和力量，更多的本土文化和知识会成为可持续发展的重要源泉和力量而重获新生，它们在教育中的价值也被重新认识和重视。“被赋能的个人和社区参与是以人为中心的可持续发展的先决条件，也能够体现他们的文化形态和团结一致，这种方式以他们的文化表达、价值观和看法为基础，因此可以恢复个人和社区尤其是土著居民及其他弱势群体的自豪感……然后‘认同’（identity）就可以从防守性的站位转化为有利于实现他们自主定义和可持续的发展目标的‘赋能’（empowerment），在这个意义上，‘有认同感的发展’就会变成‘有尊严的发展’。”①

因此，乡村振兴的意义不只在于为了乡村自身的发展，也是整个国家乃至世界生态文明和可持续发展的关键基础。当中国在工业时代的巨大影响下开始转向生态文明的时候，需要特别专注乡村社会的文化和技艺的复兴。在这个角度和意义上，在乡土中蕴藏的“非遗”就属于这部分文化和技艺，“非遗”在生态文明建设和乡村振兴中将会起到独特的作用。

二　生态文明视角下“非遗”的价值

如果从经济效益和直线史观的视角看，“非遗”好像注定会被历史淘汰，但在生态文明的视域中，“非遗”会获得自身价值的新定义，因为它们蕴含着一种生态的生活方式。

鉴于生态环境、有机农业、食品安全等问题已引起社会普遍关注，人们对于高质量、有品位的生活的追求也日益高涨，在衣、食、住、行、游、购、娱等跟人们生活和乡村息息相关的领域，未来可能会出现以下变化和需求：

（一）纺织品和衣物：化纤→棉麻丝、布鞋；

（二）（农用）肥料、药剂：化学制剂→天然有机的菌肥、生物制剂；

（三）（农副产品）食品加工：工业化→绿色加工和手工酿造：酒、面粉、豆腐、酱油、醋、茶叶等；

（四）日化洗涤：化学品→手工酵素及其制品；

（五）护肤和化妆品：化学品→植物纯露、精油等；

（六）乡村手工技艺：布艺、陶艺、木艺、竹艺、铁艺、蚕艺、绣艺等；

（七）居所：乡居、山居；

（八）教育：自然教育、灵性教育、生命教育、游学体验、夏令营等；

---

① 联合国教科文组织英文版《着力文化多样性》报告第三部分“文化多样性与可持续发展”，第225页。

（九）精神和灵性成长：禅修、静修。

以手工技艺为例，它是乡村拥有的独特资源优势，也与乡村振兴高度相关。联合国教科文组织的《保护非物质文化遗产公约》定义的五项“非遗”的第五项是“传统手工艺”，《中华人民共和国非物质文化遗产法》将“传统技艺”列在第三项。手工技艺不仅是一种绿色技能，还蕴藏着精神、审美和生态生活的重要特质，具有发展生态文明必需的社会建设、文化教育、精神和审美等多方面的价值和功能。

第一，手工技艺是一种绿色技能。手工制品大多在大自然中就地取材，最大限度地减少了对环境的侵扰。在制作过程中，倾注、传递着制作人的心性和温度，这种生命与生命的交流保留了大自然向人类馈赠的能量，因此，手工食品给人们带来的食物本来的美好味道不是精细加工的工业化食品所能匹敌的。食物的品质和功效也大多与时间和地域有关。药食同源的“九蒸九晒”系列蕴藏着中国人传统的生活智慧，花很少的钱就能自己调理身体，可治未病，防治各种病症。而到大医院去治疗，小毛病也动辄需要花费上千元，还疗效甚微。在草木染中，各种染料取自天然的植物，用植物替代化学染料，可减少对环境的污染。而植物不但可以染色，也可疗愈身体。

第二，手工技艺中人与人之间互助合作的劳动本身也是社会建设的一种方式。在乡村，主要的产业和劳动形式是农耕和手工，这些劳作主要靠手，且耗费体力较多，通常需要几个或一群人通力协作才能完成。比如制作麦芽糖，为了最大限度地做出地道的美味，需要大家轮流上阵，反复推拉盘缠，最后，趁麦芽糖还有温度、没有变硬以前，大家一起剪成小段。如果没有集体的力量，麦芽糖很快变硬，就无法剪成小段，类似这样互助合作的集体劳动能够培养人们团结、亲密的社群关系和集体力量。

第三，与很多工业化、标准化的产品不同，“非遗”体现了文化的多样性和丰富性，因此也是宝贵的文化传承和教育的资源，也会在满足人们对生态生活的多样化需求中得到活化。美国著名作家温德尔·贝瑞说：“我渐渐读懂了土地真正的需要：在每一个角落，它需要的就是多样性。我所见识的每一片美国乡村，最需要的就是多样性。我们需要更加丰富的物种多样性、农作物和牲畜品种的多样性、人的技艺和方法的多样性，只有这样人们才能以更加敏锐、更加优美的方式因地制宜地善用一方水土。”①

第四，“非遗”具有难以替代的艺术审美特质，可以弥补工业化的“审美匮乏”。在物质需求基本满足之后，人类将来一定会不断提升精神、艺术和审美修养。建设生态文明需要精神高度发展的“生态人”，其中，审美是培养生态素养一个不可或缺的要素和能力，而审美只有在人与自然的和谐之中才能培养、展现出来：“审美能力（esthetic appreciation）的下降是不利于生态素养的第三个因素。我们对各种各样的丑陋处之泰然，也不能有效抵抗丑陋的提供者：城市开发商、企业家、政府官员、电视制片人、木材和矿产公司、水电公司和广告商等。但是，丑陋并不只是审美问题，更是人与人、人与土地的关系失调的信号。”②

第五，也是最重要的一点，手工技艺在修身养性、培养“生态人”方面具有独特价值。生态文明建设需要降低物质欲望的“生态人”，手工制作是人与心灵联结的过程，感官内收，心能够更沉静地感受世界，“非遗”手艺人大多很安静就是这个原因。手脑心的配合协调、左右脑的平衡对于儿童教育以及人们健康、幸福、灵性发展的重要意义还有待进一步研究和揭示。

三 “非遗”技艺的复兴、传承与乡村振兴

“非遗”中有很大一部分手工技艺源自农耕生活，因此，“非遗”的转化和再生也是乡村振兴的一个重要关切。

传统和乡土文化中蕴藏着基于“天人合一”的生活常识和生活技能，传达了有关农业生产、健康医疗和教育的知识和技能，这一部分知识与百姓生活密切相关，也是传统文化中有助于生态文明建设和乡村振兴的重要部分。但是，除了一部分农耕文化传统比较深厚的地方，在很多地方这一大部分知识目前已经被遗忘，从人们的生活中消失。振兴乡村，

---

① ［美］温德尔·贝瑞：《为多样性而辨》，汪明杰译，《世界教育信息》2018 年第 11 期。

② ［美］大卫·W. 奥尔：《生态素养》，萧淑贞、汪明杰译，《世界教育信息》2018 年第 11 期。

首先要复兴乡村赖以繁荣的文化和知识体系，才能从根本上真正地实现这一目标。

振兴乡村，文化先行。文化不仅带来自信、认同，也是社会建设和发展的重要动力，同时赋予人们生活的“意义”和“意思”。在这个主题下，乡土记忆和技艺在乡土的觉醒、自信中会不断展现自己的意义和力量。只有这样，多年来被抛弃的农村才能提振信心，聚拢人气，积蓄力量，找回自己的精气神。令人欣喜的是，社会各界人士正在通过各种各样的方式如方言电影、村史、农耕博物馆等挖掘、坚守乡土文化的多样性。对于传统和乡土文化越自信，乡村振兴就来得越早，乡村的发展就越好，因为在人们心中培养一种地方情结、归属感和共同的愿景，其重要性并不亚于让人人拥有基本的生活条件。

以足够的自信相信这部分文化的价值，经改造再生，充分挖掘它的价值，无形的文化可以创造难以计数的经济效益。[①] 跟土地和乡村有关的产业，自身会形成一个生态链条，撬动一个，就会带动其余，由点及面，激活整个生态产业和生活系统。我们将在那些被人遗忘的手工制品、没有添加剂的有机食品等衣、食、住、行、游、购、娱等方面，全方位地展望未来的产业变化，看到乡村产业复兴和“非遗”活化的希望。

“非遗”的手工技艺是传统文化和乡土可以为现代社会提供的宝贵的生态生活和文化、教育资源。相比教育的方式、方法和载体，乡村教育的目标、主题和内容更重要。做到这一点，以振兴乡村为目标的教育必须改变现有的教育观念，让被忽视多年的源自乡土的手工技艺通过进入教育体系得到传承，让成人教育重新走上前台。找回这些丢失的本土、乡土文化和技艺，需要通过教育传承来实现，为乡村培养人才，而不是只让乡村输出人才。乡村振兴一定伴随着有机农业和手工业的复兴，“非遗”手工技能的传承培训培养的正是乡村产业复兴和乡村建设需要的人才。

而乡村的振兴和重生不单单是为了乡村自身的发展，还将帮助人们提高生活品质，提升审美和精神品位，为城市更新提供资源和动力。四川明月村以古窑的修复为切入点，吸引了若干文创人士和文创项目，形

① 参见萧淑贞《发现人性》，商务印书馆 2012 年版，第 160 页。

成文创产业，带动了生态农业的转型以及附带而来的乡村旅游，激活了整个村庄。四川明月村的艺术审美正是通过手工艺、手工业，通过生活和产业，在当地村民的身上实现的，此为乡土文化和技艺是乡村振兴的根和魂之一例。通过文创和乡创，明月村把传统的、生活的、实用的手工业提升为艺术审美的生活，将乡村变成了满足人们艺术审美需求的场所，无论对于市民还是当地村民，都是一种艺术审美和精神的提升，真正将乡村建设成了人们精神的故乡。

四　生态的生活:“非遗”活化的内生动力

在工业化的文化和知识体系中，人们对“非遗”的印象多是在博物馆中安静得有点落寞、落后的旧时记忆，“非遗”的现代活化面临如何从博物馆走向生活的挑战，“非遗”未来的发展是否能够突破这个困扰?

“非遗”和乡村的命运紧密联系在一起。在城市化和工业化面临多重问题的时候，被遗忘多年的乡村重新进入人们的视野，知识分子不断呼吁乡村复兴，市民中则出现了乡村旅游和乡居的热潮。文化意义上的乡村复兴是一种徒然无力的怀旧、乌托邦式的幻想还是基于理性思考的客观认知?在应对现代性问题层面，如何重新思考定义乡村的现代价值和意义?国家行政学院张孝德教授认为，乡村的吸引力不是生产，是生活，乡村的生活方式是乡村生命力的所在。①

因为食品安全和空气污染，我们常常见到有市民群体来到近郊，自己种粮种菜，由被动消费变为主动地参与到生态生产的实践中，也有人渐渐看透了所谓学历精英竞争背后的焦虑或成功背后的无意义，认识到正是人与自然、人与人、人与自己之间的隔膜疏离让人们渐渐失去了幸福的感觉，“一种极为物质理性和短视的人生观主导的城市文化正是使生活在其中的人们在思想和情感上越来越麻木，越来越因为身心的分离而

① 萧淑贞:《中国生态文明建设从乡村启航——生态乡村建设浙江胥岭研讨会报告》，“三生谷生态村”微信公众号，2017 年 5 月 24 日。

陷于种种疾病困扰”[①]。那么，在什么地方，还能够重新找到这些联系？有一群人找到了乡村，祖先在几千年前为我们创造的一群人的聚居地。

这个新村民群体是在精神和心灵上都有需求的自觉、觉悟的人群；他们在乡村找寻、获得了当今城市现代生活中缺失的部分，不同于资本追求快速套现的资源掠夺，他们带着尊重、欣赏与乡村良性互动，代表一股善意的建设性的力量；他们多半喜爱传统文化，携带了乡村文化链条上能够激活乡村、为乡村注入生机活力的技能；他们自带城乡间的联系，能够促进城乡结合、互通有无的资源流动；最后也最重要的一点，他们自己成为乡村的一员，生活在村里。因此，在他们身上集合了传统和现代、城市和乡村的要素和文化融合，结合了工业文明和农业文明的优势和联系，在两种文明的交融中，正在尝试创造一种新文明形态下的新生活。这种生态的新生活，生活简朴，却精神充实，集成了既平民又贵族的生活方式，是乡村激活、创新的源泉和力量——形成一种新的生活的方式，本身成为改变乡村的动力，同时也是被工业化破坏之后的社会重新建构社会的努力。

这样的生活选择本质上是一种自觉的自救：“当人们不再迷信城市所谓优良的医疗资源和教育资源，当越来越多在城市里受过理性启蒙的知识青年和中年因为对中国传统文化的了解，对更为合乎人性之需求及尊严的生活的向往，回到因为中国历史上种种运动和分隔城乡的政策陷于经济及文化上的双重贫困的乡村当中去施展自己的创造力，去办学校，去发展有机农业，去创造富有文化和艺术水准、人和自然和谐共存的生活环境和社区，让科学和艺术为富有精神性的传统文化注入活力和生机，让每一个偏远的角落都因为其独特的美和更大范围的世界联系在一起，也让不堪人口和环境之重负的城市得以缓解压力，并效仿乡村去重建自己的生态，这将使中国社会迎来历史上从未有过的繁荣和兴盛，也将使中国的文化真正向整个世界呈现出自己的独特价值，并有力地推动这个世界的持久和平与繁荣。的确，当下的中国社会需要，也正在迎来一大波新的上山下乡运动。只是这一次，它将不是因为某种片面的意识形态

---

① 金振豹：《中国需要再来一波上山下乡运动》（一），“静修与读书”微信公众号，2017年12月14日。

主导下的自上而下的专断决策，而是出于人心的觉醒以及广大受过良好教育，而又未丧失对于真正合乎人性之生活方式的觉知和想象的人们奋起自救的努力。”①

如果说来自政府和知识分子的力量都是外部的推动力量，追求美好的生活可否被视为一种内生的动力——一种经原本外在的力量转化而来的内生动力？数亿民众生活方式的转变能否成为“非遗”活化和乡村振兴的保障？在这个日渐扁平、平民化的时代，可否由普通民众改变思想观念，自发、自觉地去改变生活方式，进而倒逼生产方式发生变化？普通百姓的衣、食、住、行、游、购、娱能否成为推动历史变革的力量？

回答是肯定的。建设生态文明的国家和世界一定是人人参与、人人贡献的平民运动，同时又对个体的精神修养有着较高的要求。生态文明需要的价值观和知识类型也不是强势的资本和权力主导的为大工业服务的知识和价值体系，而是惠及大多数人的多元、包容、互助的知识体系。民众创新生活方式、向生态文明转化的身体力行的生活会在深层次更加根本地促进社会的知识更新和转型，产生新的有助于实现生态文明的知识。国际生态村在青年当中很有吸引力和影响力，表面看貌似是一群人离群索居、寻找远离尘世的桃花源，背后隐藏着深刻的省思：世界七十亿人口如何才能和平融洽、不破坏生态地共同安居在地球上。生态家园可以建立一个自给自足的环境，解放原有的固执的、人们视为当然的思考和生活模式，从重视生态环境、友善农法、蔬食低碳的生活观、身心灵的喜悦与自由、互助合作，迈向自给自足的永续可能性，这是对于“我们这一代最光明的愿景”的描绘。在向生态文明的转型中，民众的觉醒和社区的参与会使人人参与、人人贡献的平民性、在地化和普及性得到可能前所未有的彰显。因此，建设生态文明在本质上是民享、民有的平民化运动。

因此，人们对美好、幸福生活的向往成为乡村建设和“非遗”活化的新动力，追求一种生态的生活方式让新村民成为乡村的新主人、新主体的一部分，这一股新兴的社会力量并不仅仅是身份、态度的不同，而

---

① 金振豹:《中国需要再来一波上山下乡运动》(一)，“静修与读书”微信公众号，2017年12月14日。

是决定了这股力量的性质具有一种内在的主体性，不是外在的客体。与知识分子不同的是，在他们身上，人们看到的不是义无反顾悲壮的激情、理想、牺牲的高尚，也不是政府推动容易出现的强势、隔膜，他们将自己对于美好生活的需要与乡村的空间自然融合，从容、轻松地来到乡村生活。四川明月村的新村民说："我到乡村就是来生活的，我自己的生活好了，乡村自然就建设好了。"[①]"非遗"可以充当乡村振兴的引擎和发动机。明月村有古窑、染织这样传统的手工艺，在古代它只是一种手艺，烧的都是老百姓日常用的碗和泡菜坛子等，古代也没有文创的概念。"非遗"与现代文创的结合，吸引了一批城市来的新村民，复活了传统文化的产业链条，使手工、草木染的衣服、鞋子、琴棋书画、篆刻等都处在活化的状态。

在人类历史的发展过程中，生产方式多是经济和政治制度的产物。在生产方式和生活方式之间，多是生产方式决定人们的生活方式。一种文明形态对应一种生活方式，农耕文明的生活条件不太便利，但人们勤俭、节约，少数贵族的艺术审美、精神生活达到过很高的水准；工业文明的生活舒适、便利，但不生态，消耗、奢侈、炫富、浪费。我们期待的生态文明的生活一定是汲取了二者之长的兼容并包，既要兼顾舒适、便利，还要有艺术、精神意义上自由的内在品质。

回到乡村的人群能够成为建设乡村的直接力量，远离乡村的人们的生活其实也并未真正远离乡村，如果人们能够在衣食住行游购娱的诸多方面主动、自觉地选择生态的生活方式，"非遗"活化和乡村振兴都会在人们重新自觉选择的生活中获得深刻、持久的内生动力。人们对于生态生活的追求向往正是"非遗"活化和乡村振兴的动力所在，改变生活方式可以促进实现生态文明，"非遗"也会以一种新的面貌重新活在我们的生活中。

---

① 萧淑贞：《中国生态文明建设从乡村启航——生态乡村建设浙江胥岭研讨会报告》，"三生谷生态村"微信公众号，2017 年 5 月 24 日。

附　　录

会议简讯

“‘一带一路’国家的非物质文化遗产保护与乡村振兴”国际学术研讨会在北师大举行*

2018 年 12 月 8 日至 9 日，“‘一带一路’国家的非物质文化遗产保护与乡村振兴”国际学术研讨会（International Symposium on Intangible Cultural Heritage Safeguarding and Rural Revitalization in Belt and Road Countries）在北京师范大学举行。会议由北京师范大学文学院主办，北京师范大学文学院民间文学研究所承办，国际民俗学会联合会（International Federation of Folklore Societies，IFFS）和中国社会科学院文学研究所民间文学研究室协办。

时任文化和旅游部非物质文化遗产司司长陈通、时任国际哲学与人文科学理事会主席朝戈金、国际民俗学会联合会主席代表 Michael Dylan Foster，北京师范大学副校长王守军、文学院党委书记康震出席了开幕式，联合国教科文组织非物质文化遗产部前主任、现日本文化厅非物质文化遗产顾问爱川纪子和中山大学中国非物质文化遗产研究中心主任宋俊华做了大会主旨发言。

来自国内外的非物质文化遗产保护和研究领域的知名专家和青年骨干共 40 人参加了会议。他们来自 11 个国家，其中包括希腊、塞尔维亚、波兰、保加利亚、伊朗、越南和印度 7 个“一带一路”沿线国家。开幕式由北师大文学院副院长杨利慧主持。

---

* 参见北京师范大学官方网站，https://news.bnu.edu.cn/zx/zhxw/107119.htm。

王守军代表学校欢迎各位专家学者的到来。他指出，农业、农村、农民问题是关系到国计民生的根本性问题，乡村振兴战略是我国全面建成小康社会的一个重要的历史任务；中国通过自己的实践不仅推动了我国非物质文化遗产的保护，也为教科文组织的相关工作贡献了中国智慧。他提到2018年9月北师大成立了“一带一路”学院，希望依托北师大多学科的优势，服务“一带一路”建设，让“一带一路”建设向高质量发展。

朝戈金在讲话中指出，“一带一路”的倡议是要通过各个国家文化上频繁的交流和接触，增进彼此更多的了解和欣赏、学习和借鉴，从而消除误会，减少冲突，因而有益于人类整体。通过国际学术交流，专家学者们能听到不同国家的乡村建设经验，激发学者不同的思考，让知识服务民众、服务人类的文明进步。

Michael Dylan Foster 宣读了国际民俗学会联合会主席 Timothy Lloyd 发来的贺信。Lloyd 表示，期待有更多的国家加入联合会中来；美国民俗学会与中国民俗学会合作开展了多项活动，希望建立民俗学会和民俗学研究者之间更好、更活跃的网络，在未来继续保持伙伴关系。

康震向学者们介绍了北师大文学院，追溯了文学院民俗学专业悠久的历史传统，并指出了民俗学学科的学者在参与非物质文化遗产保护和民间文化的传承实践中所起到的重要推动作用。

开幕式最后，杨利慧总结了组织召开此次国际学术研讨会的目的和意义：分享相关各国的有益经验，互相启迪，同时反思其中存在的问题，共同探讨非遗保护与乡村振兴实践中的规律，从而从这一角度推进各国的非遗保护与乡村振兴建设。

在主旨演讲专场中，爱川纪子介绍了在联合国教科文组织发动的非物质文化遗产保护框架内，利用保护措施来促进地方经济社会发展的历程以及日本的经验。宋俊华则以非遗传承人群研修研习培训计划、传统工艺振兴计划、非遗扶贫计划等为例，展示了非遗保护与乡村振兴的中国实践。

时任文化和旅游部非物质文化遗产司司长陈通认真聆听了各国学者们的发言，并即兴发表了评论和建议。

两天的会议紧密围绕“非遗保护与乡村振兴”而展开，与会专家深入交流了各国在非遗保护和实现乡村振兴方面的举措、经验以及目前存在的问题，话题广泛涉及非遗如何促进乡村振兴，社区主体性、遗产旅游、民间工艺等与乡村振兴的关系，作为资源的口头传统，列入非遗名录对乡村的影响，以及对遗产化的反思，等等。

研讨会期间还同时举办了北京民间工艺展示活动，面塑、风筝、糖人、鬃人等民间艺术的非遗传承人在现场进行了生动展示。会议期间还举行了“‘一带一路’国家非物质文化遗产名录项目展播”活动，对相关国家列入联合国教科文组织各类非遗名录中的项目进行了视频宣传，增进了听众对“一带一路”沿线国家的非物质文化遗产的了解。

后　　记

2017 年 5 月，习近平总书记在“一带一路”国际合作高峰论坛开幕式上的演讲中指出：“国之交在于民相亲，民相亲在于心相通。”这一战略思想充分表明：“一带一路”的建设不仅限于经济贸易交往，也是文化、教育、科学等领域的广泛分享和交流，文化的交流合作是促进各国人民相知相交、互信共赢的重要途径。

乡村振兴是 2017 年 10 月党的十九大报告中正式提出的国家又一重大战略。此后，中央出台了一系列文件，大力落实和推进这一战略部署。2020 年，中国已如期完成新时代脱贫攻坚目标任务，取得了令全世界刮目相看的重大胜利，为世界范围内消除贫困、实现和平发展做出了历史性贡献。在全面摆脱贫困之后，如何采取有效措施进一步实现乡村振兴，完成从“脱贫”到“振兴”的对接，成为社会各界认真研究的首要任务之一。显然，乡村振兴也不仅是经济上的富裕，还是——或者说更是——文化和精神上的复兴：如何依靠自身文化传统，使处于衰颓形势下的乡村重新焕发出活力、凝聚力和创造力，急需全社会集思广益，共同探索有效之方。

非物质文化遗产（以下简称“非遗”）保护是 21 世纪初由联合国教科文组织在全球范围内正式发起的一场全球性的传统文化保护工程。根据教科文组织《保护非物质文化遗产公约》（2003）的界定，非遗是指被各社区、群体，有时是个人，视为其文化遗产组成部分的各种社会实践、观念表述、表现形式、知识、技能以及相关的工具、实物、手工艺品和文化场所。非遗概念一经正式提出，便在世界范围内引起了广泛关注，各国日益认识到非遗对于维系群体认同和保持人类文化多样性的重要意义，纷纷加入到非遗保护的行动中来。中国政府也迅速出台了一系列相应的法规政策，建立了从国家、省、市到区县的四级保护体系，强调非遗保护对于传承与创新中国优秀传统文化、增强民族的文化自信、促进文旅融合与国际交流等均具有重大意义。无疑，非遗是各民族优秀传统文化的有机组成部分，同时也是当代民众文化的重要代表，它们在相关社区中世代相传，不仅为该群体提供持续的认同感，也是其不断发展的重要创造性资源。诸多事实表明：非物质文化遗产的保护和传承，为乡村社区的凝聚提供了根本性支撑，而其转化和发展也成为乡村振兴的一条阳关大道。

为积极助力国家上述重大发展战略，2018 年 12 月，由北京师范大学文学院主办、文学院民间文学研究所承办，国际民俗学会联合会和中国社会科学院文学研究所民间文学研究室协办的“‘一带一路’国家的非物质文化遗产保护与乡村振兴”国际学术研讨会（International Symposium on Intangible Cultural Heritage Safeguarding and Rural Revitalization in Belt and Road Countries）在北师大召开。会议的举办有着多方面的目的和意义：第一，以非遗保护为桥梁，增进“一带一路”国家间的文化交流，丰富和充实“一带一路”建设的内容，有效促进各国民心相通。第二，分享国际经验，助推乡村振兴。在加入“一带一路”合作倡议的国家中，有许多面临着与中国类似的复兴乡村的挑战，因此，探讨和分享各国在实现乡村振兴方面的有效经验以及遇到的问题，可为包括中国在内的广大国际社会的乡村发展提供有益的参考借鉴。第三，深化国际非遗保护领域的对话与合作。通过反思相关理论与方法，特别是交流各国有关非遗资源实现创造性转化和创新性发展的经验和问题，以促进非遗保护这一全球性文化工程的建设，并为此贡献中国学人的努力和智慧。

参加此次会议的学者共有 40 人，均是非遗保护和研究领域的知名专家和青年骨干。其中外国专家 13 人，来自包括日本、韩国、美国、比利时在内的 11 个国家，里面又有 7 位学者来自“一带一路”沿线国家，包括希腊、塞尔维亚、波兰、保加利亚、伊朗、越南和印度。国内专家 27 人，来自北京、天津、上海、山东、辽宁、内蒙古、新疆、贵州、广东、广西等地的十余所高校和科研院所。

在为期两天的会议里，与会者们紧紧围绕“非遗保护与乡村振兴”

这一主题，在“非遗促进乡村振兴：理论探索”“非遗促进乡村振兴：实践与经验”“社区的主体性与乡村振兴”“遗产旅游与乡村振兴”等九大专题上展开了深入研讨，展现了各国在这些领域内的生动实践。其中既有对相关国际非遗政策的解读、案例的分析和理论的思索，也有对历史的省思和未来发展的建议。为丰富会议内容，增进不同国家间的文化交流，研讨会期间还同时举办了“北京民间工艺展示”活动和“‘一带一路’国家非物质文化遗产名录项目展播”活动。总的说来，通过此次会议，与会专家学者分享了“一带一路”各国通过非遗保护以助力乡村振兴的举措和经验，同时反思了其中存在的问题与挑战，开阔了视野，促进了交流，也增进了友谊。

会议受到不少媒体的关注，相关讯息在人民网、光明网、《中国文化报》《中国艺术报》以及中国农业新闻网等十多家新闻媒体都有报道。

为与更多国内外同行分享此次研讨会的成果，会议结束后，我们便立即着手推动参会论文的翻译、编辑和出版工作。本书便是相关成果的结晶。书中共收入论文 33 篇，其中，国内论文 20 篇，国外论文 13 篇，除黄永林教授当时因故未能参会、但撰写了相关论文外，其余全部为在此次会议上发表的成果，绝大多数经过了会后的修订。本书的框架基本保持了原有的专场结构。

需要说明的是，此次参会的外国专家身份比较多样，有的是学者，有的是政府官员，有的则是非政府组织的负责人，因此，各篇文章的视角和风格存在较大差异。个别专家的表述尽管有些松散，不过，所提供的关于“一带一路”国家非遗保护的珍贵资料对中国有着重要的参考意义，因此，我们也尽可能根据其上下文意思稍加疏通、连缀，以使其表述在中文语境中更为明晰，但整体上未作大的改动。

为翻译与会外国专家的文章，我们特别组织成立了一个翻译小组，主要由当时在北师大就读的英语较好的中国民间文学专业的博士生和硕士生组成。小组成员们对每篇文章进行了认真翻译和反复校对。全部译稿最终由杨利慧、康丽、彭牧和王尧四位老师作了终校和审定。

衷心感谢所有与会中外学者们的精彩发表和真知灼见，特别是爱川纪子女士和宋俊华教授的主旨演讲为会议增添了深度和光彩。感谢北师大副校长王守军、中国社会科学院民族文学研究所所长朝戈金、国际民俗学会联合会主席代表 Michael Dylan Foster、北师大文学院分党委书记康震拨冗出席大会开幕式并做热情洋溢的致辞，感谢时任文化和旅游部非物质文化遗产司司长陈通出席开幕式并做即兴评论和建议。感谢来自北京民间文艺家协会的哈亦琦、张宝琳、白琳、厚贵银四位非遗传承人对北京风筝、面塑、鬃人和糖人艺术进行的生动展示，他们的展台前总是围着兴致勃勃的国内外学者和学生。在此，我还要特别感谢为主办这次会议付出大量心血和劳动的我的同事们，特别是负责国际学者事务的康丽教授和负责国内学者事务的王尧博士，以及为本书的英文译校费心尽力的彭牧副教授。衷心感谢 2018 年至今所有参与过此次会议的会务、翻译和编辑工作的几十位民间文学研究所的同学们（由于人数众多，恕我无法在此一一列举他们的名字），他们的认真、周到和热情是研讨会成功的重要保障。北师大非物质文化遗产研究与发展中心的学科事务主管丁红美为本书的编辑、翻译和校对做了大量工作，中国社会科学出版社的张林女士为此书出版付出了诸多辛劳，在此一并致以诚挚的谢意。

为帮助读者了解更多当时会议举办和研讨的情形，我们在书末附上了会议简讯，以便参考。

至今依然清晰地记得，会议召开的那两天，北京奇冷，在室外呆不上几分钟，便感觉面如刀割。拍摄会议合影时，为避免冻坏各国专家，摄影师建议大家站在京师大厦内的楼梯上，于是便留下了一张别具一格的大会合影（见封二彩页）。许多外国学者是第一次来到中国，他们充满热情地了解中国非遗保护的成就与经验，饶有兴趣地观看北京的民间艺术展示，还裹上自己带来的所有衣物以及我们借予的毛衣和厚披巾，兴致勃勃地跟着引导的同学们去参观北京的历史街区。那个寒冷的冬天以及各国学者热烈交流的生动场景，都成为我对此次会议永远温暖的回忆。

杨利慧

2022 年 3 月 12 日于北师大